Geoffrey Chaucer
Die Canterbury-Erzählungen

Geoffrey Chaucer

Die Canterbury-Erzählungen

Übersetzt von Adolf von Düring

Anaconda

Titel der englischen Originalausgabe: *The Canterbury Tales* (entstanden zwischen 1380 und 1400, Erstdruck Westminster, um 1478).
Die Übersetzung folgt der Ausgabe *Geoffrey Chaucers Werke*. Straßburg: Trübner 1883–86. Die Ordnung der Erzählungen folgt der Edition *The Canterbury Tales* (Translated into Modern English by Nevill Coghill) in der Reihe *Penguin Classics*, London et al. 2003. Die wenigen, kurzen Fehlstellen der dt. Übersetzung gegenüber dem engl. Original wurden – bis auf eine Stelle, dort Kennzeichnung durch eckige Klammern – nicht ergänzt. Orthographie und Interpunktion sind für die vorliegende Ausgabe überarbeitet worden.

Die Deutsche Nationalbibliothek verzeichnet diese Publikation in der Deutschen Nationalbibliographie; detaillierte bibliographische Daten sind im Internet unter http://dnb.d-nb.de abrufbar.

© 2008 Anaconda Verlag GmbH, Köln
Alle Rechte vorbehalten.
Umschlagmotive: »Lydgate and the Canterbury Pilgrims Leaving Canterbury« aus: John Lydgate, *Troy Book and the Siege of Thebes* (1412–1422), British Library, London / © British Library Board.
All Rights Reserved / bridgemanart.com (großes Bild) – »Portrait of Geoffrey Chaucer«, Faksimile aus einer Handschrift der *Canterbury Tales*, Private Collection / bridgemanart.com (kleines Bild)
Umschlaggestaltung: dyadesign, Düsseldorf, www.dya.de
Satz und Layout: paquémedia, Ebergötzen
Printed in Czech Republic 2008
ISBN 978-3-86647-217-4
info@anaconda-verlag.de

Inhalt

Der Prolog

Vers 1–860

Wenn milder Regen, den April uns schenkt,
Des Märzes Dürre bis zur Wurzel tränkt,
In alle Poren süßen Saft ergießt,
Durch dessen Wunderkraft die Blume sprießt;
Wenn, durch des Zephyrs süßen Hauch geweckt,
Sich Wald und Feld mit zartem Grün bedeckt;
Wenn in dem Widder halb den Lauf vollzogen
Die junge Sonne hat am Himmelsbogen;
Wenn Melodien kleine Vögel singen,
Die offnen Augs die ganze Nacht verbringen,
Weil sie Natur so übermütig macht –
Dann ist auf Wallfahrt jedermann bedacht,
Und Pilger ziehn nach manchem fremden Strande
Zu fernen Heil'gen, die berühmt im Lande;
In England aber scheint von allen Enden
Nach Canterbury sich ihr Zug zu wenden,
Dem heil'gen Hilfespender aller Kranken,
Dem segensvollen Märtyrer zu danken.

Zu dieser Zeit geschah's, als einen Tag
20 Zu Southwark ich im Tabard rastend lag
– Bereit mit andachtsvollem, frommem Sinn
Zur Pilgerfahrt nach Canterbury hin –
Daß abends langte dort im Gasthof an
Wohl eine Schar von neunundzwanzig Mann
Verschiednen Volkes, das durch Zufalls Spiel
Zusammenwarf das gleiche Wallfahrtsziel;
Nach Canterbury reiten wollten alle.
Raum gab's genug im Hause wie im Stalle
Und jeder fand sein gutes Unterkommen.
30 Und kurz, als kaum die Sonne war verglommen,
Hatt' ich gesprochen schon mit jedermann
Und zur Genossenschaft zählt' ich fortan.
Früh galt es aufzustehn, um mit den andern
Des Weges zum besagten Ziel zu wandern.

Indessen, da mir Zeit und Raum nicht fehlt,
Und eh' der weitere Verlauf erzählt,
So denk' ich, daß es der Vernunft entspricht,
Wenn ich zunächst beginne den Bericht,
Wer sie und was sie waren und, soweit
40 Ich solches sehen konnte, wie das Kleid
Und was der Rang und Stand war eines jeden.
Und drum vom Ritter will zuerst ich reden.

Es war ein Ritter da, ein würd'ger Mann,
Der, seit den ersten Kriegsritt er begann,
Von Herzen liebte Rittertum und Streit
Und Freimut, Ehre, Wahrheit, Höflichkeit,
Und tapfer focht im Dienste seines Herrn.
Geritten war wohl keiner je so fern
Wie er in Christenland und Heidentum,
50 Und überall gewann er Preis und Ruhm.
Bei der Eroberung Alexandrias

War er zugegen. Oft bei Tafel saß
Vor allem Volk er obenan in Preußen;
Gereist, wie er, bei Letten und bei Reußen
War kaum ein Christenmensch von seinem Stand.
Er war in Granada, als man berannt
Dort Algesir. Er ritt nach Belmarie
Und focht vor Layas und vor Satalie,
Als man sie einnahm; und im großen Meere
60 Bestand er manche Waffentat mit Ehre.
In fünfzehn blut'gen Schlachten focht der Ritter,
Bei Tramissene für den Glauben stritt er
In drei Turnieren und erschlug den Feind;
Wie mit Palathias Herrscher auch vereint
Der tapfre Ritter manchen Kampf bestand
Mit andern Heiden aus dem Türkenland.
Den höchsten Preis gewann er immerdar;
Und ob so würdig er wie weise war,
Betrug er sich doch sanft wie eine Maid.
70 Er sagte nimmer eine Schlechtigkeit
Zu irgendwem in seinem ganzen Leben.
Er war ein durchaus edler Ritter eben.
Um auch von seinem Anzug zu berichten:
Gut sah sein Pferd aus, doch er selbst mitnichten.
Sein Wappenrock war nur von Barchenttuch
Und durch den Harnisch schmutzbedeckt genug;
Denn eben von der Reise heimgekommen
Hatt' er sofort die Wallfahrt unternommen.
      Sein Junker Sohn zog mit ihm als Begleiter,
80 Ein lust'ger Bursche, so verliebt wie heiter.
Von krausen Locken war sein Haupt umwallt,
Und zwanzig Jahre war er – denk' ich – alt.
Sein Körper war vom reinsten Ebenmaß.
Viel Stärke, viel Gewandtheit er besaß.

Auf Ritterfahrt zog mehrfach er schon früh
Nach Artois, Flandern und der Picardie,
Und hielt sich brav im kurzen Kampf. Sein Sinnen
War, seiner Dame Gunst sich zu gewinnen.
Wie eine Wiese, wo zur Frühlingszeit
90   Sich rot und weiß an Blume Blume reiht,
War er geschmückt, und, heiter wie der Mai,
Sang er und pfiff den ganzen Tag dabei.
Sein Rock war kurz, die Ärmel weit und lang,
Kein bess'rer Reiter auf ein Roß sich schwang;
Gewandt war er in schriftlichen Berichten,
Im Zielen, Zeichnen, Tanzen, Liederdichten;
Und liebesbrünstig hatte manche Nacht
Er schlaflos wie die Nachtigall durchwacht.
Dienstwillig war er, höflich und bescheiden;
100 Am Herrentisch durft' er den Braten schneiden.
      Nur einen Knappen nahm auf seinen Ritt
Zur Zeit nach Neigung er an Dienern mit.
Sein Rock und Hut bestand aus grünem Tuch,
Und in dem Gurt er einen Köcher trug
Voll Pfauenfeder-Pfeilen. Sicher nahm
Er stets sein Ziel, so daß kein Bolzen kam
Mit seinem Federend' voran geflogen.
In Händen hielt er einen mächt'gen Bogen;
Nußköpfig war er und sehr braun gebrannt,
110 Und Eisenschienen schützten Arm und Hand.
In jeder Jagdkunst war er wohl bewährt;
Auf einer Seite trug er Schild und Schwert,
Und auf der andern einen Dolch von Schliff
Scharf wie ein Speer und wohlverziert am Griff.
Ein Silber-Christoph schmückt' die Brust ihm vorn,
An grüner Banderole hing sein Horn.
Ein Förster war er – trügt mich nicht mein Sinn.

Da war auch eine Nonnen-Priorin,
Scheu lächelnd und von schüchterner Natur.
120 »Bei St. Eligius!« war ihr stärkster Schwur,
Und Madam Eglantine war ihr Name.
Gar lieblich durch die Nase sang die Dame
Beim Gottesdienst. Französisch sprach sie so
Gewandt, wie immer Stratford-atte-Bow
Es lehren kann; jedoch sie wußte nicht,
Wie in Paris man das Französisch spricht.
Beim Essen war besonders sie beflissen
Der größten Sauberkeit, und jeden Bissen
Führt' sie so zu Mund, daß ihren Lippen
130 Kein Stück entfiel. Die Finger einzustippen
In ihre Brühe, fiel ihr niemals ein.
Die Oberlippe wischte sie so rein,
Daß in dem Becher nie von Fett die Spur,
Und zu verschütten einen Tropfen nur
Von ihrem Trunke, war sie zu manierlich;
Und nach der Mahlzeit rülpste sie höchst zierlich;
Gewiß, sie war von liebenswürd'ger Güte,
Gefäll'gem Sinn und heiterem Gemüte.
Viel Mühe gab sie sich, zu imitieren
140 Den Hofton und durch stattliche Manieren
Als würdevoll zu gelten und geachtet.
Doch ihre Seele sei nunmehr betrachtet:
Mitleid und Güte sie so sehr vereinte,
Daß sie beim Anblick eines Mäuschens weinte,
Lag's in der Falle blutend oder tot.
Wenn von den Hündchen, die mit Semmelbrot
Und Bratenfleisch und süßer Milch sie nährte,
Eines verreckt war oder mit der Gerte
Geschlagen wurde, weinte sie vor Schmerz.
150 So voller Zartgefühl war sie und Herz.

Stets steckte sie ihr Busentuch genau;
Lang war die Nase; ihre Augen grau.
Ihr Mund war schmal mit einem Lippenpaar
Von sanftem Rot. Die schöne Stirne war
Der Breite nach wohl eine Spanne lang,
Und sicher, stattlich war ihr Wuchs und schlank.
Ihr Mantel – sah ich – stand ihr schmuck genug;
Zwei Schnüre von Korallenperlen trug
Sie an den Armen, grün mit Schmelz verziert
160 Und goldnem Medaillon, auf dem graviert
Zu lesen stand: erst ein gekröntes A
Und drunter: »Amor vincit omnia!«
     Mit ihrem Priester reiste sie und mit
Ihrer Kaplanin-Nonne zu selbdritt.

     Ein Mönch war da, ein würdiger Kumpan,
Ein großer Jäger und ein Reitersmann,
Ein ganzer Kerl, gemacht, um Abt zu werden.
Gar wohl versehen war sein Stall mit Pferden;
Saß er zu Rosse, wenn es windig war,
170 So klirrten seine Zügel hell und klar,
Als läutete die Glocke zur Kapelle,
Woselbst der Herr Bewohner einer Zelle.
Die Regeln von St. Maur und Benedikt
Hielt dieser Mönch für reichlich alt und strikt;
Weshalb er sich mit ihnen nicht befaßte
Und seinen Schritt der neuen Welt anpaßte.
Kein Hühnerbein gab er für die Maxime,
Daß Jägerei der Geistlichkeit nicht zieme,
Und was dem Fisch das nasse Element,
180 Sei für den Mönch die Regel im Konvent,
Das heißt: in seinem Kloster sei sein Platz.
Doch keine Auster gab er für den Satz.
Und ich kann ihm die Ansicht nicht verübeln.

Was? Sollt' er etwa denn verrückt sich grübeln,
In seinem Kloster über Büchern sitzen,
Gar bei der Arbeit seiner Hände schwitzen,
Wie Augustin befiehlt? – Die Welt muß treiben
Und Augustin mag bei der Arbeit bleiben!
Darum gebraucht' er seine Sporen tüchtig;
190 Windhunde hielt er, wie die Vögel flüchtig;
Das Reiten war ihm und das Hasenhetzen
Das nie zu teure, liebste Hochergötzen.
Die Ärmel – sah ich – hatt' er an der Hand
Verbrämt mit feinstem Pelzwerk aus dem Land,
Seine Kapuze schloß er unterm Kinne
Mit einer wunderlichen, goldnen Pinne,
An der als Knopf ein Liebesknoten saß.
Rund war sein Schädel und so blank wie Glas,
Und fettig glänzten seine Wangen auch;
200 Ein feister Herr war er und stark von Bauch.
Sein rollend Augenpaar lag tief im Hirne,
Und wie ein Kessel dampfte sein Stirne.
Die Stiefel waren weich, und herrlich glänzte
Sein Roß. Kein angstgequältes, bleich Gespenste
Könnt nennen man den trefflichen Prälaten;
Ein fetter Schwan war ihm der liebste Braten,
Und brombeerfarben sah sein Leibroß aus.
     Ein Bettelmönch, ein liederliches Haus,
War gleichfalls da. Es stand der würd'ge Mann
210 In den vier Orden jedem weit voran,
Was Scherz betraf und schöne Redensart.
Auf eigne Kosten war von ihm gepaart
Wohl manches junge Weibsbild schon geworden,
Und eine Zierde war er für den Orden.
Gar wohl beliebt und sehr genau bekannt
War bei den Gutsbesitzern auf dem Land

Und würd'gen Frauenzimmern in der Stadt er;
Denn mehr Gewalt in seiner Beichte hatt' er
– So sprach er selbst – als ein Vicarius hat.
220 Von seinem Orden war er Licentiat.
Gemütlich war bei ihm die Konfession,
Und angenehm gab er Absolution.
Leicht war die Buße, die er zudiktierte,
Vorausgesetzt, daß man ihn reichlich schmierte.
Denn Geld zu geben einem armen Orden,
Beweist, daß gründlich abgebeichtet worden.
Drum, gab man ihm, so durft' er auch verkünden,
Er wisse, man bereue seine Sünden.
Denn mancher Mann ist also hart von Herzen,
230 Daß er nicht weinen kann bei seinen Schmerzen.
Drum laßt das Beten und die Heulerei,
Und Silber gebt der armen Klerisei!
Messer und Nadeln trug er stets zum Putze
Für schöne Frau'n im Zipfel der Kapuze;
Und wahrlich, lustig seine Stimme klang;
Auch spielte schön die Leier er und sang;
Im Liebeslied gewann er stets den Preis.
Sein Hals war wie die »fleur de lis« so weiß.
Dazu war er ein starker Pokulante,
240 Der in den Städten jedes Wirtshaus kannte;
Mehr lag der Zapfer und die Kellnerin
Als Kranke oder Bettler ihm im Sinn.
Für solchen würd'gen Mann schien's zu gemein
Und gänzlich unter seinem Stand zu sein,
Mit so aussätz'gem Volk sich zu beschmutzen;
Denn das bringt wenig Ehre, wenig Nutzen.
Statt mit Gesindel pflegt man angenehmern
Verkehr mit reichen Leuten und mit Krämern.
Doch wenn es Vorteil brachte, so war keiner

250 Je dienstbefliss'ner oder tugendreiner
Und höflicher als er. In dem Konvente
War er der beste Bettler. Eine Rente
Zahlt er dem Kloster für das Privileg,
Daß ihm kein Bruder käm' in sein Geheg';
Und hörte seinem »In principio« zu
Die ärmste Witwe mit nur einem Schuh,
So war gewiß ihr letzter Heller sein;
Und mehr als seinen Pachtzins heimst' er ein.
Oft war er wie ein wildes Raubtier wütig,
260 Oftmals an Friedenstagen half er gütig;
Nicht, wie beim Klausner und Scholasten, schäbig
War seine Kleidung; ebenso behäbig
Im Anzug war er, wie ein Papst und Meister;
In doppelt-wollener Kapuze reist' er,
Die wie die neugegoss'ne Glocke rund;
Und liebeslüstern lispelte sein Mund,
Damit sein Englisch süß und zierlich klänge.
Beim Harfenspiel am Schlusse der Gesänge
Pflegten im Kopf die Augen ihm zu funkeln,
270 Wie Sterne bei der Winterszeit im Dunkeln.
Des Bettelmönches Name war Hubert.
    Ein gabelbärt'ger Kaufmann, hoch zu Pferd,
War gleichfalls da. Er trug sich bunt gescheckt,
Den Kopf mit einem Biberhut bedeckt
Aus Flandern; seine Stiefel paßten prächtig;
Und was er sprach, klang ernsthaft und bedächtig.
Auf Geldverdienst war immerdar bedacht er
Und wünschte nur, daß etwas unbewachter
Die See von Middelburg bis Orewell sei.
280 Mit welschen Talern trieb er Wechselei.
Der würd'ge Mann war klug und voll Verstand,
Und niemand wußte, wie sein Schuldbuch stand.

Er paßte scharf in seinem Handel auf,
Beim Abschluß von Verträgen wie beim Kauf.
Für einen Ehrenmann galt er bei allen,
Doch leider ist sein Name mir entfallen.

    Es war noch ferner ein Gelehrter dort,
Der Logik lang studiert in Oxenford.
Er ritt auf einer klapperdürren Mähre,
290 Und auch er selbst war nicht sehr fett – auf Ehre! –
Hohläugig war er, doch voll Nüchternheit,
Und fadenscheinig war sein Oberkleid.
Nicht weltlich von Gesinnung, hatt' er drum
Auch weder Amt noch Benefizium.
Mehr liebt er zwanzig Bücher überm Bette,
In schönem Einband auf dem Bücherbrette,
Von Aristoteles Philosophei,
Als Kleiderpracht, Musik und Fidelei.
Jedoch ein so gelehrter Philosoph er,
300 Hatt' er nur wenig Gold in seinem Koffer,
Da alles, was von Freunden ihm gespendet,
Zum Studium er und Bücherkauf verwendet.
Doch unermüdlich pflegt' er Gott zu bitten
Für die, so sein Scholastentum bestritten.
In seinen Studien sorgsam und verständig,
Sprach er kein Wort mehr, als durchaus notwendig.
Kurz und bestimmt, jedoch gewählt zugleich
War seine Rede und gedankenreich,
Und stets kam die Moral dabei zu Ehren.
310 Er lernte gern, und gerne mocht' er lehren.

    Ein weiser und gelehrter Justitiar,
Der schon auf manchem Rechtsparkette war,
Ritt gleichfalls mit. Bei aller Trefflichkeit
War er voll Rücksicht und Bescheidenheit,
Wie seine weisen Worte dies bewiesen.

Oft war er schon zum Richter der Assisen
Durch Vollmacht oder Kommission ernannt.
Bei seinem Wissen, seinem Ruf verstand
Er auf den Gelderwerb sich unvergleichlich,
320 Und Kleider wie Gebühren hatt' er reichlich.
Als simple Spesen strich er alles ein,
Von dem Verdacht der Käuflichkeit ganz rein.
Er hatte viel zu tun, und schien sogar
Geschäftiger, als er beschäftigt war;
Und alle Rechtsentscheidungen und Fälle
Seit König Will zitiert' er auf der Stelle.
Im Aktenschreiben war er so präzis,
Daß sich nicht drehn daran noch deuteln ließ.
Ein jegliches Statut war ihm bekannt.
330 Ein schmalgestreifter Seidengurt umwand
Sein Kleid, das bunt gescheckt war, doch höchst schlicht,
Und mehr erzähl' ich von dem Anzug nicht.

    Ein Gutsherr zählte ferner zu dem Kreis.
Sein Bart war wie die Gänseblumen weiß,
Von Ansehn war sanguinisch er und rot;
Gern trank er Wein zu seinem Morgenbrot.
Sein Leben zu genießen, dacht' er nur,
Ganz wie ein echter Sohn vom Epikur,
Nach dessen Meinung eben im Vergnügen
340 Des Lebens höchste Seligkeiten liegen.
Groß war sein Haushalt, und an Gastlichkeit
Galt als ein St. Julian er weit und breit.
Nach ein Uhr nahm er Brot und Bier erst ein,
Und niemand war so wohlversehn mit Wein.
Es ging an Fisch und Fleisch in seinem Haus
Wie an Gebäck der Vorrat niemals aus.
An Speise, Trank und allen Leckereien,
Die zu erdenken, schien es nur zu schneien.

Verschieden und der Jahrszeit angemessen
350 War stets sein Braten und sein Abendessen.
Manch fettes Rebhuhn hielt im Bauer er,
An Hecht und Bars war nie sein Kasten leer.
Weh seinem Koche, wenn die Brühe nicht
Scharf und pikant und schmackhaft das Gericht.
Gedeckt vom Morgen bis zum Abend stand
Stets sein Kredenztisch an der Hallenwand.
In den Sessionen war er Präsident,
Grafschafts-Vertreter oft im Parlament.
An seinem Gürtel, weiß wie Milch am Morgen,
360 Hing Dolch und Seidenbörse wohl geborgen;
Auch war, als würd'ger Freisaß rings bekannt,
Zum Obmann er und Sheriff oft ernannt.

      Ein Weber, Tapezierer, Zimmermann,
Ein Färber und ein Krämer kamen dann.
Bei ihnen wies die Gildetracht es klar,
Daß hochansehnlich aller Innung war.
Der Spieße Spitzen waren blank poliert;
Mit reinstem Silber waren rings verziert
Die Gürtel samt den Taschen, die dran hingen,
370 Und auch von Blech nicht ihre Messerklingen.
Behäb'ge Bürger schienen sie, und alle
Des Thrones wert in ihrer Gildehalle;
Und dem Verstande nach war jedermann
Befähigt sicherlich zum Aldermann;
Und ihre Weiber liebten es zu zeigen,
Daß reichlich Gut und Renten jedem eigen;
Sonst müßte man sie ernstlich darob schelten;
So schön es sein mag, als »Madam« zu gelten,
Und wenn zu den Vigilien man voran
380 Im reichen Mantel fürstlich gehen kann.
      Sie ließen sich von einem Koch begleiten,

Die Mark- und Hühnersuppen zu bereiten
Nebst Poudremarchant, Galingale und Torten.
Vom Bier in London kannt' er alle Sorten.
Er schmorte, briet, sott, röstete höchst lecker,
Er war Mortreusen- und Pastetenbäcker.
Indes entstellte – denk' ich – ihn fatal
An seinem Kinn ein großes Muttermal.
Auf Blancmanger verstand er sich am besten.

390   Auch war ein Schiffer da, ganz aus dem Westen;
Soviel ich weiß, war er von Dertmouth her.
Auf einem magern Klepper ritt er sehr
Beschwerlich nur. Bis an die Kniee ging
Sein Faltenrock, und unterm Arme hing
Sein Dolch, gehalten durch ein Schulterband,
Und von der Sonne war er braun gebrannt.
Er war gewiß ein wackerer Kumpan,
Der von Bordeaux-wärts manchen Schluck getan,
Sobald der Supercargo lag im Schlummer;
400 Und sein Gewissen schuf ihm wenig Kummer.
Wenn er im Streit den Gegner überwand,
So sandt' er ihn durchs Wasser an das Land;
Doch wußte zu berechnen er die Fluten
Und Mond- und Sonnenhöhe. Solchen guten
Lotsen, wie ihn, bei Strömung und am Strand
Man von Karthago bis nach Hull nicht fand.
Er war – auf Ehre! – so beherzt wie klug,
Und seinen Bart durchzauste Sturm genug.
Von Gotland bis zum Finisterra Cap
410 War ihm jedwede Bucht, die es nur gab,
Im Spanier- und Bretagnerland bekannt,
Und »Magdalene« ward sein Schiff genannt.
     Ein Arzt war da, Doktor der Medizin;
In aller Welt gab's keinen je wie ihn,

Was die Arznei betrifft und Chirurgie.
Er kannte gründlich die Astronomie,
Und manche Lebensstunden konnten danken
Seiner natürlichen Magie die Kranken.
Auch konnte durch Konstellation von Sternen
420 Er der Patienten Aszendenten lernen.
Er wußte, wo der Grund der Krankheit sitze,
Ob sie durch Dürre, Nässe, Kälte, Hitze
Entstanden sei und in das Blut gekommen;
Als Praktiker war er durchaus vollkommen.
Sobald der Krankheit Wurzel er erkannt,
War er sofort mit Mitteln bei der Hand.
Die Apotheker sandten für die Kuren
Ihm willig die Latwergen und Mixturen;
Denn neu war nicht die Freundschaft zwischen ihnen;
430 Der eine gab dem andern zu verdienen.
Er kannte gründlich Dioscorides,
Den alten Äskulap, Hippokrates,
Und Rufus, Hali, Rasis, Avicen,
Galen, Serapion und Damascen,
Den Averhoss und den Konstantin
Nebst Bernhard, Gatisden und Gilbertin.
In der Diät hielt er aufs rechte Maß,
Den Überfluß vermied er, doch besaß
Stets seine Nahrung Kraft und war verdaulich.
440 Das Bibelstudium schien ihm nicht erbaulich.
Er ritt in einem rot und blauen Kleide,
Mit Taffetas gefüttert und mit Seide.
Doch war er kein Verschwender und hielt fest,
Was er gewonnen hatte bei der Pest.
Herzstärkende Arznei ist Gold, und drum
Liebte das Gold er als Spezifikum.
    Ein gutes Weib aus Bath zog ferner mit;

Doch schade war, daß am Gehör sie litt.
Im Tücherweben man wohl keine Hand
450 In Gent und Ypern je geschickter fand.
Kein Weib im ganzen Kirchspiel durfte wagen,
Den Vortritt ihr beim Opfern zu versagen,
Denn ihre Liebe war in diesem Falle
Sofort dahin vor lauter Gift und Galle.
Vom feinsten Stoff trug einen Schleierbund
Sie sonntags auf dem Kopfe, der ein Pfund
Und selbst darüber wog, bei meiner Treu!
Die scharlachroten Strümpfe waren neu,
Und glänzten frisch und saßen eng und gut.
460 Kühn von Gesicht und schön wie Milch und Blut,
War sie ein wackres Weib, das ihrer Zeit
Fünf Männer an der Kirchentür gefreit –
Die Jugendfreunde dabei ungezählt,
Die zu erwähnen der Beruf mir fehlt.
Hin nach Jerusalem zum heil'gen Land
War dreimal sie gepilgert. Auch bekannt
War ihr Santiago in Galizia, Rom,
Boulogne, Köln und mancher fremde Strom;
Und auf der Wandrung lernte sie nicht wenig.
470 Doch leider Gottes war sie ziegenzähnig.
Auf ihrem reichgeschirrten Zelter ruhte
Sie höchst bequem, bedeckt mit einem Hute
Wie eine Tartsche, wie ein Schild so groß,
Und ihre weiten Hüften rings umschloß
Ein Überwurf. Die Sporen waren spitzig,
Und in Gesellschaft war sie scharf und witzig.
Viel Liebesmittel waren ihr bekannt,
Den alten Tanz sie kunstgerecht verstand.
      Es kam ein Pfarrer aus der Stadt sodann,
480 Ein gottesfürcht'ger und gelehrter Mann,

Zwar arm nur, doch an heiligen Gedanken
Und guten Werken reich; und ohne Wanken
Hielt er an Christi Wort und bracht's zu Ehren
In der Gemeinde durch sein treues Lehren.

Die Güte selbst war er und hilfsbereit
Und voll Geduld in Widerwärtigkeit,
Wie er gezeigt in manchen schweren Proben.
Beim Zehntensammeln pflegt' er nicht zu toben.
Er hätte lieber – ohne alle Frage –
490   Vom Opfergeld und Naturalertrage
Den Armen seines Kirchspiels abgegeben;
Denn er bedurfte wenig nur zum Leben.
Groß war sein Sprengel und weit abgelegen
Die Häuser! Aber Donner nicht noch Regen
Hielt ihn zurück. Rief Krankheit oder Leid,
So waren Haus und Hütte nie zu weit
Für seine Füße und für seinen Stab.
Das beste Beispiel er den Schafen gab,
Da er sein Wort stets durch die Tat bewährte,
500   Wie ihn sein heilig Evangelium lehrte.
Er führte häufig auch das Gleichnis an:
Will Gold schon rosten, was tut Eisen dann?
Denn ist ein Priester, dem wir trau'n, nicht rein,
So ist's kein Wunder, daß voll Rost die Lai'n;
Und Schmach den Priestern, die sich sagen müssen:
Rein sind die Schafe, doch ihr Hirt beschissen!
Ein Priester sollte für der Herde Leben
Durch eigne Reinheit stets das Beispiel geben.
Daß er die Pfarre Mietern überwies,
510   Im Sumpfe seine Schafe stecken ließ,
Damit in London etwa als ein fauler
Chorherr im Dome lebe von St. Paul er,
Und Mitglied einer Brüderschaft gar werde,

Fiel ihm nicht ein. Er weidete die Herde
Mit eigner Hand, daß sie kein Wolf beirrte;
Er war kein Mietling – nein, ein guter Hirte.
Obschon ein tugendhaft'ger, heil'ger Mann,
Nahm er sich freundlich doch der Sünder an,
Er predigte nicht pomphaft, noch vulgär,
520 Nein, liebereich und anstandsvoll vielmehr.
Das Volk durch Güte himmelwärts zu ziehn
Und eignes Beispiel war sein stetes Müh'n.
Doch wenn sich jemand sündlich widersetzte
– War er im Rang der erste oder letzte –,
So kanzelt' er ihn ganz gehörig ab.
Der beste Priester war er, den es gab,
Der nicht nach Pomp und äußer'n Ehren geizte,
Sich nie in süßem Selbstbewußtsein spreizte,
Doch Christi und der Jünger Wort so ehrte,
530 Daß er es erst befolgte und dann lehrte.
      Ein Ackersmann war da, des Pfarrers Bruder,
Von Dünger lud er manches liebe Fuder;
Ein treuer Quäler, voller Herzensgüte,
Mildtätigkeit und friedlichem Gemüte.
Er liebte Gott von seinem ganzen Herzen
Und alle Zeit, in Freuden wie in Schmerzen,
Und seinen Nächsten wie sich selbst. Bereit,
Zu graben, pflügen, dreschen jederzeit,
War er für jeden Armen, alle Schwache
540 Ganz unentgeltlich, nur für Christi Sache.
Er zahlte stets zur rechten Zeit die Heuer
An Vieh und Korn und Früchten in der Scheuer.
Auf einer Stute ritt er und im Kittel.
      Ein Ablaßkrämer, Tafelmeister, Büttel,
Ein Müller, ein Verwalter kamen dann;
Zum Schluß ich selber, als der letzte Mann.

Der Müller war ein derber Kerl und stark
An Muskeln und an Knochen voller Mark.
Davon gab jeder Ringkampf den Beweis,
550 Denn stets gewann den Hammel er als Preis.
Mit seinem Kopf durchstieß er jedes Tor
Und hob es aus den Angeln rasch empor.
Stark in den Schultern war er, knorrig, knuppig;
Breit wie ein Grabscheit, schweinemäßig struppig
Und fuchsrot war sein Bart; und im Besitze
Von einer Warze war die Nasenspitze;
Ein Büschel Haare wuchs daraus empor,
Wie gelbe Borsten aus dem Schweineohr.
Groß war der schwarzen Nasenlöcher Weite;
560 Ein Schwert nebst Schild trug er an seiner Seite;
Von Umfang wie ein Ofen war sein Mund.
Ein Goliarde war er, Prahlhans und
Ein Zotenreißer, stahl vom Korn und maß
Den Mahlsatz dreifach; aber er besaß
Dabei – Pardi! – den goldnen Müllerfinger.
In weißem Rock und blauer Mütze ging er.
Schön pfiff er Dudelsack und blies darauf
Uns aus der Stadt auf unsrer Reise Lauf.
     Der Tafelmeister, der in einem Tempel
570 Den Tisch versah, war Käufern ein Exempel,
Wie beim Verproviantieren zu verfahren.
Ob stückweis, ob im Ramsch er seine Waren
Erstehen mochte, er verstand die Sachen
So einzurichten, rasch sein Glück zu machen.
Nun, ist das nicht die schönste Gottesgabe,
Daß solch geringer Mann mehr Weisheit habe
Als wie ein Haufen hochgelehrter Geister?
Wohl mehr als dreißig Herr'n am Tische speist er,
Und im Gesetz erfahren waren alle.

580   Ein Dutzend gab es sicher in der Halle,
    Die wohl befähigt waren, Gut und Land
    Von jedem Lord im ganzen Engeland
    Genau und ohne Schulden zu verwalten –
    Indessen selbstverständlich vorbehalten,
    Wenn er ein Filz war oder geistesschwach.
    Woran es in der Grafschaft auch gebrach,
    An ihrem Rat gebrach's in keinem Falle –
    Doch hielt zu Narr'n der Tafelmeister alle.
    Der glattrasierte Landverwalter war
590   Sehr mager und cholerisch, und sein Haar
    Trug wie ein Priester er ganz kurz geschoren
    Vorn an der Stirn und hinter beiden Ohren.
    Sehr lang und mager waren seine Beine,
    Gleich einem Stock, und Waden hatt' er keine.
    Ordnung hielt er in Scheunen und in Ställen;
    An seiner Rechnung etwas auszustellen
    Fand kein Revisor; und er schätzte leicht
    Den Saatertrag, ob's trocken oder feucht.
    Von Milchhaus, Fischteich und des Herren Herden,
600   Vorräten, Schweinen, Federvieh und Pferden
    War dieser Mann ganz unumschränkt Verwalter,
    Seit sein Gebieter zwanzig Jahr an Alter.
    Er legte Rechnung an bestimmten Tagen,
    Und über Rückstand konnte niemand klagen.
    Kein Vogt, kein Knecht, kein Hirt war ihm zu schlau;
    Denn ihre Schliche kannt' er so genau,
    Daß sie vor ihm mehr Furcht und Bangen hatten
    Als vor dem Tod. – In grüner Bäume Schatten
    Stand seine schöne Wohnung auf dem Felde.
610   Er spekulierte besser mit dem Gelde
    Als sein Gebieter; denn in Heimlichkeit
    Gewann er viel. Doch war er schlau bereit,

Davon auf Borg an seinen Herrn zu geben,
Und hatte Dank und Rock und Hut daneben.
Er fing als Jüngling mit dem Handwerk an
Und galt als guter, tücht'ger Zimmermann.
Der Hengst, auf dem er saß, war schön von Bau,
Sein Name Scott, die Farbe apfelgrau.
Sein blauer Rock weit übers Knie ihm ging,
620 Ein rostig Schwert an seiner Seite hing.
Er war aus Norfolk her, und zwar vom Land
Nah einer Stadt, die Baldeswell genannt,
Und aufgeschürzt ganz wie ein Klostermann,
Ritt er stets auf der Reise hintenan.
      Mit feuerrotem Cherubim-Gesicht,
Schmaläugig, finnig und mit Pusteln dicht
Besät, war noch ein Büttel mit am Platz,
Und geil und lüstern war er, wie ein Spatz.
Mit grind'gem Bart und räud'gen Augenbrauen,
630 War sein Gesicht der Kinder Furcht und Grauen.
Quecksilber, Schwefel, Borax schlugen fehl,
Ihm half nicht Bleiweiß, Glätte, Weinsteinöl,
Und mochten Salben noch so beißend sein.
Ihn konnte von dem Grinde nichts befrein
Und von den Knubben, die er im Gesicht.
Knoblauch und Zwiebeln war sein Leibgericht,
Sein Lieblingstrank blutroter, starker Wein;
Und wie verrückt zu schwätzen und zu schrein
Begann er dann und wollte, wenn beim Zechen
640 Er sich betrunken, nur Lateinisch sprechen.
Er lernte – und kein Wunder war's – auswendig
Zwei bis drei Redensarten, die beständig
Er in Dekreten angewendet fand –
Denn schwatzen kann, wie männiglich bekannt,
Die Elster wie der Papst. – Doch unterfing

Sich jemand, tiefer ihn zu prüfen, ging
So rasch zu Ende die Philosophie,
Daß er nur »Questio quid iuris?« schrie.
Wohl selten fand man auf der Erde Rund
650 Solch güt'gen Kerl und lieben Lumpenhund;
Den guten Burschen wollt' bei wilden Ehen
Ein ganzes Jahr er durch die Finger sehen.
Gab man ihm nur ein Viertel Wein zu trinken.
In aller Stille pflückt' er seine Finken.
Er lehrte Leuten, die in solchen Lagen,
Nicht ängstlich vor dem Erzdekan zu zagen
Und seiner Androhung des Kirchenbannes.
Doch wenn am Beutel hing das Herz des Mannes,
Büßte der Beutel, was der Mann getan.
660 »Denn unter Hölle meint der Erzdekan
Den Beutel nur«, sprach – oder log vielmehr – er.
In Schrecken vor ihm standen alle Schwürer.
– Die Beichte rettet, doch der Fluch bringt Tod!
Wohl dem, dem kein »Significavit« droht! –
Die Dirnen in der Diözese standen
Kraft seines Amts in seiner Hut und fanden
Bei ihm stets Rat für ihres Herzens Sehnen.
Es war mit einem Kranz, an Größe denen
Auf Bierhausstangen gleich, sein Haupt umhüllt,
670 Und ein gewalt'ger Kuchen war sein Schild.
     Als Freund und als Gevatter von ihm ritt
Aus Ronceval ein Ablaßkrämer mit,
Der gradeswegs vom Hofe kam aus Rom.
Laut sang er: »Komm, mein Herzensliebchen, komm!«
Wozu der Büttel, wie Posaunenklang
Gewaltig dröhnend, seinen Rundreim sang.
Des Ablaßkrämers Haar war gelb wie Wachs
Und hing so glatt wie eine Docke Flachs

Auf seine Schultern, die es rings umgab,
680 In dünnen Locken ihm vom Kopf herab.
In kecker Laune trug er's unbedeckt;
Denn die Kapuze hatt' er eingesteckt
In seinem Mantelsack, der vor ihm hing.
Daß er mit Flatterhaar und barhaupt ging,
War nach der neusten Mode, wie er glaubte;
Drum trug er nur ein Käppchen auf dem Haupte.
Glotzaugen hatt' er ganz wie ein Karnickel,
Und angenäht am Käppchen ein Vernickel.
Mit Ablaßfracht kam er soeben heiß
690 Aus Rom zurück. Wie's Meckern einer Geiß
Klang seine Stimme. Im Gesichte war,
Ob unrasiert, doch keine Spur von Haar,
Er mußte – dünkt mich – wohl ein Wallach sein.
Von Ware bis Berwick war gewißlich kein
Ablaßverkäufer, der ihm's Wasser reichte.
Als »Unsrer lieben Frauen Schleier« zeigte
Er einen Kissenüberzug. Im Koffer
Verwahrte von dem Segel etwas Stoff er,
Das Petri Fahrzeug – wie er sagte – führte,
700 Als mit dem Herrn er auf dem See spazierte;
Ein steinbesetztes Kreuz hatt' er von Zinn
Sowie ein Glas mit Schweineknochen drin.
Und traf er einen armen Bauersmann,
So schwatzt' er ihm von den Reliquien an
Und erntete an einem einz'gen Tage
Die Früchte seiner wochenlangen Plage.
So hielt mit Possen und mit Schmeichelworten
Das Volk zu Narren er an allen Orten.
Doch, um nicht von der Wahrheit abzuweichen,
710 Als Kirchenredner war er ohnegleichen.
Schön las den Bibeltext er und Historien;

Jedoch am besten sang er Offertorien,
Da hinterdrein er gleich den Anfang machte
Mit seiner Predigt, die ihm Geld einbrachte.
Zu diesem Zwecke spitzt' er seine Zunge
Und sang vergnügt und laut aus voller Lunge.
    So macht' ich kurz und nach der Reihe kund
Rang, Anzug, Zahl und minder nicht den Grund,
Weshalb in Southwark jeder angekommen
720 Und in dem Gasthof sein Quartier genommen,
Der »Tabard bei der Glocke« ward genannt;
Und an der Zeit ist's, daß ich Euch bekannt
Auch weiter mache, wie wir unsre Nacht
In dem besagten Wirtshaus zugebracht;
Und hinterdrein gedenk' ich Euch zu sagen,
Was auf der Reise sonst sich zugetragen.
Doch bitt' ich Euch zunächst aus Höflichkeit,
Legt es nicht aus als Herzensschlechtigkeit,
Wenn ich getreu im Laufe der Geschichte
730 Auch jedes Wort von jedermann berichte;
Sonst ziehe man mit Recht der Lüge mich.
Denn das wißt sicher Ihr so gut wie ich:
Wer melden will, was ihm gesagt ein Mann,
Der wiederhole, so genau er kann,
Ein jedes Wort, sei's noch so schlecht gewählt
Und noch so gröblich, was ihm vorerzählt.
Sonst müßt' er ja die Unwahrheit berichten,
Den Sinn verfälschend, neue Worte dichten;
Den eignen Bruder darf er schonen nicht,
740 Ein jedes Wort zu sagen, ist ihm Pflicht.
Sehr kräftig sprach selbst Christus in der Bibel,
Und doch kein Wort – das wißt Ihr – ist von Übel.
Wer Plato las, dem ist der Spruch bekannt:
Es sei das Wort der Sache nah verwandt.

Und gleichfalls bitt' ich, daß Ihr mir verzeiht,
Wenn ich Euch nicht nach Rang und Würdigkeit
Die Leute vorgeführt, wie angemessen.
Mein Witz ist kurz, das dürft ihr nicht vergessen.
    Für jeden freundlich, ließ der Wirt vom Haus
750 Uns niedersitzen rasch zum Abendschmaus.
Die Tafel er mit bester Speise deckte.
Stark war der Wein, der uns vorzüglich schmeckte.
So wohlanständig war des Wirtes Wesen,
Als sei er zum Hofmarschall auserlesen.
Sein Wuchs war stark, tief lag sein Augenpaar;
In Chepe selbst kein bess'rer Bürger war.
Gewandt und klug und gradheraus er sprach,
In Nichts es ihm an Männlichkeit gebrach;
Dazu war er ein aufgeweckter Mann.
760 Gleich nach dem Abendessen hob er an
In heitrer Laune dies und das zu sprechen;
Und als berichtigt waren unsre Zechen,
Begann er also: »Wahrlich, meine Herr'n,
Willkommen heiß' ich Euch hier herzlich gern.
Denn, meiner Treu, wenn ich nicht lügen soll,
Sah meinen Gasthof ich noch nie so voll
In diesem Jahr, wie heut' am Tag' er ist.
Gern möcht' ich Euch erheitern. Darum wißt,
Daß ich mir eben einen Scherz erdacht,
770 Der vielen Spaß und keine Kosten macht.
    Ihr geht nach Canterbury. – Eure Pfade
Beschirme Gott und seines Märtyr'rs Gnade! –
Und sicher weiß ich, daß Ihr Euren Weg
Zu kürzen denkt durch heiteres Gespräch.
Denn unbehaglich wahrlich ist's und dumm,
Einherzureiten, wie der Stein so stumm.
Drum würd' es mich, wie ich schon sagte, freun,

Euch angenehm und lustig zu zerstreun;
Und wenn Ihr insgesamt des Willens seid,
780 Mir zu gehorchen und mit Folgsamkeit
Dasjenige zu tun, was ich Euch weise –
Bei meines Vaters Seel'! – seid auf der Reise
Ihr morgen dann nicht hochvergnügt und munter,
Schlagt mir den Kopf von meinem Rumpf herunter!
Macht keine Worte; hebt empor die Hände!«
     Wir kamen rasch mit dem Entschluß zu Ende;
Uns schien nicht wert, es lange zu beraten.
Wir gingen schlichthin darauf ein und baten
Ihn, kundzumachen, was im Sinn er trage.
790 »Nun, Herren!«, sprach er, »hört, was ich Euch sage.
Doch bitt' ich dringend, nehmt es mir nicht krumm!
Denn, kurz und gut, es handelt sich darum,
Es solle jeder von Euch vier Geschichten,
Den Weg zu kürzen, auf der Fahrt berichten;
Zwei, während wir nach Canterbury wandern,
Und auf dem Heimweg dann die beiden andern.
Der aber, welcher schließlich unter allen
Von Abenteuern, die einst vorgefallen,
Das beste vorgetragen hat – das heißt:
800 Was Euch erbaut sowie ergötzt zumeist –
Erhält zum Lohn dafür in diesem Haus
Auf Kosten aller einen Abendschmaus,
Wenn wir von Canterbury heimwärts kehren.
Und gerne will ich, Eure Lust zu mehren,
Auf eigne Kosten selber mit Euch reiten,
Und Euch als Führer auf der Fahrt begleiten.
Wer meinem Urteil wagt zu widersprechen,
Zahlt auf der Tagesfahrt dafür die Zechen.
Wenn Ihr gewillt seid, daß dem also sei,
810 So stimmt mir ohne viele Worte bei,

Damit ich mich beizeiten rüsten kann.«
      Dies ward bewilligt und wir schworen dann
Froh unsern Eid und baten ihn daneben,
Das auszuführen, was er angegeben.
Er möge sich als Leiter uns verpflichten
Sowie als Richter über die Geschichten,
Den Preis des Abendessens nur fixieren,
Und nach Gefallen über uns regieren
Im Kleinen wie im Großen. – Jedermann
820 Nahm gern und willig seinen Vorschlag an.
Und hinterher bestellten wir uns Wein
Und tranken ihn, und dann ward allgemein
Und ohne Zögern gleich zur Ruh gegangen.
      Sobald der Tag zu grauen angefangen,
Erhob sich unser guter Wirt und war
Der Hahn für alle. – Bald war seine Schar
Beisammen und dann ging, halb Trab, halb Schritt,
Zur Schwemme von Sankt Thomas unser Ritt.
Dort gab der Wirt den Pferden etwas Ruh
830 Und sprach: »Ihr Herrn, hört mir gefälligst zu!
Ihr wißt, was Ihr verspracht und ich bedang.
Ist Euer Abendlied noch Morgensang,
So laßt uns sehn, wer soll der erste sein,
Der jetzt erzählt? Ich schwör's bei Bier und Wein!
Für alle zahlt die Zeche, wer sich jetzt
Rebellisch meinem Urteil widersetzt!
Nun frisch gelost! Dann reiten wir von hinnen,
Und wer das kürz'ste Los zieht, muß beginnen.
Herr Ritter«, sprach er, »Oberherr und Lord!
840 Zieht Euer Hälmchen! – So ist der Akkord. –
Kommt näher«, sprach er, »Lady Priorin!
Ihr, Herr Scholar, ermuntert Euren Sinn;
Laßt das Studieren! – Fasse jeder an.«

Und folgsam zog sein Los auch jedermann.
Ganz in der Kürze sei es nun berichtet:
Ob es Geschick, ob Zufall angerichtet,
Die bei der Ziehung ihre Fäden schürzten,
Die Wahrheit ist: Der Ritter zog den kürz'sten.
Nun war bei allen Lust und Freude groß.
850 Er hatte zu beginnen; denn sein Los
Verfügte so. – Was braucht's der Worte mehr?
Was abgemacht, wißt Ihr und wußt' auch er.
Und da er klug, gehorsam war und willig,
So hielt er sein Versprechen auch, wie billig.
»In Gottes Namen! Wie das Hälmchen fiel,
Will ich beginnen«, sprach er, »unser Spiel!
Nun reitet weiter und lauscht meinem Wort.«
So zogen wir des Weges weiter fort,
Und dann begann mit freundlichem Gesichte
860 Er die Erzählung, die ich jetzt berichte.

Die Erzählung
des Ritters

Vers 1–2250

Wie aus Historienbüchern zu ersehn,
War einst ein Herr und Herzog in Athen,
Der Theseus hieß. Ihm glich zu seiner Zeit
Kein Sieger und Eroberer, so weit
Die Sonne scheint, an Größe und an Ruhm.
Er unterwarf manch reiches Fürstentum.
Durch Tapferkeit und Klugheit überwand
Er Skythia, das Amazonenland,
Und er erkor zur Gattin sich zugleich
Hippolyta, die Königin vom Reich,
Und zog mit ihr und ihrem Schwesterlein
Emilia in seine Heimat ein.
In feierlichem Zug voll Glanz und Pracht,
Umgeben von der ganzen Heeresmacht,
Mit Siegesliedern, Jubelmelodien
Mag nach Athen der würd'ge Herzog ziehn.
    Doch wahrlich, wär' es kürzer einzurichten,
Möcht' ich den ganzen Hergang Euch berichten,

Wie Herzog Theseus' ritterliche Hand
20 Das Reich der Weiber siegreich überwand,
Wie die Athener in den Kämpfen siegten,
Als sie die Amazonenschar bekriegten,
Und wie die Königin von Skythia,
Die schöne, kräftige Hippolyta
Belagert ward, wie ihrer Hochzeit Weise,
Ihr Tempelgang und ihre Heimwärtsreise.
Doch muß ich leider wohl darauf verzichten.
Groß ist – weiß Gott – mein Feld, doch stark mitnichten
Sind meine Stiere, die ich vor dem Pflug;
30 Und der Geschichte Rest ist lang genug.
Ich möchte keinem gern im Wege stehn;
Laßt jedermann erzählen und uns sehn,
Wer sich den Abendschmaus gewinnen kann?
Drum, wo ich abbrach, heb' ich wieder an.

    Als der erwähnte Herzog nun nicht weit
Mehr von der Stadt, zu der in Herrlichkeit
Und großer Pracht er auf der Reise rückte,
Sah er die Straße, als er um sich blickte,
Mit einer Schar von Weibern angefüllt,
40 Die niederknieten, ganz in Schwarz gehüllt,
In einer langen Reihe, zwei bei zwei;
Und so erbärmlich klang ihr Wehgeschrei,
Daß wohl im Leben auf der Erde Flur
Solch Jammern hörte keine Kreatur;
Nicht früher ließen sie ihr Schreien enden,
Bis seines Rosses Zügel sie in Händen.

    »Was Volk seid Ihr, hier vor mir zu erscheinen,
Daß meiner Heimkehr Fest mit Eurem Weinen
Ihr stört?«, sprach Theseus. »Seid Ihr so voll Neid
50 Ob meiner Ehre, daß ihr klagt und schreit?
Doch seid gekränkt Ihr, hat man Euch mißhandelt,

Daß Ihr in schwarzer Trauerkleidung wandelt,
So sagt mir an, wie ich Euch helfen kann?«
    Die älteste der Frauen sprach sodann,
Der Ohnmacht nah', mit blassem Angesicht
– Ein trüber Schauspiel gab es wahrlich nicht –
Und sagte: »Herr! Begünstigt durch das Glück,
Kehrt siegreich als Erobrer Ihr zurück!
Statt Eures Ruhmes Glorie zu beneiden,
60 Flehn hilfesuchend wir in unsern Leiden.
Laßt gnadenvoll aus Eurem edlen Herzen
Nur einen Tropfen Mitleid auf die Schmerzen
Der jammervollen Weiber niederfallen;
Denn sicher, Herr, ist keine von uns allen,
Die nicht von Königen und Fürsten stammt,
Doch, wie Ihr seht, sind elend allesamt.
Denn hoher Stand oft kurze Dauer hat,
So lenkt's Fortuna und ihr falsches Rad!
Wir haben, Herr, auf Eure Gegenwart
70 In der Clementia Tempel schon geharrt
Seit vierzehn Tagen, unser Flehn zu senden
Empor zu Euch. – Ihr habt die Macht in Händen!
    Ich selbst, ein elend, klagend Weib, war sonst
Des Kapaneus, des Königs, Eh'gesponst,
Der seinen Tod vor Theben fand. – Dem Tage
Sei ewig Fluch! – Und alle, deren Klage
Aus Trauerhüllen dringt zu Euren Ohren,
Haben die Gatten vor der Stadt verloren,
Als unser Heer vor ihren Wällen lag.
80 Der alte Kreon aber – Weh und Ach! –,
Der dort regiert, beschloß aus Haß und Wut
Den schändlichen Tyrannenübermut
An den entseelten Körpern selbst zu kühlen
Von unsern Männern, die im Kampfe fielen.

Auf einen Haufen schleppt' er ihre Leichen
Und ist auf keine Weise zu erweichen,
Sie zu verbrennen oder zu bestatten,
Und die Gebeine der erschlag'nen Gatten
Dienen zum Futter jetzt für seine Hunde!«

90   Bei diesem Worte scholl aus aller Munde
Ein kläglich Schrei'n: »O, öffnet in Erbarmen
Das Herz der Not und Sorge von uns Armen!«
So schrieen sie und warfen sich zur Erde.

    Der edle Herzog sprang sogleich vom Pferde,
Denn durch die Worte, die zu ihm gesprochen,
War schier sein mitleidsvolles Herz gebrochen.
Im Innersten bewegt durch die Beschwerden
Von denen, die einst hochgestellt auf Erden,
Hob er mit eigner Hand sie auf sofort,
100 Und freundlich sprach er manches Trosteswort.
Als treuer Ritter band durch einen Schwur
Er sich, zu tun, was irgend möglich nur,
Um des Tyrannen Kreons Macht zu brechen.
Das ganze Volk der Griechen solle sprechen
Davon noch lange, wie durch Theseus Hand
Kreon den Tod, den er verdiente, fand.
Und ohne länger sich dann aufzuhalten,
Ließ fördersamst die Banner er entfalten
Zum Vorwärtsmarsche für das ganze Heer.
110 Nicht nach Athen zog es ihn länger mehr;
Kaum einen halben Tag genoß er Ruh,
Dann ritt zur Nachtzeit er auf Theben zu.
Sein Weib, die Königin der Amazonen,
Hippolyta ließ er inzwischen wohnen
Mit ihrer jungen Schwester in Athen,
Um – wie gesagt – gleich in den Kampf zu gehn.

    Im weißen Banner schien mit Speer und Schild

Vom Kriegsgott Mars das blutigrote Bild
Und leuchtete mit hellem Glanz ins Weite.
120 Aus reinem Gold gefertigt, ihm zur Seite,
Ragte die Fahne, die das Bildnis trug,
Wie Theseus Kretas Minotaur erschlug.
So ritt der Herzog, so der kühne Sieger,
Umgeben von der Blüte seiner Krieger,
Auf Theben zu, bis endlich Halt er machte
Auf einem Feld, wo er zu kämpfen dachte.
Um nun ganz kurz den Tatbericht zu geben:
Mit Kreon, welcher König war in Theben,
Focht er, und ritterlich in offner Schlacht
130 Erschlug er ihn und trieb die Heeresmacht
Zu Paaren, nahm die Stadt darauf mit Sturm,
Und gleich der Erde macht' er Wall und Turm,
Und an die Frau'n ließ er zurückerstatten
Die toten Körper der erschlagnen Gatten,
Sie beizusetzen nach des Landes Brauch.
Doch allzulange währt' es, spräch' ich auch
Von allem Jammer und von allem Flennen
Der armen Weiber während dem Verbrennen,
Und wie, mit Ehren und mit vielen Gnaden
140 Vom edlen Herzog Theseus überladen,
Sie endlich schieden und von dannen gingen;
Denn kurz zu sein, ziemt mir vor allen Dingen.
Der edle Herzog, der mit starker Hand
Kreon erschlug und Theben überwand
Und alles Land zu eigen sich gemacht,
Nahm auf dem Schlachtfeld Ruhe für die Nacht.
Nun machten sich die Plündrer viel zu schaffen,
Um reiche Beute, Rüstungen und Waffen
Erschlagner Feindesleichen heimzutragen
150 Vom Kampfplatz, wo sie haufenweise lagen.

Und so geschah's, daß hierbei aufgefunden
Zwei junge Ritter wurden, die, durch Wunden
Arg zugerichtet, scheinbar als erschlagen,
Im reichen Waffenschmuck beisammen lagen,
Von denen Palamon der eine hieß,
Arcit der andre; wie sich bald erwies,
Obwohl sie tot mehr als lebendig schienen,
Aus ihren Rüstungen; sowie von ihnen
Und ihrer Herkunft Herolden nicht minder
160 Bekannt war, daß sie als Geschwisterkinder
Entsprungen Thebens königlichem Haus.
Als aus dem Leichenhaufen sie heraus
Die Plünderer gezogen, brachte man
Sie in das Zelt des Theseus, der sodann
Sie nach Athen zu ew'ger Haft verwies
Und für kein Lösegeld daraus entließ.
Und heimwärts zog, nachdem er dies vollbracht,
Der würd'ge Herzog mit der Heeresmacht,
Bekränzt als Sieger mit dem Lorbeerzweige.
170 Geehrt und fröhlich bis zur Lebensneige
Verblieb er dort. – Was braucht's der Worte mehr?
In einem Turme lagen sorgenschwer
Stets noch Arcit und Palamon gefangen,
Da für kein Gold die Freiheit zu erlangen.
      Tag rollt auf Tag und Jahr auf Jahr vorbei,
Bis es geschah, daß einst im Monat Mai
In früher Morgenstunde schon Emilie,
Weit schöner als am grünen Schaft die Lilie
Und frischer als des Maies Blütenprangen
180 – Denn ob die Rose oder ihre Wangen
Von zarterm Rot, war schwerlich zu entscheiden –,
Vom Lager aufstand, um sich anzukleiden,
Wie früh am Morgen sie gewohnt zu tun.

Die Schläfer läßt der Mai nicht lange ruhn,
Der so die Herzen prickelt und belebt,
Daß rasch vom Lager jeder sich erhebt.
»Steh' auf«, ruft Mai, »und huld'ge meiner Macht!«
Drum war Emilie zeitig aufgewacht,
Damit auch sie den Mai in Ehren halte.
190 Frisch war ihr Kleid; in reichen Flechten wallte
Ihr um die Schultern das goldgelbe Haar,
Das ellenlang – nach meiner Schätzung – war.
Als ihren Lauf die Sonne dann begann,
Trat sie im Garten ihre Wandlung an,
Wo sie sich weiß' und bunte Blumen pflückte,
Zum Kranz sie wand, mit ihm die Stirne schmückte,
Und dabei himmlisch wie ein Engel sang.
Der dicke, große Turm, in dem schon lang
Gefangen die besagten Ritter lagen
200 – Von denen auch noch ferner viel zu sagen –,
Die stärkste von des Schlosses Kerkerwarten,
Lag an dem Wall von eben jenem Garten,
In dem ihr Spiel Emilie fröhlich trieb.
Bei Sonnenschein und Morgenfrische blieb
Auch der gefangne Palamon nicht lang
Im Bett, und den gewohnten Morgengang,
Zu dem sein Wärter ihm Erlaubnis gab,
Nahm er im höchsten Stock, von dem herab
Zur Stadt er und zum Grün des Gartens sah,
210 In dem das schöne Kind Emilia
Lustwandeln ging, sich tummelnd hin und her.
Und Palamon, gefangen, sorgenschwer,
Ging seufzend auf und ab in seiner Kammer,
Sich oft beklagend, daß zu solchem Jammer
Geboren ihn das neidische Geschick.
Und so geschah's – sei's Zufall oder Glück –,

Daß seine Augen durch die dicken Sparren
Von seines Fensters mächt'gen Eisenbarren
Grad' auf Emilie fielen. – Zitternd, bleich,
220 Zusammenzuckend, schreit empor er gleich,
Als ob er durch das Herz gestochen sei. –
Auf sprang Arcit sofort bei diesem Schrei
Und sprach: »Was, teurer Vetter, ist geschehn,
Daß totenblaß Du plötzlich anzusehn?
Was hat man Dir getan, was soll die Klage?
Um Gottes willen mit Geduld ertrage,
Was abzuändern unsrer Macht entgeht.
Fortuna hat den Rücken uns gedreht!
Wenn unheilvoll durch die Konstellation
230 Saturns uns die Aspekten einmal drohn,
So bleibt vergebens das Geschick beschworen;
Denn, wie der Himmel stand, als wir geboren,
So müssen wir's ertragen – das ist klar!«
     Des Palamons Erwiedrung aber war:
»Bei Deiner Ansicht, die Du mitgeteilt,
Hat Deine Phantasie sich übereilt.
Nicht schrie ich, Vetter, weil wir hier gefangen;
Ich ward verwundet, und die Schmerzen drangen
Durchs Auge mir ins Herz. Auf immerfort
240 Bannt mich die Schönheit einer Frau, die dort
Lustwandelnd sich ergeht im Gartengrün.
Das war der Grund, weshalb ich aufgeschrien.
War Weib sie, war vom Himmel sie geschickt?
Mich dünkt, die Venus selbst hab' ich erblickt!«
Und dabei sank er auf die Kniee hin
Und sprach: »Venus, wenn ich gewürdigt bin,
Daß Du mir Armen, welchen Kummer beugt,
Dich hier in irdischer Gestalt gezeigt,
So hilf uns zu entrinnen unsrer Haft!

250 Doch ist's bestimmt, daß in Gefangenschaft
Wir durchaus sterben sollen, dann gewähre
Dein Mitleid unserm Stamme, dessen Ehre
Durch Tyrannei zu tiefem Fall gebracht!«
Nach dieser Rede war Arcit bedacht,
Auch seinerseits die Dame zu erspähen;
Doch augenblicklich, als er sie gesehen,
War – wenn schon Palamon verwundet schwer –
Arcit es ebenmäßig oder mehr.
Und jämmerlich fing er zu seufzen an:
260 »Die holde Schönheit hat mir's angetan,
Die ich erblickt auf jenem Gartenpfade.
Erring' ich mir nicht ihre Gunst und Gnade
Bleibt mir versagt, sie mindestens zu sehn,
Ist es um mich – das fühl' ich – auch geschehn.«
Als kaum die Worte Palamon gehört,
Fragt' er verächtlich blickend und verstört:
Ob's Ernst, ob's Scherz ihm mit der Rede wäre?
»Nein«, sprach Arcit, »vollkommen Ernst – auf Ehre!
Zu Scherzen bin – weiß Gott – ich nicht gestimmt.«
270 Und Palamon versetzte drauf, ergrimmt
Die Brauen faltend: »Nicht von Ehre sprich,
Wenn falsch Du und Verräter gegen mich,
Den Vetter und den Bruder Deiner Wahl!
Wir schworen uns bei der Verdammung Qual,
Es solle gegenseitig von uns beiden
Einer dem andern bis zum Todesscheiden
In keiner Art und – lieber Bruder mein –
Auch in der Liebe nicht im Wege sein.
Daß Du zu meiner Hilfe stets bereit,
280 Wie ich zu Deiner – dieses war Dein Eid,
So sicherlich wie es der meine war.
Du kannst nicht widersprechen. Offenbar

Mußt Du, wie ich, in dieser Sache denken;
Drum Falschheit ist's, Dein Lieben hinzulenken
Zur Dame, die ich liebe, die ich auch
Stets lieben werde bis zum letzten Hauch!
Doch nie, Arcit, soll es Dein falsches Herz!
Ich liebte sie zuerst, und meinen Schmerz
Hab' ich als Bruder Dir und Freund geklagt,
290 Mir hilfreich beizustehn; denn wie gesagt,
Dich bindet Eid, Dich bindet Ritterpflicht,
Daß Du mir Hülfe leihst; und tust Du's nicht,
Bist Du – frei sag' ich's – deines Eids vergessen.«
　　Ihm stolz erwidernd, sprach Arcit indessen:
»Wenn Du mich falsch nennst, ist es leider schade,
Daß falsch Du selbst bist in weit höherm Grade,
Denn – par amour! – wer liebte sie zuerst,
Ich oder Du, daß Du Dich so beschwerst?
Du wußtest nicht, ob Weib, ob Göttin sie;
300 Dein Herz bewegte heil'ge Sympathie,
Doch irdischer ist meiner Liebe Feuer;
Und so geschah's, daß ich mein Abenteuer
Als Vetter und als Bruder Dir enthüllte.
Gesetzt, daß Liebe Dich zuerst erfüllte,
So weißt Du's doch, daß Weise längst verkündet,
Daß in der Liebe kein Gebot uns bindet;
Und ob der klügste Mann Gesetze schriebe,
Bei meinem Kopf! Das höchste bleibt die Liebe,
Und gibt uns positives Recht, Versprechen
310 Um ihretwillen jederzeit zu brechen!
Verstand verstummt, sobald die Liebe spricht!
Ob uns der Tod droht, wir entfliehn ihr nicht –
Mag sie nun Weib sein, Witwe oder Maid.
Für mich wie Dich gibt's keine Möglichkeit,
Uns ihre Gunst im Leben zu erringen,

Denn unsres – weißt Du – müssen wir verbringen
In Kerkerhaft, aus der in Ewigkeit
Nicht mich noch Dich ein Lösegeld befreit.
Wir streiten, gleich zwei Hunden, um das Bein.
320 Sie fochten, jeder wollte Sieger sein;
Da kam ein Habicht, der sie ausgewittert,
Und stahl den Knochen, der sie so erbittert.
Und, Bruder, sieh' den Hof des Königs an!
Da steht auch jeder seinen eignen Mann.
Lieb', wen Du willst; ich will das gleiche tun,
Und damit, Bruder, laß die Sache ruhn.
Solang in Kerkermauern wir begraben,
Mag jeder auch sein Abenteuer haben.«
     Wie lang und scharf gewährt der beiden Streit,
330 Würd' ich berichten, hätt' ich nur die Zeit.
Jedoch zur Sache! – Kurz, wie ich's vermag,
Sei es erzählt. Es kam an einem Tag
Ein würd'ger Fürst, Pirithous genannt,
Zu Theseus nach Athen, wo er das Band
Der alten Freundschaft mit dem Spielgenossen,
Das sie in frühster Kinderzeit geschlossen,
Erneuerte und froh mit ihm verkehrte,
Den auf der Welt er über alles ehrte,
Von dem geehrt er über alles war.
340 Der beiden Liebe macht die Sage klar,
Daß nach dem Tod des einen in der Hölle
Den Freund besucht der lebende Geselle –
Was ich Euch hier nicht lang berichten mag.
Pirithous, der schon seit Jahr und Tag
In Theben Neigung für Arcit empfand,
Hatte bei Theseus sich für ihn verwandt
Und durch sein Bitten ihm Pardon verschafft,
Daß ohne Lösegeld aus seiner Haft

Er unbeschränkt, wohin er wolle, ginge,
350 Jedoch nur unter folgendem Bedinge:
     Mit dem Arcit kam Theseus überein,
Es solle künftig so gehalten sein,
Daß, wenn in seinem Leben je Arcit
Betroffen würde wieder im Gebiet
Des Herzog Theseus und zur Haft gebracht,
Sei es am Tage, sei es in der Nacht,
Sein Kopf sofort verfallen sei dem Schwerte.
Dagegen half kein Rat. – Entlassen, kehrte
Darum Arcit zurück zum Heimatlande.
360 – Er wahre sich! Es steht sein Kopf zum Pfande! –
Wie wird Arcit nunmehr gequält von Schmerzen
     Und welche Todesqual trägt er im Herzen!
Er weint und klagt und sinnt, mit eignen Händen
Die Leiden seines Lebens zu beenden.
»Unsel'ger Tag«, sprach er, »der mich gebar!
Wenn Fegefeuer schon mein Kerker war,
Ist gegenwärtig mein Geschick noch schlimmer,
Denn in die Hölle bannt es mich für immer!
Hätt' ich Pirithous doch nie gekannt;
370 Dann hielte mich noch Herzog Theseus' Hand
In ewiger Gefangenschaft zurück!
Hier bin ich elend, dort war ich im Glück!
Wenn ich nur sie, die hoch mein Herz verehrt
– Wird ihre Gunst auch niemals mir beschert –,
Erblicken könnte, wär' ich hochzufrieden!
Ach!«, rief er aus, »Dir ist der Sieg beschieden,
Mein Vetter Palamon, in diesem Streit!
Du bliebst im Kerker voller Seligkeit;
Im Kerker? Nein! Fürwahr, ein Paradies
380 Fortunas Würfel Dich gewinnen ließ!
Du bist ihr nah, ich bin auf ewig weit,

Dir bleibt ihr Anblick und die Möglichkeit,
Daß, weil Du so gewandt wie tapfer bist,
Und wandelbar Fortunas Wesen ist,
Du mit der Zeit noch deinen Wunsch erlangst.
Ich bin verbannt! In hoffnungsloser Angst
Bleibt mir beständige Verzweiflung nur.
Hienieden gibt es keine Kreatur
Im Feuer, Wasser, in der Luft, auf Erden,
390 Ein Tröster und ein Helfer mir zu werden!
O, wär' ich tot! Mir bleibt kein Hoffnungsschimmer,
Lust, Leben, Freude lebet wohl für immer!
     Warum beklagt der Mensch sich des Geschicks,
Das Gottes Allmacht, oder Spiel des Glücks
In weiserm Walten über ihn verhängte,
Als wenn er selbst des Lebens Steuer lenkte?
Der eine strebt nach Reichtum und verdorrt
In langem Siechtum, oder stirbt durch Mord;
Ein anderer durchbricht des Kerkers Wände,
400 Den Tod zu finden durch der Seinen Hände.
Wir wissen nicht, wie oft in diesen Dingen
Endlosen Harm die eignen Wünsche bringen.
Wir taumeln, wie ein schwer betrunkner Mann,
Der zwar sein Haus kennt, doch nicht finden kann
Den Weg, der ihn zu seiner Wohnung leitet,
Und auf dem Pfade sinnlos schwankt und gleitet.
So fahren wir umher in unserm Leben!
Die Seligkeit, nach der wir eifrig streben,
Sich oftmals als das Gegenteil erweist;
410 Das wissen alle – und ich selbst zumeist,
Der ich in hoffnungsvollem Wahn gestanden,
Es werde, frei von meinen Kerkerbanden,
Nur Lust und Wohlsein fürder mir zuteil.
Und jetzt bin ich verbannt von meinem Heil,

Da, wenn ich Dich, Emilie, nicht mehr sehe,
Allein der Tod nur enden kann mein Wehe!«
    Ganz anders war des Palamons Gebahren,
Als des Arcit Befreiung er erfahren.
Sein Wehgeschrei und seine Klagen schallten,
420 Daß laut des Turmes Mauern widerhallten;
Und auf die Fesseln, welche seine Glieder
Umschlossen, fielen bittre Tränen nieder.
»Arcit, mein Vetter!«, hob er an zu sprechen,
»Nun kannst – weiß Gott – des Kampfes Frucht
                  Du brechen!
Du wanderst jetzt in Theben frei umher,
Und kaum gedenkst Du meiner Leiden mehr;
Du bist voll Weisheit und voll Männlichkeit,
Und kannst des Hauses Mannen leicht zum Streit
Jetzt um Dich scharen, in dies Land zu dringen;
430 Es kann durch Glück Dir, durch Vertrag gelingen,
Zum Weibe die Geliebte zu erwerben;
Ich aber muß vor Jammer um sie sterben.
Da Du aus der Gefangenschaft entlassen,
Vermagst Du jeden Vorteil zu erfassen.
Du bist Dein eigner Herr und darum stärker
Als ich, der hier verschmachten muß im Kerker,
Um lebenslänglich unter Jammerklagen
Die Leiden der Gefangenschaft zu tragen;
Und doppelt macht die Liebespein mein Herz
440 Empfinden alle Qualen, jeden Schmerz.«
Empor flammt Eifersucht, wie Feuersglut,
In seiner Brust. Wie rasend schoß das Blut
Ihm nach dem Herzen und ließ die Gestalt
Wie Buchsbaum blaß, wie Asche tot und kalt.
    »Grausame Göttin, deren Wort die Welt«,
So rief er aus, »in ew'gen Banden hält,

Die Du auf Demanttafeln Dein Belieben
Als ew'ge Richtschnur für die Welt geschrieben,
In Deinen Augen gelten Menschen kaum
450 Soviel wie Schafe in der Hürde Raum;
Und wie ein Vieh auch wird der Mensch erschlagen,
Muß Kerkerhaft und Sklavenfesseln tragen,
Krankheit und Widerwärtigkeit erdulden,
Und oft – bei Gott! – ganz ohne sein Verschulden!
     Heißt das Regierung, wenn, vorauserwählt,
Die fleckenlose Unschuld wird gequält?
Und nicht genug damit! Zu größrer Qual
Sind wir verpflichtet gar aus freier Wahl
Den Sinn zu beugen unter Gottes Willen,
460 Wenn frei die Lust ein jedes Tier mag stillen.
Ein Vieh, das stirbt, ist ledig seiner Plagen,
Ein toter Mensch muß heulen noch und klagen,
Als ob nicht jammervoll genug die Welt!
Doch ohne Zweifel, so ist es bestellt!
Wer kann uns Antwort auf die Frage geben?
Eins ist gewiß: Das größte Leid ist Leben!
Ach! Räuber und Reptile sehen wir,
Die guten Menschen stets geschadet, hier
Ganz frei und ungestört ihr Wesen treiben;
470 Mich aber ließ in Kerkerbanden bleiben
Saturnus, und mit eifersücht'ger Wut
Zerstörte Juno Thebens bestes Blut
Und stürzte seine weiten Wälle nieder,
Indes mich Venus vor Arcit hinwieder
Mit eifersüchtiger Befürchtung schlug!«
Nun sprachen wir von Palamon genug
Und wollen ihn in seinem Keller lassen,
Um mit Arcit uns wieder zu befassen.
     Der Sommer floh. – In langer Winternacht

480 Ward doppelmächtig beider Schmerz entfacht.
Ich weiß es nicht, wer litt vom Unglück stärker,
Der Mann der Liebe oder der im Kerker?
Denn – kurz – war's ewig Palamons Verhängnis,
Daß, festgekettet, er in dem Gefängnis
Verbleiben müßte bis zum Lebensziel,
So war Arcit für immer im Exil,
Beraubt, da Tod ihm jede Rückkehr war,
Auch ihres Anblicks nun und immerdar.
Ihr Liebenden, Euch stell' ich nun die Frage,
490 Ob Palamon das schlimmere Los ertrage,
Der, zwar gefangen, dennoch Tag für Tag
Die Dame seines Herzens sehen mag,
Ob es Arcit, der, zwar ein freier Mann,
Doch die Geliebte nie erblicken kann.
Wie's Euch am besten zusagt, mögt Ihr wählen,
Mich aber drängt es, weiterzuerzählen.
In Theben angelangt, wird krank und schwach
Arcit und klagt tagtäglich Weh und Ach!
An der Geliebten sollte sich sein Blick
500 Nie mehr erfreun. Zu solchem Mißgeschick
War – um es kurz zu enden – nie ein Wesen
Und wird auf Weltendauer nie erlesen.
Es war ihm Hunger, Durst und Schlaf vergangen;
Mit hohlen Augen und mit fahlen Wangen,
Dürr wie ein Stock, von Ansehn aschenbleich,
Erregte Schreck und Mitleid er zugleich.
Und einsam war er, immerfort allein;
Und nächtelang schrie er in seiner Pein.
Aus seinen Augen Tränenströme drangen
510 Wenn Lieder tönten, Instrumente klangen.
Aus seiner Brust war aller Mut entflohn,
Und so verändert klang der Stimme Ton,

Daß sie kaum wiederzuerkennen war.
Sein ganzes Wesen wies es offenbar,
Daß er den Zustand nicht allein verdanke
Den Pfeilen Eros' – nein – an Wahnsinn kranke,
Und daß die Säfte der Melancholie
Im Hirn getrübt den Sitz der Phantasie.
Kurz – ganz verdreht war er durch Liebesleid
520   An Wesen und Gemütsbeschaffenheit.
        Doch soll ich von den Schmerzen, die ihn quälen,
Den lieben, langen Tag hindurch erzählen?
Als er ein bis zwei Jahre so geplagt
Von Leid und Kummer, wie ich schon gesagt,
In seiner Heimat Theben zugebracht,
Sah vor sich stehn im Schlaf er in der Nacht,
Wie es ihm schien, den Flügelgott Merkur,
Der ihm Geheiß gab, Mut zu fassen nur!
In seiner Hand die goldne Schlummerrute,
530   Sein strahlend Haar bedeckt mit einem Hute,
Erschien in selber Bildung er und Tracht,
Als er dem Argus Schlaf und Tod gebracht;
Und sprach zu ihm: »Hin nach Athen Dich wende,
Dort geht für Dich Dein Liebesschmerz zu Ende!«
Bei diesen Worten fuhr Arcit empor.
»Fürwahr, steht auch das Schlimmste mir bevor,
So geh' ich«, rief er, »dennoch nach Athen,
Dem Tode trotz' ich, gilt es die zu sehn,
Der ich in treuem Liebesdienst ergeben.
540   Bin ich ihr nah, was gilt mir dann mein Leben!«
        Zum großen Spiegel griff er bei dem Wort,
Und da die Blüte seiner Wangen fort
Und er sein Antlitz ganz verändert sah,
Lag auch sofort ihm der Gedanke nah,
Daß, da entstellt bis zur Unkenntlichkeit

Ihn seine Krankheit und sein Herzeleid,
Er in Athen in unscheinbarem Stand
Für immer könne wohnen unerkannt
Und die Geliebte sehn zu jeder Zeit.

550 Und so vertauscht' er ungesäumt sein Kleid
Und ging vermummt als armer Bauersmann
Auch graden Weges nach Athen sodann.
Ein einz'ger Junker nur war sein Begleiter,
Den als Vertrauten seiner Heimlichkeit er
In ärmlicher Verkleidung mit sich nahm.
Als er zur Hofburg eines Tages kam,
Bot er am Torweg als ein Arbeitsmann
Zu jedem Dienst, den man verlangt, sich an.
Und – kurz zu melden Euch den Sachverlauf –

560 Es nahm in Dienst ein Kammerherr ihn auf,
Der an dem Hof Emiliens sich befand:
Ein kluger Mann, der es gar wohl verstand,
Die Dienerschaft in guter Zucht zu halten.
Zum Wassertragen und das Holz zu spalten,
Schien ihm Arcit geschickt, denn jung und stark,
Von kräft'gem Bau und gutem Knochenmark,
War er geeignet, jeden Dienst zu tun.
Ein bis zwei Jahre blieb als Page nun
Er in dem Dienste dieser schönen Dame,

570 Und Philostrat sei – gab er an – sein Name.
Doch keiner seines Rangs ward halb so sehr
Vom ganzen Hofe rings geliebt wie er.
Von seinem vornehm-adeligen Wesen
War vieles Rühmen stets am Hof gewesen,
Und jeder wünschte, daß ihn Theseus' Gnade
Baldigst zu einem angemessnen Grade
Und einem ehrenvollern Dienst erhebe,
Der seiner Tugend weitern Spielraum gäbe.

So war durch sein Betragen und sein Reden
580 Sein Name bald im Mund von einem jeden,
Bis ihn zum Junker Theseus dann ernannte
Und ihn bei sich als Kümmerling verwandte.
Auch gab er ihm, um ranggemäß zu leben,
Das nöt'ge Gold. Doch heimlich ward daneben
Ihm seine Rente jedes Jahr gesandt,
Indes von ihm mit Maß und mit Verstand
Vertan, daß er kein Aufsehn dadurch machte.
Und in drei Jahren, die er so verbrachte,
Gewann er sich im Frieden wie im Streit
590 Des Theseus innigste Gewogenheit.
Und so verlassen wir Arcit im Glück,
Und wenden uns zu Palamon zurück.

In seines festen Kerkers Schreckensnacht
Hat sieben Jahre Palamon verbracht,
Von Lieb' und von Verzweiflung fast zerrissen.
Wer hat je sorgenvoller dulden müssen
Als Palamon? Ihn hatte Leid und Lieben
Zur Schwermut, ja zum Wahnsinn fast getrieben,
Und dazu sitzt er nicht auf Jahr und Zeit
600 In dem Gefängnis, nein, auf Ewigkeit!
Wer könnte reimen nach Gebühr und Pflicht
Sein Marterleiden? Ich vermag es nicht!
Rasch übergangen drum die Sache sei.
Im siebten Jahr, zur dritten Nacht im Mai,
Geschah es, wie uns Bücher und Geschichten
Aus alten Zeiten umständlich berichten
– Sei es nun Zufall oder Schicksalsschluß,
Durch den ein Ding, das sein soll, kommen muß –,
Daß Palamon zu mitternächt'ger Zeit
610 Durch Freundes Hilfe, die ihm dienstbereit
Zuteil geworden, seiner Haft entkam

Und aus der Stadt die Flucht in Eile nahm.
Ein Schlaftrunk aus Narkotikum von Theben
Und Opium, die in süßem Wein gegeben,
Betäubte so den Wärter, daß kein Schütteln
Imstande war, ihn aus dem Schlaf zu rütteln;
Und so entkam er und entrann er schnell.
Die Nacht war kurz. Bald schien der Tag schon hell.
Sich zu verbergen, war es hohe Zeit;
620 Weshalb zu einem Haine sich abseit
Auch Palamon mit bangen Schritten schlug.
Denn es war seine Absicht, daß er klug
Den Tag hindurch, im Busch versteckt, verbringe
Und erst zur Nachtzeit wieder weiterginge
Auf Theben zu, um dort zum Kriege gegen
Den Theseus seine Freunde zu bewegen.
Denn – kurz gesagt – es galt entweder sterben
Oder zum Weib Emilie zu erwerben.
Das war sein Zweck, nur das lag ihm im Sinn!
630   Wir wenden zu Arcit uns wieder hin,
Der wenig ahnte, welche Sorgen nahten,
Bis in Fortunas Fallstrick er geraten.
    Die fleiß'ge Lerche, Tages Botenfrau,
Begrüßt mit ihrem Sang das Morgengrau,
Und Phöbus naht mit Feuerflammenpracht,
Bei dessen Blick der ganze Osten lacht,
Und trocknet rasch durch seiner Strahlen Schein
Der Blätter Silbertropfen in dem Hain.
Arcit, zum ersten Junker jetzt gemacht
640 Am Hof des Theseus, war schon früh erwacht,
Und da der Tag so heiter schien und klar,
Beschloß er, wie schon längst sein Vorsatz war,
Dem Mai sein Opfer heute darzubringen.
Bald trug sein Renner ihn auf Feuerschwingen,

Damit im Freien fröhlich er verweile,
Vom Hof aufs Feld bis über eine Meile
Zum Haine hin, von welchem ich erzählte,
Und den durch Zufall er zum Ziel erwählte,
Um sich aus Weißdornblüten, Geißblattwinden
650 Und grünen Blättern einen Kranz zu binden;
Und laut sang er dem Sonnenschein entgegen:
»O grüner Mai, so reich an Blütensegen,
Du frischer, schöner Mai willkommen mir!
Zu finden hoff' ich etwas Grünes hier!«
Und hochvergnügt er rasch vom Pferde sprang
Und lenkte zu dem Haine seinen Gang
Und wandelt' dort umher auf einem Pfade,
Wo hinter einem Busch durch Zufall grade
Sich Palamon, den stete Todessorgen
660 In Angst versetzten, ungesehn verborgen;
Indessen – Gott mag's wissen – daß Arcit
Zugegen sei, er nimmermehr erriet.
Der alte Spruch sein stetes Recht behält:
Der Wald hat Ohren, Augen hat das Feld;
Woran der Mensch sich wohl erinnern mag,
Denn widerfahren kann's ihm jeden Tag.
Es wußte drum, im Selbstgespräch verloren,
Arcit auch nicht, wie nah' des Lauschers Ohren,
Der still und lautlos saß im Busch versteckt.
670   Nachdem Arcit, vergnügt und aufgeweckt,
Manch lustig Lied gesungen, gab sein Sinn
Sich plötzlich grillenhaften Träumen hin,
Wie solche bei verliebten Leuten eben
Gleich Brunneneimern auf- und niederschweben,
Und bald im Grün, bald unter Dornen sind.
Recht wie ein Freitagswetter, das geschwind
Verkehrt den hellen Sonnenschein in Regen,

Weiß launenhaft auch Venus zu bewegen
Des Volkes Herzen, die wie ihren Tag
680 Sie gern verändern und verkehren mag.
Selten gleicht Freitag andern Wochentagen.

     Sein Lied war aus, Arcit begann zu klagen,
Und seufzend warf er rasch zu Boden sich,
»Weh!«, sprach er, »sei dem Tage, welcher mich
Gebar! Wie lange, Juno, soll mit Streit
Theben verfolgen Deine Grausamkeit?
Ach wie erniedrigt ist durch Deine Wut
Des Kadmus und Amphion Königsblut!
Des Kadmus, welcher als der erste Mann
690 Von Thebens Stadt den stolzen Bau begann
Und dessen Königskrone sich errang.
Aus seinem fürstlichen Geblüt entsprang
Auch ich in grader Linie, ob geächtet
Ich leider jetzt, im Elend und geknechtet
Muß in dem Dienste meines Todfeinds leben,
Dem ich als armer Junker untergeben.
Noch größre Schande tat mir Juno an,
Daß ich Arcit mich nicht mehr nennen kann
Und, statt den wahren Namen zu entdecken,
700 Mich elend muß als Philostrat verstecken.
Ach, grimmer Mars! Ach, Juno! Eure Wut
Hat bis auf mich des ganzen Stammes Blut
Und bis auf Palamon dahingerafft,
Den Theseus quält in ew'ger Kerkerhaft!
Und überdies zu mehren meinen Schmerz,
Hat Liebe durch dies treuergebne Herz
So brennend ihren Feuerpfeil getrieben.
Als sei mein Todesurteil schon geschrieben,
Bevor man noch an meinen Windeln spann.
710 Emilie! Deine Augen sind daran

Allein nur schuld; denn was mich sonst beschwert,
Acht' ich, fürwahr, nicht einen Strohhalm wert,
Wenn Dir zu dienen ich imstande bin!«
Nach diesen Worten lag er ohne Sinn
Für lange Zeit – und später regte sich
      Auch Palamon, den ein Gefühl beschlich,
Als ob ein kaltes Schwert sein Herz durchdrungen.
Dem Dickicht war er wutentbrannt entsprungen
Mit stierem, totenbleichem Angesichte,
720   Als er vernommen des Arcit Geschichte.
In dem Verstecke ließ es ihm nicht Ruh.
»Falscher Arcit!«, rief er, »Verräter, Du!
Jetzt hab' ich Dich! – Du hast Dir ausgewählt
Dasselbe Weib, um das mein Herz sich quält!
Du bist mein Blut! Du bist verpflichtet mir
Durch Deinen Schwur! Wie oft schon sagt' ich's Dir?
Und nun hast Herzog Theseus Du betrogen,
Ihm einen falschen Namen vorgelogen!
So darf's nicht sein! Ich oder Du mußt sterben!
730   Du sollst nicht um Emiliens Liebe werben,
Nur mir und keinem andern steht das zu,
Denn ich bin Palamon – mein Todfeind Du!
Und fehlen mir auch Waffen hier zum Streit,
Da ich mich eben aus der Haft befreit,
Ich fürchte Nichts. Ich werde Dich erschlagen,
Willst Du fortan Emilien nicht entsagen.
Du kommst nicht fort! – Was Dir gefällt, erwähle!«
      Jedoch Arcit mit haßerfüllter Seele
Zog, als er ihn erkannt und angehört,
740   So wütend wie ein Löwe gleich sein Schwert
Und sprach: »Beim hohen Gott im Himmel droben,
Machte der Liebe Wahnsinn Dich nicht toben,
Und wär' nur irgendeine Waffe Dein,

Du kämest nicht lebendig aus dem Hain,
Und fändest Deinen Tod durch meine Hand;
Denn ich zerreiße hiermit Bund und Band,
Wodurch ich – sagst Du – Dir verpflichtet sei.
Was, Narre! Ist die Liebe denn nicht frei?
Trotz aller Deiner Macht will ich sie lieben!
750 Bist Du der Ritter, der Du warst, geblieben,
Wirfst Du mit mir den Kampf um sie bestehn,
Und, auf mein Wort! Du sollst mich morgen sehn
Ganz ohne Zeugen auf demselben Flecke,
Und wissen, daß ein Ritter in mir stecke.
Genug an Wehr und Waffen bring ich Dir,
Die besten wähle, laß die schlecht'sten mir!
Mit Speis' und Trank will ich zur Nacht Dich laben
Und Necken sollst Du für Dein Lager haben;
Und wenn Du die Geliebte Dir erringst,
760 Und hier im Wald mich um das Leben bringst,
So bleibe Deine Dame Dir als Preis!«
        Und Palamon erwiderte: »So sei's!«
Dann schieden sie. Verpfändet war ihr Wort
Zum Kampf für morgen an demselben Ort.
        Ach, umbarmherz'ger Amor, ausgeschlossen
Hast Du als Herrscher jeden Mitgenossen.
Der Spruch bleibt wahr: daß Herrschaft, wie die Liebe
Am besten ohne Mitregenten bliebe.
Das finden auch Arcit und Palamon.
770 Rasch ritt Arcit dann nach der Stadt davon
Und schafft', sobald der Tag zu graun begann,
Zwei Rüstungen sich ganz im Stillen an,
Die wohl geeignet waren, um die beiden
In ihrem Zweikampf passend zu bekleiden.
Dann stieg zu Roß er ganz allein und trug
Die Rüstungen auf seinem Sattelbug,

Und hin zu Palamon ritt nach dem Hain
Zur rechten Zeit er zu dem Stelldichein.
Wohl färbten sich der beiden Wangen bleich.
780 Dem Jägersmann auf Thrakiens Gauen gleich,
Der, auf der Lauer steh'nd mit seinem Speer,
Wenn ein gehetzter Löwe oder Bär,
So Busch wie Blätter knickend, mit Gewalt
Raschelnd hervorbricht aus dem Unterwald,
Beständig denkt: »Da naht mein Todfeind sich!
Entweder er muß fallen oder ich;
Entweder ihm geb' ich den Todesfang,
Sonst muß ich sterben, falls der Stoß mißlang«,
Erging es ihnen. Ihre Farbe schwand,
790 Weil beiderseits sie sich zu wohl bekannt.
Nicht »Guten Tag« und nicht ein Grußeswort
Ward ausgetauscht. Doch halfen sie sofort
Einander, sich die Rüstung anzulegen,
So freundlich, wie es eigne Brüder pflegen.
Dann fuhren sie mit manchem Speeresstoß
Gar wunderlang scharf aufeinander los;
Man dächte wohl von Palamon mit Recht,
Ein wüt'ger Löwe führe das Gefecht,
Indes ein grimmer Tiger sei Arcit.
800 Ganz wie zwei Eber man sich zausen sieht,
Mit weißem Schaum bedeckt und toll vor Wut,
So fochten sie bis enkeltief im Blut.
Doch in dem Kampf will ich jetzt beide lassen,
Um nunmehr mich mit Theseus zu befassen.

Das Schicksal, dieser Oberfeldmarschall,
Des starke Hand das ganze Weltenall
Nach Gottes Vorbeschluß in Ordnung hält,
Ist übermächtig. Und, wenn alle Welt
Das Gegenteil beschwört bei Ja und Nein,

810 Ein Ding, das kommen soll, trifft dennoch ein,
Und käm' es selbst nur alle tausend Jahr'!
Denn alles Menschenwollen wird fürwahr
– Sei's Haß, sei's Liebe, sei es Krieg, sei's Frieden –
Nur durch den Lenker in der Höh' entschieden.
Dies darf ich in bezug auf Theseus sagen.
Nach einem großen Maienhirsch zu jagen,
War stets vor allem seine Lust und Wonne;
Und jeden Tag war, früher als die Sonne,
Er schon gekleidet und zur Jagd bereit
820 Mit Hund und Horn und Jägern im Geleit.
Als Zeitvertreib und luftiges Ergötzen
Galt es ihm stets, den starken Hirsch zu hetzen.
Und seine größte Lust und Freude war's,
Dianen jetzt zu dienen anstatt Mars.

　　　Klar war der Tag, wie ich erwähnt vorhin,
Und Theseus mit der schönen Königin
Und mit Emilia, die sich Grün erwählt
Für ihren Anzug, eilte froh beseelt
Zur Jagd hinaus in königlichem Staat,
830 Und als er jenem Haine sich genaht,
In dem ein Hirsch – wie man ihm sagte – stand,
Ritt Theseus spornstreichs über Bach und Land,
Bis gradewegs er zu der Stelle kam,
Wo jener Hirsch stets seinen Wechsel nahm.
Mit allen Hunden hinterdreinzusetzen,
Um ein- bis zweimal nach dem Hirsch zu hetzen,
Wie's ihm gefiele, Theseus nun befahl.

　　　Im freien Felde sah er durch den Strahl
Der hellen Sonne und nahm plötzlich wahr
840 Arcit und Palamon, die wie ein Paar
Erboste Bullen miteinander rangen
Und deren helle Schwerter gräßlich klangen,

Als wollten sie mit dem geringsten Streiche
Zu Boden fällen eine mächt'ge Eiche.
Der Herzog, der die beiden nicht erkannte,
Fest in sein Roß die scharfen Sporen rannte
Und sprengte schleunigst zwischen sie hinein
Und zog sein Schwert und rief: »Gleich haltet ein!
Nicht weiter treibt's, ist Euer Kopf Euch wert!

850   Beim mächt'gen Mars, wer noch einmal sein Schwert
Zum Streich erhebt, der ist dem Tod geweiht!
Doch nun erzählt mir, wer Ihr beide seid,
Daß ohne Zeugen, so geheimnisvoll
Ihr Euch bekämpft mit so gewalt'gem Groll,
Als ob Ihr wirklich in den Schranken ständet?«
Und Palamon, zu Theseus hingewendet,
Antwortete: »Was braucht's der Worte viel?
Um unser beider Leben gilt das Spiel!
Verbrecher sind wir, jammervolle Wichte,

860   Des Lebens überdrüssig; darum richte
Als ein gerechter Herrscher unsre Schuld,
Und schenk' uns keine Gnade, keine Huld!
Gib aus Erbarmen mir den Todesstreich,
Doch meinem Kameraden auch zugleich,
Wenn nicht zuvor. Denn unerkannt steht hier
Arcit, Dein größter Todfeind jetzt vor Dir;
Er, den Du einst bei Kopfverlust verbannt,
Empfängt mit Recht den Tod aus Deiner Hand!
Er ist es, der sich Deinem Tor genaht

870   Mit falschem Namen, der als Philostrat
Dich liebe, lange Jahre schon betrogen,
Und den als Junker Du emporgezogen,
Und er auch ist es, der Emilia liebt!
Es naht der Tag, der meinen Tod mir gibt.
Und beichten will ich alles schlicht und klar:

Ich bin der arme Palamon, fürwahr,
Der jüngst entsprang aus seiner Kerkerhaft,
Ich bin Dein Todfeind, welchen Leidenschaft
Zur herrlichen Emilie so durchdringt,
880 Daß er sein Leben gern zum Opfer bringt!
Dein Urteil sprich! Gib mir den Todesstreich,
Doch töte den Genossen auch zugleich,
Da alle beide wir den Tod verdienen.«
        Der edle Herzog gab zur Antwort ihnen:
»Kurz ist mein Urteil. – Euer eigner Mund
Hat Euch verdammt! Ihr machtet selber kund
Mir Eure Schuld durch Euer Eingeständnis.
Die Folter spart Ihr Euch durch dies Bekenntnis,
Doch sühnt nur Tod – beim mächt'gen Mars! –
                                    die Schuld!«
890   Die Königin, voll frauenhafter Huld,
Fing mit Emilie bitter an zu weinen,
Und allen Ehrendamen wollte scheinen,
Es sei zu jammervoll und mitleidslos,
Daß ihrer harren solle solches Los.
Sie seien Herr'n von adeligem Stand,
Und nur aus Liebe sei ihr Streit entbrannt.
Und als die blut'gen Wunden sie gesehn,
So weit und tief, begannen sie zu flehn:
»Herr! Mit uns Weibern allen habt Erbarmen!«
900 Und niederkniend suchten zu umarmen
Sie seine Füße, bis zu guter Letzt
In milde Stimmung Theseus sie versetzt;
Denn Mitleid rasch ein edles Herz bewegt!
Zuvor durch Zorn noch äußerst aufgeregt,
War seine Fassung bald zurückgewonnen,
Als er der Schuld von beiden nachgesonnen
Und ihrem Grunde. Denn, ob grimmentbrannt,

Entschuldigte sie dennoch sein Verstand.
Er dachte so: Wohl mag ein jeder Mann
910 Sich in der Liebe helfen, wie er kann.
Und jeder mag sich auch der Haft entziehn.
Und da die Weiber immerwährend schrien,
Begann im Busen Mitleid sich zu regen,
Und zu sich selbst nach stillem Überlegen
Sprach bald sein Herz: ›Pfui! Wahrlich wär' es schade,
Wenn sich ein Herr, verschlossen jeder Gnade,
In Wort und Tat stets wie ein grimmer Leu
Dem Manne zeigt, der voller Furcht und Reu',
Wie dem, der in verachtungsvollem Wahn
920 Stets aufrecht hält, was er zuerst getan.
Von wenig Urteilskraft gibt den Beweis
Ein Herr, der nicht zu unterscheiden weiß,
Demut und Stolz auf gleicher Wage messend.‹
Und als er, seines Zornes rasch vergessend,
Mit klaren Blicken rings umhergeschaut,
Sprach er das still Gedachte darauf laut:
»Du Liebesgott! Ei, benedicite!
Du großer, mächt'ger Herr, wo leistet je
Das größte Hindernis Dir Widerstand?
930 Mit vollem Rechte wirst Du Gott genannt
Ob Deiner Wunder; denn in unsrer Brust
Lenkst Du das Herz nach Willkür und nach Lust!
Das sieht man an Arcit und Palamon,
Die jetzt in Theben, ihrer Haft entflohn,
Ein ehrenvolles, sich'res Dasein fänden;
Und beide wissen, daß in meinen Händen
Sie in der Macht von ihrem Todfeind sind;
Und dennoch macht die Liebe sie so blind,
Daß offnen Auges in den Tod sie rennen!
940 Ist das, führwahr, nicht Wahnsinn zu benennen?

Was kommt an Torheit je der Liebe gleich?
Nun, seht sie an! – Beim Gott im Himmelreich!
Wie sind sie zugerichtet, wie voll Wunden!
Das ist der Lohn, mit dem sie abgefunden
Für ihren Dienst Ihr Herr, der Gott der Liebe!
Indes, was ihnen vorbehalten bliebe,
Stets dünken sich der Liebe Diener klug.
Doch spaßhaft ist's in diesem Fall genug,
Daß sie, um deren Liebe sie gezankt,
950 Wie ich, gar wenig für die Mühe dankt.
Bei Gott! Ein Kuckuck oder Hase weiß
Wohl mehr als sie, warum ihr Kampf so heiß!
Der Liebe Wechselfieber, warm und kalt,
Macht stets zu Toren, sowohl jung als alt.
Das hab' ich an mir selbst in jungen Jahren,
Als ich in ihrem Dienst noch stand, erfahren;
Und, da der Liebe Leid ich selbst gefühlt,
Und weiß, wie sie in Männerherzen wühlt,
Und selbst in ihren Netzen oft gefangen,
960 So sei auch Euch die Tat, die Ihr begangen,
Da meine Königin mich auf den Knien
Sowie Emilie darum bat, verziehn.
Gebt Ihr sofort mir Euren Schwur zum Pfande,
Daß Ihr dem Aufenthalt in meinem Lande
Und jedem Kriege wider mich entsagt.
Und Euch als meine Freunde stets betragt,
So sprech' ich von der Schuld Euch los und ledig!«
Nun priesen sie den Herrn als gut und gnädig,
Und schwC0, zu gehorchen seinem Wort;
970 Und als er sie begnadigt, fuhr er fort:
»Was Reichtum anbelangt und Fürstenblut,
So seid Ihr beide zweifelsohne gut
Und wert genug, zu lenken Euren Sinn

Auf eine Fürstin, eine Königin.
Doch was Emilie hierbei anbelangt,
Um die im Kampf Ihr eifersüchtig rangt,
So kann sie zwei nicht nehmen – das ist klar!
Ja, wolltet streiten Ihr auf immerdar,
So muß doch einer, das ist zu begreifen,
980   Gern oder ungern auf dem Grashalm pfeifen!
Mit einem Wort, sie kann nicht beide frein,
Mögt Ihr auch noch so eifersüchtig sein.
Und aus dem Grunde setzt' ich Euch in Stand,
Daß Euer Los Ihr aus des Schicksals Hand
Empfangen könnt. – Nun horcht, damit Ihr wißt,
Was über Euch bei mir beschlossen ist!
    Dies ist mein Wille, der, bestimmt und fest,
Durch keinen Einwand sich mehr ändern läßt.
Nehmt ihn zum Besten auf, wenn's Euch gefällt:
990   Wohin Ihr wollt, geht ohne Lösegeld
Und frei von Furcht vor jeglicher Gefahr
Mit dem Beding, daß heut' in einem Jahr
Ein jeder heim mit hundert Rittern kehrt,
Nach allen Regeln des Turniers bewehrt,
Und frei gewillt, für sie den Speer zu brechen;
Und ohne Rückhalt will ich Euch versprechen,
So wahr ich ehrlich und ein Ritter bin,
Wem von Euch beiden zufällt der Gewinn
– Und das will sagen, wer von Euch, vereint
1000 Mit jenen hundert Rittern, seinen Feind
Erschlagen kann und treiben aus den Schranken –
Der mag dem Glück die holde Gabe danken,
Dem sei als Weib Emilia verliehn.
Auf diesem Platz will ich die Schranken ziehn.
Und wie mir Gott die Sünden mag verzeihn,
So will ich Euch ein treuer Richter sein.

Kein andrer Weg bleibt für Euch einzuschlagen;
Einer muß sterben oder muß entsagen.
Hab' ich hierin mit Billigkeit entschieden,
1010 So stimmt mir bei und gebet Euch zufrieden.
Was Euch bestimmt, bleibt unabänderlich!«
    Wer freute mehr als Palamon nun sich,
Wer blickte nun vergnügter als Arcit?
Wie kann erzählen, wie besingt mein Lied,
Den freud'gen Beifall, der im Kreis erscholl,
Als Theseus schloß so schön und gnadenvoll?
Hin auf die Knie sank jeder in der Runde
Und gab ihm Dank aus tiefstem Herzensgrunde,
Und die Thebaner dankten ihm zumeist.
1020 Mit hoffnungsvollem Herzen, frischem Geist
Dann Abschied nehmend, sah man ohne Weilen
Zu Thebens alten Wällen beide eilen.
    Man möchte leicht auf mich als lässig schmälen,
Wollt' ich vom Bau der Schranken nichts erzählen,
Den Theseus mit Geschäftigkeit vollbracht.
Nie ward mit solcher königlichen Pracht
Auf dieser Welt, das darf mit Recht ich sagen,
Ein zweiter Schauplatz jemals aufgeschlagen.
Auf eine Meile ringsumher umgaben
1030 Den Platz ein Steinwall und ein breiter Graben,
Bis sechzig Fuß hoch stiegen rings im Kreise
Sitzreihen auf, gebaut in solcher Weise,
Daß unbehindert durch den Vordermann
Von jedem Platz ein jeder sehen kann.
    Aus weißem Marmor ragte je ein Tor
Nach Osten und nach Westen hin empor,
Um kurz zu schließen, rascher hergestellt
Ward solch ein Bau nicht in der ganzen Welt.
Es war kein Handwerksmann im ganzen Land,

1040 Der etwas Meß- und Rechenkunst verstand,
      Kein Mann, der Bilder schnitzte oder malte,
      Den Theseus nicht verpflegte, nicht bezahlte,
      Den Schauplatz zu entwerfen und gestalten.
      Und um den heil'gen Opferdienst zu halten,
      Ward auf dem Tor, das gegen Morgen war,
      Der Liebesgöttin Venus ein Altar
      Nebst einem Tempelschrein erbaut; wogegen
      Ein gleicher Schrein, jedoch nach West gelegen,
      Dem Kriegsgott zum Gedächtnis ward verehrt,
1050 Der wohl an Gold ein volles Fuder wert.
      Und nordwärts stand in einem Turm am Walle
      Ein Altar, reich vom Schmuckwerk der Koralle
      Auf weißem Alabastergrund umsäumt,
      Von Theseus für Diana eingeräumt,
      Und ihrer Keuschheit würdig angemessen.
         Doch aufzuzählen darf ich nicht vergessen
      Die edlen Bilderwerke, die Skulpturen,
      Form, Haltung und Gestalt von den Figuren,
      Mit denen ausgeschmückt war jede Halle.
1060   Zuvörderst sah man dargestellt am Walle
      Des Venustempels, schrecklich anzuschauen,
      Wehklagen, bittre Seufzer und das Grauen
      Schlafloser Nächte, heil'ge Jammertränen;
      Die Feuersglut der Brunstbegier von denen,
      Die in der Liebe Diensten einst gestanden,
      Die Schwüre und Versprechen, die sie banden;
      Hoffnung und Lust, Vernarrtheit und Begier,
      Ausschweifung, Reichtum, Schönheit, Jugendzier,
      Gewalt und List, Verführung, Zaubertränke,
1070 Gold, Schmeichelei und lügenvolle Ränke,
      Und Eifersucht, geschmückt mit gelbem Band,
      Und einen Kuckuck haltend in der Hand;

Musik und Tänze, Feste wie Gesänge
Mit aller Art von Lust und von Gepränge.
Was nur als Zubehör der Liebe gilt,
Fand, wie befohlen, an der Wand sein Bild,
Und manches mehr, als ich erzählen kann.
Geschildert an der Tempelwand sah man
Sogar den ganzen Berg Cythäron ragen
1080 Mit allen Gärten, allen Lustanlagen,
Den Venus sich zum Lieblingssitz erkor.
Als Pförtner saß der Müßiggang am Tor.
Man sah Narziß, den Geck der alten Zeit,
Und Salamonis Gottvergessenheit.
Nicht fehlte dort vom Herkules die Stärke,
Noch Circes und Medeas Zauberwerke;
Der Feuermut, der Turnus einst beseelte,
Die Knechtschaft nicht des reichen Krösus fehlte.
So könnt ihr sehen: Mut noch Reichtum ist,
1090 Noch Stärke, Schönheit, Weisheit oder List
Vermögend, vor der Venus zu bestehn.
Wie ihr's gefällt, so muß die Welt sich drehn!
Die Leute, seht, lockt sie ins Netz hinein,
Und hinterher kommt Seufzen, Not und Pein.
Ein Beispiel mag Euch, oder zwei, genügen,
Doch Tausende wüßt' ich hinzuzufügen.
    Das Marmorbild der göttlichen Eythere
Erhob sich nackend aus dem weiten Meere;
Kristallenhell sah man die grünen Wellen
1100 Vom Nabel abwärts ihren Leib umschwellen,
Und ihre Leier hielt sie in der Hand;
Ein frischer, duft'ger Rosenkranz umwand
Ihr Haupt, um welches ihre Tauben flogen,
Die, in den Lüften flatternd, sie umzogen.
Ihr Sohn, Cupido, mit dem Flügelpaar

An seinen Schultern vor ihr stand, und war
Auch hier, wie sonst, als Blinder dargestellt,
Der Pfeil und Bogen in den Händen hält.
　　Warum soll ich nicht ebenmäßig schildern,
1110 Wie ausgeschmückt war mit verschiednen Bildern
Der Länge und der Breite nach die Wand,
Wo der Altar des blut'gen Kriegsgotts stand.
Gleich grauenvoll wie die Estraden war's
In Thrakiens großem Tempelhaus des Mars,
In jener kalten, frostigen Region.
Wo Mars errichtet seinen Götterthron.
　　Gemalt am Walle stand zunächst ein Wald
Mit dürren Bäumen, knotig, knorrig, alt,
Und morschen Stümpfen, gräulich anzusehen.
1120 Nicht Mensch noch Tier war ringsum zu erspähen;
Ein Rascheln und ein Rauschen nur war rege,
Als ob ein Sturm die Äste niederfege.
Und unter einem Hügel stand im Tal,
Durchaus erbaut aus hartgebranntem Stahl,
Vom allgewalt'gen Mars das Tempelhaus;
Eng war der Eingang und sah grausig aus.
Ein heft'ger Zugwind drang daraus hervor
Und öffnete gewaltsam jedes Tor.
Es fiel das Nordlicht durch die Tür allein,
1130 Sonst schien kein Tag in diesen Raum hinein,
Denn ohne Fenster war ringsum die Wand.
Aus ewig dauerbarem Adamant
Bestand die starke Türe, welche schwer
Beschlagen war mit Eisen kreuz und quer;
Und tonnengroße Stahlpilaster stützten
Den Tempelbau und schimmerten und blitzten.
　　Dort sah zunächst ich düstre Schauerbilder
Von todeswürdigen Verbrechen wilder

Gewalt, des Zornes glüh'nde Feueresse,
1140 Den Beutelschneider, des Entsetzens Blässe,
Den Lächler mit dem Messer im Gewand,
Und Stall und Scheuer, rauchgeschwärzt durch Brand;
Den Meuchelmord am Schläfer in der Nacht,
Blutrünst'ge Wunden offner Kriegesschlacht,
Und scharfes Drohen, blut'gen Messerstreit.
Ein schaurig Knarren tönte weit und breit;
Selbstmörder sah ich, deren Haar am Kopf
Ihr Herzblut färbte, während in den Schopf
Die Hand sich krampfhaft mit den Nägeln krallte;
1150 Kalt grinste Tod mit offner Mundesspalte;
Das Unglück in des Tempels Mitte stand,
Betrübnis und Verzweiflung ihm zur Hand.
Ich sah das Lachen wilder Raserei
Geläster, Lärm von Waffen und Geschrei,
Im Busche Leichen, deren Hals durchschnitten,
Und Tausende, die jähen Tod erlitten,
Zerstörte Städte, die verkehrt zu Staub;
Sah den Tyrannen mit der Beute Raub,
Sah Schiffe flammend auf dem Meere schwanken,
1160 Erwürgt den Jäger durch des Bären Pranken,
Das Wiegenkind von Säuen aufgefressen,
Den Koch verbrüht im selbstgekochten Essen;
Und zu des Gottes Opfern zählte ferner
Der von dem Karren überfahrne Kärrner,
Der unterm Rade sich am Boden wand.
Es zählten gleichfalls zu dem Heerverband
Des grimmen Mars auch noch die Bogenschnitzer,
Die Panzerschmiede, Schwert- und Degenspitzer.
Hoch über allen thronte voller Prunk
1170 Auf Turmeszinnen die Eroberung;
Ein scharfes Schwert ob ihrem Haupte schwebte

Am dünnsten Faden, den die Spinne webte.
Geschildert war der Mord des Julius,
Des großen Nero, des Antonius;
Obwohl zu dieser Zeit noch ungeboren,
War schon der Tod, zu dem sie auserkoren,
Auf Mars' Geheiß im Bilde dargestellt;
Wie aufgezeichnet auch am Himmelszelt
Bereits das Schicksal jedes Menschen steht,
1180 Der einst zu Grund' durch Mord und Liebe geht.
Genügend sei's ein Beispiel auszuwählen;
So viele gab's, ich konnte sie nicht zählen.

Vom wilden Mars sah man auf einem Wagen
Im Waffenschmuck das grimme Standbild ragen,
Und über seinem Haupte nahm man wahr
Zwei Sterngebilde, glänzend, hell und klar,
Rubeus und Puella – oft genannt
In alten Schriften. – Ihm zu Füßen stand
Ein rotgeäugter Wolf; in Stücke riß
1190 Den Leichnam eines Menschen sein Gebiß.
In solcher Weise schmückten Meisterhände,
Dem Mars zu Ehren, seines Tempels Wände.

Laßt von der züchtigen Diana jetzt
Den Tempel mich betreten, um zuletzt
Die Bilder Euch beschreibend darzustellen,
In denen abgeschildert an den Wällen
Die Jagdlust war sowie der Keuschheit Scham.
Hier sah Kallisto ich in ihrem Gram,
Und wie sodann in einer Bärin Leib
1200 Dianas Zorn verwandelt dieses Weib,
Das jetzt als Leitstern hoch am Himmel strahlt.
Mehr sag' ich nicht; denn so war es gemalt.
Ihr Sohn glänzt auch als Stern im Himmelsraum.
Die Dane sah verwandelt ich zum Baum –

Ich meine nicht die züchtige Diane,
Vielmehr des Peneus Tochter, namens Dane.
Zum Hirsche sah Aktäon ich gemacht,
Weil er des Leibes unverhüllte Pracht
Dianas sah, und welcher von den Bissen
1210 Der eignen Hunde, unerkannt, zerrissen.
Und weiterhin ich noch im Bild erkannte,
Den wilden Eber jagend, Atalante,
Den Meleager und wer sonst empfand
Qualvolle Leiden durch Dianas Hand.
Was es dort sonst noch gab an Wunderdingen
Will ich nicht weiter in Erinn'rung bringen.
    Auf einem Hirsch sah ich die Göttin schweben,
Von ihren Hunden ringsumher umgeben.
Zu ihren Füßen sich ein Mond befand,
1220 Der wachsend zunahm und abnehmend schwand.
Ein grünliches Gewand den Leib umschloß,
Sie führte Bogen, Köcher und Geschoß;
Ihr keuscher Blick fiel nieder zur Region,
Wo aufgerichtet Plutos düstrer Thron;
Und vor ihr lag in Mutterweh'n ein Weib,
Das zur Lucina flehte, ihren Leib
Von seiner schweren Bürde zu befrein.
»O hilf mir!«, schrie sie, »Du vermagst's allein!«
Treu wie das Leben dies der Künstler malte,
1230 Der manchen Gulden für die Farben zahlte.
    Die Schranken stehn. – Es ist der Bau vollendet,
Aus welchen Theseus so viel angewendet;
Und hocherfreut, sah er die Tempelhallen
Sowie den Schauplatz herrlich ausgefallen.
Doch nun verlaß' ich Theseus eine Weile,
Daß zu Arcit und Palamon ich eile.
    Sehr nah gerückt war nunmehr schon die Zeit,

Zu der ein jeder – wie gesagt – zum Streit
Mit hundert Rittern wiederkehren sollte.
1240 Und nach Athen, wie der Vertrag es wollte,
Ein jeder auch mit hundert Rittern kehrt',
Ganz regelrecht bewaffnet und bewehrt.
Es dachte mancher sicherlich im Sinn,
Daß es wohl nie seit dieser Welt Beginn,
So weit von Gott das Land und Meer erschaffen,
Was Rittertum betrifft und Glanz der Waffen,
Solch ausgesuchte Compagnie gegeben.
Denn jeder Ritter, dessen kühnes Streben
Dem Ruhme galt, verfolgte nur das Ziel,
1250 Anteil zu nehmen an dem Waffenspiel,
Und glücklich pries sich jeder Kampfgefährte.
Wenn solch ein Anlaß morgen wiederkehrte,
Man fände, traun, noch manches Ritterherz
In England sicherlich wie anderwärts,
Wohl kühn genug und par amour gewillt,
Wenn es den Kampf um eine Dame gilt,
Sich einzustellen. – Benedicite,
Solch lust'ges Schauspiel ich gern selber säh'!
　　　So war es auch mit Palamon bestellt,
1260 Dem sich manch tapfrer Ritter zugesellt.
In einem Harnisch sah man diesen reiten,
Im Bruststück und im Waffenrock den zweiten;
Der hat sich in ein Panzerhemd gehüllt,
Der führt die Tartsche, der ein preußisch Schild;
Beinschienen hat sich jener angelegt,
Die Keule dieser, der die Streitaxt trägt,
Bewaffnet, wie es grade ihm beliebt
Und ich erzählt, da es nichts Neues gibt,
Was nicht bekannt im Altertume schon.
1270 　　Zuvörderst könnt Ihr neben Palamon

Lykurgus, Thrakiens König, dort gewahren
Mit kühnem Antlitz, schwarz von Bart und Haaren.
Aus seinem großen, runden Augenpaar,
Das glühend gelb und rot von Farbe war,
Schien unter langbehaarten Augenbrauen
Gleich einem Greifen er hervorzuschauen.
Die Knochen hart, die Glieder reckenhaft,
Die Schultern breit, die Arme voller Kraft,
Stand er, wie es Gebrauch in seinem Land,
1280 Auf einem goldnen Wagen, der bespannt
Am Zugseil mit vier weißen Stieren war.
Ein Bärenfell mit kohlenschwarzem Haar
Auf dem, wie Gold, Metallbeschlag erblitzte,
Den Harnisch statt des Wappenrockes schützte.
So glänzend schwarz, wie dunkle Rabenschwingen,
Tief in den Nacken ihm die Haare hingen.
Ein schwerer, goldner Kranz, in dem Rubinen
Und Diamanten funkelten und schienen,
War armesdick ihm um das Haupt gewunden,
1290 Und eine Schar von zwanzig weißen Hunden,
Bestimmt, den Löwen und den Hirsch zu jagen,
Und groß wie Stiere, folgten seinem Wagen.
Maulkörbe sowie Ringe für die Leite,
Verziert mit reinem Golde, trug die Meute.
Einhundert Ritter folgten als Begleiter,
Kühnherz'ge, starke, wohlbewährte Streiter.
    Und mit Arcit kam, wie Berichte künd'gen,
Emetrius, der König von ganz Indien,
Stolz wie der Kriegsgott Mars auf braunem Roß,
1300 Um welches sich ein Eisenpanzer schloß,
Von goldgeblümten Decken rings umgeben.
Den Wappenrock aus tharsischen Geweben
Umgab ein dicker, weißer Perlensaum,

Und golden war der Sattel und der Zaum.
Den Mantel, der von seinen Schultern wehte,
Rubinenglanz mit Feuer übersäte.
Der gelben Haare krauser Lockenkranz
Erschimmerte wie goldner Sonnenglanz.
Rund war sein Lippenpaar, die Nase kühn,
1310   Wie Goldzitronen seiner Augen Glühn,
Mit Purpur war sein Antlitz übergossen
Und leicht betupft mit braunen Sommersprossen.
An Alter fünfundzwanzig Jahre kaum,
Ersproßte mächtig schon des Bartes Flaum.
Dem wilden Löwen glich sein Blick an Grimme,
Und wie der Donner schallte seine Stimme.
Ein grüner Lorbeerkranz sein Haupt umwand,
Gefällig anzuschaun. Auf seiner Hand
Saß ein gezähmter, lilienweißer Aar,
1320   Der seine Lust sowie sein Liebling war.
Einhundert Ritter führt' er im Geleite,
Von Kopf zu Fuß geharnischt und zum Streite
Versehn mit Wehr und Waffen jeder Art.
Im Kreise, den hier Rittersinn geschart
Und Kampfeslust, fand man, fürwahr, nicht wen'ge,
Die Grafen waren, Fürsten oder Kön'ge;
Und um den Herrscher sah auf allen Seiten
Man zahme Leu'n und Leoparden schreiten.
Hin nach Athen lenkten in solcher Weise
1330   Die edlen Herren sämtlich ihre Reise
Und langten früh an einem Sonntag an.
        Als sie der edle Herzog Theseus dann
Empfangen und zur Stadt hineingeführt
Und nach dem Range jeden einquartiert,
Gab er sich alle Mühe, um durch Feste
Zu ehren und erheitern seine Gäste.

Und keines Mannes Witz, was auch sein Stand,
Daran – so denk' ich – zu verbessern fand.
    Von Minnesängern, Pagen, Edelknaben,
1340 Den allen zugeteilten Ehrengaben,
Mit welcher Pracht man Theseus' Palast schmückte,
Wen erst, wen letzt der Ehrensitz beglückte,
Wer von den Damen dort am besten tanzte,
Wer im Gesang und Spiele die gewandt'ste,
Wer am beredt'sten in der Liebessprache,
Wie groß der Schwarm der Falken unterm Dache,
Wie zahlreich auf der Flur die Schar der Hunde,
Davon geb' ich Euch weiter keine Kunde;
Am besten bleib' ich bei dem Sachverlauf.
1350 Jetzt kommt der Punkt! Wenn's euch gefällt, paßt auf!
    Sonntags zur Nacht, eh' noch der neue Tag
Hereingebrochen, weckte Lerchenschlag
Den Palamon; denn, ob zwei Stunden lang
Die Nacht noch währte, schon die Lerche sang.
Und Palamon stand auf, mit heil'gen Sinnen
Und frischem Mut, die Wallfahrt zu beginnen,
Daß er die segenspendende Cythere
– Die würd'ge Venus mein' ich – fromm verehre,
Und lenkte zu der Göttin heil'ger Stunde
1360 Den Schritt zum Tempel in der Schranken Runde.
Dort niederkniend in Demut zum Gebete,
Er wunden Herzens mit den Worten flehte:
    »Der Schönen Schönste, Venus, hör' mich an!
Du Tochter Iovis, Gattin des Vulkan,
Cythärons Lilie, Du, die liebentbrannt
Einst Deine Huld Adonis zugewandt,
Erbarme Dich auch meiner bittern Schmerzen,
Und nimm mein demutsvolles Flehn zu Herzen!
Ach! Keine Sprache find' ich, auszumalen

1370 Den Umfang und die Hölle meiner Qualen!
Mein armes Hirn kann nicht in Worte kleiden
Des Herzens Harm, der Seele stummes Leiden.
Erbarmen, hohe Frau! Denn unverborgen
Ist Dir mein Denken, mein geheimstes Sorgen.
Betrachte dies, und mildere mein Leid!
Und ich verspreche, mich zu jeder Zeit
Als Dein getreuer Diener zu bewähren
Und ew'gen Krieg der Keuschheit zu erklären.
Das ist mein heil'ger Schwur. Nun helfe mir!
1380 Ich fordre Waffenhilfe nicht von Dir,
Nicht eitlem Ruhm gilt meines Herzens Sorgen,
Nicht um den Sieg fleh' ich im Kampf für morgen,
Um Schutz, um Glück nicht in des Streites Hitze;
Nein, daß Emilia völlig ich besitze.
Um ihrem Dienst mich bis zum Tod zu weihn,
Ersinne Wege, dieses zu verleihn!
Ich sorge nicht, mir gilt es einerlei,
Ob ich der Sieger, der Besiegte sei,
Wenn ich ans Herz nur die Geliebte drücke.
1390 Denn lenkt auch Mars im Kampfe die Geschicke,
Kannst Du mir doch, da Deine Macht so groß
Im Himmel ist, verleihn der Liebe Los.
Wo ich auch geh' und stehe, immerdar
Will ich in Deinem Tempel am Altar
Die Flammen schüren und Dir Opfer weihn.
Doch soll dem also, teure Frau, nicht sein,
So laß Arcit mir morgen mit dem Speere
Das Herz durchstechen! Diese Gunst gewähre!
Dann mag sie – mir kann's gleich sein –
                                        durch mein Sterben
1400 Arcit gewinnen und zum Weib erwerben.
Doch immerhin bleibt mein Gebet zu Dir:

Du Segensreiche, gib die Teure mir!«
    Nachdem des Palamon Gebet zu Ende,
Vollzog er demutsvoll die Opferspende.
Doch nicht erzählen kann ich Euch vom ganzen
Zeremoniell und allen Observanzen.
Zuletzt bewegte sich der Venus Bild,
Ein Zeichen gebend; und ihm war enthüllt,
Daß seine Bitte von ihr angenommen.
1410 War auch das Zeichen zögernd nur gekommen,
Daß sie sein Flehn erhört, war ihm bewußt,
Drum ging er heim mit froh bewegter Brust.
    Als drei Planetenstunden dann entflohn,
Seitdem zur Venus wallte Palamon,
Erhob die Sonne sich. Bei ihrem Schein
Erhob sich auch Emilia, um zum Schrein
Dianas sich zu wenden, in Begleitung
Der Mägde, die, was nur zur Vorbereitung
Des Gottesdiensts gehörte, mit sich brachten,
1420 Wie Feuer, Weihrauch und wie Opfertrachten.
Und Hörner, nach Gebrauch gefüllt mit Met.
Vergessen war kein einziges Gerät.
Im reichbehang'nen Tempelhaus begann
Sie mutbeseelt die Räucherung sodann,
Und wusch im Quell des Brunnens ihre Glieder.
Doch, wie sie's tat, bericht' ich hier nicht wieder;
Ganz allgemein nur kann ich es berühren,
So reizend wäre, alles anzuführen.
– Dem Reinen, freilich, bleibt ja alles rein;
1430 Doch hört ein Mann nie auf, ein Mann zu sein. –
Des wohlgekämmten Haares reicher Glanz
Von ihrem Haupte wallte, das ein Kranz
Von immergrünem Eichenlaub umwand.
Zwei Feuer häufend für den Altarbrand,

Schritt sie ans Werk, wie uns Bericht gegeben
In alten Büchern Statius' von Theben.
Und zur Diana sprach sie dann verschämt,
Das Feuer schürend, was Ihr jetzt vernehmt:
　　　»O, keusche Göttin in dem grünen Hain!
1440　Erd', Meer und Himmel sieht das Auge Dein,
Beherrscherin von Plutos düstrem Land,
Der Mädchen Göttin, die mein Herz erkannt
Und all sein Wünschen schon seit langen Jahren,
Nicht Deiner Rache Zorn laß mich erfahren,
Wie schmerzensvoll Aktäon ihn erfuhr!
Du keusche Göttin, all mein Sehnen nur
War, wie Du weist, daß ich stets Jungfrau bliebe,
Verschont von jeder Ehe, jeder Liebe;
Da ich als Mädchen und als Jägerin
1450　Von Deinem Kreise die Gefährtin bin.
Der Wald, die Jagd ist einzig mein Begehren,
Nicht Weib zu sein und Kinder zu gebären,
Nicht einem Mann Genossenschaft zu halten!
Du, die mir beistehn kann in drei Gestalten,
Sei auch zur Hilfe gnädig mir gewillt,
Erhöre Du mein Flehen, denn es gilt
Sowohl für Palamon, der mich verehrt,
Als für Arcit, der gleiche Liebe schwört;
Gib beiden Frieden, beiden Eintracht sende,
1460　Und von mir ab der beiden Herzen wende,
Daß ihre Qual und heiße Liebesbrunst
Erlöschen möge, oder ihre Gunst
Und ihr Verlangen sie auf andre lenken.
Doch willst Gehör Du meinem Flehn nicht schenken,
Soll unabänderlich mein Schicksal sein,
Vermählt zu werden einem von den zwei'n,
So gib mir den, der mich am meisten liebt!

Sieh, reine, keusche Göttin, wie betrübt
Auf meine Wangen bittre Zähren fallen!
1470 Jungfräuliche Regentin von uns allen,
Mein Mädchentum erhalte! Dann ergeben
Bleib' Deinem Dienst ich für mein ganzes Leben!«
Auf dem Altar das Doppelfeuer brannte,
Als ihr Gebet Emilia aufwärts sandte.
Doch seltsam war, was plötzlich sie erblickte.
Das eine von den Feuern rasch erstickte,
Doch gleich darauf von neuem rot und hell
Flammt's wieder auf, indem das andre, schnell
Erlöschend, starb mit wundersamem Zischen,
1480 Wie ein Stück Holz, geschnitten aus zu frischen
Und grünen Ästen, solches oftmals tut;
Und aus den Enden quoll statt Wasser Blut.
Emilia sah's, und so entsetzt war sie,
Daß sie vor Schrecken, wie im Wahnsinn, schrie.
Sie wußte nicht, was die Erscheinung meinte,
Es war aus Furcht allein, daß sie so weinte
Und jammernd schrie, wie nie ein Ohr vernahm.
Und währenddem Diana selber kam,
Als Jägerin, den Bogen in den Händen,
1490 Und sprach: »O Tochter, laß Dein Trauern enden!
Mit ew'gen Worten steht längst aufgeschrieben
Der hohen Götter Ratschluß, die belieben,
Dich einem von den beiden zu vermählen,
Die sich in Leid und Sorgen um Dich quälen.
Doch wem ist mir verboten, mitzuteilen.
Nun, lebe wohl! Nicht länger darf ich weilen;
Wie auf dem Altar loderten die Feuer,
So werden sich vom Liebesabenteuer
Dir die Geschicke dermaleinst entwirren!«
1500 Die Göttin sprach's, und unter hellem Klirren

Der Pfeile, die sie in dem Köcher trug,
Ging und entschwand sie. – Doch, erstaunt genug,
Verblieb Emilia, welche klagend sprach:
»Was hat dies alles zu bedeuten? Ach!
Ich hatte Deinem Schutze mich vertraut,
Auf Deine Güte, Göttin, fest gebaut!«
Dann brach sie gradeswegs zur Heimkehr auf.
Mehr sag' ich nicht – doch so war der Verlauf.

    Zur Stunde, die zunächst dem Mars geweiht,
1510 Stand auch Arcit im Tempel schon bereit,
Dem grimmen Gott sein Opfer darzubringen,
Wie heidnische Gebräuche dies bedingen.
Mit andachtsvollem, frommem Herzen flehte
Er zu dem Mars in folgendem Gebete:

    »O starker Gott, den Thrakiens kaltes Reich
Als Herrscher fürchtet und verehrt zugleich,
Der Du in jeder Gegend, jedem Land
Der Waffen Zügel hältst in Deiner Hand,
Der Du nach Willkür austeilst Gunst und Glück,
1520 Lenk' auf mein Opfer gnädig Deinen Blick,
Wenn Du vermeinst, daß mir trotz meiner Jugend
Zu Deinem Dienst die Kraft nicht fehlt und Tugend!
Willst Du mich rechnen zu der Deinen Zahl,
So bitt' ich Dich, erbarm' Dich meiner Qual
Bei jenen Schmerzen, jenem Glutverlangen,
Bei den Begierden, die Dein Herz durchdrangen,
Als Du den frischen, weißen Leib genossen
Der schönen, jungen Venus, die umschlossen
Dein Arm in glühender Umfangung hielt!
1530 – Wenn Dir auch einmal übel mitgespielt,
Als Dich die Schlinge des Vulkans umwand
Und er – o weh! – Dich bei der Gattin fand. –
Gedenke drum, da Du im eignen Herzen

Die Qual gefühlt, mitleidig meiner Schmerzen!
Jung bin ich, unerfahren, wie Du weißt.
Von allen Erdenwesen wohl zumeist
Hab' ich der Liebe Kränkungen erduldet;
Und ihr, die alle meine Qual verschuldet,
Gilt es dasselbe, ob ich untergehe,
1540 Ob oben schwimme; und wenn ich bestehe
Im Kampfe nicht, ist meine Hoffnung hin!
Ich weiß, wie ohne jede Kraft ich bin,
Stehst Du mir morgen gnädig nicht zur Seite.
Sei darum Helfer mir, o Herr, im Streite!
Bei Deiner Liebe, die Dein Herz gefühlt,
Bei meiner Liebe, die mein Herz durchwühlt,
Bitt' ich, mir Sieg im Kampfe zu verleihn;
Mein sei die Arbeit und der Ruhm sei Dein!
Von allen Göttertempeln hier auf Erden
1550 Soll höchst verehrt von mir der Deine werden,
Dich zu erfreuen, will ich alles tun!
In Deinem Tempel soll mein Banner ruhn
Und alle Waffen meiner Kampfgenossen.
Ich will, bis daß mein Lebenslauf geschlossen,
Ein ew'ges Altarfeuer Dir errichten,
Und mich dabei durch einen Schwur verpflichten,
Des Hauptes langes Haar und meinen Bart
Dir hinzugeben, ob bislang bewahrt
Vor Messer und vor Schere sie geblieben.
1560 Ich will Dich stets als treuer Diener lieben!
Nun, Herr, erbarm' Dich meiner Sorgen Schwere,
Gib mir den Sieg! Nichts andres ich begehre!«
        So endend hatte sein Gebet gesprochen
Der männliche Arcit, als lautes Pochen
Am Tor ihn schreckte sowie helles Klingen
Und mächt'ges Klirr'n von seinen Eisenringen;

Und hell beleuchteten die Flammenbrände
Auf dem Altare rings die Tempelwände,
Und Wohlgeruch dem Boden sich entwand.
1570 Als frischen Weihrauch dann mit voller Hand
Arcit dem Altarfeuer zugesetzt
Und jeden Brauch vollführt, vernahm entsetzt
Er laut am Bild des Mars den Panzer klirren,
Und, wie ein dumpfes Murmeln, leises Schwirren,
Drang in sein Ohr das Wort: »Victoria!«
Wohl sang dem Mars nun Ehr' und Gloria
Arcit, der freudevoll und herzensfroh
Nach Hause kehrte, hoffnungsreich und so
Vergnügt wie Vögel in dem Sonnenschein.
1580   Doch um die Gunst, die jedem von den zwei'n
Verheißen war, im Himmel sich entzweite
Die Venus mit dem Mars, und in dem Streite
Der Liebesgöttin und des Gott's der Waffen
Versuchte Frieden Jupiter zu schaffen.
Jedoch nur dem Saturn, dem kalten, bleichen,
Geschichtenkund'gen und erfahrungsreichen,
Und schlau gewandten fiel das Mittel ein,
Den Streit zu schlichten zwischen den Partei'n.
– An Weisheit wie an Rat steht obenan
1590 Das Alter, und der Spruch hat recht: man kann
Es übertaten, doch nicht überraten. –
Und um den Zank und Streit, in den geraten
Die eignen Kinder, wieder beizulegen,
War auch Saturn nicht um den Weg verlegen.
      »Venus, mein Kind!«, so sprach Saturn zu ihr,
»Mein langer, weiter Weltenlauf gibt mir
Weit größre Macht, als viele Menschen denken.
Mir steht es zu, im Meer sie zu ertränken,
Mir steht es zu, in Kerker sie zu zwängen,

1600 Sie zu erdrosseln und sie aufzuhängen.
Mein ist des Pöbels Murren, die Verschwörung,
Geheimes Gift und offne Volksempörung;
Und strafende Vergeltung ich erteile,
Wenn in des Löwen Zeichen ich verweile.
Auf meinen Wink geschieht's, daß stolze Hallen
Und Türme stürzen, Mauern niederfallen,
Des Zimmermanns und Gräbers Tod vermittelnd.
Ich schlug den Simson, an dem Pfeiler rüttelnd.
Als Frucht der Kälte ist die Krankheit mein.
1610 Mein sind Komplotte, mein Verräterei'n!
Der Pestilenz Erzeuger ist mein Blick!
Doch weine nicht! Es fällt durch mein Geschick,
Wie Du versprochen, sicherlich zum Lohn
Der Dame Liebe Deinem Palamon,
Und seinem Ritter stehe Mars zur Seite!
Nun macht für jetzt ein Ende mit dem Streite,
Ihr, die an Wesen und Natur verschieden,
Fast jeden Tag im Himmel stört den Frieden.
Ich bin Dein Ahn und Dir zu helfen willig;
1620 Drum laß das Weinen; Deinen Wunsch erfüll' ich!«
Und hiermit schließ' ich jetzt den Götterstreit
Durch den sich Venus mit dem Mars entzweit,
Und melde nun, so einfach, wie ich kann,
Den Haupteffekt; denn darauf kommt es an.
Ein großes Fest gab in Athen es heute;
Und auch die lust'ge Maienzeit erfreute
Die Herzen aller so, daß sie den ganzen
Montag verbrachten unter Spiel und Tanzen,
Und sich dem Dienst der holden Venus weihten.
1630 Doch, da es galt, sich morgen schon beizeiten
Vom Lager zu erheben für die Schlacht,
Ging früh zur Ruhe jeder in der Nacht.

Am andern Tag, als kaum der Morgen graute,
Erscholl aus den Quartieren schon das laute
Geklirr der Panzer und Gestampf der Rosse.
Auf Hengsten und auf Zeltern zog zum Schlosse
Die edle Ritterschaft in großer Zahl.
Da könnt ihr sehen, wie von Gold und Stahl
Die Rüstungen erglänzen, wie geschickt
1640 Sie Kunst geformt, verziert hat und bestickt!
Den Schimmer seht von Schilden, Satteln, Decken,
Von goldnen Helmen, Panzern, Wappenröcken,
Die Kleiderpracht der Fürsten auf den Rossen,
Die Junker und die Ritterschaftsgenossen,
Die ihre Helme schnallen, Gurte schnüren,
Die Speere nageln und das Schild polieren
Und emsig sich mit ihrem Werk beeilen!
Seht, Waffenschmiede bohren, hämmern, feilen,
Seht, wie die Hengste unter goldnen Zäumen
1650 Vor Ungeduld in die Gebisse schäumen!
Bürger und Bauern, seht, in hellen Haufen
Mit ihren Stöcken durcheinanderlaufen.
Seht Pauken, Trommeln, Bügelhörner, Flöten,
Der grausen Schlachten Blutsignaltrompeten!
Das Volksgedränge, den Palast umschwellend,
Hier drei, dort zehn, begierig Fragen stellend:
Wie wohl der Ausgang zwischen jenen zwei'n?
Ob dies, ob das, ob jenes würde sein?
Hier soll der Schwarzbart sich den Sieg erkaufen,
1660 Dort Ohnebart, und dort der größte Haufen,
Dann wieder der mit grimmigem Gesicht;
Sein Speer, sagt man, hat zwanzig Pfund Gewicht.
So in der Halle wurde Rat gepflogen,
Bis hoch die Sonne stand am Himmelsbogen.
    Und dieser Lärm nebst seinem Sängerchor

Rief Herzog Theseus aus dem Schlaf empor;
Und im Palaste blieb er dann so lange,
Bis daß man ihm zu ehrendem Empfange
Die beiden Ritter vorgeführt aus Theben;
1670 Und, wie ein Gott, von Glanz und Pracht umgeben,
Bestieg den Thron am Fenster er sodann.
Nun drängte sich das Volk an ihn heran,
Um ihn zu sehen und ihn zu verehren
Und seinen Willen und Befehl zu hören.
Ein Herold die Tribüne dann bestieg
Und rief sein »Ho!«, bis daß die Menge schwieg,
Und gab, als ringsum alles ruhig war,
Des Herzogs Botschaft kund und offenbar:
        »Des Herren hoher Wille wie Entschließung,
1680 In Anbetracht, daß nutzlose Vergießung
Von edlem Blut es wäre, wenn zur Schlacht
Auf Leib und Leben dies Turnier gemacht,
Bestimmt, Gefahr des Todes abzulenken,
Was einst beschlossen, derart zu beschränken:
Bei Todesstrafe bleiben ausgeschlossen
Vom Kampfplatz alle Arten von Geschossen;
Verboten ist, Streitäxte, Dolche, Klingen,
Die nur zum Stechen dienen, mitzubringen,
Bei sich zu führen und damit zu streiten.
1690 Erlaubt ist, auf den Gegner einzureiten,
Wie auch im Fußkampf sich damit zu wehren,
Versteht sich, der Gebrauch von scharfen Speeren.
Dem, der zuwiderhandelt dem Gebot,
Zwar nicht der Tod, jedoch der Pranger droht,
Und mit Gewalt wird daran ausgestellt,
Wer diesen Pakt von den Partei'n nicht hält.
Geschieht es, daß der Führer einer Seite
Gefangen wird oder besiegt im Streite,

Geht auf der Stelle das Turnier zu Ende!
1700 Nun helf' euch Gott! Und frisch ans Werk die Hände!
Langschwert und Keule braucht nach Herzensfülle!
Und nun zieht ab! Dies ist des Herren Wille!«
      Des Volkes Beifall bis zum Himmel scholl,
Mit lauter Stimme rief es freudevoll:
»Heil unserm Herrscher, der so mild und gut
Verboten hat Gemetzel bis aufs Blut!«
Als bei den Schmetterklängen der Fanfaren
In wohlgereihtem Festzug dann die Scharen
Den Schranken zu durch alle Straßen rückten,
1710 Die – Sarsche nicht, nein – Goldgewebe schmückten,
      Sah man voran den edlen Herzog reiten,
Den die Thebaner rechts und links begleiten,
Die Königin kam mit Emilia dann,
Und ihnen schlossen in dem Zug sich an
Die übrigen, gereiht nach Stand und Rang.
So zogen sie die ganze Stadt entlang
Und kamen, als des Tages Prime kaum
Begonnen hatte, zu der Schranken Raum.
Und als man Theseus auf dem Throne sah
1720 Mit seiner Königin Hippolyta
Und mit Emilia nebst den Ehrendamen,
Auch ihre Plätze rasch die andern nahmen.
Von Westen sprengte durch des Ares Tor
Mit rotem Banner jetzt Arcit hervor
Und führte seine Hunderte zum Streite.
Durchs Tor der Venus auf der Morgenseite
Sah Palamon zu gleicher Zeit man kühn
Mit weißem Banner in die Schranken ziehn.
Wenn man die Welt von Anfang bis zu Ende
1730 Rastlos durchstreifen wollte, schwerlich fände
Man solche Schar zum zweiten Mal gesellt.

Es könnte selbst der klügste Mann der Welt
Nicht sagen, wer die Überlegenheit
Besaß an Alter, Stand und Würdigkeit!
So ebenbürtig konnten alle gelten.
Dann in zwei Gliedern zum Appelle stellten
Die Scharen sich. Man rief die Kampfgenossen
Bei Namen auf, und von den Toren schlossen
Sich unter lautem Zuruf dann die Gitter:
1740 »Tut Eure Pflicht, Ihr jungen, stolzen Ritter!«
      Nun sah die Herolde man seitwärts treten,
Es klangen Hörner, schmetterten Trompeten;
Was sag' ich mehr? Im Osten wie im West
Legt schon den Speer zum Anlauf jeder fest
Und drückt dem Hengst die Sporen in die Seiten.
Da sieht man, wer turnieren kann und reiten!
Hier an den Schilden Speere splitternd brechen,
Dort einer Rüstung Bruststück sie durchstechen,
Der Speere Trümmer zwanzig Fuß hoch springen,
1750 Man zieht die Schwerter, deren Silberklingen
Zermalmend auf die Helme niederblitzen,
Das Blut beginnt zu strömen und zu spritzen,
Und unter Keulenschlägen splittern Knochen.
Hier hat die Reihen einer schon durchbrochen,
Dort stürzen starke Pferds und im Fall
Rollt sich im Staub der Reiter wie ein Ball.
Ein andrer will im Kampf das Messer ziehn,
Doch aus dem Sattel hebt der Gegner ihn,
Am Pranger büßt verletzt er und gefangen,
1760 Was dem Gebot zuwider er begangen.
Auch einer von der andern Seite duldet
Das gleiche Los, weil gleiches er verschuldet.
Und Theseus hieß im Kampfgewühl inzwischen
Bald diesen ruhn, bald jenen sich erfrischen.

Auch die Thebaner fochten oft und lang
Und hatten schon im blut'gen Waffengang
Vom Sattel gegenseitig sich gestreift.
Kein Tiger, der Galaphas Tal durchstreift,
So wütend das geraubte Junge sucht,
1770 Als wie Arcit in seiner Eifersucht
Nach Palamon. – Es war in Belmarie
So grimmig ein gehetzter Löwe nie,
Noch sprang mit hungertollerer Begier
Er jemals nach der Beute, als wie hier
Jetzt Palamon auf den Arcit eindrang.
Die Helme dröhnen bei der Streiche Klang,
Und Ströme Bluts aus ihren Schläfen dringen.
    Doch da's ein Ende gibt bei allen Dingen,
Geschah es, daß im Kampfe mit Arcit
1780 Dem Palamon, bevor die Sonne schied,
König Emetrius mit mächt'gem Hieb
Tief in das Fleisch des Schwertes Schneide trieb.
Umringt von zwanzigfacher Überzahl,
Ward er gefangen hingeschleppt zum Pfahl.
Lykurg, der König, der ihm helfen wollte,
Trotz seiner Stärke sich am Boden rollte.
War aus dem Sattel auch der starke Held
Emetrius von Palamon geschnellt,
Auf Schwertes Länge mit gewalt'gem Stoß,
1790 Was half es ihm? Entschieden war sein Los!
Gefangen schleifte man zum Pfahl ihn hin,
Und, überwunden, muß sein stolzer Sinn,
Was verbedungen, mit Geduld ertragen.
    Wohl mochte Palamon nun jammernd klagen,
Er darf zurück ins Kampfgewühl nicht gehn!
Doch Theseus, der den Ausgang angesehn
Von dem Turniere, rief den Kämpfern zu:

»Ho! Ho! Nicht mehr! Jetzt haltet Waffenruh'!
Den Schiedsspruch kann ich unparteiisch geben:
1800 Emilia gehört Arcit von Theben,
Der durch sein Glück der Schönheit Preis gewann!«
Nun hob im Volk ein buntes Lärmen an.
Man hörte laute Jubelrufe schallen,
Als ob die Schranken sollten niederfallen.
Doch was soll jetzt die holde Venus tun,
Der Liebe Königin, was sagt sie nun?
Sie weint, daß alles ihrem Wunsch entgegen
Und näßt die Schranken mit der Tränen Regen.
»Ach! Welche Schmach«, sprach sie, »ist
                              mir beschieden?«
1810 Saturnus sagte: »Tochter, halte Frieden!
Was Mars gewollt, fiel seinem Ritter zu;
Doch schwör' ich Dir, befriedigt wirst auch Du!«
Trompeten blasen, Minnesänger singen,
Von Herolden die lauten Stimmen klingen,
Um ihren Beifall dem Arcit zu spenden.
Doch hört auf mich, und laßt das Lärmen enden,
Und horcht und lauscht, welch Wunder jetzt geschieht!
Von seinem Haupte nahm den Helm Arcit,
Schwang sich mit offnem Antlitz auf sein Roß,
1820 Auf dem er eilends durch die Schranken schoß
Zum Platze, wo Emilia er erblickte,
Die freundlich grüßend ihm entgegennickte.
– So geht es mit den Weibern allerwärts,
Wo der Erfolg ist, da ist auch ihr Herz. –
Und als er freudestrahlend vor ihr stand,
Zerbarst die Erde, und empor sich wand,
Von Pluto auf Geheiß Saturns geschickt,
Ein höllisch Ungeheuer. – Es erschrickt
Das Pferd, springt plötzlich seitwärts, strauchelt, fällt,

1830 Und aus dem Sattel wird Arcit geschnellt
Und stürzt vom Pferde nieder auf den Kopf.
Die Brust zerbrochen durch den Sattelknopf,
Streckt er wie tot am Boden seine Glieder.
Schwarz wie die Kohle, wie der Kräh'n Gefieder
Das dunkle Blut sein Antlitz überfloß.
Betrübt trug man vom Platz ihn in das Schloß
Des Theseus hin, und dort ward er in Hast
Befreit von seiner Rüstung schwerer Last
Und auf ein weiches Ruhebett gelegt.
1840 Noch bei Verstand, von Leben noch bewegt,
Rief unaufhörlich er Emiliens Namen.
      Und nach Athen zurückgeritten kamen
Der Herzog Theseus und der Ritter Menge
In großem Pomp und reichem Festgepränge.
Obschon dies Abenteuer vorgefallen,
Gewährte Trost er und Zerstreuung allen.
Nicht sei Arcit – so sprach man – in Gefahr,
Noch böte Hoffnung sich auf Rettung dar;
Und freudig ward die Nachricht aufgenommen,
1850 Daß sonst im Kampfe niemand umgekommen.
Denn schwerverletzt war einer nur, nicht mehr,
Dem seine Brust durchbrochen war vom Speer.
Für andre Wunden, Arm- und Knochenbrüche,
Dem Salben dienten, jenem Zaubersprüche
Und diesem Kräutertränke, dem Salbei,
Damit erhalten Leib und Leben sei.
Der edle Herzog sucht, soviel er kann,
Zu trösten und erheitern jedermann,
Und nach Gebühr die edlen Herr'n zu ehren
1860 Mit Gasterei'n, die bis zum Morgen währen.
Kein Übelwollen ihr Vergnügen störte,
Allein vom Kampf und vom Turniere hörte

Man reden, und der Meinung aller nach
War es ein Zufall, aber keine Schmach,
Daß er von zwanzigfacher Überzahl
Gefangen ward und fortgeschleppt zum Pfahl;
Stand er allein und ohne Hülfe dort,
Und zerrten ihn an Arm und Füßen fort,
Und prügelten mit Stöcken seinen Rappen
1870 Die Reisigen, die Knechte samt den Knappen,
So konnte keine Schande dieses sein,
Man durfte nimmer ihn der Feigheit zeihn.
Jedoch, um zu vermeiden Streit und Zank,
Ließ Herzog Theseus seinen Preis und Dank
Der einen wie der andern Seite sagen,
Die sich gleich brav, gleich brüderlich betragen,
Und teilte reiche Ehrengaben aus.
Drei Tage schwanden unter Fest und Schmaus,
Dann gab zur Stadt hinaus auf Tagesweite
1880 Er allen edlen Fürsten das Geleite.
»Leb' wohl« und »Guten Tag« hieß es sodann
Und graden Wegs zog heimwärts jedermann.
Doch von dem Kampfe wendet sich mein Lied
Zu Palamon zurück und zu Arcit.
     Es schwoll die Brust, und weiter stets und weiter
Umfraß das Herz Arcits der Wunde Eiter.
Das Blut gerann. Die Heilkunst war vergebens,
Vergiftet war und blieb der Saft des Lebens.
Ihm half kein Aderlaß, kein Blutentziehn,
1890 Nicht Kräutertränke, keine Medizin.
Nicht mehr natürlich wurde fortgeschafft
Von animalischer Entleerungskraft
Die Giftsubstanz der faulen Eiterungen.
Geschwollen sind die Röhren seiner Lungen;
Die Muskelfasern in der Brust, im Bauche

Sind schon zerfressen von der gift'gen Jauche,
Und ohne jede Wirkung sich erproben
Laxieren unten und Erbrechen oben.
Sein ganzer Leib ist eine Wunde nur.
1900 Zu Ende geht die Herrschaft der Natur.
Und wo Natur nicht länger helfen kann,
Leb' wohl, Arznei! Zur Kirche tragt den Mann!
Die Wahrheit ist, er lag im Sterben schon.
Und zu Emilia und zu Palamon
Entsandte Botschaft er, um von den beiden,
Wie Ihr von mir jetzt hören sollt, zu scheiden:
»Nicht fassen kann mein schwermutsvolles Herz
In klare Worte meiner Sorgen Schmerz,
Und kurze Frist bleibt mir zu leben nur.
1910 O Teure, die von jeder Kreatur
Auf dieser Welt ich stets geliebt zumeist,
Deinem Gebet empfehl' ich meinen Geist!
Emilia! – ach, o weh mir! – welche Plagen
Hab' ich um Dich so lange schon ertragen!
Weh mir! Ich sterbe! Ach, Emilia mein!
Muß ich von Dir so bald geschieden sein?
Ach, teures Weib, ach, Herzenskönigin,
Mein Schatz und meines Lebens Enderin!
Was ist die Welt? Was ist des Menschen Los?
1920 Vom Schoß der Liebe sinkt er in den Schoß
Des kalten Grabes einsam und allein.
Leb' wohl, mein Lieb! Leb' wohl, Emilia mein!
Mit Deinen weichen Armen mich umwinde,
Und liebst Du Gott, so hör', was ich verkünde:
    Mit meinem teuren Vetter Palamon
Lag ich in Zank und Streit seit lange schon
Aus Liebe wie aus Eifersucht um Dich,
Doch stehe Jupiter mir bei, daß ich

Dir eines Dieners Wert in voller Klarheit
1930 Jetzt schildern möge nach Verdienst und Wahrheit.
Denn Ehre, Klugheit, Treue, Rittermut,
Demut und Freisinn, Rang und edles Blut,
Jedwede Tugend ist an ihm zu preisen;
Nie möge Jupiter mir Heil erweisen,
Wenn einen Mann ich weiß, der hier auf Erden
Verdiente mehr, von Dir geliebt zu werden,
Als Palamon, der Dir geweiht sein Leben;
Und willst Du je Dich einem Mann ergeben,
Erinnre Dich des edlen Palamon!«
1940 Bei diesen Worten brach der Stimme Ton,
Und von den Füßen nach der Brust entlang
Des Todes Kälte durch die Glieder drang.
Die Lebenskraft entwich. Ihm wurden Hände
Und Arme steif. Das Leben ging zu Ende.
Es schlummerte Bewußtsein und Verstand
Allmählich ein und aus dem Herzen schwand
Ihm die Empfindung bei des Todes Nahn;
Sein Atem stockte! Doch zur Teuren sahn,
Im Brechen noch die Augen fort und fort,
1950 Und »Dank Emilia!« war sein letztes Wort.
So seine Wohnung wechselnd, floh der Geist
Und ging, wohin noch niemals ich gereist;
Drum nicht erraten kann ich's noch erzählen;
Ich führe kein Register über Seelen,
Noch mitzuteilen fühl' ich mich getrieben
Die Meinung derer, die den Ort beschrieben.
Arcit ist kalt; sei Mars der Seele gnädig!
Und fernerhin nun von Emilia red' ich.
        Es heulte Palamon, Emilia schrie,
1960 Und Theseus trug auf seinen Armen die
Besinnungslose aus der Leichenkammer.

Was hilft es mir, vom tagelangen Jammer
Der beiden gleichfalls tagelang zu klagen?
Schwer hat ein Weib in solchem Fall zu tragen;
Wird ihr der Gatte durch den Tod genommen,
So fühlt ihr Herz sich sorgenvoll beklommen
Und Krankheit folgt nicht selten auf das Leid,
Von dem zuletzt sie nur der Tod befreit.

    Endlos die Schmerzen und die Tränen waren
1970 Von altem Volk und Volk in jungen Jahren
Um des Thebaners Tod im weiten Kreise
Der ganzen Stadt. – Die Kinder wie die Greise
Beweinten ihn. Gewiß, seit man erschlagen
Vor Troja Hektor, wurden solche Klagen
Nicht mehr gehört. – Die Wangen sich zerfleischend,
Das Haar zerraufend, schrieen Weiber kreischend:
»Warum traf Dich der Tod? Du hattest Gold
Im Überfluß; Dir war Emilia hold!«

    Theseus zu trösten war allein imstand
1980 Sein alter Vater Ägeus. Er verstand,
Daß in des Lebens buntem Wechselspiel
Noch immerdar die Wage stieg und fiel.
Daß Lust dem Leid und Leid der Freude weiche,
Bewies er durch Belege, durch Vergleiche.
»Wie niemand«, sprach er, »je gestorben ist,
Der nicht zuvor gelebt hat eine Frist,
So lebt auch«, sprach er, »niemand hier auf Erden,
Der nicht dem Tode muß zur Beute werden.
Die Welt ist eine Wallfahrt voller Leiden!
1990 Wir sind die Pilger, kommen, wandern, scheiden;
Die Sorgen endet nur der Tod allein.«
Er schärfte dies dem Volk verständig ein
Nebst manchem andern, um es zu belehren,
Im Unglück Trost dem Herrscher zu gewähren.

Aufs eifrigste war Theseus nun bemüht,
Den Platz zu wählen, welche, für Arcit
Zur Ruhestatt von seinen Erdenresten
Dem Range des Verstorbnen nach am besten
Und passendsten und würdigsten erscheine.
2000   Und er beschloß, in jenem grünen Haine,
Wo einst Arcit und Palamon entzweit
Gerungen hatten in der Liebe Streit,
Zu dem Arcit in Liebesglut oft wallte,
Wo seines Herzens Klage widerhallte,
Den Scheiterhaufen für Arcit zu schichten
Und dort die Leichenfeier zu verrichten.
Die alten Eichen ließ er niederhauen
Und niederhacken und befahl, zu bauen
Aus ihren Stämmen einen Flammenstoß.
2010   Nun war die Eile seiner Diener groß,
Um alles herzurichten, wie befohlen.
Dann ließ die Leichenbahre Theseus holen
Und mit den reichsten, schwersten Goldgeweben,
So herrlich er sie nur besaß, umgeben.
Es lag in Gold gekleidet auf das gleiche,
Mit weißen Handschuh'n angetan, die Leiche,
Um deren Haupt ein Lorbeerkranz sich wand,
Mit blankem, scharfem Schwerte in der Hand.
Ihr Angesicht enthüllte Theseus dann
2020   Und fing vor Rührung laut zu weinen an.
Und als der Morgen anbrach, ward für alle
Zur Schau gestellt sein Leichnam in der Halle,
Und rings ertönte Jammer und Geschrei.
      Und schmerzbewegt kam Palamon herbei,
Im schwarzen Kleid, von Tränen ganz benetzt,
Das Haar voll Asche, seinen Bart zerfetzt,
Denn nach der weinenden Emilia war

Kein Jammervoll'rer in der ganzen Schar.
Damit der Trauerzug dem Rang der Leiche
2030 An Pomp und Pracht zur höchsten Ehr' gereiche,
Ließ Theseus auf drei großen, weißen Rossen,
Von blanken Eisenpanzern rings umschlossen
Und mit dem Wappen von Arcit geziert,
Die Waffen, die im Leben er geführt,
Von Reitern tragen; und der erste Reiter
Hielt seinen Speer und seinen Schild ein zweiter;
Ein dritter führte seinen türk'schen Bogen
Und seinen Köcher, reich mit Gold bezogen.
So ritten still mit trübem Angesichte
2040 Sie zu dem Haine, wie ich nun berichte:
Getragen ward die Bahre mit der Leiche
Vom höchsten Adel aus dem Griechenreiche;
Dem Hauptweg folgend, lenkten sie mit nassen,
Verweinten Augen langsam durch die Gassen
Der gänzlich schwarzbehängten Stadt entlang,
Die überall zu trauern schien, den Gang.
Ägeus, der alte, ging zur rechten Hand,
Zu seiner linken Theseus sich befand,
Und Goldgefäße hielten sie in Händen,
2050 Um Honig, Wein und Milch und Blut zu spenden.
Dann folgte Palamon im Freundeskreise;
Und in den Händen, wie es Brauch und Weise,
Zum Leichendienst die Feuerbrände tragend,
Zuletzt Emilia, schmerzerfüllt und klagend.
Lang war die Arbeit und die Mühe groß,
Bis aufgerichtet war der Flammenstoß,
Der grüne Wipfel bis zum Himmel reckte
Und zwanzig Faden breit die Arme streckte,
Das heißt, die Äste hatten solche Länge.
2060 Den Grund zu legen, wurde Stroh in Menge

Herbeigeschafft. Doch, wie die Glut geschürt
Und welchen Namen jeder Baum geführt,
Den man gefällt, wie Fichte, Rüster, Eiche,
Platane, Linde, Dorn- und Haselsträuche,
Kastanie, Pappel, Esche, Lorbeer, Eibe,
Euch näher zu erzählen, unterbleibe.
Auch wo, von ihren Wohnungen vertrieben,
Die obdachlosen Waldesgötter blieben,
Und wie am Ort, wo sie gelebt in Frieden,
2070 Hamadryaden, Faune, Nymphen schieden;
Wie Vögel und Getier, von Furcht gepackt,
Geflohen, als die Bäume man gehackt;
Wie Waldesgrund, einst dicht belaubt, jetzt kahl,
Mit Schrecken sah den ersten Sonnenstrahl;
Wie Unterlagen man von Stroh errichtet,
Und trockne Reiser dreifach aufgeschichtet
Und grünes Holz, und wie von Spezerei'n
Und goldnen Tüchern, kostbarem Gestein
Und blumenreichen Kränzen alles voll;
2080 Wie Duft aus Weihrauch und aus Myrrhen quoll,
Wie von Arcit darin die Erdenhülle
Gelegt in ihres Schmuckes reicher Fülle,
Wie nach dem Brauch der Zeit Emiliens Hand
Zuerst entzündete des Feuers Brand,
Wie sie in Ohnmacht fiel, als dies getan,
Was sie gesprochen und geschrien im Wahn;
Wie sich die Flammen rasend rasch vermehrt,
Und was an Edelsteinen und an Wert,
Was sie an Kleidern, Schilden und an scharfen
2090 Und langen Speeren in das Feuer warfen,
Wie becherweise Wein und Milch und Blut
Gegossen in des Feuers wilde Glut;
Wie dreimal dann in weitgedehntem Bogen

Die Griechen reitend um das Feuer zogen,
Es links umkreisend, und wie dreimal tönte
Ihr Wehgeschrei, ihr Speergerassel dröhnte;
Wie dreimal scholl der Weiber Jammerklagen;
Wie heimwärts man Emilia getragen,
Und wie Arcit zu Aschenstaub zerfiel;
2100 Wie in der Nacht darauf mit manchem Spiel
Die Griechen kürzten ihre Leichenwache –
Das zu erzählen, ist nicht meine Sache;
Noch wer von ihnen in des Ringkampfs Gang
Sich, nackt und ölgetränkt, den Preis errang;
Auch meld' ich nicht, wie nach Athen zu Haus
Ein jeder zog, sobald die Feier aus;
Denn rasch zum Schlusse denk' ich hinzuwenden,
Das lang Erzählte nunmehr kurz zu enden.
      Im Lauf der Jahre trocknete die Zeit
2110 Der Griechen Tränen, und der Trauer Kleid
Beschloß man männiglich nicht mehr zu tragen;
Und in Athen – scheint mir – begann zu tagen
Ein Parlament, das mancherlei erwog
Und auch ein Bündnis in Betrachtung zog
Mit andern Staaten, falls dem anzuschließen
Sich die Thebaner willig finden ließen.
Vor Theseus zu erscheinen unverweilt,
Ward daher Palamon Befehl erteilt,
Der, ahnungslos, weshalb nach ihm gesandt,
2120 Mit trauervollem Herzen und Gewand
Sich nach Athen begab, wie ihm befohlen –
Doch für Emilia ließ ihn Theseus holen.
Als alle Platz genommen, jeder stumm,
Und Herzog Theseus seinen Blick ringsum
Zunächst geworfen eine Weile lang,
Eh' sich ein Laut der weisen Brust entrang,

Begann betrübt zu seufzen er im stillen,
Und kündete dann also seinen Willen:
    »Als einst der allerhöchste Lenker droben
2130 Der Liebe schöne Kette hat gewoben,
War groß sein Ziel und seine Absicht klug;
Er wußte wohl, was er im Sinne trug.
Denn mit der schönen Liebeskette band
Er dauernd Feuer, Wasser, Luft und Land
In fester Grenzen wandellosem Ort.
Derselbe Fürst und Lenker«, fuhr er fort,
»Hat zugeteilt in dieser Welt voll Trauer
Besondern Tagen auch bestimmte Dauer
Für alle, die geboren sind auf Erden;
2140 Und diese können nicht verlängert werden,
Wenn ihre Frist man auch beschränken kann.
Ich führe nicht Autoritäten an;
Denn längst hat die Erfahrung es gelehrt;
Indes auch meine Meinung sei erklärt.
Wie man aus dieser Ordnung leicht erkennt,
Steht fest und ewig Gottes Regiment,
Und jeder weiß, sofern er nicht ein Tor,
Daß aus dem Ganzen geht der Teil hervor.
Denn nicht ein Teil, ein Bruchstück ist's gewesen,
2150 Woraus Natur entstand, vielmehr ein Wesen
Von steter Dauer und Vollkommenheit;
Nur nach und nach sank sie zur Endlichkeit.
Mit weiser Vorsicht hat der Herr der Welt
So gut durch seine Satzung festgestellt,
Daß jedes Ding nach Klasse wie nach Art
Durch Folge nur die Dauer sich bewahrt,
Und nicht auf ewig in sich fortbesteht,
Wie Ihr mit eignen Augen es erseht.
    Zur Eiche blickt: Wie war ihr Wachstum lang,

2160 Seit aus dem Keime sie zuerst entsprang.
Lang ist ihr Leben, wie wir alle sehn,
Und doch – zuletzt muß dieser Baum vergehn!
    Denkt: Auch der harte Stein, den Tag für Tag
Der Fuß betritt, verschwindet nach und nach
Und liegt zuletzt uns nicht im Wege mehr.
Der breite Strom wird oftmals wasserleer,
Die großen Städte fallen und verschwinden;
Ihr seht es – alles muß ein Ende finden.
    Kein Mann, kein Weib kann diesem Los entfliehn
2170 Es kennt der Tod nicht zweierlei Termin;
Das heißt: Ob alt, ob jung, bedeutet wenig,
Denn sterben muß der Page wie der König!
Der stirbt im Bett, der wird des Meeres Beute,
Der bleibt im Feld – das wissen alle Leute.
Den gleichen Weg geht alles in der Welt;
Wohl mag ich sagen, jedes Ding zerfällt.
    Ist es nicht so von Jupiter beschlossen?
Er ist der Herr, dem jedes Ding entsprossen,
Der über alles, was durch ihn gestaltet,
2180 Bekanntlich auch nach eignem Willen schaltet.
Und kein Geschöpf kann diesem widerstreben,
Was auch sein Rang auf Erden und im Leben.
    Mir scheint, es ist so weise wie gescheit,
Macht man zur Tugend die Notwendigkeit.
Fügt Euch darin, daß noch kein Mensch hienieden
Dem Los entrann, das ihm vorher beschieden.
Wer dies bemurrt, der lehnt sich als ein Tor
Und ein Rebelle gegen Gott empor.
Die größte Ehre sich ein Mann erwirbt,
2190 Der in der Blüte seiner Würde stirbt.
Dann bleibt sein guter Ruf ihm stets gewahrt,
Und Schmach den Freunden und ihm selbst erspart.

Weit freudiger sei dessen Tod begrüßt,
Der ehrenvoll ein junges Dasein schließt,
Als der des Greises, wenn erblaßt sein Ruhm
Und längst vergessen ist sein Rittertum.
Den rühmlichsten und besten Tod erleidet,
Wer in dem Vollglanz seines Ruhmes scheidet.
    Nur Eigensinn kann diesem widerstreben!
2200 Was murren wir, anstatt uns zu ergeben,
Daß uns Arcit, des Rittertumes Blume,
Entrissen ward in seinem höchsten Ruhme,
Als er des Leibes fauler Haft entflohn?
Weswegen will sein Vetter Palamon,
Sein liebend Weib ihm dieses Glück nicht gönnen?
Weiß Gott, wie soll er ihnen danken können,
Daß sie sich selbst und seinen Geist so kränken?
Doch kaum vermögen andres sie zu denken!
    Was ist der langen Rede letzter Schluß?
2210 Ich denke: Freude folge dem Verdruß!
Dankbar empor laßt uns die Hände heben
Zu Jupiter, eh' wir uns fortbegeben.
Wir machen – rat' ich – aus zwei dunklen Sorgen
Für immerdar den hellsten Freudenmorgen!
Und seht, wo diese Sorge ist am größten,
Da will zuerst auch helfen ich und trösten!
    Schwester!«, so sprach er, »es ist fest beschlossen
Durch Beistimmung der Parlaments-Genossen,
Daß Deinem edlen Ritter Palamon,
2220 Der Dir gedient so lange Jahre schon,
Seit Du ihn kennst, mit Willen, Herz und Hand,
Nun Deine Gnade werde zugewandt,
Um ihn als Gatten und als Herrn zu ehren!
Reich' mir die Hand, denn so ist mein Begehren!
Zeig' weiblich Mitleid! Als der Bruderssohn

Von einem Könige verdient er's schon.
Wenn er ein armer Junggesell einst schien
Und widerwärtig das Geschick für ihn,
So dient' er Dir doch manches liebe Jahr,
2230 Das mußt Du in Erwägung ziehn, fürwahr!
Drum sei auch Gnade jetzt für Recht erkannt!«
     Zum edlen Ritter Palamon gewandt,
Sprach er: »Mich dünkt's, nicht lange muß ich pred'gen,
Um zwischen uns die Sache zu erled'gen!
Komm her, und nimm die Dame bei der Hand!«
Und somit ward geschlossen jenes Band,
Das manchmal Ehe heißt und manchmal Heirat!
Und die Barone gaben ihren Beirat.
So mit Musik und aller Seligkeit
2240 Hat Palamon Emilia gefreit.
Und Gott, der alle Welt gemacht und lenkt,
Hat nach Verdienst mit Segen sie beschenkt;
Denn Palamon auf immerdar zuteil
Ward Freude, Reichtum und jedwedes Heil;
Stets zärtlich blieb Emilia ihm ergeben,
Und ihrem Dienste war geweiht sein Leben.
Nie Eifersucht und nie ein böses Wort,
Nie trübte Leid ihr Lebensglück hinfort.
So sei von beiden mein Bericht geschlossen.
2250 Behüt' Euch Gott, Ihr Pilgerfahrtsgenossen!

Die Erzählung
des Müllers

Wortwechsel zwischen dem Gastwirt und dem Müller

Vers 1–76

Als so der Ritter den Bericht geendet,
Ward der Erzählung Beifall rings gespendet.
Schön sei und wert der Rückerinnerung,
Was vorgetragen – sprachen Alt und Jung,
Besonders aber alle feinern Herr'n;
Und lachend schwor der Wirt: »So hab' ich's gern!
Das lob' ich mir; der Sack ist aufgetan!
Laßt sehn, wer kommt als folgender daran?
Das Spiel ist gut begonnen, das gesteh' ich!
10 Kommt her, Herr Mönch, und seid Ihr dazu fähig,
Macht's der Erzählung unsres Ritters gleich.«
Der Müller, der, vor Trunkenheit ganz bleich,
Auf seinem Gaule torkelnd hing im Sitze,
Zog nicht den Hut und rückte nicht die Mütze,
Denn höflich gegen irgendwen war nie er.
Mit einer Stimme wie Pilatus schrie er
Und schwor bei Armen und bei Blut und Bein:
»Die herrlichste Geschichte fällt mir ein,

Durch welche die des Ritters übertroffen!«
20 Der Gastwirt sah, daß er in Bier besoffen
Und sprach: »Mein lieber Robert, laß es sein!
Räum' einem Besseren den Vorrang ein,
Hör' auf, und halte Frieden jetzt und Ruh'!«
        Er aber sprach: »Gott straf' mich, wenn ich's tu'!
Laß mich erzählen, oder ich geh' fort!«
»Zum Teufel«, sprach der Wirt, »behalt' das Wort!
Du bist ein Narr und hirnverwirrt im Rausche!«
»Nun«, sprach der Müller, »all' und jeder lausche!
Jedoch zunächst erklär' ich Euch ganz offen,
30 Die Stimme sagt es mir – ich bin besoffen,
Und sollt' ich mich versprechen und mißsagen,
Das Bier von Southwark bitt' ich anzuklagen.
Zum besten laßt Legende mich und Leben
Vom Zimmermann und seinem Weibe geben,
Dem ein Scholar zurechtgerückt die Kappe.«
Der Landverwalter rief: »Schließ' Deine Klappe!
Laß die besoffne, garst'ge Zoterei!
Denn sündhaft ist's und große Narretei,
Jemanden zu beschimpfen und zu kränken
40 Und üblen Nachruf auf die Frau'n zu lenken.
Dir bleibt genug von anderm zu erzählen!«
        An Antwort ließ der Müller es nicht fehlen
Und sprach: »Nun, Oswald, lieber Bruder mein!
Wer keine Frau hat, kann kein Hahnrei sein!
Doch sag' ich nicht, so sei's mit Dir bestellt!
Viel gute Weiber leben auf der Welt,
Was nimmst an meinem Wort Du Ärgernis?
Ich hab' ein Weib, so gut wie Du, gewiß;
Jedoch für meine Stiere vor dem Pflug
50 Nähm' ich auf mich nicht mehr, als was genug,
Und denke von mir selbst nicht, ich sei einer,

Viel lieber will ich glauben, ich sei keiner.
Denn spürt ein Ehemann nicht zu genau
In Gottes Heimlichkeit und die der Frau,
Wird ihm auch Gottes Überfluß nie fehlen,
Und um den Rest braucht er sich nicht zu quälen.«
    Der Müller wollte – um mich kurz zu fassen –
In seinen Worten sich nicht meistern lassen,
Und er erzählte seine Schandgeschichte,
60 Die ich Euch nunmehr wortgetreu berichte.
Indessen bitt' ich, nehm' kein Ehrenmann
– Um Gottes willen – Ärgernis daran.
Was jeder vorgetragen, muß ich eben,
Ob's gut, ob's schlecht, getreulich wiedergeben,
Will ich den Inhalt nicht zu sehr verkehren.
Drum, wer nicht Lust hat, weiter zuzuhören,
Schlag' um das Blatt und treffe seine Wahl;
Denn kurz und lang sind hier in großer Zahl
Auch ehrbare Geschichten vorerzählt,
70 Worin Moral und Heiligkeit nicht fehlt.
Und greift Ihr fehl, legt es nicht mir zur Last!
Ihr wißt, der Müller war ein schlimmer Gast
Wie der Verwalter und manch andre leider,
Und zotenhaft sind die Geschichten beider.
Ihr seid gewarnt, daher müßt Ihr nicht schelten;
Was nur ein Spaß ist, darf als Ernst nicht gelten.

Die Erzählung des Müllers

Vers 77–744

In frühern Zeiten war in Oxenford
Ein reicher Filz und Zimmermann, der dort
Ein Kosthaus hielt, in welches ein Scholar
80 Von wenig Mitteln eingezogen war.
Er war der Kunst beflissen, doch daneben
Höchst eifrig der Astrologie ergeben,
Und gab, befragt darum zur rechten Stunde,
Auch durch gewisse Schlüsse sichre Kunde,
Ob Regen käme oder Sonnenschein;
Und er verstand genau zu prophezei'n
Das künftige Geschick von jedermann,
Ja vieles mehr, als ich erwähnen kann.
        Den flinken Niklaus hieß man den Scholaren;
90 In Liebeshändeln war er wohlerfahren
Und ein höchst schlauer und verschwiegner Gast,
Doch mädchenhaft in seinem Äußern fast;
Und ohne Mitbewohner, ganz allein
Nahm er ein Zimmer in dem Kosthaus ein.
Mit süßen Kräutern war bedeckt die Flur;
Er selbst war süßer als das Süßholz nur
Und Baldrian es irgend sind. – Man fand
Den Almagest und manchen Bücherband,
Ein Astrolabium, seiner Kunst geweiht,
100 Nebst Algorithmensteinen, wohl gereiht,
Im Sims zu Kopf des Bettes an der Wand;
Und rot behangen war sein Kleiderstand.
Und obendrüber hing die lust'ge Laute,
An deren Spiel er abends sich erbaute.
Gar lieblich durch das ganze Zimmer klang,

Wenn »Angelus ad virginem« er sang
Und hinterdrein das Königslied begann;
Und jeder pries sein lust'ges Stimmorgan;
Und so verging die Zeit für den Studenten
110 Nach Maße der Stipendien und Renten.

Der Zimmermann, seit kurzem erst vermählt,
War toll verliebt ins Weib, das er erwählt,
Und da sie – glaub' ich – achtzehn Jahre kaum,
Hielt er aus Eifersucht sie scharf im Zaum.
Denn sie war wild und jung, und er war alt,
Und Hörner wüchsen – dacht' er – allzubald.
Roh an Verstand, war fremd ihm Catos Lehre,
Daß sich am besten Gleich und Gleich bewähre;
Man müsse sich stets angemessen paaren,
120 Oft läge Jung und Alt sich in den Haaren,
Doch in die Falle war der Mann geraten
Und trug die Last, wie's vor ihm andre taten.

Schön von Gesicht war seine junge Frau
Und wie ein Wiesel zart und schlank von Bau.
Von Seide war der Gürtel, den sie trug.
Und weiß wie Morgenmilch ihr Schürzentuch,
Das um die Lenden faltenreich geschlagen.
Bestickt, so vorn wie hinten, war am Kragen
Ihr weißes Hemd mit kohlenschwarzer Seide,
130 Und passend zu der Farbe von dem Kleide
War ausgesucht nicht minder auch das Band,
Das ihre weiße Haube rings umwand,
Die breite Seidenschleifen oben kränzten.
Doch wahrlich! Lüstern ihre Augen glänzten.
Die beiden Brauen waren scharf gezogen,
Schwarz wie die Schlehen, lang und leicht gebogen,
Und schöner als ein junger Birnenbaum
Und zarter als des Widders Wollenflaum,

War sie für jeden eine Augenweide.
140 Bestickt mit Messingperlen und mit Seide
Hing von dem Gurt die Lederbörse nieder;
Und niemand sah, wenn er auch hin und wieder
Die ganze Welt entlang zu suchen ging',
Solch lust'ges Weibsbild, solchen Schmetterling.
Und ihrer Wangen Farbe glänzte mehr
Als Rosenobel, frisch vom Tower her,
Und ihr Gesang scholl lustiger und freier,
Als selbst das Lied der Schwalben in der Scheuer.
Gern spielte sie und hüpfte höher selber
150 Als um die Mütter Zicklein oder Kälber;
Ihr Mund war süß wie Met und Honigbräu
Und Lageräpfel unter Stroh und Heu.
Vor Wohligkeit sie wie ein Füllen sprang,
Kein Pfeil war grader und kein Mast so schlank.
Ein Busenschloß, das wie ein Schildknopf breit,
Befestigte den Kragen an das Kleid,
Und hohe Schnürschuh' trug sie an den Beinchen.
Sie war ein Primelchen, ein Herzensschweinchen
Für große Herr'n, im Bett mit ihr zu spaßen,
160 Und gut als Weib für jeden Hintersassen.
     Nun, Herr, und nochmals, Herr, so fiel es aus,
Daß eines Tags der flinke Nikolaus
Mit dieser Frau verliebten Scherz begann,
Derweil in Osney war ihr Ehemann;
Und da die Schreiber voller Kniff' und Pfiffe,
So macht' er heimlich bei ihr Untergriffe
Und sagte:»Sei, Süßliebchen, mir zu Willen,
Ich muß vergehn, kann ich die Brunst nicht stillen!«
Um ihre Hüften seinen Arm er schlang
170 Und sprach:»Herzliebste, sperre Dich nicht lang,
Sonst geh', bei meiner Seligkeit, ich drauf!«

Doch, wie ein wildes Füllen sprang sie auf,
Und rasch versteckte sie ihr Angesicht
Und sprach: »Auf Ehre, küssen will ich nicht!
Laß sein, o Niklaus!«, rief sie, »laß es sein,
Soll ich nicht ›Holla‹ und ›zu Hilfe‹ schrein!
Weg mit den Händen; guter Sitte wegen!«
      Nun mußte Niklaus sich aufs Bitten legen
Und sprach mit solcher Überredungskunst,
180 Daß sie zuletzt ihm zugestand die Gunst.
Beim heil'gen Tom von Kent schwor sie den Eid,
Bei nächster, passender Gelegenheit,
Die sie erspähe, sei sie ihm zu Willen.
»Mein Mann«, sprach sie, »hat eifersücht'ge Grillen;
Drum sei verschwiegen und gedulde Dich,
Sonst fürcht' ich sicher noch zu Tode mich!
Treib' hierbei alles heimlich und verborgen!«
      »Nein«, sagte Niklaus, »sei ganz ohne Sorgen;
Wer einem Zimmermann nicht Nasen dreht,
190 Der ging umsonst zur Universität!
Darauf versprachen nochmals sie und schwörten,
Der Zeit zu warten, wie bereits wir hörten.
      Als Nikolaus es so geführt zu Ende,
Schlang er den Arm ihr zärtlich um die Lende,
Ergriff die Laute, küßte herzlich sie
Und spielte dann die schönste Melodie.
      Mit dieser guten Frau begab's sich nun,
Daß sie, um Christi eignes Werk zu tun,
Zur Kirche ging an einem Feiertage.
200 Ganz frisch gewaschen nach der Arbeit Plage,
Schien neben ihr der helle Tag selbst düster.
Nun war in jener Kirche auch ein Küster,
Mit Namen Absalon. – Sein krauses Haar
Schien hell wie Gold, und wie ein Fächer war

Es ausgespreizt in weitem, hohem Bogen,
Und zierlich war ein Scheitel durchgezogen.
Die Haut war rot, die Augen gänsegrau;
Paulsfenster trugen seine Schuh' zur Schau,
In roten Strümpfen er einherstolzierte.
210 Und das mit Spitzen reich und dick verzierte
Lichtblaue Wams, das er am Leibe trug,
War voller Schick und saß ihm eng genug.
Darüber trug ein Chorhemd er, so weiß
Und glänzend wie der Blütenschnee am Reis.
Bei meiner Seel'! Er war ein lust'ger Racker,
Schnitt Haar, rasierte, ließ zur Ader wacker,
War Quittungssteller und Verträgemacher,
Und tanzen konnt' er in wohl zwanzigfacher
Manier – nach Oxfords Schule will das heißen –
220 Und auf und nieder seine Beine schmeißen.
Er spielte die Ribebe, die Ginterne
Und dazu sang so häufig er wie gerne
Mit lauter Stimme seine lust'gen Schwänke;
Und in der Stadt gab's Wirtshaus nicht noch Schenke,
Wo er nicht seinen Schabernack vollführte,
Wenn eine schmucke Biermagd er dort spürte.
Doch leider ist zu sagen mir geboten,
Er furzte häßlich und riß schlimme Zoten.
   Doch, trieb auch Absalon oft Scherz und Spaß,
230 Am Sonntag schwang er fromm das Räucherfaß,
Vor allen Kirchspiels-Frau'n, indem er scharf
Verliebte Blicke hin zu jeder warf,
Und auf das Weib vom Zimmermann vor allen.
Sie anzusehen, war sein Wohlgefallen;
Sie sah so sauber, süß und lecker aus,
Ich wette, wie ein Kater auf die Maus
Wär' er auf sie gern schnurstracks zugesprungen.

Von liebendem Verlangen ganz durchdrungen,
Schien Absalon, der Küster, sich zu schämen,
240 Der Weiber Opfergaben anzunehmen;
Aus Höflichkeit – so sagt' er – woll' er keine.
 Es kam die Nacht. – Beim hellen Mondenscheine
Nahm die Ginterne Absalon zur Hand.
Und, seinen Sinn auf Liebeslust gewandt,
Zog er höchst lüstern und begehrlich aus
Und schlich sich vor des Zimmermeisters Haus.
Und bald darauf, bevor gekräht der Hahn,
Schlich er zur Fensterlade sich heran,
Die in der Wand des Hauses angebracht,
250 Und sang mit zarter Stimme sanft und sacht:
»Herzliebchen mein, ist es der Wille Dein,
Gedenke mein in Huld und sag' nicht nein!«
Und dazu ließ er die Ginterne klingen.
Auf wacht der Zimmermann und hört ihn singen
Und ruft sein Weib und spricht: »Was, Alison,
Ist das da draußen nicht der Absalon,
Der an der Mauer singt von unserm Bau?«
Und ihrem Mann erwiderte die Frau:
»Weiß Gott, Johann! Ich hör' ihn Wort für Wort.«
260 Wie Ihr es denken könnt, so ging es fort.
Von Tag zu Tage ward in sie verliebter
Der lust'ge Absalon, so daß betrübt er
Die ganze Nacht mitsamt dem Tag durchwachte,
Die Locken kämmt' und sich fein sauber machte.
Er warb um sie durch Kuppler und durch Mägde,
Er schwor, ihr eigner Knecht zu sein, und pflegte
So trillernd wie die Nachtigall zu singen,
Ließ Nadeln, Met und würzig Bier ihr bringen
Und heiße Waffeln; ja, er bot sogar
270 Selbst Gold ihr an, da sie ein Stadtkind war.

Denn manches Weib gewinnt man nur durch Gaben,
Und dies will Küsse, jenes Prügel haben.

  Daß er vor ihr mit seiner Kunst sich brüste,
Spielt' er Herodes auf dem Schaugerüste.
Vergeblich blieb's in diesem Fall indessen,
Sie war in ihren Niklaus zu versessen;
Und Absalon könnt' in das Bockshorn blasen;
Für alle Mühe drehte sie ihm Nasen,
All seinen Ernst verkehrte sie in Hohn
280   Und narrt' und äffte stets nur Absalon.

Das Sprichwort lügt nicht, es bleibt wahr genug,
Wenn es besagt: Wer nah ist, der ist klug
Und kann dem Fernen oft gefährlich werden.
Wohl mochte toll sich Absalon gebärden,
Denn da er fern von ihrem Angesicht,
Stand ihm der nahe Niklaus stets im Licht.

  Nun, zarter Niklaus, möge Dir's gelingen,
Und Absalon laß Klagelieder singen!
Und es geschah an einem Samstag nun,
290   Derweil ihr Mann in Oseney zu tun,
Daß Alison mit ihrem Nikolaus
Beisammensaß; und beide machten aus,
Es solle Niklaus eine List erspähn,
Den eifersücht'gen Mann zu hintergehn,
Um, wenn das Spiel in guten Gang gebracht,
Bei ihr zu ruhn die liebe, lange Nacht;
Darin glich sein Verlangen ganz dem ihren.
Und ohne viele Worte zu verlieren,
Trug Nikolaus, der nicht zu zögern dachte,
300   In seine Kammer vorsorglich und sachte
Für einen Tag bis zwei Trank und Speisung.
Und sollte – so gab er ihr Unterweisung –
Nach Nikolaus der Eheherr sie fragen,

So müsse sie ihm unbefangen sagen:
Sie wisse nichts; sie hätte tageslang
Ihn nicht gesehen; sicher sei er krank,
Da selbst der Dienstmagd Rufen und Geschrei
Noch sonder Antwort stets geblieben sei.
    Und still verhielt vom Samstag an im Zimmer
310 Sich Nikolaus und tat und trieb, was immer
Ihm wohlgefiel; er aß und schlief und trank
Den Sonntag durch bis Sonnenuntergang.
Schier wunder nahm's den dummen Zimmermann,
Was Niklaus fehle; und er sprach sodann:
»Beim heil'gen Thomas! Ich befürchte sehr,
Mit unserm Niklaus geht es schief und quer!
Verhüt' es Gott, daß er nicht plötzlich end'ge!
Fürwahr, die Welt ist jetzt solch unbeständ'ge;
Als Leiche stand heut' in der Kirche da
320 Ein Mann, den Montags noch beim Werk ich sah!
Steh' auf«, sprach er zum Knecht, »nimm einen Stein,
Klopf' an die Tür, beginne laut zu schrein!
Sieh', wie es steht, und bringe kühn Bescheid!«
Empor sofort in aller Schnelligkeit
Der Knecht vor seine Kammertüre lief
Und klopfte dann wie toll und schrie und rief:
»Was tut Ihr, Meister Niklaus? Werdet wach!
Wie könnt Ihr schlafen nur den ganzen Tag?«
    Es war umsonst. Nichts regte sich. Jedoch
330 Er sah ganz unten an der Tür ein Loch,
Durch das die Katze hin und wieder lief;
In dieses steckte seinen Kopf er tief,
Bis er zuletzt ihn wirklich sah und fand.
Zum Himmel starrte Niklaus unverwandt,
Als ob er sich den neuen Mond betrachte.
Hinunter stieg der Knecht und hinterbrachte

Sofort dem Herrn, wie er gesehn den Mann.
　　Der Zimmermeister schlug sein Kreuz sodann
Und sprach: »Nun hilf uns, heil'ge Friedewid'!
340　Der Mensch weiß wenig, was mit ihm geschieht!
Der Mann fiel sicher durch Astronomie
In Tollheit oder sonst in Agonie!
Ich dachte lange schon, so würd' es gehn.
In Gottes Heimlichkeit soll niemand spähn;
Und stets gesegnet sei der schlichte Mann,
Der gar nichts andres als sein Credo kann.
Man mag's an jenem Astronomen lernen,
Der auf das Feld einst ging, um nach den Sternen
Zu gucken, um daraus zu prophezei'n,
350　Und in die Mergelgrube fiel hinein.
Die sah er nicht. – Doch leid tut mir, fürwahr,
Beim heil'gen Thomas! unser Herr Scholar;
Bald soll vergehn ihm die Studiererei,
Steht mir der Himmelskönig Jesus bei!
Gib einen Stock zum Unterstemmen mir,
Du aber, Robert, hebst zugleich die Tür;
Aus seinen Studien will ich ihn schon bringen!«
Und zu der Kammertüre beide gingen.
Es war der Knecht ein kräftiger Gesell,
360　Aus ihren Angeln hob die Tür er schnell,
Und in das Zimmer fiel sie stracks hinein.
Doch still und stumm saß Niklaus, wie ein Stein,
Und auf gen Himmel starrt' er unverrückt.
Der Zimmermeister hielt ihn für verzückt,
Erfaßte bei den Schultern ihn mit Macht
Und schrie, ihn heftig schüttelnd, aufgebracht:
»Was Nikolaus?! Was Mann?! Schau' doch zur Erde!
Wach' auf! An Christi Not denk' und Beschwerde!
Vor Elf und Hex' bekreuz' ich Dich!« – Und dann

370 Begann sofort er diesen Zauberbann,
    Zuerst nach jeder Seite der vier Wälle
    Und dann noch schließlich draußen vor der Schwelle:
    »St. Benedikt und Christus, Herr und Meister!
    Beschützt dies Haus vor Nachtspuk und vor Geister!
    Vorm weißen Gottseibeiuns schenket Ruh!
    St. Peters Schwester, sprich, wo wohnest Du?«
        Zuletzt begann der flinke Nikolaus
    Zu seufzen, und er sagte: »Welch ein Graus!
    Ist denn das Ende dieser Welt so nah?«
380   Der Zimmermeister schrie: »Was sagst Du da?
    Denk', wie wir Handwerksleute, doch an Gott!«
        »Hol' einen Trunk mir!«, Nikolaus gebot,
    »Dann sollst Du Dinge hören, die für Dich
    So wichtig sind, gewißlich, wie für mich,
    Und die bestimmt sind für kein andres Ohr!«
        Der Zimmermeister ging und kam empor
    Mit starkem Bier in einem großen Krug;
    Und als genommen jeder seinen Zug,
    Schloß Nikolaus die Kammertüre wieder
390 Und setzte mit dem Zimmermann sich nieder
        Und sagte: »Lieber, bester Wirt, Johann,
    Bei Deinem Glauben schwöre mir, fortan
    Streng mein Geheimnis bei Dir zu bewahren,
    Denn Christi Ratschluß will ich offenbaren.
    Und plauderst Du, soll es Dir schlimm bekommen!
    Zur Strafe wird Dir der Verstand genommen,
    Verrätst Du mich. – Drum sei auf Deiner Hut!«
    »Verhüt' es Christ, bei seinem heil'gen Blut!«,
    So sprach der dumme Mann, »ich bin kein Wäscher
400 Und – sag' ich's selbst gleich – auch kein Zungendrescher.
    Sprich, was Du willst, bei mir ist's gut verwahrt
    Vor Weib und Kind, bei Christi Höllenfahrt!«

»Johann«, sprach Niklaus, »Wahrheit liebt
mein Mund!
Es wurde durch Astrologie mir kund,
Als ich den hellen Mond mir angeschaut,
Daß nächsten Montag, eh' der Morgen graut,
Ein Regen fällt von solcher Macht und Wut,
Nicht halb so schlimm ging's her bei Noahs Flut.
In Zeit von einer Stunde wird die Welt
410 Ertränkt, sobald der grause Schauer fällt.
Der ganzen Menschheit geht es an den Leib!«
     Der Zimmermeister schrie: »O weh! Mein Weib!
Weh, meine Alison! Soll sie ertrinken?«
Zu Boden wollt' er schier vor Sorge sinken.
»Ist nichts zu tun dagegen?«, rief er aus.
     »O ja, weiß Gott!«, besagte Nikolaus,
»Wenn Du nach meinem Rat zu Werke gehst,
Und nicht auf Deinem eignen Kopf bestehst.
Was Salomo gesprochen hat, bleibt wahr:
420 Wer Rat annimmt, den reut es nimmerdar.
Willst Du Dich meiner Weisung anbequemen,
So will ich Euch zu retten unternehmen,
Sie, Dich und mich. Nicht Segel braucht's noch Mast.
Von Noahs Rettung Du gehört wohl hast?
Ward er nicht von dem Herrn gewarnt, es werde
Durch Wasser ausgetilgt die ganze Erde?«
     »Ja«, sprach der Zimmermann, »das weiß ich lange.«
     »Und hörtest Du«, fragt' Nikolaus, »wie bange
Und angst ihn damals seine Frau gemacht,
430 Bevor er glücklich sie ins Schiff gebracht?
Er hätte dazumal – bei meinem Leben –
All' seine schwarzen Widder drum gegeben,
Wenn sie besessen ihren eignen Kahn.
Und weißt Du, was daher der beste Plan?

Das Ding geht hastig, und wir müssen eilen;
Ich kann nicht länger predigen und weilen.
     Drum schaffe gleich – und richt' es eilig aus –
Backtröge Du und Bütten in das Haus,
Für jeden eine, aber groß und gut,
440 Daß, wie im Schiff, wir schwimmen durch die Flut!
Pack' Nahrung bei, doch nur genügend eben
Für einen Tag. Das Weitere wird sich geben.
Sobald hereinbricht erst die Tageshelle,
Verlaufen auch die Wasser in der Schnelle.
Doch schwatze nicht zu Robert aus der Schule!
Denn Deinen Knecht und Deine Magd, die Jule,
Kann ich nicht retten. – Frage nicht, warum;
Gott ist geheimnisvoll, und ich – bin stumm.
Sei nicht verrückt und gebe Dich zufrieden,
450 Daß Dir, wie Noah, solche Huld beschieden.
Dein Weib errett' ich, Du kannst ruhig sein!
Nun trolle Dich, und richt' es schicklich ein!
     Und wenn für sie und Dich und mich herbei
Geschleppt Du hast die Kübel, alle drei,
Dann hängst Du untern Dachstuhl unsre Tröge,
Damit, was vorgeht, niemand sehen möge!
Und hast Du alles, was ich sprach, bedacht
Und Lebensmittel auch herbeigebracht
Sowie ein Beil, die Stricke zu durchtrennen,
460 Damit, wenn's Wasser kommt, wir schwimmen können,
Dann brich ein Loch hoch in den Giebelwall
Dicht bei dem Zaun vom Garten überm Stall,
Damit wir wissen, unsern Weg zu finden,
Sobald das Wasser anfängt zu verschwinden.
Flott schwimmst Du dann im nassen Elemente
So wie ein Entrich hinter seiner Ente.
Dann ruf' ich: ›He, Johann! He, Alison!

Seid guten Muts! Die Flut verläuft sich schon!‹
Und ›Heil Dir, Meister Niklaus!‹ wirst Du sagen,
470 ›Schön, guten Morgen! Es beginnt zu tagen!‹
Und wie einst Noah und sein Weib, so werden
Wir Herren sein vom ganzen Land auf Erden.

    Jedoch ein einz'ges Ding hab' wohl in Acht,
Sei ernst gewarnt, daß in der ganzen Nacht,
Sobald gegangen wir selbdrei an Bord,
Keiner von uns verlauten läßt ein Wort,
Noch schrei und rufe, sondern bete stille;
Zu unserm Besten ist das Gottes Wille.
Du mußt von Deiner Frau gesondert hängen,
480 Denn Sünde darf sich zwischen Euch nicht drängen,
In Worten nicht, und auch nicht in der Tat,
Laß Dir's gesagt sein. – Halte Dich parat!
Und morgen steigen wir, sobald es Nacht
Und alles schläft, in unsere Bütten sacht
Und bau'n auf Gottes Grundbarmherzigkeit.
Doch nun geh' fort. Ich habe nicht mehr Zeit,
Hierüber lang und breit zu radebrechen.
Man sagt: Den Weisen sende, statt zu sprechen.
Du bist so weise, Du brauchst keine Lehren;
490 Daß Du uns rettest, ist mein Hauptbegehren.«
    Mit Ach und Weh zu seufzen nun begann
In seiner Not der dumme Zimmermann,
Und im Vertrau'n erzählt' er's seiner Frau,
Doch sie verstand weit mehr als er genau,
Wohin die wunderliche Sache zielte.
Die bis zum Tod Erschrockene sie spielte
Und schrie: »O wehe! Mach' Dich schnell von hinnen,
Wir sind des Todes, wenn wir nicht entrinnen.
Ich bin Dein Weib und Dir getreu ergeben,
500 Geh', lieber Mann, und rette unser Leben!«

Was hat die Liebe für gewalt'ge Macht!
Wie Einbildung schon manchen umgebracht
Mit ihrem tiefen Eindruck auf die Geister,
So jammerte der dumme Zimmermeister.
Es dünkte wirklich ihm, daß wogen er
Schon Noahs Sintflut sähe, wie das Meer,
Und sein Süßliebchen, Alison, ertrunken.
Er jammerte, in Traurigkeit versunken,
Und ächzte, weinte, seufzte, stöhnte, fluchte;
510 Er machte sich rasch auf den Weg und suchte
Sich Bottich, Kübel dann und Backtrog aus
Und schaffte sie verstohlen in sein Haus,
Wo er am Dachstuhl heimlich fest sie band.
Drei Leitern fertigt' er mit eigner Hand
Um auf den Sprossen zwischen beiden Stangen
Zum Balken in die Tröge zu gelangen,
Und füllte darauf jede der drei Wannen
Mit Käse, Brot und gutem Bier in Kannen;
Genug, um einen Tag davon zu leben.
520 Jedoch, bevor er sich ans Werk begeben,
Entsandt' er seine Magd und den Gesellen
Nach London, eine Botschaft zu bestellen.
Und als der Montag endlich ging zur Ruh',
Schloß ohne Licht er seine Haustür zu
Und sah aufs beste jede Sache vor.
Bald stiegen dann sie alle drei empor
Und saßen stille für geraume Frist.
»Nun, Paternoster!«, sagte Niklaus, »Pst!«
Und »Pst!« sprach Jan, und »Pst!« sprach Alison.
530 Es murmelte Gebet und Devotion
Der Zimmermeister leise dann und lauschte
Und horchte, ob der Regen draußen rauschte.
Doch wie ein Bär schlief nach des Tages Müh'

Der Zimmermeister fest und tief schon früh,
Als, denk' ich, kaum die Abendglocke tönte.
Im Herzen war er schwer bedrückt und stöhnte,
Und schnarchte häufig, denn sein Kopf lag schief.
Hinab die Leiter Niklaus schleunig lief,
Zog Alison ganz leise mit sich fort
540 Zu sich ins Bett und redete kein Wort.
Und, wo der Zimmermann gewohnt zu liegen,
Da trieben ihren Scherz und ihr Vergnügen
Jetzt fröhlich Alison und Nikolaus,
Und hielten wacker bei der Arbeit aus,
Bis daß die Glocken morgens »Laudes« rangen
Und Klosterbrüder vor dem Altar sangen.
　　Doch Absalon, dem Küster, der zur Zeit
Noch voller Liebe war und Liebesleid,
Gefiel es, diesen Montag mit viel andern
550 Zum Zeitvertreib nach Osney hinzuwandern.
Dort traf er einen Klosterbruder an
Und fragt' ihn heimlich nach dem Zimmermann.
Ihm aus der Kirche folgte rasch abseits
Der Mönch und sprach: »Seit Samstag sah bereits
Ich ihn beim Werk nicht. Möglich, daß befohlen
Ihm unser Abt hat, Zimmerholz zu holen.
Er ist gewohnt, nach Bauholz auszugehn
Und in der Scheuer über Nacht zu stehn.
Doch mag er auch in seinem Hause weilen;
560 Denn sichre Auskunft kann ich nicht erteilen.«
　　Wohl war nun Absalon voll Fröhlichkeit.
»Die Nacht«, sprach er, »durchwach' ich! Jetzt ist's Zeit!
Denn das ist sicher, schon seit Tageslicht
Sah ich den Mann vor seiner Haustür nicht.
　　Es muß gelingen! Nach dem ersten Krähen
Des Hahns will leise vor ihr Haus ich gehen;

Dort klopf' ich heimlich an ihr Fenster an,
Und meiner Alison erzähl' ich dann
All meine Liebesnot, und wie ich denke,
570 Wird mindestens ein Kuß mir zum Geschenke;
Denn eine Gunst mich sicherlich beglückt,
Mir hat der Mund den ganzen Tag gejückt;
Und einen Kuß will dies gewiß besagen.
Auch träumt' ich in der Nacht von Festgelagen;
Drum schlaf' ich jetzt ein Stündchen oder mehr,
Und heute Nacht geht's wach und lustig her!«
     Als kaum der erste Hahn gekräht, stieg schon
Aus seinem Bett der lust'ge Absalon
Und zog sich an, um prächtig auszuschauen;
580 Süßholz und Körner fing er an zu kauen,
Um schön zu riechen, wenn er bei ihr wäre,
Nahm in den Mund noch eine Liebesbeere,
Das sähe – dacht' er – gar so zierlich aus,
Und schlich sich vor des Zimmermeisters Haus,
Vorm Fenster wartend, welches in der Wand
Nur etwa brusthoch überm Boden stand.
Er hustete und sprach im Flüsterton:
»Wie steht's, mein Honigscheibchen, Alison?
Mein Vögelchen, mein süßer Zimmetstengel,
590 Wach' auf mein Schatz, und sprich mit mir, mein Engel!
Du denkst wohl kaum an all mein Leid und Wehe,
Indes vor Lieb' ich schwitze, wo ich gehe;
Und wahrlich, Wunder ist's nicht, daß ich schwitze.
Ich trau're, wie ein Lämmlein nach der Zitze!
An Treu' und Sehnsucht bin ich, Liebchen glaube,
Und an Verlangen wie die Turteltaube,
Und appetitlos wie ein Mädchen werd' ich!«
     »Hansnarre!«, sprach sie, »Gleich vom Fenster
                              scher' Dich!

Hilf Gott, Gevatter, steh' doch ab davon;
600 Bei Christ, zu tadeln war' ich, Absalon!
Du weißt, daß einem andern ich gewogen;
Drum trolle Dich; sonst kommt ein Stein geflogen!
Zum Teufel auch! Laß schlafen mich und geh'!«
      »Ach, ach!«, sprach Absalon, »und alle Weh'!
Daß solchen Lohn die Treue finden muß!
Gib mir zum mindesten doch einen Kuß,
Zu Liebe mir und bei der Liebe Christi!«
      »Und willst Du dann Dich packen?«, fragt' mit
                                    List sie.
      »Ja, sicherlich, mein Schatz!«, sprach Absalon.
610 »Dann mach' Dich fertig, denn ich komme schon.«
[Und zu Niklaus gewandt, flüstert' sie sacht:
»Still jetzt, gleich wird's spaßig, gib nur gut acht.«]
      Auf seine Knie warf Absalon sich hin
Und sprach: »Welch Glückskind ich doch immer bin!
Denn hinterdrein gibt's sicherlich noch mehr! –
Komm lieber Schatz, mein Vögelchen, komm her!«
      Sie aber warf das Fenster auf im Nu,
»Nun rasch und eilig!«, rief sie, »mache zu!
Sonst kommen noch die Nachbarn uns dazwischen.«
620 Den Mund begann sich Absalon zu wischen;
Pechkohlenschwarze, dunkle Nacht war's noch,
Und aus dem Fenster steckte sie ihr Loch.
Wie's gehen mußte, ging es auch. – Wahrhaftig,
Er küßte sie vorm bloßen Hintern saftig,
Bevor er seines Irrtums noch gewiß. –
Zurück sprang er und fragt' sich: »Ging ich miß?«
Er wußte ja, daß Frauen ohne Bart,
Und dennoch war das Ding ganz rauh behaart.
»Pfui!« schrie er auf. »Was tat ich nur? O weh!«
630 Rasch schloß das Fenster sie und rief: »Ade!«

Und Absalon zog trüb' des Weges weiter.
    »Ein Bart, ein Bart!«, schrie Nikolaus nun heiter,
»Pottsknochen! Besser konnt' es gar nicht gehn!«
    Doch jedes Wort konnt' Absalon verstehn
Und sprach, indem er sich die Lippen biß
Vor Wut und Scham: »Dir zahl' ich's heim, gewiß!«
    Wer rieb, wer scheuerte den Mund je so
Mit Sand und Staub, mit Lappen, Tuch und Stroh,
Wie Absalon jetzt sonder Unterlaß?
640 »Mich hole«, sprach er, »gleich der Satanas!
Weit lieber als die ganze Stadt – so dächt' ich –
Wär's mir, wenn meinen Schimpf nur erst gerächt ich!
O weh! O weh! Wie war ich so verblendet!«
Die Liebe war erloschen und verendet
Seit jener Zeit, wo ihren Arsch geküßt er,
Und keinen Deut gab für sie mehr der Küster.
Es war die Liebesabenteuersucht vorüber,
So gründlich war geheilt er von dem Fieber;
Er heulte nur wie ein geschlagnes Kind.
650 Hin durch die Straßen lief er dann geschwind
Zu einem Schmied, Gervasius geheißen,
Der in der Schmiede stets mit Pflügeschweißen
Und Messerschärfen mancherlei zu tun.
Und Absalon pocht an die Türe nun
Und spricht: »Gervasius, öffne mir das Tor!«
    »Wer bist denn Du?« – »Absalon steht davor!«
»Was, Absalon? Bei Christi Kreuzbeschwer!
Ei, benedicite, wo kommst Du her?
Was fehlt Dir nur? Gott weiß es, sicherlich
660 Hast Du ein schönes Mädchen auf dem Strich;
Bei St. Neot! Du weißt schon, was ich meine.«
    Doch Absalon bewegte keine Steine
Von seinem Spiel und stand ihm keine Rede.

An seinem Rocken hatt' er weit mehr Heede,
Als jener dachte. »Lieber Freund, erweisen
Kannst Du mir eine Gunst. Das heiße Eisen
In Deiner Esse«, sprach er, »leih' mir schnell,
Ich brauch's und bring' es wieder auf der Stell'.«
      »Und wär' es Gold«, so sprach Gervasius rasch,
670 »Und ungezählte Nobel in der Tasch',
Dein soll es sein, so wahr, wie ich ein Schmied!
Ei, Christi Fuß; was willst Du nur damit?«
      »Das laß«, sprach Absalon, »Dich jetzt nicht quälen.
Ich werd' es eines Tages Dir erzählen.«
Am kalten Ende faßt' mit der Hand er
Das Eisen, und aus der Tür verschwand er
Und ging zurück zum Haus vom Zimmermann,
Und an die Fensterlade pocht' er an
Und hustete, wie er getan zuvor.
680   Und Alison rief aus: »Wer steht davor?
Wer klopft hier an? – Ich glaub', es ist ein Dieb!«
      »Nein, Nein«, sprach er, »weiß Gott, mein süßes Lieb,
Es ist Dein Absalon, Dein Schmetterling!
Von Golde«, sprach er, »bring' ich einen Ring.
Die Mutter gab ihn mir. Bei meinem Leben!
Hochfein ist er und schön graviert daneben.
Ich schenk' ihn Dir, willst Du mich nochmals küssen!«
      Niklaus, der eben aufstand, um zu pissen,
Beschloß, ihn rasch, bevor er ging, zu necken
690 Und seinen Arsch zum Kuß hinauszustecken.
Er hatte schnell das Fenster aufgestoßen,
Und aus demselben hielt er seinen bloßen
Und dicken Steiß bis an die Schenkelknochen.
Und gleich darauf, als Absalon gesprochen:
»Wo bist Du, Vöglein? – Ich kann Dich nicht sehn!«,
      Ließ einen Furz der flinke Niklaus gehn,

Als wär' ein Donnerbolzen abgesendet.
War Absalon auch schier vom Streich geblendet,
Hielt er das Eisen dennoch fest, und heiß
700 Stieß er dasselbe Niklaus in den Steiß.
        Rings um die Kerbe, breit wie eine Hand,
War ihm die Haut vom heißen Stahl verbrannt.
In Todesängsten schrie er jammervoll
Und zeterte vor Schmerz und Qual wie toll:
»Hilf! Wasser! Wasser! – Gott und alle Geister!«
        Aus seinem Schlummer fuhr der Zimmermeister
Und hörte »Wasser!« schrein. Und kurz und gut,
Er dachte: »Weh' mir! Jetzt kommt Noahs Flut!«
Er sprang empor und hieb im Augenblicke
710 Mit seinem Beile mitten durch die Stricke.
Pardauz! Mit Brot und Bier und allem fuhr
Der Zimmermann hernieder auf die Flur
Und lag besinnungslos dort auf der Schwelle.
        »Holla! Heraus! Herbei!« schrien, auf der Stelle
Aufspringend, Alison und Nikolaus;
Schnell lief die ganze Nachbarschaft ins Haus,
So groß wie klein, und gaffte staunend an
Den bleichen und besinnungslosen Mann,
Der durch den Fall gebrochen seinen Arm.
720 Doch mußte tragen er allein den Harm.
Denn, wenn er sprach, so widersprachen schon
Sofort ihm Nikolaus und Alison,
Und sagten jedem, er sei gänzlich toll.
Vor Noahs Flut sei er besorgnisvoll
Seit langer Zeit gewesen und im Wahn
Hätt' er geschafft drei große Fässer an
Und oben in dem Dachstuhl aufgehängt,
Und sie um Gotteswillen arg bedrängt,
Mit ihm zu sitzen drin in Compagnie.

730   Und alle lachten ob der Phantasie,
Und guckten dann und gafften hin zum Dach
Und trieben Scherz mit seinem Ungemach.
Was auch der Zimmermeister sprach und sagte,
Kein einz'ger war, der nach den Gründen fragte.
Durch Fluchen, Schwören, gänzlich unterdrückt,
Galt in der ganzen Stadt er für verrückt.
Sah ein Student den andern auf dem Wege,
Hieß es: »Der Mann ist toll, mein Herr Kollege!«
Und alle lachten über diese Possen.
740   So war des Weibes süßer Leib genossen,
Dem eifersücht'gen Zimmermann zum Torte,
Geküßt hat Abs'lon ihre Hinterpforte
Und arschverbrannt ist Meister Nikolaus!
Glück auf die Reise! – Mein Bericht ist aus.

Die Erzählung
des Landverwalters

Der Prolog des Landverwalters

Vers 1–66

Nachdem das Volk belacht den lust'gen Spaß
Vom Absalon und flinken Nikolas,
Gab's zwar verschiedne Meinung bei den Leuten,
Obschon die meisten lachten und sich freuten;
Und wohl gefiel im ganzen der Bericht;
Nur einzig Oswald, dem Verwalter, nicht,
Dem etwas Groll im Herzen sitzenblieb,
Dieweil er selbst das Zimmerhandwerk trieb.
Und er begann zu tadeln und zu schelten:
10   »Mit einem Müller könnt' ich Dir's vergelten,
Den man trotz seines Hochmuts hintergangen,
Trüg' ich nach liederlichem Zeug Verlangen.
Zu alt bin ich, um mitzutun, indessen,
Graszeit ist hin, und Heu ist jetzt mein Fressen.
Dies weiße Haupt spricht laut von meinen Jahren,
Und mit dem Herzen steht's wie mit den Haaren.
Doch, wie die Mispel hat die Eigenart,
Daß sie erst schmeckt, wenn man sie aufbewahrt

Und faulen läßt in Dünger oder Stroh,
20 Geht es uns Alten, fürcht' ich, ebenso.
Bevor wir faul sind, sind wir nicht gereift,
Wir tanzen stets, so lang' die Welt uns pfeift,
Der Lust ist nie der Prickel auszuziehn;
Der Kopf wird weiß, doch bleibt der Stengel grün
Wie bei dem Lauch. – Ist uns die Kraft vergangen,
Vergeht doch nicht das Wollen und Verlangen.
Fehlt uns das Können, greifen wir zum Wort,
Denn in der Asche glüht das Feuer fort;
    Es glimmen nämlich von den Funken vier,
30 Prahlsucht und Zorn und Lügen und Begier,
Bis in das Greisenalter noch beständig,
Und machen unsre Glieder gar unbändig,
Und werden, meiner Treu, auch nicht erkalten.
So hab' auch ich den Füllenzahn behalten.
Seit langen Jahren ist mein Lebensfaß
Schon angezapft und abwärts fließt das Naß.
Als ich geboren, schlug bereits Freund Hein
Das Spundloch auf und stieß den Zapfen ein.
Rasch rann der Strom des Lebens stets seither,
40 Daß nahezu mein ganzes Faß schon leer,
Es tropft und sickert nur mehr von den Dauben.
Die dumme Zunge nur kann sich erlauben,
Von Jugendsünden, die uns einst erfreuten,
Kindisch zu schwätzen, bei uns alten Leuten.«
    Als unser Wirt ersah, daß der Sermon
Zu Ende war, sprach er im Herrscherton:
»Was ist der langen Rede Zweck gewesen?
Willst Du den ganzen Tag die Bibel lesen?
Der Teufel macht Verwalter zu Pastoren
50 Und Schuhflicker zu Schiffern und Doktoren!
Erzähle frisch und zögre nicht und stocke!

Dort ist schon Deptford und halb acht die Glocke!
Dort Greenwich, wo manch böses Volk zu Haus!
Daß Du beginnst, erheischt die Zeit durchaus.«
      »Nun, Herren!«, der Verwalter Oswald sprach,
»Ich bitt' Euch alle, tragt es mir nicht nach,
Wenn ich den Hut zurecht ihm etwas setze.
Für Hiebe, Hiebe – so steht's im Gesetze!
Vom trunk'nen Müller uns gemeldet ward,
60   Wie einen Zimmermeister man genarrt;
Aus Spott wohl, denn ein solcher bin ich eben.
Doch, mit Verlaub, ich will's ihm wiedergeben
Und grade wie der Flegel will ich sprechen!
Mög' er – Gott geb' es! – seinen Nacken brechen!
Nach Splittern will in meinem Aug' er spähn,
Und kann den Balken nicht im eignen sehn!

Die Erzählung des Landverwalters

Vers 67–470

Bei Trumpington nicht fern von Cambridge fließt
Ein Bach; und unweit einer Brücke siehst
Du eine Mühle liegen an dem Bache.
70   Dort war – ich melde eine wahre Sache –
Seit langer Zeit ein Müller schon zu Haus.
Er spreizte stolz sich wie ein Pfauhahn aus;
Er konnte pfeifen, fischen, schießen, ringen,
Die Netze flicken und den Becher schwingen.
Eine Pavade von gewalt'ger Länge
Trug, scharfgeschliffen, er am Wehrgehänge.
Im Hosensack er einen Puffer führte,

Und in Gefahr kam, wer ihn nur berührte.
Ein Sheffield-Messer trug er in dem Strumpf.
80 Sein Kopf war rund und seine Nase stumpf.
Kahl war sein Schädel wie ein Affensteiß.
Auf jedem Markt schraubt' er empor den Preis.
Wenn man ihn nur berührte mit der Hand,
Schwor er gleich Rache, die man bald empfand.
Selbstredend war ein Dieb von Korn und Mehl er,
Doch ein geriebner und durchtriebner Stehler.
Den stolzen Simkins hieß man ihn mit Namen.
Ein Weib besaß er aus höchst edlem Samen;
Ihr Vater war der Pfaffe von dem Städtchen,
90 Erziehen ließ im Kloster er das Mädchen
Und gab ihr mit viel kupferne Geschirre,
Damit er Simkins, sie zu freien, kirre;
Denn, da er Freisaß, sei ihm Standes wegen,
Sprach Simkins, sehr an Jungfernschaft gelegen,
Und ohne Mitgift wollt' er keine frein.
Stolz war sein Weib und wie ein Elsterlein
So schwatzhaft. – Aber herrlich war die Schau,
Wenn – er voran und hinterdrein die Frau –
An Fest- und Feiertagen alle beide
100 Zur Kirche gingen, sie im roten Kleide
Und hochbemützt in roten Strümpfen er.
Wenn je ein Bursch so frech gewesen wär',
Sie anders wie »Madam« zu titulieren,
Mit ihr zu scherzen oder zu charmieren,
Erschlagen hätte Simkins solchen Strolch
Mit seinem Degen, Messer oder Dolch.
Gefährlich ist der Eifersücht'gen Grimm,
Und ihre Weiber haben's immer schlimm.
Zwar etwas schmierig, doch voll Dignität
110 War sie wie Wasser, das im Graben steht.

Geneigt war sie zum Ärger und zum Schelten,
Und dachte jeder Dame gleich zu gelten
An Herkunft, und weil Bildung sie empfing
Im Nonnenstift, wo sie zur Schule ging.
    Ein Töchterchen von zwanzig Jahren hatten
In ihrer Ehe nur erzeugt die Gatten,
Den Buben in der Wiege ausgenommen,
Der vor sechs Monden hinterdrein gekommen.
Dick war das Mädchen und von gutem Bau,
120 Die Nase stumpf, die Augen klar und grau,
Die Hüften breit, die Brüste rund und voll,
Und schön ihr Haar, wenn ich nicht lügen soll.
    Zur Erbin hatte, da das Kind so schön,
Der Pfaffe sein Großtöchterchen ersehn,
Auch ihr an Vieh und Gütern jeder Art
Im Heiratsfall das Eigenrecht gewahrt.
Er wünschte für sie einen Eh'genossen,
Aus altem Blut und gutem Haus entsprossen.
Anteil gebührt vom heil'gen Kirchengut
130 Der Deszendenz vom heil'gen Kirchenblut.
Ihm schien's, sein heilig Kirchenblut zu ehren,
Erlaubt, vom heil'gen Kirchengut zu zehren.
    Des Müllers Mahlverdienst war zweifellos
An Malz und Weizen rings im Lande groß.
Besonders war in Cambridge dies der Fall,
Wo ein Kolleg, genannt die Soler Hall,
Zur Mühle sämtliches Getreide sandte.
Indessen eine schwere Krankheit bannte
Den Schaffner an sein Bett, und jedermann
140 Sah seinen Tod als unvermeidlich an.
War nun der Müller schon vorher ein Stehler,
So stahl jetzt hundertfach an Korn und Mehl er,
Und wenn er's früher noch mit Maß betrieb,

So war er jetzt der unverschämt'ste Dieb.
Doch ob der Rektor schalt und schrie »Hallo!«,
Das kümmerte den Müller nicht ein Stroh;
Er schwor und tobte, Lügner seien alle!
    Nun wohnten damals in der Soler Halle,
Von der ich schon gesprochen, zwei Scholaren,
150 Die arm, doch jung und übermütig waren,
Und die, stets aufgelegt zu Scherz und Spaß,
Den Rektor quälten sonder Unterlaß,
Mit ihrem Korn zur Mühle hinzugehn,
Um sich das Mahlen selber anzusehn.
Sie beide wollten ihren Hals dransetzen,
Im Falle durch Gewalt und List beim Metzen
Der Müller sie nur um ein Maß beraubte.
So kam es, daß der Rektor es erlaubte.
Johann und Alain hießen die Scholaren,
160 Aus Strother, hoch vom Norden her, sie waren,
Doch wo die Stadt liegt, ist mir unbekannt.
    Als Alain darauf alles nun in Stand
Gerichtet, lud er seinen Sack aufs Pferd,
Und Hans und er ergriffen Schild und Schwert,
Und, da der Wege kundig war Johannes,
Ging ohne Führer eilig fort sodann es,
Bis an die Mühle sie den Sack gebracht.
Und Alain sprach: »Heil, Simon! Ei, was macht
Dein schmuckes Weib und Töchterlein? Sag' an!«
170   »Willkommen mir, Herr Alain und Johann!
Nun, meiner Treu«, sprach Simkins, »was soll's geben?«
    »Simon«, sprach Hans, »die Not lehrt beten eben;
Sich selbst bedient, wer eines Knechts entbehrt,
Sonst ist ein Narr er, wie der Weise lehrt.
Der Küchenmeister stirbt bald, wie ich wähne,
Ihm wackeln schon im Kopf die Backenzähne,

Weshalb statt seiner ich und Alain gingen,
Das Korn gemahlen wieder heimzubringen.
Wir bitten, eile! Denn es drängt uns fort.«
180 »Das wird besorgt«, sprach Simkins, »auf mein Wort!
Doch wie wollt Ihr Euch nur die Zeit vertreiben?«
»Bei Gott!«, sprach Hans, »ich will am Trichter
bleiben;
Ich sah noch nie – bei meines Vaters Blut! –
Wie man das Korn hinunterschütten tut,
Und wie's im Trichter schüttelt hin und her!«
»Nun, Hans!«, sprach Alain, »ist das Dein Begehr,
Mach' ich's wie Du und stell' – bei meiner Seel'! –
Mich unten auf, zu sehen, wie das Mehl
Zum Loch hinaus und in den Kasten fällt;
190 Denn, wie mit Dir, ist es mit mir bestellt:
Ich bin als Müller fast so dumm wie Du!«
Der Müller aber hörte lachend zu
Und dachte: »Das sind alles nichts als Lügen,
Sie denken, niemand könne sie betrügen;
Doch meiner Treu! Ich übertölp'le sie
Trotz aller Schlauheit und Philosophie!
Je mehr sie kommen mit solch krummen Schlichen,
Je mehr und mehr wird von mir eingestrichen,
Und statt des Mehls bekommen sie die Klei'!
200 Daß ein Gelehrter nicht der Schlau'ste sei,
Ward schon dem Wolf bewiesen durch das Pferd.
All' ihre Kunst ist keinen Strohhalm wert.«
Und aus der Türe schlich der Müller sachte,
Sobald er sah, daß es kein Aufsehn machte,
Und spähte hin und her, bis er gefunden,
Wo der Scholar das Rößlein angebunden,
Das hinten unter einer Laube stand.
Rasch schlich er sich heran und strich gewandt

Dem Gaule dann rasch übern Kopf den Zaum.
210 Der Hengst begann durch dick und dünn, als kaum
Er frei sich spürte, wiehernd fortzuspringen,
Dem Moore zu, wo wilde Mähren gingen.
　　 Der Müller kehrte heim und sprach kein Wort,
In seiner Arbeit fuhr er munter fort
Und trieb mit den Studenten Schabernack.
Kaum war das Mehl gemahlen und im Sack,
Ging Hans hinaus, daß nach dem Gaul er sähe;
Doch der war fort, und Hans schrie: »Alle Wehe!
Ach, Alain, eile, komm in aller Schnelle!
220 Um Gottes willen, hilf mir auf der Stelle!
Ach! Unser Rektor hat sein Pferd verlor'n!«
Im Augenblicke gingen Mehl und Korn
Und jede Vorsicht Alain aus dem Sinn;
»Wo ist der Gaul?«, schrie er, »wo lief er hin?«
　　 Gleichzeitig rannt' die Müllerin hervor:
»Da läuft, so rasch es laufen kann, im Moor«,
Rief sie, »mit wilden Mähren Euer Pferd!
Und andern Lohn ist auch die Hand nicht wert,
Die es so liederlich hier angebunden!«
230 　　 »Alain«, rief Hans, »wirf doch, bei Christi Wunden,
Dein Schwert von Dir; es wiegt, Gott mag es wissen,
Schwer wie ein Reh! Ich hab' es weggeschmissen!
Es darf, bei Gott, das Pferd uns nicht entkommen!
Warum hast Du's nicht in den Stall genommen?
Verdammter Alain! Ach, Du bist ein Tor!«
　　 In Hast und Eile rannten hin zum Moor
Die zwei Scholaren, Alain und Johann.
Der Müller sah's und ging sogleich daran,
Ein halbes Scheffel Mehl sich auszusacken
240 Und hieß die Frau draus einen Kuchen backen.
Er sprach: »Wie schlau auch der Studenten Art,

Ein Müller putzt selbst ihnen noch den Bart
Trotz ihrer Weisheit! – Kinder, viel Vergnügen!
Da gehn sie hin! Nur immerzu! – Sie kriegen,
Bei meiner Treu, so leicht den Gaul nicht wieder!«
    Die dummen Schüler liefen auf und nieder
Mit »Halt! – Steh' still! – Komm, komm! – Hussa,
                    mein Tier!
Geh', pfeife Du, ich steh' und faß ihn hier!«
Doch, kurz und gut, es war schon finstre Nacht,
250 Bevor sie noch trotz aller Müh' und Macht
In einen Graben ihren Gaul gehetzt
Und eingefangen ihn zu guter Letzt.
    So matt und naß wie Tiere nach dem Regen,
Kroch Hans hervor mit Alain, dem Kollegen.
»Weh sei dem Tag«, sprach Hans, »der mich geboren!
Zu Schimpf und Schande sind wir auserkoren!
Gestohlen ist das Korn! Mit Spott beladen
Wird uns der Rektor und die Kameraden,
Und ach, der Müller wohl vor allen Dingen!«
260 So klagte Hans, als beide fürbaß gingen
Der Mühle zu, den Braunen an der Hand,
Derweil der Müller vor dem Feuer stand.
Im Dunkeln konnten sie nicht weiterziehn,
Drum baten sie um Gotteswillen ihn
Um Essen und um Herberg' für ihr Geld.
    Der Müller sagte: »Nun, wie's steht und fällt,
Und wie es ist, sei es Euch gern gewährt.
Mein Haus ist eng, doch Ihr seid hochgelehrt;
Durch Argumente dehnt Ihr einen Raum
270 Zur Meile aus, der zwanzig Fuß breit kaum.
Wir wollen sehn, ob Euch der Platz gereicht?
Sonst sprecht ihn größer, Eurer Kunst ist's leicht!«
    Hans sagte: »Simon, bei St. Cuthberts Blut!

Dein Witz ist trefflich und die Antwort gut;
Ich hörte sagen: Ist die Wahl bedingt,
Nimm, was Du findest oder man Dir bringt;
Doch, lieber Wirt, ich bitte Dich, jetzt denke
Vor allem an die Speisen und Getränke.
Sieh, hier ist Geld, das willig wir verspenden;
280   Man lockt die Falken nicht mit leeren Händen,
Und unsern vollen Preis bezahlen wir.«
        Der Müller schickte gleich nach Brot und Bier
Zur Stadt die Tochter und hing an den Herd
Die fette Gans und band dann fest ihr Pferd.
Mit Tüchern von Chalons und feinem Leinen
Bedeckt' er drauf ihr Bett, das von dem seinen
Zehn bis zwölf Fuß etwa entfernt nur war.
Nun schlief, in ihrem eignen Bette zwar,
Doch dicht dabei im selben Kämmerlein
290   Die Tochter, und nicht anders konnt' es sein,
Denn Herbergszimmer waren nicht im Hause.
Vergnüglich saßen sie beim Abendschmause
Und tranken weidlich starkes Bier dazu
Und gingen gegen Mitternacht zur Ruh'.
        Der Müller hatte mächtig pokuliert,
Nicht rot, nein weiß war sein Gesicht lackiert;
Mit Schlucken sprach er und mit Nasenzwang,
Als sei an Schnupfen er und Leibweh krank,
Und ganz betrunken sich zu Bette wälzt' er.
300   Auch seine Frau stieg, plappernd wie die Elster,
Vergnügt und lustig in das Bett geschwind.
Zu Füßen stand die Wiege mit dem Kind,
Um es zu tränken und in Schlaf zu wiegen;
Und da kein Tropfen Bier mehr in den Krügen,
Ging auch zu Bett die Tochter, und alsdann
Zu Bette gingen Alain und Johann.

Auf keinen Schlaftrunk konnten sie mehr hoffen;
Rein war das Bier vom Müller ausgesoffen,
So daß er schnarchte wie ein Gaul im Traum;
310 Und auch sein Schwanzend' hielt er nicht im Zaum.
Sein Weib sang kräftig ihren Rundreim mit,
Man hörte schnarchen sie auf tausend Schritt',
Und auch die Dirne schnarcht par compagnie.
Ins Ohr drang Alain diese Melodie,
Er weckte Hans und sprach: »Wie? Schläfst denn Du?
Horchtest Du je solch einem Singsang zu?
Welch ein Konzert wird aufgeführt von allen!
Auf ihre Leiber möge Feuer fallen!
So Gräuliches hab' ich noch nie vernommen,
320 Doch soll es ihnen schließlich schlimm bekommen!
Für diese Nacht ist nicht an Schlaf zu denken;
Jedoch, was tut's? Mich soll es wenig kränken;
Denn, Hans«, sprach er, »der Kuckuck soll mich holen!
Gelingt's mir nicht, die Dirne zu versohlen.
Wir dürfen uns entschädigen, Johann,
Denn ein Gesetz besagt: Ein jeder kann,
Sofern ein Unrecht man an ihm begangen,
Mit Fug und Recht dafür Ersatz verlangen.
Der Müller stahl das Korn uns, das ist klar,
330 Und da ein Unrecht zugefügt mir war,
Gebührt mir ein Ersatz auch, unbestritten,
Für meinen Schaden, welchen ich erlitten;
Bei Gottes Seele, das ist ausgemacht!«
»Nun, Alain«, sagte Hans, »nimm Dich in acht,
Der Müller kommt mir höchst gefährlich vor;
Störst Du ihn plötzlich aus dem Schlaf empor,
Spielt er uns beiden sicher eine Tücke!«
»Das kümmert mich«, sprach Alain, »keine Mücke!«
Stand auf und kroch zur Dirne in das Nest.

340 Auf ihrem Rücken schlief sie tief und fest,
Und bei ihr war er, ehe sie's erspäht,
Und um zu schreien, war es schon zu spät,
Denn – kurz und gut – sie gingen gleich daran.
Vergnügtes Spiel! – Jetzt sprech' ich von Johann.
    Ganz still lag Hans für eine kurze Zeit
Und machte sich viel Weh und Herzeleid.
»Ach!«, sprach er, »dieses ist ein Schelmenstreich!
Ich selber, dünkt mich, bin dem Affen gleich.
Mein Freund entschädigt sich für seinen Harm,
350 Des Müllers Tochter hält er in dem Arm,
Und für sein Wagestück hat er Vergnügen,
Doch wie ein Strohsack muß im Bett ich liegen.
Wird eines Tags erzählt der lust'ge Scherz,
Gelt' ich als Narr und Dummbart allerwärts.
Bei meiner Treu'! Auch ich will etwas wagen;
Denn wer nicht wagt, gewinnt nicht, hört' ich sagen.«
So stand er auf und schlich zur Wiege sachte,
Hob sie empor mit leiser Hand und brachte
Sie zu den Füßen seines Betts behende.
360   Bald machte mit dem Schnarchen auch ein Ende
Die Müllerin, verließ das Bett und pißte
Und tappte sich zurück, jedoch vermißte
Die Wiege, denn die stand nicht länger da.
»O weh!«, sprach sie, »ich irrte mich beinah',
Ums Haar stieg ich ins Bett zu den Scholaren!
Grundgüt'ger Gott! Da wär' ich faul gefahren!«
So ging sie fort, bis sie die Wiege fand
Und tappte dann sich weiter mit der Hand
Zum Bette hin, der Wiege nebenbei;
370 Und dachte nun, daß sie ganz richtig sei;
Denn, da es dunkel, war sie nicht im klaren,
Doch – kurz und gut – sie kroch zu dem Scholaren

Und lag ganz still und fing zu schlafen an.
Nach kurzer Zeit erhob sich dann Johann
Und kniete sich mit Macht aufs gute Weib.
Nicht oft genoß sie solchen Zeitvertreib,
Denn hart und tief stieß er hinein wie toll.
So lebten die Scholaren freudenvoll,
Bis daß der Hahn zum dritten Mal gekräht.
380   Und Alain, der die ganze Nacht genäht,
War matt geworden um die Morgenzeit,
Und sprach: »Mein Miekchen, meine süße Maid!
Leb'.wohl! Ich muß von hinnen; es wird Tag.
Doch wo ich reiten oder gehen mag,
Der Deine bleib, bei meiner Sel'gkeit, ich!«
    »Nun, mein Herzliebster«, sprach sie, »Gott
                geleit' Dich!
Doch, eh' Du gehst, sag' ich Dir noch ein Wort.
Eilst heimwärts Du aus unsrer Mühle fort,
Vergiß nicht, bei der Tür umherzusuchen.
390 Du findest hinter dieser einen Kuchen,
Halbscheffelgroß aus Deinem Mehl gebacken.
Ich selbst half Vater es beiseite packen.
Gott schütze Dich, Du herzgeliebter Mann!«
Und mit dem Wort fing sie zu weinen an.
    Und Alain geht und denkt, bevor es helle,
Kriech' ich zu Hans in meine Lagerstelle.
Doch, da er dort die Wiege stehen fand,
Sprach er: »Gott weiß! Ich habe mich verrannt!
Mein Kopf ist wüst; ich trieb es gar zu fleißig
400 Die Nacht hindurch; drum ging ich fehl, das weiß ich.
Denn an der Wiege merk' ich ganz genau:
Hier schläft der Müller und die Müllersfrau.«
Er tastete dann teufelsmäßig schief
Sich hin zum Lager, wo der Müller schlief;

Und in dem Glauben, bei Johann zu sein,
Stieg zu dem Müller er ins Bett hinein,
Und schüttelt' ihn und faßt' ihn bei dem Schopf
Und sprach: »Johann, wach' auf, Du Schweinekopf!
Bei Christi Seel'! Das war ein Hauptvergnügen!
410 Beim heiligen Jakobus! Ohne Lügen
Hab' dreimal ich in dieser kurzen Nacht
Des Müllers Tochter kerzengrad bedacht,
Indessen feige Deine Zeit verpaßt Du!«
      »Ha! Falscher Buhler!«, schrie der Müller, »hast Du?
Oh, falscher Erzverräter von Student!
Ich bring' Dich um, bei Gottes Sakrament!
Wie? Zu entehren hast Du Dich erfrecht
Mein Kind aus solchem nobelen Geschlecht!«
Und damit griff er Alain an den Hals,
420 Doch grimmig faßte der ihn ebenfalls,
Schlug mit der Faust ihm auf die Nase, daß
Sofort von Blut die ganze Brust ihm naß;
Und mit zerbrochnem Mund und Nasenbeine
Wälzten sich beide wie im Dreck die Schweine.
Herüber und hinüber ging das Spiel,
Bis über einen Stein der Müller fiel,
Und rücklings auf das eigne Weib hinsank.
Die wußte nichts von diesem dummen Zank,
Denn eben eingeschlafen war sie tief
430 Bei Hans, der selbst die ganze Nacht nicht schlief.
Doch plötzlich wurde durch den Fall sie wach.
»Beim heil'gen Kreuz von Bromeholm!«, sie sprach,
»In manus tuas, Herr! – Ich bitte Dich,
Simon! Wach' auf! Der Böse reitet mich!
Ich bin halb tot; mir ist das Herz gebrochen!
Es liegt mir schwer auf Leib und Kopf und Knochen!
Hilf Simon! Die Studenten sind in Streit!«

Zum Bett hinaus sprang Hans mit Schnelligkeit,
Und hin und her begriff er alle Wände,
440   Zu fühlen, ob er einen Stock nicht fände.
Auch sie sprang auf und, besser mit dem Ort
Als Hans bekannt, fand sie den Stock sofort.
Und sie erspähte – denn ein Schimmerschein
Fiel von dem Monde durch ein Loch hinein –
Am Boden zwei Gestalten bei dem Licht,
Doch sie erkannte, wer sie waren, nicht.
Ein weißes Ding nur sah ihr Auge funkeln,
Und da nun dieses weiße Ding im Dunkeln
Einer Scholarenzipfelnachtmütz' glich,
450   Sie mit dem Stocke nah und näher schlich;
Doch statt auf Alain, dem es zugedacht,
Schlug auf des Müllers Kahlkopf sie mit Macht.
Zu Boden fallend, rief er: »Ach, ich sterbe!«
Doch die Scholaren prügelten ihn derbe
Und gingen fort, um Pferd und Mehl zu suchen,
Und holten bei der Türe sich den Kuchen,
Halbscheffelgroß aus ihrem Mehl gebacken,
Und kehrten flugs der Mühle ihre Nacken.
        So ward's dem stolzen Müller heimgezahlt.
460   Es war das Korn von ihm umsonst gemahlt,
Den Abendschmaus bestritt er ganz allein
Und beider Prügel hatt' er obendrein,
Und Weib und Tochter waren ihm geschändet.
Seht, wie die Falschheit eines Müllers endet!
Und daher ist das Sprichwort keine Lüge:
Daß ein Betrüger sich stets selbst betrüge,
Sowie: daß unrecht Gut nicht gut gedeihe!
Nun, Gott in seiner Majestät verleihe
Euch seinen Segen. – Rückgezahlt hiemit
470   Hab' ich's dem Müller – und jetzt sind wir quitt!

Die Erzählung
des Kochs

Der Prolog des Kochs

Vers 1–40

Der Koch aus London lauschte voll Entzücken,
Als kratzte der Verwalter ihm den Rücken.
»Aha!«, rief er, »bei Christi Kreuz und Wunden!
Der Müller hat es scharf herausgefunden,
Was schließlich wert ist alle Gastfreiheit.
Wohl sprach schon Salomo vor langer Zeit:
Jedwedem Herberg' geben in der Nacht,
Hat manchen manchmal in Gefahr gebracht;
Und wohl ist es der Überlegung wert,
10 Wem man den Zutritt in sein Haus gewährt.
Doch schlage mich mit Sorgen Gottes Hand!
Hört' ich, seitdem ich Hodge von Ware genannt,
Von einem Müller, den man mehr geneckt
Und der im Dunkeln besser zugedeckt!
Doch Gott verhüte, daß wir hiemit enden!
Seid Ihr geneigt, auch mir Gehör zu spenden,
Erzähl' ich Euch, obschon ein armer Mann,
Jetzt einen Schwank, so gut ich weiß und kann,

Der einst in unsrer Stadt sich zugetragen.«
20   »Das sei gewährt!«, begann der Wirt zu sagen,
»Erzähle, Roger! Aber mach' es gut!
Bei Dir floß für Pasteten manches Blut,
Bei Dir stand zweimal kalt und zweimal heiß
Schon mancher Jack von Dover zum Verschleiß!
Ob Deiner Petersilie Dich verfluchte
Schon mancher Pilger; und, wer je versuchte
Von Deiner Stoppelgans, der fluchte schlimmer,
Denn voller Fliegen war Dein Laden immer.
Ich bitte, edler Roger, komm zur Sache,
30   Und sei nicht böse, wenn ich Späße mache;
Die Wahrheit ist in Scherz und Spiel erlaubt!«
        »Ganz wahr!«, sprach Roger, »doch bei meinem
                        Haupt!
Auf Flämisch sagt man: ›Wahr Spiel, quade spel!‹
Drum, Harry Bailly, hoff' ich – meiner Seel'! –
Daß von Dir selbst nicht übel aufgefaßt wird,
Sprech', eh' wir scheiden, ich von einem Gastwirt.
Ich zahl' es Dir, wenn nicht im Augenblick,
Vor unsrer Trennung sicherlich zurück.«
Und dabei lustig lachend, hob er dann,
40   Wie nunmehr folgt, mit der Erzählung an.

Die Erzählung des Kochs

Vers 41–98

In einem Laden und Proviantverkauf
In unsrer Stadt hielt sich ein Lehrling auf;
Ein kleiner, strammer Bursch voll loser Streiche

Und lustig wie ein Goldfisch in dem Teiche,
Braun wie die Beere, schwarzgelockt von Haaren;
Und da er in der Tanzkunst wohl erfahren,
So wurde Schwärmer Perkin er genannt.
Dabei saß er so voller Liebestand,
Wie je voll Honig eine Wabe saß,
50 Und gerne trieben Dirnen mit ihm Spaß.
Er sang und sprang auf allen Hochzeitsfesten.
Das Wirtshaus liebt' er; aber nicht zum besten
Den Laden. Gab's in Chepe was zu sehn,
So lief er fort und ließ den Laden stehn
Und sah' sich's an und drehte sich im Tanz;
Doch heimzukehren, das vergaß er ganz.
Er sammelte dann seine Schwefelbande
Und tanzte, sang und trieb viel Affenschande
Und kam auch häufig für ein Stelldichein
60 Zum Würfelspiel mit ihnen überein.
Denn keinen Lehrling in der Stadt man fand,
Der je so gut das Würfelspiel verstand,
Wie Perkin tat; auch war er nebenbei
Mit dem gemausten Gelde äußerst frei;
Denn in dem Laden fand zu seinem Schrecken
Sein Meister oftmals gänzlich leer die Trecken.
Denn, sicher, wenn ein Lehrling gerne schwärmt,
Die Würfel und die Dirnen liebt und lärmt,
Das wird im Laden bald bemerkt vom Herrn,
70 Hält er auch selbst sich von dem Treiben fern.
Zu Diebereien führen Saufgelage,
Ob man Ginterne, ob Ribebe schlage;
Und Schwärmerei und Ehrlichkeit bestehn
Nicht lang zusammen, das kann jeder sehn.
        Vom lust'gen Lehrling war jedoch im Haus
Des Meisters nahezu die Lehrzeit aus,

In der gescholten er bei Tag und Nacht
Und oft nach Newgate wegen Lärms gebracht.
Doch ward von seinem Herrn zu guter Letzt
80 Ihm eines Tags der Laufpaß aufgesetzt;
Denn der besann sich auf das alte Wort:
»Den faulen Apfel wirf vom Lager fort,
Wenn Du den Rest vor Fäulnis willst bewahren.«
Auch beim Gesinde kann man dies erfahren;
Besser entläßt man einen bösen Knecht,
Eh' alle andern ebenmäßig schlecht.
Weshalb den Lehrling auch sein Herr entließ
Und ihn mit Schimpf aus seinem Hause stieß.
So ward der lust'ge Lehrling fortgejagt,
90 Und mag nun lärmen, wie es ihm behagt.
Doch, wie dem Stehler nie der Hehler fehlt,
Der ihm, wo was zu mausen ist, erzählt
Und der ihm borgt und der mit ihm verschwendet,
So wurden schleunigst Zeug und Bett verpfändet
An einen solchen Gauner und Kumpan,
Der stets bei allem Unfug obenan,
Und dessen Frau, trieb sie auch scheinbar Handel,
Ihr Brot gewann durch schlechten Lebenswandel.
[unvollendet]

Die Erzählung
des Rechtsgelehrten

Einleitung zur Erzählung
des Rechtsgelehrten

Vers 1–98

Der Wirt ersah, daß ihren Tagesbogen
Die Sonne schon zum vierten Teil durchzogen,
Seit etwas mehr als einer halben Stunde.
Nicht hochgelehrt, besaß er dennoch Kunde,
Daß es der achtundzwanzigste heut' sei,
Vom Mond April, dem Herolde vom Mai;
Und da er sah, daß aller Bäume Schatten
Dasselbe Maß in ihrer Länge hatten
Wie ihre Körper, die der Schatten Grund,
10 So ward durch diesen Umstand es ihm kund,
Daß Phöbus, leuchtend an dem Himmelspfade,
Erklommen hatte fünfundvierzig Grade;
Und daher, in Betracht von Zeit und Ort,
Sei es zehn Uhr, so schloß er weiter fort.
Den Gaul umwendend, hielt er plötzlich an
    Und sprach: »Ihr Herr'n, ich warn' Euch, Mann
                    für Mann,
Vergangen ist des Tages vierter Teil!

Bei Sankt Johann und Gottes Gnadenheil,
So viel Ihr könnt, nehmt wohl der Zeit in acht!
20 Sie wird, Ihr Herr'n, verschwendet Tag und Nacht;
Wir lassen sie, ob wir im Schlafe liegen,
Ob sorglos wachen, ungenützt verfliegen,
Und wie der Strom, der von den Bergen nieder
Zur Ebne läuft, so kehrt sie niemals wieder.
Denn Seneca und andre Weisen sagen,
Daß schwerer Zeit- als Geldverlust zu tragen;
Verloren Gut sei wieder zu erringen,
Die Zeit verlieren, müsse Schande bringen.
So spricht er. Nun, fürwahr, zurückgeschafft
30 Wird Zeit so wenig wie die Jungfernschaft,
War Lisbeth lüstern ihrer überdrüssig;
Und darum laßt uns faul nicht sein und müßig!

    Herr Rechtsgelehrter, bei dem Heil der Seelen!
Ihr müßt«, sprach er, »wie ausgemacht, erzählen.
Aus freien Stücken habt Ihr beigepflichtet,
Und so bin ich's, der in der Sache richtet.
Das Wort, das Ihr verpfändet, löset ein,
Wollt pflichtgetreu Ihr bis ans Ende sein!«
    »De par dieu! Jeo assente! Mein Versprechen,
40 Herr Wirt«, sprach er, »pfleg' ich nicht leicht zu brechen.
Versprechen gleichen Schulden, und bezahlen
Will ich die meinen, ohne viel zu prahlen.
Denn wer den andern will Gesetze geben,
Der muß zunächst auch selber danach leben.
So steht's im Text. – Indessen sag' ich frei,
Im Augenblick fällt mir nichts Gutes bei.
Denn Chaucer hat – obwohl im Versebau
Und Reim oft liederlich und ungenau –
In solchem Englisch, wie er eben kann,
50 Erzählt schon alles. Das weiß jedermann.

Und, lieber Freund, steht's nicht in einer Schrift,
In einer andern man es sicher trifft.
Denn über Liebe hat er mehr gedichtet,
Als selbst Ovid vor langer Zeit berichtet
In den ›Epistulae‹. – Soll ich mich quälen,
Was schon erzählt ist, nochmals zu erzählen?
    ›Halcyone und Ceix‹ schrieb zur Zeit
Der Jugend er, und später weit und breit
Von Liebe vieler edler Herr'n und Damen.
60 Schaut in sein dickes Buch hinein, mit Namen
›Die Heiligen-Legende von Cupido‹.
Thisbe von Babylon, das Schwert der Dido,
Die um Äneas starb, Lucretias Wunden,
Der Baum der Phyllis, die den Tod gefunden,
Durch Dich, Demophoon, sind vorgetragen
Der Dejanira, der Hermione Klagen,
Der Ariadne, der Hypsipyle –
Das wüste Eiland mitten in der See;
Leander, der für Hero starb im Meer;
70 Schön' Helena, betrübt und tränenschwer;
Der Briseis, der Laodomia Leid,
Der Königin Medea Grausamkeit
An ihren Kindern, welche sie erhenkt,
Weil, falscher Jason, Du sie schwer gekränkt;
Die Tugend der Penelope, Alceste
Und Hypermnestra preist er dort aufs beste!
    Doch, sicherlich, mit keinem Wort beschrieben
Seht Ihr von ihm, was Canace getrieben
Und wie gesündigt mit dem Bruder sie;
80 Zu solchen Schandgeschichten sag' ich: Pfui!
Auch nicht von Tyrius Apollonius,
Noch wie das Scheusal, Fürst Antiochus
Der eignen Tochter Schänder ist gewesen;

Denn nur mit Schaudern kann man davon lesen,
Wie er sie hingeschmissen auf das Pflaster.
Weshalb mit Absicht den Entschluß gefaßt er,
Nie wolle von so gräulichen Geschichten
In seinen Schriften er ein Wort berichten.
Drum wiederholen möcht' ich solche nicht.
90   Jedoch, was trag' ich heute vor? – Verglich't
Ihr mich den Musen, die man Pieriden
Genannt hat, wär' ich kaum damit zufrieden –
die ›Metamorphosen‹ wissen, wie's gemeint.
Doch keinen Knochen schert's mich, wenn es scheint,
Als trät' ich in die Spur von Chaucers Ferse.
Ich spreche Prosa, ihm laß ich die Verse.«
Und ernst begann mit freundlichem Gesichte
Er, wie Ihr hören werdet, die Geschichte.

Der Prolog des Rechtsgelehrten

Vers 99–133

O herbes Leid der Armut! Mit den Schmerzen
100 Von Hunger, Durst und Kälte stets verbunden
Betteln zu gehn, beschämt Dich tief im Herzen,
Und tust Du's nicht, wird die verhüllten Wunden
Die Not entblößen und der Welt bekunden.
Trotz allem Stolz mußt Du Dein Brot mit Sorgen
Erbetteln, stehlen oder Dir erborgen.

Du tadelst Christum und erbittert klagst Du,
Unrecht verteilt sei alles Gut im Leben.
Sündhaft beneidend Deinen Nachbar, sagst Du:

Ihm sei so viel und Dir sei nichts gegeben.
110 Noch oft, sprichst Du, wird er mit Zähnebeben
Bereuen, wenn ihn Höllenflammen fassen,
Daß er den Dürft'gen in der Not gelassen.

Von einem Weisen höre die Betrachtung:
Wohl, der zum Tod, Weh, der zur Not erkoren,
Dein eigner Nachbar straft Dich mit Verachtung,
Dein Ansehn ist, sobald Du arm, verloren!
Dem Spruch des Weisen öffne Deine Ohren:
Betrübt und elend sind der Armut Tage,
Drum hüte Dich vor solcher scharfen Plage!

120 Den Armen alle seine Brüder hassen,
Und seine Freunde halten sich ihm fern!
O reiche Kaufherr'n! Fröhlich könnt Ihr prassen,
O kluges Volk! O hochgelehrte Herr'n!
In Eurem Becher fehlt die Eins; doch gern
Werft Ihr die Sechse und gewinnt das Ganze,
Und geht an Weihnachtstagen froh zu Tanze.

Nach Land nur sucht und stets strebt nach Gewinn Ihr,
Ihr seid die Väter jeder Neuigkeit,
Regierungen und Fürsten habt im Sinn Ihr,
130 Und sprecht von Frieden und erzählt von Streit.
Ich käme wahrlich in Verlegenheit,
Hätt' ich von einem Kaufmann nicht vor Jahren,
Was ich Euch jetzt erzählen will, erfahren.

Die Erzählung des Rechtsgelehrten

Vers 134–1162

In Syrien wohnten einstmals Trafikanten,
Die reich, doch treu und ehrlich auch dabei,
Weit in das Ausland bunte Seide sandten
Nebst Goldbrokat und feiner Spezerei;
Und da die Ware trefflich war und neu,
Trieb auch mit ihnen aus der Näh' und Ferne
140 So Kauf wie Verkauf jedermann stets gerne.

Und es geschah, daß einst auf ihren Zügen
Die Handelsleute sich nach Rom gewandt,
Bedacht auf Kundschaft, sowie zum Vergnügen.
Sie hatten keine Botschaft hingesandt,
Nein, nahmen selber das Geschäft in Hand,
Und hatten, als in Rom sie angekommen,
Dort nach Gefallen ihr Quartier genommen.

So lebten diese Kaufherr'n eine Zeit
In jener Stadt nach Neigung und Gefallen,
150 Und hörten von Constantias Herrlichkeit,
Der Kaiserstochter, aus dem Mund von allen
Fast Tag für Tag das höchste Lob erschallen;
Denn jedermann war voll von ihrem Preise,
Und alle sprachen in derselben Weise.

Denn rings im Volke pflegte man zu sagen:
»Es hat der Kaiser, welchen Gott behüte,
Ein Töchterlein, wie seit den Schöpfungstagen
Gewiß nicht eine zweite jemals blühte
An Leibesschönheit und an Herzensgüte.

160 Ich wollte, Gott blieb' Schirmer ihrer Ehre,
Und daß Europas Königin sie wäre.

In ihr ist Schönheit ohne Stolz; und Jugend
Ganz ohne Übermut und Ziererei,
Denn ihres Wandels Führerin ist Tugend
Und Demut Zähmerin der Tyrannei.
Von Höflichkeit ist sie das Konterfei,
Ihr edles Herz ist eine heil'ge Kammer
Und ihre Hand die Trösterin im Jammer.«

Getreu wie Gott war, was sie hinterbrachten –
170 Doch laßt zur Sache mich zurück jetzt gehn!
Die Kaufherr'n ließen rasch ihr Schiff befrachten,
Nachdem dies edle Wesen sie gesehn,
Und heim nach Syrien ihre Segel wehn;
Und trieben ihr Geschäft dort wie vorher
Und lebten froh – was braucht's der Worte mehr?

Nun standen aber diese Handelsherr'n
Bei Syriens Sultan hoch in Gunst und Gnaden.
Zu Lust und Kurzweil hatt' er oft und gern
Sie, wenn sie heimgekehrt von ihren Pfaden,
180 Freundlich und höflich zu sich eingeladen,
Um zu erzählen, was in fremden Landen
Sie Wunderbares und Besondres fanden.

So sprachen unter manchen andern Dingen
Auch von Constantia diese Kaufherr'n dort,
In deren Lob sie rühmend sich ergingen.
Der Sultan, eifrig lauschend ihrem Wort,
Gewann sie lieb und lieber immerfort,

Ihr Bild beständig ihm vor Augen schwebte,
An sie nur dacht' er, nur für sie er lebte.

190 Vielleicht war es im großen Buch geschrieben,
Das man den Himmel nennt, bevor zur Welt
Er selbst gekommen, daß durch treues Lieben
Des Todes Los ihm in der Zukunft fällt.
Denn spiegelklar ist an dem Sternenzelt
Vorausgesagt für den, der lesen kann es,
– Bei Gott! – das Schicksal eines jeden Mannes.

In Sternenschrift war, ehe sie gewesen,
Von Julius und Pompejus demgemäß,
Von Hektor und Achill der Tod zu lesen,
200 Von Simson, Turnus und von Sokrates,
Von Thebens Helden und von Herkules.
Doch Menschenwitz entbehrt zu sehr der Schlauheit,
Und niemand liest sein Schicksal mit Genauheit.

Der Sultan seinen Rat zusammenrief
Und, daß ich's Euch mit kurzen Worten sage,
Er machte kund, daß so unendlich tief
Er Lustverlangen nach Constantia trage,
Daß ihr Besitz nur oder Tod die Frage;
Gemessene Befehle gab er allen,
210 Rasch auf ein Rettungsmittel zu verfallen.

Verschiedne rieten zu verschiednen Dingen,
Die Argumente flogen hin und her;
Man wußte scharfe Gründe vorzubringen,
Der riet zur List, und zur Magie riet der.
Doch kam man schließlich überein, daß er,

Dieweil ein jedes andre Mittel fehle,
Am besten täte, wenn er sich vermähle.

Doch sahen sie auch hierin Schwierigkeiten,
Und aus verschiednen Rechtsbedenken zwar;
220 Denn zwischen beiden gäb's Verschiedenheiten
In ihrem Glauben, machten sie ihm klar:
»Ein Christenfürst gestattet nicht, fürwahr,
Es seinem Kinde, im Gesetz zu leben,
Das Mohammed, unser Prophet, gegeben.«

Er sprach: »Eh' ich Constantia verliere,
So tret' ich selber in der Christen Bund.
Ich traf die Wahl; ich bin und bleib' der Ihre,
Mit Gegengründen haltet Euren Mund!
Mein Leben rettet, und macht mich gesund!
230 Besitz' ich sie, so find' ich auch Genesung,
Sonst bringt mein Leid mir Tod noch und Verwesung.«

Was braucht es hier noch langer Redewendung?
Durch Botschaft und Verhandlung ward gemacht,
Daß durch des Papstes eigene Verwendung
Und durch der Kirche und der Ritter Macht,
Die stets um Christi willen sind bedacht,
Den Mohammedanismus zu zerstören,
Man den Vertrag schloß, der sogleich zu hören.

Der Sultan, die Barone und wer zähle
240 Zu den Vasallen müßten Christen sein,
Bevor er mit Constantia sich vermähle;
Gewisses Gold – wie viel, fällt mir nicht ein –
Sei ihm gewährt durch wohlverbürgten Schein.

Das sei Vertrag, so schwor man beiderseitig.
Leb' wohl, Constantia! Gottes Hand geleit' Dich!

Schon mancher – glaub' ich – sich im voraus freute,
Zu hören von der Pracht und von dem Glanze,
Welche der Kaiser und die Edelleute
Ersonnen für sein Töchterlein Constanze.
250   Doch unausführbar ist, daß ich das ganze
Hierbei ins Werk gesetzte Festgepränge
In kurze Worte hier zusammendränge.

Bischöfe, Ritter und aus höchsten Ständen
Viel Herr'n und Damen ihr zu Seite gehn
Nebst anderm Volk – und damit laßt mich enden.
Der Stadt gab man zu wissen und verstehn,
In größter Andacht solle jeder stehn
Zu Christ, damit er gnädig sich beweise
Dem Ehebund und segne ihre Reise.

260   Es kam für sie der Trennungstag heran.
Der Tag des Unheils – sag' ich – war gekommen,
Und ohne Zögern hatte jedermann
Die Rüstung für die Reise vorgenommen.
Constantia, bleich und sorgenvoll beklommen,
Stand auf vom Lager, um sich anzukleiden,
In das ergeben, was nicht zu vermeiden.

Ach, kann es Wunder nehmen, daß sie weinte?
Zu fremdem Volk ward sie hinausgesandt,
Fern von der Freundschaft, die es zärtlich meinte,
270   Und hingegeben in Gewalt und Hand
Von einem Manne, den sie nie gekannt.

Gut sind und waren Gatten von jeher,
Das wissen Frau'n – was braucht's der Worte mehr?

»Vater«, sprach sie, »Dein armes Kind Constanze,
Dein Töchterlein, das Dir so lieb und wert;
Und Mutter, die nach Christ mehr als die ganze
Und weite Welt ich folgsam stets verehrt,
Constantia bittet, Eure Huld gewährt
Ihr fernerhin! – Nach Syrien muß ich gehen!
280   Und nimmer, ach, werd' ich Euch wiedersehen!

Ach! Unter den Barbaren soll ich leben!
Und ich muß tun, was Euer Wille ist.
Wie uns Dem Tod Erlösung hat gegeben,
So gib mir Stärke zur Erfüllung, Christ!
Elend bin ich für meines Lebens Frist,
Zu Leid und Knechtschaft ist das Weib geboren,
Und einem Mann zur Sklavin auserkoren.«

Gewiß, als Pyrrhus brach durch Trojas Wall.
Als Ilion brannte, Theben man bezwungen,
290   Als Rom erzitterte vor Hannibal,
Der dreimal Sieg im Römerkampf errungen,
Ward nicht soviel und nicht so schmerzdurchdrungen
Geweint als bei dem Abschied in der Kammer;
Doch Scheiden galt's. Was half da aller Jammer?

O grause Macht, Bewegerin der Sphären,
Die täglich alles wirbelnd mit sich reißt,
Und strebt, von Ost nach Westen zu verkehren,
Was die Natur auf andre Wege weist.
Im wilden Aufruhr, der am Himmel kreist,

300 Verkündete im voraus schon beim Scheiden
Der grimme Mars der Ehe künft'ge Leiden.

O unheilvollste Aszedenz von allen,
Wo der Regent, ach, hilflos und entthront,
Vom Winkel in das dunkle Haus gefallen!
O Mars! O Atazir! – Du bleicher Mond,
Von Unglück bleibt nicht Deine Bahn verschont!
Wo Du Dich zudrängst, ist für Dich kein Bleiben,
Wo Du gern bliebest, mußt Du weitertreiben!

Kaiser von Rom! Du handeltest nicht weise.
310 War denn kein Philosoph in Deinem Land?
Ist jeder Tag denn gleich? Wählt man zur Reise
Für Leute von so hohem Rang und Stand
Die Zeit nicht aus? War gänzlich unbekannt
Die Wurzel der Geburt in diesem Falle?
Ach, dumm und träge sind wir leider alle!

Zu Schiffe war man feierlich gezogen
Mit der betrübten, schwermutsvollen Maid.
»Nun bleibe Jesus Christus Euch gewogen!«
Sprach sie und zwang sich zur Gelassenheit.
320 »Leb' wohl, Constantia!« scholl es weit und breit.
Und so verlaß ich sie auf Meerespfaden
Und spinne weiter der Geschichte Faden.

Längst hatte schon des Sultans lastervolle
Und böse Mutter ausgespäht, daß er
Den alten Opferbrauch verlassen wolle,
Und ihre Räte rief sie zu sich her.
Ein jeder kam und fragt', was ihr Begehr.

Und als mit Ehrfurcht alles stand im Kreise,
Ließ sie sich nieder und sprach solcherweise:

330 »Ihr wißt es, Herr'n! Mein Sohn«, so hob sie an,
»Steht auf dem Punkte, in den Staub zu treten
Die heil'gen Satzungen des Alkoran
Von Mohammed, dem göttlichen Propheten.
Bei Gott beschwör' ich's! Wahrlich, besser täten
Sie, aus dem Leibe mir das Herz zu reißen,
Als aus der Brust, was Mohammed geheißen!

Für Körperknechtschaft sollten wir und Pein
Nach diesen neuen christlichen Gesetzen
Und für der Hölle Qualen hinterdrein
340 Den alten Glauben Mohammeds verletzen?
Nein! Wollt Ihr, Herr'n, Vertrauen in mich setzen,
Und willig sein, zu tun, was ich Euch sage,
Befrei' ich Euch für immer aus der Lage!«

Und jeder stimmte bei im ganzen Kreise.
Auf Tod und Leben stets ihr beizustehn,
Beschworen sie, und in der besten Weise
Mit Rat und Tat ihr an die Hand zu gehn,
Um auszuführen, was sie vorgesehn,
Und ihren Plan enthüll' ich einem jeden,
350 Denn solcherweise fuhr sie fort zu reden:

»Laßt scheinbar uns zum Christentum bekehren!
Kalt Wasser wird uns wenig drückend sein;
Durch Schmauserei'n will ich den Sultan ehren;
Doch tränk' ich es ihm hoffentlich noch ein.
Denn, mag sein Weib getauft sein noch so rein,

Nicht leicht soll sie des Blutes Rot verwaschen,
Und hätte sie voll Quellen ihre Taschen!«

O Sultanin! Boshaftes Ungeheuer,
Semiramis die Zweite! – Mannweib! – gleich
360　Der Schlange, die gebannt ins Höllenfeuer,
Bist eine Schlange Du im Weiberreich!
Heimtückisch' Weib! Was immer unschuldsreich
Und tugendhaft nur ist, verfolgst Du wütend,
Stets Bosheit in dem Lasterneste brütend!

O Satan! Seit der Zeit, da Du vertrieben
Aus unserm Erbteil, ist Dein Neid stets wach;
Du lenkst noch stets die Weiber nach Belieben,
Du triebst durch Eva uns in Tod und Schmach!
Jetzt stellst Du dieser Christenehe nach!
370　Wenn Du betrügen willst – beklagt's und merkt's Euch!
Gebrauchst die Weiber immer Du als Werkzeug!

Die Sultanin, auf die ich also schmäle,
Ließ seines Weges weiterziehn den Rat,
Und hatte – daß ich's kurz und gut erzähle –
Dem Sultan eines Tages sich genaht,
Und sagte, sie bereue in der Tat
Ihr langes Heidentum und trüg' Verlangen,
Aus Priesters Hand die Taufe zu empfangen.

Und bat ihn, daß er ihr die Ehre gönne,
380　Für alle Christen eine Festlichkeit
Ins Werk zu setzen, wie sie bestens könne.
Der Sultan war zu kommen gern bereit,
Und niederkniend voller Dankbarkeit,

Konnt' er vor Freude kaum auf Worte sinnen.
Sie küßte ihn und ging alsdann von hinnen.

In Syrien stieg indes im Feierzuge
Die Christenschar vom Schiff hinab zum Strand.
Zu seiner Mutter ward im raschen Fluge
Und rings durchs Reich des Sultans Wort gesandt:
390 Es zöge zweifellos sein Weib ins Land,
Und zu des Reiches Ehre ließ er bitten,
Daß ihrer Herrin sie entgegenritten.

Welch ein Gedränge! Welche Augenweide,
Als Syrer nun vereint mit Römern sind!
Des Sultans Mutter, strahlend von Geschmeide,
Erwies sich ihr so liebevoll gesinnt,
Wie eine Mutter ihrem liebsten Kind;
Und hin zur Stadt, die nahebei gelegen,
Sah man den Zug sich feierlich bewegen.

400 Selbst der Triumph des Julius, so dächt' ich,
Obschon Lucan viel Lärmens macht davon,
War nicht so sehenswert und nicht so prächtig,
Wie die Versammlung dieser Prozession.
Die Sultanin, die Hexe, der Skorpion,
Indessen wetzte, Schmeichelei'n im Munde,
Bereits den Stachel für die Todeswunde.

Der Sultan selber kam nach kurzer Zeit
In einer Pracht, die schwerlich zu beschreiben,
Er grüßte sie mit Lust und Seligkeit;
410 Und beide mögen sich die Zeit vertreiben;
Mich aber laßt beim Kern der Sache bleiben.

Am Ende meinte jedermann, er hätte
Genug geschwärmt, und alles ging zu Bette.

Bald war die Zeit zu dem erwähnten Feste
Der alten Sultanin herangerückt;
Und alle Christen hatten sich aufs Beste,
So alt wie jung, für dieses Fest geschmückt.
Doch nicht den Prunk, der jedes Aug' entzückt,
Noch alle Leckerbissen kann ich malen;
420 Nur allzuteuer mußten sie's bezahlen.

O unverhofftes Leid! Vom Glück des Lebens
Die stete Folgerin, mit Bitterkeit
Vermischst du alle Freudigkeit des Strebens,
Als Enderin von unsrer Fröhlichkeit!
Hört meinen Rat! – Zu eigner Sicherheit
Tragt es im Sinn: Es folgt auf frohe Tage
Stets Leid und Weh und unverhoffte Plage!

Mit einem Worte sei es ausgesprochen:
Der Sultan und die Christen, Mann für Mann,
430 Wurden beim Fest erschlagen und erstochen,
Obschon dem Tod Constantia entrann.
Die Sultanin, das böse Weib ersann
Mit ihrer Freunde Hilfe diese Schandtat,
Durch die sie jetzt das Reich in ihrer Hand hat.

Die Syrer, welche an dem Sultan hingen
Und seinen Glaubenswechsel mitgemacht,
Erschlug man gleichfalls. Da galt kein Entspringen!
Constantia aber – Gott! Wer hätt's gedacht? –
Ward in ein steuerloses Schiff gebracht,

440 Und man befragt' sie: ob den Weg sie wüßte
Von Syrien heimwärts nach Italiens Küste?

Mit ihren Schätzen, die sie mit sich brachte,
Und ihren Kleidern – wie ich zugesteh' –
Und Nahrungsmitteln man sie reich bedachte,
Und dann ging's in die salz'ge Flut der See.
Constantia, holde, gütereiche Fee,
O Kaiserstochter, mir so lieb und teuer,
Es sei der Herr, der alles lenkt, Dein Steuer!

Sich segnend, weinte jammernd sie und schrie:
450 Empor zu Christi heil'gem Kreuzesstamme:
»O heilig Holz! Du Gnadenquelle! Wie
Erbarmungsvoll mit rotem Blut vom Lamme
Die Welt gereinigt ward vom Sündenschlamme,
So aus des Bösen Klauen mich errette,
Wird Meerestiefe mir zum Totenbette!

Siegreicher Baum, der Treue Schutz und Hort!
Der Du allein, zu tragen, wert befunden,
Das weiße Lamm, vom Speeresstich durchbohrt,
Den Himmelskönig mit den frischen Wunden;
460 Der Du die Höllenfeinde überwunden,
Du Gliederträger ew'ger Lieb' und Treue,
Errette mich und gib mir Zeit zur Reue!«

Vom griech'schen Meer bis zu Marokkos Tor
Schwamm Jahr und Tag die Kreatur indessen,
Wie sie das Schicksal dazu auserkor.
Mit mancher Träne netzte sie ihr Essen,
Bald todesbang, von Hoffnung bald besessen.

Sie triebe durch der Wogen wilde Brandung
Dem Ufer zu, das ihr bestimmt zur Landung.

470 Wie kam's, daß sie entrann, wird mancher sagen;
Wie kam's, daß sie nicht gleichfalls umgebracht?
Doch laßt zur Antwort mich dagegen fragen:
Wer hat denn Daniel aus der Grube Nacht
Errettet? Wer den Löwen zahm gemacht,
Der außer ihm nicht Herrn noch Knecht verschonte?
Niemand als Gott, der ihm im Herzen wohnte!

Damit wir sähen seine mächt'gen Werke,
Hat Gott an ihr in Wundern sich bewährt.
O Jesus Christus! Theriakstrank voll Stärke!
480 Du kennst, das weiß, wer in der Schrift gelehrt,
Die Mittel, daß zum guten Ende kehrt
Ein jedes Ding, ob's noch so dunkel läge.
Doch Menschenwitz begreift nicht Deine Wege.

Nun, da sie auf dem Feste nicht erschlagen,
Wer schützte vorm Ertrinken sie zur See?
Wer schützte Jonas in des Fisches Magen,
Bis daß er ausgespie'n bei Ninive?
Niemand als Gott! – Das wisse, das versteh'!
Er schützte die Hebräer vor den Wogen,
490 Als trocknen Fußes sie durchs Meer gezogen!

Wer lenkt die Sturmesgeister durch sein Wort,
Wenn ihre Macht durch Land und Meere wütet,
Aus Ost und West, aus Süden und aus Nord?
Wer hat die See, das Land, den Baum behütet?
Gewiß nur Er! Denn Er allein gebietet.

Und so war Er auch dieses Weibes Retter
Bei Tag und Nacht in jedem Sturm und Wetter.

Ging Trank und Speise denn zu Ende nie,
Daß länger als drei Jahr' ihr Vorrat währte?
500 Wer speiste die ägyptische Marie
In Wüstenklüften? – Jesus Christ! – Er nährte
Fünftausend Mann, als wunderbar er mehrte
Die beiden Fische und fünf Laibe Brot.
Gott gab dem Weibe Füll' in ihrer Not!

So trieb hinein in unsern Ozean,
Durch unser weites Meer sie bis zum Strande
Von einem Ort, den ich nicht nennen kann;
Doch war es oben im Northumberlande,
Wo sich ihr Schiff so festgerannt im Sande,
510 Daß es durch keine Flut mehr loszutreiben.
Gott war gewillt, dort sollte sie verbleiben.

Der Kommandant des nahen Schlosses kam,
Das Wrack zu untersuchen, zu besehen;
Und vor sich fand dies Weibsbild voller Gram
Er dort inmitten ihrer Schätze stehen.
In ihrer Sprache bat sie unter Flehen,
Ihn um die Gnade, sie sofort zu töten
Und zu befrein aus allen ihren Nöten.

Ein mangelhaft Latein nur sprach sie freilich;
520 Jedennoch sie der Kommandant verstand.
Rasch sein Geschäft beschließend, nahm er eilig
Das arme Weibsbild mit sich an das Land.
Dem Gottessohne dankte sie am Strand

Auf ihren Knien. Doch Güte nicht noch Schrecken
Bewog sie, ihre Herkunft zu entdecken.

Sie sprach, ihr Sinn sei so verwirrt im Meer,
Und dunkel sei ihr alles, was verflossen.
Der Kommandant war so gerührt, daß er
Sowie sein Weib in Tränen sich ergossen.
530 Stets fleißig, suchte sie, ganz unverdrossen,
Jedem zu dienen, jedem zu gefallen,
Und kaum gesehn, war sie beliebt bei allen.

Der Mann, sein Weib Hermgilde, wie das ganze
Gebiet lag noch in Heidentum und Nacht.
Doch zärtlich liebte Hermegild' Constanze,
Die in Gebeten ihre Zeit verbracht,
Und unter bittren Tränen oft gewacht,
Bis Jesus Christ in Gnaden ihr gewährte,
Daß sich die Dame Hermegild' bekehrte.

540 Doch Christen wurden nicht im Land gelitten.
Längst trieben sie aus dieser Gegend fort
Die Heiden, als die Herrschaft sie erstritten
Zu Land und Meer vom ganzen flachen Nord'.
Und Wallis wählte sich zum Zufluchtsort,
Um mittlerweile dort im Land zu wohnen,
Das Volk der alten, christlichen Bretonen.

Doch waren sie nicht Mann für Mann vertrieben.
Es gab noch einige, die Gott dem Herrn
Im Heidenlande heimlich treu geblieben,
550 Und dreie wohnten von dem Schloß nicht fern.
Blind war der eine. Doch der Augenstern,

Der in der Blindheit Nacht noch leuchtend funkelt,
Das Licht der Seele war ihm nicht verdunkelt.

An einem Sommertag, als hell im Glanze
Die Sonne schien, ergingen sich am Meer
Der Kommandant, sein Weib sowie Constanze;
Und es begab sich, als sie froh umher
Dort wanderten, daß sie von ungefähr
Den armen und vor Alter tief gebückten,
560 Stockblinden Mann auf ihrem Weg erblickten.

»Gib, Hermegilde!«, sprach der blinde Britte,
»In Christi Namen, meinen Augen Licht!«
Die Dame fuhr zusammen bei der Bitte;
Ihr Gatte wußte, daß sie Christin, nicht;
Und sie zu töten, war vielleicht ihm Pflicht.
Doch kühn hieß sie Constanze, Christi Willen
Als Tochter seiner Kirche zu erfüllen.

Erschrocken sah ihr Werk der Kommandant
Und fragt': »Was hat dies alles zu bedeuten?«
570 Constanze sprach: »Herr! Das ist Christi Hand!
Er kommt als Retter zu Euch Heidenleuten!«
Und sie begann, den Glauben ihm zu deuten,
Und eh' die Sonne niedersank, bekehrte
Sie diesen Mann, daß Christus er verehrte.

Der Kommandant, zwar Herr nicht und Gebieter
Von jenem Platz, wo er Constantia fand,
War lange Winter schon der beste Hüter
Für König Alla von Northumberland,
Den klugen Herrscher, dessen mächt'ge Hand

580 Schottland bezwang, wie mancher wohl vernommen;
Doch auf die Sache laßt zurück mich kommen.

Satan, stets auf der Lauer, zu betrügen,
Sah von Constantia die Vortrefflichkeit,
Und hatte, um ihr Unheil zuzufügen,
In jener Stadt die Saat der Lüsternheit
In eines jungen Ritters Herz gestreut,
So daß es ihm unmöglich schien, er lebe,
Wenn sie ihm nicht zu Willen sich ergebe.

Er warb um sie; doch da er nichts gewann
590 Und sie zu keiner Sünde zu verleiten,
Beschloß er, sich zu rächen, und ersann
Den Plan, ihr Tod und Schande zu bereiten.
Heimlich bei Nacht wußt' er ins Haus zu gleiten
– Der Kommandant war fort, erfuhr er sicher –,
Und in die Kammer Hermegildens schlich er.

Ermüdet von Gebeten, schlief indessen
Constantia; auch Hermegilde schlief.
Der Ritter, der vom Satanas besessen,
Schlich an ihr Bett, und dann durchschnitt er tief
600 Die Gurgel Hermegildens und entlief,
Das Messer lassend an Constantias Seite,
– Ihn möge Gott verdammen! – in das Weite.

Es kam, als sich dies eben zugetragen,
Mit König Alla heim der Kommandant,
Und sah sein Weib erbarmungslos erschlagen;
Und weinend und die Hände ringend stand
Er vor dem Bett, als er das Messer fand,

Mit Blut besudelt, in Constantias Nähe.
Die sprachlos lag und sinnverwirrt vor Wehe.

610 Dem König Alla ward darauf der ganze
Umstand erzählt, nebst wo und wie und wann
Im Schiff er aufgefunden einst Constanze,
Wie ich dies alles Euch schon kundgetan.
Der König hörte mitleidsvoll es an
Und war betrübt, daß dieses holde Wesen
Zu solchem herben Mißgeschick erlesen.

So wie ein Lamm zur Schlachtbank trat geduldig
Die Unschuldsvolle vor den König hin.
Der falsche Ritter, selbst der Mordtat schuldig,
620 Verklagte sie als Missetäterin.
Die Leute murrten; denn nach ihrem Sinn
War es unmöglich, daß die Allbeliebte,
So sprachen sie, solch schnöde Tat verübte.

Man wußte, sie war immer tugendhaft,
Und niemand liebte Hermegilde besser.
Das ganze Haus trug davon Zeugenschaft,
Nur der nicht, dessen Hand geführt das Messer.
Verdächtig schien dem König dies. Indes er
Beschloß, der Sache auf den Grund zu dringen
630 Und so die Wahrheit an das Licht zu bringen.

Nicht kämpfen kannst Du, und, o weh, kein Ritter,
Arme Constantia, sich für Dich erbot!
Nur einer bleibt Dir. – Für die Menschheit litt er,
Satanas bindend, den Erlösungstod.
Er sei Dein starker Ritter in der Not!

Denn, Unschuldsvolle, hilft Dir Christ nicht heute
Mit Wunderhand, bist Du des Todes Beute!

Und betend kniet zu Boden sie und klagt:
»O ew'ger Gott! Erretter der Susanna
640 Vor falschem Leumund! Gnadenreiche Magd!
Maria, mein' ich, Tochter von St. Anna,
Vor deren Kind die Engel ihr Hosianna
Gesungen, lasse schuldlos mich nicht sterben!
Sei Du mein Schutz; denn sonst muß ich verderben!«

Saht Ihr bisweilen nicht im Volksgewühl
Ein Angesicht, erblaßt und fahl und bange?
Der muß es sein! – Für jedermanns Gefühl
Verkündet es die Farbe seiner Wange –
Der Hoffnungslose auf dem letzten Gange!
650 Und unter den Gesichtern rings im Kreise
Blickte Constantia in derselben Weise.

O Königinnen, die Ihr lebt im Glücke,
O Fürstinnen und Damen insgemein,
Zeigt etwas Mitleid ihrem Mißgeschicke!
Seht! Eines Kaisers Tochter steht allein,
Und niemand mag ihr Rat und Hilfe leihn!
Ein Königsblut, von Land und Freund geschieden,
Bleibt in der Not verlassen und gemieden!

Der König Alla, edel stets und bieder,
660 Das tiefste Mitleid in dem Herzen trug;
Das Wasser rann ihm aus den Augen nieder.
Rasch brachte man auf sein Geheiß ein Buch.
»Beschwört der Ritter«, sprach er, »daß erschlug

Constantia dieses arme Weib, so will ich
Mein Urteil fällen, wie es recht und billig!«

Und auf das Buch, gefüllt mit heil'gen Zeichen,
Das man gebracht, beschwor der Ritter dann
Constantias Schuld. – Doch, Wunder sondergleichen!
Seht! – Eine Hand packt ihn beim Nacken an,
670 Und wie ein Stein zu Boden fällt der Mann!
Die Augen, berstend, sich im Kopf verdrehen
Im Beisein aller, die im Kreise stehen!

Und eine Stimme hört man nah und fern,
Die spricht: »Du hast verleumdet durch Dein Lügen
Der Kirche heil'ge Tochter vor dem Herrn;
Das tatest Du! Und dies mag Dir genügen!«
Rings malt Entsetzen sich in allen Zügen,
Vor Furcht und Schrecken weiß sich kaum zu fassen
Das Volk, und nur Constantia bleibt gelassen.

680 Groß war die Furcht, und groß war auch die Reue
Von denen, die bereits sie schuldig hießen
Und angezweifelt hatten ihre Treue.
Und durch dies Wunder – um es kurz zu schließen –
Und durch Vermittlung von Constanze ließen
Der König und viel andre sich bekehren;
Wofür wir Christum dankerfüllt verehren.

Dann ward, wie König Alla dies geboten,
Der falsche Ritter rasch dem Tod geweiht.
Und doch – Constantia weinte um den Toten!
690 Von Alla aber wurde mit der Zeit
Durch Christi Gnade feierlich gefreit

Dies fromme Weib im reinsten Schönheitsglanze.
So machte Christ zur Königin Constanze.

Wer war von Zorn und Haß wohl je so wild,
Wie – daß ich strenge bei der Wahrheit bleibe –
Des Königs böse Mutter Donegild!
Ihr brach schier das verruchte Herz im Leibe,
Als sie erfuhr, daß sich ihr Sohn zum Weibe
Ein unbekanntes und wildfremdes Wesen
700 Ihr zum Verdruß und Ärger auserlesen.

Mich drängt es nicht, von Spreu und Stroh so langen
Bericht zu machen wie von Kern und Korn.
Soll ich erzählen von dem Prunk und Prangen
Der Hochzeit? Und wer hinten ging, wer vorn?
Wer die Trompete blies und wer das Horn?
Bleibt der Beschreibung Frucht nicht stets im ganzen
Nur: Essen, Trinken, Singen, Spielen, Tanzen?

Zu Bett sie gingen, wie der Pflicht sie's schuldig;
Wenn's sein muß, fügt trotz aller Heiligkeit
710 Ein jedes Weib sich in der Nacht geduldig,
Wird das Vergnügen zur Notwendigkeit.
Für Leute, die mit Ringen sich gefreit,
Ist es erlaubt, daß sie der Sache wegen
Die Heiligkeit etwas beiseite legen.

Ein männlich' Kind empfing sofort ihr Leib.
Doch, da in Schottland Krieg und Streit entglommen,
Zog Alla vor den Feind, indes sein Weib,
Vom Kommandanten in das Haus genommen,
In eines Bischofs Schutze, angstbeklommen,

720 Doch fromm und gottergeben, so wie immer,
     Des Kindsbetts harrte still in ihrem Zimmer.

     Die Zeit war da. – Ein Knabe kam zur Welt,
     Den in der Taufe sie Mauritius nannte.
     Die Freudenbotschaft schrieb sogleich ins Feld
     Dem Könige der treue Kommandante.
     Indem er nebenbei ihm Meldung sandte,
     Wie alles ginge und wie alles stände;
     Und gab den Brief in eines Boten Hände.

     Der Bote, der auf seinen Vorteil sann,
730 Ritt zu des Königs Mutter mit der Kunde.
     »Madam!«, hob er mit Schmeichelgrüßen an,
     »Gewiß, Ihr segnet tausendmal die Stunde,
     Und danket Gott mit Herzen und mit Munde!
     Ein Knäblein wiegt die Königin im Schoß,
     Und Glück und Jubel sind im Lande groß.

     Seht, diesen Brief, in dem von allen Dingen
     Die Meldung wohlversiegelt ist gemacht,
     Soll ich dem König schleunigst überbringen:
     Euch treu ergeben bleib' ich Tag und Nacht!«
740 Donilde sprach: »So ist's nicht abgemacht!
     Bis morgen sollst Du hier der Ruhe pflegen,
     Und mir das Weitere will ich überlegen.«

     Der Bote trank sich steif in Bier und Wein,
     Und heimlich ward aus seinem Sack gehoben
     Ihm dieser Brief. – So feste schlief das Schwein! –
     Ein Konterfei, von Lügen ganz durchwoben,
     Ward schlau gemacht und schleunigst unterschoben,

Und an den König Alla abgesandt;
Und hören sollt ihr, was im Briefe stand.

750 Es sei, so schrieb man ihm, sein Weib entbunden
Von einer solchen Teufelskreatur:
Bei ihr zu bleiben, sei im Schloß befunden
Nicht einer von so mutiger Natur.
Durch Hexerei und Zauberkünste nur
Sei's möglich, daß ihr dieser Balg beschieden.
Sie sei verhaßt und ringsumher gemieden.

Der König las den Brief. Jedoch kein Wort
Verriet den Kummer, der sein Herz bedrängte,
Und eigenhändig schrieb er heim sofort:
760 »Willkommen sei, was immer Christ mir schenkte!
Recht ist gelenkt, was Gottes Hand je lenkte,
Für den, der glaubt; denn unser Wunsch und Neigen
Muß, Herr und Gott, vor Deinem Willen schweigen!

Sorgt für mein Kind, ob's schön, ob's garstig ist!
Sorgt für mein Weib, bis wir nach Hause kehren!
Den Erben, der mir mehr gefällt, kann Christ
Durch seine Gnade immer noch bescheren!«
Er siegelte dann unter stillen Zähren
Den Brief und gab ihn in des Boten Hände.
770 Der Bote ging, und damit war's zu Ende.

O Bote, Jammerbild der Trunkenheit!
Schwer ist Dein Hauch, es zittern Deine Glieder!
Du bist Verräter jeder Heimlichkeit
Und plapperst alles wie die Elster wieder!
Dein Angesicht wird blasser stets und müder,

Dein Sinn ist fort und bei Dir, zweifelsohne,
Sitzt Trunkenheit als Herrscherin im Throne.

O Donegilde! Nicht in Worte faß ich
All Deine Bosheit, Deine Tyrannei!
780 Dein Bösen in der Hölle überlaß ich
Dich und die Schild'rung der Verräterei!
Pfui, Unmensch! Pfui! – Bei Gott, ich sag' es frei –
Du wallst auf Erden, aber, pfui! Du Hexe,
Dein böser Geist ist höllisches Gewächse!

Der Bote lenkte wieder auf der Reise
Zum Hof der Königsmutter seinen Gang.
Und froh gewährte sie in jeder Weise
Ihm wiederum den ehrendsten Empfang.
Er füllte sich den Bauch mit Speis' und Trank.
790 Und schnaubt' und schnarchte, und im Schlaf verbrachte
Die ganze Nacht er, bis der Morgen lachte.

Und wiederum ward ihm der Brief gestohlen,
Und wiederum schrieb man ein Konterfei:
Daß es dem Kommandanten anbefohlen
Vom Könige bei Galgenstrafe sei,
Es hätte, wenn dahin der Tage drei
Und noch drei Stunden ohne weit'res Säumen
Constantia des Königs Land zu räumen.

An Bord des Schiffs, das sie gebracht ans Land,
800 Sei sie, ihr Sohn und was ihr eigen wäre,
Ins Meer hinauszustoßen von dem Strand,
Und zu bedrohn, daß sie nie wiederkehre.
Constantia, ach! Dich haben sicher schwere

Und trübe Träume jene Nacht umsponnen,
Als Donegilde dieses ausgesonnen!

Der Bote ging, sobald er morgens wachte,
Zum Kommandanten nächsten Wegs aufs Schloß,
Dem er den Brief des Königs überbrachte.
Er las das Schreiben, und sein Schmerz war groß.
810 »Oh, weh' mir!«, rief er, »welches herbe Los!
Wie kann die Welt nur, Herr und Christ, bestehen,
Wenn, ach, so viele sündhaft sich vergehen?

Allmächt'ger Gott! Wie kann's Dein Wille sein,
Der Du doch allen ein gerechter Richter,
Daß Unschuld leide solche Not und Pein,
Und stets im Glücke sitzen Bösewichter!
Gute Constantia! Weh ist mir!«, so spricht er,
»Schmachvoll zu sterben oder Dich zu quälen,
Kein andrer Weg bleibt übrig mir zu wählen!«

820 Im Schlosse weinten Alt und Jung vor Sorgen,
Als man des Herrn verfluchten Brief empfing,
Zum Schiff indessen an dem dritten Morgen
Constantia bleich, doch gottergeben ging;
Und trug, was Christus über sie verhing.
Am Strande kniend, sprach sie zu Gott gewendet:
»Willkommen sei, was mir der Herr gesendet!

Als unter Euch ich hier gelebt im Lande
War vor Verleumdung schon mein Retter Er!
Er kann mein Retter sein aus Not und Schande,
830 Ist mir das Wie auch unklar, auf dem Meer;
Er ist so stark noch heute wie seither!

Oh, Gott und Mutter, beide mir so teuer,
Seid Ihr mein Segel und seid Ihr mein Steuer!«

Der kleine Sohn lag weinend ihr im Arm,
Und kniend sprach sie mitleidsvoll zum Kinde:
»Still! Söhnchen, stille! – Dir geschieht kein Harm!«
Vom Kopf zog sie den Schleier, daß als Binde
Sie schützend ihn um seine Äuglein winde,
Und lullte wiegend in den Schlaf ihn dann,
840   Und warf die Blicke flehend himmelan.

»Mutter!«, sprach sie, »Maria, keusche Magd!
Weil eines Weibes Sünde das Verderben
So wie den Tod in diese Welt gebracht,
Sahst Du am Kreuze Deinen Sohn und Erben
Mit eignen Augen hängen, leiden, sterben!
Kann alles Weh und alles Leid auf Erden
Mit Deinem Schmerze je verglichen werden?

Vor Deinen Augen ward Dein Kind erschlagen!
Und meines lebt noch! – Jungfrau, hehr und mild,
850   Zu der Betrübte ihren Jammer klagen,
Du heller Tagesstern, Du Zufluchtsschild,
Du schöner Mai, Du reinster Keuschheit Bild!
Beschütz' mein Kind! Du schützest mit Erbarmen
Die Schutzbedürft'gen, Leidenden und Armen.

Mein lieber, kleiner Sohn! – O weh! Was tat er,
Auf dem doch wahrlich keine Sünde ruht,
Daß ihn ins Elend stieß sein harter Vater?
Ach, Kommandant!«, sprach sie, »sei lieb und gut,
Mein Söhnchen nimm zu Dir in Haus und Hut!

860 Und darfst Du's nicht und mußt Du mir's verneinen,
Küss' in des Vaters Namen meinen Kleinen!

Leb' wohl, erbarmungsloser Mann!«, so sagend,
Warf sie die Blicke rückwärts in das Land,
Sprang auf, und kosend in den Armen tragend
Ihr kleines Kind, ging sie zum Schiff am Strand,
Wo alles Volk, nachdrängend, sie umstand.
Sich fromm bekreuzend, rief ein Abschiedswort
Sie allen zu, und stieg sodann an Bord.

Nicht an Proviant gebrach es für die Zeit
870 Der langen Reise durch die Meerespfade,
Und was auch sonst noch von Notwendigkeit
Enthielt das Schiff – gedankt sei Gottes Gnade!
Nun, führ' sie heim, allmächt'ger Gott! Nicht schade
Ihr Wind und Wetter! Diesen Wunsch gewähre,
Treibt ihres Wegs sie weiter durch die Meere!

Es kam, nachdem sich dieses zugetragen.
Zu dem besagten Schloß der König bald.
Nach Weib und Kind begann er gleich zu fragen.
Den Kommandanten überlief es kalt;
880 Er meldete den ganzen Sachverhalt,
Mit welchem ich bereits bekannt Euch machte,
Und Brief und Siegel er dem König brachte.

Und sprach: »Mein Herr, wie Ihr es anbefohlen
Bei Todesstrafe, so hab' ich's gemacht!«
Die Folter ließ man für den Boten holen,
Und zum Geständnis ward er rasch gebracht,
Wo er sich aufgehalten Nacht für Nacht;

Und aus der Untersuchung bald erhellte,
Wo dieser Born des Mißgeschickes quellte.

890 Man wußte, welche Hand den Brief geschrieben,
Und wer die giftig böse Tat ersann;
Zwar ist das Wie mir unbekannt geblieben,
Doch lesen kann die Folgen jedermann:
Als Hochverrät'rin ward der Mutter dann
Vom Könige der Todesstreich gegeben –
So elend schloß Frau Donegildes Leben!

Die Sorge, welche König Alla quälte
Bei Tag und Nacht um Gattin und um Kind,
Wohl keine Zunge je getreu erzählte.
900 Drum zu Constanze wend' ich mich geschwind.
Die Leidensvolle trieb durchs Meer der Wind
Fünf Jahr' und länger, eh' durch Christi Gnade
Ihr Nachen sich genähert dem Gestade.

Es trieb zu einem heidnischen Kastelle,
Von dem mein Text den Namen nicht enthält,
Constantia und ihr Kind zuletzt die Welle.
Allmächt'ger Gott! Erretter aller Welt!
Beschütze sie mit ihrem Kind! Sonst fällt
Sie in der Heiden Hand und büßt ihr Leben
910 Vielleicht dort ein. – Doch hört, was sich begeben.

Vom Schloß herab stieg mancher und beschaute
Das Schiff, in dem Constantia sich genaht;
Und eines Tages, als der Abend graute,
Bestieg – Gott strafe seine Missetat! –
Des Fürsten Vogt, ein Dieb und Renegat,

Das Schiff, damit zu schnöder Luft und Minne
Er durch Gewalt und Drohung sie gewinne.

Wohl schrie mit ihrem Kind das wehbedrängte
Und arme Weib. Jedoch nicht hilflos blieb
920 Sie in der Not. Die heil'ge Jungfrau schenkte
Ihr Kraft und Mut, und, mächtig ringend, trieb
Sie bis zum Rand des Schiffes jenen Dieb,
Der über Bord fiel und ertrank im Meere;
Und unbefleckt erhielt ihr Christ die Ehre.

O faule Lust der Üppigkeit, hier endest
Du nach Verdienst! Du bringest Schmach und Tod
Dem Leib sowohl, wie Du den Sinn verblendest;
Auf blinde Lüste folgen Pein und Not!
Wohl mag der Mensch bedenken, was ihm droht.
930 Nicht nur die Tat, nein, schon die Tat zu denken,
Kann Tod und Elend auf den Schuld'gen lenken!

Wer stählte für den Kampf des Weibes Nerven,
Als mit ihr rang der falsche Renegat?
Wie konnte David je zu Boden werfen
Den unermeßlich langen Goliath,
Wie er es jung und ungerüstet tat?
Wie blickte furchtlos er empor zum Riesen?
Nun – durch die Gnade, die ihm Gott bewiesen!

Wer flößte Judith Mut und Kühnheit ein,
940 Als Holofernes sie erschlug im Zelte,
Um Gottes Volk vom Elend zu befrein?
Die Antwort auf die Fragen, die ich stellte,
Bleibt immer die: Den Geist der Kraft gesellte

Zu ihnen Gott, und, wie zu ihrem Werke,
Gab auch Constantia Er die Kraft und Stärke!

Es trieb ihr Schiff dann durch die Meeresenge
Von Gibraltar und Ceuta weiter fort,
Und schwamm umher der Breite nach und Länge
Manch lieben Tag gen Ost, West, Süd und Nord;
950 Bis Christi Mutter, der Bedrängten Hort,
Endloser Güte voll, es so gewendet,
Daß sich die Zeit naht, wann ihr Leiden endet.

Auf kurze Frist sei nunmehr von Constanze
Nach Rom zum Kaiser unser Blick gewandt,
Dem längst der Christen Mord, sowie das ganze
Geschick der Seinen brieflich schon bekannt;
Und was sein Kind durch die Verräterhand
Der alten Mutter Sultanin ertragen,
Als auf dem Fest sie allesamt erschlagen.

960 Der Kaiser gab dann Vollmacht und befahl
Einem der Senatoren, daß als Führer
Mit manchen Herr'n – Gott weiß, wie groß die Zahl! –
Zu Feld' er zög' zur Züchtigung der Syrer.
Worauf mit Mord und Brand auch nach Gebühr er
Das Land manch lieben langen Tag verheerte,
Bis er dann schließlich wieder heimwärts kehrte.

So segelte nach Rom in voller Glorie
Als Sieger der Senator mit dem Heer,
Und traf das Schiff, so meldet die Historie,
970 Worin Constanze, treibend auf dem Meer.
Indessen, wer sie sei und wo sie her,

Erfuhr er nicht; denn nicht verraten wollte
Sie ihren Stand, und wenn sie sterben sollte.

Es brachte sie nach Rom zu seinem Weibe
Mit ihrem Kinde der Senator hin,
Daß sie bei ihnen wohne und verbleibe.
So zog aus Leid die Himmelskönigin,
Wie manche vor ihr, diese Dulderin,
Die, heil'gen Werken immer hingegeben,
980 Noch lange führte dort ein frommes Leben.

Daß des Senators Weib verwandt ihr sei
Und ihre Muhme, konnte sie nicht wähnen;
Und ich erzähl' es hier nur nebenbei.
Zu König Alla muß ich, der mit Tränen
Sein Weib bejammert' unter stetem Sehnen,
Indem Constantia ich in Schutz und Händen
Von dem Senator lasse, nun mich wenden.

Es fühlte sein Gewissen eines Tages
Der König durch den Muttermord bedrängt
990 Und hatte, daß ich kurz und schlicht Euch sag' es,
Nach Rom zur Sühne seinen Schritt gelenkt,
Um dort zu büßen, was der Papst verhängt,
Und um von Christ für das, was er begangen,
Durch sein Gebet Verzeihung zu erlangen.

Durch Höflinge, die ihm Quartier bereitet,
War das Gerücht von Allas Pilgerfahrt
Rasch durch die ganze Stadt hindurch verbreitet;
Und der Senator, dem sich beigeschart
Viel' Edelleute, ritt nach Brauch und Art

1000 Dem Könige der Ehr' und Ehrfurcht wegen
Und pompeshalber aus der Stadt entgegen.

Geehrt ward König Alla auf das Beste
Von dem Senator, ob der König schon
Darin nicht nachstand; denn zu einem Feste
Lud er ihn ein, bevor zwei Tage flohn;
Und in Begleitung von Constantias Sohn,
Daß ich es kurz Euch nach der Wahrheit sage,
Ging der Senator zu dem Festgelage.

Zwar ist behauptet worden, daß Constanze
1010 Sich vom Senator diese Gunst erbat.
Nun, das mag sein, mag nicht sein; denn das Ganze
Kommt drauf hinaus: Zum Fest ging in der Tat
Constantias Sohn, und nach der Mutter Rat
Hielt er beim Mahle, wenn ein Gang geendet,
Stets auf den König seinen Blick gewendet.

Der König sah verwundert auf den Knaben,
Und den Senator sprach er also an:
»Wen mag dies schöne Kind zum Vater haben?«
Und jener sprach: »Bei Gott und St. Johann!
1020 Die Mutter kenn' ich, aber nicht den Mann.«
Und dann gab er dem König Alla Kunde
Von diesem Knaben und von seinem Funde.

»Bezeug' es Gott!«, sprach der Senator, »nie
Sah oder fand ich noch in meinem Leben
Weib, Witwe, Mädchen oder Frau, wie sie
So tugendhaft und also Gott ergeben.
Weit lieber würde sonder Furcht und Beben

Sie sich den Dolch in ihren Busen senken,
Als einem Manne ihre Gunst je schenken!«

1030 Wohl kaum ein Wesen auf dem Erdenrunde
So seiner Mutter, wie der Knabe, glich.
Und Alla, welcher tief im Herzensgrunde
Constantias Bild bewahrte, dachte sich,
Daß sie des Kindes Mutter; und er schlich
Von dem Bankette seufzend dann von hinnen,
Um in der Stille weiter nachzusinnen.

»Fürwahr, Phantome des erhitzten Blutes
Verwirren mir«, so sprach er, »den Verstand!
Mein Weib ist tot, und in der Salzflut ruht es.«
1040 Doch Gegengründe lagen auch zur Hand.
»Wer weiß«, sprach er, »ob Christus, der gesandt
Mein Weib mir einst zur See, aus meinem Lande
Sie nicht geführt hat abermals zu Strande?«

Und der Senator ging mit Alla dann
Des Abends heim, dies Wunder aufzuklären;
Und eilig schickte zu Constantia man,
Den König zu empfangen und zu ehren.
Zu tanzen, glaubt mir, trug sie kein Begehren,
Die Füße wollten ihr den Dienst versagen,
1050 Als diese Botschaft man ihr zugetragen.

Als weinend sich vor diesem Weib verbeugte
Der König, blieb kein Auge tränenleer,
Der erste Blick auf sie ihn überzeugte,
Sie war sein Weib, da galt kein Zweifel mehr.
Doch stumm verblieb sie wie ein Baum; denn schwer

Und trüb das Herz ihr die Erinn'rung machte.
Als sie des unbarmherz'gen Manns gedachte.

Bewußtlos sank sie zweimal hin zur Erde;
Und sich entschuld'gend, schrie er jämmerlich:
1060 »Von Gott und allen seinen Heil'gen werde
Nie meiner Seele Gnade, fühle mich
An Deinem Harm nicht ganz so schuldlos ich,
Wie unser Sohn, das Abbild Deiner Züge!
Und hole mich der Böse, wenn ich lüge!«

Lang schluchzten sie, eh' Ruh' in ihre Herzen
Nach so viel Gram und Leid zurückgekehrt.
Groß war das Mitleid; doch ihre Schmerzen
Das Klagen und das Jammern nur vermehrt.
Mir sei davon zu schweigen drum gewährt;
1070 Denn überdrüssig bin ich, von den Sorgen
Euch zu erzählen bis zum nächsten Morgen.

Doch als die Wahrheit endlich ihr bewußt,
Daß Alla schuldlos war an ihren Leiden,
Drückt' sie ihn hundertmal an ihre Brust,
Und abgesehn von ew'gen Himmelsfreuden,
Genoß je solche Wonne wie die beiden
Gewiß kein Mensch, noch sah, noch wird er sehen
Ein gleiches Glück, solang die Welten stehen.

Die Pein zu enden, welche sie erlitten,
1080 Ersuchte sie in Demut den Gemahl,
Er möge dringend ihren Vater bitten,
Es wolle nächsten Tages, je nach Wahl,
In Gnaden ihm zu einem Mittagsmahl

Die Ehre Seine Majestät erzeigen,
Jedoch von ihr bat sie ihn streng zu schweigen.

Man sagt zwar, daß Mauritius mit der Bitte
Zum Kaiser ging. – Mir aber scheint es klar,
Der König Alla wußte wohl, was Sitte.
Für solchen hohen Souverän, fürwahr,
1090 Die Blüte der gesamten Christenschar,
Wird doch kein Kind zum Boten auserlesen!
Er selbst ging hin. – So, denk' ich, ist's gewesen.

Der Kaiser, diese Bitte gern gewährend,
Versprach, zum Mahl zu kommen. Doch sein Blick
Fiel – wie ich las – auf jenes Kind fortwährend,
Und an die Tochter dacht' er oft zurück.
Und Alla kehrte heim, daß mit Geschick,
Soweit es möglich, alles auf das beste
Er ordnend vorbereite zu dem Feste.

1100 Der Tag ist da. – Im Festschmuck hoch zu Rosse
Dem Kaiser frohen Sinns entgegenziehn
Sowohl Constantia wie ihr Eh'genosse.
Doch kaum erspäht sie auf der Gasse ihn,
Springt sie vom Pferd und ruft auf ihren Knien:
»Ging, Vater, die Erinn'rung ganz verloren
Dir an die Tochter, die Dein Weib geboren?

Ich bin die Tochter!«, spricht sie, »bin Constanze,
Die in das Land der Syrer Du gesandt.
Ich bin es, Vater, die im Wellentanze
1110 Den Tod, den man mir zugedacht, nicht fand!
Reich mir in Gnaden Deine Vaterhand!

Du wirst mich nicht zu Heiden wieder senden,
Nein, Alla Dank für seine Güte spenden!«

Vom Wiedersehn der drei vermag ich nicht
Die Rührung und die Freude mitzuteilen.
Zu Ende bringen muß ich den Bericht;
Der Tag rückt vor, zum Schlusse will ich eilen!
Beim Mittagsmahle laß ich sie verweilen
In tausendfachem, größerem Entzücken,
1120 Als ich vermag, in Worten auszudrücken.

Doch wie zum Kaiser späterhin im Leben
Vom Papst das Kind Mauritius gemacht,
Wie, Christi Kirche ehrend, fromm ergeben
Gelebt er hat, das laß ich außer acht;
Allein Constantia kommt hier in Betracht.
In alten Römergesten steht indessen
Mauritius' Leben; doch ich hab's vergessen.

Und mittlerweile war der Tag gekommen,
An welchem Alla sich zurückgewandt
1130 Nach Engeland, wo er mit seinem frommen,
Geliebten Weibe Glück und Ruhe fand.
Doch, glaubt mir, nur von flüchtigem Bestand
Ist Erdenglück. Es kommt und ist geschwunden
Wie Meeresflut im Wechselspiel der Stunden.

Wer freut sich dauernd ungetrübter Tage,
An denen sein Gewissen ruhig schlägt,
Von Zorn und Drang und anverwandter Plage,
Von Neid und Stolz und Hitze nicht bewegt?
Ich habe die Betrachtung eingelegt,

1140 Weil auch für Alla und Constanze Frieden
Und Seligkeit nur kurze Zeit beschieden.

Tribut dem Tod muß Hoch und Niedrig geben!
Und so schied etwa auch nach Jahresfrist
Der König Alla aus dem Erdenleben,
Von seinem Weib betrauert und vermißt.
Sei seiner Seele gnädig, Gott und Christ!
Von ihr bleibt mir nur schließlich mitzuteilen,
Daß sie beschloß, nach Rom zurückzueilen.

Hier fand das fromme Wesen alle teuern
1150 Und lieben Freunde lebend und gesund.
Hier fand sie Ruhe nach den Abenteuern,
Sah ihren lieben Vater wieder, und
Sank in die Kniee nieder auf den Grund,
Und dankte hunderttausendmal mit Rührung
Und unter Tränen Gott für seine Führung.

Es lebten alle fromm und tugendsam.
Beständig heil'gen Werken zugewendet,
Bis schließlich sie der Tod von hinnen nahm.
Und so lebt wohl! – Denn die Erzählung endet.
1160 Nun, Jesus Christus, dessen Hand uns sendet
Nach Leiden Freuden, schenke Huld und Gnade
Auch uns Gefährten auf dem Pilgerpfade!

Epilog zur Erzählung
des Rechtsgelehrten

Vers 1163–1190

Hoch in den Bügeln stand der Wirt und sprach:
»Hört, guten Leute, meiner Meinung nach
War die Erzählung überaus gelungen.
Herr Pfarrer!«, rief er, »tragt, wie ausbedungen,
Uns etwas vor! Denn – bei des Herrn Gebein! –
Manch guter Schwank fällt Euch Gelehrten ein
– Bei Gottes Würde! – wie ich wohl erseh'!«
1170   Der Pfarrer sprach: »Ei, benedicite!
Was fehlt dem Mann, so lästerlich zu schwören?«
»Oh!«, schrie der Wirt, »Mein Hans! Läßt Du Dich hören?
Ich witt're, gute Herren, in der Luft
Von einem Lollhard', scheint es mir, den Duft.
Bei Christi Seelenleiden! Gebet acht,
Mit einer Predigt werden wir bedacht
Noch allesamt von diesem Lollhard' hier!«
     »Nein«, rief der Schiffer, »das verbitt' ich mir!
Bei meines Vaters Seele! Mit Sermonen
1180 Und Bibelglossen soll er uns verschonen.
Wir glauben alle hier an Gott, den Herrn.
Er aber möchte Streit und Hader gern
Und Unkraut säen in die reine Saat.
Fürwahr, mein Wirt, mir scheint's der beste Rat:
Ich, lust'ger Kerl, erzähle nunmehr weiter
Und rasseln mit der Schelle will ich heiter,
Daß munter bleibt die ganze Compagnie.
Ich werde sicher von Philosophie,
Juristerei und Medizin nichts sagen,
1190 Denn viel Latein beschwert nicht meinen Magen!«

Die Erzählung
des Schiffers

Vers 1–434

Einst war ein Handelsherr in Saint-Denis,
Dem vieles Geld den Ruf der Weisheit lieh.
Von wunderbarer Schönheit war sein Weib
Und höchst erpicht auf Lust und Zeitvertreib;
Was weit mehr kostet, als die Reverenzen
Und Artigkeiten junger Herrn bei Tänzen
Und Festen wert sind. Denn von Unbestand
Und flücht'ger als der Schatten an der Wand
Sind solches Mienenspiel und solcher Gruß.
10 Doch wehe dem, der dafür zahlen muß!
Ein dummer Ehemann muß dennoch zahlen!
Er muß uns kleiden, daß im Schmuck wir strahlen
Und schön geputzt uns seiner Ehre wegen
In solchem Staat beim lust'gen Tanz bewegen.
Sollt' er die Mittel uns dazu versagen
Und über Kosten und Verluste klagen,
Vielleicht sogar uns der Verschwendung zeihn,
So muß ein anderer schenken oder leihn

Uns Gold dazu – und das bringt oft Gefahr.
20   Es ging beim edlen Kaufmann eine Schar
Verschied'ner Gäste täglich ein und aus.
Kein Wunder war es. Stattlich war sein Haus
Und schön sein Weib. – Doch lauschet meinem Wort!
Man konnte neben andern Gästen dort
Auch einen schönen, kecken Mönch gewahren,
Dem Alter nach von etwa dreißig Jahren,
Der dieses Haus stets zu besuchen pflegte.
Zu diesem jungen, schönen Mönche hegte
So große Neigung jener gute Mann,
30   Seit die Bekanntschaft beiderseits begann,
Daß dieser Mann dort so vertraut verkehrte,
Wie man es je dem besten Freund gewährte.
      Und da noch fernerweitig dieses Paar
In einem Dorf zur Welt gekommen war,
So redete der Mönch den guten Mann
Beständig nur als seinen Vetter an,
Und dieser widersprach ihm darin nicht.
Nein, wie der Vogel, wenn der Tag anbricht,
War er vergnügt und froh von Herzensgrund.
40   So hatten miteinander sie den Bund
Geschlossen und ihr Wort darauf gegeben,
In Brüderschaft für immerdar zu leben.
      Höchst generös war immer Dan Johann,
Zumal in jenem Hause, und er sann
Auf das, was Kosten und Vergnügen machte.
Bis auf den letzten Pagen hin bedachte
Er nach dem Rang das ganze Hausgesinde
Mitsamt dem Herrn und gab als Angebinde,
Was passend war, betrat er nur die Schwelle;
50   Und wie ein Vogel bei der Morgenhelle
War jedermann, sobald er kam, vergnügt.

Nichts mehr davon! – Was ich gesagt, genügt.
    Einst schickte nun sich dieser Handelsmann
Geschäftehalber zu verreisen an;
Nach Brügge dachte nämlich er zu gehn,
Um dort verschiedne Waren zu erstehn.
Doch vorher sandt' er Botschaft nach Paris
An Dan Johann, den er ersuchen ließ,
Mit ihm und seiner Frau auf alle Weise
60 Noch ein paar Tage vor der Brügger Reise
In Saint-Denis vergnüglich hinzubringen.
Der Abt des Klosters ließ in solchen Dingen
Stets dem besagten Mönche freie Hand.
Ihm war, als einem Manne von Verstand,
Das Amt verliehen, zu verschiednen Zeiten
Die Scheunen und Gehöfte zu bereiten;
Und somit kam nach Saint-Denis er schnell.
Wie sehr war der galante Junggesell',
Der teure Vetter Hans, daselbst willkommen!
70 Geflügel hatt' er für sie mitgenommen,
Ein Krüglein Malvasier, ein Fläschchen auch
Voll Toskerwein – ei, ja! Das war sein Brauch.
Und damit überlaß ich auf zwei Tage
Den Mönch und Kaufmann ihrem Zechgelage.
    Es überschlug sodann am dritten Morgen
Der Kaufmann seinen Geldbedarf mit Sorgen.
Drum ging er eilig in sein Lagerhaus
Und rechnete dort wohlbedächtig aus,
Wie es in diesem Jahre mit ihm stand
80 Und wie sein Geld vertan und angewandt
Und ob er »Gut« behalten oder »Schuld«.
Er legte nieder auf sein Rechenpult
Viel Bücher und viel Beutel voller Geld.
Doch Schatz und Kasse fand er reich bestellt.

Drum schloß er eiligst seine Türe zu,
Damit er ohne Störung, ganz in Ruh',
Vollenden könne seine Rechnerei;
Und saß daran, bis Primezeit vorbei.

Auch Dan Johann war früh am Morgen wach
90 Und ging im Garten auf und ab und sprach
Sein Frühgebet in salbungsvoller Weise.

Zum Garten aber, wo er ging, schlich leise
Das gute Weibchen etwas später auch
Und grüßte dort ihn nach gewohntem Brauch.
Ein kleines Mädchen hatte zur Begleitung
Sie an der Hand, das sie in Zucht und Leitung
Noch leicht zu halten wußte mit der Rute.
»Ach, Dan Johann, ist Euch nicht wohl zumute,
Daß Ihr so zeitig«, fragt' sie, »aufgewacht?«
100 »Fünf Stunden Schlaf genügen in der Nacht,
Geliebte Nichte«, sprach er, »ganz vollkommen,
Die bleichen Ehekrüppel ausgenommen;
Solch alte Kerle liegen freilich fest
Wie abgehetzte Hasen in dem Nest,
Wenn sie von Hunden rings umgeben sind.
Doch sprich, warum so blaß, mein liebes Kind?
Du bist gewiß von unserm guten Mann
So strapaziert, seitdem die Nacht begann,
Daß Du nunmehr der Ruhe pflegen mußt.«
110 Und bei dem Scherze lacht er voller Lust
Und ward ganz rot vom Einfall, den er hegte.

Die Schöne schüttelnd ihren Kopf bewegte
Und sprach: »Weiß Gott, mein teurer Vetter, Ihr
Habt Euch geirrt. So steht es nicht mit mir.
Bei Gott, der mir gegeben Seel' und Leib,
Im ganzen, weiten Frankreich hat kein Weib
Gering're Lust zu solchen bösen Dingen.

Ich aber habe Weh und Ach zu singen,
Daß ich zur Welt kam. Doch ich darf nicht wagen,
120 Was mich bedrückt, je einem Mann zu klagen.
Entfliehen möcht' ich wahrlich aus dem Land,
Ja, mich entleiben mit der eignen Hand,
So quält und ängstigt mich mein Mißgeschick!«
Starr richtete der Mönch auf sie den Blick
Und sprach: »Ach, Nichte, wollte Gott verwehren,
Daß Du, weil Furcht und Sorgen Dich beschweren,
Dich selbst entleibtest! Nein, Du mußt erzählen,
Was Dich bedrängt. Dir soll mein Rat nicht fehlen.
Ich helfe Dir, vertraust Du mir die Sorgen.
130 Bei mir ist Dein Geheimnis gut geborgen.
Ich schwöre Dir auf mein Brevier den Eid
Der unverbrüchlichsten Verschwiegenheit,
Solang ich lebe; mag, was will, geschehn!«
»Dazu«, sprach sie, »will ich mich auch verstehn!
Bei Gott beschwör' ich und auf Dein Brevier
Ich werde nie, was mir vertraut von Dir,
Verraten, ob man mich in Stücke risse,
Ja, führ' ich selbst zur Hölle. – Dennoch wisse
Daß Vetterschaft und bloße Freundschaft nicht,
140 Nein Liebe nur und Neigung aus mir spricht.«
So schworen und so küßten sich die zwei
Und dann begann sofort die Plauderei.
»Mein Vetter«, sprach sie, »wäre hier der Ort
Und hätt' ich Zeit, so teilt' ich Dir sofort
Jetzt die Legende meines Lebens mit,
Und alles, was im Ehestand ich litt,
Wenngleich mein Mann Dein eigner Vetter ist.«
»Beim Heiligen Martinus und bei Christ!«,
Entgegnete der Mönch, »er ist mein Vetter
150 Nicht mehr, als an den Bäumen hier die Blätter!

Bei Saint-Denis von Frankreich! So genannt
Hab' ich ihn nur, weil ich mit Dir bekannt
Zu werden wünschte. Denn auf Erden gibt
Es keine Frau, die ich wie Dich geliebt.
Bei meiner Profession will ich's beschwören!
Doch eh' Dein Mann herunterkommt, laß hören,
Was Dich bedrängt? Komm, spute Dich! Erzähle!«
      »O Hans!«, sprach sie, »Geliebter meiner Seele,
Weit lieber schwieg' ich, als mein Leid zu klagen,
160 Doch muß heraus, was länger nicht zu tragen.
Mein Gatte, dünkt mich, ist der schlimmste Mann,
Den's je gegeben, seit die Welt begann.
Doch schickt sich's nicht, daß ich als Ehefrau
Dir unsre Heimlichkeiten anvertrau'.
Gott schütze mich, es jemals zu verraten,
Was wir im Bett und sonst mitsammen taten;
Da eine Frau nur das, was ehrenvoll,
Von ihrem Ehemann erzählen soll.
Nur Dir allein, so wahr mich Gott beschütze,
170 Will ich vertraun: Er ist zu gar nichts nütze
Und überhaupt nicht eine Fliege wert.
Der größte Geizhals ist er und gewährt
Mir keinen Wunsch in Hinsicht der sechs Sachen,
Die mich so froh, wie alle Weiber, machen.
Wir wünschen nämlich, unser Gatte sei
Reich, weise, keck und mit dem Gelde frei,
Treu seinem Weibchen und im Bette munter.
Doch bei dem Herrn, der für uns litt, mitunter
Muß ich mich putzen seiner Ehre wegen,
180 Und bin um hundert Franken jetzt verlegen,
Die nächsten Sonntag ich bezahlen muß.
Ach, wär' ich nie geboren! Der Verdruß
Bringt mich noch um. Denn, wenn's mein Mann vernimmt,

Und Schwatzereien gibt es ganz bestimmt,
Bin ich verloren. Lasse Dich erflehn!
Leih' mir das Geld, sonst ist's um mich geschehn!
Ich sage, Herr, leih mir die hundert Franken!
Pardi! Ich will Dir redlich dafür danken,
Nur mußt Du mir die Bitte nicht versagen.
190   Auf Tag und Stunde wird es abgetragen.
Ich stehe Dir zu Diensten jeder Zeit
Und bin zu allem, was Du willst, bereit.
Und Gott bestrafe, brech' ich Dir mein Wort,
Wie Ganelon von Frankreich mich sofort.«
       Der edle Mönch gab Antwort ihr und rief:
»Geliebte, teure Frau, ich trage tief
In meinem Herzen um Dich Schmerz und Leid,
Und ich verspreche Dir auf Wort und Eid,
Sobald Dein Mann nach Flandern geht von dannen,
200   Will ich sofort all' Deine Sorgen bannen,
Und hundert Franken hast Du in den Händen.«
Und damit griff er sie an beide Lenden
Und herzte sie und küßte sie und sprach:
»Geh' fort in aller Stille, und hernach
Mach' unser Essen möglichst rasch bereit,
Denn mein Zylinder zeigt schon Primezeit;
Und traue mir, wie ich auf Dich vertrau'!«
       »Das walte Gott!«, erwiderte die Frau,
Und so vergnügt wie eine Elster lief
210   Sie schnell zu ihren Köchen hin und rief,
Sich zu beeilen mit dem Mittagsschmaus.
Dann rannte schleunigst sie zum Lagerhaus
Zu ihrem Mann und klopfte kräftig an.
       Und »Qui est là?« erwiderte der Mann.
»Ich bin es, Peter!«, sprach sie, »Ei, wie lange
Willst Du noch fasten? Bist Du stets im Gange

Mit Deinen Büchern, Zahlen und Papieren?
Der Teufel möge rechnen und addieren!
Zufrieden sei mit dem, was Gott Dir gab;
220 Laß Deine Beutel stehn und komm herab.
Schämst Du Dich nicht, daß Dan Johann so spät
Am hellen Tage stets noch nüchtern geht?
Komm! Hör' die Messe, und zu Tische dann.«
      »Weib, Du kannst nicht begreifen«, sprach ihr Mann,
»Wie wunderlich oft die Geschäfte gehn.
Sieh', von uns Handelsleuten finden zehn
– Gott und St. Ivo können Zeugen sein –
Von zwanzigen nur höchstens ihr Gedeihn,
Selbst wenn wir uns bis an das Alter plagen.
230 Doch scheinbar fröhlich müssen wir uns schlagen,
So gut es eben gehn will, durch die Welt,
Und niemand weiß, wie es um uns bestellt,
Bis daß wir sterben oder uns ganz leise
Unter dem Vorwand einer Pilgerreise
Von dannen drücken. Drum, scharf aufzupassen
In dieser Welt, darf ich nicht unterlassen,
Denn Glück und Unglück gehn im Handelsstand
Zu unserm Schrecken immer Hand in Hand.
      Ich reise morgen in der Früh' nach Flandern
240 Und werde heim, sobald als möglich, wandern.
Drum, liebes Weibchen, nimm mein Hab und Gut,
Ich bitte Dich, in Obacht und in Hut.
Sei frei und freundlich gegen Deine Gäste
Und lenk' und leite Du das Haus aufs beste.
Dein Vorrat reicht in jeder Hinsicht aus,
Um sparsam zu verwalten uns das Haus;
Es fehlt Dir nicht an Kleidern und Proviant,
Und Silbergeld bekommst Du in die Hand.«
Und mit den Worten schloß er seine Tür,

250 Stieg rasch hinab und hörte nach Gebühr
In aller Eile dann die Messe sagen.
Nun wurden flink die Speisen aufgetragen;
Man setzte sich, und reichlich ward sein Essen
Dem würd'gen Mönch vom Kaufmann zugemessen.
Nach Tisch nahm Dan Johann den Handelsmann
Ganz insgeheim beiseite und begann:
»Mein lieber Vetter, wie die Sachen stehn,
Hast Du im Sinn, nach Brügge fortzugehn.
Mag Dich St. Augustin und Gott geleiten!
260 Mit Vorsicht, Vetter, bitt' ich Dich zu reiten,
Und halte bei der heißen Jahreszeit
Stets auf Diät und große Mäßigkeit.
Doch wozu sollen viele Worte nützen?
Leb' wohl, mein Vetter, mag Dich Gott beschützen!
Fällt etwas vor, darfst Du bei Tag und Nacht,
Vorausgesehen, daß in meiner Macht
Die Sache liegt, frei über mich befehlen.
Du kannst in jeder Hinsicht auf mich zählen.
Doch eines noch! Sollt' es Dir möglich sein,
270 Mir hundert Franken, eh' Du gehst, zu leihn,
So möcht' ich auf zwei Wochen sie erborgen.
Ich habe einen Viehkauf zu besorgen
Für eine unsrer Klostermeierei'n –
Ach gäbe Gott, es könnte Deine sein.
Für tausend Franken ließ ich nicht verstreichen
Nur einen Tag, die Schulden zu begleichen.
Doch bitte, schweige von der Sache still,
Da ich das Vieh noch heute kaufen will.
Und damit, lieber Vetter, gute Reise!
280 Grand merci für Bewirtung und für Speise!«
»O, lieber, bester Vetter Hans!«, begann
Mit Freundlichkeit der edle Handelsmann,

»Die Bitte scheint mir in der Tat sehr klein.
Soviel an Gold Du immer willst, ist Dein.
Gold oder Waren, alles steht Dir frei,
Und – schütz' Dich Gott! – nicht gar zu blöde sei!
    Indessen eins ist Dir bekannt genug:
Für einen Kaufmann ist das Geld sein Pflug.
Soliden Namen wird gern kreditiert,
290 Doch ist's kein Spaß, wenn man sein Geld verliert.
Erstatte mir's zur bestgelegnen Zeit,
Soweit ich kann, bin ich gern dienstbereit.«
    Die hundert Franken ging er dann zu holen
Und gab das Geld an Dan Johann verstohlen,
So daß vom Darleh'n nie ein Mensch erfuhr,
Wie Dan Johann und unser Kaufmann nur.
Es tranken, schwatzten, scherzten dann die zwei,
Bis Dan Johann zurückritt zur Abtei.
    Der Morgen kam, und hin nach Flandern ritt
300 Der Handelsmann und nahm den Lehrling mit.
Vergnügten Sinns kam er in Brügge an,
Wo unverzüglich sein Geschäft begann;
Er zahlte bar, nahm Maaren auf Kredit,
Wogegen Tanz und Würfel er vermied,
Denn, kurz gesagt, kaufmännisch war sein Wandel;
Und weiter nachgehn mög' er seinem Handel!
    Sobald der Kaufmann länger nicht am Platze,
Kam, blank rasiert mit wohlgeschorner Glatze,
Am nächsten Sonntag Dan Johann sofort
310 Nach Saint-Denis; und froh war jeder dort,
Der kleinste Page selbst nicht ausgenommen,
Daß Dan Johann sobald zurückgekommen.
Und kurz und gut, bald war es ausgemacht,
Für hundert Franken solle diese Nacht
Das schöne Weib er in die Arme schließen

Und sein Vergnügen frei mit ihr genießen.
Und rasch war ausgeführt, was sie beschlossen.
Sie trieben lustig ihre Liebespossen
Die ganze Nacht; und als der Morgen tagte,
320 Ging Dan Johann, und dem Gesinde sagte
Er Lebewohl; doch machte sich im Haus,
Noch in der Stadt kein Mensch ein Arg daraus.
Zum Kloster reiten, und wohin er will,
Mag Dan Johann. Ich schweige von ihm still.

Der Kaufmann kehrte, als die Messe aus,
Nach Saint-Denis zurück und ließ im Haus
Es sich bei seinem Weibe wohl behagen,
Erzählte, wie den Preis man aufgeschlagen,
Und daß für zwanzigtausend Taler Geld
330 Er einen Wechsel auf sich ausgestellt,
Für dessen Zahlung er nunmehr zu sorgen.
Das Geld von seinen Freunden zu erborgen,
Hin nach Paris der Kaufmann daher ritt
Und nahm die Barschaft, die er hatte, mit.
Jedoch, da Freundschaft ihm nicht Ruhe ließ,
Beschloß er, angekommen in Paris,
Zu allernächst zum Vetter Hans zu gehn,
Nicht um auf seine Ford'rung zu bestehn,
Nein, um zu wissen, wie er sich befände,
340 Und ihm zu sagen, wie sein Handel stände,
Wie Freunde tun, wenn sie zusammenkommen.
Von Dan Johann höchst gastfrei aufgenommen,
Begann er zu erzählen breit und lang:
Er habe seine Waren – Gott sei Dank! –
Zu mäß'gem Preis erkauft und auch geborgen;
Doch müsse Wechsel er sich noch besorgen,
Wie's bestens ginge. Wenn ihm das geglückt,
Sei er vergnügt und länger nicht gedrückt.

Und Dan Johann sprach: »Nun, erfreulich ist,
350 Daß Du gesund zurückgekommen bist.
Auf Seligkeit! Ich gäbe Dir sogleich
Gern zwanzigtausend Taler, wär' ich reich!
Du liehst Dein Gold so freundlich mir und gern
Noch kurz zuvor. Ich sage bei dem Herrn
Und bei St. Jakob Dir den besten Dank!
Doch heimgezahlt hab' ich in Deine Bank
Dasselbe Gold an unsre gnäd'ge Frau;
Dein Weib wird sich der Sache noch genau
Durch Zeichen, die ich nennen kann, entsinnen.
360 Doch, mit Erlaubnis, jetzt muß ich von hinnen.
Mein Abt hat vor, gleich in die Stadt zu gehn,
Und ich muß mit. Leb' wohl, auf Wiedersehn,
Mein lieber Vetter; meinen Gruß entrichte
An Deine Gattin, meine süße Nichte!«

Der kluge, höchst geriebne Handelsmann
Erborgte Geld sich in Paris sodann,
Und kaufte dafür Wechsel oder Schein
Sich gegen bar von Lombardhändlern ein.
Und wie ein Specht so froh und wohlgemut
370 Zog er nach Haus. – Die Sachen standen gut;
Denn durch die Reise macht' er immerhin
Wohl netto tausend Franken an Gewinn.

Sein Weib lief ihm entgegen bis zum Tor,
Wie es ihr Brauch gewesen stets zuvor,
Und fröhlich waren in der Nacht die zwei;
Denn er war reich und gänzlich schuldenfrei.
Und noch einmal umschlang beim Tageslicht
Der Kaufmann sie und küßt' ihr Angesicht,
Und trieb von neuem hart mit ihr sein Spiel.
380 »Nicht mehr!«, rief sie, »Bei Gott, es wird zuviel!«
Und regte doch ihn stets von frischem an.

Zuletzt jedoch ergriff das Wort ihr Mann
Und sprach: »Bei Gott! Ich bin auf Dich nicht gut
Zu sprechen, Frau, wie leid es mir auch tut.
Weißt Du, warum? Mir scheint, bei Gott, Du bist
Allein die Schuld, daß beinah' einen Zwist
Ich heute mit dem Vetter angefangen.
Warum verschwiegst Du, eh' ich fortgegangen,
Daß er mit seinem Zeichen hundert Franken
390 Dir heimgezahlt? Er schien mir's schlecht zu danken,
Daß ich zu ihm von meinen Wechseln sprach –
So mußt' ich glauben seiner Miene nach.
Denn ihn daran zu mahnen, lag, beim Herrn
Und Himmelskönig, mir die Absicht fern.
Ich bitte, Frau, dergleichen tu' nicht mehr!
Erzähle mir bei jeder Wiederkehr,
Ob Dir ein Schuldner etwa unterdessen
Sein Geld bezahlt hat. – Solltest Du's vergessen,
Könnt' ich es leicht zum zweiten Mal verlangen.«
400   Sein Weib jedoch blieb ohne Furcht und Bangen.
»Mein Zeugnis stell' ich«, sagte sie verwegen,
»Dem falschen Mönche, Dan Johann, entgegen.
Von seinem Zeichen hab' ich nichts gesehn.
Er gab mir Geld, das muß ich zugestehn.
– Daß ihm ins Maul das Donnerwetter schlage! –
Denn, weiß es Gott, ich dachte sonder Frage,
Er gäbe, seiner Freundschaft eingedenk,
Das Geld mir ehrenhalber zum Geschenk
Aus Vetterschaft sowie für belle chère,
410 Die er bei uns genossen hat zeither.
Jetzt seh' ich, daß auf Irrtum es beruht;
Von mir die Antwort ist drum kurz und gut:
Saumsel'ge Schuldner hast Du mehr als mich,
Doch abgetragen wird es sicherlich

Von Tag zu Tag, und sollt' es unterbleiben,
Kannst Deiner Frau Du es aufs Kerbholz schreiben.
Ich zahl' es Dir, sobald ich irgend kann;
Denn alles wandt' ich, meiner Treu', schon an
Zu Schmuck und Putz. – Ich habe nichts verschwendet,
420 Nein, alles Dir zu Ehren nur verwendet.
Um Gottes willen, sei nicht böse weiter,
Nein, küsse mich und sei vergnügt und heiter,
Laß meinen frischen Leib Dir wohlbehagen,
Denn nur im Bette denk' ich's abzutragen.
Mein lieber, teurer Gatte, ach, vergib,
Komm, dreh' Dich um und hab' mich wieder lieb!«
      Der Kaufmann sah, ihm helfe hier kein Schelten,
Und ließ als Torheit eine Sache gelten,
Die für ihn unabänderlich erschien.
430 »Nun, liebe Frau«, sprach er, »Dir sei verziehn!
Doch hüte Dich, willst Du nicht kläglich enden,
Mein Hab und Gut in Zukunft zu verschwenden.«
Und damit schließ' ich. – Aber Gott erfreue
Uns mit Geschichten lebenslang aufs neue.

Die Erzählung
der Priorin

Worte des Gastwirts
an den Schiffer und die Priorin

Vers 1–18

»Sehr gut erzählt, beim Corpus Domini,
Mein edler Schiffer!«, unser Gastwirt schrie.
»Lang lasse Gott die Küsten Dich befahren,
Doch eine Last von tausend schlimmen Jahren
Geb' er dem Mönch! – Aha, Gefährten, seht,
Welch eine Nase diesem Mann gedreht
Und seiner Frau. Beim heil'gen Augustin!
In Euer Haus sucht keinen Mönch zu ziehn!
    Genug davon! Jetzt gilt es, auszuwählen,
10 Wen trifft zunächst die Reihe zum Erzählen
Aus unserm Kreise.« Und mit diesem Wort
Fuhr er so höflich wie ein Fräulein fort:
»Frau Priorin, wollt Ihr die Gunst uns schenken;
Und sollte mein Ersuchen Euch nicht kränken,
So möcht' ich wähnen, es sei angezeigt,
Daß Ihr erzählt, falls Ihr dazu geneigt.
Wollt Ihr Euch, edle Frau, dazu bequemen?«
»Recht gern!« sprach sie und ließ sich so vernehmen.

Der Prolog der Priorin

Vers 19–53

Herr, unser Herr! Wie weithin ist gedrungen
20 Durch alle Lande auf dem Erdenrund
Dein heil'ger Name. Dir wird Lob gesungen
Von würd'gen Männern, und es macht der Mund
Der jungen Kinder Deine Güte kund.
Zu Deinem Preise lallt oft unbewußt
Bereits der Säugling an der Mutter Brust.

Drum sei, soweit mir Kraft dazu gegeben,
Erzählt die folgende Begebenheit,
Dich und die weiße Lilie zu erheben,
Die Dich gebar als unbefleckte Maid;
30 Mehrt auch mein Lob nicht ihre Herrlichkeit;
Denn sie ist nach dem Heiland, ihrem Sohne,
Der Güte Wurzel und der Ehre Krone.

O Maid und Mutter! Flammenbusch des Moses,
Im Feuer lodernd, und doch unversehrt!
Du, der die Gottheit durch ein makelloses
Empfängnis ihren heil'gen Geist gewährt,
Wodurch des Vaters Weisheit Dir beschert,
Als er erleuchtet Deine reine Seele;
Oh, helfe mir, daß ich Dein Lob erzähle!

40 O Jungfrau, keiner Zunge kann gelingen,
Je Deine Demut, Tugend und Geduld
Und Herrlichkeit und Güte zu besingen.
Oft kommst Du uns zuvor in Deiner Huld,
Noch eh' wir bitten, und Du führst aus Schuld

Durch Dein Gebet mit gütereichem Sinn
Zu Deinem lieben, teuren Sohn uns hin.

O Segensherrin, wie soll mir es glücken,
Zu preisen Deine Würde, wie Gewalt?
Ich bin zu schwach. Mich wird die Last erdrücken,
50 Denn wie ein Kind, das kaum zwölf Monat' alt,
Anstatt zu sprechen, unverständlich lallt,
So geht es mir. Drum, bitt' ich Dich, gewähre
Mir Deinen Beistand, daß mein Lied Dich ehre!

Die Erzählung der Priorin

Vers 54–256

In einer Stadt von christlichen Asiaten
Lag einst ein Judenviertel, welches zwar
Geduldet ward vom Landespotentaten
Aus Wucherei und Goldgier; doch es war
Verhaßt bei Gott und seiner Christen Schar.
Man konnte durch die Gasse gehn und reiten,
60 Die offen war und frei nach beiden Seiten.

Zu einer kleinen Schule, die dort in der
Erwähnten Gasse ganz am Ende stand,
Ward Jahr für Jahr ein Haufen junger Kinder
Aus christlichem Geblüte hingesandt,
Und lernte dort, was Sitte war im Land,
Und das besagt: zu singen und zu lesen,
Wie stets bei Kindern dieses Brauch gewesen.

Zu dieser Schule pflegte, unter andern,
Auch einer Witwe siebenjähr'ger Sohn
70 Als kleiner Zögling Tag für Tag zu wandern;
Und vor dem Bild der Jungfrau beugte schon,
Wenn er vorüberging, mit Devotion
Der Knabe, wie man ihn gelehrt, das Knie,
Und betete: »Gegrüßt sei'st Du, Marie.«

Die teure Mutter Christi zu verehren,
War von der Witwe schon ihm eingeprägt;
Und er vergaß es nicht, da frühe Lehren
Ein schlichtes Kind leicht zu behalten pflegt.
Jedoch in mir erwacht hierbei und regt
80 Sich an St. Niklaus die Erinnerung,
Der unsern Herrn gepriesen schon so jung.

Mit seinem ABC-Buch saß fortwährend
Der Knabe in der Schule auf der Bank,
Wenn man, den Kindern die Response lehrend,
Daselbst das »Alma redemptoris« sang.
Er lauschte, näher rückend, oft und lang
Auf Worte wie auf Noten eifrig hin,
Und rasch blieb ihm der erste Vers im Sinn.

Doch die Bedeutung war ihm noch verschlossen.
90 Er war zu jung, Lateinisch zu verstehn.
Drum bat er einstmals einen Schulgenossen
Auf seinen Knien unter heißem Flehn,
Als Übersetzer ihm zur Hand zu gehn,
Das Lied in seiner Mundart ihn zu lehren
Und den Gebrauch desselben zu erklären.

Der Bursche, welcher älter war an Jahren
Als jener, sprach: »Die heil'ge Jungfrau preist
Man durch dies Lied, soweit ich es erfahren.
Es ist ein Gruß, doch ein Gebet zumeist,
100 Das hilfreich sich in Todesnot erweist,
Doch viel versteh' ich nicht von diesen Dingen.
Ich lerne nicht Grammatik, sondern Singen.«

»Wie?«, fragt' die kleine Unschuld, »ist zum Preise
Der Mutter Christi dieses Lied gemacht?
Dann will ich alles tun, mir Wort und Weise
Noch einzuprägen vor der heil'gen Nacht.
Ja, würde täglich dreimal eine Tracht
Von Prügeln mir beim ABC gegeben,
Ich lern' es doch, die Jungfrau zu erheben.«

110 Nun lehrte auf dem Schulweg alle Tage
Ihn sein Gefährte heimlich den Gesang,
Bis er die Worte nebst der Töne Lage
Wohl aufgefaßt und es mit reinem Klang
Aus voller Kehle täglich zweimal sang,
Heim von der Schule und zur Schule hin;
Denn Christi Mutter lag ihm stets im Sinn.

Wie schon erwähnt ist, mußte notgedrungen
Zur Schule durch das jüdische Quartier
Der Kleine gehn, und heiter ward gesungen
120 Von ihm auch »Alma redemptoris« hier.
Sein ganzes Herz war so erfüllt von ihr,
Daß unwillkürlich er den Weg entlang
Zur Mutter Christi betete und sang.

Der Urfeind, Satan, aber, diese Schlange,
Die sich zum Wespennest der Juden Herz
Erkoren hat, schwoll auf und sprach: »Wie lange,
Hebräer, duldet ihr den frechen Scherz,
Daß durch die Gassen auf- und niederwärts
Zu Eurem Hohn ein Bube solche Lieder
130 Zu singen wagt, die dem Gesetz zuwider?«

Den unschuldsvollen Knaben zu ermorden,
Verschwor die Judenschaft sich alsobald.
Es lag ein Mörder, der gedungen worden,
In einer Gasse schon im Hinterhalt.
Der Knabe kam. – Ihn packte mit Gewalt
Und schnitt ihm seine Gurgel ab der Bube
Und warf den Leichnam in die nächste Grube.

Ja, in ein Senkloch, wo des Kots entluden
Sich die Hebräer, warf er ihn hinein.
140 O Ihr Herodesse! Verfluchte Juden!
Was wird die Strafe solches Frevels sein?
Mord will heraus – und hier zumal wird schrein
Das Blut zum Himmel, damit Gottes Ehre
Sich auf der Welt verbreite und vermehre.

O Märtyrer, der unbefleckt geblieben,
Du gehst nunmehr dem weißen Lamm voran,
Und stimmst, wie dies in Patmos aufgeschrieben
Vom großen Evangelisten St. Johann,
Ein neues Lied im Himmel vor ihm an
150 Mit jenen Auserwählten im Verband,
Die nimmerdar ein fleischlich Weib erkannt.

Die ganze Nacht durchwachte, harrend immer,
Die arme Witwe. – Doch ihr Kind blieb fort.
Und bleich vor Furcht ging sie beim Tagesschimmer
Zur Schule hin und suchte rings im Ort
Nach ihrem Kleinen emsig hier und dort.
Und so erfuhr sie schließlich durch ihr Spähen,
Daß man im Ghetto ihn zuletzt gesehen.

Im Mutterbusen Leid und Jammer hegend,
160 Und halb von Sinnen, ging die Witwe dann
Auf Suche aus, jedweden Ort erwägend,
Wo sie den Kleinen etwa finden kann.
Und rief die güt'ge Mutter Christi an;
Bis sie, entschlossen, nach ihm das verfluchte
Quartier der Juden noch zuletzt durchsuchte.

Dort hob sie an, zu fragen und zu flehen,
Und ging in jedes Judenhaus hinein
Und bat zu sagen, ob sie nicht gesehen
Ihr kleines Kind? Und alle sprachen: Nein!
170 Doch gab ihr Jesus den Gedanken ein,
Nach ihm zu rufen nahe bei der Stelle,
Wohin geschleppt ihn jener Mordgeselle.

O großer Gott! Zum Herold Deines Ruhmes
Machst Du der Unschuld Mund. Sieh'! Deine Macht
Wird von dem Glanzrubin des Märtyrtumes,
Der Keuschheit reinstem Demant und Smaragd,
Selbst mit zerschnittner Kehle kund gemacht!
Denn laut und deutlich durch den Platz erklingt,
Wie er sein »Alma redemptoris« singt.

180 Da dieses alle christlichen Genossen,
Die durch die Straßen gingen, wunder nahm,
So sandten sie sofort zu dem Profossen
Der augenblicklich auch zur Stelle kam,
Und Christ, den Himmelskönig lobesam,
Mit seiner allverehrten Mutter pries,
Und dann die Juden schleunigst binden ließ.

Emporgehoben unter Jammerklagen
Ward dann das Kind, das stets mit lautem Ton
Sein Lied noch sang, und zur Abtei getragen
190 In großer, feierlicher Prozession.
Ohnmächtig lag die Mutter bei dem Sohn,
Und schwer nur schien den Leuten zu gelingen,
Die neue Rahel von ihm fortzubringen.

Durch einen Tod, der voller Schimpf und Qualen,
Ließ der Profoß sofort die Judenbrut,
Die darum wußte, für den Mord bezahlen.
Zu dulden war nicht solcher Frevelmut;
Und den trifft Übel, welcher Übel tut.
Nach dem Gesetze ward von wilden Pferden
200 Das Pack geschleift, um dann gehängt zu werden.

Die kleine Unschuld lag auf seiner Bahre,
Und ehe man die Leiche beigesetzt,
Sang mit den Klosterbrüdern vorm Altare
Der Abt die Messe; und dann ward zuletzt
Das Kind mit heil'gem Wasser noch benetzt.
Doch kaum fiel der geweihte Tropfen nieder,
Sang es »O Alma redemptoris« wieder.

Der Abt, ein Mönch von heilig frommen Sitten,
Wie Mönche oft – wenn auch nicht immer – sind,
210 Beschwor den Kleinen und hob an zu bitten:
»Bei dem dreiein'gen Gotte, sag' geschwind,
Was ist Dir widerfahren, liebes Kind?
Durchschnitten ist Dir – seh' ich – Deine Kehle.
Was ist der Grund, daß Du noch singst? Erzähle!«

»Bis auf den Wirbel ist mein Hals durchschnitten!«,
Sprach dieses Kind. »Längst hätt' ich nach der Art
Der Menschenkinder schon den Tod erlitten,
Doch Christus – wie die Schrift Euch offenbart –
Will, daß sein Ruhm für ew'ge Zeit gewahrt,
220 Und läßt mich, mein Gebet ihr darzubringen,
Der teuren Mutter, noch ›O Alma‹ singen.

Die Mutter Gottes, diese Gnadenquelle,
Hab' ich verehrt aufs höchste lebenslang.
Sie war bei meiner Todesnot zur Stelle,
Und hieß mich singen ihren Lobgesang.
Doch schien es mir, als ich im Tode rang,
Und ich das Lied sang, wie ich immer pflegte,
Daß sie ein Korn mir auf die Zunge legte.

Und deshalb muß ich singen, immer singen
230 Zur Ehre dieser segensreichen Magd,
Bis von der Zunge dieses Korn zu bringen
Gelungen ist. ›Ich will‹, hat sie gesagt,
›Dich nicht verlassen, sei nur unverzagt,
Mein lieber Sohn. Ich hole Dich bestimmt,
Wenn man das Korn von Deiner Zunge nimmt.‹«

Gleich nahm der heil'ge Mönch, der Abt vom Kloster,
Das Korn von seiner Zunge, und sodann
Schied von der Erde friedlich und getrost er.
Starr sah', indem wie Regen niederrann
240 Sein Tränenstrom, der Abt dies Wunder an,
Und fiel in Ohnmacht, und wie angekettet
Lag er bewußtlos auf der Flur gebettet.

Und weinend sanken alle Mönche nieder
Und priesen Christi Mutter im Verein.
Und hinterher erhoben sie sich wieder,
Und in ein Grab von weißem Marmelstein
Versenkten sie des Märtyrers Gebein.
Dort ruht er sanft. Und möge Gott uns segnen,
Daß ihm im Himmel einst auch wir begegnen!

250 Oh, junger Hugh von Lincoln, uns entrissen
Nicht minder durch verfluchter Juden Hand
In jüngstvergangnen Zeiten, wie wir wissen,
Sei für uns Sünder voller Unbestand
Dein Fürgebet zum gnäd'gen Gott gesandt,
In uns die Gnadengabe zu vermehren,
Maria, seine Mutter, zu verehren!

Chaucers Erzählung von Sire Thopas

Worte des Gastwirts an Chaucer

Vers 1–21

Ernst zum Verwundern blickte vor sich nieder
Beim Schlusse des Mirakels jedermann.
Zuerst gewann der Wirt die Fassung wieder,
Sah mich zunächst mit seinen Blicken an
Und fragt' darauf: »Was bist Du für ein Mann?
Du scheinst mir einem Hasen auf der Spur,
Denn auf die Erde starrst Du immer nur.

Komm, rücke näher und erheitre Dich!
Ich bitte, Herr'n, räumt ihm ein Plätzchen ein:
10 Von Leibesumfang ist er ganz wie ich.
Dies muß für jedes Weibsbild, schmuck und fein,
Die wahre Puppe zum Umarmen sein!
Doch Koboldhaftes liegt in seinen Zügen,
Mit keinem Scherze macht er uns Vergnügen.

Gib uns sofort, wie es die andern taten,
Zum besten einen lustigen Bericht!«

»Mein Wirt!«, sprach ich, »da bist Du schlecht beraten,
Denn andere Geschichten weiß ich nicht,
Wie höchstens nur ein altes Reimgedicht.«
20   »Schon gut!«, sprach er, »ich seh' an Deinen Mienen,
Du wirst uns schon mit guter Kost bedienen.«

Chaucers Erzählung von Sire Thopas

Vers 22–226

Ihr Herren, hört mich gütigst an,
Denn melden will ich »verament«,
Euch einen lust'gen Spaß.
Von einem braven Rittersmann,
Der manchen Streit und Strauß gewann,
Mit Namen Sire Thopas.

Zur Welt kam er am fernen Strand
Jenseits des Meers im Flanderland,
30   Die Stadt hieß Popering.
Es war ein Mann von freiem Stand
Sein Vater, der aus Gottes Hand
Die Herrschaft dort empfing.

Sire Thopas war ein tapfrer Wicht,
Wie Franzbrod weiß war sein Gesicht,
Und scharlachrot sein Blut;
Und rosig war – ich lüge nicht –
Sein Mund, und war die Nase schlicht,
So stand sie ihm doch gut.

40 Von Korduan sein Schuhwerk war
   Und safrangelb hing Bart und Haar
   Bis auf den Gurt ihm kraus.
   Aus Brügge kam sein Hosenpaar,
   Für seinen Goldrock gab er bar
   Viel Genueser aus.

   Das wilde Reh zu jagen, strich
   Und auf der Falkenbeize schlich
   Er überall umher.
   Als Bogenschütz' ihm keiner glich,
50 Bei jedem Ringkampf, sicherlich,
   Gewann den Hammel er.

   Nach ihm hat manche schöne Maid,
   Anstatt zu schlafen, voller Leid
   Aus par amour gegirrt.
   Doch glich an süßer Züchtigkeit
   Dem Blümchen er, das mit der Zeit
   Zur Hagebutte wird.

   Erzählen will ich Euch nunmehr,
   Wie eines Tags von ungefähr
60 Sire Thopas stieg zu Pferd.
   Auf seinem grauen Hengst ritt er,
   Und trug in seiner Hand den Speer
   Und in dem Gurt das Schwert.

   So ritt durch einen Wald er fort;
   Viel wilde Tiere gab es dort,
   Ja, Hasen gab's und Reh'.
   Er ritt nach Ost, er ritt nach Nord

Und ihm passierte – auf mein Wort! –
Beinah' ein großes Weh.

70   Dort wuchsen Kräuter groß und klein
Bei Baldrian und Nägelein
Und Süßholz und Muskat,
Von dem die Nuß ins Bier hinein,
Mag's frisch, mag's abgestanden sein
Ich Euch zu werfen rat'.

Dort tönte lust'ger Vögel Sang;
Es pfiff den ganzen Tag entlang
Der Specht sowie der Fink,
Die Melodie der Drossel klang,
80   Von Ast zu Ast sich gurrend schwang
Die Turteltaube flink.

Und als der Drossel Lied erscholl
Ward windelweich und liebevoll
Es Sire Thopas zumut'.
Er stachelte sein Roß wie toll,
Und von den Flanken rieselnd quoll
Dem Gaule Schweiß und Blut.

Doch müde ward Sire Thopas bald,
Zu reiten durch den grünen Wald
90   Mit solchem Ungestüm.
An einem Platze macht' er halt,
Und als sein Roß er angeschnallt,
Gab er auch Futter ihm.

»Heil'ge Maria, ach, erbarm'
Dich meiner in dem Liebesharm,

Der mich bedrängt so schwer.
Ich träumte nachts, ich hielte warm
Die Elfenkönigin im Arm,
Und daß mein Schatz sie wär'.

100 Es ist die Elfenkönigin,
Der ich in Lieb' ergeben bin.
Auf keine andre lenk' ich hin – die Wahl,
Kein Weib im Land begehrt mein Sinn,
Nur nach der Elfenkönigin
Durchreit' ich Berg und Tal.«

Dann stieg zu Roß und jagte keck
Er wieder durch Morast und Dreck,
Und suchte zu erspähn
Der Elfenkönigin Versteck,
110 Und kam nach langem Ritt zum Zweck
Und fand das Land der Feen.

Dort war er nun nach Nord und Süd
Mit seinem Mund zu spähn bemüht
In manchen wilden Wald.
Doch keinen fand er; denn es mied
So Weib wie Kind in dem Gebiet
Aus Furcht den Aufenthalt.

Bis er vor einem Riesen stand;
Es nannte sich Sire Olephant
120 Der Wüterich und sprach:
»Räumst Du mein Reich nicht, junger Fant,
Ist's um Dein Roß – bei Termagant! –
Durch einen Keulenschlag – geschehn;
Bei Harfenspiel und Symphonie

Und Pfeifenklängen wohnt allhie
Die Königin der Feen.«

Sire Thopas sprach: »Mit Schild und Wehr
Komm morgen früh ich wieder her
Zum Kampfe, meiner Treu!
130 Und par ma foi, ich hoffe sehr
Du fühlst durch meinen lust'gen Speer
Noch bitterliche Reu. – Den Bauch
Durchstech' ich Dir, wenn mir's gelingt,
Und mache Dich, eh' Abend sinkt,
Zu meinem Sklaven auch.«

Sire Thopas eilte rasch zurück.
Ihm schleuderte manch Felsenstück
Der Riese hinterdrein.
Sire Thopas aber mied mit Glück,
140 Durch Gottes Huld und sein Geschick,
Vorsichtig jeden Stein.

Doch hört, Ihr Herr'n, denn mehr ergötzt
Als Nachtigallensang Euch jetzt
Ganz sicherlich mein Reim.
Sire Thopas spornt den Gaul und hetzt
Durch Berg und Tal, bis er zuletzt
Gelangte wieder heim.

Die Sänger rief er dann herbei,
Damit er aufgeheitert sei,
150 Bekämpf' er im Turnier
Den Riesen mit den Köpfen drei
Aus par amour und nebenbei.
Der Dame zum Pläsier.

»Ihr Sänger«, sprach er, »seid bereit
Und singt, zu kürzen mir die Zeit,
Umgürt' ich mich mit Stahl,
Romanzen voller Liebesleid
Und Lieder voller Herrlichkeit
Von Papst und Kardinal.«

160 Die Becher trugen sie hinein,
Sie holten Met, sie brachten Wein
Und Backwerk allerhand,
Wie Honigbrot voll Spezerei'n,
Süßholz und Kümmel und sehr fein
Gestoß'nen Zuckerkand.

Er kleidete mit eigner Hand
Den Leib in feinste Leinewand,
Und Arm und Beine steckt'
In Wams und Hosen er und band
170 Den Harnisch über sein Gewand,
Damit die Brust gedeckt.

Ein Panzerhemd er drüber tat,
Das aus dem stärksten Eisendraht
Von Judenhand gemacht.
Zum Schmucke zog er fernerweit
Ein lilienweißes Wappenkleid
Darüber für die Schlacht.

Im Schilde, das wie Gold so rot,
Mit Augen von Karfunkeln droht
180 Ein Eberkopf voll Groll.
Er schwor bei Bier, er schwor bei Brot,

Den Riesen schlüg' er sicher tot,
Es komme, was da woll'!

Es war gemacht sein Stiefelpaar
Aus »cuir bouilli«, aus Messing war
Sein Helm; aus Elfenbein
Des Schwertes Scheide, und fürwahr
Sein Fischbein-Sattel glänzte klar,
Wie Mond und Sonnenschein.

190 Sein Speer, ganz haarscharf zugespitzt
Und aus Zypressenholz geschnitzt,
Statt Frieden Krieg versprach.
Sein Roß war apfelgrau und ging
Auf seinem Wege sanft und flink
Im Trabe wohlgemach – einher.
Und hiermit schließt mein erster Sang;
Doch dünkt's Euch Herren nicht zu lang,
Erzähl' ich Euch noch mehr.

Par charité! Nicht länger plauscht,
200 Ihr Herr'n und Damen, hört und lauscht
Jetzt sämtlich auf mein Wort.
Von Schlachten und von Rittersinn,
Von Galant'rie und Weiberminn'
Bericht' ich Euch sofort.

Sprecht von Romanzen Ihr, gewiß
Erwähnt Ihr Hornchild, Ipotis,
Sire Libeux, Pleindamour,
Sire Guy, Sire Bevis; doch die Blum',
Der Stolz, die Zier vom Rittertum,
210 Das ist Sire Thopas nur.

Er schwang sich auf sein gutes Roß
Und eilends er von hinnen schoß
Wie Funken aus dem Schlot.
Sein Helmschmuck war und Wappenknauf
Ein Turm mit einer Lilie drauf;
Beschütz' ihn Gott in Not!

Da er auf Abenteuer aus
Gezogen war, schlief statt im Haus
Er stets im Mantel nur.
220 Sein Kopfpfühl war sein Helm. Sein Roß
Stand ihm zur Seite und genoß
Die Kräuter auf der Flur.

Er selbst trank Wasser aus dem Quell,
Wie einst der Ritter Percivell,
Der Ehrenmann, getan;
Bis eines Tags – – –

Der Gastwirt unterbricht
Chaucers Erzählung von Sire Thopas

Vers 227–274

»Bei Gottes Würdigkeit, nichts mehr davon!«,
Rief unser Wirt, »ich bin so müde schon
Von Deiner dummen, faden Leierei,
230 Daß meine Ohren – stehe Gott mir bei! –
Mir schmerzen von den abgeschmackten Sachen.
Der Teufel möge solche Reime machen!
Das nenn' ich Knüppelreime!«, sprach der Wirt.

»Wieso?«, fragt' ich, »soll ich denn unbeirrt
Nicht forterzählen wie ein andrer Mann,
Da dies der beste Reim ist, den ich kann?«
        »Bei Gott!«, rief er, »ganz grad'heraus erklärt,
Nicht einen Deut ist Dein Gereime wert,
Nur Zeitverschwendung ist's! Mit einem Wort,
240   Mein lieber Herr, Du reimst nicht weiter fort.
Laß sehen, weißt Du keine Tatgeschichten,
Und sei es auch in Prosa, zu berichten,
Die lehrhaft sind und lustig obendrein?«
        »Recht gern«, sprach ich, »bei Christi süßer Pein!
In Prosa weiß ich etwas vorzutragen,
Und, wie ich denke, soll es Euch behagen,
Sitzt Ihr nicht allzustrenge zu Gerichte.
Es ist die sittsamste Moralgeschichte;
Doch daß sie auch von andern wird erzählt
250   In andrer Weise, sei Euch nicht verhehlt.
Ihr wißt gar wohl, daß jeder Evang'list
Vom Leiden unsres Herren, Jesu Christ,
Nicht immer grade wie der andre schreibt,
Wenn ihre Meinung auch dieselbe bleibt.
Sie stimmen in den Sachen überein,
Mag auch ihr Ausdruck oft verschieden sein.
Der schildert kurz, und jener schildert lang
Uns Christi jammervollen Kreuzesgang,
Doch gleichen Sinns, wie man nicht zweifeln kann,
260   Sind Mark, Matthäus, Lukas und Johann.
Und daher bitt' ich insgesamt Euch, Herr'n,
Zeih't mich nicht gleich der Willkür, insofern
Mehr Sprüche, als Ihr früherhin vernommen,
In der Erzählung Euch zu Ohren kommen.
Dem kleinen Schriftstück dadurch mehr Effekt
Zu geben, hab' ich einzig nur bezweckt.

Hört Ihr mich drum mit andern Worten reden
Wie Ihr gewohnt seid, bitt' ich dennoch jeden
Mich darum nicht zu tadeln; denn ich weiche
270 Vom Sinn nicht ab. Die Meinung ist die gleiche
Mit jener kleinen Abhandlung geblieben,
Nach welcher ich dies lust'ge Stück geschrieben.
Drum, darf ich bitten, was ich sage, hört,
Und auserzählen laßt mich ungestört!«

Chaucers Erzählung
von Melibeus

Ein junger Mann mit Namen Melibeus, reich und mächtig,
zeugte mit seinem Weibe, Prudentia mit Namen, eine Tochter,
die man Sophia hieß. Und eines Tages geschah, daß er zum
Zeitvertreib aufs Feld hinaus, sich zu ergötzen, ging. Er ließ
sein Weib und Töchterlein im Hause, von dem die Türen fest
verschlossen waren. Vier seiner alten Feinde hatten es erspäht
und setzten Leitern an des Hauses Wände, und durch die Fenster stiegen sie hinein; und dann verwundeten sie seine Tochter an fünf verschiedenen Stellen tödlich mit fünf Wunden, das
heißt an ihren Füßen, ihren Händen, an ihren Ohren und an
Mund und Nase, und ließen sie für tot und gingen fort. Als Melibeus, wieder heimgekehrt, das Unglück sah, zerriß er wie ein
Toller seine Kleider und hob zu weinen und zu schreien an.

Prudentia, sein Weib, so weit sie's wagen durfte, ersuchte
ihn mit Weinen aufzuhören; indes er schrie und weinte immer
mehr.

Dies edle Weib, Prudentia, besann sich auf eine Stelle im
Ovid, aus jenem Buche, genannt der Liebe Heilung, worin er
sagt: Der ist ein Narr, der eine Mutter stört, wenn sie des Kindes Tod beweint, eh' sie sich eine Zeitlang satt geweint; und

dann soll sich der Mann befleißen, sie zu trösten mit Liebes-
worten, und er soll sie bitten, mit Weinen aufzuhören.

Aus welchem Grunde dieses edle Weib, Prudentia, geduldig
es ertrug, daß eine Weile lang ihr Gatte schrie und weinte. Und
als sie ihre Zeit gekommen sah, sprach sie zu ihm in dieser Art:

»Ach, Herr! Du machst Dich selber einem Narren gleich!
Gewiß, es ziemt nicht einem weisen Manne, daß er sich solche
große Sorgen mache. Denn deine Tochter wird durch Gottes
Gnade genesen und es überstehn. Und ständ' es so, daß sie gestorben wäre, darfst Du Dich doch nicht selbst um ihren Tod
zerstören. Denn so spricht Seneca: ›Ein weiser Mann soll nicht
zu sehr den Tod von seinen Kindern bejammern, sondern mit
Geduld ihn tragen, so gut wie er den eigenen Tod erwarten
muß.‹«

Doch Melibeus Antwort gab und sprach: »Wer könnte wohl
das Weinen unterlassen, wenn also groß der Grund zum Weinen ist. Selbst Jesus Christus, unser Herr, beweinte den Tod
von seinem Freunde Lazarus.«

Prudentia entgegnete: »Fürwahr, ich weiß, gemäßigt Weinen ist uns nicht verboten. Darf man betrübt mit den Betrübten
sein, so ist gewiß zu weinen auch erlaubt. Apostel Paulus an die
Römer schreibt: Der Mensch soll sich erfreuen mit den Frohen
und weinen mit dem Volke, welches weint. Doch wenn gemäßigt Weinen auch erlaubt ist, ist ungemäßigt Weinen doch verboten. Im Weinen ist das rechte Maß zu halten, gemäß dem
Spruch, den Seneca uns lehrt: ›Ist tot Dein Freund‹, so spricht
er, ›so laß Dein Auge nicht zu feucht von Tränen, noch zu trok-
ken sein; und wenn die Tränen Dir ins Auge kommen, so lasse
sie nicht fallen. Und wenn ein Freund von Dir geschieden ist, so
suche einen andern Freund zu finden. Denn das ist größre
Weisheit, als zu weinen um Deinen Freund, den Du verloren
hast. Was kann Dir dieses nützen?‹ Und deshalb – läßt Du Dich
durch Weisheit leiten – treib Deine Sorgen aus dem Herzen

fort! Erinnere Dich, was Jesus Sirach sagt: ›Ein fröhlich Herze macht das Alter lustig, doch ein betrübter Mut vertrocknet das Gebein.‹ Auch sagt er: ›Sorgen in dem Herzen haben schon um sein Leben manchen Mann gebracht.‹ Salomo sagt: ›Wie Motten in der Schafe Pelz die Kleider schädigen und der kleine Wurm den Baum, so schädigt Sorge auch das Herz des Menschen.‹ Deswegen sollen wir den Tod von unsern Kindern sowie von unserm zeitlichen Besitz mit Langmut tragen. Erinnere des geduldigen Hiob Dich. Als seine Kinder er verloren hatte und sein irdisch Gut, sprach dennoch er: ›Von meinem Herren ward es mir gegeben, von meinem Herren ward es mir genommen; wie es mein Herr gewollt hat, so ist's recht; gesegnet sei der Name meines Herrn!‹«

Auf alle diese Sachen seinem Weibe, Prudentia, Antwort gebend, Melibeus sprach: »All Deine Worte sind so wahr wie nützlich. Doch ist mein Herz also von Sorgen schwer, daß ich nicht weiß, was ich beginnen soll.«

»Laß rufen«, sprach Prudentia, »alle treuen Freunde und wer von der Verwandtschaft weise ist. Erzähle ihnen Deinen Fall und horche, was sie im Rate Dir zu sagen haben, und richte Dich nach ihrem Urteilsspruch. Salomo sagt: ›Befolgst Du weisen Rat in allen Dingen, wirst Du es niemals zu bereuen haben.‹«

Auf diesen Ratschlag seines Weibes Prudentia ließ Melibeus eine Versammlung dann zusammenrufen von unterschiedenen Leuten, wie Doktoren und Ärzten, alt und jungem Volke und einigen von seinen alten Feinden, die – ausgesöhnt mit ihm, so wie es schien – in seiner Gunst und Gnade wieder standen. Und gleicherweise kamen auch zu ihm etwelche seiner Nachbarn, die ihn aus Furcht mehr als aus Liebe ehrten, wie solches oft geschieht. Auch manche zungenfert'ge Schmeichler kamen und im Gesetz gelehrte, kluge Advokaten.

Und als dies ganze Volk vorsammelt war, erklärte Melibeus ihm in sorgenvoller Weise seinen Fall. Und nach der Art von seinem Vortrag schien es, als ob er grimmen Zorn im Herzen trage, bereit, an seinen Feinden sich zu rächen, und wünsche, daß sofort der Krieg beginne.

Nichtsdestoweniger erbat er sich doch ihren Ratschlag in betreff der Sache.

Ein Wundarzt trat hervor und mit Erlaubnis und Genehmigung von denen, welche weise waren, sprach er zu Melibeus, was Ihr hören sollt: »Herr!«, sagte er, »uns Ärzten steht es an, daß wir an jedermann das Beste tun, was wir vermögen, wenn herbeigerufen, und daß wir den Patienten keinen Schaden tun. Daher geschieht es manches Mal, daß, wenn zwei Leute gegenseitig sich verwundet haben, derselbe Wundarzt beide heilt; und so ist's nicht mit unsrer Kunst verträglich, Partei zu nehmen und den Streit zu nähren. Doch sicherlich, was Eurer Tochter Heilung anbetrifft, so werden wir bei Tage wie bei Nacht stets unsere Pflicht so aufmerksam erfüllen, daß sie mit Gottes Hilfe bald gesund und heil soll werden, wenn es möglich ist.«

Ganz in derselben Weise sprachen die Doktoren, indes gebrauchten sie der Worte mehr und sagten: Wie durch Gegensätze man die Krankheit banne, so sei auch Streit in gleicher Art zu heilen.

Die Neider unter seinen Nachbarsleuten und seine heuchlerischen Freunde, die sich zum Scheine mit ihm ausgesöhnt, und seine Schmeichler heuchelten zu weinen und übertrieben und vergrößerten in reichem Maße seine Sache, indem sie Melibeus höchlichst priesen ob seiner Kraft und seiner Mächtigkeit, ob seiner Freunde und ob seiner Güter, und seiner Gegner Macht verachteten; und ohne Rückhalt rieten sie ihm an, er müsse sich an seinen Feinden rächen und gegen sie sofort den Krieg beginnen.

Ein weiser Advokat erhob sich dann, und mit Erlaubnis und Genehmigung von denen, so weise waren, sprach er: »Die Angelegenheit, die uns an diesem Ort vereint, ist ein gar schwer

gewichtig Ding und sehr bedeutungsvoll, sowohl der Schlechtigkeit und Bosheit wegen, so ausgeübt, als auch nicht minder
aus dem Grunde, daß großer Nachteil noch aus dieser Sache in
spätrer Zeit vielleicht entstehen kann, sowie auch ferner in Betracht des Reichtums und der Macht der gegenseitigen Partei-
en. Aus welchem Grund es höchst gefährlich wäre, in dieser Sache sich zu irren. Daher ist dieses unsre Meinung, Melibeus:
Wir raten Dir vor allen Dingen, daß Du gleich Dein Bestes tust,
um Deine eigene Person zu sichern in solcher Weise, daß es an
Kundschaft nicht noch Wache Dir ermangle, um Deinen Leib
zu schützen. Und danach raten wir Dir an, Dein Haus hinreichend mit Besatzung zu versehen, die wohl imstande ist, nicht
minder Deinen Leib als Deine Wohnung zu verteidigen. Indessen, ob es nützlich, Krieg zu führen und unverzüglich Rache
auszuüben, darüber können in so kurzer Zeit wir nicht entscheiden. Deswegen bitten wir um Frist und Muße zur Überlegung, ehe wir entscheiden. Denn sagt nicht das gemeine
Sprichwort schon: Wer rasch entscheidet, wird es rasch bereu-
en. Auch spricht das Volk: Der ist ein weiser Richter, der rasch
die Sache aufzufassen weiß, indessen Zeit sich zur Entscheidung gönnt. Zwar geb' ich zu, daß alles Zögern höchst verdrießlich ist, jedoch wenn man sein Urteil geben soll, so ist es
nicht zu tadeln; dann ist es angemessen und durchaus vernünftig. Das zeigte Jesus Christus, unser Herr, durch eignes Beispiel. Denn als man das auf Ehebruch ertappte Weib ihm ge-
genüberstellte, war er sich zweifelsohne wohl bewußt, was er
als Antwort ihnen sagen wollte; jedoch nicht plötzlich wollte er
sie geben, und darum schrieb er, Untersuchung pflegend, zuvor erst zweimal in den Sand. Aus diesen Gründen bitten wir
um Überlegung und darauf werden wir mit Gottes Gnade Dir
etwas raten, was Dir nützen soll.«

Das junge Volk erhob sich wie ein Mann, und der Versammlung Mehrzahl spottete des alten weisen Mannes und fing zu

lärmen an und sagte: »Recht so, wie man das Eisen schmieden muß, solang es warm, recht so soll auch ein Mann die Unbill rächen, solang dieselbe frisch und neu noch ist«; und dann mit lauter Stimme schrien sie: »Krieg, Krieg!«

Auf sprang indessen einer jener alten Weisen und gab mit seiner Hand ein Zeichen, daß alles schweige und Gehör ihm schenke. »Ihr Herren!«, sprach er, »es gibt manchen Mann, der schreit: ›Krieg! Krieg!‹ und weiß dabei nur wenig, was Krieg besagen will. Anfangs hat Krieg so großen, weiten Eingang, daß jeder, den gelüstet, Krieg zu führen, ein solches leicht vermag; indessen wie das Ende sich gestalten werde, ist sicherlich so leicht zu wissen nicht: Fürwahr, wenn erst ein Krieg begonnen hat, so findet manches ungeborne Kind der Mutter durch eben diesen Krieg den Tod schon früh, oder lebt sorgenvoll und stirbt im Elend; und darum sollte, eh' ein Krieg begonnen wird, man große Überlegung pflegen und großen Rat zuvor darüber halten.« Und als der alte Mann dann seine Rede durch weitere Gründe zu verstärken dachte, begann mit einemmal beinah' das ganze Volk sich zu erheben, und, seine Rede unterbrechend, hießen sie ihn oftmals, seine Worte abzukürzen. Wer zu dem Volk von einer Sache spricht, die es nicht hören mag, des Predigt wird dem Volke stets mißfallen. Denn Jesus Sirach sagt: Musik im Trauer-Hause sei ein lustig Ding. Das heißt: Man redet vor dem Volk vergeblich, wenn ihm die Rede nicht gefällt, wie man vergeblich singt vor dem, der weint. Und als daher der alte Mann ersah, daß ihm die Hörer fehlen würden, so setzte er sich schamvoll nieder. Denn es sagt Salomo: »Wenn man Dir nicht Gehör schenkt, spare Deine Worte.« – »Ich sehe wohl«, sprach dieser weise Mann, »daß das gemeine Sprichwort recht behält: Es fehlt an gutem Rate, wenn man ihn bedarf.«

Doch waren in des Melibeus Rat auch manche Leute, die ihm heimlich in das Ohr zu dieser oder jener Sache rieten, dagegen öffentlich ihm grade widerrieten. Als Melibeus nun gehört, daß sich der größte Teil von seiner Ratsversammlung in Übereinstimmung befand, daß er den Krieg beginnen solle, trat er sofort auch ihrer Meinung bei und billigte den Urteilsspruch vollkommen. Als aber Frau Prudentia ersah, daß ihres Mannes Absicht dahin ziele, an seinen Feinden sich zu rächen und Krieg mit ihnen anzufangen, sprach diese Worte sie zu ihm:»Mein Herr!«, so sagte sie,»ich bitte Dich, so herzlich als ich kann und darf, verfahre nicht mit übergroßer Hast und gib um jeden Preis auch mir Gehör. Petrus Alphonsus sagt: ›Wenn man Dir Gutes oder Übles tut, so eile nicht, es wieder zu vergelten, denn Du wirst Deine Freunde dann behalten und Deine Feinde haben länger Furcht.‹ Das Sprichwort sagt: ›Am besten eilt, wer klug zu warten weiß, und Böses erntet, wer das Böse sät.‹«

Worauf indessen Melibeus seinem Weibe Prudentia zur Antwort gab:»Ich denke nicht, nach Deinem Rate mich zu richten aus mancher Ursache und manchen Gründen. Denn jeder würde sicher von mir denken, ich sei ein Tor, wenn ich um Deines Rates willen an Sachen ändern wollte, die von so vielen weisen Leuten beschlossen sind und ausgemacht. Zum zweiten aber sage ich, ein jedes Weib ist böse und nicht ein einziges gutes unter allen. ›Denn unter tausend Männern‹ – so sagt Salomo – ›hab' ich wohl einen guten Mann gefunden; doch unter allen Weibern fand ich nie ein gutes.‹ – Wenn ich von Deinem Rat mich leiten ließe, so würd' es sicher außerdem noch scheinen, als ob ich Dir die Herrschaft über mich gegeben, und Gott verhüte, daß dem also sei. Denn Jesus Sirach sagt: ›Sobald ein Weib die Oberherrschaft hat, so handelt ihrem Manne sie zuwider‹; und Salomo sagt: ›Gib nie in Deinem Leben Deinem Weibe noch Deinen Kindern oder Freunden Macht über Dich, denn besser ist es, daß Deine Kinder Dich um ihre Notdurft bitten, als daß Du selbst in Deiner Kinder Hand Dich gibst. Und wollte ich in dieser Sache jetzt nach Deinem Rate auch zu Wer-

ke gehn, so müßte es solang verschwiegen bleiben, bis daß die
Zeit kommt, wo man's wissen darf. Und dieses dürfte kaum geschehen können, wenn ich von Dir beraten worden bin. (Geschrieben steht: ›Geschwätzigkeit der Weiber verbirgt nur das,
was ihnen unbekannt ist‹; auch sagt der Philosoph noch fernerweit: ›In bösem Rat sind alle Weiber den Männern weit voraus.‹
Und das sind meine Gründe, weshalb ich Deinen Ratschlag
nicht begehre.)«

Als Frau Prudentia voller Freundlichkeit mit großer Sanftmut alles angehört, was ihr zu sagen ihrem Mann beliebte, erbat sie sich von ihm Erlaubnis, auch ihrerseits zu reden, und
sprach in dieser Art: »Mein Herr«, begann sie, »was den ersten
Eurer Gründe anbelangt, so ist darauf die Antwort leicht gegeben. Denn ich behaupte, es sei keine Torheit, Entschlüsse
dann zu ändern, wenn sich die Sache selbst geändert hat oder
in einem andern Lichte uns erscheinet denn zuvor. Und ich behaupte ferner noch, daß, hättet Ihr gelobt selbst und geschworen, ein Unternehmen auszuführen, jedoch gerechter Ursach'
willen solches unterlaßt, aus diesem Grunde dennoch niemand
sagen soll, daß Ihr eidbrüchig und ein Lügner seid. Das Buch
besagt: Ein weiser Mann verliere nichts dabei, wenn er den
Sinn zu etwas Besserm kehre. Auch in dem Fall, daß Euer Unternehmen von einer großen Menge Volks beraten und beschlossen worden ist, befolgt ihr dennoch, was Euch vorge-
schlagen, nur insofern Euch solches selbst behagt; denn jeder
Sache Nützlichkeit und Wahrheit wird besser von den wenigen
erkannt, die weise und vernünftig sind, als von der Menge, in
der jeder schreit und Beifall dem klatscht, welches ihm gefällt.
Fürwahr, solch große Menge ist nicht ehrlich. Und nun zu Eurem zweiten Grunde: Wenn Ihr besagt, daß alle Weiber böse
seien, dann – mit Verlaub – müßt Ihr auch folgerichtig sie allesamt verachten; dagegen sagt das Buch: ›Wer jedermann verachtet, der mißfällt auch jedem.‹ Und Seneca besagt: ›Wer nach

der Weisheit streben will, muß niemanden mißachten, dagegen frohen Sinns und ohne Stolz und Anmaßung die Kenntnis lehren, die ihm eigen ist, und sich nicht schämen, Dinge, die er nicht versteht, von Leuten zu erfahren und zu lernen, welche geringer als er selber sind.‹ Und, Herr, daß manches gute Weib gelebt hat, ist leichtlich zu erweisen. Denn, Herr, gewißlich, der Herr Jesus Christ würde sich nimmermehr erniedrigt haben, daß durch ein Weibsbild er geboren wurde, wenn alle Weiber schlecht gewesen wären. Und hinterher, der großen Güte wegen, die in Weibern ist, erschien auch der Herr Jesus Christ, als er vom Tod zum Leben auferstanden war, noch einem Weibe lieber als den Jüngern. Und wenn auch Salomo besagt, er hätte nie ein gutes Weib gefunden, so folgt daraus noch keineswegs, daß alle Weiber böse sind. Denn ob er nie ein gutes Weib gefunden, so fand, gewißlich, mancher andre Mann doch manches Weib voll Güte und voll Treue. Wahrscheinlich aber war die Meinung Salamos, daß er kein Weib von ganz vollkommner Güte gefunden habe; das heißt, kein Wesen ist vollkommen gut als Gott allein, wie er es selbst im Evangelium lehrt. Denn da ist keine Kreatur so gut, daß ihr an der Vollkommenheit von ihrem Gott und Schöpfer nicht etwas mangele. – Der dritte Eurer Gründe ist dann dieser: Ihr sagt, wenn Ihr durch meinen Rat Euch leiten ließet, so würde es erscheinen, als ob Ihr mir die Herrschaft und Regierung gegeben hättet über Euere Person. Herr! Mit Verlaub, dem ist nicht so. Denn dürfte man sich nur von solchen raten lassen, die über unsere Person die Herrschaft und Regierung haben, so würde man nicht oft beraten sein. Denn wer sich Rat zu einem Zweck erbittet, der hat noch stets die freie Wahl, ob er dem Rate folgen will, ob nicht. Und nun zum vierten Grunde, wo Ihr sagt, daß die Geschwätzigkeit der Weiber nur das, was ihnen unbekannt, verberge. Herr! Diese Worte gelten nur für Weiber, die Schwätzerinnen und verdorben sind, von denen man gesagt

hat, daß drei Dinge den Mann aus seinem eigenen Hause jagen, nämlich: Rauch, Regen und die bösen Weiber. Von solchen Weibern sagt auch Salomo, es sei weit besser, daß man in
der Wüste als mit der Zänkerin beisammen wohne. Und mit Erlaubnis, Herr! Das bin ich nicht. Denn oft genug habt Ihr erprobt, wie viel Geduld und Schweigsamkeit ich habe und wie
ich solche Sachen hüten kann und wahren, die man geheimnisvoll verbergen soll. Und nunmehr, was den fünften Grund
betrifft: Obschon Ihr sagt, daß in bösem Rate die Weiber überlegen sind den Männern, so hält – weiß Gott! – hier dieser
Grund nicht Stich. Denn so müßt Ihr's verstehen: Ihr fragt um
Rat, was Böses zu begehen, und wenn Ihr Böses unternehmen
wollt und Euer Weib hält Euch von dieser bösen Absicht dann
zurück, so ist, gewißlich, Euer Weib dafür weit mehr zu loben
als zu tadeln. So müßt den Philosophen ihr verstehn, wenn er
besagt, daß bei bösem Rate das Weib dem Manne überlegen
sei. Wenn Ihr ein jedes Weib und ihre Gründe tadelt, so kann
ich Euch durch manches Beispiel zeigen, daß viele gute Weiber
lebten und noch leben und daß ihr Rat heilsam und nützlich
ist. Seht Jakob an, der durch Rebekkas, seiner Mutter, Rat den
Segen seines Vaters sich gewann sowie die Herrschaft über seine Brüder. Durch ihren guten Rat befreite Judith die Stadt Bet-
hulia, in der sie wohnte, aus Holofernes' Hand, der sie bela-
gerte und ganz zerstören wollte. Abigail befreite Rabat, ihren
Mann, vom König David, der ihn töten wollte, und sie beruhigte den Zorn des Königs durch ihren Witz und ihren guten
Rat. Esther hob Gottes Volk durch guten Ratschlag hoch empor unter der Herrschaft Königs Ahasverus. Auch noch von
manchen andern guten Weibern, die gleichfalls reich an gutem
Rat gewesen, vermöchte man zu lesen und zu sprechen. Und
fernerweit, als unser Herr den Adam, den Vater unsres
Stamms erschaffen hatte, sprach er in dieser Weise: ›Es ist
nicht gut, ein Mann allein zu sein; laßt uns darum ihm eine Hil-

fe machen, welche ihm selber gleich ist.‹ Hieraus könnt Ihr ersehen, wären Weiber nicht gut und nicht ihr Ratschlag wert und nützlich, so würde Gott sie nicht erschaffen haben und hätte sie anstatt Gehilfinnen des Mannes vielmehr Verderberinnen des Manns genannt. Und einst sprach in zwei Versen ein Gelehrter: ›Was ist besser als Gold? – Jasper! – Was ist besser als Jasper? – Weisheit! – Was ist besser als Weisheit? – Das Weib! – Und was ist besser als ein gutes Weib? – Nichts!‹ – Und Herr! Aus manchen andern Gründen könnt Ihr sehn, daß viele Weiber gut sind und daß ihr Rat heilsam und nützlich ist. Und deshalb, Herr! Wollt meinem Rat Ihr traun, so will ich Eure Tochter heil und gesund zurück Euch geben und werde manches andre für Euch tun, von dem Ihr große Ehre haben sollt.«

Als Melibeus diese Worte seines Weibes Prudentia vernommen hatte, sprach er: »Ich sehe wohl, das Wort von Salomo hat recht: ›Ein freundlich Wort zu guter Zeit ist Honigseim; denn es ist für die Seele Süßigkeit und gibt Gesundheit unserm Leibe.‹ Und, Weib! Um Deiner süßen Worte willen und weil ich Deine große Weisheit und Deine große Treue erprobt und wohl bewährt gefunden habe, will ich in allen Dingen mich nach Deinem Rate richten.«

»Nein, Herr!«, sprach Frau Prudentia, »da Ihr mir versprecht, daß Ihr durch meinen Rat Euch leiten lassen wollt, will ich Euch lehren, wie bei der Wahl von Räten zu verfahren sei. Zunächst erfleht vom lieben Gott, in Demut bei allen Werken Euer Rat zu sein; und daß er seinen Rat und Trost Euch gebe, betragt Euch so, wie es Tobias seinen Sohne lehrte: ›Gott, Deinen Herren, segne jeder Zeit und bitte ihn, Dich auf dem graden Wege zu erhalten, und all Dein Denken sei in ihm auf immerdar.‹ Auch St. Jakobus sagt: ›Ermangelt jemand unter Euch der Weisheit, so bittet Gott darum.‹ Und hinterher müßt Rat Ihr bei Euch selber pflegen und die eigenen Gedanken wohl erwägen in solchen Dingen, die Euch nützlich scheinen. Das aber müßt Ihr aus dem Herzen bannen, was gutem Rat zuwider ist, und das heißt: Zorn und Neid und Übereilung.

Zum ersten: Wer bei sich selbst zu Rate gehen will, muß ohne Zorn sein; das ist sicherlich aus manchen Gründen nötig. Der erste ist, daß, wer von Zorn erfüllt und rachbegierig ist, der glaubt, er könne tun, was untunlich ist. Und zweitens, wenn man zornig ist und böse, kann man nicht überlegen, und wo die Überlegung fehlt, fehlt Rat. Zum dritten aber sagt uns Seneca, daß der, so zornig ist und wutentbrannt, nur tadelnswerte Dinge spricht und andere durch schlimme Worte zu Zorn und Ärger reizt. Und Herr! Begehrlichkeit treibt gleichfalls aus dem Herzen fort. Denn der Apostel spricht, daß die Begehrlichkeit die Wurzel alles Nebels sei. Und glaubt mir wohl: Ein habsücht'ger Mann denkt an nichts weiter, als an das Ziel von seiner Habsucht zu gelangen, und sicher wird er nie befriedigt sein; denn mit dem Überfluß an Reichtum wächst auch die Begehrlichkeit noch mehr. Und Herr! Auch Übereilung müßt Ihr aus dem Herzen bannen, denn für das Beste könnt Ihr sicherlich nicht den Gedanken halten, der plötzlich sich in Eurem Herzen regt; vielmehr müßt Ihr ihn oftmals überlegen, denn, wie ich vorhin schon gesagt, das Sprichwort heißt: ›Wer rasch entscheidet, der wird rasch bereun.‹ Herr! Ihr seid nicht immer in der gleichen Stimmung, denn, sicherlich, Ihr haltet eine Sache oft für gut, die später Euch als Gegenteil erscheint.

Und habt Ihr bei Euch selber Rat gepflogen und dann durch weise Überlegung ausgefunden, was Euch das Beste scheint, dann rat' ich Euch, es ganz geheim zu halten. Vertrauet keinem Eure Absicht an, wenn Ihr nicht sicher glaubt, daß Ihr durch Mitteilung die eigne Lage sehr verbessern könnt. Denn Jesus Sirach sagt: ›Nicht Deinem Freunde noch Deinem Feinde offenbare Dein Geheimnis je und Deine Torheit; denn man hört Dir wohl zu und merket drauf und stimmt Dir bei in Deiner Gegenwart, doch spottet Deiner, wenn Du nicht zugegen.‹ Ein an-

derer Gelehrter sagt, daß Du nur selten jemand finden wirst,
der Dein Geheimnis zu bewahren weiß. Das Buch besagt:
>Hältst Du in Deinem Herzen den Entschluß, bewahrst Du ihn
in einem sichern Kerker; doch teilst Du ihn an jemand anders
mit, so wird er Dich in seiner Schlinge haben.< Und deshalb tut
Ihr besser, Euren Rat im Herzen zu verbergen, als jemanden zu
bitten, was Ihr ihm vertraut, geheimzuhalten und davon zu
schweigen. Denn so sagt Seneca: >Kannst Du nicht Deinen eignen Rat bei Dir behalten, wie wagst Du, einen andern dann zu
bitten, daß Dein Geheimnis er bei sich bewahre?< Indessen,
wenn Du wirklich glaubst, daß Deine Lage durch die Mitteilung
an andere sich günstiger gestalten kann, so solltest Du in dieser
Weise reden: Zunächst darfst Du Dir nicht den Anschein geben, ob Krieg, ob Frieden, oder dies und das Dir lieber sei;
nein, Deine Absicht darfst Du ihm nicht zeigen. Vertraue darauf, daß im allgemeinen die Ratgeber auch Schmeichler sind
und namentlich die Räte großer Herren; denn sie sind stets
weit mehr bemüht, in wohlgefäll'gen Worten das zu sagen, was
ihrer Herren Neigung meist entspricht, als Worte, welche treu
und nützlich sind, und daher sagt man, daß der reiche Mann,
der sich nicht selbst zu raten weiß, nur selten einen guten
Nachschlag höre.

Sodann zieh' in Betracht, wer Deine Freunde, Deine Feinde
sind. Und was die Freunde anbetrifft, bedenke, wer wohl der
treuste und klügste sei, der älteste und best' im Rat erprobte.
Bei ihnen suche Rat, wie es der Fall erheischt. Ich sage: Zu den
treuen Freunden geht zunächst, Euch Rat zu holen. Denn so
spricht Salomo: >Wie sich das Herz des Wohlgeruches freut, so
lieblich ist des treuen Freundes Rat der Seele.< Und gleichfalls
sagt er: >Nichts ist dem treuen Freunde zu vergleichen; denn sicher, Gold und Silber haben nicht den Wert wie eines treuen
Freundes guter Wille.< Und ferner sagt er: >Ein treuer Freund
ist eine feste Burg, und wer ihn findet, findet einen Schatz.<

Dann müßt Ihr darauf sehen, daß Eure treuen Freunde klug und schweigsam sind; denn – sagt das Buch – frag' immer die um Rat, so weise sind. Und aus demselben Grunde sollt Ihr zu Eurem Rate Freunde rufen, die alt genug und viel erfahren sind und wohl erprobt, um guten Rat zu geben. Denn wie das Buch sagt, ist alle Weisheit bei den alten Leuten und alle Klugheit in der langen Zeit. Und Tullius sagt, daß große Dinge nicht durch Kraft verrichtet werden noch durch Geschicklichkeit des Leibes, sondern durch guten Rat, durch Ansehn der Personen und durch Wissen, drei Dinge, welche nicht das Alter schwächt, die sich vielmehr von Tag zu Tag vermehren und verstärken. Dann soll Euch dies zur allgemeinen Richtschnur dienen: Zuerst müßt Ihr in Euren Rat nur wenige vertraute Freunde rufen. Denn Salomo sagt: ›Viele Freunde nenne Dein; doch unter Tausenden erwähle einen zum Berater.‹ Denn wenn Du anfangs Deine Absicht auch nur wenigen vertraust, kannst Du doch später, wenn es nötig ist, sie manchen andern Leuten noch erzählen. Doch siehe stets darauf, daß Deine Ratgeber die drei Bedingungen erfüllen, welche ich erwähnt, das heißt, daß weise sie und treu und voll Erfahrung sind. Und handle nicht in jeder Not nach einem Rat allein; denn oftmals ist es nützlich, daß viele Dich beraten. Denn Salomo besagt: ›Wo viele Ratgeber sind, da ist das Heil.‹

Nun, da ich Euch gesagt, bei welchen Leuten Ihr Euch Rat erholen sollt, will ich Euch lehren, welcher Rat zu meiden ist. Zunächst müßt Ihr den Rat der Toren fliehn. Denn Salomo sagt: ›Nimm keinen Rat von einem Toren an; denn er rät Dir nach eigener Lust und Neigung.‹ Das Buch besagt: ›Des Toren Eigenschaft ist diese: Er denkt von einem jeden alles Schlimme, und alles Gute denkt er von sich selbst.‹ So sollst Du auch dem Rat von Schmeichlern fliehen, die sich mehr Mühe nehmen, Dein eignes Ich zu preisen, als Dir der Dinge Wahrheit kundzutun. Deshalb sagt Tullius: ›Die größte Pest der Freundschaft ist die Schmeichelei.‹ Und daher tut es not, daß mehr als irgendwen Du Schmeichler meidest. Das Buch sagt: ›Flüchte und fliehe eher vor süßen Worten schmeichlerischer Preiser als vor den bittern Worten Deines Freundes, der Dir die Wahrheit sagt.‹ Salomo spricht: ›Des Schmeichlers Worte sind der Unschuld Schlinge‹; und ferner noch: ›Wer seinem Freunde süße Schmeichelworte gibt, der legt ein Fangnetz ihm vor seine Füße.‹ Und daher sagt auch Tullius: ›Leih’ nicht Dein Ohr den Leuten, die Dir schmeicheln, und laß durch ihre Worte Dich nicht leiten.‹ Und Cato sagt: ›Sieh Dich wohl vor und fliehe süße und gefäll’ge Redensarten und meide Deiner alten Feinde Rat, selbst wenn Du Dich mit ihnen ausgesöhnt hast.‹ Das Buch sagt: ›Niemand kehrt mit Sicherheit in seines alten Feindes Gunst zurück.‹ Und Äsop spricht: ›Vertraue nicht dem Manne, mit welchem Du in Krieg und Feindschaft lebtest, und sage ihm von Deiner Absicht nichts.‹ Und Seneca sagt uns den Grund, warum: ›Dort, wo ein großes Feuer lang gewährt‹, so spricht er, ›bleibt etwas Dunst und Hitze stets zurück.‹ Und deshalb rät uns Salomo: ›Auf Deinen alten Feind vertraue nimmermehr.‹ Denn sicherlich, selbst dann, wenn sich Dein alter Feind mit Dir versöhnt hat und Dir die demutsvollste Miene zeigt und selbst vor Dir sein Haupt beugt, trau’ ihm nimmer. Denn solchen Schein der Demut nimmt er zu seinem eignen Nutzen an, nicht weil er Liebe für Dich hegt; nur weil er glaubt, durch solchen Schein der Haltung den Sieg davonzutragen, welchen über Dich in Kampf und Streit er nicht gewinnen konnte. Petrus Alphonsus sagt: ›Schließ keinen Bund mit Deinen alten Feinden, denn Freundlichkeit, die ihnen Du erweist, verkehren sie in Bosheit.‹ Und ebenso mußt Du den Rat von denen meiden, die Deine Diener sind und große Ehrerbietung Dir erzeigen, die sie vielleicht aus Furcht nur heucheln, nicht aus Liebe hegen. Und daher spricht ein Philosoph: ›Niemand ist dem vollkommen treu ergeben, vor dem er sich in hohem Maße fürchtet.‹ Und Tullius sagt: ›Kein Kaiser hat so große Macht, daß er bestehen kann, wenn nicht sein Volk mehr Liebe zu ihm hat als Furcht.‹ Den Rat Betrunkener mußt Du gleichfalls meiden, denn kein Geheimnis können sie verbergen. Salomo sagt: ›Kein Schweigen ist, wo Trunkenheit regiert.‹ Auch hege stets Verdacht bei Ratschlägen von solchen Leuten, die im geheimen Dir zu einer Sache und öffentlich zum Gegenteile raten. Denn Cassiodorus sagt: ›Die Art, den Feind zu hindern, sei höchst schlau, wenn heimlich man das Gegenteil bezwecke von dem, was öffentlich zu tun man scheine.‹ Du sollst insgleichen Argwohn hegen bei den Ratschlägen der Bösen, denn ihr Rat ist immer voll Betrug. Und David sagt: ›Gesegnet ist der Mann, der nicht dem Rate böser Leute folgt.‹ Auch sollst den Rat von jungem Volk Du meiden, dieweil – wie Salomo uns sagt – ihr Rat nicht reif ist.

Nun Herr! Da ich gezeigt Euch habe, von welchen Leuten Ihr nicht Rat sollt holen und welcher Leute Rat Ihr fliehen sollt, will ich Euch weisen, wie Ihr nach der Lehre des Tullius Euren Rat prüfen sollt. Was Eure Ratgeber betrifft, so müßt Ihr manche Dinge in Erwägung ziehn. Zu allererst mußt Du erwägen, daß in der Sache, so Du vorhast und für welche Du Rat Dir holen willst, Du nur die reine Wahrheit sprichst und aufrecht hältst. Das heißt: Erzähle treulich Deine Angelegenheit, denn wer falsch redet, kann in einer Sache, in der er lügt, nicht wohl beraten werden. Und danach mußt die Dinge Du bedenken, die Deinem Zweck entsprechen; wieweit Du handeln willst nach Deiner Freunde Rat und inwiefern es der Vernunft gemäß und Deine Macht dazu genügend ist und ob der größte und der bess're Teil von Deinen Räten Dir in der Sache beistimmt oder nicht? Und dann bedenke, was dem Rate folgt, ob etwa Friede, Krieg, Haß, Gnade, Nutzen oder Schaden und was noch sonst, und unter allen wähle Dir das Beste und laß das andere ruhn. Sodann bedenke, worin der Grund der Sache liegt, die Du be-

raten hast, und welche Frucht daraus entspringen mag und reifen? Und auch den Grund der Sache mußt Du untersuchen.
Und hast Du den Beschluß geprüft, wie ich gesagt, und welche
Seite besser und mehr nützlich sei, und hast durch kluge, alte
Leute es erprobt, dann bedeute, ob Du es auch vollführen und
zum guten Ende bringen kannst? Denn gute Gründe gibt es,
daß man nichts unternehmen soll, was man nicht auch vollbringen kann, wie sich's gebührt; nein, keine Last darf jemand
auf sich nehmen, die er zu tragen nicht imstande ist. Denn – wie
das Sprichwort sagt: ›Wer allzuviel umfaßt, bringt wenig heim.‹
Und Cato sagt: ›Versuche, nur zu tun, wozu die Kraft Du hast,
damit die Last nicht allsosehr Dich drücke, daß Du die Sache
liegenlassen mußt, die Du begonnen. Und bist Du zweifelhaft,
ob Du ein Ding vollführen kannst, ob nicht, dann laß es lieber,
als es anzufangen.‹ Und Petrus Alphonsus sagt: ›Hast Du die
Macht, ein Ding zu tun, das Dich gereuen kann, so ist es besser:
nein als ja.‹ Das heißt, weit besser ist, die Zunge stillzuhalten,
als zu sprechen. Denn wenn Dich bess're Gründe überzeugen,
daß ein Werk, das Du die Macht zu tun hast, Dich späterhin gereuen werde, so laß es liegen und beginn' es nicht. Recht haben
die, so jedermann verbieten, eine Sache zu unternehmen,
wenn es in Zweifel steht, ob ausführbar dieselbe ist, ob nicht.
Und wenn Ihr Euren Rat alsdann geprüft habt, wie ich vorhin
gezeigt, und wohl wißt, daß Ihr imstande seid, das Unternehmen durchzuführen, dann nehmt es ernstlich, bis das Ziel erreicht ist.

Nun ist es Grund und Zeit, daß ich Euch zeige, wann und
weswegen Ihr ohne Tadel Euern Entschluß verändern könnt.
Gewiß, man darf die Absicht und den Rat dann ändern, sobald
der Grund dazu hinwegfällt und sobald ein neuer Grund dafür
sich weist. Denn das Gesetz besagt: Für Sachen, welche neu
entstanden sind, geziemt sich neuer Rat. Es sagt auch Seneca:
›Wenn Dein Entschluß zu Deiner Feinde Ohren kommt, so än-

dre Deinen Rat.‹ Und Deine Ansicht magst Du dann auch wechseln, wenn Du gefunden hast, daß – sei's durch Irrtum oder andre Gründe – Schaden und Harm Dir daraus kommen kann. Auch in dem Falle, daß Dein Beschluß und seine Gründe nicht ehrenwerter Art sind, ändre Deinen Rat; denn die Gesetze sagen: Im Fall ein Vorhaben ehrlos, desgleichen unausführbar sei, daß es gehalten und vollbracht nicht könne werden, so habe es auch keinen Wert.

Und dies nimm für die allgemeine Regel: Jeder Beschluß, der also stark befestigt worden ist, daß er aus keinem Grund – was auch geschehen möge – sich wieder ändern läßt, solch ein Beschluß – ich sage es – ist schlecht.«

Als dieser Melibeus nun die Lehren von seiner Frau Prudentia vernommen hatte, gab er in dieser Weise Antwort: »Frau!«, hob er an, »Ihr habt mich bis zu dieser Zeit im allgemeinen wohl und passend unterrichtet, wie bei der Wahl und bei dem Ausschluß meiner Räte ich handeln soll; nun aber möcht' ich gern, daß Ihr geneigtet, nur insbesondre noch zu sagen, was Euch bedünkt und was Ihr von den Räten haltet, die wir in unsrer gegenwärt'gen Lage wählten.«

»Mein Herr!«, sprach sie, »ich bitte Euch in aller Demut, daß Ihr nicht hartnäckig Euch gegen meine Gründe auflehnt und Euch nicht mißvergnügt im Herzen macht, selbst wenn ich sagte, was Euch nicht gefiel. Gott weiß, nach meiner Absicht sprech' ich nur zu Eurem Besten, zu Eurer Ehre, Eurem Nutzen und daher hoffe ich auch fest, daß Eure Güte in Geduld es aufzunehmen wissen werde. Und darin traut mir«, sprach sie, »daß in diesem Falle Ihr den gepflognen Rat nicht eigentlich Beratung nennen könnt, vielmehr nur einen Vorschlag und Beschluß der Torheit, wobei in mancher Weise Ihr geirrt habt.

Zunächst und fernerhin habt Ihr geirrt in der Berufung Eurer Ratgeber, da Ihr zuerst nur wenig Leute zu Euerer Beratung hättet wählen sollen, um späterhin, im Fall es nötig war, an mehrere die Sache kundzutun. Doch sicher ist, Ihr rieft in Euren Rat urplötzlich eine Menge Volks, sehr lästig und verdrießlich anzuhören. Daher habt Ihr geirrt; denn da, wo Ihr zu Eurem Rat nur Eure treuen, alten, weisen Freunde laden solltet, habt Ihr fremdes, junges Volk herbeigerufen, nebst falschen Schmeichlern, ausgesöhnten Feinden und Leuten, die Euch Ehrfurcht zollen, doch nicht lieben. Und auch darin habt Ihr geirrt, daß Ihr zu der Beratung Zorn, Neid und Übereilung mitgebracht habt, die alle drei einem nützlichen und ehrenhaften Rat zuwiderlaufen, und weder Ihr noch Eure Räte habt, wie Ihr solltet, diese drei ausgerottet und zerstört. Und dann habt Ihr geirrt, daß Euren Räten Ihr Eure Lust und Neigung offenbart habt, gleich Krieg zu führen und Euch gleich zu rächen; und da aus Euren Worten sie erspäht, auf welche Seite ihr Euch neigtet, so rieten sie Euch mehr nach Eurer Neigung und weniger zu Eurem Nutzen. Ihr irrtet auch, dieweil es scheint, daß Euch genügend war, Euch nur von diesen Räten Rat zu holen und das mit wenig Vorsicht; wogegen in so ernster, schwerer Frage wohl mehre Ratgeber und weitere Überlegung nötig waren, um Euer Unternehmen auszuführen. Ihr irrtet auch, denn Ihr habt Euren Rat nicht in der Art und in der vorbesagten Weise geprüft, wie es für diese Sache sich gebührt. Ihr irrtet auch, dieweil Ihr zwischen Euren Räten nicht einen Unterschied gemacht habt; das heißt: nicht zwischen treuen Freunden und Euren Räten voll Verstellungskunst. Ihr kanntet nicht die Meinung Eurer treuen Freunde, welche alt und weise sind; in einen Mischmasch warft Ihr alle Worte und schenktet Euer Herz der Mehrzahl und der stärkeren Partei, und stimmtet dieser zu. Und sintemal Ihr wißt, daß man beständig eine größre Zahl von Toren als von Weisen findet und daß man bei Beratungen mit Scharen und mit Massen Volks weit eher auf die Zahl als auf die Weisheit der Personen achtet, so seht Ihr wohl, daß stets die Toren in solchen Ratsversammlungen die Oberhand behalten.«

Und Melibeus antwortete und sprach: »Wohl will ich einge-
stehn, daß ich geirrt. Doch da Du vorhin mir erzählt hast, daß
der nicht tadelnswert ist, welcher den Entschluß aus guten
Gründen in gewissen Fällen wechselt, bin ich bereit, nach Deinem Rate auch meinen abzuändern. Das Sprichwort sagt: ›Zu
sündigen ist menschlich; doch lange in der Sünde zu beharren,
ist wohl ein Werk des Teufels sicherlich.‹«

Auf dieses Wort entgegnete die Frau Prudentia und sprach:
»Nun untersuchet Euren Rat genau, und laßt uns sehn, wer am
vernünftigsten gesprochen hat und wer die beste Lehre uns
gegeben? Und insoweit die Prüfung nötig ist, laßt mit den Ärzten und Doktoren uns beginnen, die in der Angelegenheit zuerst gesprochen haben. Ich sage, daß die Ärzte und Doktoren
Euch so verständig Rat erteilten, wie sie sollten; auch haben
sie in ihrer Rede weislich gesagt, daß es zu ihrem Berufe gehöre, jedem Ehre und Nutzen zu schaffen, niemanden zu kränken und nach ihrer Kunst sich zu befleißen, diejenigen zu heilen, so in ihrer Obhut stehn. Und, Herr, wie sie Dir weislich
und verständig Antwort gaben, so sage ich nicht minder, daß
sie auch hoch und königlich für ihre edle Rede belohnt werden
sollten, auch aus dem Grunde, daß sie um so mehr Aufmerk-
samkeit und Tätigkeit zur Heilung Eurer lieben Tochter auf-
wenden mögen. Denn obschon sie Eure Freunde sind, solltet
Ihr es nicht leiden, daß sie Euch umsonst dienen, sondern Ihr
solltet sie um so mehr belohnen und ihnen Eure Großmut zeigen. Und was die Meinung anbelangt, die von den Ärzten in
diesem Fall geäußert wurde, nämlich daß man in Krankheits-
fällen den Gegensatz durch Gegensatz verbannt, so möchte
ich gern wissen, wie Ihr den Text versteht und was Ihr von ihm
denkt.«

»Nun«, sagte Melibeus, »ich habe es in dieser Art verstanden, daß grade wie sie mir ein Leides zugefügt, ich sie mit einem andern treffen sollte, und wie sie sich an mir gerächt und

mich beleidigt haben, so soll auch ich mich rächen und ihnen
Schaden tun; dann heile ich ein Leiden durch das andre.«

»Schau! Schau!«, rief Frau Prudentia, »wie leicht ist jedermann bereit, nach eigner Lust und Neigung zu verfahren. Gewiß in dieser Art darf nicht der Ärzte Wort verstanden werden.
Denn Schlechtigkeit ist nicht der Gegensatz von Schlechtigkeit, Gewalt nicht von Gewalt und Unrecht nicht von Unrecht;
sie sind vielmehr nur Ähnlichkeiten; deshalb wird eine Gewalttat nicht durch eine andere verbannt, ein Unrecht durch ein
zweites Unrecht nicht, denn jedes dieses verschlimmert und
vermehrt das andere nur. Nein, sicherlich, der Ärzte Wort muß
dieser Art verstanden werden: Das Gute und das Üble sind zwei
Gegensätze, der Krieg und Frieden sind es, Rache ist's und
Dulden, Eintracht und Zwietracht sowie vieles andre. Und diesen stimmt St. Paulus, der Apostel, an manchen Stellen bei. Er
sagt: ›Vergeltet Böses nicht mit Bösem und Fluch mit Fluch;
sondern überwindet das Böse durch das Gute und segnet die, so
Euch verfolgen.‹ Und an vielen andern Stellen rät er zum Frieden und zur Eintracht. Doch nun will ich zu Euch vom Ratschlag sprechen, der durch den Advokaten Euch gegeben ward
und von den weisen und den alten Leuten, die alle übereinge-
stimmt in dem, was Ihr zuvor gehört, daß nämlich Ihr vor allen
Dingen Euch befleiß'gen solltet, Euch selbst zu schützen und
Euer Haus in guten Stand zu setzen, und welche sagten, daß Ihr
in diesem Falle mit Vorbedacht und reifer Überlegung zu Werke gehen müßtet. Und Herr, was nun den ersten Punkt betrifft,
auf welche Art Ihr Euere Person zu schützen habt, so müßt Ihr
klar begreifen, daß, wer Krieg führt, auch desto mehr vor allen
Dingen andächtig und in Demut beten sollte, daß Jesus Christ
in seiner Gnade ihm solchen Schutz verleihe und ihm der höchste Helfer sei in seiner Not. Denn, sicherlich, in dieser Welt ist
niemand, der wohlberaten wäre ohne den Beistand unseres
Herren, Jesu Christ. Mit dieser Meinung stimmt David, der

Prophet, auch überein, indem er sagt: ›Wenn Gott die Stadt nicht schützet, so wachet der Wächter umsonst.‹ Nun, Herr, darauf sollt ihr den Schutz Euerer Person, Eueren treuen Freunden anvertrauen, die als erprobt erkannt sind, und von ihnen sollt Ihr Beistand begehren, um Euere Person zu schützen. Denn Cato sagt: ›Bedarfst Du Hilfe in der Not, frag' Deinen Freund, denn es gibt keinen bess'ren Arzt als einen treuen Freund.‹ Und dann müßt Ihr Euch fern von fremden Leuten und von Lügnern halten, deren Gemeinschaft Euch verdächtig scheinen sollte. Denn Petrus Alphonsus sagt: ›Geh' niemals eines Weges mit dem fremden Mann, wenn Du ihn nicht geraume Zeit gekannt hast; und fällst durch Zufall ohne Deinen Willen Du mit ihm in Gesellschaft, so forsche schlau, wie Du vermagst, durch Unterhaltung sein früheres Leben aus und halte Deinen Weg vor ihm geheim, indem Du sprichst: Du wollest dahin gehen, wohin Du nicht willst; und hält er einen Speer, so gehe ihm zur Rechten, und führet er ein Schwert, so geh' zur linken Seite.‹ Und fernerhin müßt Ihr Euch vorsorglich vor allem solchen Volke hüten, von dem ich vorhin sprach, und sie und ihren Ratschlag meiden. Und außerdem betragt Euch in der Art, daß Ihr aus Überschätzung Eurer eignen Kraft die Gegner nicht verachtet und ihre Macht nicht zu gering veranschlagt und nicht den Schutz der eigenen Person aus Übermut versäumt; denn jeder Weise fürchtet seinen Feind. Salomo sagt: ›Wohl dem, der sich vor allem fürchtet; denn wahrlich, wer durch seines Herzens Hartnäckigkeit und seinen Steifsinn zu große Anmaßung besitzt, dem wird es übel gehen.‹ Dann müßt Ihr ferner allen Hinterhalten und aller Auskundschafterei zuvorzukommen suchen. Denn Seneca sagt, daß der weise Mann, welcher Unheil kommen sieht, das Unheil vermeide, und in Gefahr komme nicht der, so die Gefahr zu fliehen wisse. Und ob es Dir gleich scheint, daß Du an einem sichern Platze seist, so sollst Du dennoch stets Dein Bestes tun, Dich selbst zu schützen, das heißt: Versäume nicht, für Deine Sicherheit zu sorgen, nicht nur bei Deinem größten Feinde, nein, bei dem kleinsten auch. Ovid besagt: ›Das kleine Wiesel tötet den großen Bullen und den wilden Hirsch.‹ Und das Buch sagt: ›Ein kleiner Dorn sticht selbst den König und selbst ein Hündchen packt das wilde Schwein.‹ Indessen sag' ich nicht, Du sollst so feige sein und ungegründete Besorgnis hegen. Das Buch sagt, daß manche die Betrüger selbst belehren aus übergroßer Angst, daß sie betrogen werden könnten. Doch sieh' Dich vor, nicht vergiftet zu werden, und meide deshalb die Gemeinschaft der Spötter; denn das Buch sagt: ›Zieh' mit den Spöttern nicht desselben Weges und meide ihre Worte wie das Gift.‹

Was nun den zweiten Punkt betrifft, daß Eure weisen Räte Euch ermahnten, das Haus mit ganzem Fleiße auszurüsten, so möchte ich gern wissen, wie diese Worte Ihr verstanden habt und was Euch von denselben dünkt?«

Melibeus sprach und gab zur Antwort: »Gewiß, in dieser Art verstand ich es, daß ich mein Haus mit Türmen versehen sollte, wie sie Schlösser und derartige Gebäude haben, und auch mit Waffen und Geschütz, durch welche ich mich selber und mein Haus so schützen und verteid'gen kann, daß sich die Feinde fürchten sollten, ihm zu nahn.«

Hierauf entgegnete sogleich Prudentia: »Die Ausrüstung von hohen Türmen und von hohen Bauten erfordert große Kosten und viel Arbeit; und wenn Ihr sie vollendet habt, so sind sie keinen Strohhalm wert, falls sie nicht auch von treuen, alten, weisen Freunden verteidigt werden. Und lerne zu verstehen, daß die größte und stärkste Besatzung, die ein weiser Mann sich halten kann, um sich und seine Habe zu beschützen, darin besteht, daß er beliebt bei seinen Untertanen und seinen Nachbarn ist. Denn Tullius sagt, es gebe keine Garnison, welche man nicht besiegen und vernichten könne, und Herr sei, wer der Bürger und des Volkes Liebe habe.

Nun, Herr, zum dritten Punkt! Als Eure alten, weisen Räte sagten, daß Ihr nicht rasch und übereilt in dieser Sache verfahren solltet, dagegen Euch mit großem Fleiß und großer Überlegung wohl rüsten und versorgen, da sprachen sie – so dünkt mich – durchaus wahr und äußerst weise. Denn Tullius sagt: ›Zu jeder Sache, eh' Du sie beginnst, bereite Dich mit großem Fleiße vor.‹ Drum rate ich und sage Dir: Im Rachenehmen wie in Krieg und Schlacht und in der Zurüstung bereite Dich wohl vor, eh' Du beginnst, und tue es mit großer Überlegung. Denn Tullius sagt: ›Bei langer Vorbereitung auf die Schlacht erfolgt der Sieg in Kürze.‹ Und Cassiodorus sagt: ›Je länger die Besatzung in Bereitschaft steht, je stärker ist sie.‹

Nun laßt uns von dem Ratschlage sprechen, den Eure Nachbarn gaben, die Euch zwar Ehrfurcht zollen, doch nicht lieben, und Eure alten Feinde, die sich ausgesöhnt, die Schmeichler, die Euch öffentlich zu diesem und insgeheim zum Gegenteile raten, und auch das junge Volk, das Euch anriet, Euch zu rächen und Krieg im Augenblicke zu beginnen. Gewiß, mein Herr, wie ich zuvor gesagt, Ihr habt Euch sehr geirrt, in solcher Weise derartig Volk in Euren Rat zu rufen, da diese Ratgeber durch die zuvor erwähnten Gründe genügsam schon getadelt sind. Doch nunmehr laßt uns darauf näher eingehn. Zunächst müßt Ihr der Lehre des Tullius folgen. Es tut gewiß nicht not, der Wahrheit dieser Sache oder dem Grunde der Beratung näher nachzuforschen, denn wohlbekannt ist, wer sie waren, so Euch die Unbill und die Bosheit zugefügt, wie hoch die Zahl der Übeltäter war und wie sie alles Unrecht und alle Schlechtigkeit vollbracht. Ihr müßt nunmehr die andere Bewandtnis prüfen, von welcher eben dieser Tullius das folgende hinzufügt. Denn Tullius macht es klar, was unter Consentaneum‹ zu verstehen sei; das heißt, wer sie und was sie und wieviel sie waren, die Deinem Rat in Deinem Eigensinn, Dich ungesäumt zu rächen, beigestimmt. Und laßt uns auch betrachten, wer sie und was sie und wieviel sie waren, die Euren Widersachern zugestimmt. Was nun den ersten Punkt betrifft, so ist es wohlbekannt, welch eine Sorte Volk es war, die Deinem Eigensinne beigestimmt. Denn wahrlich, alle, die zu raschem Krieg Euch rieten, sind nicht Eure Freunde. Laßt uns nun erwägen, wer sie sind, die Ihr als Freunde Euerer Person so hochgeschätzt habt. Denn mögt Ihr noch so mächtig und so reich sein, so steht Ihr doch allein. Gewiß, Ihr habt kein andres Kind als Eure Tochter, Ihr habt nicht Brüder, Vettern, andre nahe Anverwandte, um derentwillen Eure Feinde aus Furcht es unterlassen sollten, mit Euch zu streiten und Euch zu vernichten. Auch wißt Ihr, daß Ihr Euren Reichtum unter manche Genossen zu verteilen habt und daß, wenn jeder erst sein Teil erhalten hat, sie sich nur wenig darum kümmern werden, Euren Tod zu rächen. Doch Deiner Feinde Zahl ist drei, und sie besitzen viele Brüder, Kinder, Vettern und andre nahe Sippe; und hättest Du von ihnen selbst auch zwei bis drei erschlagen, so bleiben doch genug, um ihren Tod zu rächen und Dich zu töten. Und sollte Euere Verwandtschaft auch weit zuverlässiger und sicherer sein als die von Euren Gegnern, so ist sie doch nur weitläufig mit Dir verwandt; sie ist entfernte Sippe, während die Angehörigen von Deinen Feinden zu ihrer nahen Sippe zählen. Und wahrlich, in der Beziehung ist ihre Lage besser als die Eure. Dann laßt uns auch betrachten, ob der Rat von denen, so Euch zu rascher Rache rieten, wohl der Vernunft entspricht? Nun, wie Ihr wißt, das tut er sicher nicht; denn nach Vernunft und Recht darf keiner selbst an jemand Rache nehmen, sondern nur der Richter, unter dessen Gerichtsherrschaft es steh, und der ermächtigt ist, Vergeltung bald schnell, bald langsam auszuüben, je wie es das Gesetz verlangt. Und überher mußt Du bei diesem Worte, das Tullius ›Consentaneum‹ nennt, noch erwägen, ob Deine Kraft und Macht ausreichend und genügend seien zu Deinem Eigensinn und dem von Deinen Räten. Und hier, wahrhaftig, kannst

Du wieder sagen: Nein! Denn es gebührt sich wohl mit Recht zu sagen, daß wir nur das vollführen sollten, was uns mit Recht zu tun erlaubt ist; und daher dürfen wir aus eigner Machtvollkommenheit auch rechtlich niemals Rache nehmen. Drum müßt Ihr einsehn, daß Eure Macht für Euren Eigensinn nicht hinreicht, noch sich mit ihm verträgt.

Nun lasset uns den dritten Punkt noch prüfen, den Tullius ›Consequens‹ benennt. Du mußt verstehen, daß die Rache, welche Du zu nehmen beabsichtigst, die Konsequenz hat, daß weitre Rache daraus folgt sowie Gefahr und Streit und mancherlei von Schäden sonder Zahl, die wir für jetzt nicht übersehen können.

Und was den vierten Punkt betrifft, den Tullius ›Quid gignatur‹ nennt, mußt Du betrachten, daß dieses Unrecht, welches man Dir zugefügt, durch den Haß Deiner Feinde erzeugt worden ist und daß die Rache dafür wiederum andere Rache erzeugt und viele Sorgen und Verschwendung reichen Gutes, wie ich zuvor gesagt.

Nun, Herr, in Anbetracht des Punktes, den Tullius ›Causa‹ nennt und der der letzte Punkt ist, mußt Du verstehen, daß dieses Unrecht, welches Du empfingst, verschiedene Gründe hat, welche die Gelehrten ›Oriens‹ und ›Efficiens‹ nennen und ›Causa longinqua‹ und ›Causa propinqua‹, das heißt: der ferne und der nahe Grund. Der ferne Grund ist der allmächt'ge Gott, da Er der Grund von allen Dingen ist. Der nahe Grund sind Deine drei Feinde. Der zufällige Grund war Haß, der wesentliche Grund sind die fünf Wunden Deiner Tochter, und der formale Grund die Weise ihres Handelns, sofern sie Leitern nahmen und in Deine Fenster stiegen. Und der finale Grund war die Ermordung Deiner Tochter, obschon nicht alles ausgeführt ward, was in der Absicht lag. Indes vom fernen Grund zu sagen, zu welchem Ende sie dies führen wird und was aus ihnen in diesem Falle schließlich werden mag, das bin ich nur zu raten und vorauszusetzen fähig. Doch wohl darf ich vermuten, daß sie zu einem schlimmen Ende kommen werden, denn das Buch der Verordnungen sagt: ›Selten und mit großer Mühe werden Sachen zu einem guten Ende gebracht, welche schlecht begonnen wurden.‹

Nun, Herr, wenn man mich fragen wollte, warum Gott es zugelassen hat, daß Euch Menschen solche Schlechtigkeit zugefügt haben, so kann ich keine Antwort darauf geben, weil mir die Wahrheit darüber unbekannt ist. Denn der Apostel sagt: ›Von großer Tiefe ist die Weisheit und Erkenntnis unseres Herrn, des allmächtigen Gottes; unbegreiflich sind seine Gerichte und unerforschlich seine Wege.‹ Indessen durch verschiedene Erwägungen und Schlüsse halte ich daran fest und glaube, daß Gott, der voller Gerechtigkeit und Weisheit ist, dieses Ereignis aus gerechten und vernünftigen Gründen zugelassen habe.

Dein Name ist Melibeus; das heißt: ein Mann, der Honig trinkt. Du hast so vielen Honig der süßen, zeitlichen Reichtümer und der Freuden und Ehren dieser Welt getrunken, daß Du berauscht bist, und Jesus Christ, Deinen Schöpfer, vergessen hast. Du hast ihm nicht die Achtung und Ehrerbietung erwiesen, die Du ihm schuldest; noch hast Du das Wort Ovids beachtet, welcher sagt: ›Unter dem Honig Deiner leiblichen Güter ist das Gift verborgen, welches die Seele tötet.‹ Und Salomo sagt: ›Findest Du Honig, so iß sein genug; denn issest Du im Übermaß, so wirst Du ihn ausspeien und dürftig und arm sein.‹ Und vielleicht verachtet Dich Christ und hat sein Antlitz und seine Ohren der Barmherzigkeit von Dir abgewendet und hat zugegeben, daß Du in dieser Weise für dasjenige gestraft werdest, worin Du gesündigt hast. Du hast gesündigt gegen unsern Herrn, Jesus Christus; denn sicherlich hast Du erlaubt den drei Feinden der Menschheit, das heißt: dem Fleische, der Welt und dem Teufel, in Dein Herz einzusteigen durch die Fenster Dei-

nes Körpers und hast Dich nicht hinreichend verteidigt gegen
ihre Angriffe und Versuchungen, so daß sie Deine Seele an fünf
Stellen verwundet haben; das heißt, die Todsünden sind durch
die fünf Sinne in Dein Herz eingestiegen; und in gleicher Weise hat unser Herr, Jesus Christus, es gewollt und zugegeben,
daß Deine drei Feinde durch die Fenster Deines Hauses eingestiegen sind und Deine Tochter in der bereits erwähnten Art
verwundet haben.«

»Gewiß«, sprach Melibeus, »ich sehe wohl, daß Ihr Euch
große Mühe gebt, in dieser Art mich zu bereden, daß ich mich
nicht an meinen Feinden rächen soll, indem Ihr hin auf die Gefahren und die Übel weist, die aus der Rache kommen können.
Doch wer bei jeder Rache alle Übel und Gefahren bedenken
will, so aus dem Rachenehmen kommen können, der würde
niemals Rache nehmen, und dieses wäre schlimm. Denn durch
Vergeltung werden die bösen Menschen von den guten abge-
sondert; und die, so bösen Willen hegen, bezähmen ihre böse
Absicht, wenn sie die Strafe und die Züchtigung von Übeltätern sehen.«

Hierauf erwiderte Prudentia: »Ich stimme Euch gewißlich
bei, daß durch Vergeltung viel Übel und viel Gutes kommen
mag. Jedoch Vergeltung steht nicht jedem zu, vielmehr allein
den Richtern, sowie denen, an die Gewalt verliehen gegen
Missetäter ist; und überdies behaupte ich, daß gradeso wie einer sich versündigt, der Rache gegen einen andern nimmt,
nicht minder auch der Richter sündigt, wenn er nicht die
straft, welche es verdienen. Denn dies sagt Seneca: ›Das ist ein
guter Meister, der die Widerspenst'gen straft!‹ Und Cassiodorus sagt: ›Ein Mensch hütet sich vor Ausschreitungen, wenn er
weiß, daß solche den Richtern mißfallen und den Fürsten.‹ Ein
andrer sagt: ›Der Richter, welcher Furcht hegt, Recht zu sprechen, macht die Leute widerspenstig.‹ Und der Apostel Paulus
sagt in seinem Briefe, den er an die Römer schrieb: ›Die Ob-

rigkeit trägt nicht den Speer umsonst, sondern um die zu strafen, welche Böses tun, und um die guten Menschen zu beschützen.‹ Wenn Ihr an Euren Feinden Rache nehmen wollt,
müßt Ihr Euch an den Richter wenden, der über sie Gewalt besitzt, und er wird sie bestrafen, so wie es das Gesetz verlangt
und fordert.«

»Ach!«, sagte Melibeus, »solche Rache gefällt mir nicht; da
ich mich jetzt entsinne und bedenke, wie mich das Glück von
Kindheit an gehegt und mir in mancher Fährlichkeit geholfen
hat, so will ich es erproben, und wie ich denke, wird es mit Gottes Hilfe mir zur Seite stehn, um meine Schmach zu rächen.«

Prudentia sprach: »Fürwahr, wollt Ihr nach meinem Rat zu
Werke gehn, so sollt Ihr keineswegs das Glück versuchen, nein,
Ihr dürft nicht dem Glücke trauen, noch vor ihm Euch beugen,
denn nach den Worten Senecas gelangen Dinge, die töricht
und in Hoffnung auf das Glück begonnen sind, zu keinem guten Ende. Und eben dieser Seneca besagt: ›Je heller und je glänzender das Glück ist, um desto eher und desto rascher bricht
es.‹ Vertrauet nicht darauf; es ist nicht treu noch standfest;
denn meinst Du, seiner Hilfe sicher und gewiß zu sein, so wird
es Dich verlassen und betrügen. Und wenn Ihr sagt, daß Euch
das Glück von Kindheit an gehegt hat, so sage ich, daß dieserhalb Ihr um so mehr ihm sowie seinem Witz nicht trauen solltet. Denn es sagt Seneca: ›Der Mann, der durch das Glück ver-
hätschelt ist, macht sich zu einem großen Toren.‹ Nun, da Ihr
Euch zu rächen wünschet und verlangt, und Rache, welche
durch den Richter ausgeübt wird, Euch mißfällt, und solche
Rache, die in der Hoffnung auf das Glück genommen wird, gefährlich ist und ungewiß, so bleibet Euch kein andres Mittel, als
Eure Zuflucht bei dem höchsten Richter zu nehmen, der alle
Schlechtigkeit und Bosheit rächt. Er wird Euch rächen, wie er
selbst bezeugt, indem er spricht: ›Mir laßt die Rache, ich will
sie vollziehen!‹«

Zur Antwort gab ihr Melibeus: »Wenn ich die Schlechtigkeit nicht räche, die mir von Menschen angetan ist, so lade ich dadurch die Leute ein, die Unrecht mir getan, und fordre dadurch auch die andern auf, mir wieder etwas Böses zuzufügen. Denn geschrieben steht: ›Wenn Du für alles Unrecht keine Rache nimmst, so ladest Du die Gegner ein, Dir eine neue Bosheit zuzufügen‹; und wenn ich ruhig es ertrüge, so würde man mir so viel Böses tun, daß ich es weder tragen noch ertragen könnte, und würde tief erniedrigt sein und so gehalten werden. Denn manche sagen: ›Wer viel erträgt, dem wird so manches überkommen, daß er es schließlich nicht mehr tragen kann.‹«

Prudentia sprach: Fürwahr, ich räume ein, daß übermäß'ge Duldung zwar nicht gut ist, indessen daraus folget nicht, daß jedermann, dem Böses zugefügt ist, die Rache auf sich selber nehmen sollte, denn sie gehört und sie gebührt allein den Richtern, die Ungerechtigkeit und Kränkung strafen sollen, und daher sind die beiden Schriftbelege, die Ihr zuvor erwähnt habt, in Hinsicht auf die Richter nur verstanden; denn wenn sie gegen Schlechtigkeit und Unrecht sich übermäßig duldsam zeigen, so fordern sie nicht nur die Leute auf, ein neues Unrecht zu begehen, nein, sie befehlen ihnen solches an; wie auch ein weiser Mann sagt, daß der Richter, wenn er die Sünder nicht bestraft, den Leuten anbefiehlt und heißt, zu sündigen. Und die Richter und die Obrigkeiten könnten in ihrem Lande so viel von den Widerspenstigen und Übeltätern zu leiden haben, daß diese durch solche Duldung im Laufe der Zeit an Stärke und Macht so wachsen würden, daß sie imstande waren, die Richter und die Obrigkeit von ihren Stellen zu verdrängen und sich zuletzt von ihrer Oberherrschaft loszusagen.

Doch setzen wir den Fall, daß es Euch freigestellt sei, Euch zu rächen, so sage ich, daß Ihr nicht Kraft und Macht genug besitzt, es jetzt zu tun. Denn zieht Ihr in Vergleichung Eurer Gegner Macht, so werdet Ihr in mancher Hinsicht finden, daß ihre

Lage, wie ich Euch zuvor gezeigt, weit besser als die Eure ist; und daher sage ich, daß es für Euch jetzt gut sei, zu ertragen und in Geduld zu warten.

Ihr wißt auch ferner, daß ein allgemeiner Spruch besagt, daß es Tollkühnheit sei für einen Mann, mit Mächtigern und Stärkeren zu kämpfen, und gegen einen Mann von gleicher Macht zu streiten, und das will sagen, der an Stärke gleich ist, sei gefährlich; und mit dem Schwächeren zu streiten, das sei Torheit; weshalb ein Mann den Streit vermeiden soll, soviel er kann. Denn Salomo sagt: ›Dem Mann gereicht zur großen Ehre, wenn er von Lärm und Streit sich freihält.‹ Und kommt es vor, daß Dich ein Mann beleidigt hat, der mächt'ger ist, als Du bist, so bemühe und befleißige Dich lieber, das Übel zu heilen, als Dich dafür zu rächen. Denn Seneca sagt, daß derjenige sich einer großen Gefahr aussetze, welcher mit einem größeren Mann als er selber streite. Und Cato sagt: ›Wenn ein Mann von höherem Rang und Stande oder von größrer Macht als Du Dich kränkt und Dich beleidigt, dulde es; denn der Dich einst gekränkt hat, mag in spätrer Zeit Dir helfen und Dich unterstützen.‹ Indes gesetzt, Ihr hättet Macht und Freiheit, Euch zu rächen, so sag' ich doch, es gibt gar manche Gründe, um Euch zurückzuhalten, Rache auszuüben und Euch geneigt zu machen, das Unrecht, welches man Euch angetan hat, in Geduld zu tragen. Zuerst und fernerhin betrachtet wohl die Fehler Eurer eigenen Person, für welche Gott, wie ich zuvor gesagt, Euch diese Trübsal dulden läßt. Es sagt der Dichter, daß wir in Geduld die Widerwärtigkeiten, so uns überkommen, tragen sollen und wohl bedenken und erwägen, daß wir es wohl verdient, wenn sie uns treffen. Und St. Gregorius sagt, daß einem Manne, welcher die Anzahl seiner Sünden und seiner Fehler wohl erwägt, die Trübsal, die er leidet, weit geringer scheine. Und je mehr er seine Sünde für schwer und drückend hält, je leichter und je sanfter wird die Strafe ihm erscheinen. Daher mußt Du

Dein Herz bezwingen und es beugen, das Joch von unserm Herren, Jesus Christ, zu tragen, wie es St. Peter sagt in seinen Brie-
fen. ›Jesus Christ hat für uns gelitten‹, sagt er, ›und uns ein Vorbild gelassen, daß ihr sollt nachfolgen seinen Fußstapfen,
welcher keine Sünde getan hat, auch keinen Betrug in seinem
Munde erfunden. Welcher nicht wiederschalt, da er gescholten
wurde, nicht dräuete, da er litt.‹ Auch die Ergebung, welche die
Heiligen im Paradiese in Trübsal zeigten, so ohne Schuld und
ohne Fehler sie traf, sollte in Euch Geduld erwecken. Und ferner sollt Ihr Euch befleißen, Geduld zu lernen, weil die Trübsal
dieser Welt nur eine kurze Weile währt und bald vorbei ist, die
Freude aber, die der Mensch durch Geduld im Leiden erlangt,
von langer Dauer ist. Darum spricht in seinem Briefe der Apostel: ›Die Freude Gottes ist von langer Dauer‹, und das will sagen, sie ist immerwährend. Deswegen glaubt und haltet fest:
Der ist nicht gut gepflegt noch gut erzogen, der nicht Geduld
besitzt noch lernen will. Denn Salomo sagt, daß Weisheit und
Verstand des Mannes erkannt nur werde durch Geduld. Und andern Ortes sagt er, daß wer geduldig sei, mit großer Klugheit
auch sich selbst regiere. Und eben dieser selbe Salomo sagt
auch: ›Der zornige und grimmige Mann macht Lärm, doch der
geduld'ge stillet und beschwichtigt ihn.‹ Auch sagt er: ›Es ist
wertvoller, Geduld zu haben, als sehr stark zu sein.‹ Und der
sein eignes Herz in Herrschaft hält, ist mehr zu preisen, als der
durch Kraft und Stärke große Städte nimmt. Und daher sagt in
seinem Briefe der heilige Jakobus, daß die Geduld das große
Mittel sei, vollkommen uns zu machen.«

»Gewiß«, sprach Melibeus, »ich gestehe zu, Prudentia, daß
die Geduld Vollkommenheit bewirkt; indessen kann nicht jeder sein, wie Ihr es wünscht. Nein, ich gehöre nicht zur Zahl der
ganz vollkommnen Menschen, dieweil mein Herz nicht eher
Frieden hat, bis daß die Zeit für meine Rache da ist. Und wenn
für meine Feinde höchst gefährlich war, mir Übles anzutun, so

achteten sie der Gefahr doch nicht und führten mutig ihre Absicht aus; und deshalb, dünkt mich, sollte man auch mich nicht tadeln, wenn ich mich um meiner Rache willen in unbedeutende Gefahr begebe, obschon ich eine große Ausschreitung begehe, indem ich nämlich einen Schimpf durch einen andern räche.«

»Ach!«, sagte Frau Prudentia, »Ihr sprecht, was Euch gefällt. Jedoch in keinem Fall der Welt soll je ein Mann Gewalt und Ausschreitung begehn, um sich zu rächen. Denn Cassiodorus sagt: ›Wer durch Gewalt sich rächt, der tut nicht minder übel als jener, der Gewalt zuerst verübt.‹ Darum sollt Ihr Euch nach des Rechtes Ordnung rächen, das heißt durch das Gesetz und nicht durch Ausschreitung und durch Gewalt. Und wollt Ihr die Gewalttat Eurer Gegner auf andre Weise rächen, als das Recht befiehlt, so sündigt Ihr. Daher sagt Seneca, daß Bosheit nie ein Mann durch Bosheit rächen solle. Und wenn Ihr sagt, das Recht erlaube einem Mann, sich vor Gewalttat durch Gewalt zu schützen und gegen Kampf durch Kampf, so habt Ihr dann gewißlich recht, wenn die Verteidigung sofort geschehen ist und ohne Aufschub oder langes Zögern, und nur um sich zu schützen, nicht zu rächen. Und es gebührt sich, daß ein Mann in seiner Selbstverteidigung so mäßig sich beweise, daß niemand Grund hat, ihn zu tadeln wegen Unfug und Gewalt, wenn er sich selbst beschützt hat; denn solches wäre wider die Vernunft. Pardi! Ihr wißt sehr wohl, daß Ihr Euch jetzt nicht zu verteidigen denkt zu Eurem Schutz, vielmehr Euch rächen wollt. Und Ihr beweist, daß Ihr nicht willens seid, in Eurem Tun gemäßigt zu verfahren; und dafür ist Geduld, so denk' ich, gut. Denn Salomo besagt: ›Wer nicht geduldig ist, hat großen Harm zu tragen.‹«

»Gewiß«, sprach Melibeus, »ich gebe zu, wenn man ungeduldig und böse über Sachen wird, die uns nichts angehn, so ist's kein Wunder, wenn uns Harm geschieht. Denn das Gesetz

besagt, daß jener schuldig sei, der unberufen sich in etwas menge; und es sagt Salomo: ›Der Mann, der sich in Zank und Streit
von andern mischt, gleicht jemandem, der einen fremden Hund
beim Ohre faßt.‹ Denn wie der Mann, der einen fremden Hund
beim Ohre faßt, von ihm gebissen wird, ganz in derselben Weise ist es auch natürlich, daß den Schaden trägt, wer sich aus Ungeduld in andrer Leute Zank hineinmengt, der ihn nichts an-
geht. Doch Ihr wißt wohl, daß mir diese Tat, mein Kummer und
mein Leiden will das sagen, sehr nahegeht; und deshalb ist es
nicht verwunderlich, wenn ich ungeduldig und böse bin; und –
mit Verlaub – ich kann nicht sehn, wie es mir schaden könnte,
wenn ich Rache nehme, denn ich bin reicher sowie mächtiger,
als meine Feinde sind. Auch ist es Euch bekannt, daß alles auf
der Welt durch Geld und den Besitz von vieler Habe regiert
wird; und Salomo sagt: ›Jedes Ding gehorcht dem Gelde.‹«

Doch als Prudentia hörte, wie ihr Gatte sich seines Reichtums und seines Geldes, der Gegner Macht verkleinernd, selber rühmte, nahm sie das Wort und sprach in dieser Weise:
»Gewißlich, lieber Herr, ich gebe zu, daß Ihr so reich wie mächtig seid, und auch daß Reichtum gut ist, sofern auf rechte Weise er erlangt ward und gut verwendet wird. Denn wie der Körper des Menschen nicht ohne Seele leben kann, so kann man
ohne zeitlichen Besitz nicht leben, und Reichtum kann uns
große Freunde schaffen. Und daher sagt Pamphilus: ›Ist eines
Rinderhirten Tochter reich, so kann sie unter tausend Männern wählen, wen sie zu ihrem Gatten haben will; sie wird von
Tausenden dann nicht verschmäht und abgewiesen werden.‹
Und dieser Pamphilus sagt auch: ›Wenn Du recht glücklich bist,
das heißt, sehr reich, so wirst Du viele Freunde und Genossen
finden; doch wechselt einst das Glück und wirst Du arm, dann
Freundschaft und Genossenschaft lebt wohl!‹ Du wirst allein
stehn oder zur Gesellschaft nur die Armen haben. Und außerdem sagt Pamphilus, daß man die Leute, die durch Familien-

bande mit uns verknüpft sind, durch Reichtum adeln und erheben könne. Und wie durch Reichtum vieles Gute kommt, so kommt durch Armut manches Leid und Übel; denn große Armut zwingt den Menschen oft, das Übele zu tun. Und Cassiodorus nennt daher die Armut eine Mutter des Verderbens, das heißt: die Mutter von unsrer Schande und von unserm Untergange. Petrus Alphonsus sagt daher: ›Wohl ist die größte Widerwärtigkeit der Welt, wenn ein durch Stamm und Abkunft freier Mann, gezwungen durch die Armut, die Gaben seiner Feinde essen muß.‹ Und gleicherweise sagt auch Innozenz in einem seiner Bücher, indem er spricht: ›Die Lage eines armen Bettlers ist kummervoll und unglücklich; denn bettelt er nicht um sein Brot, so muß er Hungers sterben, und bettelt er, stirbt er vor Scham, und doch, die Not wird ihn zu betteln zwingen.‹ Und darum sagt auch Salomo, daß Sterben besser sei als solche Armut. Und dieser selbe Salomo sagt ferner: ›Weit besser ist's, den bittern Tod zu sterben, als solcher Art zu leben.‹ Durch diese Gründe, die ich Euch genannt, und noch durch viele andre, die ich nennen könnte, gesteh' ich zu, daß Reichtum gut für jene sei, die solchen wohl erworben haben und ihn in rechter Art zu brauchen wissen; und ich will Euch deswegen zeigen, wie Ihr verfahren müßt, um Reichtum anzusammeln und welcher Art Ihr ihn gebrauchen sollt.

Zuerst sollt Ihr ihn ohne große Gier erlangen mit guter Weile, nach und nach, nicht aber überhastig; denn ein Mann, den es nach Reichtum allzusehr verlangt, ergibt sich leicht dem Diebstahl oder andern Übeltaten. Und darum sagt uns Salomo: ›Wer zu sehr eilt, um schleunig reich zu werden, kann seine Unschuld nicht bewahren.‹ Auch sagt er: ›Reichtum, welcher eilig kommt, vergeht auch schnell; indessen Reichtum, welcher nach und nach gesammelt ist, stets wachsen und sich mehren wird.‹ Und Reichtum, Herr, sollt Ihr erwerben durch Eueren Verstand und Eure Arbeit zu Eurem Nutzen und ohne irgendei-

nem andern Menschen deswegen Unrecht oder Harm zu tun.
Denn das Gesetz spricht: ›Es macht sich niemand selber reich,
wenn er einem andern Schaden tut‹, das heißt, daß es Natur mit
Recht verbiete und verwehre, durch Schaden anderer sich reich
zu machen. Und Tullius sagt, daß Sorge nicht, noch Todesfurcht, noch was dem Menschen sonst begegnen kann, so gegen die Natur geht, als wenn ein Mensch durch Schaden andrer
den eignen Nutzen zu vermehren suche. Und wenn auch zwar
die Mächtigen und Großen leichter als Du zu Reichtum kommen, so sollst Du doch nicht faul und langsam sein, Dir Vorteil
zu erschaffen, denn dieser Art wirst Du dem Müßiggang entfliehn. Denn Salomo sagt, daß Müßiggang viel Böses lehre.
Derselbe Salomo besagt: ›Wer arbeitet und seinen Acker baut,
wird Brot essen, doch wer träge ist und sich zu keinem Handel
und Geschäfte hält, der wird in Armut sinken und vor Hunger
sterben. Und der, so faul und lässig ist, kann nie die rechte Zeit
für seinen Vorteil finden.‹ Ein Versemacher sagt, daß sich der
Faule im Winter entschuldige, dieweil es kalt sei, und im Som-
mer der starken Hitze wegen. Aus diesem Grunde redet Cato:
›Wachet und gebt Euch nicht zu vielem Schlafe hin, denn Übermaß an Ruhe nährt und brütet manches Laster.‹ Und deshalb
sagt der heilige Hieronymus: ›Tut etwas Gutes, damit Euch
nicht der Teufel, unser Feind, im Müßiggange finde‹, denn
nicht zu seinen Werken nimmt der Teufel leicht, wen er in guten Werken tätig findet.

Daher müßt Ihr, um Reichtümer zu erlangen, die Trägheit
fliehen. Und hinterher sollt Ihr den Reichtum, den Ihr durch
Arbeit und Verstand gewonnen habt, in solcher Weise brauchen, daß Euch die Menschen nicht für karg und allzu sparsam
halten, und nicht für töricht großartig, das heißt: verschwenderisch; denn wie man einen geiz'gen Menschen ob seiner
Filzigkeit und Kargheit tadelt, so ist auch der zu tadeln, der
verschwendet. Und drum sagt Cato: ›Gebrauche Deinen Reich-

tum, den Du gewonnen hast, in solcher Art, daß niemand
Grund hat, Dich einen Geizhals oder Filz zu nennen, denn eine
große Schande ist für jeden: ein leeres Herz bei einer vollen
Börse.‹ Auch sagt er noch: ›Die Güter, welche Du erworben
hast, gebrauch' mit Maß‹, und das will heißen: gib sie mäßig
aus; denn die, so ihre Habe töricht vertun und verschwenden,
werden, wenn gar nichts mehr ihr eigen ist, die Güter andrer
Leute wegzunehmen suchen. Ich sage nun, daß Ihr den Geiz
vermeiden sollt, indem Ihr solcherart den Reichtum braucht,
daß man nicht sagen kann, es läge Euer Schatz begraben, nein
daß Ihr ihn in Eurer Macht und Euren Händen habt. Denn ein
weiser Mann tadelte den Geizigen durch diese beiden Verse:
Weswegen und wozu begräbt ein Mann sein Gut aus großem
Geiz, wenn ihm bewußt ist, daß er sterben muß? Denn in dem
gegenwärt'gen Leben ist das Ende eines jeden Manns der Tod.‹
Und warum und zu welchem Zwecke verbindet und verknüpft
er sich so fest mit seinem Gut, daß ihn davon zu trennen und zu
scheiden sein sämtlicher Verstand nicht fähig ist, obwohl er
weiß, daß er bei seinem Tode aus dieser Welt gar nichts von hinnen trägt? Und daher sagt St. Augustin, daß ein Geiziger der
Hölle gleiche, die auch, je mehr sie schluckt, je mehr Begierde
hat, zu schlucken und zu schlingen. Und so wie Ihr zu meiden
sucht, ein Geizhals oder Filz genannt zu werden, so sollt Ihr
Euch auch derart halten und betragen, daß man Euch nicht
›Herr Hans Verschwender‹ heißt. Daher sagt Tullius: ›Die Güter Deines Hauses sollten niemals so fest und so geheim gehalten werden, daß sie die Güte und das Mitleid nicht zu öffnen
wüßten‹, das heißt: sie unter die Bedürftigen zu teilen; noch
sollte Deine Habe je so offen sein, daß sie zum Gut der Allgemeinheit werde. Auch müßt Ihr ferner beim Erlangen und beim
Gebrauche Eures Reichtums drei Dinge stets in Eurem Herzen
haben, und diese sind: Gott, unser Herr, Gewissen und ein guter Ruf. Erst sollt Ihr Gott in Eurem Herzen tragen, und nicht

für Schätze dürft Ihr etwas tun, das Gott, unserm Schöpfer, irgendwie mißfallen könnte. Denn nach dem Worte Salamos ist es weit besser, bei Gottes Liebe wenig Gut zu haben, als durch das viele Gut die Liebe unsres Herrn und Gottes zu verlieren. Und der Prophet sagt, daß es besser sei, ein guter Mann zu sein und wenig Gut und Geld zu haben, als ein Bösewicht bei großem Reichtum. Doch sag' ich ferner, daß Ihr Euch stets bestreben solltet, reich zu werden, sofern Ihr dabei Euch ein gutes Gewissen bewahrt. Und der Apostel sagt, daß in der Welt uns nichts so große Freude machen sollte, als wenn uns das Gewissen ein gutes Zeugnis gibt. Auch sagt der Weise: ›Das Innere des Menschen ist sehr gut, wenn im Gewissen keine Sünde steckt.‹ Sodann müßt Ihr bei dem Erwerb und dem Gebrauch von Reichtum sehr große Sorge tragen und Euch streng bemühn, daß Ihr den guten Namen Euch erhaltet und bewahrt. Denn Salomo sagt: ›Ein gut Gerücht ist köstlicher denn großer Reichtum‹; und so sagt er an einer andern Stelle: ›Bestrebe Dich mit großem Fleiß, Dir Deinen guten Namen und Deine Freunde zu erhalten, denn diese halten länger bei Dir aus als Schätze, und ob sie noch so kostbar sind.‹ Und sicherlich, ein Edelmann kann der nicht heißen, der unterläßt, nächst Gott und ruhigem Gewissen auch seinen guten Namen zu bewahren. Und Cassiodorus sagt, daß es ein Merkmal eines edlen Herzens sei, wenn jemand liebe und den Wunsch besitze, sich einen guten Namen zu erhalten. Und deshalb sagt St. Augustin, zwei Dinge seien nötig und erforderlich: ein gut Gewissen und ein guter Ruf; das heißt: ein gut Gewissen für Dich selber und guter Ruf für Deine Nachbarn draußen. Und wer dem eignen ruhigen Gewissen so sehr vertraut, daß er darüber seinen guten Namen oder Ruf geringschätzt und nicht achtet und unbesorgt ist, diesen zu bewahren, ist nur ein roher Kerl.

Nun, Herr, ist Euch von mir gezeigt, wie Ihr verfahren sollt, um Reichtum zu erwerben, und wie Ihr ihn gebrauchen

sollt; und wohl ersehe ich, daß bei dem Vertrau'n, das Ihr auf
Euren Reichtum habt, Ihr willens seid, zu kriegen und zu
kämpfen. Ich rate Euch, daß Ihr nicht Krieg und Schlacht beginnt in dem Vertrau'n auf Euren Reichtum, denn er genügt
nicht, um den Krieg zu unterhalten. Und deshalb sagt ein Philosoph: ›Wer Krieg wünscht und ihn führen will, kann nie genug besitzen, dieweil, je mehr er hat, je mehr er zahlen muß,
um Sieg und Ehre zu erkaufen.‹ Und es sagt Salomo: ›Je größer'n Reichtum jemand hat, je mehr Verzehrer hat er.‹ Und,
teurer Herr, wenn es auch sein mag, daß Ihr durch Euren
Reichtum über vieles Volk gebietet, so ist es weder gut noch
ziemlich, Krieg zu machen, wenn Ihr mit Nutzen und mit Ehre in andrer Weise Frieden halten könnt, denn der Sieg der
Schlachten, so in dieser Welt geschlagen werden, liegt weder
in der Überzahl noch Masse an Kriegsvolk, noch in der Tapferkeit der Mannen, dagegen in der Hand von Gott, dem allgewalt'gen Herrn. Weshalb auch Judas Makkabäus, der ein Got-
tesritter war, als er mit einem Gegner kämpfen sollte, der
mehr an Zahl und größre Massen Volks besaß und stärker war
als dieses Makkabäus Heer, sein kleines Häuflein also tröstete
und sprach: ›Ebenso leicht kann Gott, unser allmächtiger
Herr, der kleinen Schar den Sieg verleihen wie der großen
Menge, denn Schlachtensieg hängt nicht von starken Heeren
ab, er kommt allein durch Gott, den Herrn im Himmel.‹ Und,
teurer Herr, dieweil kein Mensch Gewißheit hat, ob Gott ihm
Sieg verleihen werde oder nicht, wie Salomo gesagt hat, so
sollte jedermann sich höchlichst scheuen, Krieg zu beginnen.
Und da in Schlachten viel Gefahren sind und es sich manchmal
wohl ereignen kann, daß auch der Große wie der Kleine darin
getötet wird, und da geschrieben steht im zweiten Buch der
Könige: ›Der Schlachten Führung ist ein Wagestück und ungewiß‹; und da im Kriege die Gefahren groß sind, so sollte jeder auch den Krieg vermeiden und ihn fliehn, soviel er irgend

nur vermag. ›Denn wer sich in Gefahr begibt‹, sagt Salomo, ›kommt darin um.‹«

Nachdem in dieser Art die Frau Prudentia geredet hatte, entgegnete ihr Melibeus und sprach: »Ich sehe, Frau Prudentia, durch Eure schönen Worte und durch Eure Gründe, die Ihr mir gezeigt habt, daß Ihr den Krieg nicht liebt; doch habe ich bislang nicht Euren Rat gehört, wie ich in dieser Sache handeln soll.«

»Gewiß«, sprach sie, »ich rate Euch, daß Ihr mit Euren Gegnern Euch verständigt und Frieden haltet. Denn St. Jakobus sagt in seinem Briefe, daß durch Eintracht und Frieden Reichtum gewonnen wird, durch Hader und Streit aber zugrunde gehe. Und deshalb spricht auch unser Herr, Jesus Christ, zu seinen Aposteln in dieser Weise: ›Selig sind die Friedfertigen, denn sie werden Gottes Kinder heißen.‹«

»Ah!«, sagte Melibeus, »nun sehe ich klar, daß Ihr nicht meine Ehre und meine Würde schützt. Ihr wißt sehr wohl, daß meine Gegner den Streit und Kampf durch ihre Übeltat begonnen haben; auch seht Ihr klar, daß sie mich nicht um Frieden bitten und ersuchen und nicht verlangen, mit mir versöhnt zu sein. Wollt Ihr denn, daß ich mich so erniedrige, daß ich mich ihnen unterwerfe und sie um Gnade bitte? Fürwahr, das wäre nicht nach meinem Sinn. Denn wie man sagt, daß allzu große Einfalt Verachtung zeuge, so geht es auch zu großer Demut und Sanftmütigkeit.«

Nunmehr fing Frau Prudentia an, sich ärgerlich zu stellen, und sagte: »Gewiß, Herr, mit Verlaub! Ich liebe Euren Ruhm und Euren Nutzen wie meinen eigenen, und habe dieses stets getan, und keiner sagte je das Gegenteil. Doch hätte ich gesagt, Ihr solltet Friede und Versöhnung Euch erkaufen, so hätte ich mich wenig nur vergriffen und versprochen. Denn der Weise sagt: ›Uneinigkeit beginnt durch andere, doch die Versöhnung durch Dich selbst.‹ Und der Prophet sagt: ›Das Böse fliehe und das Gute tue! Den Frieden suche und erhalte, soviel an Dir liegt.‹ Doch sag' ich nicht, daß Ihr bei Euren Gegnern eher um Frieden bitten solltet als sie bei Euch; denn ich weiß wohl, Ihr seid so eigensinnig, daß Ihr um meinetwillen niemals etwas tut; und es sagt Salomo: ›Den, welcher ein zu hartes Herz besitzt, trifft schließlich Unglück und Verderben.‹«

Als Melibeus seine Frau Prudentia anscheinend böse sah, sprach er in dieser Weise: »Frau, ich bitte Euch, laßt Euch nicht kränken, was ich sage; denn ich weiß gar wohl, daß ich in Zorn und Ärger bin, und dieses ist kein Wunder; und wenn man zornig ist, vergißt man, was man tut und spricht. Daher sagt der Prophet, daß trübe Augen nicht klar sehen. Doch sag' und rate mir, was Dir gefällt; ich bin bereit, zu tun, was Du wünschest. Und wenn Ihr mich ob meiner Torheit scheltet, so kann ich Euch dafür nur loben und verehren. Denn Salomo sagt, daß wer den Toren tadelt, größre Gnade finden soll, als der durch süße Worte ihn betrügt.«

Dann sagte Frau Prudentia: »Wenn ich dem Anschein nach mich böse zeige, geschieht es nur zu Eurem großen Nutzen. Denn Salomo sagt: Es ist besser, einen Toren für seine Unvernunft zu schelten und zu tadeln, als ihn in seiner Torheit zu bestärken und zu loben und über seinen Unverstand zu lachen.‹ Und ebenso sagt dieser Salomo, daß durch das strenge Antlitz eines Mannes, das heißt durch seine ernste Haltung und Gebärde, der Tor gezüchtigt und verbessert werde.«

Dann sagte Melibeus: »Ich werde keine Antwort geben können auf soviel schöne Gründe, wie Ihr sie mir gezeigt und vorgeführt habt. Sagt Euren Willen und Eure Meinung mir in aller Kürze, und ich bin ganz bereit, ihn zu vollziehn und zu erfüllen.«

Darauf enthüllte Frau Prudentia ihm ihren ganzen Willen und begann: »Ich rate Euch vor allen Dingen, machet Frieden zwischen Gott und Euch, und seid versöhnt mit ihm und seiner

Gnade; denn – wie ich Euch zuvor gesagt – Gott hat Euch dieses Ungemach und diese Trübsal um Eurer Sünden willen auferlegt. Und wenn Ihr tut, was ich Euch sage, so wird Gott die Widersacher zu Euch senden und vor Eure Füße niederfallen lassen, bereit, nach Eurem Willen und Befehl zu tun. Denn Salomo sagt: ›Wenn dem Herren des Menschen Wege wohlgefallen, so wandelt er die Herzen seiner Feinde und zwingt sie, ihn um Frieden und um Gnade anzustehn.‹ Und darum bitt' ich Dich, laß mich mit Deinen Feinden heimlich sprechen, denn sie sollen es nicht wissen, daß es mit Eurem Willen und Eurer Zustimmung geschieht; und wenn ich ihren Willen und ihre Absicht kenne, vermag ich dann, Dir zuverlässiger zu raten.«

»Frau!«, sagte Melibeus, »tut, was Ihr wollt und wie es Euch beliebt. Ich stelle mich gänzlich unter Eure Leitung und unter Eueren Befehl.«

Als Frau Prudentia den guten Willen ihres Gatten sah, ging sie in sich zu Rate und dachte nach, wie diese Sache sie zu einem guten Ausgang bringen könnte. Und als sie ihre Zeit gekommen sah, entsandte sie zu seinen Gegnern Botschaft, in Heimlichkeit zu ihr zu kommen, und zeigte ihnen in verständ'ger Weise den großen Vorteil, welcher durch den Frieden kommt, und die Gefahren und die großen Leiden, welche durch Krieg entstehen; und sagte ihnen in vernünft'ger Art, wie tiefe Reue sie empfinden müßten wegen des Unrechts und der Kränkungen, so sie dem Melibeus, ihrem Herrn, und ihr und ihrer Tochter zugefügt.

Und als sie diese wohlgemeinten Worte der Frau Prudentia hörten, waren sie hocherstaunt und so entzückt und hatten über sie so große Freude, daß es ein Wunder zu erzählen ist. »O Dame!«, sprachen sie, »Ihr habet uns gezeigt der Sanftmut Segen nach den Worten des Propheten David; denn die Versöhnung, der wir in keiner Weise würdig sind und die in großer Demut und Zerknirschung wir erbitten sollten, Ihr bietet sie aus

großer Güte selbst uns an. Nun sehen wir es klar, wie echt und
groß die Weisheit Salomonis ist, wenn er besagt, daß man
durch liebe Worte seine Freunde mehre und Widerspenst'ge
sanft und folgsam mache.

Gewißlich«, sprachen sie, »wir stellen unsre Tat und unsre
ganze Sache durchaus in Euren guten Willen und sind bereit,
dem Worte und Befehl von Melibeus, unserm Herrn, zu folgen.
Und deshalb bitten und ersuchen wir Euch, teure, güt'ge Dame, so demütig wir können und vermögen, daß Eurer großen
Güte es gefallen möge, nun durch die Tat auch Eure guten Worte zu erfüllen. Wir sehen und gestehen ein, wir haben weit über
alles Maß hinaus den Melibeus, unsern Herrn, beleidigt und
gekränkt, und zwar so sehr, daß wir nicht Macht besitzen, ihn
dafür zu entschädigen; und deshalb binden und verpflichten
wir uns mit allen unsern Freunden, all seinen Willen und Befehl zu tun. Vielleicht jedoch hat er so schweren Ärger und solchen Zorn ob unserer Beleidigung noch gegen uns, daß er uns
solche Strafe aufzulegen denkt, die zu ertragen wir nicht fähig
sind; und deshalb, edle Dame, stehen wir zu Eurem weiblichen
Erbarmen, in dieser Not es derart einzurichten, daß wir und
unsre Freunde nicht enterbt und nicht zerstört durch unsre
Torheit werden.«

»Gewiß«, sprach Frau Prudentia, »es ist ein hartes, höchst
gefährlich Ding, wenn sich ein Mann dem Urteil und der will-
kürlichen Entscheidung seines Feindes so gänzlich unterwirft
und in Gewalt und Macht desselben sich begibt; denn es sagt
Salomo: ›Gehorchet mir und nehmt es Euch zu Herzen! Laß
den Sohn, die Frau, den Bruder und den Freund nicht Gewalt
über Dich haben, solang Du lebst.‹ Nun, da er es verbietet,
selbst dem Bruder und dem Freunde über unsern Leib Gewalt
zu geben, so untersagt er aus noch stärkern Gründen, sich seinen Feinden zu ergeben. Nichtsdestoweniger rat' ich Euch an,
nicht meinem Herren zu mißtrauen, denn ich weiß sicher und

bestimmt, er ist gutmütig, sanft, großherzig, höflich und nicht begierig noch erpicht auf Gut und Reichtum; denn er wünscht nichts auf dieser Welt als Ehre nur und Ehrerbietung. Auch weiß ich fernerhin und bin gewiß, daß er nichts ohne meinen Rat in diesem Falle tun wird; ich aber will es so zu machen wissen, daß durch die Gnade Gottes, unsres Herrn, Ihr miteinander Euch versöhnen sollt.«

Dann sagten sie mit einer Stimme: »Verehrte Dame! Wir stellen uns und unsre Güter völlig in Eure Neigung und in Euren Willen und sind bereit, an jedem Tag zu kommen, den Eure Hoheit liebt, uns zu bestimmen oder festzusetzen, um durch Verpflichtung und Verschreibung uns zu binden, so stark, wie's Eurer Gütigkeit gefällt, den Willen zu vollziehn von Euch und unserm Herren Melibeus.«

Als Frau Prudentia die Worte dieser Leute vernommen hatte, befahl sie ihnen, heimlich fortzugehn, und kehrte dann zurück zu ihrem Hausherrn Melibeus und sagte ihm, wie reuig sie seine Gegner gefunden hätte, welche ihre Sünde und ihr Vergehen demütig bekannt, und wie bereit sie wären, alle Strafe zu erdulden, indem sie nur um Gnade ihn ersuchten und um Erbarmen flehten.

Dann sagte Melibeus: »Derjenige ist wahrlich wert, Vergebung und Verzeihung für seine Sünde zu empfangen, der sie nicht entschuldigt, vielmehr, um Nachsicht bittend, sie eingesteht und bereut. Denn Seneca sagt: ›Wo Bekenntnis ist, da gibt es auch Vergebung und Verzeihung‹; denn das Bekenntnis ist der Unschuld Nachbar. Und so verspreche und versichre ich, den Frieden zu erhalten. Doch ist es gut, daß wir nichts ohne Beistimmung und ohne Willen unsrer Freunde tun.«

Nun war Prudentia höchst freudevoll und froh und sprach: »Gewiß, mein Herr, Ihr gabt mir eine liebe, rechte Antwort! Denn wie durch Rat und Beistimmung und Hilfe Eurer Freunde zur Rache und zum Krieg Ihr angestachelt seid, so sollt Ihr gleicherweise nicht ohne ihren Ratschlag Euch verständigen und Frieden mit den Widersachern schließen. Denn das Gesetz besagt: ›Nichts ist so gut in seiner Art, als daß auch der den Knoten wieder löst, der ihn geschürzt hat.‹«

Dann sandte Frau Prudentia ohne Zögern und Verweilen ihre Botschaft zu der Verwandtschaft und den alten Freunden, so treu und weise waren, und sagte ihnen auf Geheiß in Gegenwart von Melibeus alle Sachen, die schon zuvor erzählt sind und erklärt, und bat sie, Rat und Meinung abzugeben, was in dem Fall am füglichsten zu tun sei. Und als des Melibeus Freunde den besagten Gegenstand in Überlegung und in Rat gezogen hatten und ihn mit Emsigkeit und großem Fleiß geprüft, gaben sie ihre volle Zustimmung, den Frieden und die Ruhe zu erhalten, und Melibeus solle seine Feinde mit gutem Herzen bei ihm zur Gnade und Vergebung kommen lassen.

Und als dann Frau Prudentia ersah, daß ihres Herren Melibeus Meinung und seiner Freunde Rat mit ihrer Absicht und mit ihrem Willen in Einklang stände, ward sie in ihrem Herzen wunderfroh und sprach: »Es gibt ein altes Sprichwort, welches sagt: ›Das Gute, was Du heute tun kannst, vollbringe, und laß es und verschieb' es nicht auf morgen!‹ Und deshalb sag' ich, sendet Boten, die klug sind und verschwiegen, an Eure Gegner und lasset ihnen sagen, daß wenn sie über Frieden und Verständigung mit Euch verhandeln wollten, so möchten ohne Zögern und Verzug sie zu uns kommen.« Dieses wurde in der Tat so ausgeführt. Und als die Sünder, welche ihre Torheit reute, das heißt die Gegner von Melibeus, vernommen hatten, was diese Boten ihnen sagten, waren sie höchst erfreut und froh und antworteten voll Sanftmut und voll Güte, ihrem Herren Melibeus und seinem ganzen Kreise erkenntlich dankend, und schickten sich gleich ohne Zögern an, mit diesen Boten fortzugehn und dem Befehl von ihrem Herren Melibeus zu gehorchen.

Sie zogen graden Wegs zum Hof des Melibeus und nahmen einige treue Freunde mit, sie zu beglaubigen und für sie zu bürgen. Und als sie in die Gegenwart des Melibeus gekommen waren, sprach er zu ihnen diese Worte: »Es stehet so und ist erwiesen, daß Ihr ohne Grund und ungeschickter, unvernünft'ger Weise mir großes Leid und Unrecht zugefügt habt, so wie auch meiner Frau Prudentia und meiner Tochter gleichfalls; denn Ihr seid mit Gewalt mir in das Haus gedrungen, und solchen Schimpf habt Ihr mir angetan, daß jedermann wohl einsieht, daß Ihr den Tod verdient habt; und deshalb will ich von Euch hören und wissen, ob Ihr die Züchtigung, die Strafe und die Rache für diese Übeltat in meinen und in den Willen meines Weibes stellen wollt, ob nicht?«

Dann antwortete der Klügste von den dreien für alle und sprach: »Herr! Wir wissen wohl, daß wir unwürdig sind, zum Hofe eines so großen und so edlen Herrn, als Ihr seid, hinzukommen; denn wir haben so gröblich uns vergangen und sind so sündenvoll und schuldbeladen vor Eurer Hoheit, daß wir, fürwahr, den Tod verdienet haben; jedoch, da Eure große Güte und Barmherzigkeit die ganze Welt von Euch bezeugt, so unterwerfen wir uns der Vortrefflichkeit und Milde Eurer gnäd'gen Hoheit und sind bereit, in allem Euren Befehlen zu gehorchen, indem wir Euch ersuchen, daß Ihr aus mitleidsvoller Gnade unsre große Reue und tiefe Untertänigkeit betrachten und uns Vergebung für unser schmähliches Vergehen und unsre Übeltat gewähren wollt. Denn wir wissen wohl, daß Euere edle Huld und Gnade im Guten größer ist, als unsre Schuld und Übeltat im Bösen, obschon wir uns verfluchter- und verdammterweise höchst schuldig gegen Eure Hoheit machten.«

Höchst gütig hob sie Melibeus dann vom Boden auf, empfing von ihnen ihr Versprechen und Gelübde durch Eid und Pfand und Bürgen und bestimmte ihnen einen Tag, an seinen Hof zurückzukehren und Spruch und Urteil zu gewärtigen und anzunehmen, das Melibeus aus den vorbesagten Gründen an ihnen zu vollstrecken denke. Dies abgemacht, ging jedermann nach Haus.

Und als dann Frau Prudentia ihre Zeit gekommen sah, befragt' sie ihren Herren Melibeus, welche Rache er an seinen Gegnern auszuüben denke?

Worauf ihr Melibeus Antwort gab und sprach: »Gewiß, ich hege den Gedanken und die Absicht, ihnen zu nehmen, was sie je besaßen und in Verbannung sie auf ewig dann zu schicken.«

»Nun, sicherlich«, sprach Frau Prudentia, »der Urteilsspruch wäre grausam und höchlichst wider die Vernunft. Denn Ihr seid reich genug, und Ihr bedürft der Habe andrer Leute nicht. Und Ihr könnt Euch auf diese Weise leicht den Namen eines neid'gen Manns erwerben, was eine lästerliche Sache ist, die jeder gute Mensch stets meiden sollte; denn nach dem Spruche des Apostels ist Begehrlichkeit die Wurzel alles Übels. Und besser wäre es für Euch daher, von Eurem Gute vieles zu verlieren, als wie die Habe andrer in solcher Art zu nehmen. Denn besser ist's, mit Würde zu verlieren, als wie durch Schlechtigkeit und Schande zu gewinnen. Und jeder sollte mit Fleiß und Emsigkeit erstreben, sich einen guten Namen zu verschaffen. Und nicht allein soll er stets tätig sein, den guten Namen zu bewahren, nein, immer sich bestreben, das zu tun, wodurch den guten Namen er erneuern kann; denn aufgeschrieben steht, daß jeder gute Ruf und Name bald schwindet und vergeht, wenn er nicht stets von neuem aufgefrischt wird. Und wenn Ihr sagtet, daß Ihr Eure Gegner verbannen wollt, so scheint mir das ganz wider die Vernunft und alles Maß in Anbetracht der Macht, die sie Euch selbst gegeben haben. Geschrieben steht, daß der verdiene, sein Vorrecht zu verlieren, der die Gewalt und Macht mißbraucht, so ihm verliehen ist. Und setzte ich den Fall, Ihr könntet diese Strafe ihnen durch das Recht und die Gesetze auferlegen, was ich bezweifle, so sag' ich dennoch,

Ihr dürft es nicht zur Ausführung gelangen lassen, weil dies zum Krieg zurückzukehren hieße, wie zuvor. Und wenn Ihr daher wollt, daß diese Leute Euch gehorchen sollen, so müßt Ihr höflicher entscheiden, das heißt, Ihr müßt ein leichtres Urteil ihnen geben. Geschrieben steht: ›Dem, der am freundlichsten befehlen kann, wird man am besten auch gehorchen.‹ Und deshalb bitt' ich Euch, in diesem Fall der Not und der Notwendigkeit das eigne Herz zu überkommen. Denn Seneca sagt: ›Der, so sein Herz besiegt, ist zweimal Sieger.‹ Und Tullius sagt: ›Nichts ist empfehlenswerter für den großen Herrn, als daß er sanft und güt'gen Herzens ist und sich mit Leichtigkeit beruhigen läßt.‹ Und daher bitt' ich, unterlaßt es jetzt, in dieser Weise Euch zu rächen, damit der gute Name Euch gewahrt und Euch erhalten bleibe und damit man Grund und Ursache habe, ob Eurer Güte und ob Eures Mitleids Euch zu preisen, und auch damit Ihr selber keinen Grund habt, das zu bereuen, was Ihr tut. Denn Seneca sagt: ›Es siegt in übler Art, wer nach dem Siege seinen Sieg bereut.‹ Deswegen bitt' ich Euch, hegt in dem Herzen Mitleid zu diesem Zweck und Ende, damit Gott, der Allmächtige, mit Euch in seinem Schlußgerichte Mitleid habe. Denn St. Jakobus sagt in seinem Briefe: ›Es wird aber ein unbarmherzig Gericht über den gehen, der nicht Barmherzigkeit getan hat.‹«

Als Melibeus diese trift'gen Gründe der Frau Prudentia hörte und ihre weisen Lehren und Ermahnungen, begann sein Herz, dem Willen seines Weibes sich zu fügen, und in Betracht von ihrer treuen Absicht bezwang er sich und stimmte willig ein, nach ihrem Rat zu handeln, und dankte Gott, von welchem alle Güte und alle Tugend kommt, daß er ihm ein so klug, verständig Weib gesandt. Und als der Tag kam, an welchem seine Gegner in seiner Gegenwart erscheinen sollten, sprach er zu ihnen freundlichst dieser Art: »Mag es auch sein, daß Ihr durch Euren Stolz und Eure Anmaßung und Torheit und Unbedacht und Lässigkeit Euch übel aufgeführt und gegen mich Euch sehr vergangen habt, so macht mich Eure Demut, die ich sehe, sowie die reuevolle Sorge über Eure Schuld dennoch geneigt zu Gnade und Erbarmen. Drum nehm' ich Euch in meine Huld zurück, und ich verzeihe Euch die Kränkung und Schmähung und das Unrecht völlig, das Ihr den Meinen sowie mir getan, zu diesem Zweck und Ende, damit uns Gott in seinem endlosen Erbarmen zur Zeit des Todes unsre Schuld vergebe, die wider ihn in dieser Welt voll Elend wir verübt. Denn zweifelsohne, sind betrübt und reuevoll wir über unsre Schuld und unsre Sünden, die wir getan vorm Angesicht des Herrn, ist er so edel und so gnadenvoll, daß er uns unsre Schuld vergibt und uns zum Heile führt, das nimmer endet. Amen!«

Die Erzählung
des Mönches

Worte des Gastwirts an den Mönch

Vers 1–102

Als ich mit Melibeus und der frommen
Prudentia nunmehr zum Schluß gekommen,
Sprach unser Wirt: »Mein Wort darauf, als Mann,
Und bei dem teuren Corpus Madrian!
Mir wäre lieber, als ein Faß voll Bier,
Mein Weibchen hätte zugehört mit mir
Dem, was von Frau Prudentia Ihr erzählt,
Da ihr Geduld in jeder Hinsicht fehlt.
Gott's Knochen! Wenn ich meine Knechte hau',
Bringt mir die dicksten Knüttel meine Frau
Und schreit: Gib jedem Hunde seinen Teil,
Brich ihm den Hals, laß keinen Knochen heil!‹
     Und sollte von den Nachbarn jemand wagen,
Ihr rücksichtslos den Vortritt zu versagen,
Und grüßt' er sie gar in der Kirche nicht,
So springt zu Hause sie mir ins Gesicht
Und ruft: ›Du feige Memme! Räch' Dein Weib!
Gib mir Dein Messer! Bei des Herren Leib!

Nimm meine Kunkel hin und spinne Du!‹
20 So setzt sie mir bis spät am Abend zu.
›Ach!‹, ruft sie aus, ›warum ward ich erschaffen
Für eine Memme, einen feigen Affen,
Der sich beschimpfen läßt von jedem Knecht,
Statt zu verteid'gen seines Weibes Recht?‹
        Das ist mein Leben, das ich mit ihr führe.
Will ich nicht fechten, muß ich aus der Türe
Mich drücken, sonst hab' ich verspielt; es sei
Denn, ich wär' tollkühn, wie ein wilder Leu.
Sie reizt mich, weiß ich sicher, noch zum Mord
30 Und eines Tages muß ich von hier fort.
Ein böses Messer führ' ich in der Hand,
Obgleich ich ihr noch niemals widerstand.
Stark ist ihr Arm, und das wird jeder finden,
Der wagen wollte, mit ihr anzubinden.
Doch sprechen wir nicht von der Sache weiter.
        Herr Mönch«, sprach er, »seid aufgeräumt und heiter
Denn zu erzählen – auf mein Wort – habt Ihr!
Seht, Rochester ist nicht mehr weit von hier.
Vorwärts, mein Herr! Verderbt uns nicht das Spiel!
40 Indes, bei meiner Treue! Mir entfiel
Ganz Euer Name. Heißt Ihr Dan Johann,
Heißt Ihr Dan Thomas oder Dan Alban?
Von welcher Art seid Ihr, aus welchem Haus?
Ihr seht, bei Gott, höchst frisch und blühend aus;
Auf einer noblen Weide müßt Ihr gehn,
Kein Geist und Büßer kann hier vor mir stehn!
Bei meiner Treu! Ihr seid ein Offiziant,
Ein Meßner oder Meister vom Proviant.
Bei meines Vaters Seele! Grad heraus,
50 Ihr seid ein Meister und ein Herr zu Haus;
Nicht ein Novize, nicht ein Klosterbruder,

Nein, klug und weise führt Ihr selbst das Ruder.
Den Muskeln und den Knochen sieht man's an,
Ihr seid ein wohl- und hochgestellter Mann,
Und in der Hölle schenke Gott ihm Lohn,
Der Euch zuerst beschwatzt zur Religion.
Zum Tretehahn scheint Ihr wie ausgewählt,
Wenn's bei der Kraft an Angebot nicht fehlt.
Wär't Ihr mit Lust dem Zeugungswerk ergeben,
60 Euch dankten viel Geschöpfe wohl das Leben.
Wie geht Ihr in der Kutte nur einher?
Ach, lieber Gott! Wenn ich der Papst nur wär',
So solltest Du, wie jeder Mann von Mark,
Sei ihm das Haupt beschoren noch so stark,
Ein Weibsbild freien. Denn wo bleibt die Welt,
Wenn alles Korn nur die Rel'gion erhält?
Wir armen Laien müssen Krüppel bleiben,
Da schwache Bäume schlechte Sprossen treiben.
Und daher kommt's, daß unsre Kinder schwach
70 Und ohne Kraft sind für das Zeugungsfach.
Und deshalb sind die Weiber immer hold
Der Geistlichkeit, die stets mit Venusgold
Zu zahlen pflegt, indes wir Laien eben,
Gott weiß es, nichts als Luxenburger geben.
Doch hoff' ich nicht, daß Euch mein Scherz mißfiel.
Es heißt ja: oft steckt Wahrheit in dem Spiel.«
    Der würd'ge Mönch nahm alles ruhig hin
Und sprach: »Soweit ich dazu fähig bin,
Will ich sehr gern an ehrbaren Geschichten
80 Euch eine, ja selbst zwei bis drei, berichten.
Und leiht Ihr mir ein aufmerksames Ohr,
Trag' ich das Leben von St. Eduard vor;
Sonst mach' ich mit Tragödien den Beginn,
Denn wohl einhundert stecken mir im Sinn.

Wie uns die alten Bücher unterrichten,
Bezeichnet als Tragödien man Geschichten
Von solchen Leuten, die vom höchsten Glück
Gefallen sind ins tiefste Mißgeschick,
Und in das Elend und den Tod getrieben.
90   Meist sind sie in Hexametern geschrieben,
Das heißt in Versen, die sechs Füße zählen;
Doch kann man auch ein andres Versmaß wählen
Und häufig wird auch Prosa angewandt;
Dies lasset Euch genügen vor der Hand.
        Nun hört mir zu, sofern es Euch gefällt.
Doch eine Bitte sei zuvor gestellt:
Zähl' ich nicht immer nach dem Zeitverlauf
Die Päpste, Kaiser oder Kön'ge auf,
Und sollte diesen ich zu früh und jenen
100 Zu spät vielleicht dem Alter nach erwähnen,
Wie es mir eben einfällt, so verzeiht
Mir gütigst meine Ungelehrsamkeit.«

Die Erzählung des Mönches

Vers 103–878

Ich werde nach Tragödienart beklagen
Die Leiden derer, die aus hohem Stand
In Elend fielen und der Last erlagen,
Nachdem auf Rettung jede Hoffnung schwand.
Hat sich Fortuna erst zur Flucht gewandt,
Kann ihrem Rad kein Mensch den Lauf verwehren.
Drum laßt von mir des Glückes Unbestand
110 Euch durch manch altes, treues Beispiel lehren.

Luzifer

Von Luzifer sollt Ihr zunächst erfahren,
Obschon er Engel und kein Mensch gewesen.
Zwar lenkt Fortuna nicht die Himmelsscharen,
Doch in die Hölle stürzte Lust zum Bösen
Für ew'ge Zeiten dies erhab'ne Wesen.
O Luzifer, Du glänzendster von allen,
Nun bist Du Satan. Nichts kann Dich erlösen
Vom Elend, welchem Du anheimgefallen.

Adam

Seht Adam, der von Gott mit eignen Händen
120 Erschaffen ward einst auf Damaskus' Flur
Und nicht erzeugt aus schmutz'gen Menschenlenden.
Der, abgesehn von einem Baume nur,
In Eden herrschte. Keine Kreatur
Stand höher, bis ihn eigenes Verschulden
Vertrieb vom Gottesgarten der Natur,
Sich abzumühn und Höllenqual zu dulden.

Simson

Betrachtet Simson, welcher ungeboren
Vom Engel schon der Welt verkündigt war,
Den Gott in seiner Allmacht auserkoren
130 Zu hohem Ruhm, solang sein Augenpaar
Noch Licht besaß. Denn aus der Männer Schar
Glich keiner ihm an Kraft und kühnem Wagen,
Bis daß er sein Geheimnis offenbar
Dem Weib gemacht, und dann sich selbst erschlagen.

Der edle Simson war's, der starke Held,
Der einen Löwen mit der Hand bezwang
Und würgte, als er wehrlos übers Feld

Des Weges schritt auf seinem Hochzeitsgang.
Doch seines Rätsels Lösung ihm entrang
140 Durch Schmeichelei'n sein Weib, das ungetreue,
Verriet ihn seinen Feinden, und zum Dank
Verließ sie ihn und freite dann aufs neue.

Dreihundert Füchse hatt' er eingefangen,
Die mit den Schwänzen er zusammenband,
Nachdem an jeden Fuchsschweif er gehangen
In seinem Jähzorn einen Feuerbrand.
Verheert ward jedes Kornfeld rings im Land
Und jeder Wein- und Ölberg durch die Meute,
Und mit dem Eselskinnbein in der Hand
150 Als einz'ger Waffe schlug er tausend Leute.

Von Durst gequält, als sie erschlagen waren,
Bat er zu Gott, erschöpft und todesbang,
Er möge ihn erretten und bewahren
Durch einen Trunk vor sicherm Untergang.
Und aus dem toten Eselskinnbein sprang
Sofort aus einem Backenzahn die Quelle.
So sandte Gott ihm den Erquickungstrank;
Im Buch der Richter findet Ihr die Stelle.

Von Gazas Toren riß er Nachts die Flügel,
160 Trotz aller Stadtphilister Widerstand,
Gewaltsam aus, und trug auf einen Hügel
Sie bis zur Spitze mit gewalt'ger Hand,
Damit sie jeder sähe rings im Land.
O edler Simson, hätte, tapfrer Streiter,
Dir Dein Geheimnis nicht ein Weib entwandt,
So gliche keiner Dir auf Erden weiter.

Die Vorschrift eines Engels hieß ihn meiden
Den Wein und Cider, und sich immerdar
Sein Haupt zu scheren oder zu beschneiden;
170 Denn seine Stärke lag in seinem Haar.
In Israel regierte Jahr für Jahr
Er über zwanzig Winter Land und Leute.
Doch brachten ihn die Weiber in Gefahr,
Was unter manchen Tränen er bereute.

Denn als sein Kebsweib Delila kaum hörte,
Daß alle Kraft ihm durch sein Haar verliehn,
Verriet ihn die durch Feindesgold Betörte,
Und als er schlummernd lag auf ihren Knien,
Schnitt sie, um seine Kraft ihm zu entziehn,
180 Das Haar ihm ab und übergab den Händen
Des Feindes den Geschwächten, welcher ihn
Mit Stricken band, um ihn sodann zu blenden.

Solang sein Haar er trug, war keiner stärker.
Ihm konnten keine Banden widerstehn.
Nun aber sitzt gefangen er im Kerker,
Und muß gezwungen dort die Mühle drehn.
O Richter, einst so hoch und angesehn,
O edler Simson, stärkster Mann von allen,
Wohl mögen in den blinden Augen stehn
190 Die Tränen Dir, denn tief bist Du gefallen!

Hört, wie sein Dasein elend er beschlossen!
Ein Fest ward von dem Feinde angestellt
Im reichgeschmückten Tempel, wo mit Possen
Der Ärmste sie gezwungen unterhält.
Doch wurde bitter ihre Lust vergällt.
Denn um zwei Pfeiler schlingt er seine Hände –

Sie stürzen, und der ganze Tempel fällt,
Und mit den Feinden fand auch er sein Ende.

Die Fürsten alle, will ich damit sagen,
200 Und noch Dreitausend wurden überher
Beim Sturz des Tempels vom Gestein erschlagen.
Von Simson aber red' ich nun nicht mehr.
Doch zeigt dies alte Beispiel Euch, wie sehr
Es not tut, nicht vor Weibern auszuprahlen,
Was man geheimzuhalten wünscht; denn schwer
Muß man es sonst mit Leib und Leben zahlen.

Herkules

Von Herkules', des Weltbezwingers, Ruhme
Zeugt manches Werk, das seiner Hand geglückt.
An Manneskraft war er der Vorzeit Blume.
210 Er schlug den Löwen, dessen Haut ihn schmückt,
Hat der Zentauren Übermut erdrückt,
Die grausigen Harpyien überwunden,
Des Drachen goldne Äpfel abgepflückt,
Und Zerberus den Höllenhund gebunden.

Busiris, den Tyrannen, schlug er nieder,
Und gab den Rossen sein Gebein zum Schmaus.
Er schlug die gift'ge, feuerspei'nde Hyder,
Und brach ein Horn dem Acheloos aus,
Den Cacus hat in seinem Felsenhaus,
220 Antäus hat, den Riesen, er erschlagen,
Dem grimmen Eber gab er den Garaus,
Und hat des Himmels schwere Last getragen.

Es lebte keiner seit der Welt Beginne,
Der so viel Ungeheuer überwand.

Es war der Ruf von seinem Biedersinne
Und seiner Stärke weit und breit bekannt.
Von ihm durchzogen wurde jedes Land.
Es war an Kraft ihm niemand zu vergleichen.
Je einen Pfeiler pflanzt' er an dem Rand
230 Der Erde auf als Grenz- und Ruhmeszeichen.

Als Kebsweib lebte mit dem edlen Helden
Die Dejanira, eine junge Maid,
Frisch wie der Mai, und gab, wie Schreiber melden,
Ihm einst ein neues, buntgeschecktes Kleid.
Doch war in Gift von solcher Wirksamkeit
Das Hemd getränkt – o Jammer und Entsetzen! –
Daß ihm schon nach zwölf Stunden Tragezeit
Das Fleisch von seinen Knochen fiel in Fetzen.

Zwar manche Schreiber auch der Ansicht huld'gen,
240 Daß Nessus ihm das gift'ge Hemd gesandt;
Nun, das mag sein. – Ich will sie nicht beschuld'gen.
Er trug auf nacktem Leibe das Gewand,
Bis schwarz vom Gift ihm alles Fleisch gebrannt;
Und hoffnungslos, das Übel abzuwenden,
Begrub er sich in glüh'nder Kohlen Brand,
Um nicht durch Gift unehrenvoll zu enden.

So ist der edle Herkules gestorben.
Sieh, wer vertraut dem Glück noch fernerweit?
Wie oft fällt der, den alle Welt umworben,
250 Bevor er's denkt, in tiefste Niedrigkeit.
In Selbsterkenntnis liegt die Männlichkeit!
Laßt vor dem schmeichlerischen Glück Euch warnen;
Es wartet nur auf die Gelegenheit,
Die Menschen unvermutet zu umgarnen.

Nebukadnezar

Des Königes Nebukadnezars Macht,
Der Schätze unermeßlichen Bestand,
Des Szepters Ruhm, des Thrones Glanz und Pracht,
Macht keine Zunge je getreu bekannt.
Zweimal hat er Jerusalem berannt,
260 Und das Gerät des Tempelheiligtumes
Geplündert und nach Babylon gesandt,
Der auserwählten Hauptstadt seines Ruhmes.

Die schönsten Fürstenkinder Israels wählte
Zu Sklaven er, nachdem beschnitten war
Zuvor ein jeder Knabe; und es zählte
Auch unter andern Daniel zu der Schar,
Der weiseste von allen, welcher klar
Auslegen konnte wie geschickt erläutern
Den Traum des Königs, was mißlungen war
270 Bislang Chaldäas ersten Zeichendeutern.

Ein Standbild ließ der stolze König gießen
Aus reinem Golde, sechzig Ellen lang
Und sieben breit, das ehrfurchtsvoll zu grüßen
Er Alt und Jung im ganzen Lande zwang.
Wer nicht gehorchte, fand den Untergang
In einem Flammenofen. Doch entschlossen,
Sich nimmerdar zu beugen solchem Zwang,
Blieb Daniel mit seinen zwei Genossen.

Der stolze Fürstenkönig schien zu glauben,
280 Es könne Gottes Allmacht nimmermehr
Ihn seiner Würde und Gewalt berauben.
Doch plötzlich traf des Himmels Hand ihn schwer.
Ihm schien, daß er zum Tier geworden wär';

Und lange Zeit von diesem Wahn besessen,
Lief mit dem Vieh im Regen er umher,
Um wie ein Ochse Gras und Heu zu fressen.

Zu Adlersfedern wuchsen seine Haare,
Zu Vögelklau'n die Nägel seiner Hand.
Doch ward ihm gnädig im Verlauf der Jahre
290 Zurückgeschenkt vom Himmel der Verstand.
Er dankte Gott, von Tränen übermannt;
Und mied fortan des Lasters Sündenpfade.
Und noch bevor er Ruh' im Grabe fand,
Erkannt' er, Gott sei voller Macht und Gnade.

Belsazar

Sein Erbe Belsazar bestieg den Thron,
Nachdem des Vaters Lebenstag geendet.
Jedoch sein Schicksal warnte nicht den Sohn.
Er war durch Stolz und Übermut verblendet,
Ja, Götzen selbst hat Opfer er gespendet;
300 Es wuchs sein Hochmut stets mit seinem Glücke.
Doch als sich dieses von ihm abgewendet,
Fiel plötzlich auch sein ganzes Reich in Stücke.

Zu einem Feste lud er aus dem ganzen
Gebiet des Reiches einst den Adel ein;
Und ihn zu ehren, rief er seine Schranzen
Und sprach: »Sogleich bringt das Gefäß herein,
Das mein erhabner Vater aus dem Schrein
Des Tempels in Jerusalem genommen,
Den hohen Göttern unsern Dank zu weihn,
310 Daß uns der Ahnen Ehren überkommen!«

Begierig tranken aus den edlen Krügen
Sein Weib, die Konkubinen und die Schar
Der Edelleute Wein in vollen Zügen;
Doch auf zur Mauer starrte Belsazar,
Und vor Entsetzen sträubte sich sein Haar;
Denn eine Hand fuhr eilig hin und wieder
Und schrieb, obwohl kein Arm zu sehen war,
Die Worte »Mene tekel phares« nieder.

Von keinem Magier ward im ganzen Lande
320 Der Sinn von diesen Worten klargemacht.
Allein nur Daniel war dazu imstande
Und sprach: »O Fürst! Dein Vater war mit Macht,
Mit Ehre, Ruhm und Schätzen reich bedacht;
Doch als er Gott in seinem Stolz vergessen,
Hat ihn der Herr in schweres Leid gebracht,
Und seines Reichs beraubt, das er besessen.

Von menschlicher Gesellschaft ausgeschlossen,
Durchlief in Wind und Wetter er die Flur,
Fraß Heu, und Esel hatt' er zu Genossen,
330 Bis er durch Gnade, durch Vernunft erfuhr,
Daß Gott im Himmel jede Kreatur
Und jedes Reich nach seinem Willen lenkt.
Worauf ihm Macht und menschliche Natur
In seinem Mitleid Gott zurückgeschenkt.

Auch Du, sein Sohn, hast Dich, durch Stolz verblendet,
Obschon Dir alle diese Dinge klar,
Von Deinem Gott als ein Rebell gewendet.
Du wagtest frech und jeder Sitte bar,
Mit Deinen Weibern, Deiner Dirnen Schar
340 Aus diesen heil'gen Bechern Wein zu trinken,

Du brachtest Götzen Frevelopfer dar
Und wirst dafür ins tiefste Elend sinken.

Oh, glaube mir, die Hand, die aufgeschrieben
Ihr »Mene tekel phares« an die Wand,
Hat Gott geschickt. Es wird Dein Reich zerstieben,
Dein Thron ist hin. Du bist zu leicht erkannt.
An Meder und an Perser fällt Dein Land!«
Er sprach's. – Der König aber ward erschlagen
In selber Nacht. Worauf Darius' Hand
350 Dann seinen Szepter wider Recht getragen.

Seht, edle Herren, dieses Beispiel lehret,
Es biete Herrschaft keine Sicherheit.
Wenn Euch Fortuna ihren Rücken kehret,
Verschwinden Reichtum, Macht und Herrlichkeit,
Ja, Freunde macht zu Feinden selbst das Leid.
Rasch weiß das Unglück – scheint mir – zu vertreiben
So Groß wie Klein; und wahr wird alle Zeit
Dies alte weitbekannte Sprichwort bleiben.

Zenobia

Zenobia, Palmyras Königin,
360 Ward von den Persern rühmend stets besungen.
In Hinsicht auf Geburt und Edelsinn
Hat ihr die Palme nie ein Mensch entrungen.
Sie war aus Persiens Königsblut entsprungen.
Kaum schön zu nennen war sie, doch voll Kraft
Hat sie die Waffen mit Geschick geschwungen,
Und von Gestalt war sie untadelhaft.

Ihr galt, erzählt man, seit der Kindheit Tagen
Der Weiber Tun und Schaffen für gering.

Den Wald durchzog sie, um den Hirsch zu jagen,
370 Und wenn das Wild dem scharfen Pfeil entging,
Erhaschte sie's im raschen Laufe flink.
Herangewachsen, bändigte sie Tiger
Und Bären, ja selbst Löwen, die sie fing,
Und blieb in jedem Kampf mit ihnen Sieger.

Sie pflegte nachts die Berge zu durchstreifen,
Im Busch zu schlafen und mit kühner Hand
Das Raubtier in der Höhle zu ergreifen.
Von ihr ward jeder Jüngling übermannt,
Der ihr im Kampfe gegenüberstand.
380 Ihr Arm warf selbst die stärksten Männer nieder;
Das Mädchentum hat keiner ihr entwandt,
Denn sich zu binden, war ihr stets zuwider.

Doch wählte schließlich auf der Freunde Rat
Sie zum Gemahl nach langem Widerstreben
Den edlen Landesfürsten Odenat.
Und Ihr müßt wissen, ganz wie sie war eben
Auch er dem Kampfe und der Jagd ergeben.
Indessen war, wenn auch in Furcht und Scheu
Sie sich verbanden, reich beglückt ihr Leben
390 Und beiderseitig voller Lieb' und Treu.

Nur eine Sache macht' ihn sehr verdrossen,
Daß sie ihm nur, damit die Welt vermehrt
Durch die Geburt von einem Leibessprossen,
Mit ihr den Beischlaf zu vollziehn, gewährt.
Ward ihr indessen keine Frucht beschert
Durch diesen Akt, so ließ sie ihn vollbringen
Zum zweiten Male, was sein Herz begehrt;
Doch nie dazu aus Furcht vor ihm sich zwingen.

Sobald ein Kind hingegen sie empfangen,
400 War auch vorbei das Liebesspiel für ihn,
Und erst, wenn vierzig Tage hingegangen,
Ließ sie noch einmal ihn den Akt vollziehn.
Wie sehr er bat, wie aufgebracht er schien,
Es half ihm nichts. Sie pflegte nur zu sagen,
Daß es ein Schimpf sei, sich zu unterziehn
Dem Zeugungswerk aus Lust und Wohlbehagen.

Zwei Söhne waren Früchte der Vermählung,
Die sie erzog zu Tugend und Verstand.
Doch um zurückzukehren zur Erzählung,
410 Muß ich Euch sagen, daß in keinem Land
Der Erde man ein Wesen jemals fand,
So würdig, weise, maßvoll von Betragen,
Die Mut mit feiner Sitte so verband,
Und die so tapfer sich im Kampf geschlagen.

Ich könnte nie genügend Euch erzählen
Von aller Kleider und Geräte Pracht.
Sie schmückte sich mit Gold und mit Juwelen,
Und hatte trotz der Leidenschaft zur Jagd
Zu eigen manche Sprache sich gemacht,
420 Und mit dem Lesen guter Bücher gerne
Die Stunden ihrer Muße hingebracht,
Damit sie tugendhaft zu leben lerne.

Doch um die Sache nicht zu breit zu treten:
Erobert hatte dieses tapfre Paar
Manch großes Reich mit manchen schönen Städten
Im Orient, wo Romas stolzem Aar
Die ganze Gegend untertänig war;
Und hielten fest mit starker Hand die Beute,

Und nie verjagte sie der Feinde Schar,
430 Solang des Lebens Odenat sich freute.

Wer lesen will, wie König Sapors Macht
Und andrer Fürsten Heere sie geschlagen,
Aus welchen Gründen sie den Krieg gemacht
Und was sich alles darin zugetragen,
Wie sie, besiegt, in spätern Lebenstagen
Gefangenschaft und Ungemach ertrug,
Dem rat' ich an, Petrarca zu befragen,
Denn, auf mein Wort! Er schreibt davon genug.

Selbst nach dem Tod von Odenat hielt kräftig
440 Sie der Regierung Zügel in der Hand.
Mit ihren Feinden kämpfte sie so heftig,
Daß jeder Fürst und König rings im Land
Sich freute, wenn er Gnade vor ihr fand,
Ja, lieber, als den Krieg mit ihr zu wagen,
Des Friedens halber sich mit ihr verband,
Und ungestört sie reiten ließ und jagen.

Galien sogar, und später Claudius,
Die nacheinander Romas Kaiser waren,
Besaßen nicht den Mut und den Entschluß,
450 Sich auszusetzen solchen Kriegsgefahren.
Es mieden Syriens und Ägyptens Scharen,
Armenier und Araber jede Schlacht
Aus Furcht, daß sie von ihrem Heer zu Paaren
Getrieben würden oder umgebracht.

Die Söhne prangten stolz im Königskleide
Als Erben von des Vaters weitem Land.
Als Heremann und Timolos sind beide

Dem ganzen Volk der Perser wohl bekannt.
Doch Galle mischt dem Honig stets die Hand
460 Fortunas bei, und wie das Glück sich wendet,
Erfuhr die mächt'ge Fürstin, die – verbannt
Aus ihrem Reich – in Not und Schmach geendet.

Denn als des Aurelianus starke Hand
Die Kaiserkrone Roms davongetragen,
Beschloß er gleich, von Rachedurst entbrannt,
Mit den Legionen einen Krieg zu wagen.
Und hat Zenobia – um es kurz zu sagen –
Besiegt, gefangen, und ihr Reich verheert;
Ließ mit den Sühnen sie in Fesseln schlagen,
470 Worauf nach Rom er dann zurückgekehrt.

Ihr goldner mit Gestein verzierter Wagen
Ward von dem großen Römer Aurelian
Mit andrer Beute, die davongetragen,
Zur Schau gestellt in Rom für jedermann.
Sie aber schritt, als der Triumph begann,
Im Kronenschmuck von ihrer Königswürde
Und steinbesetztem Prachtgewand voran,
Den Hals beschwert durch goldner Ketten Bürde.

Fortuna, ach! – Sie, die in ihrer Kraft
480 So Könige wie Kaiser einst bezwungen,
Wird jetzt – o Schmach! – Von allem Volk begafft.
Sie, die behelmt im Schlachtenbraus gerungen,
Der mancher Sturm auf Turm und Stadt gelungen,
Trägt jetzt der Knechtschaft grobes Kopfgewand;
Sie, die den blüh'nden Szepter einst geschwungen,
Spinnt jetzt ums Brot, die Kunkel in der Hand.

Peter von Spanien

Mit Recht beklagt man Deinen Jammertod
Hispaniens Stolz, o edler, würd'ger Peter,
Dem Ehren einst Fortuna reichlich bot.
490   Dein Bruder trieb Dich aus dem Land, und später
Verlockte hinterlistig durch Verräter
Er Dich aus Deiner Festung in sein Zelt,
Wo Dir mit eigner Hand der Missetäter
Das Leben nahm, die Herrschaft und das Geld.

Im weißen Felde klebt ein schwarzer Aar
An einem feuerroten Leimstock feste,
Von dem die schnöde Tat ersonnen war;
Und ausgebrütet ward's im schlimmen Neste.
Nicht Karls Ol'vier tats, der ehrenfeste,
500   Nein, Olivier aus dem Bretagnerland;
Ein Ganelon, den man durch Geld erpreßte,
Bot zum Ruin des Königs seine Hand.

Pedro, König von Cypern

O edler Pedro, Cyperns Königsheld,
Der tapfer Alexandrien bezwungen,
Du Züchtiger der ganzen Heidenwelt,
Vasallen haben Dich, von Neid durchdrungen,
Weil Du Dir hohen Ritterruhm errungen,
In Deinem Bette morgens umgebracht.
So wird Fortunas Rad herumgeschwungen;
510   Und heute weint, wer gestern noch gelacht.

Barnabo Visconti

Vom großen Barnabo Visconti sei,
Dem Herrscher Mailands, Euch Bericht gegeben.
Du Gott der Lust, Du Fluch der Lombardei!

Wer wagte je, so hoch emporzustreben?
Der Sohn des eignen Bruders, der daneben
Als Schwiegersohn Dir doppelt anverwandt,
Nahm Dir in Deiner Kerkerhaft das Leben;
Wie und weswegen, blieb mir unbekannt.

   Hugolin von Pisa
   Kaum melden kann mein Mund vor Leid und Wehe
520 Graf Hugolin von Pisas Höllenpein.
   Es steht ein Turm in Pisas nächster Nähe;
   Dort sperrte man ihn als Gefangnen ein,
   Mitsamt drei Kindern, noch so zart und klein,
   Daß kaum das älteste fünf Jahre zählte.
   Ach, Schicksal, das für solche Vögelein
   Solch einen Ort zum Käfig auserwählte.

   Er war verdammt, in seiner Haft zu sterben,
   Denn Roger, Pisas Bischof, war bedacht,
   Ihn unter falschem Vorwand zu verderben;
530 Weshalb das Volk zum Aufstand er entfacht.
   So ward er zum Gefangenen gemacht,
   Wie ich bereits Euch vorhin kundgegeben;
   Zwar wurde Trank und Nahrung ihm gebracht,
   Doch arm und schlecht und kaum genug zum Leben.

   Als einst die Stunde kam, in der zuvor
   Ihm stets sein Mahl der Wärter zugetragen.
   Vernahm er, daß verschlossen ward das Thor.
   Er schwieg – indes sein Herz begann zu zagen,
   Und konnte sich der Ahnung nicht entschlagen,
540 Daß er bestimmt zum Hungertode sei.
   »Weh', daß mich meiner Mutter Schoß getragen!«
   Rief er und weinte bitterlich dabei.

Sein jüngster Knabe von drei Jahren sprach:
»Sag', Vater, warum Deine Tränen fließen?
Bringt nicht der Wärter uns die Suppe? Ach!
Soll ich kein einzig Stückchen Brot genießen?
Ich kann vor Hunger nicht die Augen schließen.
Gern schlief' auf ewig, lieber Gott, ich ein,
Damit die Schmerzen mich in Ruhe ließen;
550   Jedoch das Liebste würde Brot mir sein.«

So klagte Tag für Tag das Kind sein Leiden,
Bis es im Schoß des Vaters niedersank.
»Leb' wohl, mein Vater!«, rief es, »ich muß scheiden!«
Und starb, indem es küssend ihn umschlang.
Der Vater sah's und biß im Schmerzensdrang
Sich vor Verzweiflung in die beiden Arme.
»O weh' mir!«, rief er, »Deines Rades Gang,
O falsches Glück, ist Schuld an meinem Harme!«

Die Kinder wähnten, daß er Hunger leide,
560   Als er vor Jammer in den Arm sich biß.
»Ach, Vater, unterlaß es!«, riefen beide,
»Nimm von uns zweien doch das Fleisch und iß
Dich satt daran; denn Dir gehört's gewiß;
Du gabst es uns!«, so baten sie und riefen,
Bis nach zwei Tagen sie der Tod entriß
Vom Schoß des Vaters, wo sie sanft entschliefen.

Und in Verzweiflung mußte Hungers sterben
Auch Pisas mächt'ger Graf nach kurzer Zeit.
Fortuna riß vom Glanz ihn ins Verderben.
570   Hier endet die Tragödie. Aber seid
Ihr mehr zu hören willig und bereit,
Mögt Ihr Italiens großen Dichter fragen,

Der Dante heißt. – Er kann Euch weit und breit
Von Punkt zu Punkt darüber alles sagen.

Nero

Ist Nero auch so lasterhaft gewesen
Wie je ein Teufel in der Hölle Schlund,
War dennoch – wie im Sueton wir lesen –
Ihm untertan in Osten, Westen und
In Nord und Süd das weite Weltenrund.
580 Er liebte sehr, mit Schmuckwerk sich zu zieren,
Und seine Kleider glänzten reich und bunt
Von Perlen und Rubinen und Saphiren.

An Stolz und Pracht und üppigem Behagen
Glich ihm kein Kaiser je zuvor im Land.
Wenn er sein Kleid nur einen Tag getragen,
Ward abgetan für immer das Gewand.
Er fischte, wenn er Lust dazu empfand,
Im Tiberstrom mit vielen goldnen Netzen;
Ihm war Fortuna freundlich zugewandt,
590 Und seine Launen macht' er zu Gesetzen.

Einst hieb die Senatoren er zusammen,
Sich zu belust'gen an dem Wehgeschrei;
Er setzte Rom aus Übermut in Flammen,
Erschlug den Bruder, lag der Schwester bei.
Von jedem Band der Kindesehrfurcht frei,
Schnitt dieses Scheusal – Wehe über Wehe! –
Sogar der eignen Mutter Leib entzwei,
Daß er den Ort, der ihn empfangen, sähe.

Er weinte bei dem Anblick keine Zähren.
600 »Sie war ein schönes Weib!« sprach er allein.

Wie konnte – läßt dies Rätsel sich erklären? –
Er Richter ihrer toten Reize sein?
Und als er dies vollbracht, verlangt' er Wein
Und trank ihn aus mit ruhigem Gebühren.
Ach! Tief frißt sich das Gift des Lasters ein,
Wenn Herrschermacht und Grausamkeit sich paaren.

Des Kaisers Lehrer, der ihn in der Jugend
Zur Wissenschaft und Höflichkeit erzog,
Galt als die Blume der Moral und Tugend
610   In jener Zeit – sofern mein Buch nicht log.
Solang des Lehrers Einfluß überwog,
Schien er verständnisvoll und wohlgeraten,
Doch wuchs in ihm, je mehr die Zeit verflog,
Der Hang zur Herrschsucht und zu Missetaten.

Vor diesem Seneca, von dem wir sprechen,
In steter Furcht der Kaiser Nero stand,
Verständig strafte Laster er und Schwächen
Durch ernste Worte, statt mit grober Hand.
»Ein Kaiser«, sprach er, »soll stets unverwandt
620   Nach Tugend streben und Gewalt vermeiden.«
Doch für dies Wort ließ Nero wutentbrannt,
In einem Bad die Adern ihm durchschneiden.

Daß er vor seinem Meister mit Verehrung
In seiner Jugendzeit das Haupt gesenkt,
Erschien ihm späterhin als Selbstentehrung,
Weshalb den Tod er über ihn verhängt.
Doch Seneca, dem freie Wahl geschenkt,
Zog vor, das Bad mit seinem Blut zu röten,
Daß andre Qualen von ihm abgelenkt.
630   Seht, so ließ Nero seinen Lehrer töten!

Indes, Fortuna selber ward verdrießlich,
Als Neros Hochmut immer wuchs und schwoll.
Zwar war er stark, doch sie blieb stärker schließlich,
Und dachte so: Bei Gott! Nicht länger soll
Ein solcher Mann, der aller Laster voll,
Die Krone tragen oder Kaiser heißen.
Bei Gott! Ganz unerwartet soll mein Groll
Ihn treffen und von seinem Throne reißen.

Zur Nacht empörte wider seine Laster
640 Sich einst das Volk. Jedoch zu rechter Zeit
Schlich aus der Türe heimlich sich in Hast er
Und suchte bei Bekannten Sicherheit,
Doch wo er immer klopft und fleht und schreit,
Man riegelte die Türe fest von innen;
Ihn aufzunehmen war kein Mensch bereit;
Das sah er ein und zog enttäuscht von hinnen.

Und lärmend zog des Pöbels Schar heran;
Und ihm zu Ohren diese Worte drangen:
»Wo ist der falsche Nero, der Tyrann?«
650 Vor Furcht war die Besinnung ihm vergangen
Und zu den Göttern steht er voller Bangen
Um Hilfe – aber keine Rettung kam;
So daß zuletzt, von Todesfurcht umfangen,
Er ein Versteck im nächsten Garten nahm.

Er fand, sobald den Garten er betrat,
Zwei Männer, die dort um ein Feuer lagen,
Das lodernd flammte, und die beiden bat
Er flehentlich, sein Haupt ihm abzuschlagen
Und zu verbergen, um nicht zu ertragen,
660 Daß seine Leiche zum Gespött gemacht,

Doch mußte schließlich er sich selbst erschlagen;
Wozu Fortuna schadenfroh gelacht.

   Holofernes
Nie hat ein Feldherr königlicher Heere
So viele große Länder unterjocht;
Nie war ein Mann, der auf dem Feld der Ehre
Mit solcher Kraft in jenen Zeiten focht,
Der prahlerischer je auf Ruhm gepocht,
Als Holofernes, den mit Wollustschlingen
Fortuna anfangs schmeichlerisch umflocht,
670 Um ihn dann plötzlich um den Hals zu bringen.

Gefürchtet war er rings in allen Ländern;
Die Völker büßten Gut und Freiheit ein.
Er zwang sie, ihren Glauben abzuändern,
Ihr Gott, befahl er, solle nur allein
Für alle Zeit Nebukadnezar sein.
Es konnte seinem Willen widerstehen
Bethuliens starke Veste nur allein,
Wo Eliachim das Priesteramt versehen.

Dies aber war des Holofernes Ende:
680 Im Lager schlief er, weinberauscht zur Nacht
In seinem großen Zelte, als behende
Sich Judith einschlich, die trotz seiner Macht
Und seines Pomps im Schlaf ihn umgebracht
Und dann, nachdem sein Haupt sie abgeschlagen,
Sich ungesehen aus dem Staub gemacht,
Um seinen Kopf in ihre Stadt zu tragen.

Antiochus

Was soll ich von der Pracht und Majestät
Des Königes Antiochus Euch sagen?
Wie er hat niemand sich vor Stolz gebläht,
690 Noch jemals sich so lasterhaft betragen.
Ihr mögt das Makkabäerbuch befragen.
Dort stehn die stolzen Worte, die er sprach.
Dort seht Ihr, wie er vom Geschick geschlagen
Auf einem Hügel starb in Not und Schmach.

Er pflegte stolz sich auf sein Glück zu steifen,
Und glaubte schier in seinem Übermut,
Er könne mit der Hand die Sterne greifen,
Die Berge wiegen, und des Meeres Flut
Beherrschen – und beschloß aus Haß und Wut
700 Das Volk Jehovas gänzlich zu vernichten.
Er ließ es grausam martern bis aufs Blut,
Und wähnte stolz, ihn könne Gott nicht richten.

Doch als Timotheus und Nikanor
Der Macht des Judenvolkes unterlagen,
Erschwoll sein Haß gewalt'ger denn zuvor.
Und eiligst ließ er schmieren seinen Wagen,
Um spornstreichs nach Jerusalem zu jagen;
Und fluchte höchst verächtlich und er schalt,
Sie sollten schwer an seinem Zorne tragen.
710 Indes zu Schanden ward sein Vorsatz bald.

Zur Strafe für sein Drohen schlug ihn kläglich
Mit unheilvollen Wunden Gottes Hand.
In seinem Innern ward ganz unerträglich
Ihm das Gedärm zerrissen und verbrannt,
So daß er die gerechte Strafe fand

Für Qualen, die er andern auferlegte.
Doch trotz der Schmerzen blieb er unverwandt
Bei dem verruchten Vorsatz, den er hegte.

Auf sein Geheiß stand bald sein Heer gerüstet;
720 Doch unerwartet ward ein Ziel gesetzt
All seinem Stolz, mit dem er sich gebrüstet.
Vom Wagen stürzend, ward er schwer verletzt,
Sein Leib zerschmettert, seine Haut zerfetzt.
Zum Gehen weder fähig noch zum Reiten,
Trug ihn in einer Sänfte man zuletzt
Mit wundem Rücken und gebrochnen Seiten.

Denn Gottes Zorn schlug ihn mit schwerer Plage.
Von eklen Würmern ward sein Leib verzehrt,
Infolgedessen er bei Nacht und Tage
730 So gräßlich stank, daß vom Geruch beschwert,
Die Dienerschaft den Rücken ihm gekehrt,
Die voller Abscheu dem Gestank entrannte,
So daß er endlich, durch sein Leid belehrt,
Die Allmacht Gottes weinend anerkannte.

Dem ganzen Heer und auch ihm selbst zumal
Ward unerträglich der Gestank der Wunden;
Unmöglich war's, trotz seiner Höllenqual,
Noch einen Träger für ihn auszukunden.
Auf einem Berge hat den Tod gefunden
740 Der Räuber und der Mörder, dessen Hand
Die Menschheit so gemartert und geschunden.
Das war die Strafe, die sein Hochmut fand.

Alexander

Schon oft erzählt ist Alexanders Leben.
Bald mehr, bald weniger davon bekannt
Ist jedem Manne, dem Verstand gegeben.
Das Fazit bleibt, daß er mit starker Hand
Den ganzen Weltkreis rühmlich überwand.
Daß er der Menschheit Stolz zu Boden drückte,
Wohin er kam, bis zu der Erde Rand,
750 Und Friedensboten jedes Volk ihm schickte.

Mit ihm verglichen werden kann kein Held
Und kein Erob'rer, den es je gegeben.
Aus Furcht vor ihm erbebte rings die Welt.
Frei war sein Sinn und ritterlich sein Leben.
Und Ehre gab als Erbteil ihm daneben
Fortunas Gunst. Nichts hemmte als die Lust
Zu Wein und Weibern je sein kühnes Streben,
Und Löwenmut beseelte seine Brust.

Was nützt es seinem Ruhme, Euch zu melden,
760 Wie er Darius überwand und schlug,
Wie Kön'ge, Fürsten, Herzoge und Helden
Zu Hunderttausend er ins Elend jug.
So weit ein Roß je einen Reiter trug,
War sein die Welt. Was bleibt hinzuzufügen?
Nie schrieb' ich und erzählte nie genug
Von seinen Taten, seinen Ritterzügen.

Zwölf Jahre lang saß er auf seinem Thron,
Und war – wie uns schon Makkabäus lehrte –
Des ersten Griechenkönigs Philipp Sohn.
770 O edler Alexander, Dir bescherte
Ein schlimmes Los Fortuna; denn sie kehrte

Zur Eins des Würfels Sechs, und ihr entfloß
Nicht eine Träne, als Dich Gift verzehrte,
Das Freundeshand in Deinen Becher goß.

Wer aber leiht mir Tränen, diesen Fall
Von Edelmut und Freisinn zu beklagen?
Ihm untertänig war das Weltenall;
Doch schien, beseelt von Mut und kühnem Wagen,
Er mit noch höhern Plänen sich zu tragen.
780 Indes, was soll ich von dem Unbestand
Des Glückes und vom Gifte weiter sagen,
Als daß den Tod durch beider Schuld er fand.

Julius Cäsar

Durch Klugheit, Mut und unverdross'nes Streben
Verstand zur Majestät aus niederm Stand
Sich Julius, der Erob'rer, zu erheben,
Der durch Verträge wie mit starker Hand
Den ganzen Okzident zu Meer und Land
Gezwungen hat, Tribut an Rom zu zollen,
Und welchen Rom als Herrscher anerkannt,
790 Bis daß Fortuna anfing, ihm zu grollen.

Pompejus, Deinem Schwiegervater, standest
Du gegenüber in Thessaliens Feld,
O mächt'ger Cäsar, und Du überwandest
Die Ritter, welche jeder Gau gestellt,
Soweit der Tag den fernsten Ost erhellt.
Mit einem Häuflein Krieger war entronnen
Pompejus zwar, doch war des Orients Welt,
Dank Deinem Glück, durch diese Schlacht gewonnen.

Pompejus, Roms Beherrscher, zu beweinen,
800 Sei eine kleine Weile mir erlaubt.
Verräterisch hat einer von den Seinen
Ihn seines Lebens auf der Flucht beraubt.
Wodurch er Julius zu erfreu'n geglaubt,
Dem er das Haupt des Feindes eingehändigt.
Pompejus, Du des Orients Oberhaupt,
Hast schmählich, ach, in dieser Art geendigt.

Als triumphierend darauf Julius
In Rom, bekrönt mit Lorbeern eingezogen,
Geschah's nach ein'ger Zeit, daß Cassius
810 Und Brutus, die, durch Neid dazu bewogen,
Längst im geheimen Rachepläne pflogen,
Sich wider ihn verschworen, und den Ort,
Wo sie die Dolche wider ihn gezogen
Zum Todesstreiche, nenn' ich Euch sofort.

Als nämlich Julius, wie sein Brauch es war,
Zum Kapitolium eines Tags gegangen,
Ward er vom falschen Brutus und der Schar
Von seinen andern Feinden dort empfangen,
Die alsobald die Dolche auf ihn schwangen.
820 Er fiel, durch manche Wunde bald entseelt.
Doch nur ein Dolchstich oder zwei entrangen
Ihm einen Seufzer – wie mein Buch erzählt.

So voller Mannesmut und so beherzt
War Julius und so sittlich von Betragen,
Daß er, wie auch die Todeswunde schmerzt,
Den Mantel um die Hüften noch geschlagen,
Um nicht zur Schau die Heimlichkeit zu tragen.
In Ohnmacht liegend, rang er mit dem Tod;

Doch selbst im Sterben wollt' er nicht entsagen
830 Der kleinsten Pflicht, die Sittsamkeit gebot.

Zur weitern Einsicht kann ich Euch empfehlen:
Lucanus, Valerian und Sueton,
Die Wort für Wort Euch klar genug erzählen,
Wie diese zwei Bewerber um den Thron
Das Glück verzog und dann verließ mit Hohn.
Wie kurze Zeit Fortunas Launen währen,
Wie wenig ihr zu trauen ist, kann schon
Euch das Geschick der Welterob'rer lehren.

    Krösus
Des weisen Lyderkönigs Krösus Macht
840 Erfüllte Cyrus selbst mit Furcht und Zagen;
Doch wurde bald sein Stolz zu Fall gebracht:
Gefangen, ward zum Holzstoß er getragen.
Doch sieh, das Feuer ward rasch ausgeschlagen
Durch Regenströme, so daß er entkam.
Fortuna aber sann auf neue Plagen,
Bis daß am Galgen er sein Ende nahm.

Denn kaum entronnen, war sein ganzes Sinnen
Dem Kriege gleich aufs neue zugewandt.
Er dachte, ließ Fortuna ihn entrinnen,
850 Als ihre Gunst den Regen ihm gesandt,
Sei, ihn zu töten, auch kein Feind imstand.
Und durch ein Traumbild, das ihn nachts umschwebte,
Gewann sein Stolz so sehr die Oberhand,
Daß er fortan stets Rachepläne webte.

Auf einem Baume saß er, wie ihm deuchte,
Wo Jupiter ihm Rücken wusch und Schoß,
Und Phöbus ihm ein schönes Handtuch reichte,
Sich abzutrocknen – und sein Stolz war groß.
Und über das ihm zugedachte Los
860 Ließ er von seiner Tochter sich belehren,
Und da ihr offen lag der Zukunft Schoß,
Begann den Traum sie also zu erklären:

»Der Baum«, so sprach sie, »stellt den Galgen dar,
Und Jupiter bedeutet Schnee und Regen,
Und Phöbus' weißes Handtuch ist ganz klar
Als Strahlenschein der Sonne auszulegen:
Dem Galgen gehst, mein Vater, Du entgegen;
Dich wäscht der Regen, trocknet Sonnenbrand.«
So wußte klar sein Schicksal zu erwägen
870 Die Tochter, welche Phania genannt.

Der stolze König Krösus ward gehangen.
Ihm half zu nichts des Thrones Herrlichkeit.
Der Stoff zu Klagen wär' schon ausgegangen
Längst der Tragödie, wenn mit Plötzlichkeit
Die stolzen Reiche nicht zu jeder Zeit
Fortuna wüßte in den Staub zu strecken.
Sie flieht, sobald man ihr Vertrauen leiht,
Um ihr Gesicht in Wolken zu verstecken.

Wortwechsel zwischen dem Ritter und dem Gastwirt

Vers 879–932

»Ha!« rief der Ritter. »Herr, nichts mehr davon!
880 Was Ihr gesagt habt, ist genügend schon,
Und mehr als das! – Mich dünkt, an eignen Plagen,
So klein sie sind, hat man genug zu tragen.
Mir wenigstens erscheint höchst unergötzlich,
Wenn Menschen aus dem Wohlstand, ach, so plötzlich
Zugrunde gehn. Im Gegenteile kann
Uns trösten und erbauen, wenn ein Mann
Sich aus der Armut in die Höhe schwingt,
Stets weiter strebt und es zu etwas bringt,
Und sich erhält in stetem Wohlgedeihn.
890 Das scheint mir ein erbaulich Ding zu sein,
Von dem zu hören, jedermann erfreut!«
        »Ja!«, rief der Gastwirt, »bei St. Pauls Geläut’!
Ihr sprecht ganz wahr! Der Mönch hat laut geblasen.
In Wolken hüllte sich nach seinen Phrasen
Fortuna ein; ich weiß nicht recht mehr, wie?
Ihr hörtet die Tragödie. – Doch, Pardi!
Was hilft, daß man bejammert und beklagt,
Was abgetan ist? Denn, wie Ihr gesagt,
Von Leiden hören, macht das Herz uns schwer.
900   Bei Gottes Huld! – Herr Mönch, davon nichts mehr!
Der ganze Kreis fühlt sich dadurch verletzt;
Nicht eine Fliege wert ist, was Ihr schwätzt!
Darin ist nichts von Späßen oder Scherzen!
Herr Mönch – Dan Peter – laßt von ganzem Herzen
Euch bitten, tragt uns etwas andres vor.
Denn wahrlich, rasselten mir nicht im Ohr

Die Schellen stets von Eurem Zaumbehange,
Wär' ich – beim Herrn, der für uns starb! – schon lange
Vor Schlaf vom Roß gesunken, und ich läge
910 Wohl in der tiefsten Pfütze hier am Wege,
Und ganz umsonst wär', was Ihr vorgetragen.
Denn sicherlich, wie die Gelehrten sagen:
Wenn es an Hörern einem Mann gebricht,
So nützt nichts alle Weisheit, die er spricht.
Ich weiß zu wohl, uns muß der Stoff beseelen,
Um eine Sache würdig zu erzählen.
Drum tragt uns Jagdgeschichten vor, ich bitte.«
      »Nein«, sprach der Mönch, »Scherz ist bei mir
                              nicht Sitte.
Ich bin zu Ende. Mögen andre sprechen.«
920   Zum Nonnenpriester wandte sich mit frechen
Und rohen Worten unser Wirt sodann:
»Komm näher, Priester! Komm, mein Herr Johann!
Laß einen heitern Schwank uns jetzt vernehmen!
Du brauchst Dich Deines Kleppers nicht zu schämen.
So dünn er ist, tut er für Dich, als Reiter,
Doch seinen Dienst. Drum gräme Dich nicht weiter,
Sei nur von Herzen fröhlich immerdar!«
      »Ja, Wirt«, sprach er, »vergnügt bin ich fürwahr,
Ob ich zu Fuß, ob ich zu Pferde reise,
930 Denn sonst wär' ich zu tadeln«, und zum Kreise
Gewandt, hob gleich mit der Erzählung an
Der herzensgute Priester, Herr Johann.

Die Erzählung
des Nonnenpriesters

Die Erzählung des Nonnenpriesters

Vers 1–626

In enger Hütte nah bei einem Wald
In einem Tale lebte, arm und alt,
Vor Zeiten eine Witwe. Und dort hatte,
Seitdem gestorben war ihr Ehegatte,
Die Frau, von der ich Euch erzählen will,
Geführt ihr Leben in Geduld und still.
Klein war die Pacht und ihr Bestand an Vieh;
Durch Spürsinn aber, den ihr Gott verlieh,
Ernährte sie zwei Töchter und sich selber.
10 Sie hatte nur drei Schweine und drei Kälber
Und außerdem ein Schaf, mit Namen Malle.
Von Rauch geschwärzt war Wohngemach und Halle,
Wo täglich sie die karge Malzeit nahm.
In ihren Mund kein Leckerbissen kam,
Pikante Brühen blieben ihr stets fremd,
Denn schlicht war ihre Nahrung, wie ihr Hemd.
Durch Überladung wurde sie nie krank,
Die Mäßigkeit war ihr Verdauungstrank

Und Arbeit und zufriedner Sinn. Die Gicht
20 War hinderlich am Tanz der Witwe nicht,
Noch litt ihr Kopf je durch Apoplexie,
Denn Rotwein oder Weißwein trank sie nie.
Aus Weiß und Schwarz bestand ihr Mittagsschmaus,
Denn Milch und Grobbrot waren meist im Haus,
Bisweilen Speck, ein Ei, kam's hoch, ein Paar,
Da sie nur eine Tagelöhn'rin war.

     Auch einen Hof besaß sie, rings umgeben
Von hohen Hecken und von trocknen Gräben,
Für ihren Hahn, der Chanteklär genannt.
30 Kein bess'rer Kräher war im ganzen Land;
Weit lustiger als Kirchenorgelklang
An Messetagen tönte sein Gesang;
Vom Balken scholl weit sicherer sein Schrei,
Als Uhr und Glocke jeglicher Abtei,
Und er erkannte durch Instinkt sofort
Die Nacht- und Tageslänge für den Ort.
Er krähte, wenn die Sonne fünfzehn Grad'
Erklommen hatte, laut und akkurat.
Sein Kamm war röter als die Blutkoralle,
40 Und kreneliert, gleich einem Festungswalle;
Schwarz war sein Schnabel wie der Kohle Schein,
Und himmelblau erglänzten Fuß und Bein;
Die Krallen waren weißen Lilien gleich,
Und sein Gefieder schien wie Gold so reich.
Der edle Hahn war Oberherr von sieben
Stets dienstbefliss'nen Hennen, die zu lieben
Von ihm als Schwestern waren wie als Frau'n,
Und die ihm wunderähnlich anzuschaun.
Jedoch das schönste Farbenspiel am Hals
50 Trug Fräulein Pertelote jedenfalls.
Sie war so höflich, so diskret und zierlich,

Von so gefäll'gem Wesen und manierlich
Bereits zur Zeit, als sie nur wochenalt,
Daß sie das Herz von Chanteklär alsbald
Gefesselt hielt und ganz und gar gewann.
Er liebte sie – und fand Gefallen dran.
Ihn anzuhören, war die höchste Wonne,
Wenn er beim Schein der frühen Morgensonne
So lieblich sang: »Mein Lieb ist fern von hier!«
60 Denn damals hatten Vögel und Getier
Gesang und Sprache noch, wie ich vernahm.
      Als eines Tags die Morgendämm'rung kam,
Saß Chanteklär mit seiner Weiberschar
Auf seinem Balken, der im Vorhaus war,
Und zwar ganz nah zur Seite seiner schönen
Frau Pertelote und begann zu stöhnen,
Gleich einem Mann, den schwere Träume plagen.
Und Pertelote hörte seine Klagen,
Ward bleich und sprach: »Was fehlt Dir, liebes Herz,
70 Daß Du so ächzest? Sag', was macht Dir Schmerz?
Pfui! Alter Schläfer, hast Du keine Scham?«
      Ihr Antwort gebend, sprach er drauf: »Madam,
Ich bitte Dich, sei nur nicht gleich verletzt.
Bei Gott, mir träumte Schlimmes eben jetzt.
Von Angst und Schreck ist noch mein Herz beklommen,
Nun, gebe Gott, es möge besser kommen,
Und wahre mir die Freiheit meiner Glieder!
Mir träumte nämlich, daß ich auf und nieder
Im Hofe ging, wo ich ein Tier erblickte,
80 Gleich einem Hund, das sich zum Sprung anschickte
Auf meinen Leib und würgte mich zu Tod.
Der Farbe nach war's zwischen gelb und rot.
Und schwarze Flecken, ungleich seinen Haaren,
An seinem Schwanz und seinen Ohren waren.

Schmal war die Schnauze; seine Augen sahn
Mich glühend an. – Mein Ende fühlt' ich nahn.
Und darum mußt' ich seufzen, zweifellos.«
     »Pfui! Feige Memme!«, fuhr sie auf ihn los,
     »Beim hohen Gott im Himmel sei's geschworen,
90 Du hast mein Herz und mein Vertrau'n verloren,
Denn einen Feigling lieb' ich nun und nimmer!
Zum Ehegatten wünschen wir uns immer
Nur einen Mann – was auch die Weiber sagen –,
Der kühn und klug und frei ist von Betragen,
Kein Geizhals und kein Tor ist, welcher schwätzt
Und sich vor jedem dummen Spuk entsetzt
Und der kein Prahlhans ist. – Beim Herrn der Seelen!
Wie wagst Du, Deinem Liebchen zu erzählen,
Daß irgend etwas Dich erschrecken kann?
100 Wie, hast Du nicht das Herz von einem Mann
Und einen Bart, und weißt Du nicht, daß Träume,
Bei Gott, nur eitel sind und leere Schäume?
Die Träume kommen durch Naturanlagen
Und oftmals auch aus unerfülltem Magen,
Und wenn uns Überfluß an Säften plagt.
Daß nachts ein Traum in Schrecken Dich gejagt,
Hat seinen Grund ganz sicher im Geblüt,
Denn Du bist hochcholerisch von Gemüt.
Und darin hat es eben sein Bewenden,
110 Daß wir von Pfeilen träumen und von Bränden,
Von Kampf und Streit; daß uns Insekten beißen
Und rote Tiere unsern Leib zerreißen;
So fährt aus melancholischem Humor
Man oftmals schreiend aus dem Schlaf empor
Aus Furcht vor schwarzen Bären oder Stieren
Und bald, weil schwarze Teufel uns entführen.
Noch andre Säfte wüßt' ich aufzuzählen,

Die manchen Mann in seinem Schlafe quälen,
Doch ich berühre diesen Punkt nur leise.
120   Sieh Cato an! Was sagte dieser Weise?
›Der Träume wegen mach' Dir keine Grillen!‹
         Drum, lieber Herr, nimm gleich um Gottes willen,
Fliegst Du mit mir vom Balken, zu laxieren;
Und Leib und Seele will ich gern verlieren,
Wenn dieser Rat nicht gut ist. Auf mein Wort,
Den Zorn sowie die Schwermut fegt er fort.
Doch säume nicht; und da in dieser Stadt
Man leider keinen Apotheker hat,
So will ich selbst zwei Kräuter für Dich lesen,
130   Und Du wirst Dich erholen und genesen.
In unserm Hof kann ich die Kräuter finden,
Die von Natur die Eigenschaft verbinden,
Von unten und von oben Dich zu rein'gen.
Indes, bei Gott im Himmel, dem Dreiein'gen!
Bedenke, daß cholerisch ist Dein Blut.
Sei vor der Mittagssonne auf der Hut,
Besonders wenn Dich heiße Säfte plagen;
Denn einen Groschen möcht' ich daran wagen,
Dem kalten Fieber kannst Du nicht entgehn,
140   Und packt Dich dieses, ist's um Dich geschehn.
Ein bis zwei Tage mußt Du Dich ernähren
Von nichts als Würmern und Dich dann entleeren
Durch Tausendgüldenkraut und Heckenrauch
Und Hundebeeren, Kresse oder Lauch,
Und was man sonst im Hofe finden kann
An Nieswurz oder lust'gem Gundermann.
Pick' alles auf und schluck' es frisch hinunter.
Bei Deinen Ahnen! Lieber Mann, sei munter!
Und, kurz und gut, scheuch' Traum und Sorgen fort.«
150   »Madame«, sprach er, »grand merci für dein Wort.

Indes wenn Cato sagte, den die Welt
Ob seiner Weisheit so in Ehren hält,
Daß wir um Träume uns nicht kümmern sollten,
So schreibt doch mancher, welcher mehr gegolten,
Als Cato jemals galt – bei meinem Heil! –,
In alten Büchern ganz das Gegenteil
Und hat, bei Gott, die Meinung, die er hegt,
Mit Gründen der Erfahrung wohl belegt
Und hält die Träume von Bedeutsamkeit,
160 Weil dadurch Leid und Freude prophezeit,
Die uns im Lauf des Lebens widerfahren.
Ich kann die Argumente mir ersparen,
Da es tatsächlich zu begründen ist.
    Der größte Autor, der zu finden ist,
Erzählt, daß einstmals, freundschaftlich gesellt,
Zwei Männer eine Wallfahrt angestellt.
Und es geschah, als einst ihr Tagesziel
Erreicht war, daß im Dorfe sie so viel
Verschiednes Volk in jedem Wirtshaus trafen,
170 Daß sie in keiner Hütte Raum zum Schlafen
Mitsammen finden konnten für die Nacht.
So war es zur Notwendigkeit gemacht,
Daß sie sich trennten, und der eine hier,
Der andre dort im Gasthaus sein Quartier
Sich suchen mußte, wie er's eben fand.
In einem Stall, der fern im Hofe stand,
Fand einer bei den Ochsen Unterkommen,
Der andre wurde besser aufgenommen,
Wie es ihm Zufall oder Glück beschieden,
180 Die alles lenken auf der Welt hinieden.
    Und als er in dem Bette lag, geschah,
Daß ihm im Traume, eh' der Morgen da,
Sein Kamerad erschien und zu ihm sprach:

›In einem Ochsenstalle werde, ach,
Ich diese Nacht ermordet. Auf der Stelle
Such' mich zu retten, lieber Mitgeselle.
Hier lieg' ich', und der Tod steht mir bevor!‹
Erschreckt fuhr jener aus dem Schlaf empor,
Doch als aus seinem Schlummer er erwachte,
190 Dreht' er sich schleunig wieder um, und dachte:
Es war ein Traum. Bekümm're dich nicht weiter.
Doch nach dem ersten Traume kam ein zweiter
Und dann ein dritter – und er hörte sagen,
So schien es ihm: ›Jetzt bin ich schon erschlagen!
Sieh meine tiefe, weite, blut'ge Wunde!
Steh' zeitig auf in früher Morgenstunde,
Um nach dem Westtor dieser Stadt zu gehn.
Dort wirst Du einen Düngerkarren sehn,
In dem verborgen meine Leiche ruht.
200 Drum halt' ihn an mit unerschrocknem Mut!
Mein Gold war leider meines Todes Grund.‹
So machte, bleich und jammernd, er ihm kund
Den ganzen Hergang, wie er umgekommen.
Und glaubt es mir, was er im Traum vernommen,
Traf wirklich ein. – Beim Tagesanbeginn
Ging er zum Gasthof des Gefährten hin,
Wo er sofort zum Ochsenstalle lief,
Und wiederholt nach seinem Freunde rief.
      Der Gastwirt gab zur Antwort auf der Stelle:
210 ›Herr, abgereist ist Euer Mitgeselle;
Früh morgens schon hat er die Stadt verlassen.‹
      Doch dieser Mann begann Verdacht zu fassen,
Als er bedachte, was ihm nachts geträumt;
Drum ging er fort, und lief dann ungesäumt
Zum Westtor von der Stadt. Und sieh, er fand
Dort einen Karr'n, der Dünger auf das Land

Zu bringen schien, ganz in derselben Art,
Wie ihm im Traum vom Toten offenbart.
Und unerschrocken hob er an zu sprechen:
220 ›Recht und Vergeltung fordert dies Verbrechen!
Mein Freund, der diese Nacht erschlagen ist,
Liegt hier im Karren leblos unterm Mist,
Beklagen will ich mich beim Magistrat,
Der in der Stadt die Oberleitung hat.
Helft, helft! O weh! Hier liegt mein Freund erschlagen!‹
Was soll ich mehr von der Geschichte sagen?
Das Volk kam angestürzt, und warf sodann
Den Karren um und fand den toten Mann,
Ganz frisch ermordet, liegen unterm Dünger.
230   O guter Gott, getreuer Segenbringer!
An jedem Tage sehen wir es klar,
Mord will heraus! Du machst ihn offenbar.
Gott hasset und verabscheut allen Mord,
Denn Er ist billig und des Rechtes Hort.
Ein bis zwei Jahre bleibt er wohl verborgen
Doch wird dereinst Gott für Entdeckung sorgen.
Mord will heraus! – Das ist mein letztes Wort!
Die Stadtbehörde ließ jedoch sofort
Den Karrentreiber und den Gastwirt greifen,
240 Und auf der Folter so erbärmlich kneifen,
Daß sie alsbald die Missetat gestanden,
Und an dem Galgen dann ihr Ende fanden.
     Drum Träume sind zu fürchten, wie Du siehst.
Gewiß, im folgenden Kapitel liest
Man in demselben Buche fernerweit
– Ich lüge nicht, bei meiner Seligkeit! –
Daß einst zwei Männer im Begriffe standen
Aus guten Gründen nach entlegnen Landen
In einem Schiff zu reisen über Meer.

250 Doch blieben sie, dieweil der Wind konträr,
    In einer Stadt, die an dem Hafen lag.
    Doch mit der Flut trat an dem nächsten Tag
    Ein Wechsel ein – und günstig blies der Wind.
    Froh legten beide sich zu Bett geschwind,
    Um zeitig aufzustehen für die Reise.
    Doch einer hatte wunderbarerweise,
    Als er im festen Morgenschlafe war,
    Ein seltsam Traumbild; denn er sah ganz klar,
    Vor seinem Lager einen Menschen stehn,
260 Der ihm Befehl gab, nicht zu Schiff zu gehn,
    Und zu ihm sprach: ›Willst Du es morgen wagen,
    Mußt Du ertrinken. Mehr bleibt nicht zu sagen.‹
    Vom Schlaf erwacht, bat er den Mitgesellen,
    Nach diesem Traum die Seefahrt einzustellen
    Und zu verweilen bis zum nächsten Tag.
    Der Mann, der neben ihm im Bette lag,
    Begann verächtlich über ihn zu lachen
    Und sprach: ›Kein Traumbild kann mich bange machen.
    Mich scheren Träume, hab’ ich mir ein Ding
270 Fest vorgenommen, keinen Pfifferling,
    Denn Träume sind nur eitle Gaukelspiele.
    Von Eulen und von Affen träumen viele
    Und andern Spukgeschichten, wenn sie schlafen,
    Die nie die Wahrheit treffen oder trafen.
    Wenn Du die Flut indes aus Eigensinn
    Verpassen willst, so bleib’ Du immerhin.
    Du tust mir leid. Leb’ wohl! Ich gehe fort.‹
    So sprach er grüßend und verließ den Ort.
    Doch kaum auf halbem Wege seiner Reise
280 Ward dieses Schiff auf irgendeine Weise
    – Ich weiß nicht wie – durch einen Zufall leck,
    Und Schiff und Mannschaft sanken auf dem Fleck,

Wie andre Schiffe, die auf gleicher Bahn
Gesegelt waren, in der Nähe sahn.
Nun, teure, schöne Pertelote mein,
Dies Beispiel mag Dir eine Lehre sein,
Daß man die Träume mit zu leichter Wage
Nicht messen soll. Denn ohne jede Frage
Ist mancher Traum zu fürchten, sag' ich Dir.

290   Im Leben von St. Kenhelm lesen wir:
Des Königes von Mercia, Kenulphs Sohn,
Der vorerwähnte Kenhelm, habe schon
Von seinem Mord geträumt, kurz vor dem Tag,
An welchem er der Mörderhand erlag,
Und ihm erklärt von seiner Amme sei,
Daß er sich hüte vor Verräterei,
Der ganze Traum; doch sieben Jahr' nur zählte
Das Kind, und seinem heil'gen Herzen fehlte
Es noch an Einsicht in der Träume Wesen.

300   Bei Gott! Wenn die Legende Du gelesen,
Wie ich es tat, ich gäbe drum mein Hemd!
       Frau Pertelote – Lügen sind mir fremd –
Makrobius sagt, wenn er vom Traumgesicht
Des edlen Scipio Afrikanus spricht,
Daß Träume Wahrheit reden, uns zu warnen
Vor Dingen, welche später uns umgarnen.
Und seiner bitt' ich, lies die heil'ge Schrift
Und sieh' darin, was Daniel betrifft,
Ob Träume Gaukeleien sind zu nennen;

310   Lies Joseph ferner, und Du wirst erkennen,
Daß oft ein Traum – wenn auch nicht unbedingt –
Uns warnend kundmacht, was die Zukunft bringt.
An Pharao, Ägyptens König, denke!
Empfanden er, sein Bäcker und sein Schenke
Nicht bald die Wirkung ihrer Traumgesichte?

Wenn man durchforscht die Akten der Geschichte,
So stößt auf wunderbare Träume man.
Sieh Krösus nur, den König Lydiens, an!
Er saß, so schien es ihm, auf einem Baume,
320 Und sah den eignen Galgen nur im Traume.
Andromache, des Hektors Weib, betrachte,
Die, als den Gatten man ums Leben brachte,
Des Nachts zuvor in einem Traum gesehn,
Wenn Hektor wage, hin zur Schlacht zu gehn,
So sei sein Leben selben Tags verloren!
Indessen predigte sie tauben Ohren.
Nichts hielt ihn ab. Er ging, den Kampf zu wagen,
Und wurde von Achilles drin erschlagen.
Indes zu lang ist, dieses mitzuteilen.
330 Der Tag ist nah; ich mag nicht länger weilen,
Und kurz und gut, ich sage Dir zum Schluß,
Mir bringt mein Traumbild sicher noch Verdruß.
Jedoch was die Laxanzen anbetrifft,
So weiß ich sicher, sie sind nichts wie Gift,
Und ich bediene mich derselben nie,
Ich mag sie nicht, ja, ich verachte sie.
     Genug davon! – Jetzt laß uns fröhlich sein!
Frau Pertelote, bei der Seele mein!
Mir schenkte Gott ein herrliches Geschick.
340 Fällt auf Dein schönes Angesicht mein Blick
Und Deine scharlachroten Augenlider,
So schwinden Furcht und Sorgen in mir wieder;
Denn sicherlich, wie ›in principio
Mulier est hominis confusio‹
– Und übersetzt heißt dies Latein genau:
Des Mannes Lust und Segen ist die Frau –
Sitz' ich des Nachts an Deiner weichen Seite
– Obschon es sein mag, daß ich Dich nicht reite,

Weil mir's an Raum auf diesem Balken fehlt –
350 So bin ich immer freudevoll beseelt
Und scheuche Träume und Visionen fort.«
Mit allen Hennen flog bei diesem Wort
Der Hahn vom Balken, da es Morgen war,
Und rief mit lautem Klucken seine Schar
Höchst königlich, da jede Furcht geschwunden,
Sobald im Hof er nur ein Korn gefunden,
Und Pertelote federt' er und trat
Wohl zwanzigmal, eh' Primezeit genaht.
Wild wie ein Löwe war er anzusehen
360 Und auf und nieder schritt er auf den Zehen,
Als hab' er Scheu, den Boden zu berühren.
Gelang es ihm, ein Körnchen aufzuspüren,
So kluckt' er gleich, und zu ihm liefen alle.
So fürstlich wie ein Prinz in seiner Halle
Mag Chanteklär auf Nahrungssuche gehn,
Und dann erzähl' ich, was hernach geschehn.

     Der Monat März, in welchem Gott den Mann
Erschaffen hatte, als die Welt begann,
War längst verstrichen und noch überher
370 Ein voller Monat und zwei Tage mehr,
Als Chanteklär, der äußerst stolz inmitten
Von seinen Frau'n im Hof umhergeschritten,
Zur Sonne schaute, die am Himmelspfade
Im Stiere stand und mehr als zwanzig Grade
Durchlaufen hatte; und ihm sagte drum
Naturinstinkt und nicht sein Studium,
Daß Prime sei. Und krähend laut vor Wonne,
Rief er: »Schon zwanzig Grade hat die Sonne
Und mehr durchzogen an dem Himmelszelt!
380 Frau Pertelot', mein alles in der Welt!
Oh, höre, wie die Vögel jubelnd singen,

Sieh, wie empor die frischen Blumen springen!
Vor Wonne schwillt das Herz mir in der Brust!«
Doch arges Unheil folgte rasch der Lust.
Denn allzuoft wird Freud' in Leid verkehrt,
Da Erdenglück, Gott weiß, nicht lange währt.
In eine Chronik buchte diesen Satz
Mit Fug und Recht als hohen Weisheitsschatz
Ein Autor, welcher Redeschwung besitzt.
390 Nun, kluge Herren, jetzt das Ohr gespitzt!
Denn die Erzählung ist so wahr, wie je
Die Chronik war von Lancelot vom See,
Die alle Weiber überhoch verehren.
Jedoch zur Sache will zurück ich kehren.
    Ein falscher Fuchs, in jeder List erfahren,
Der schon im Walde hauste seit drei Jahren,
Durchbrach bei Nacht die Hecke, wie der Traum
Es prophezeit, und schlich sich in den Raum,
Wo Chanteklär nach altgewohntem Brauch
400 Spazieren ging und seine Weiber auch,
Und hielt im Krautbett sich an jenem Morgen
Bis nach der neunten Stunde still verborgen,
Bereit zum Sprung auf unsern Chanteklär,
Wie sich in Hinterhalte von jeher
Die Schurken legten, war der Mord ihr Zweck.
O falscher Mörder, lauernd im Versteck,
O neuer Judas, neuer Ganelon!
Dem Griechen Sinon, welcher Ilion
Zu Falle brachte, gleich an Heuchelei!
410 O Chanteklär, verflucht der Morgen sei,
An dem vom Balken in den Hof Du flogst!
Wenn Du Dein Traumbild in Erwägung zogst,
So mußtest die Gefahren Du ersehen!
Indes was Gott bestimmt hat, muß geschehen,

Wie dies von vielen Weisen uns erklärt ist.
Doch weiß ein jeder, welcher selbst gelehrt ist,
Daß in der Schule stets Verschiedenheit
Der Ansicht war, und kann von Zank und Streit
Euch zwischen Hunderttausenden berichten.
420 Ich kann das Mehl nicht von der Kleie sichten,
So wie der heil'ge Doktor Augustin,
Boetius und Bischof Bradwardin,
Ob ich durch Gottes heil'gen Vorbeschluß
Ganz schlechterdings jedwedes tun muß,
Das heißt Notwendigkeit mich dazu treibt,
Oder zur Tat die freie Wahl mir bleibt
Und Tun und Lassen steht in meiner Hand,
Obschon mein Handeln Gott vorher bekannt;
Und ob vielleicht sein Wissen nur bedingt,
430 Doch nicht notwendig mich zur Sache zwingt.
Doch die Materie sei hier abgetan,
Denn die Geschichte spielt von einem Hahn,
Der auf den Rat von seiner Frau mit Sorgen
Im Hühnerhof spazieren ging am Morgen,
Obschon ein Traum ihn warnte, wie ihr wißt.
Doch allzu kühl oft Weiberratschlag ist.
Durch Weiberrat kam unser erstes Leid,
Denn er trieb Adam aus der Seligkeit
Des Paradieses, wo es ihm behagte.
440 Doch kränken mag, was ich hier tadelnd sagte
Vom Rat der Weiber, füglich manches Herz.
Darum genug! Ich sprach es nur im Scherz.
Lest die Autoren, die im Fach beschlagen,
So höret Ihr, was sie von Weibern sagen.
Dies sind vom Hahn die Worte, nicht die meinen,
Da mir die Frauen äußerst harmlos scheinen.
    Im Sande badend, lag im Sonnenschein

Mit ihren Schwesterhennen im Verein
Frau Pertelote, während Chanteklär
450 So fröhlich sang, wie jemals nur im Meer
Sirenen sangen, und daß deren Ton
Gar herrlich sei, sagt Physiologus schon.
Und es geschah, als seinen Blick er scharf
Auf einen Schmetterling im Grase warf,
Daß er den Fuchs dort auf der Lauer fand.
Worauf zum Kräh'n ihm alle Lust verschwand,
Und er als banger, angsterfüllter Mann,
Nur »Kluckkluck« schreiend rasch von dannen rann.
Denn wenn ein Tier den Erzfeind plötzlich sieht,
460 So ist es ganz natürlich, daß es flieht,
Selbst wenn es ihn zum ersten Mal erblickte;
      Weshalb sich Chanteklär zur Flucht anschickte,
Als er den Fuchs gesehn. Doch dieser sprach:
»Was wollt Ihr tun, mein lieber Herr? – Gemach!
Jagt Angst und Furcht der beste Freund Euch ein?
Weit schlimmer als ein Teufel müßt' ich sein,
Kam' ich hierher, Euch Böses zuzufügen.
Das Spionieren ist nicht mein Vergnügen.
Nein, der Beweggrund, der mich zu Euch bringt,
470 Ist nur allein, zu hören, wie Ihr singt.
Denn wahrlich, Eure Stimme schallt so schön,
Wie Engelssang in hehren Himmelshöh'n.
Ihr übertrefft selbst des Boethius Kenntnis
Und manches andern an Musikverständnis.
Seht, Euern Vater – ruh' er sanft im Grabe –
Und Eure reizend güt'ge Mutter habe
Ich oft vergnügt bei mir im Haus gesehn.
Herr, was ich für Euch tun kann, soll geschehn!
Doch glaubet mir, wenn man von Singen spricht,
480 Selbst mit den schärfsten Augen hab' ich nicht,

Euch ausgenommen, einen Mann erspäht,
Der früh am Morgen je so schön gekräht,
Wie Euer Vater. – Das kam aus der Seele!
Und zu verstärken seinen Klang der Kehle,
Ließ er sich selbst die Mühe nicht verdrießen,
Um laut zu schrein, die Augen zu verschließen,
Sich auf den Zehen hoch emporzurecken
Und seinen langen, schmalen Hals zu strecken.
Und dabei übertraf im ganzen Land
490 Kein einz'ger Mensch ihn sicher an Verstand
Noch an Gesang und an bescheidnem Wesen.
Im ›Esel Burnell‹ hab ich einst gelesen
Nebst andern Versen, daß einmal ein Hahn
Den Sohn des Priesters, der ihm weh getan
Als Hähnchen hatte und ans Bein ihn stieß,
Die Pfründe späterhin verlieren ließ.
Doch kein Vergleich wird angestellt von mir.
Besonnenheit und Weisheit war die Zier
Von Eurem Vater, nicht Verschlagenheit.
500 Nun singt, mein Herr! Tut's aus Barmherzigkeit!
Laßt sehn, könnt Ihr den Vater überflügeln?«
        Sofort schlug Chanteklär mit beiden Flügeln,
Denn hochentzückt durch diese Schmeichelei,
War vor Verrat jedwede Furcht vorbei.
Ach, große Herr'n! An Eurem Hof gefällt
Manch falscher Schmeichler, mancher Zungenheld
Euch besser, als ein Mann, der unverzagt
– Glaubt meinen Worten – Euch die Wahrheit sagt.
Den Ecclesiasten lest und laßt Euch warnen,
510 Daß Euch nicht Schmeichler mit Verrat umgarnen.
        Auf seinen Zehen hoch emporgereckt,
Geschloss'nen Auges und den Hals gestreckt,
Stand Chanteklär und krähte laut und hell.

Aufspringend, packte bei der Kehle schnell
Ihn Schlaufuchs Rössel und entschwand alsbald,
Ihn auf dem Rücken tragend, in den Wald,
Und lief, von niemandem verfolgt, von hinnen.
    O Schicksal, welchem keiner kann entrinnen!
Ach, daß es Dich vom Balken fliegen machte!
520 Daß Traumvisionen, ach, Dein Weib verlachte!
Und Dir ein Freitag ward verhängnisvoll!
    O Freudengöttin Venus, warum soll
Jetzt Chanteklär, der als Dein treuer Knecht,
Aus Lust, nicht bloß zu mehren sein Geschlecht,
Nach bester Kraft stets Deinen Dienst versehn,
An Deinem Tage so zugrunde gehn?
    O Galfried, teurer Meister von uns allen,
Der Du so jammernd klagtest, als gefallen
Dein würd'ger König Richard durch den Pfeil,
530 Warum ward mir nicht Deine Kunst zuteil,
Den Freitag, der ihn dieser Welt entrückte,
So auszuschelten, wie es Dir einst glückte?
Dann würd' ich Euch die Angst und alle Qualen
Von Chanteklär aufs jammervollste malen.
    Kein lauteres Geschrei ward je gehört
Aus Damenmund, seit Ilion zerstört,
Und Pyrrhus König Priam mit der Hand
Am Bart erfaßt und mit dem Schwert durchrannt
– Wie in der Äneide dies beschrieben –,
540 Als in dem Hofraum alle Hennen trieben,
Sobald sie sahn von Chanteklär die Not.
Vor allen aber schrie Frau Pertelot',
Ja, lauter als die Gattin Hasdrubals,
Nachdem ihr Mann verloren seinen Hals,
Als Römerhand Karthago einst verbrannte.
Zur Wut entfacht, von Schmerz gepeinigt, rannte

Sie in das Feuer mit beherztem Mut
Und starb aus freien Stücken in der Glut.
    Ach, arme Hennen. Ihr schriet vor Entsetzen
550 So schlimm, wie einst – als Rom in Brand zu setzen,
Nero befahl – die Frau'n der Senatoren,
Weil ihre Gatten sämtlich sie verloren,
Die schuldlos hingemordet der Tyrann!
Jetzt heb' ich die Erzählung wieder an.
    Als sie gehört das Angstgeschrei der Hennen,
Begann die Witwe aus der Tür zu rennen,
Gefolgt von beiden Töchtern, und sie sahn
Den Fuchs zum Walde rennen, mit dem Hahn
Auf seinem Rücken. Und sie schrien und riefen:
560 »Aha, der Fuchs! Hallo, herbei!« und liefen
Rasch hinterdrein mit Angst- und Wehgeschrei.
Mit Stöcken kamen Scharen Volks herbei,
Hund Kolle kam und Talbot und Gerland
Und Malchen mit der Kunkel in der Hand.
Und Kuh und Kalb, ja selbst die Schweine kamen,
Als das Gebell der Hunde sie vernahmen,
Und liefen beim Geschrei von Mann und Weib
Sich schier aus Furcht die Lungen aus dem Leib.
Sie schrien, wie Teufel in dem Höllenschlunde,
570 Und, wie gekniffen, heulten alle Hunde,
Die Gänse flogen ängstlich über Hecken,
Die Bienen zogen schwärmend aus den Stöcken,
Ein Heidenlärm war's, daß sich Gott erbarm!
Gewiß Jack Straw hat nie mit seinem Schwarm,
Als er die fläm'schen Händler umgebracht,
Solch ein entsetzliches Gebrüll gemacht,
Wie solches angestellt ward um den Fuchs.
Sie brachten Hörner mit von Blech und Buchs,
Von Horn und Blei und tuteten auf diesen

580 Und dabei heulten, schrieen sie und bliesen;
Es schien, als stürzten sie den Himmel ein.
     Jetzt bitt' ich, freundlichst mir Gehör zu leihn!
Seht, gutes Volk, zum Gegenteil kehrt oft
Und schnell das Glück, was stolz ein Feind erhofft.
Der Hahn, der von dem Fuchs davongetragen,
Begann in seiner Herzensangst zu sagen:
»Auf daß mir Gott das ew'ge Heil gewähre,
Mein Herr, wenn ich an Eurer Stelle wäre,
So spräch' ich: ›Schert Euch gleich nach Haus,
                         ihr Tröpfe!
590 Die Pestilenz komm' über Eure Köpfe!
Bin ich doch längst, trotz Eurem Tun und Treiben,
Dem Walde nah! Mir soll der Hahn verbleiben,
Und aufgefressen wird er, auf mein Wort!‹«
     »Das soll geschehen!«, rief der Fuchs sofort.
Indessen während er noch sprach, war schon
Der kluge Hahn aus seinem Maul entflohn
Und hatte Zuflucht hoch im Baum genommen.
Sobald der Fuchs sah, daß der Hahn entkommen,
Sprach er: »Ach, bester Chanteklär, o Weh!
600 Ich tat Dir unrecht, wie ich zugesteh',
Indem ich Dir so großen Schrecken machte,
Als ich Dich fing und aus dem Hofe brachte.
Flieg' nieder, Herr! Dann will ich Dir erklären
Der Wahrheit nach – soll Gott mir Heil gewähren –
Ich hab's in böser Absicht nicht getan.«
     »Nein, treffe Fluch uns beide!«, rief der Hahn,
»Und zwar mich selbst zunächst mit Blut und Bein,
Wenn mehr als einmal Du durch Schmeichelei'n
Mich fangen kannst und wieder dazu bringen,
610 Geschlossnen Aug's Dir etwas vorzusingen.
Denn wer aus freiem Antrieb, statt zu sehn,

Die Augen schließt, verdient, zugrund zu gehn.«
        »Nein!«, rief der Fuchs, »Gott richte den zu Grund,
Der nicht im Zaum zu halten weiß den Mund
Und schwatzen will zur ungelegnen Zeit!«
        Seht, so ergeht's der Unbesonnenheit,
Dem Leichtsinn und der Lust an Schmeichelei'n!
        Dies ist kein töricht Märchen, das allein
Um Hahn und Fuchs und Hennen sich nur dreht;
620 Nein, gute Herren, die Moral versteht!
St. Paulus sagt, was aufgeschrieben wäre,
Sei alles nur geschrieben uns zur Lehre.
Drum nehmt die Frucht und laßt die Spreu allein!
Nun, lieber Gott, sollt' es Dein Wille sein,
So bess're Du und führ' in Christi Namen
Zur Seligkeit in Ewigkeit uns. – Amen!

Worte des Gastwirts an den Nonnenpriester

Vers 627–642

»Herr Nonnenpriester!«, hob der Gastwirt an,
»Heil Deinem Sitzfleisch samt den Steinen dran!
Das war ein lust'ger Schwank von Chanteklär!
630 Bei meiner Treue! – wärst Du sekulär,
So paßtest Du zum Tretehahn Dich gut,
Entspräche Deinem Können auch Dein Mut.
Mehr Hennen brauchtest Du bei Deinen Trieben
– Wie mich bedünkt – als siebenzehnmal sieben.
Wie sind die Schenkel dieses Priesters dick,
Wie breit die Brust, wie kräftig sein Genick!

Wie schaut er aus den Sperberaugen stolz!
Der braucht nicht Krapp und nicht Brasilienholz,
Die Farbe seiner Wangen zu erhöhn!
640 Nun, Herr, für die Erzählung dank' ich schön.«
    Und darauf sprach er, sich in heitrer Art
Zum Nächsten wendend, was Ihr jetzt erfahrt.
[unvollendet]

Die Erzählung
des Doktors

Die Erzählung des Doktors

Vers 1–286

Einst lebte, sagt uns Titus Livius,
Ein Rittersmann, genannt Virginius,
So ehrenhaft wie bieder, und zugleich
An Freunden stark sowie an Schätzen reich;
　　Dem eine Tochter seines Weibes Schoß
Allein gebar; sonst war er kinderlos.
Doch hier auf Erden sah man weit und breit
Kein schön'res Wesen als die holde Maid,
An der mit Fleiß und höchstem Vorbedachte
10　Natur ein wahres Meisterstück vollbrachte,
Gleichsam als um zu sagen: »Ich, Natur,
Bin nur imstande, solche Kreatur
Zu formen. – Sagt, wer kann mich überstrahlen?
Pygmalion? – Nein! – Zwar ist im Meißeln, Malen,
In Schmieden, Hämmern er geschickt, indessen
Nicht er noch Xeuxis und Apelles messen
Sich je mit mir in allen diesen Sachen,
Wenn sie versuchen, es mir nachzumachen.

Mich hat der erste Bildner dieser Welt
20 Zu seinem Generalvikar bestellt.
Was unterm wandelbaren Monde nur
Vorhanden ist, jedwede Kreatur
Kann nach Gefallen formen ich und malen,
Und lasse mir die Arbeit nicht bezahlen.
Mein Herr und ich sind stets in Harmonie,
Und meinem Herrn zur Ehre schuf ich sie;
Wie dies für alle Wesen gilt hienieden,
Sind Farben und Gestalten auch verschieden.«
So würde, dünkt mich, sprechen die Natur.
30   Das Mädchen zählte vierzehn Jahre nur,
Von dem Natur war solcherart entzückt;
Sie, welche weiß die zarte Lilie schmückt
Und rot die Rose, hatte schon erlesen,
Noch eh' geboren war dies edle Wesen,
Für ihren Leib dieselbe Farbenpracht
Und auf den Gliedern schicklich angebracht;
Und gleich dem Gold der Sonnenstrahlen war
Gefärbt durch Phöbus ihr gelocktes Haar.
Doch übertraf den Schönheitsglanz der Jugend
40 In tausendfachem Maß noch ihre Tugend.
Es fehlte nichts, was man verständ'gerweise
Erwähnen kann zu ihrem Lob und Preise.
Keusch war ihr Leib, und rein war ihr Gemüt,
Und jungfräulich war sie emporgeblüht
In aller Demut und Bescheidenheit.
In Selbstbeherrschung und Enthaltsamkeit.
Stets hielt sie maß in Kleidung und Betragen,
Gab sittsam Antwort auf gestellte Fragen,
Und ob sie weise gleich wie Pallas war,
50 Blieb ihre Sprache weiblich doch und klar.
Sie ahmte nicht die Modephrasen nach,

Um weise zu erscheinen. Was sie sprach,
War angemessen ihrem Stand und Rang
Und tugendhaft und anmutsvoll von Klang.
Sie war von mädchenhafter Schüchternheit,
Doch fest von Sinn. Durch stete Tätigkeit
Verscheuchte sie die müß'gen Träumerei'n
Und ließ nicht Bacchus ihren Meister sein.
Denn Wein und Trägheit schürt in uns so gut
60 Wie bei dem Feuer Öl und Fett die Glut.
Von Zier und Zwang in ihrer Tugend frei,
Mied unterm Vorwand, daß sie leidend sei,
Sie dennoch solche Kreise, wo an Tand
Und Torheit etwa man Gefallen fand.
Wohl bieten Feste, Tänze, Schmauserei'n
Gelegenheit zu manchen Tändelei'n,
Und wie bekannt ist, pflegen solche Sachen
Die Kinder frühreif, kühn und frech zu machen,
Was für gefährlich gilt und immer galt.
70 Denn allzu kühn wird sich ein Mädchen bald,
Wenn sie zum Weib emporwächst, nur gebaren.
    Erzieherinnen, die ihr, alt an Jahren,
Des Adels Töchter überwacht und lenkt,
Fühlt Euch durch meine Worte nicht gekränkt.
Erwägt, die Edelfräulein zu erziehn,
Ist aus zwei Gründen Euch das Amt verliehn:
Zuvörderst wegen Eurer Sittsamkeit,
Sodann vielleicht, weil ihr gefallen seid
Und daher mit dem alten Tanz bekannt,
80 Dem Ihr Euch nun für immer abgewandt.
Um Christi Willen! Lehret stets die Pflicht
Der Tugend ihnen – und versäumt es nicht!
    Von einem Wilddieb, welcher aufgegeben
Die alte Kunst und Neigung hat, wird eben

Ein Forst am allerbesten überwacht.
Drum hütet sie! Es steht in Eurer Macht.
Sorgt, daß ihr Laster nie an ihnen billigt!
Verflucht seid Ihr, sofern Ihr darin willigt!
Denn wer das tut, übt sicher Hochverrat.
90 Drum seht Euch vor, und folget meinem Rat;
Ein schlimm'rer Hochverräter als die Pest
Ist, wer zu Fall die Unschuld kommen laßt.

    Ihr Väter und ihr Mütter! Ob ein Kind,
Ob viele Kinder Euch geboren sind,
Tragt stete Sorge für ihr Wohlergehn,
Solange sie in Eurer Obhut stehn,
Damit sie durch das Beispiel, das ihr gebt,
Und weil Euch sie zu strafen widerstrebt,
Nicht ins Verderben kommen. – Hinterher
100 Bereut ihr's, wahrlich, bitter oft und schwer.
Wenn schwach und pflichtvergessen ist der Hirt,
Manch Schaf und Lamm vom Wolf zerrissen wird.
Es mögen Euch genügen diese Lehren,
Denn zur Geschichte muß zurück ich kehren.

    Die Maid, von der ich sprach, bedurfte kaum
Der Lehrerin. Sie hielt sich selbst im Zaum.
Denn wie in einem Buche war zu lesen
In ihrem Wandel, wie in Wort und Wesen
Ein sittsam' Mädchen sich betragen soll.
110 Sie war so herzensgut und einsichtsvoll;
Weit drang der Ruf nach allen Seiten hin
Von ihrer Schönheit, ihrem Edelsinn.
Im ganzen Land pries man sie allgemein,
Wo Tugend galt. Es schwieg der Neid allein,
Den das betrübt, was andere beglückt,
Und das erfreut, was sie mit Kummer drückt –
So ward vom Doktor Augustin geschrieben.

Zur Stadt ging einst die Maid mit ihrer lieben
Und teuren Mutter, um nach Brauch der Frauen
120 Sich in dem nahen Tempel zu erbauen.
Nun war im Stadtbezirk zu jener Zeit
Ein Richter Pfleger der Gerechtigkeit,
Der von dem Platze, wo er grade stand,
Durch Zufall scharf den Blick auf sie gewandt,
Als dieses Mädchen ihm vorüberging.
Und da sein Herz sofort auch Feuer fing,
Als ihre Schönheit ihm ins Auge stach,
So sann er in der Stille nach und sprach:
»Um jeden Preis wird dieses Mädchen mein!«
130 Gleich schlich der Teufel ihm ins Herz hinein
Und lehrte rasch ihn eine List ersinnen,
Zu seinem Zweck das Mädchen zu gewinnen.
Denn zu erreichen war, das sah er bald,
Dies weder durch Bestechung noch Gewalt.
Denn sie war stark an Freunden und zugleich
Im höchsten Grade keusch und tugendreich.
Und so begriff er, daß zur Lust und Sünde
Sie zu verführen außer Frage stünde.
Er überlegte lange und besann
140 Auf einen Schurken in der Stadt sich dann,
Dem es an Kühnheit und an List nicht fehlte.
Ihn ließ er zu sich kommen und erzählte
Ihm insgeheim, was er im Sinne trage,
Ihn dabei warnend, daß er's keinem sage,
Sofern ihm Leben lieber sei als Tod.
Und als der Schuft sich zu der Tat erbot,
War hocherfreut der Richter, der ihn pries
Und reich beschenken und bewirten ließ.
Von Punkt zu Punkt, wie späterhin erhellt,
150 Ward dann der Plan von beiden festgestellt

Nebst allen Schlichen, die geeignet schienen,
Zur Stillung seiner Liebesbrunst zu dienen.
Worauf den Schurken, welcher Claudius hieß,
Der falsche Richter Appius entließ.
– So war sein Name. Denn, was ich berichte,
Ist keine Fabel, sondern Tatgeschichte,
An deren Wahrheit man nicht zweifeln kann. –
Der falsche Richter ging sofort daran,
In schnellster Art zum Ziele zu gelangen;
160 Und so geschah's, als kurze Zeit vergangen,
Und er – wie uns erzählt in der Geschichte –
Einst nach Gewohnheit saß in dem Gerichte,
Um zu entscheiden die vorhand'nen Fälle,
Daß raschen Schrittes jener Schandgeselle
Hervortrat und ihn ansprach: »Herr! Versage,
Ich bitte Dich, mir Recht in meiner Klage,
Die gegen den Virginius lautet, nicht!
Im Fall er der Behauptung widerspricht,
Wird Zeugnis und Beweis von mir gestellt,
170 Daß wahr ist, was die Klageschrift enthält.«
     Der Richter sprach: »Solang er nicht zur Stelle,
Geht es nicht an, daß ich mein Urteil fälle.
Doch ruft ihn! Dann vernehm' ich ihn nach Pflicht,
Dir wird Dein Recht! Denn Unrecht gibt's hier nicht.«
     Virginius kam, wie's ihm der Richter hieß,
Worauf die Klagschrift er verlesen ließ,
In der geschrieben stand, was ich Euch sage:
     »Euch, wertem Herrn und Richter Appius, klage
Ich, Euer armer Diener Claudius,
180 Daß mir ein Ritter, der Virginius
Genannt wird, gegen Recht und Billigkeit,
Wie sehr ich protestierte, eine Maid,
Die noch in zartem Kindesalter stand,

Heimlich bei Nacht aus meinem Haus entwand,
Obwohl durch Recht sie meine Sklavin war.
Wenn Ihr erlaubt, bring' ich Beweise dar,
Daß sie – und wenn er's noch so sehr bestritte –
Nie seine Tochter war. – Entscheidet, bitte,
In dieser Sache, was mein Recht betrifft.«
190 So war der Inhalt dieser Klageschrift.

  Virginius sah erstaunt den Schurken an,
Indes bevor er den Versuch begann,
Durch manche Zeugen und nach Ritterart
Ihm zu beweisen, daß sein Widerpart
Dies alles fälschlich ihm gelegt zur Last,
War der verfluchte Richter so in Hast,
Daß er zu schweigen den Virginius hieß,
Sein Urteil sprach und sich vernehmen ließ:
  »Entschieden ist: Dem Mann gehört die Magd!
200 Sie zu behalten, wird Dir untersagt:
Du gibst zurück in des Gerichtes Hand
Sein Eigentum! – So wird zu Recht erkannt.«
  Als sich der Rittersmann Virginius
Durch diesen Spruch des Richters Appius
Gezwungen sah, zum liederlichen Leben
Dem Richter seine Tochter preiszugeben,
Ging er nach Haus und trat in seinen Saal,
Wohin zu kommen er der Maid befahl.
Und als er ansah, wie sie demutsreich
210 Vor ihm erschien, ward er wie Asche bleich,
Da Mitleid tief sein Vaterherz erregte;
Doch hielt er fest am Vorsatz, den er hegte.
  »Virginia!«, sprach er, »es gibt, teures Kind,
Zwei Wege nur, die für Dich offen sind:
Tod oder Schande! – Weh, daß ich geboren,
Daß schuldlos Du zu solchem Los erkoren,

Und enden mußt durch Messer oder Schwert!
O Tochter, die mein Lebensmark verzehrt!
Du, die ich stets mit solcher Freude pflegte,
220 So treu beständig im Gedächtnis hegte,
O meine Tochter! Du, das letzte Leid,
Die letzte Freude meiner Lebenszeit,
Du, keusche Perle, mit geduld'gem Sinn
Nimm Deinen Tod, den ich beschlossen, hin!
Nicht Haß – nein, Liebe Dir das Leben raubt,
Denn fallen muß durch diese Hand Dein Haupt!
Ach, daß Dich Appius jemals sah im Leben,
Und so dies falsche Urteil hat gegeben.«
Den ganzen Fall gab er ihr kund sodann,
230 Was als bekannt ich übergehen kann.
     »Mein Vater!«, rief das Mädchen, »hab' Erbarmen!«
Und seinen Hals umschlang mit beiden Armen
Sie nach Gewohnheit, während jammervoll
Die Tränenflut aus beiden Augen quoll.
»O guter Vater!«, rief sie, »muß ich sterben?
Gibt's Gnade nicht? – Nicht Rettung vorm Verderben?«
     »Nein, keine!«, sprach er, »teures Töchterlein.«
     »Gewähre, Vater!«, rief sie, »nur allein
Mir kurze Frist, mein Ende zu beklagen.
240 Denn ehe seine Tochter er erschlagen,
Gewährte Jephta ihr die gleiche Huld.
Und weiß es Gott! Sie trug daran nicht Schuld,
Daß sie als Erste war vorangegangen,
Um ihren Vater festlich zu empfangen.«
Und mit dem Wort sank sie in Ohnmacht hin.
Doch später, als zurückgekehrt ihr Sinn,
Erhob sie sich und sprach zum Vater dann:
»Gelobt sei Gott, daß keusch ich sterben kann!
Gib mir den Tod! Ich will nicht Schmach erleben!

250 Tut Eurem Kind, was Gott Euch eingegeben!«
      So sprach sie zu ihm und bat immer wieder
    Um sanften Tod und sank zu Boden nieder,
    Wo sie alsdann bewußtlos liegenblieb.
    Der schmerzzerriss'ne Vater aber hieb
    Das Haupt ihr ab, hob es am Schopf empor,
    Trug es zum Richter hin und wies es vor,
    Als er noch Sitzung hielt in dem Gerichte.
    Kaum sah's der Richter, sagt uns die Geschichte,
    Befahl er, ihn zu greifen und zu hängen.
260 Doch, voller Mitleid, ihn zu retten, drängen
    Sich tausend Menschen augenblicks herbei,
    Denn längst bekannt war seine Schurkerei.
    Schon aus der Art, wie sich der Kerl benommen,
    War jedermann auf den Verdacht gekommen,
    Daß Appius dahinterstecken müßte,
    Denn zu bekannt war allen sein Gelüste,
    Drum zogen sie zu Appius hin, und ließen
    Ihn in den Kerker auf der Stelle schließen,
    Wo er sich selbst erschlug. – Und Claudius,
270 Den Knecht und Helfer dieses Appius,
    Hätte der Henker an den Baum geknüpft,
    Wär' nicht durch diesen Umstand er entschlüpft,
    Daß sich Virginius selbst für ihn verwandte,
    So daß man ihn zur Strafe nur verbannte.
    Sonst mußten alle hängen, arm und reich,
    Die tätig waren bei dem Bubenstreich.
      Seht, ihren Lohn die Sünde stets erhält!
    Seid auf der Hut! Denn niemand auf der Welt
    Weiß, wann ihn Gottes Hand trifft oder wann
280 Der Wurm Gewissen fängt zu nagen an.
    Den schlechten Wandel, ob man noch so schlau
    Ihn vor der Welt verbirgt, sieht Gott genau.

Denn, ob ihr töricht oder weise seid,
Euch faßt die Furcht noch alle mit der Zeit.
An meinem Rate haltet darum fest:
Verlaßt die Sünde, eh' sie Euch verläßt!

Worte des Gastwirts an den Doktor und den Ablaßkrämer

Vers 287–328

Wie toll schwor unser Wirt in seiner Wut:
»Holloh!«, rief er, »bei Nägeln und bei Blut!
Das war ein falscher Kerl, ein falscher Richter;
290 Verkommen möge dieses Rechtsgelichter
Und Advokatenpack in Schmach und Not!
Indes, was hilft's? – Die gute Maid ist tot!
Ach, teuer kam die Schönheit ihr zu stehen!
Ich sage drum: Man kann es täglich sehen,
Was uns geschenkt das Glück hat und Natur,
Gereicht zum Tod uns allzuhäufig nur!
Ihr Tod war ihre Schönheit, darf ich sagen.
O weh! Wie elend wurde sie erschlagen!
Wie oft doch Menschen von den beiden Gaben,
300 Die ich genannt, mehr Harm als Nutzen haben!
Doch, teurer Meister, eins kann ich beschwören,
Dein Sachbericht war traurig anzuhören.
Indessen, was vorüber ist, laßt fahren!
Gott möge Deinen edlen Leib bewahren
Sowie Dein Harnglas und Latwergenfaß,
Deine Galienen, Deinen Ypokras

Und Deine Nachtgeschirre. – Segne sie
Der Herrgott und die heilige Marie!
Denn – bei St. Ronian! – Du bist in der Tat
310   Ein wack'rer Mann und ganz wie ein Prälat!
Sprach ich nicht gut? – Ich bin nicht phrasenreich;
Jedoch ich weiß, Du hast mein Herz so weich
Und trüb gestimmt, daß mir ein Brustkrampf droht.
Beim Corpus Christi! Mir tut Theriak not!
Doch hilft ein Trunk von gut gemalztem Bier,
Ein lust'ger Schwank vielleicht noch besser mir!
Das Mädchen macht mein Herz so mitleidsschwer.
Du, Ablaßkrämer, bel ami!«, rief er,
»Mit einem lust'gen Spaß bedien' uns nun!«
320   »Beim heil'gen Ronian! Gerne will ich's tun!
Doch einen Bierkranz«, sprach er, »seh' ich winken;
Da muß zuvor ich Kuchen kau'n und trinken!«
     Die feinern Herr'n begannen gleich zu schrein:
»Nein, unterlassen soll er Zoterei'n!
Erzählst Du uns, was bessert und belehrt
Und witzig ist, sei Dir Gehör gewährt.«
»So sei's!«, sprach er, »auf etwas, das sich paßt,
Besinn' ich mich, wenn ihr mich trinken laßt!«

Die Erzählung des Ablaßkrämers

Der Prolog des Ablaßkrämers

Vers 1–134

»Ihr Herr'n! Wenn meine Stimme mit Gewalt
Bei meiner Predigt durch die Kirche schallt,
Tönt sie, wie eine Glocke, rund und voll;
Denn memoriert hab' ich, was kommen soll.
Mein Thema ist und war und bleibt stets das:
›Radix malorum est cupiditas!‹
Erst mach' ich kund, von wannen ich gekommen;
Dann werden meine Bullen durchgenommen,
Dann weis' ich auf das Königssiegel hin
10   An dem Patent, damit ich sicher bin,
Daß Priester nicht und Küster sich erfrechen,
Mich in dem heil'gen Werk zu unterbrechen.
Und hinterher beginn' ich zu erzählen.
Von Päpsten, Patriarchen, Kardinälen,
Bischöfen weiß ich Bullen aufzutischen,
Ein Wort Latein dem Vortrag einzumischen,
Daß ich die Predigt würze, sie belebe,
Und so die Andacht meiner Hörer hebe.

Dann werden meine Gläser mit den alten,
20 Zerbroch'nen Knochen ihnen vorgehalten,
Und für Reliquien sieht sie jeder an.
Ein Schulterbein in Messing zeig' ich dann
Von einem heil'gen Judenschafe vor:
›Ihr guten Leute!‹, sprech' ich, ›spitzt das Ohr!
In einer Quelle wascht den Knochen hier;
Und wie geschwollen Kalb, Schaf, Kuh und Stier
Vom Biß und Stich der Würmer sind und Maden,
Laßt nur des Tieres Zunge darin baden,
So wird es heil für immer auf der Stelle.
30 Kurieren kann ein Schluck aus dieser Quelle
Von Räude, Pocken und von aller Plage
Jedwedes Schaf! – Behaltet, was ich sage!
Wenn wöchentlich, bevor der Hahn gekräht,
Der Herr des Tieres zu der Quelle geht,
Und schöpft daraus sich nüchtern einen Trunk,
Vermehren sich – nach Überlieferung
Des heil'gen Juden – bei ihm Vieh und Frucht!
      Und – meine Herr'n! – es heilt auch Eifersucht!
Ist diese Wut bei jemand ausgebrochen,
40 Laß aus dem Wasser er sich Suppe kochen,
Sodann mißtraut er nimmer seiner Frau,
Und kennt' er auch die Schuld von ihr genau,
Ja, hielte sie's mit mehr als einem Pfaffen!
      Hier, diesen Handschuh mögt ihr jetzt begaffen!
Steckt in denselben jemand seine Hand,
Vervielfacht sich sein ganzer Fruchtbestand,
Ob Hafer er gesät hat oder Weizen –
Nur müßt ihr nicht mit Deut und Groschen geizen!
      Doch, Herr'n und Frauen, Seid gewarnt von mir,
50 Ist irgendeiner in der Kirche hier,
Der auf sich lud so große Sündenlast,

Daß sie zu beichten ihn die Scham erfaßt,
Sind alte, oder junge Frau'n zugegen,
Die Männern Hörner aufzusetzen pflegen,
So darf und will ich keine Opfergaben
Von solchem Volk für die Reliquien haben.
Doch trage, wer von solchem Tadel frei,
In Gottes Namen zu dem Opfer bei;
Und von den Sünden absolvier' ich ihn,
60   Wie mir die Bulle dazu Macht verliehn.‹
     Der Kniff verschaffte hundert Mark im Jahr
Mir stets, seitdem ich Ablaßkrämer war.
Ganz wie ein Theologe stell' ich mich
Auf meine Kanzel. – Setzt der Pöbel sich,
Beginnt die Predigt, wie ich schon berichtet,
Mit hundert Lügen, die ich zugedichtet.
Ich reck' und strecke meinen Hals und blicke
Hinab aufs Volk nach Ost und West und nicke
Wie eine Taube auf dem Scheunendache.
70   Mit Hand und Zunge bin ich bei der Sache,
So daß sich alle meines Eifers freu'n.
Ich pred'ge stets, vor Lastern sich zu scheu'n,
Wie Geiz und Habsucht; doch im Pfennigschenken
Nicht karg zu sein – und meiner zu gedenken.
Mein ganzes Streben ist, zu profitieren,
Nicht etwa sie von Sünden zu kurieren.
Sind sie begraben, ist mir's einerlei,
Wie brombeerschwarz auch ihre Seele sei.
Denn, sicher, hinter mancher Predigt steckt
80   Gar schlimme Absicht. Oft wird nur bezweckt,
Dem Volke Schmeicheleien darzubringen,
Durch Heuchelei sich rasch emporzuschwingen,
Indessen Haß und Ruhmsucht andre treibt.
Wenn ich es sonst nicht wagen darf, so bleibt

Mir noch der Weg, mit meiner Zunge jeden
Scharf durchzuhecheln in den Kanzelreden
Und jeden zu verleumden ungestraft,
Der mich beleidigt und die Brüderschaft.
Und führ' ich keinen auch mit Namen an,
90 Den, der gemeint ist, kennt doch jedermann,
Da es aus meinen Winken leicht erhellt;
Und das fühlt jeder, welcher uns mißfällt.
So spuck' ich Gift und Galle unterm Schein
Der Frömmigkeit und gelte fleckenrein.

Denn – kurz und gut, auf Treu' und Ehrlichkeit! –
Mein Grund der Predigt ist Begehrlichkeit.
Mein Thema ist und war und bleibt stets das:
›Radix malorum est cupiditas.‹
So schelt' ich auf das Laster, das zumeist
100 Ich selbst besitze, und das Habsucht heißt.
Von dieser Sünde, der ich mich ergab,
Zieh' ich hingegen andre Leute ab,
Und suche sie vom Geize zu bekehren;
Indessen dies ist nicht mein Hauptbegehren.
Aus eig'ner Habsucht halt' ich meine Predigt;
Und damit sei die Sache nun erledigt.

Dann pfleg' ich ihnen mancherlei Geschichten
Aus alter Zeit als Beispiel zu berichten,
Da solche Sachen der gemeine Mann
110 Gern nacherzählt und leicht behalten kann.
Wie, glaubt ihr, wenn mir Gold- und Silbergeld
So leicht durch Pred'gen in die Hände fällt,
Ich sollte dennoch freiwillig und gern
In Armut leben? – Nein, das liegt mir fern!
Ich pred'ge mich und bettle mich durchs Land
Und tue keine Arbeit mit der Hand;
Von Körbeflechten brauch' ich nicht zu leben,

Ich bettle fleißig – und mir wird gegeben.
Nicht die Apostel ahm' ich nach. – Auf Geld,
120 Korn, Käse, Wolle ist mein Sinn gestellt;
Und schenkt sie mir im Dorf der ärmste Knecht,
Die ärmste Witwe – mir ist alles recht,
Ob ihre Kinder auch verhungern müssen.
Nein! Rebensaft will trinken ich und küssen
Die schmuck'sten Dirnen in jedwedem Ort!
Horcht auf, Ihr Herr'n! Ich werde nun sofort
– Wie's Euch beliebt hat – zur Geschichte kommen.
Mein Schlückchen Doppelbier hab' ich genommen,
Und wie zu Gott ich hoffe, wird Euch allen,
130 Was ich erzähle, zweifellos gefallen.
Zwar bin ich selbst ein lasterhafter Mann,
Jedoch, gewohnt um Geld zu pred'gen, kann
Ich auch moralisch reden, wenn ich will;
Und jetzt beginn' ich – drum schweigt alle still!«

Die Erzählung des Ablaßkrämers

Vers 135–640

In Flandern war von jungen Zechgenossen
Einst eine Bande, die Hasard und Possen
Und Rauferei in jeder Schenke trieb,
Beim Würfelspiele Tag und Nacht verblieb,
Zum Lauten-, Harfen- und Ginternenklang
140 Dort tanzte, speiste und gewaltig trank.
So hielten in des Teufels eigenem Haus
Verruchterweise sie bei üpp'gem Schmaus

Ihr Teufelsopfer, fluchten laut und schworen
So grauenhaft, daß es für reine Ohren
Entsetzlich klang. Auch rissen sie in Stücke
Des Herren Leib, als ob der Juden Tücke
Nicht zur Genüge schon zerfetzt ihn hätte,
Und spotteten der Sünde um die Wette.
Dann kamen hübsche, schlanke Tänzerinnen
150 Und junge Obst- und Waffelhändlerinnen,
Und Huren, Harfenmädchen und was mehr
Als Offizier dient in des Teufels Heer,
Die fleischlichen Begierden zu entstammen.
Denn Völlerei und Kitzel wohnt beisammen.
Die Heil'ge Schrift kann darin Zeuge sein:
Zur Üppigkeit reizt Trunkenheit und Wein.
        Seht Lot Euch an! Wie er in trunk'nem Mute
Bei seinen beiden Töchtern schamlos ruhte,
Unwissend, was er in dem Rausch begann.
160   Auch von Herodes führen Bücher an,
Daß, an der Tafel sitzend bei dem Mahl,
Im Rausche zu enthaupten er befahl
Johann den Täufer, schuldlos, wie er war.
Ein gutes Wort sprach Seneca, fürwahr,
Als er uns sagte: »Zwischen einem Mann,
Der trunken ist, und einem Tollen kann
Ich wesentlichen Unterschied nicht sehen.
Nur wird die Tollheit nicht so rasch vergehen,
Wie Trunkenheit, die meistens bald vorbei.«
170 O schändliche, verruchte Völlerei!
O Quelle jedes Jammers und Verderbens!
O Urgrund der Verdammnis und des Sterbens,
Eh' durch sein Blut erkauft uns Jesus Christ!
Mit kurzen Worten: Seht, so teuer ist
Die Welt erkauft und von dem Fluch befreit,

Der sie getroffen durch Gefräßigkeit!
     Denn eben dieses Lasters wegen stieß
Zu Müh' und Arbeit aus dem Paradies
Gott unsern Vater Adam und sein Weib.
180 Solang er fastete, war sein Verbleib
Im Paradies ihm sicher. Als indessen
Er die verbot'ne Frucht vom Baum gegessen,
Ward er zu Weh' und Pein daraus verjagt.
O Schwelgerei! Mit Recht wirst Du verklagt!
Ach! Wüßte nur der Mensch, wie mancherlei
Beschwerden zeugt maßlose Völlerei,
So würd' er sich weit mäßiger im Speisen
Bei seiner Mahlzeit sicherlich beweisen.
Doch für die zarten Gaumen, kurzen Kehlen,
190 Sieht man in Nord, Süd, West und Ost sich quälen
Die Menschen, daß aus Wasser, Luft und Erde
Ein leck'rer Bissen oder Trunk uns werde.
Von dieser Sache sprichst Du, Paulus, auch,
Wenn Du besagst: »Die Speisen für den Bauch,
Der Bauch für Speise; aber Gott vernichtet
Diesen und jene«, so hast du berichtet.
Ein schlimmes Wort! – Doch schlimmer unbedingt
Ist noch die Tat, wenn man sich so betrinkt
In Rot- und Weißwein, daß vor Überfluß
200 Zum Abtritt man die Kehle machen muß.
     Es klagte der Apostel unter Tränen:
»Wie viele wandeln auf der Welt, von denen
Ich Euch gesagt – nun sag' ich es mit Weinen –,
Die Christi Kreuz gering zu achten scheinen.
Ihr Gott heißt Bauch; ihr Ende ist der Tod!«
O Bauch! O Wanst! Du Stinktopf voller Kot,
Voll von Verderbnis, Unrat und Gestank,
Wie faul aus beiden Enden ist Dein Klang!

Was kostest Du? – Wie müssen wir uns placken?
210 Wie müssen Köche stampfen, mahlen, hacken,
Eh' aus dem Stoff die Speise hergestellt,
Die Deiner Schlinglust mundet und gefällt!
Den harten Knochen wird das Mark entnommen,
Nichts wirft man fort und nichts läßt man verkommen,
Was sanft uns lieblich durch die Gurgel gleitet.
Aus Wurzeln, Lauch, Gewürz und Zimt bereitet
Man leck're Brühen, die vortrefflich schmecken,
Und stets von neuem Appetit erwecken.
Doch ist der Mann, der nach Genüssen jagt,
220 Lebendig tot, bis er der Lust entsagt.
        Ein geiles Ding ist Wein und Trunkenheit,
Voll Jammer, voller Elend und voll Streit.
Verzerrt ist dein Gesicht, o trunk'ner Mann!
Faul ist dein Kuß! Dein Atem widert an!
Durch deine trunk'ne Nase kommt ein Ton,
Als sprächest Du nur stets: »Simson, Simson!«
Und dennoch liebte Simson nicht den Wein;
Doch du fällst um wie ein gestoch'nes Schwein.
Lahm ist die Zunge, Anstand, Sitte fort!
230 Denn Trunkenheit ist der Begräbnisort
Für Manneswitz und Umsicht und Verstand.
Gewinnt der Trunk bei uns die Oberhand,
So ist's vorbei mit der Verschwiegenheit.
Nun, auf der Hut vor Weiß- und Rotwein seid,
Besonders vor dem weißen Wein von Lepe,
Den man verkauft in Fishstreet und in Chepe!
Mit diesem Wein aus Spanien versetzt
Man unsern Landwein schlauerweise jetzt,
Was einen solchen Rausch zuwege bringt,
240 Daß wenn man nur drei Züge davon trinkt
Und glaubt in Chepe sich zu Hause – so

Ist man nicht in Rochelle mehr und Bordeaux,
Nein, langst im Spanierland, in Lepe schon
Und sagt beständig nur: »Simson, Simson!«
        Ein Wort, ihr Herren, bitt' ich noch zu sagen:
Was sich im alten Bunde zugetragen,
Was dort durch Gottes allgewalt'ge Macht
An Taten und an Siegen je vollbracht,
Geschah allein durch Fasten und Gebet.
250 Seht in die Bibel, wo's geschrieben steht.
        Schaut, Attila, den großen Sieger traf
Ein scham- und ehrenloser Tod im Schlaf
Durch Nasenbluten in der Trunkenheit –
Ein Hauptmann lebe stets in Nüchternheit.
Vor allem macht es der Befehl Euch klar,
Der einst dem Lamuel gegeben war;
– Nicht Samuel, nein Lamuel sag' ich –
Lest nur die Bibel, da wird nachdrücklich
Der Weingenuß beim Richterstand gerügt.
260 Nichts mehr davon! Was ich gesagt, genügt.
        Sprach ich bislang vom Unmaß im Genuß,
Ich vorm Hasardspiel nunmehr warnen muß.
Spiel ist die wahre Mutter alles Lügens,
Des gottverfluchten Schwörens und Betrügens,
Des Mords, der Läst'rung Christi, und dabei
Zugleich auch Zeit- und Geldvergeuderei.
Als ehrenrührig und als Vorwurf gilt,
Wenn man uns liederliche Spieler schilt.
Je höher jemand seinem Stande nach,
270 Um desto größer ist für ihn die Schmach.
Ein Fürst, der dem Hasardspiel sich ergibt,
Wird auch – und sei er noch so sehr beliebt
Durch sein Geschick im Herrschen und Regieren –
Die öffentliche Achtung bald verlieren.

Chilon, ein großer Staatsmann voll Verstand,
Ward ehrenvoll einst nach Korinth entsandt
Von den Spartanern, um mit jenem Reich
Ein Bündnis abzuschließen. – Doch sogleich
Nach seiner Ankunft es ihm höchst mißfiel,
280 Als er des Landes höchste Herr'n beim Spiel
Dort sitzen fand. – Drum stahl er sich nach Haus,
So rasch es ging, und sagte freiheraus:
»Ich will nicht meinen Ruf dadurch verlieren,
Mit diesem Spielervolk Euch zu alliieren!
Ich will nicht meinen guten Namen schänden!
Ihr möget andre Diplomaten senden.
Fürwahr, zugrunde will ich lieber gehn,
Als Euch im Bunde mit den Spielern sehn!
Zu ehrenhaft ist Euer Ruf und Wandel,
290 Als daß ich solches Bündnis, solchen Handel
Je schließen könnte, jemals schließen würde.«
So sprach der weise Philosoph mit Würde.
     Ein Paar von goldnen Würfeln ward aus Hohn
Vom Partherkönig – nach der Tradition –
Dem Könige Demetrius gesandt,
Der ihm schon längst als Spieler war bekannt.
So zeigt' er ihm, daß sich trotz Ruhm und Macht
Um seine Achtung jener Fürst gebracht.
Denn, wahrlich, mit weit ehrenhaftern Dingen
300 Kann seinen Tag ein großer Herr verbringen.
     Nun sollt Ihr noch vom Fluchen und vom Schwören
Ein Wort bis zwei aus alten Büchern hören:
Abscheulich ist und höchst zu tadeln nur
Das laute Fluchen und der falsche Schwur,
Und allgemein vom lieben Gott verdammt.
Dies Zeugnis gibt Matthäus uns, mitsamt
Dem heil'gen Jeremias, welcher spricht:

»Den Schwur nimm ernst und lüge dabei nicht.
Heilig, gerecht und weise sei dein Eid,
310 Denn eitel Schwören ist Verworfenheit!«
Auf des Gesetzes erste Tafel seht,
Wo Gottes Wille aufgeschrieben steht,
Und gleich das zweite der Gebote spricht:
»Mißbrauch' den Namen Deines Herren nicht!«
Seht! Schwören ist so gut verboten dort
Wie andre Sünden, so zum Beispiel Mord.
Wer die Gebote Gottes kennt, vergißt
Auch nicht, was ihre Reihenfolge ist,
Und weiß, daß dies im zweiten wird befohlen.
320 Und fernerweit sag' ich Euch unverhohlen:
Von Rache wird das Haus stets heimgesucht
Von dem, der übermäßig schwört und flucht.
»Bei Deinem Leib und Deinen Nägeln, Christ!
Beim Blute Gottes, das in Hailes ist!
Mein Wurf war sieben – Deiner fünf und drei!
Bei Gottes Arm! Treibst du Betrügerei,
Fährt Dir mein Messer durch das Herz sofort!«
Seht! Fluchen, Falschheit, Zorn und Menschenmord,
Das sind die Früchte, welche Knöchel tragen!
330 Beim Heiland, der ans Kreuz für uns geschlagen,
Das Schwören laßt im Ernst und Scherze sein!
Doch, werte Herr'n, jetzt lenk' ich wieder ein.
      Die drei erwähnten Spieler saßen, lang
Bevor die Glocke noch die Prime rang,
Bei ihrem Trinken in der Schenke schon.
Da hörten sie des Totenglöckleins Ton,
Als eine Leiche man zu Grabe trug.
Der eine rief den Knecht herbei und frug:
»Was gibt's? – Sieh zu und forsche schleunigst aus,
340 Mit welcher Leiche man an diesem Haus

Vorüberzieht? Und merke Dir den Namen!«
    »Das tut nicht not! Bevor die Herren kamen,
Wußt' ich schon seit zwei Stunden«, sprach der Knabe,
»Den alten Freund von Euch trüg' man zu Grabe,
Dem man in dieser Nacht das Leben nahm.
Betrunken saß er auf der Bank, da kam
Ein Dieb herangeschlichen, Tod genannt,
Der alle Menschen umbringt hier zu Land,
Und der sein Herz mit einem Speer durchstach,
350 Und darauf fortging und kein Wörtchen sprach.
Der Pestilenzkerl hat schon umgebracht
An Tausende. Drum, Herr, nehmt Euch in acht,
Ihm in den Weg zu kommen. Wie mir scheint,
Tut große Vorsicht not bei solchem Feind.
Genug! Ihm zu begegnen, stets parat
Zu sein, gab meine Herrin mir den Rat.«
»Bei St. Marie! Das Kind spricht nur zu wahr!«
Begann der Schenkwirt. »Er hat dieses Jahr
In einem Dorfe, eine Meile fern,
360 Erschlagen Knechte, Kinder, Frau'n und Herr'n.
Dort hat er seinen Wohnsitz, wie mir scheint;
Am klügsten ist, man sieht sich vor dem Feind,
Bevor er Schaden tun kann, weislich vor.«
    »Bei Gottes heil'gem Arm!«, der Raufbold schwor,
»Wenn's so gefährlich ist, ihm in den Weg
Zu kommen, will ich jeden Pfad und Steg
Nach ihm durchsuchen! Bei des Herrn Gebein
Beschwör ich das! – Gesellen, kommt, schlagt ein!
Laßt alle drei die Hand uns darauf geben,
370 Daß wir fortan als treue Brüder leben.
Wir wollen den Verräter Tod erschlagen,
Dem schon so viele Menschen unterlagen
– Bei Gottes Würde! – noch vor Abendzeit!«

So schworen dann die dreie sich den Eid,
Einander Beistand stets auf Tod und Leben,
Wie dies gebor'nen Brüdern ziemt, zu geben.
In trunk'ner Wut verließen sie das Haus
Und zu dem Dorfe zogen sie hinaus,
Sobald den Namen sie vom Wirt erfuhren.
380 Des Herren Leib zerrissen sie und schwuren
Dabei entsetzlich: »Packen wir am Kragen
Nur erst den Tod, so wird er totgeschlagen!«
     Doch kaum nach einer halben Meile Weges
Sah'n bei dem Überschreiten eines Steges
Sie einen armen Greis an jenem Ort,
Der sie bescheiden grüßte mit dem Wort:
»Gott schenke, werte Herren, Euch Gedeihn!«
     Gleich rief der schlimmste Raufbold von den drei'n:
»Warum, bis auf dein trauriges Gesicht,
390 Verhüllst Du, Schuft, Dir Deinen Leib so dicht?
Warum lebst Du so lange, alter Mann?«
Mit festen Blicken sah der Greis ihn an
Und sprach: »Fürwahr, in keinem Dorf und Flecken
Von hier bis Indien weiß ich zu entdecken
Den Menschen, welcher meines Alters Bürde
Mit seiner Jugend gern vertauschen würde.
Ich muß darum, solange Gott es will,
Mein Alter tragen in Geduld und still.
Der Tod – o weh! – begehrt mein Leben nicht,
400 Und rastlos wandern muß ich armer Wicht,
Ob früh und spät geklopft mit meinem Stabe
Ich an dem Tor der Mutter Erde habe,
Und stets gerufen: ›Mutter! Laß mich ein!
Verschrumpft und morsch sind Fleisch, Haut, Blut
                 und Bein'!
Wann finden meine armen Knochen Ruhe?

Ach, Mutter! Gern vertauscht ich meine Truhe,
Die ich bewahrte schon seit langer Zeit
In meinem Zimmer, für ein hären Kleid,
Mich drein zu wickeln.‹ – Doch sie hört mich nicht
410 Und bleich und welk ist darum mein Gesicht.
Jedoch, Ihr Herr'n, nicht höflich ist's noch gut,
Daß einem Greis ihr solchen Schimpf antut,
Der sich in Wort und Taten nicht versündigt.
Lest in der Heil'gen Schrift. Da wird verkündigt:
›Vor einem alten Mann mit greisem Haupt
Erhebet Euch!‹, und meinen Worten glaubt:
Fügt alten Leuten keine Kränkung zu,
Wenn Ihr nicht wollt, daß man Euch Gleiches tu
In Eurem Alter, falls der Tod Euch spart.
420 Nun, Gott sei mit Euch auf der Wanderfahrt!
Denn meines Weges muß ich weiterziehn.«
»Nein, alter Schuft, das sollst Du nicht!« fuhr ihn
Der zweite der drei Spieler darauf an.
»So leicht entkommst Du nicht, bei St. Johann!
Du hast hier den Verräter Tod genannt,
Der alle Freunde uns erschlägt im Land.
Ich glaube sicher, Du bist sein Spion!
Sag', wo er ist, sonst kriegst Du Deinen Lohn!
Du bist – beim heil'gen Sakrament von Gott! –
430 Ganz ohne Zweifel mit ihm im Komplott,
Uns junges Volk zu töten, falscher Dieb!«
»Nun, Herren!«, sprach er, »ist es Euch so lieb
Den Tod zu finden, folgt dem krummen Saume;
In jenem Haine unter einem Baume
Verließ ich ihn; und dort wird er noch sein;
Er läuft nicht fort vor Euren Prahlerei'n!
Bei jener Eiche könnt ihr ihm begegnen.
Gott, der die Welt erlöste, mög' Euch segnen

Und besser machen!«, sprach der alte Mann.
440 Dem Baume zu gleich jeder Raufbold rann.
Sie langten an und sahen – welch ein Fund! –
Dort goldne Gulden liegen, neu und rund;
Beinah acht Scheffel schienen sie zu messen.
Gleich auf der Stelle war der Tod vergessen,
So selig waren sie in ihrem Glücke
Beim hellen Glanz der blanken Guldenstücke.
Zu ihrem Schatze setzten sie sich nieder,
Und es begann der schlimmste der drei Brüder:
»Merkt Freunde, was ich sagen will, genau.
450 Trotz Spiel und Spaß bin ich gewitzt und schlau.
Fortuna hat uns diesen Schatz gegeben,
Damit in Lust und Fröhlichkeit wir leben.
Leicht kam er uns, leicht sei er durchgebracht!
Ei, Gottes Würde! Hätten wir gedacht,
Es sei das Glück uns heute noch so hold?
Ich wünschte nur, wir hätten erst das Gold
In mein Haus oder Euer Haus geschafft;
Denn uns gehört es ganz unzweifelhaft.
Wir könnten jubeln, wär' es erst geschehen.
460 Jedoch bei hellem Tage wird's nicht gehen.
Für Diebe würden wir sofort von allen
Gehalten werden und dem Strick verfallen.
Den Schatz so klug wie heimlich fortzubringen,
Kann nur allein uns in der Nacht gelingen.
Aus diesem Grunde schlag' ich Euch jetzt vor,
Wir wollen Lose ziehn, und wer verlor,
Der muß gutwillig nach der Stadt sofort
In größter Eile laufen, um von dort
Mit Brot und Wein zu uns zurückzuwandern
470 Heimlich und rasch, indes die beiden andern
Den Schatz getreu bewachen. Und bei Nacht

Wird er von uns an einen Ort gebracht,
Den als den besten wir vorher bereden.«
　　Zur Hand nahm er die Lose und bat jeden,
Zu sehn, auf wem das kürzte würde fallen;
Und sieh – es traf den Jüngsten unter allen,
Der dann zur Stadt in großer Eile ging.
Sobald er seinen Rücken wandte, fing
Der eine zu dem andern an zu sprechen:

480　»Willst du geschwor'ne Brüderschaft nicht brechen,
Erfährst Du deinen Vorteil gleich von mir.
Sieh! Unser Mitgesell ist fort – und hier
Ist Gold in Fülle und in Überfluß,
Das in drei gleiche Teile gehen muß.
Indessen sollte mir der Plan gelingen,
Nur zwischen uns zur Teilung es zu bringen,
Das wäre doch ein Freundschaftsstück für Dich?«
　　»Wie soll das angehn?«, rief der zweite, »sprich!
Er weiß genau, wieviel uns übertragen;

490　Was bleibt zu tun? Was sollen wir ihm sagen?«
　　Der erste rief: »Willst Du Dir raten lassen,
So könnt' ich's schon in kurze Worte fassen,
Wie dies am besten auszuführen wäre.«
　　Der zweite sprach: »Auf Glauben und auf Ehre!
Ich werde niemals ein Verräter sein!«
　　»Nun«, sprach der erste, »wir sind hier zu zwei'n,
Und zweie können einen leicht bezwingen!
Setzt er sich nieder, hast Du aufzuspringen,
Als wolltest Du im Scherze mit ihm streiten;

500　Und ich durchsteche rasch ihm beide Seiten,
Wenn ihr im Spiele miteinander ringt, und Du
Stößt mit dem Messer ebenmäßig zu.
Ist das geschehn, mein teurer Freund, so fällt
Zu gleichem Teil an mich und Dich das Geld.

Dann frönen wir der Lust, soviel wir wollen,
Und lassen munter unsre Würfel rollen!«
So waren einig beide bald geworden,
Den dritten – wie ihr hörtet – zu ermorden.
     Zur Stadt indessen ging der Jüngste hin.
510 Doch nimmer wollten ihm aus seinem Sinn
Die schönen, neuen, blanken Gulden weichen,
»O Herr!«, sprach er, »vermöcht' ich zu erreichen,
Allein nur zu besitzen alles Geld,
Wär' sicherlich auf Gottes weiter Welt
Kein Mensch so selig und beglückt wie ich.«
Der Teufel aber in sein Herz sich schlich
Und riet ihm, Gift zu kaufen ohne Säumen,
Um die Genossen aus dem Weg zu räumen.
Dem Bösen freilich konnt' es leicht gelingen
520 Bei solchem Hang in Schaden ihn zu bringen.
So war zum Morde seiner zwei Genossen
Er ohne Reue daher fest entschlossen.
Und ohne Zögern lief er dann sofort
Zu einem Apotheker in dem Ort,
Und etwas Gift bat er, ihm zu verkaufen.
Er sei von vielen Ratten überlaufen,
Gefressen sei schon mehr als ein Kapaun
Von einem Iltis, der durch seinen Zaun
Gekrochen sei; und dieser Tiere wegen
530 Gedachte Gift er in der Nacht zu legen.
     Der Apotheker sprach: »Ich will Dir geben
– So wahr mir Gott mag gnädig sein im Leben! –
Ein Gift, durch welches jede Kreatur
– Frißt oder säuft sie von der Mischung nur
Soviel, als wie ein Weizenkörnchen wiegt –
Ganz unbedingt dem Tode unterliegt;
Ja, sterben muß und schon verendet ist,

Eh' eine Meile Du gegangen bist.
So stark und heftig wirkt es auf der Stelle.«
540   Mit seiner Hand ergriff der Schandgeselle
Die Dose mit dem Gifte und lief dann
Zur nächsten Gasse hin zu einem Mann,
Um sich drei große Krüge dort zu leihn.
In zwei von ihnen goß er Gift hinein,
Doch rein ließ er den dritten mit Bedacht,
Um selbst zu trinken, wenn er in der Nacht
Das schwere Gold vom Platze heimwärts trüge.
Und als den Wein in die drei großen Krüge
Der jämmerliche Raufbold dann gegossen,
550 Ging er zurück zu seinen Spießgenossen.
     Doch was bedarf es vieler Worte mehr?
Wie seinen Tod beschlossen sie vorher,
So ward er auch erschlagen auf dem Fleck.
Als dies vollbracht war, sprach der eine keck:
»Erst laßt uns trinken, laßt uns lustig sein!
Dann scharren später wir den Leichnam ein.«
Und mit dem Wort ergriff durch Zufalls Walten
Er einen Krug, in welchem Gift enthalten.
Er trank daraus – so tat sein Mitgeselle,
560 Und sterben mußten beide auf der Stelle.
     Ich glaube, selbst bei Avicen trifft man
Im ganzen Kanon keinen Abschnitt an.
Mit solcher wunderbaren Giftgeschichte,
Wie dieser Tod der beiden Bösewichte.
So kamen die zwei Mörder um das Leben
Mitsamt dem Schurken, der das Gift gegeben.
     O aller Taten höchste Freveltat!
O Meuchelmord! Heimtückischer Verrat!
O Schlemmerei und Üppigkeit und Spiel!
570 Ach, Menschenkind! Du lästerst Christ so viel,

Du prahlst, Du wucherst, fluchst und schwörst so gern,
Sag' an, wie kannst Du gegen Deinen Herrn,
Der Dich erschaffen hat und für Dein Leben
Sein teures Herzblut hat dahingegeben,
So äußerst falsch und undankbar nur sein?
    Nun, Eure Sünde möge Gott verzeihn,
Ihr liebe Herr'n! – Doch scheut des Geizes Laster!
Mein Ablaß ist das beste Sündenpflaster,
Bringt ihr zum Opfer Nobel mir und Groschen
580 Und Silberlöffel, Ringe oder Broschen.
Vor meiner heil'gen Bulle senkt das Haupt!
Ihr Weiber kommt! Gebt Wolle her, und glaubt,
Trag' ich in meine Rolle hier Euch ein,
So werdet selig Ihr im Himmel sein!
Euch wasch' ich dann, bringt Ihr mir Opfer dar,
Wie neugebor'ne Kinder rein und klar
Von aller Schuld! – Seht, das ist, was ich pred'ge!
Verzeihen möge Jesus Christ, der gnäd'ge
Arzt unsrer Seelen, Euch die Sündenlast!
590 Das ist das Beste! – Mir ist Trug verhaßt.
Doch, Herr'n! Ein Wort vergaß ich einzuschalten:
Reliquien sind in meinem Sack enthalten,
Und Ablaßzettel von des Papstes Hand,
Wie sie kein Mensch hat in ganz Engeland.
Wenn einer unter Euch aus Devotion
Mir opfern will und sich Absolution
Von mir erholen, mag er niederknien,
Und seine Schuld sei ihm von mir verziehn.
Sonst nehmet Ablaßbriefe für die Fahrt
600 In jeder Stadt von Frischem Euch, und spart
Beim Opfern nicht. – Nein, gebt stets mehr und mehr
An echten Nobeln, vollen Groschen her!
Ein großes Glück für jeden, der hier reitet,

Ist, daß ein Ablaßkrämer Euch begleitet,
Der auf der Fahrt Euch absolvieren kann.
Durch Zufall kommt oft mancher übel an;
Der eine oder andre fällt vom Pferde
Und bricht sich seinen Nacken an der Erde.
Seht! Welche Sicherheit gewährt Euch allen,
610 Daß in Gesellschaft ich mit Euch gefallen!
Denn eh' die Seele aus dem Leibe flieht,
Seid absolviert ihr sonder Unterschied.
Zuerst beginnt, so denk' ich, unser Wirt,
Der auf den schlimmsten Sündenpfaden irrt!
Komm her, Herr Wirt! Erst gib Dein Opfer mir,
Dann küsse jede der Reliquien hier
Für einen Groschen! Tu den Beutel auf! –
      »Nein, nein!«, rief er, »das ist ein schlechter Kauf!
Mich möge Christ verfluchen, wenn ich's tu!
620 Zum Küssen hieltest als Reliquie Du
Vielleicht mir Deine alten Hosen hin,
Obschon die Farben Deines Steißes drin.
Beim heil'gen Kreuz, das St. Helene fand,
Hätt' ich, anstatt Reliquien, in der Hand
Jetzt Deine zwei Testikel – Ei! –, Dir würde
Durch einen Schnitt genommen Deine Bürde
Und eingeschreint in Schweinedreck sofort!«
      Der Ablaßkrämer sprach kein Sterbenswort,
So schnürte Wut ihm seine Kehle zu.
630 »Mit zorn'gen Leuten«, sprach der Wirt, »wie Du
Treib' ich am besten länger nicht mein Spiel!«
Doch ihm ins Wort der würd'ge Ritter fiel –
Denn lachen sah er ringsumher die Leute:
»Nichts mehr davon! – Es ist genug für heute!
Herr Ablaßkrämer! Sei vergnügt und fröhlich!
Und Dir, mein vielgeliebter Wirt, befehl' ich:

Du küssest auf der Stelle diesen Mann.
Nun, Ablaßkrämer, bitte, tritt heran!
Kommt! Scherzen, lachen wir nach alter Weise.«
640 Sie küßten sich – und weiter ging die Reise.

Die Erzählung des Weibes von Bath

Der Prolog des Weibes von Bath

Vers 1–828

»Erfahrung ist's, obschon Autorität
Der Welt nicht fehlt, die mir zur Seite steht,
Wenn ich des Eh'stands Leiden offenbare.
Denn, wahrlich, Herr'n! Seit meinem zwölften Jahre
– Gedankt sei Gott in Ewigkeit dafür –
Hatt' ich fünf Männer an der Kirchentür
– Ist es erlaubt, daß man so oft sich paart –
Und alle würd'ge Männer ihrer Art.
Jedoch, man sagte mir vor kurzer Frist,
Zu Kana sei in Galiläa Christ
Auf einer Hochzeit und nicht mehr gewesen;
Und aus dem Beispiel sei klar zu erlesen:
Ich dürfe mich auch einmal nur vermählen.
Dagegen hört das scharfe Wort erzählen,
Mit dem am Brunnen Jesus, Gott und Mann,
Fuhr in Samaria einst ein Weibsbild an:
›Fünf Männer‹, sprach er, ›hattest Du gefreit;
Jedoch der Mann, mit dem Du lebst zurzeit,

Ist nicht Dein Gatte<, sprach der Herr, fürwahr.

20 Doch, was er meinte, scheint mir nicht ganz klar.

Warum – so frag' ich – war denn nicht ihr Gatte

Der fünfte, den die Samarit'rin hatte;

Und wieviel mal war ihr erlaubt die Ehe?

So alt ich bin, ist doch – soviel ich sehe –

Die Anzahl nie bestimmt und festgestellt,

Mag grübeln auch und deuten alle Welt.

Ich weiß jedoch – die Wahrheit bleib' in Ehren! –

Gott hieß uns fruchtbar sein und uns zu mehren.

Den schönen Text vermag ich wohl zu fassen.

30 Um meinetwillen – weiß ich – soll verlassen

Den Vater und die Mutter mein Gemahl,

Doch niemals hört' ich je von einer Zahl,

Von Bigamie, Oktogamie ihn sprechen.

Wie macht der Mensch denn dieses zum Verbrechen?

Seht nur den weisen König Salomo!

Wohl ward er mehr als eines Weibes froh;

Daß ich nur halb so oft wie er mich letze,

Gewähre Gott und andre die Gesetze!

Doch solche Gotteskraft hat keiner mehr,

40 Die Weiber zu bedienen, so wie er,

Gott weiß, der edle König trieb – ich denke –

In seiner ersten Nacht manch lust'ge Schwänke

Mit einer jeden! – Herrlich war sein Leben!

Gedankt sei Gott, mir hat er fünf gegeben;

Willkommen ist der sechste; sei's, wann's sei!

Denn geht's mit meinem jetzigen vorbei,

Ist mir ein andrer Christenmensch genehm,

Denn mir scheint Keuschheit äußerst unbequem!

Frei darf ich wählen – der Apostel sagt –

50 Die Gotteshälfte, wenn es mir behagt;

Denn Ehestand sei Sünde nicht zu nennen,

Und besser sei, zu freien als zu brennen.
Was schert es mich? Das Volk mag sprechen, wie
Es immer will von Lamechs Bigamie.
Gewiß war Abraham ein heil'ger Mann
Und Jakob auch, soviel ich sehen kann;
Doch sie und alle Heil'gen nach der Reihe
Hatten der Weiber sicher mehr als zweie;
Und wie und wann hat jemals vorgeschrieben
60 Gott in der Höhe, daß wir ledig blieben?
Ausdrücklich nicht! – Sagt mir es unverhohlen,
Wo hat er jemals Jungfernschaft befohlen?
Sagt der Apostel nicht vielmehr am Orte,
Wo er von Jungfern spricht, bestimmt die Worte:
Er habe nichts darüber vorzuschreiben?
Man mag uns raten, jungfräulich zu bleiben;
Doch Raten ist noch immer kein Befehlen,
Und nach dem eignen Urteil darf man wählen.
Denn, wäre Jungfernschaft uns insgesamt
70 Von Gott befohlen, so wär' auch verdammt
Der Ehestand, und ohne Saat könnt's eben
Auf dieser Welt auch keine Jungfern geben.
Paul durfte kaum gebieten solches Ding,
Zu dem vom Herrn ihm kein Befehl erging.
In Schranken renne nach der Jungfernschaft,
Wer immer will! – Doch, wer den Preis errafft,
      Das laßt uns sehn! Denn nicht für alle Welt
Ist dies gesagt. Gott wählt, wer ihm gefällt.
Zwar der Apostel jungfräulich verblieb,
80 Und doch bei allem, was er sprach und schrieb,
Verlangt er nicht, daß jeder es so mache;
Nur einen Ratschlag gibt er in der Sache,
Und aus Vergunst erlaubt er uns zu frein.
Drum, stirbt mein Mann, kann es kein Vorwurf sein,

Mich wiederum von neuem zu begatten,
Die Bigamie darf man sich dreist gestatten.
Gut für den Mann sei's, er berühr' kein Weib,
– Er meint: im Stroh und Bette mit ihr bleib' –
Denn Flachs zu nah dem Feuer ist gefährlich;
90 Dies Gleichnis ist – so denk' ich – Euch erklärlich.
Alles in allem meint er, daß in Keuschheit
Ihr besser fahrt, als wenn ihr schwach im Fleisch seid.
Doch mich dünkt schwach im Fleische Mann und Weib,
Die keusch bewahren lebenslang den Leib.
    Und ich gestehe, nicht beneid' ich sie,
Geht ihnen Keuschheit über Bigamie.
Daß rein der Leib sei und die Seele reiner,
Ist zwar ein schöner Standpunkt, doch nicht meiner.
In einem Haushalt, wie Ihr Herren seht,
100 Ist nicht von Golde jegliches Gerät;
Auch die von Holz sind nützlich; denn Gott schuf
Die Menschen zu verschiedenem Beruf;
Weshalb die Leute sehr verschiedne Gaben,
Der dies, der das, nach seinem Willen haben.
Nichts ist vollkommner als Jungfräulichkeit,
Enthaltsamkeit und Gottergebenheit.
Doch Christus, der Vollkommenheiten Quelle,
Sagt nicht: es solle jeglicher Geselle
Sein Land verkaufen und den Armen geben,
110 Ihm folgen und nach seiner Lehre leben.
Er sprach zu denen, die gern heilig wären;
Jedoch, Ihr Herr'n, das ist nicht mein Begehren!
Mein ganzes Dasein ist auf Lebenszeit
Dem Ehestand in Akt und Frucht geweiht.
    Aus welchem Grunde – frag' ich immer wieder –
Sind denn erschaffen unsre Zeugungsglieder?
Warum in jeder Weise so vollkommen?

Für nichts ist doch die Mühe nicht genommen!
Und grübeltet ihr immer aus, sie wären
120 Gemacht, um vom Urin uns zu entleeren
Und andern Sachen, sowie ferner dann
Zum Unterschiede zwischen Weib und Mann
Und keinen andren Zweck – die Offenbarung
Laßt nur zu Haus; denn anders lehrt Erfahrung!
Doch daß ich mit Gelehrten Zank vermeide,
So sag' ich dies: sie sind gemacht für beide;
Das heißt: Zur Notdurft wie zur Zeugung auch
Macht man davon, wenn's Gott gefällt, Gebrauch.
Wie könnte man zu schreiben sich erdreisten,
130 Was seinem Weib er schulde, solle leisten
Der Mann, wenn ihm zu zahlen nicht vergönnt
Ist der Gebrauch von seinem Instrument?
Zum Zeugen hat sie jede Kreatur,
Das ist gewiß, und nicht zum Pissen nur.
      Doch sag' ich darum nicht: die Pflicht erheisch' es,
Daß dies erwähnte Rüstzeug seines Fleisches
Zu Zeugungszwecken brauche jedermann,
Und setze jede Keuschheit hintenan.
Christ war ein Mann, doch eine Maid an Sinn,
140 Und manche Heil'ge lebten seit Beginn
Der Welt in gänzlicher Enthaltsamkeit.
Doch läßt mich ihre Keuschheit ohne Neid;
Laßt sie sich nähren stets mit Weizenbrot,
Und gebt uns Weibern das von Gerstenschrot.
Und doch mit Gerstenbrot, wie Mark uns weißt,
Hat unser Herr einst Massen Volks gespeist.
Wie mir durch Gott gefallen ist mein Los,
So will ich bleiben. Ich bin anspruchslos;
Und frei will ich als Weib mein Instrument
150 Gebrauchen, wie mein Schöpfer es mir gönnt.

Sprech' ich zu kühn, mag Gott für Reue sorgen –
Mein Mann soll's haben abends und am Morgen,
Gefällt es ihm, zu leisten, was er schuldig.
Doch eines Manns bedarf ich, der geduldig
Als Schuldner und als Sklave mir gehorcht;
Und für den Dorn im Fleische wird gesorgt
Von mir gewiß, solang ich bin sein Weib!
Denn lebenslänglich hab' ich seinen Leib
In meiner Macht, doch er nicht umgekehrt;
160 Denn so hat der Apostel es gelehrt.
Er hieß den Mann uns schuld'ge Freundschaft leisten,
Und die Sentenz gefiel mir stets am meisten!«
    Auf fuhr der Ablaßkrämer und hob an:
»Nun, liebe Frau, bei Gott und St. Johann!
Ihr predigt wacker über diese Sachen.
Auch ich gedachte Hochzeit bald zu machen.
Doch soll im Fleisch ich's büßen also teuer,
Laß ich indes das Freien lieber heuer!«
    »Sei still!«, sprach sie, »ich habe kaum begonnen.
170 Ei! Du sollst trinken aus ganz andern Tonnen,
Eh' ich zu Ende! – Schlechter wird als Bier
Dir's sicher munden, wird erzählt von mir
Erst von des Ehestandes Not und Leid,
Worin erfahren ich seit langer Zeit –
    Das heißt, ich selbst war's, die die Peitsche schwang.
Nun? Hast Du Lust noch oder nicht, den Trank
Vom Faß zu schlürfen, das ich angespundet?
Doch, eh' Du nahst, bedenke, wie es mundet!
Ich führe mehr als ein Exempel an,
180 Daß andern oft zur Warnung dient der Mann,
Der sich von andern selbst nicht warnen läßt.
Die Worte findest Du im Almagest
Von Ptolemäus; lies es selber nach!«

»Verehrte Frau!«, der Ablaßkrämer sprach,
»Gefall' es Euch, nur weiter fortzufahren
In dem Bericht und niemanden zu sparen,
Und lehrt uns junge Männer Eure Ränke!«
          »Recht gern!«, sprach sie, »wenn's Euch gefällt?
                    Doch schenke
Mir Nachsicht die verehrte Compagnie,
190 Und red' ich hier nach meiner Phantasie,
Nehmt, was ich sage – bitte – nicht zu Herzen!
Mein Zweck ist nur, zu spaßen und zu scherzen.
Nun, Herr'n, jetzt geht es weiter! Sollten mir
Auch niemals munden fürder Wein und Bier,
Von meinen Männern sprech' ich, wie es recht.
Drei waren gut und zweie waren schlecht;
Und reich und alt die dreie, welche gut.
Doch sie erfüllten schlecht nur das Statut
In Hinsicht dessen, was sie mir zu leisten –
200 Nun, was ich meine, raten wohl die meisten.
Gott steh' mir bei! Noch lach' ich, denk' ich jetzt,
Wie ich sie nachts zur Arbeit angehetzt!
Doch, meiner Treu! Viel wurde nicht prästiert.
Sie hatten mir ihr Gut und Land zediert,
Drum, daß um ihre Liebe diensterbötig
Ich länger würbe, war für mich nicht nötig.
Bei Gott! Sie liebten treulich mich! Indessen
Viel Leckereien gab es nicht zu essen.
Ein kluges Weib muß ihr Geschäft verstehn,
210 Und Liebe wecken, will's nicht anders gehn.
Doch, da ich schon vollständig in der Hand
Sie selber hatte und ihr Gut und Land,
Was lag mir da an ihrer Gunst noch viel,
Wenn mir's Profit nicht brachte, nicht gefiel?
Doch schwitzen ließ ich sie in mancher langen

Und lieben Nacht, bis alle Weh sie sangen,
Und für sie fett gemacht ward nicht der Schinken
Wie zu Dunmow in Essex, will mich dünken!
Ich wußte sie nach meinem Sinn zu lenken,
220 Von jeder Kirmes kehrten mit Geschenken
Sie fröhlich heim und brachten sie mir dar,
Und waren selig, wenn ich freundlich war,
Denn das weiß Gott, ich schimpfte sie genug.
     Doch nun erzähl' ich, wie ich mich betrug.
Ihr Weiber, die Ihr klug seid und verständig,
Schwatzt in das Unrecht Euren Mann beständig!
Denn lügen kann und schwören nie ein Mann
So unverschämt, wie eine Frau es kann.
– Die klugen Weiber brauchen keinen Rat,
230 Er gilt für die, so man mißleitet hat. –
Ein Weib, das schlau ist und verständnisvoll,
Beweist wohl ohnehin, die Kuh sei toll,
Dem Ehemann und läßt die Magd drauf schwören.
Doch, wie ich sprach, sollt Ihr von mir jetzt hören:
     ›Du alter Hundsfott! Ist das Deine Tat,
Daß unsres Nachbars Weib in solchem Staat
Einherstolziert für jedermann zum Wunder,
Und ich kaum ausgehn kann in meinem Plunder?
Was hast Du nur im Nachbarhaus zu schaffen?
240 Ist sie so schön? Mußt Du Dich gleich vergaffen?
Was hast Du stets mit meiner Magd zu flüstern?
Ei, alter Lecker! Immer bist Du lüstern!
Doch wenn ich einen Freund mir zugeselle,
Betret' ich arglos eines Nachbars Schwelle,
So schiltst Du mich gleich wie ein Teufel aus.
Und Du kommst heim besoffen wie die Maus
Und predigst – schlimm ergeh' Dir's – auf den Bänken
Und sprichst: Es müsse an die Kosten denken

Ein Mann beständig, der sich arm gepaart.
250 Und eine Reiche, adeliger Art,
Die – sagst Du – sei ganz sicher voller Grillen
Und unerträglich ihres Stolzes willen.
Bei einer Schönen – sagst Du – sei's erklärlich,
Daß jeder Wüstling gleich nach ihr begehrlich,
Und mit der Keuschheit, die bestürmt stets sei
Von allen Seiten, sei es bald vorbei.

Man nimmt uns – sagst Du – bald weil unser Geld,
Bald Wuchs, bald Schönheit einem Mann gefällt,
Bald des Gesanges, bald des Tanzens wegen,
260 Bald weil dem Mann an Reiz und Spaß gelegen,
Bald weil so zierlich Arme sind und Hände,
Und so zum Teufel geht es bis ans Ende!
Es widerstände – sagst Du – keine Mauer,
Die rings belagert sei, auf lange Dauer.

Von einer Häßlichen sagst Du, sie hänge
Sich gleich an jedes Mannsbild an und spränge
Um jeden wie ein Wachtelhund umher,
Bis schließlich einer ausgefunden wär';
Denn sei auch noch so grau die Gans im Graben,
270 Sie wolle – sagst Du – ihren Gäns'rich haben;
Und da nur Undank – sagst Du – man empfinge,
So sei ein Weib das schlimmste aller Dinge!
So sprichst Du Flegel, gehst Du nachts zu Bette!
Und daß kein kluger Mann es nötig hätte,
Sei er auf Seligkeit bedacht, zu frein.
Ich wollt', ein Blitz vom Himmel schlüge drein,
Und Deinen alten, welken Nacken bräch' er!

Der Rauch – sagst Du – und löcherige Dächer
Und zänk'sche Weiber trieben aus dem Haus
280 Die Männer fort. Doch sag' mir – ei der Daus! –,
Was treibt Dich, so zu schimpfen, alter Gecke?

Im Anfang – sagst Du – zwar das Weib verstecke,
Doch nach der Hochzeit zeige sie die Klau'n;
Das ist ein Sprichwort wohl von bösen Frau'n?

Du sagst, die Ochsen, Esel, Pferde, Hunde
Würden geprüft erst, daß je nach Befunde,
Wie Löffel, Fässer, Stühle, Bänke, Tröge
Und Hausgerät, man sie erstehen möge.
So prüfe man auch Töpfe oder Kleider,
290 Doch blieben ungeprüft die Frauen leider;
– So sagst Du, Schwätzer! – bis man nach der Ehe
Dann alle Laster, die sie hätten, sähe!

Und ferner sagst Du: ich sei stets verdrießlich,
Lobtest Du meine Schönheit nicht ausschließlich,
Und priesest Dir nicht immer mein Gesicht,
Und nenntest überall mich Dame nicht;
Wär' mein Geburtstag festlich nicht begangen,
Könnt' ich nicht stets in frischen Kleidern prangen,
Sprächst Du mit meiner Zofe, meiner Amme
300 Und der Verwandtschaft vom Familienstamme
Nicht ehererbietig sonder Unterlaß –
So sagst und klagst Du, altes Lügenfaß!

Und auch mit unserm Schreiber, dem Johann,
Dem krausbehaarten, goldgelockten Mann,
Der mir so fleißig seinen Hof stets macht,
Hast Du mich ganz mit Unrecht im Verdacht.
Ich will ihn nicht, und stürbest Du auch morgen!
Doch sage mir, warum hältst Du verborgen
Den Kassenschlüssel so besorgt vor mir?
310 Gehört das Geld – Pardi! – nicht mir wie Dir?
Glaubst Du, es sei Madam nicht bei Verstand?
Beim Heil'gen, der St. Jakob ist genannt,
Nicht länger sollst von meinem Leib und Gut
Du Meister sein, und tobtest Du vor Wut

Und schnittest mir das grimmigste Gesicht!
Auch alles Spionieren hilft Dir nicht!
Ich glaube wohl, weit lieber schlössest Du
Mich in den Schrank, anstatt zu sprechen: ›Tu',
Was Dir gefällt, mein Weibchen, ohne Scheu;
320 Mehr als Gerüchten trau' ich Deiner Treu'!‹
Der Mann mißfällt uns, der stets sorgt und denkt,
Wohin wir gehn. Wir sind gern unbeschränkt.
        Genug zu preisen ist von Menschen nie
Der größte Meister der Astrologie,
Dan Ptolemäus, der im Almageste
Geschrieben hat, es sei der Weisheit beste,
Sich nicht zu kümmern, wer regiert die Welt.
Aus diesem Sprichwort klar für Dich erhellt:
Laß Dir an dem, was Du besitzt, genügen,
330 Und gönne Du den Leuten ihr Vergnügen.
Du alter Schwätzer! Mach' doch alle Nächte
Nur frisch Gebrauch von Deinem Eherechte!
Der wär' ein äußerst arger Filz zu nennen,
Der uns versagen wollte, anzubrennen
An der Laterne, die er trägt, ein Licht.
Laß Dir genügen, und beklag' Dich nicht!
        Du sagst auch ferner, wenn wir mit Geschmeiden
Uns schmücken oder stattlich uns bekleiden:
Es sei von uns die Keuschheit in Gefahr.
340 Durch des Apostels Worte sei ganz klar
In dieser Sache der Beweis zu führen,
Dieweil er spreche: ›Weiber sollten zieren
In ihrer Kleidung sich mit Zucht und Scham
Und nicht mit Zöpfen oder üpp'gem Kram,
Mit Perlen, Gold und köstlichem Gewand.‹
Nicht mehr als eine Fliege an der Wand
Halt' ich vom Text und von dem ganzen Satze.

Du sagst auch ferner: ich sei gleich der Katze;
Die bleibe, wenn man ihr versengt das Fell,
350 Ruhig zu Haus, indessen laufe schnell,
Wenn's wieder schön und glänzend sei, hinaus
Und bleibe keinen halben Tag zu Haus,
Sie wolle fort, sobald der Morgen graue,
Damit ihr Fell sie zeige – und miaue;
Das heißt, Du Schelm: ich liebte, auf den Gassen
In neuem Kleiderstaat mich sehn zu lassen!
     Du alter Narr! Dein Schnüffeln hilft Dir nicht!
Und bätest Argus Du, der im Gesicht
Einhundert Augen hat, Schildwach' zu stehn,
360 So würd' ich doch ihm eine Nase drehn;
Mir sollt' es schon, bei meiner Treu, gelingen.
     Du sagst auch: immer rühre von drei Dingen
Auf dieser Erde jedes Unheil her,
Und daß ein viertes nicht zu tragen wär'.
Herr Widerbeller! Kürze Christ Dein Leben!
Ei! Predigst Du, ein böses Weib sei eben
Die eine von den widerwärt'gen Sachen?
Kannst Du nicht andere Vergleiche machen?
Mußt Du zum Gegenstande der Parabeln
370 Dir stets ein armes, dummes Weib ergabeln?
     Du sagst: des Weibes Liebe glich' der Hölle,
Dem wüsten Lande, drin kein Wasser quelle.
Sie gliche – sagst Du – einer Feuersglut,
Die, einmal brennend, stets mit größrer Wut
Alles, was brennen wolle, rings verzehre:
Und wie ein Wurm – sagst Du – den Baum zerstöre,
Zerstör' auch ihren Ehemann die Frau;
Das wisse, wer nicht ledig sei, genau.‹ –
Daß grade so, wie ich's, ihr Herr'n, erzählt,
380 Sie in der Trunkenheit mit mir geschmält,

Hielt steif und fest ich meinen Männern vor.
Zwar war es falsch. – Doch, da es Hans beschwor
Und meine Nichte sich mit mir vereinigt,
Du lieber Gott! So wurden sie gepeinigt,
Bei Christi Kreuz, ganz schuldlos obendrein.
Denn wie ein Gaul konnt' beißen ich und schrein.
Doch hätt' ich nicht zu klagen angefangen,
So wär' es manchmal mir wohl schlimm ergangen.
Wer zuerst kommt, zuerst gemahlt erhält;
390 Wer zuerst klagt, behauptet auch das Feld.
So kam's, daß sie mich um Entschuld'gung baten,
Selbst über Dinge, die sie niemals taten.
Ich schwor, mit Dirnen hätt' ich sie gesehn,
Und konnten sie vor Schwachheit auch kaum gehn.
  Doch kitzelt' es ihr Herz; und jeder dachte,
Daß mich besorgt für ihn nur Liebe machte.
Ich schwor, war ich zur Nachtzeit ausspaziert,
Nach ihren Dirnen hätt' ich spioniert.
Durch diesen Vorwand fand ich viel Vergnügen.
400 Denn nicht umsonst ist Spinnen, Weinen, Lügen,
Schon seit dem Tage der Geburt fürs Leben
Von Gott uns Weibern gütigst mitgegeben.
In einer Sache muß ich selbst mich loben,
Ich blieb in jeder Hinsicht schließlich oben,
Ich griff zur List, Gewalt und andern Mitteln,
Wie stetem Murr'n und ewigem Bekritteln.
Im Bett besonders wußt' ich sie zu plagen.
Da konnt' ich schelten und den Dienst versagen.
Ja, aus dem Bette droht' ich oft zu springen,
410 Wenn sie mit ihren Armen mich umfingen.
Erst wenn sie Lösegeld bezahlt mir hatten,
Wollt' ihre Niedlichkeiten ich gestatten.
Ein jeder Mann gedenke meines Rats,

Käuflich ist alles, und wer zahlt, der hat's;
Mit leeren Händen ist schlecht Falken fangen;
Doch für Gewinn erheuchelt' ich Verlangen
Und tat, als gäb' ich voller Lust mich hin,
Obschon von Schinken sonst kein Freund ich bin;
Das heißt: Ich lag mit ihnen stets im Streite,
420   Und hätte selbst der Papst auf ihrer Seite
Gestanden, wäre ihnen nichts erspart,
Da Wort um Wort von mir quittiert stets ward.
Ja, beim allmächt'gen Gott! Sollt' ich sofort
Mein Testament jetzt machen, nicht ein Wort
Bin ich mehr schuldig, das ich wett nicht machte.
Durch meinen Witz ich's schließlich dahin brachte,
Daß sie für besser fanden, nachzugeben;
Sonst hatten sie nie Rast und Ruh' im Leben;
Und schauten wie die Löwen sie verdrießlich,
430   So krochen dennoch sie zu Kreuze schließlich.
       Dann wollt' ich sagen: ›So ist's recht und brav!
Wie fromm und sanft ist Wilkin, unser Schaf!
Komm, Männchen, laß mich Deine Wange küssen!
Geduld und Sanftmut wirft Du lernen müssen!
Spricht Dein Gewissen Dich denn niemals schuldig,
Wenn Du erzählst, wie Hiob war geduldig?
Nun, was Du predigst, halte drum in Ehren!
Und tust Du's nicht, so will ich Dich belehren:
Soll in der Ehe Frieden uns beglücken,
440   So muß sich einer von uns beiden bücken,
Und da als Mann weit mehr vernünftig Du
Als Deine Frau bist, so kommt Dir es zu.
Jedoch, was quält Dich, daß Du stöhnst und ächzest?
Ist's meine Heimlichkeit, nach der Du lechzest?
Hier, Peter, ist sie! Nimm Dir alles hin!
Ich schelte zwar, doch zärtlich ist mein Sinn!

Wollt' ich verhandeln meine belle chose
Ging ich einher wohl schöner als die Rose!
Jedoch, bei Gott, wie übel Du getan,
450 Bewahr' ich sie für Deinen Leckerzahn!«
        Manch solches Wort wir miteinander hatten;
Doch sprech' ich jetzt von meinem vierten Gatten.
        Ein schlimmer Schwärmer aber war der vierte,
Der sich mit einem Kebsweib verlustierte.
Und dennoch jung, stark, geil und widerhaarig
Und so vergnügt wie eine Elster war ich.
Zur Harfe konnt' ich mich im Tanze schwingen,
Und wußte wie die Nachtigall zu singen,
Hatt' ich getrunken etwas süßen Wein.
460 Ja, selbst der Schuft, Metellius, dieses Schwein,
Der mit dem Stocke seine Frau erschlug,
Nur, weil sie Wein trank, sollte mir genug
Zu trinken geben, hätt' er mich genommen!
Doch von dem Wein muß ich auf Venus kommen.
So wie die Kälte Hagel zeugt und Reif,
Hat leckres Maul auch einen leckren Schweif.
Nicht widersteht die weinberauschte Frau,
Das wissen alle Wüstlinge genau.
        Ach, Herr und Christ! Gedenk' ich an die Zeit
470 Der Jugendfrische und der Lustigkeit,
So juckt es mich im tiefsten Herzensgrunde
Noch vor Vergnügen bis auf diese Stunde,
Daß ich die Welt genoß in jenen Tagen!
Das Alter, ach, bringt manche bittre Plagen!
Ich fühle Kraft und Schönheit mir entfliehn;
Fahrt hin! Lebt wohl! Zum Teufel mögt ihr ziehn!
Das Mehl ist alle! Da hilft kein Geschrei!
So gut es geht, verkauf' ich jetzt die Klei'!
Doch an Vergnügen soll es mir nicht fehlen!

480 Von meinem vierten Mann laßt mich erzählen!
　　　Wie schon gesagt, mein Haß war nicht gering,
　　Daß er auf fremder Fährte manchmal ging;
　　Bei St. Jodocus! – wir sind beide quitt,
　　Da ich sein Kreuz aus gleichem Holz ihm schnitt.
　　Zwar nicht zur Unzucht braucht' ich meinen Leib,
　　Doch gönnt' ich manchem solchen Zeitvertreib,
　　Daß ich in seinem eignen Fett ihn briet,
　　Und er in Eifersucht und Wut geriet.
　　Sein Fegefeuer war ich hier hienieden;
490 Drum hoff' ich, jetzt hat seine Seele Frieden,
　　Denn, weiß es Gott! – er sang und schrie vor Wehe,
　　Drückte sein Schuh ihm allzusehr die Zehe,
　　Und Gott und ihm ist es allein bekannt,
　　Was ihn zu pein'gen alles ich erfand.
　　Er starb, als von Jerusalem zu Haus
　　Ich lehrte, und ruht unterm Kreuze aus,
　　Jedoch sein Grabmal war mit mindrer Pracht
　　Als des Darius Ruhestatt gemacht,
　　Die einst Apelles schuf mit Kunstvollendung;
500 Denn ich begrub mit weniger Verschwendung!
　　Er lebe wohl! Mög' Gott ihm gnädig sein!
　　Im Grabe ruht er und er liegt im Schrein!
　　　Von meinem fünften Mann ich jetzt erzähle!
　　Gott sende nicht zur Hölle seine Seele!
　　Doch hat er mir am schlimmsten zugesetzt;
　　Das fühl' an meinen Rippen ich noch jetzt,
　　Und werd' es fühlen bis ans Lebensziel!
　　Doch frisch und froh trieb er im Bett sein Spiel,
　　Und das Gekirr verstand er und Gekose,
510 Gelüstet' ihm nach meiner belle chose;
　　Gewinnen konnt' er, wenn er alle Glieder
　　Mir auch zerschlug, stets meine Liebe wieder.

Ich liebt' ihn besser, denk' ich, weil so rar
Und so gefährlich seine Liebe war.
Wir Weiber sind – denn nimmer lügen will ich –
In diesem Punkt oft wunderlich und grillig;
Wir schrein und gieren tagelang nach Dingen,
Allein weil sie nur schwierig wir erringen;
Was man verbietet, wird von uns begehrt,
520 Jedoch wir fliehen, was man uns gewährt;
Verkauft wird unser Krimskram mit Gefahren;
Bei vollem Markte steigt der Preis der Waren,
Und was zu billig ist, bedünkt uns schlecht;
Darin gibt jedes kluge Weib mir recht.
       Den fünften Mann – es gebe Gott ihm Segen! –
Nahm ich aus Liebe, nicht des Reichtums wegen.
Von Oxford, wo er als Scholar studierte,
Kam er in unsre Stadt, und dort quartierte,
Er sich bei meiner Frau Gevatt'rin ein,
530 Frau Alison – Gott mög' ihr gnädig sein!
Sie kannte meines Herzens Heimlichkeit
Mehr, als der Pfaffe tat – auf Seligkeit!
Denn ihr vertraut ich all' und jedes an;
Und mochte Leib und Leben gar mein Mann
Verwirken oder an die Wand nur pissen,
Sie und ein andres Weibsbild mußten's wissen,
Und ebenmäßig ward ein jeder Plan
Auch meiner lieben Nichte kundgetan.
Und dieses tat ich häufig, denn – Gott weiß es! –
540 Wohl überlief ihn manchmal rot und heiß es
Bei seiner Schande, und er schalt sich laut,
Daß er mir seine Heimlichkeit vertraut!
       Nun traf es sich zur Fastnacht oft genug,
War ich bei der Gevatt'rin zum Besuch
– Denn immer noch saß ich voll Schelmerei,

Und lief noch gern im März, April und Mai,
Was Neues zu erfahren, Haus von Haus –
Daß ich und Alison aufs Feld hinaus
Spazierten mit dem Schreiber, dem Johann.
550 Denn da in London war mein Ehemann,
Wollt' ich nicht die Gelegenheit verpassen,
Mich auch vor lust'gem Volke sehn zu lassen,
Und selbst zu sehn. Was weiß ich noch, wohin
Ich damals ging in meinem Flattersinn?
Ich war dabei, wenn es Visitationen,
Wenn es Vigilien gab und Prozessionen;
Auf Pilgerfahrt und zum Mirakelspiel,
Zur Hochzeit und zur Predigt ging ich viel.
Vom schönsten Scharlach trug ich Prachtgewänder;
560 An meinem Staat gab's für die Kleiderschänder,
Die Würmer, Motten, Milben nichts zu nagen.
Wißt Ihr, warum? – Weil ich ihn stets getragen!
      Doch nun erzähl' ich Euch, was mir passierte.
Ich sagte, daß ich auf das Feld spazierte,
Wo ich, fürwahr, manch' lust'ge Schäkerei
Mit unserm Schreiber trieb und ihm dabei
Der Zukunft wegen auch versprach, daß er
Mich freien solle, wenn ich Witwe wär'.
Gewiß kein Rühmens will ich davon machen;
570 Doch in der Ehe, wie in andern Sachen,
Sah ich mit Umsicht immer im voraus.
Ein Lauch nicht wert, dünkt mich, der Witz der Maus,
Die auf ein Loch nur zum Entschlüpfen zahlt
Und die dann hin ist, wenn ihr dieses fehlt.
      Ich log ihm vor, ich sei behext durch ihn,
Da Alison mir diesen Rat verliehn,
Und redete, mir hätte in der Nacht
Geträumt, ich wäre von ihm umgebracht,

Und daß mein ganzes Bette sei voll Blut;
580 Jedoch er täte, hofft' ich, dennoch gut,
Denn Blut bedeute Gold, sei mir gesagt.
Doch falsch war alles. Ich war nie geplagt
Von solchen Träumen. Meiner Dame Rat
Befolgt ich nur, wie ich es meistens tat.
    Doch nun, Ihr Herr'n! – Laßt sehn, wo blieb ich nur!
Aha! Bei Gott! Ich bin schon auf der Spur!
    Als auf der Bahre lag mein vierter Gatte,
Ich in den Augen immer Tränen hatte,
Wie es Gebrauch ist und des Weibes Pflicht,
590 Und in den Schleier hüllt' ich mein Gesicht.
Doch hatt' ich den Ersatzmann schon ersehn;
Drum weint' ich mäßig – das muß ich gestehn!
    Als meinen Mann die Nachbarn unter Klagen
Zur Kirche früh am Morgen fortgetragen,
War auch mein Schreiber, der Johannes, da.
Und – hilf mir Gott! – als ich ihn gehen sah
Mit einem solchen schönen, netten Paare
Von Beinen hinter meines Mannes Bahre,
Gab ich mein ganzes Herz ihm alsobald.
600 Er war – ich glaube – zwanzig Winter alt
Und – ungelogen – vierzig ich! – Jedoch
Den Füllenzahn bewahrt' ich immer noch.
Langzähnig war ich, was nicht schlecht mir stand.
Der Venusstempel war mir eingebrannt;
Und – hilf mir Gott! – ich war ein lustig Weib,
Jung, reich und schön und wohlgeformt an Leib,
Und jeder meiner Gatten schwor – auf Ehre! –
Daß meine Feige rings die beste wäre.
Den Sinnen nach bin ich ganz venerianisch,
610 Mein Herz indessen ist durchaus martianisch;
Venus gab mir die Lüsternheit und Glut,

Und Mars gab mir den unverzagten Mut.
Der Stier mit Mars drin war mein Aszendente.
O weh, daß Liebe sündlich ist! – Wie könnte
Ich widerstehen der Inklination
Bei solcher Wirkung der Konstellation?
Und daher blieb für lustige Genossen
Auch meine Venuskammer nicht verschlossen.
Von Mars indessen trug ich das Gepräge
620 Im Angesicht und heimlichen Gehege.
Gott gehe mit mir gnädig zu Gericht!
Sehr heikel war ich in der Liebe nicht.
Ich folgte meinem Appetit und Drang;
Ob schwarz, ob weiß er war, ob kurz, ob lang,
Sobald ich nur Gefallen an ihm fand,
Fragt’ ich nicht viel nach Reichtum oder Stand.
      Was wollt’ ich sagen? – Schon nach Monatszeit
Nahm mich zur Frau mit großer Festlichkeit
Der lustige, der art’ge Schreiber Hans.
630 Mein Land sowie mein Gut gab ich ihm ganz
Und gar zu eigen, wie es mir gegeben;
Doch oft bereut’ ich’s hinterher im Leben.
Von meinen Schlichen wollt’ er gar nichts wissen!
Weil ich ein Blatt aus seinem Buch gerissen,
Schlug er – bei Gott! – mich einstmals mit der Faust,
Daß heute mir’s noch in den Ohren saust!
Wie eine Löwin steif und widerhaarig
Und eine schlimme Lästerzunge war ich.
Noch immer wandern wollt’ ich, wie zuvor,
640 Von Haus zu Haus, obschon’s mein Mann verschwor;
Und deshalb las er predigend und lehrend,
Aus alten Römergesten mir fortwährend:
Wie einst sein Weib auf Lebenszeit verließ
Sulpitius Gallus und sie von sich stieß,

Nur aus dem Grunde, weil er sie gesehn
Aus seiner Haustür unverschleiert gehn.

Auch einen andern Römer er mir nannte,
Der ebenfalls sein Weib von sich verbannte,
Die unerlaubt auf einem Fest gewesen.
650 Auch aus der Bibel pflegt' er oft zu lesen
Mir jenes Sprichwort aus dem Ecclesiasten,
Welches den Männern anrät, daß sie paßten
Auf ihrer Weiber Wandel und Betragen;
Und, ohne Zweifel, pflegt' er dann zu sagen:

Wer sich aus Weiden baut des Hauses Wände,
Auf blindem Gaul jagt durch gepflügt Gelände,
Und seinem Weibe läßt zu freie Hände,
Der Mann hängt an dem Galgen noch am Ende!
Doch wertlos schienen mir wie Mellerbeeren
660 Die weisen Sprüche, wie die alten Lehren.
Ich liebte nicht, daß er mir stets erzählte,
Um mich zu bessern, wo und wie ich fehlte;
Und viele denken – weiß es Gott! – wie ich!
Doch wurd' er noch so wütend gegen mich,
In keinem Fall gedacht' ich's zu ertragen!

Beim heil'gen Thomas! Jetzt will ich Euch sagen,
Wie einst, weil seinem Buch ich jenes Blatt
Entriß, mein Mann mich taub geprügelt hat.

In einem Buche, welches er besaß,
670 Er Tag und Nacht stets mit Entzücken las,
Das Valerie und Theophrast er nannte
Und das ihn stets mit Lachen übermannte.
Auch war ein Schreiber noch darin aus Rom,
Ein Kardinal, mit Namen Saint Jérôme,
Der einst ein Buch schrieb gegen Jovinian.
Dies Buch war da, sowie auch Tertullian,
Chrysippus, Trotula und Heloïs,

Die einst Äbtissin war nah bei Paris;
Und auch des Königs Salomo Parabeln,
680 Die Kunst Ovids und manche sonst'ge Fabeln.
Sie waren all' in einen Band gebunden,
Und immer hielt in seinen freien Stunden,
Lag hinter ihm des Werkeltages Plage,
Er jederzeit, bei Nacht sowie bei Tage,
Gewohnheitsmäßig dieses Buch in Händen.
Von bösen Weibern kannt' er mehr Legenden,
Als in der Bibel sind von guten Frauen.
Unmöglich ist's – darin mögt Ihr mir trauen –
Daß von den Damen Gutes spricht ein Schreiber.
690 Zwar lobt er stets das Leben heil'ger Weiber,
Doch andre Frauen preist er nimmermehr!
Doch, wer malt uns den Löwen? – Sagt mir, wer?
Bei Gott! Wenn Weiber schrieben die Historien,
Wie Schreiber tun in ihren Oratorien,
So wären Schlechtigkeiten auszukramen
Von Männern, die der ganze Adamssamen
Nie büßen kann! – Die Kinder von Merkur
Und Venus sind verschiedener Natur.
Weisheit und Wissen der Merkur uns gibt
700 Und Saus und Braus ist's, was die Venus liebt;
Und weil sie so verschieden disponiert,
Fällt einer, wenn der andre exaltiert.
So ist – Gott weiß! – Merkur stets desolat,
Ist in den Fischen Venus exaltat,
Und Venus fällt, sobald Merkur ist oben;
Drum kann ein Schreiber nie ein Weibsbild loben!
Und wird er altersschwach und wertlos zu
Dem Dienst der Venus, wie ein alter Schuh,
Setzt er sich nieder und schreibt Faseleien,
710 Daß niemals treu die Ehefrauen seien.

Doch nun zum Zweck! – Pardi! – Ich wollte sagen,
Weshalb ich wegen jenes Buchs geschlagen.
Aus diesem Buch zur Abendzeit einst las
Mein Gatte Hans, als er am Feuer saß:
Zuerst von Eva, deren Schlechtigkeit
Das Menschenvolk in Elend stieß und Leid,
Bis Gottes Gnade wieder uns erschloß
Das Herzblut, welches Jesus Christ vergoß.
Seht! Hier wird von dem Weibe man gewahr,
720 Daß sie Verderberin der Menschheit war!
     Er las, wie Simson erst sein Haar verlor,
Und dann die Augen, weil ihn kahl einst schor
Im Schlaf sein Kebsweib, die Verräterin.
     Und, ungelogen, las er späterhin
Wie Herkules den Tod durch das Gewand
Der Dejanira durch Verbrennen fand.
     Auch nichts vergaß er von dem Leid und Wehe
Des Sokrates in seiner Doppelehe:
Wie ihm Xanthippe ausleert übern Kopf
730 Das Nachtgeschirr und mausestill der Tropf,
Den Kopf sich wischend, nichts aus Angst entgegnet
Als: ›Schweigt der Donner, weiß man, daß es regnet!‹
     Auch von Pasiphae aus Kreta las er;
An der Geschichte fand gar vielen Spaß er.
Doch, pfui! – Nichts mehr davon! Es ist zu gräulich;
Denn ihre Lust und Neigung war abscheulich!
     Wie Klytämnestras liederliches Leben
Zum Tod des Gatten Anlaß hat gegeben,
Las er mir auch mit großer Salbung vor;
740 Und er erzählte, wie vor Thebens Thor
Amphiaraus jäh sein Ende fand;
Und eine Sage war ihm auch bekannt,
Die eigne Gattin, Eriphyle, hätte

Den Griechen ihres Mannes Zufluchtsstätte
Für eine Unze Goldes offenbart;
Wodurch vor Theben böser Dank ihm ward.
    Von Luna und Lucilia führt' er an,
Getötet hätte jede ihren Mann;
Wobei dort Haß, hier Liebe war im Spiel.
750 Denn, während Luna, der ihr Mann mißfiel,
Ihn eines Abends spät vergiftet hatte,
Gefiel Lucilien allzusehr ihr Gatte,
Und lüstern, daß er immer an sie denke,
Gab sie ihm solche starke Liebestränke,
Daß er verschieden war am frühen Morgen;
So hatten Männer immer ihre Sorgen!
    Auch von Latumeus hat er mir gesagt,
Er hätte Arius, seinem Freund, geklagt,
In seinem Garten sei ein Baum zu schauen,
760 An welchem sich schon drei von seinen Frauen
Erhängt aus lauter Ärger und Verdruß.
›Ach, lieber Bruder!‹, sprach drauf Arius,
›Erlaube mir, ein Pfropfreis abzulegen,
Denn solchen Baum möcht' ich gern selber pflegen!‹
    Er las, es hätten auch in spätern Tagen
Im Bette Weiber ihre Herr'n erschlagen,
Die blut'gen Leichen auf die Flur gestreckt
Und mit den Buhlen in der Nacht gefäckt.
Auch Nägel hätten ins Gehirn gehauen
770 Im Schlaf den Männern manchmal ihre Frauen,
Auch manchmal sie vergiftet mit Getränken.
Er sprach mehr Harm, als sich das Herz kann denken!
Und dabei wüßt' er viel mehr weise Sprüche,
Als jemals Kräuter wuchsen für die Küche.
›Du hältst weit besser‹, sprach er, ›es im Haus
Mit einem Löwen oder Drachen aus,

Als einem zänkischen und bösen Weibe!‹
›Im Winkel lieber unterm Dache bleibe,
Als mit der Zänkerin‹, sprach er, ›im Zimmer;
780 Denn widerspenstig ist ein Weibsbild immer.
Und dem, was ihrem Mann gefällt, stets gram!‹
›Von sich‹, so sprach er, ›wirft ein Weib die Scham
Mit ihrem Unterrock.‹ – ›Und eine Frau,
Die schön und zuchtlos ist, gleicht einer Sau,
Die einen Goldreif in der Nase trägt.‹
Wer faßt den Ingrimm, welchen ich gehegt?
Wer faßt die Wut, die ich im Herzen trug?
Als eines Nachts in dem verfluchten Buch
Sein Lesen wiederum kein Ende fand,
790 Riß ich ihm rasch drei Blätter aus dem Band,
Worin er las, und mit der Faust zugleich
Gab ich ihm solchen derben Backenstreich,
Daß überwärts er hinschlug in das Feuer.
Empor voll Wut sprang wie ein wilder Leu er,
Und mit der Faust gab er mir einen Schlag,
Daß ich, wie leblos, gleich am Boden lag.
Und als er sah, wie still und steif ich schien,
Da ward er blaß und dachte zu entfliehn.
Doch aus der Ohnmacht wieder wach geworden,
800 Fuhr ich ihn an: ›O Dieb! Willst Du mich morden?
Willst Du mich töten, um mein Gut zu erben?
Komm, küsse mich und lasse dann mich sterben!‹
     Und näher kam er und sank auf die Knie
Und sprach: ›O bestes Alisönchen, nie
Schlag' ich Dich wieder! Schenke Gott mir Huld!
Und tat ich's jetzt, so war es Deine Schuld!
Ich bitte Dich, vergiß es und vergib!‹
Doch ich gab ihm noch manchen Backenhieb
Und sagte: ›Dieb! Ich will es an Dir rächen!

810 Jetzt will ich sterben und kein Wort mehr sprechen!‹
Jedoch zuletzt nach manchem Weh und Leide
Versöhnten und vertrugen wir uns beide.
Er gab die Zügel mir in meine Hand
Und die Regierung über Haus und Land,
Und Hand und Zunge hielt ich ihm in Steuer,
Und auch sein Buch schmiß er für mich ins Feuer.
Nachdem die Leitung und die Meisterschaft
In dieser Art ich mir zurückgeschafft
Und ›Liebes Weibchen!‹ er zu mir gesagt,
820 ›Tu lebenslang allein, was dir behagt,
Bewahr’ Du Ehre mir und Gut und Haus!‹
Seit jenem Tag war alles Zanken aus.
So gut und treu war, wie auf Gott ich bau’,
Von Dänemark bis Indien keine Frau,
Wie ich für ihn, und er tat es mir gleich.
Und daher bitt’ ich Gott im Himmelreich,
Er gehe gnädig mit ihm zu Gerichte!
Nun hört mir zu! – Jetzt komm’ ich zur Geschichte!«

Wortwechsel zwischen dem Büttel und dem Bettelmönch

Vers 829–856

Der Bettelmönch bei diesen Worten lachte
830 Und sprach: »Madam, nach langem Paßgang brachte
Uns der Prolog jetzt ganz zu paß ans Ziel!«
Der Büttel, dem des Bruders Spaß mißfiel,
Rief aus: »Seht an! Bei Gott und seinen Engeln!
Ein Bettelmönch muß alles doch bemängeln!
Ja, wie die Fliegen fällt ein Bettelbruder

Auch allsofort auf jedes Fleisch und Luder!
Was hat mit Paßgang alles dies zu tun?
Ob Paß, ob Trab, laß es in Frieden ruhn
Und gönn' uns an der Sache das Vergnügen!«
840   »Herr Büttel!«, sprach der Bruder, »ohne Lügen!
Gefällt es Euch, so will ich gern berichten
Von einem Büttel zwei bis drei Geschichten,
Bevor ich geh', und sicher lacht man tüchtig!«
       »Verwünschen möchte, Bruder, Dein Gesicht ich!«,
So sprach der Büttel, »und mich selbst daneben,
Wüßt' ich nicht auch zwei bis drei Schnurren eben
Von Bettelmönchen! Jammern sollst Du, ehe
Nach Sidenborn wir kommen, denn ich sehe,
Daß alle Fassung Du verloren hast!«
850   »Das Streiten«, rief der Gastwirt, »unterlaßt!
Die Frau erzählt, und ihren Worten lauscht Ihr!
Betragt Euch nicht, als wärt in Bier berauscht Ihr!
Erzählt, Madam! – So ist's am besten, glaubt!«
       »Recht gern, mein Herr«, sprach sie, »sofern erlaubt
Mir dieser würd'ge Bruder nur das Wort.«
       »Madam«, sprach er, »ich höre! Fahret fort!«

Die Erzählung des Weibes von Bath

Vers 857–1264

In König Artus' längstvergangner Zeit,
Die jeder Britte rühmt und preist, war weit
Und breit das ganze Land gefüllt mit Feen.
860 Man sah im Tanz sich mit Gespielen drehn
Die Elfenkönigin auf grünem Gras;

So war die alte Meinung, wie ich las.
Schon viele hundert Jahre sind es her,
Und Elfen gibt es heutzutag' nicht mehr.
Das macht das Beten und die Frömmigkeit
Der vielen Bettelmönche, die zur Zeit
Durchstreifen jedes Flußgebiet und Tal,
So dick wie Mücken in dem Sonnenstrahl,
Einsegnend Hallen, Kammern, Küchen, Ställe
870   Und Städte, Burgen, Schlösser und Kastelle,
Milchstuben, Häuser, Dörfer, Scheunen, Zimmer;
Das scheuchte fort von uns die Feen auf immer.
Wo früher einen Kobold man gesehn,
Da pflegt anjetzt ein Bettelmönch zu gehn
Und streift durch die Limitation vom Kloster,
Sein Ave betend und sein Paternoster,
Am späten Abend und am frühen Morgen.
Die Weiber gehen ohne Furcht und Sorgen
Bei jedem Busch und Baume jetzt einher.
880   Da ist kein andrer Inkubus wie er,
Und der wird ihnen keinen Schimpf antun.
        An König Artus' Hofe lebte nun
Ein lust'ger Junggesell; und es geschah,
Daß er ein Mädchen einsam wandeln sah,
Die, als er von der Reiherbeize ritt,
Desselben Weges grade vor ihm schritt;
Und er beraubte durch Gewalt und Kraft
Sie wieder willen ihrer Jungfernschaft.
Vor König Artus viel Geschrei entstand
890   Ob der Gewalttat, und zu Recht erkannt
Ward gegen diesen Rittersmann auf Tod
Durch Kopfverlust, wie das Gesetz gebot,
Und es enthalten war in den Statuten.
Die Königin und andre Damen ruhten

Indessen nicht, den König anzuflehn,
Bis dieser Gnade ließ für Recht ergehn,
Um die Entscheidung über Tod und Leben
Der Königin auf Wunsch anheimzugeben.
          Es dankte herzlich ihm die Königin.
900 Zum Ritter aber sagte späterhin
Sie bei Gelegenheit an einem Tage:
»Es schwebt«, sprach sie, »in ungewisser Lage
Noch stets Dein Leben. – Doch ich schenk' es Dir,
Gibst Antwort Du auf meine Frage mir:
Was ist es, das zumeist ein Weib begehrt?
Bewahre Deinen Nacken vor dem Schwert!
Und kannst Du mir sofort nicht Rede stehn,
Magst auf ein Jahr und einen Tag Du gehn
Und suchen, bis Du aufgefunden hast,
910 Was sich als Antwort auf die Frage paßt.
Doch, eh' Du fortziehst, stelle Bürgschaft mir,
Daß Du erscheinst persönlich wieder hier.«
          Weh war dem Ritter, und er seufzte schwer.
Was half's? – Für ihn gab's freie Wahl nicht mehr,
Und endlich war er zu der Fahrt entschlossen,
Um heimzukehren, wenn ein Jahr verflossen,
Mit solcher Antwort, wie ihm Gott verliehn;
Drum nahm er Abschied, um dann fortzuziehn.
Und jedes Haus durchsucht' er, jeden Ort,
920 Auf Lösung hoffend für das Fragewort:
Was ist es, das zumeist ein Weib begehrt?
Indes umsonst! Er wurde nicht belehrt:
In dieser Sache stimmten insgemein
Zwei Kreaturen niemals überein.
Die sagten: Reichtum liebt zumeist das Weib;
Die sagten: Ehre; jene: Zeitvertreib;
Die sagten: Putz; die: Liebesleckerei'n,

Und Witwe werden und von neuem frein.
Am meisten uns gefiele, sprachen diese,
930 Wenn man uns weidlich schmeichelte und priese.
Sie sind der Wahrheit nah; nicht sag' ich nein;
Zumeist gewinnt man uns durch Schmeichelei'n;
Durch Artigkeit und Höflichkeit lockt alle
Mehr oder weniger man in die Falle.

Und jene sagten, unser Hauptbegehren
Sei, daß wir frei im Tun und Handeln wären,
Daß man nicht über unsre Laster tobe
Und uns als weise stets und treu belobe.
Denn keine von uns allen bleibt gelassen,
940 Will ihr ein Mann den wunden Fleck befassen;
Sie schlägt und stößt, spricht er sie nicht zu gut.
Versucht es selbst, dann wißt Ihr, wie es tut!
Denn mögen noch so lasterhaft wir sein,
Gern gelten wir für klug und sündenrein.

Und andre sagten, uns zumeist erfreute,
Hielten für fest und standhaft uns die Leute,
Und für verschwiegen und für zuverlässig,
In dem, was mitgeteilt uns sei. – Indes ich
Erachte keinen Besenstiel das wert.
950 Pardi: kein Weib kann schweigen! – Dieses lehrt
Uns Midas schon. – Soll ich von ihm berichten?

Wohlan! – In seinen kleineren Geschichten
Erzählt Ovid, daß unter langen Haaren
An Midas Kopf zwei Eselsohren waren,
Die er, so gut es eben ging, versteckte,
So daß man sein Gebrechen nie entdeckte.
Nur seiner Frau war es allein bekannt,
Weil er's aus Liebe dieser eingestand.
Indes er bat sie, keinem auf der Welt
960 Je zu verraten, er sei so entstellt.

Und sie beschwor, daß für kein Gut der Erde
Die böse Sünde sie begehen werde,
So schlechten Namen ihrem Mann zu machen.
Die eigne Scham gebiete von den Sachen
Zu schweigen schon. – Doch quälte sie es arg
Bis auf den Tod, was heimlich sie verbarg;
Und schwer lag's auf dem Herzen ihr beständig,
Und davon sprechen mußte sie notwendig.
Vertrauen durfte sie es keinem andern,
970 Drum dachte sie zum nahen Sumpf zu wandern.
Sie läuft, kommt an; es pocht ihr Herz und trommelt;
Und wie die Dommel, die im Rohre dommelt,
Legt an das Wasser sie den Mund und spricht:
»Nun hör' mich Wasser, doch verrat' es nicht,
Denn zur Vertrauten hab' ich Dich erkoren:
Es hat mein Mann – zwei lange Eselsohren!
Nun ist's heraus! – Jetzt ist mein Herz gesund!
Nicht länger halten konnt' ich meinen Mund!«
Hier könnt Ihr sehn, wir schweigen eine Zeit,
980 Doch dann heraus muß unsre Heimlichkeit.
Wer wissen will, wie es zu Ende geht,
Der les' Ovid, wo es geschrieben steht.
    Als nun der Ritter, von dem mein Bericht
Besonders handelt, sah, er könne nicht
Ergründen, was ein Weib zumeist begehr',
Trat er, im Kopf und Herzen sorgenschwer,
Den Rückweg an. Nicht länger durft' er weilen,
Der Tag war da, und heimwärts mußt' er eilen.
Und es geschah, als er auf seinem Wege
990 Bekümmert hinritt durch ein Waldgehege,
Daß er an Frauen mehr als vierundzwanzig
Dort miteinander schlingen sah im Tanz sich.
Rasch sprengt' er zu dem Platze, wo sie waren,

In Hoffnung, etwas Weises zu erfahren;
Doch sicher ist, kaum war er völlig da,
War schon der Tanz verschwunden – und er sah
Kein lebend Wesen, keine Kreatur.
Ein altes Weib saß auf dem Rasen nur,
Solch' faul Geschöpf, wie niemand denken kann.
1000 Das Weib erhob sich und zum Rittersmann
Sprach sie: »Hier ist kein Weg! – Doch saget mir
Auf Treu und Glauben, wonach suchet Ihr?
Wer weiß? Gebrauch noch könnt Ihr davon machen,
Wir alten Leute wissen manche Sachen!«
        »Lieb Mütterchen«, der Ritter sprach, »mein Leben
Hab' ich verwirkt, weiß ich nicht anzugeben,
Nach welchem Ding zumeist ein Weib begehrt?
Wenn Du mir's sagst, belohn' ich Dich nach Wert!«
        »Versprecht Ihr mir auf Handschlag und auf Ehre«,
1010 Sprach sie, »das erste Ding, das ich begehre,
Sofort zu tun, steht es in Eurer Macht,
So sollt Ihr's wissen, noch bevor es Nacht!«
        »Hier!«, schrie der Ritter, »hast Du Pfand und Eid!«
        »Dann«, sprach das Weib, »bist Du in Sicherheit
Für Deinen Kopf. – Nicht rühmen will ich mich,
Doch sicher spricht die Königin wie ich.
Wer von den Stolzen, die den Schleier tragen,
Die in der Haube gehn, wagt, nein zu sagen
Zu dem, was ich Dich lehre? Laßt mich sehn!
1020 Doch nun genug – und fürbaß laßt uns gehn!«
Dann raunte sie ihm etwas in die Ohren;
»Frisch auf!«, sprach sie, »und nicht den Mut verloren!«
        Und angelangt bei Hof, der Ritter sprach:
Er käme pünktlich der Verpflichtung nach,
Und auf die Antwort sei er vorbereitet.
Von edlen Frau'n und Fräulein rings begleitet

Und klugen Witwen, stieg die Königin
Auf ihren Thron, damit als Richterin
Sie höre, was der Frage Antwort sei.
1030 Und dann rief man den Rittersmann herbei.
	Das tiefste Schweigen ließ sie rings befehlen
Und hieß sodann den Ritter, zu erzählen,
Wonach zumeist ein weltlich Weib begehr'?
Nicht wie ein Rindvieh stumm und dumm stand er,
Nein, sprach mit männlich lauter Stimme klar,
Daß es dem ganzen Hof vernehmlich war:
	»Erhab'ne Dame! Königin voll Ehren!
Zu herrschen ist des Weibes Hauptbegehren!
Die Gatten und Geliebten zu regieren
1040 Und über sie das Regiment zu führen,
Ist Euer höchster Wunsch! – Hier ist mein Haupt!
Schlagt mir's vom Rumpfe, wenn Ihr mir nicht glaubt!«
Am ganzen Hofe keine Dame wagte
Das zu bestreiten, was der Ritter sagte,
Und wert des Lebens er jedweder galt.
Rasch sprang das alte Weib, das er im Wald
Im Rasen sitzen sah, empor und schrie:
»Ach, Gnade, hohe Königin! Verzieh'
Mit Deinem Hof; auch mir sei Recht gewährt!
1050 Die Antwort hab' den Ritter ich gelehrt!
Und er versprach auf Handschlag mir und Ehre,
Das erste Ding, was ich von ihm begehre,
Sofort zu tun, ständ' es in seiner Macht,
Und mein Gesuch sei hiermit vorgebracht:
Mein Wunsch, Herr Ritter ist, daß Du mich freist!
Ich rettete Dein Leben, wie Du weißt,
Und sprech' ich falsch, so sag' auf Ehre: Nein!«
»O weh!«, begann der Rittersmann zu schrein,
»Zu wohl bekannt ist mir mein Wort und Eid!

1060 Doch andres fordre aus Barmherzigkeit!
Nimm all mein Gut, den Körper laß in Ruh'!«
»Nein!«, sprach das Weib, »verwünscht sei ich
und Du!
Ob alt, ob faul, ob arm, verschmäh' ich alle
Schätze der Welt und edele Metalle,
Die auf der Erde sind und in der Erde,
Wenn nicht Dein Weib ich und Dein Schatz ich werde!«
»Mein Schatz!«, rief er, »mein Untergang vielmehr!
Ward unter allen Leuten irgendwer
Je in so fauler Art wie ich geschändet?«
1070 Es half ihm nichts. Die Sache war beendet.
Man zwang ihn, dieses alte Weib zu frein,
Und in das Bett stieg er zu ihr hinein.
Vielleicht gibt's manchen, der sich arg beschwert
Und spricht: Ich halt' es nicht der Mühe wert,
Daß ich vom Jubel und der Pracht am Tage
Der Hochzeit etwas Näheres besage.
Doch mit der Antwort bin zur Hand ich gleich.
Gewiß an Jubel war das Fest nicht reich.
Nichts gab es als Bekümmernis und Sorgen.
1080 Still hielt er seine Hochzeit früh am Morgen,
Und blieb, von ihrer Häßlichkeit erschreckt,
Tagsüber wie die Eule stets versteckt.
Und großes Weh in seiner Brust sich regte,
Als man ins Bett zu seiner Frau ihn legte.
Er wandte, wälzte sich vor Ungemach.
Das alte Weib sah lächelnd zu und sprach:
»Mein lieber Gatte, benedicite!
Nimmt so sein Weib ein Rittersmann zur Eh'?
Sind das des Königs Artus Hausgesetze,
1090 Daß jeder Ritter so sein Weib ergötze?
Ich bin Dein Liebchen, bin Dein eigen Weib!

Ich bin's, der Leben Du verdankst und Leib.
Nie hab' an Dir ein Unrecht ich vollbracht.
Warum beträgst Du in der ersten Nacht
Dich nur, als ob Verstand und Sinn Dir fehle?
Du lieber Gott! Was tat ich Dir? – Erzähle!
Wenn ich's vermag, soll's bald geändert sein!«
      »Geändert?«, rief der Ritter. »Ach! Nein, nein!
Das ändert sich wahrhaftig nicht so bald!
1100 Du bist so häßlich und Du bist so alt,
Du bist von Stamm und Abkunft so gemein!
Daß ich mich wälze, kann kein Wunder sein.
Ach! Gäbe Gott, es bräche mir das Herz!«
      »Ist das«, fragt' sie, »der Grund von Deinem
                              Schmerz?«
      »Gewiß!«, sprach er, »scheint Dir das wunderbar?«
      »Nun, Herr!«, sprach sie, »das ändert sich fürwahr,
Wenn mir's gefällt, in wen'ger als drei Tagen;
Und mehr geziemlich magst Du Dich betragen!
      Denn meinst Du, daß der Adel nur beruht
1110 Auf altem Reichtum und ererbtem Gut,
Und man Euch deshalb Edelleute nenne?
Die Arroganz ist wert nicht eine Henne!
Siehst Du den Mann, der, immer tugendhaft,
Gesehn und ungesehn mit aller Kraft
Das Edle sucht und tut, soviel er kann,
Dann siehst Du auch den größten Edelmann!
Den echten Adel kann nur Christ allein,
Nicht Reichtum und nicht Ahnenzahl verleihn.
Erwerben wir ihr Gut auch insgesamt
1120 Und rühmen uns, daß wir so hoch entstammt,
So können sie mit allen ihren Sachen
Uns ihre Tugend dennoch nicht vermachen.
Sie hießen uns befolgen ihr Exempel,

Und nur, wer das tut, trägt des Adels Stempel.
  Es spricht der weise Dichter von Florenz,
Der Dante hieß, gar schon von der Sentenz,
Wie diese Reime, die er schrieb, Euch zeigen:
›Gar selten nur verjüngt sich in den Zweigen
Des Mannes Biederkeit. – Sie wird verliehn
1130 Nach Gottes Willen und allein durch Ihn!‹
Von unsern Vätern läßt sich nichts erwerben
Als Erdengüter, welche bald verderben.
  Wie ich, weiß jeder: Pflanzte Adel nur
In einzelnen Familien von Natur
Sich von Geschlechtern zu Geschlechtern fort,
So täten auch die Enkel – auf mein Wort! –
Gesehn und ungesehn, des Adels Pflicht,
Indessen Schlechtigkeit und Böses nicht.
  Wenn in das dunkelste der Häuser ihr
1140 Zwischen dem Berge Kaukasus und hier
Ein Feuer tragt, die Tür schließt und geht fort,
So brennt das Feuer ebenmäßig dort,
Wie es vor zwanzigtausend Menschen brennt,
Nach innerster Natur vom Element,
Bei meinem Leib und Leben, bis es stirbt!
  Hieraus erhellt, daß nicht Besitz erwirbt
Den Adel uns, denn wie man leicht gewahrt,
Tut ihre Schuldigkeit die Menschenart
Nicht immer, wie das Feuer von Natur.
1150 Man sieht, Gott weiß es, allzuhäufig nur,
Daß Herrensöhne Lastern sich ergeben.
Drum, wer auf Adel Anspruch will erheben,
Weil er aus einem edlen Hause kam,
Und tugendhaft sich jeder Ahn benahm,
Jedennoch denen, die im Grabe ruhn,
Nicht folgt und, statt, was edel ist, zu tun,

In Lastern lebt, der ist bei allem Prunke,
Ob Fürst, ob Graf, statt Edelmann – Halunke!
Den Adelstitel, der darauf beruht,
1160 Daß unsre Ahnen tugendhaft und gut
Gewesen sind, gibt blindes Ungefähr;
Indes von Gott stammt alles Edle her,
Und wahrer Adel kommt aus seiner Hand
Ganz unabhängig von Geburt und Stand.
Erinnert Euch! Es sagt Valerius:
Aus Armut stieg Tullius Hostilius
Durch edles Tun empor zu höchsten Ehren!
Boethius kann und Seneca Euch lehren,
So klar, daß jeder Zweifel drüber ruht:
1170 Nur der ist edel, welcher Edles tut.
Und deshalb, lieber Gatte, schließ' ich so:
Bin ich von Abkunft noch so rauh und roh,
Erlaubt mir dennoch, hoff' ich, Gottes Gnade,
Mich zu erhalten auf dem Tugendpfade;
Und wenn stets fleckenrein und ohne Tadel
Mein Leben ist, so bin ich auch von Adel.
Was treibst Du über meine Armut Spott?
Nahm nicht freiwillig unser Herr und Gott,
An den wir glauben, Armut über sich?
1180 Und daß kein schandbar Leben, sicherlich,
Der Himmelskönig Jesus sich ersehn,
Kann Mann und Weib und Jungfrau klar verstehn.
Wer froh die Armut trägt, trägt sie mit Ehren,
Wie Seneca und andre Weise lehren.
Schilt man den Armen für geplagt, gequält,
Mir gilt er reich, wenn auch das Hemd ihm fehlt.
Ein armer Wicht ist, wer, von Neid geplagt,
Nach dem gelüstet, was ihm Gott versagt.
Doch wer nichts hat und nichts begehrt – obgleich

1190 Man ihn den ärmsten Schlucker nennt – ist reich!
Denn wahrhaft arm macht nur der Sünde Qual!
Gar lustig schreibt von Armut Juvenal:
›Es singt ein Armer sorgenlos sein Lied,
Wenn unter Dieben seines Wegs er zieht.‹
Die Armut ist ein hassenswertes Gut,
Jedoch für den, der mit Geduld und Mut
Sie zu ertragen weiß, ein Gramentleerer,
Ein Sorgenbrecher und ein Weisheitsmehrer.
Die Armut ist – so wunderlich es klingt –
1200 Das einz'ge Gut, um das uns niemand bringt.
Es macht den Menschen oft der Armut Stand
Erst mit sich selbst und seinem Gott bekannt.
Die Armut kann man eine Brille nennen,
Durch welche wir den wahren Freund erkennen.
Nun, Herr! Hab' ich nicht gegen Dich gefehlt,
So laß auch meine Armut ungeschmält!

    Und schimpfst Du alt mich, lieber Herr, so steht
– Ermangelt mir auch Buchautorität –
Es außer Zweifel, edle Herr'n begehren
1210 Von uns gar oft, daß einen Greis wir ehren,
Und Vater nennen nach des Adels Brauch.
Und Schriftbelege, denk' ich, fänd' ich auch.

    Bin alt und faul ich, kann Dich nimmer drücken
Die Furcht, daß Hörner Deine Stirne schmücken.
Denn Schmutz und Alter sind – auf Seligkeit! –
Die besten Hüter unsrer Züchtigkeit.
Indessen, da mir Dein Geschmack bewußt,
Will ich befried'gen Deine Sinnenlust.

    Nun wähle«, sprach sie, »zwischen diesen zwei'n:
1220 Soll faul und alt ich bis zum Tode sein,
Jedoch als Weib Dir so getreu ergeben,
Daß Du mit mir nie mißvergnügt im Leben;

Oder willst Du mich lieber schön und jung,
Auf die Gefahr hin, daß Bewunderung
Für mich im Hause oder anderswo
Mit Zulauf und Umlagrung Dich bedroh'?
Nun wähle selbst nach eignem Wunsch und Willen!«
 Der Ritter überlegte sich's im Stillen
Mit manchem Seufzer, und dann sprach er laut:
1230 »Verehrte Dame, vielgeliebte Braut!
Ich will mich Deiner weisen Leitung fügen!
Entscheide selber, was zumeist Vergnügen
Und was am ehrenvollsten für uns sei?
Dies oder das, mir gilt es einerlei,
Was Dir gefällt, ist auch nach meinem Sinn!«
 »Nun, Herr!«, sprach sie, »dann bin ich Meisterin,
Wenn nach Gefallen Dich regier' und lenk' ich!«
 »Fürwahr«, sprach er, »so ist's am besten, denk' ich.«
 »Dann küsse mich«, rief sie, »wir sind vereint!
1240 Ich will Dir beides sein! Und das bemeint:
Sowohl ein schönes wie ein gutes Weib!
Und strafe Gott an Seele mich und Leib,
Wenn ich nicht so getreu und gut Dir bin,
Wie je ein Weib war seit der Welt Beginn;
Und schöner wirst Du mich am Morgen schauen,
Als Kaiserinnen, Königinnen, Frauen
Es je von Osten bis zum West gegeben!
Dir untertan bin ich auf Tod und Leben!
Den Vorhang lüfte und dann – sieh' mich an!«
1250 Und als in Wahrheit drauf der Rittersmann
Sie also schön und also jung erblickte,
Er freudig mit den Armen sie umstrickte;
Es schwamm sein Herz in seligen Genüssen,
Und tausendmal bedeckt' er sie mit Küssen.
Sie war gehorsam und tat jedes Ding,

Was er begehrte, stets auf Wort und Wink.
   So lebten beide fröhlich bis ans Ende.
Solch junge, sanfte, frische Männer sende
Uns allen, Jesus Christus, und daneben
1260 Gewähre gnädig, sie zu überleben!
Indes das Leben kürze, Jesus Christ,
Dem Manne, der uns nicht gehorsam ist!
Und wenn er zornig, geizig ist und alt,
So schicke Gott die Pestilenz ihm bald!

Die Erzählung
des Bettelmönches

Der Prolog des Bettelmönches

Vers 1–36

Der würd'ge Bettelmönch und Klostermann
Sah stets verbissen noch den Büttel an,
Obschon so vielen Anstand er bewies,
Daß er bislang zu schimpfen unterließ;
Jedoch zu guter Letzt das Wort er nahm
Und sprach zum Weibe: »Schütz' Euch Gott! Madam!
Ihr rührtet hier – auf Ehr' und Seligkeit! –
An Schulmaterien voller Schwierigkeit!
Zwar spracht Ihr schön, das will ich nicht bestreiten –
10 Indes, Madam, um Scherz zu treiben, reiten
Wir miteinander hier auf unserm Wege;
In Gottes Namen! Laßt die Schriftbelege
Den Priesterschulen und dem Predigtamt.
Doch seid Ihr einverstanden allesamt,
Erzähl' ich einen Schwank von einem Büttel!
Pardi! Ersehen könnt Ihr aus dem Titel,
Daß es gewiß nichts Gutes ist, und drum
Nehm' es mir keiner von Euch – bitt' ich – krumm.

Ein Büttel nämlich trägt von Haus zu Haus
20   Die Strafmandate an die Hurer aus
Und kriegt an jeder Straßenecke Prügel!«
    »Ei!«, rief der Wirt, »halt doch in Zaum und Zügel
Dein Maulwerk und bedenke, wer Du bist!
Wir wollen in Gesellschaft keinen Zwist!
Fahr' fort! Jedoch vom Büttel schweige still!«
    »Nein!«, sprach der Büttel, »laßt ihn, was er will,
Von mir erzählen! Jeden Deut – das glaubt! –
Zahl' ich ihm heim, wird mir das Wort erlaubt.
Dann sprech' ich von dem ehrenwerten Stande
30   Der schmeichlerischen Bettelbrüderbande
Und ihrem lasterhaften Tun und Treiben,
Was vorderhand noch unerwähnt mag bleiben;
Denn sein Geschäft kommt später noch zur Sprache.«
    »Still!«, rief der Wirt, »nichts mehr von dieser
                                              Sache!«
Und wandte sich zum Bruder mit dem Wort:
»Mein lieber Meister, fahrt im Texte fort.«

Die Erzählung des Bettelmönches

Vers 37–400

Es lebte früherhin bei mir zu Land'
Ein Erzdekan, ein Mann von hohem Stand
Und größter Strenge gegen Hurerei
40   Und Zauberkünste sowie Kuppelei;
Auch unterstanden seinem Urteilsspruch
Die Schändungsfälle wie der Ehebruch,
Die Kirchenräte wie die Testamente

Und die Versäumnis heil'ger Sakramente
Und Wucher, Simonie und Eh'kontrakte.
Doch Hurenjäger er am schlimmsten zwackte;
Die mußten brennen; und es büßte teuer,
Wer geizen wollte mit der Kirchensteuer,
Da, wenn der Pfarrer sich darob beschwerte,
50 Das Strafgeld ohne Gnade sich vermehrte;
Und war der Zehnte und das Opfer klein,
Schrob er den Sünder dafür ungemein;
Denn eh' der Bischof seinen Krummstab schwang,
Stand er im Buch des Erzdekans schon lang;
Als der Vollstrecker der Gerichtsbarkeit
Hatt' er zu strafen Machtvollkommenheit.
Es ging ein Büttel ihm dabei zu Hand,
Der größte Schlaukopf in ganz Engeland,
Der durch Geschick und List im Spionieren
60 Alles erfuhr, wobei zu profitieren.
Durch Schonung eines oder zweier Hurer
Kam oftmals zwanzig andern auf die Spur er.
Mag sich auch drüber faseltoll gebärden
Der Büttel hier; nichts soll geschenkt ihm werden!
Von ihrer Korrektion sind wir befreit;
Wir unterstehen der Gerichtsbarkeit
Von ihnen nicht, und werden es auch nimmer!
– »Ja, Peter! Grade wie die Frauenzimmer
In den Bordellen!«, fiel der Büttel ein.
70 »Still mit den widerwärt'gen Stänkerei'n!«,
Rief unser Wirt, »erzähle, was geschehn;
Mag auch der, Büttel Dir dazwischenkrähn,
Mein liebster Meister, spare drum kein Wort!« –
Der Dieb und Büttel – fuhr der Bruder fort –
Hielt alle Kuppler so in seiner Hand,
Wie man Lockfalken hält in Engeland.

Sie machten jede Heimlichkeit ihm kund,
Denn nicht von gestern war ihr Freundschaftsbund.
Sie waren die vertrauten Hinterbringer,
80 Und sein Profit war darum kein geringer.
Sein Meister wußte nicht, was er gewann.
Bei Christi Fluch lud den gemeinen Mann
Vor das Gericht er ohne Zitation,
Und der war froh, kam er mit Geld davon,
Und gab im Bierhaus dafür ihm zu saufen.
Recht wie ein Judas ließ er sich erkaufen,
Und war ein Dieb, ein rechter Dieb wie er!
Von den Gebühren sah sein Herr nicht mehr
Als kaum die Hälfte; denn er war und blieb
90 – Soll ich ihn loben – Büttel, Kuppler, Dieb!
Er forschte von den Gassendirnen aus,
Ob Peter, Konrad, Robert oder Klaus
– Wer's immer war – bei ihnen schlief die Nacht;
Ihm ward stets alles heimlich hinterbracht.
Sie spielten mit ihm unter einer Decke.
Durch ein Mandat, von ihm zu diesem Zwecke
Gefälscht, lud vors Kapitel er die zwei,
Pflückte den Mann und lies die Dirne frei;
Und sprach: »Mein Freund! Wir wollen uns vergleichen,
100 Ich will Dich aus dem schwarzen Buche streichen;
Für dieses Mal magst Du noch ruhig sein.
Ich bin Dein Freund und will Dir Beistand leihn!«
So ließ er sich in jeder Art bestechen;
Man könnte jahrelang darüber sprechen.
Es spürte besser in der Welt kein Hund,
Ob unverletzt das Wild sei oder wund,
Als dieser Büttel jeden Wollüstling
Und Ehebrecher witterte und fing.
Denn da er hierdurch sich sein Brot gewann,

110 So ging er auch mit allem Eifer dran.
Als eines Tages dieser Büttel ritt,
Nach Beute spähend, über Land, damit
Von einer Witib, einer alten Trätsche,
Durch falsche Drohung etwas er erquetsche,
Geschah es, daß am grünen Waldesrand
Er einen schmucken Reiter vor sich fand,
Im grünen Wams mit Pfeilen dicht besteckt
Für seinen Bogen, und den Kopf bedeckt
Mit einem schwarzbesetzten Tressenhut.

120 »Heil!«, rief der Büttel, »Herr! Das trifft sich gut!«
»Willkommen mir, wie alle braven Leute!«,
Der Reiter sprach, »geht Deine Reise heute
Noch weit in diesen grünen Wald hinein?«
    Und ihm erwidernd, sprach der Büttel: »Nein!
Nicht gar so weit. Ich bin dem Ziel nicht fern.
Ich habe nahebei für meinen Herrn
Nur eine fäll'ge Rente zu erheben.«
    »So bist ein Vogt Du?« – »Ja, das bin ich eben«,
Sprach jener; denn er schämte sich zu sehr,
130 Einzugestehn, daß er ein Büttel wär'. –
    »Pardieu! Mein lieber Bruder«, sprach der Reiter,
»Du bist ein Vogt, und, sieh', ich bin ein zweiter;
Ich bin in diesem Lande nicht zu Haus,
Und drum bitt' ich mir Deine Freundschaft aus
Und Deine Bruderschaft, wenn's Dir gefällt.
Mein Kasten steckt voll Gold und Silbergeld;
Und führt zu meinem Lande Dich Dein Los,
Ist alles Dein! – Du hast zu wünschen bloß!«
    »Grand merci«, sprach der Büttel, »auf mein Wort!«
140 Und Hand in Hand beschworen sie sofort,
Sich bis zum Tod als Brüder zu betrachten,
Und ritten weiter, trieben Scherz und lachten.

Der Büttel stak so voller Schwätzerei,
Wie jene gift'gen Würger voll Geschrei,
Und alles, was er konnte, forsch' er aus.
    »Mein Bruder!«, sprach er, »sag', wo liegt Dein Haus,
Damit ich weiß, wo ich Dich suchen kann?«
Und sanft erwiderte der Reitersmann:
    »Mein Bruder! Weit nach Norden mußt Du gehn;
150 Doch hoff' ich eines Tages Dich zu sehn;
Denn eh' wir scheiden, wirst genug Du wissen,
Um meine Wohnung nimmer zu vermissen.«
    »Nun, Bruder!«, sprach der Büttel, »dann gewähre
Mir diese Bitte: auf dem Wege lehre
– Da, wie ich selber, ja ein Vogt Du bist –
Für den Beruf mir ehrlich eine List,
Durch die am meisten ich verdienen kann.
Auf Sünde noch Gewissen kommt es an.
Wie Du es treibst, vertrau' mir ohne Scheu!«
160   »Nun, lieber Bruder!«, sprach er, »meiner Treu!
Die Wahrheit sag' ich ohne Vorbehalt!
Nur sehr gering und klein ist mein Gehalt,
Mein Herr ist hart und hält mich knapp und spärlich,
Und mein Geschäft ist mühsam und beschwerlich.
Und deshalb muß ich von Erpressung leben;
Ich nehme alles, was mir Leute geben,
Und durch Gewalt und schlaues Überlisten
Muß ich von Jahr zu Jahr mein Leben fristen!
Nichts andres weiß ich zu erzählen schier!«
170   »Nun«, sprach der Büttel, »grade so geht's mir!
Ich nehme gleichfalls alles mit – Gott weiß! –
Wenn es nicht allzu schwer ist und zu heiß.
Durch Schlauheit such' ich alles zu bekommen,
Und mein Gewissen bleibt ganz unbeklommen,
Ich muß erpressen, will ich nicht verrecken!

Durch Kindermärchen laß ich mich nicht schrecken!
Nichts weiß von Magen- und Gewissensdruck ich,
Und auf die alten Beichtstuhlpfaffen spuck' ich!
Doch bei St. Jakob und dem heil'gen Geist!
180 Mein lieber Bruder, sag' mir, wie Du heißt?«
So sprach der Büttel. – Und der Reitersmann
Fing bei der Frage still zu lächeln an.
      »Soll ich Dir's sagen, lieber Mitgeselle?
Ich bin«, sprach er, »der Böse aus der Hölle!
Ich reite hier, um etwas zu erbeuten,
Was man mir gibt, das nehm' ich von den Leuten,
Damit ich meine Rente mir gewinne.
Sieh! Ganz dasselbe hast auch Du im Sinne:
Gewinnen willst auch Du auf jede Weise,
190 Und so tu' ich. – Und einer Beute reise
Ich bis zum Ende dieser Welt jetzt nach!«
      »Ei, benedicite«, der Büttel sprach,
»Ich sah für einen Vogt bislang Dich an.
Dem Ansehn nach bist Du, wie ich, ein Mann.
Habt Ihr in Eurem Höllenaufenthalt
Denn ganz bestimmte Bildung und Gestalt?«
      »Nein«, sprach der Böse, »in der Hölle nicht.
Doch können wir Figur uns und Gesicht,
Euch zu berücken, nach Belieben schaffen.
200 Bald gehen wir als Menschen, bald als Affen,
Und oftmals reit' ich selbst umher als Engel.
Das ist kein Wunder – jeder Lausebengel
Von Taschenspieler weiß zu täuschen Dich;
Und doch – Pardi! – was ist er gegen mich?«
      »Weswegen«, rief der Büttel, »geht in mehr
Als einer Form Ihr aber dann umher?«
      »Weil wir«, sprach er, »uns stets zu unsern Zwecken
Unter der passendsten Gestalt verstecken.«

»Jedoch, warum habt Ihr Euch so zu schinden?«

210   »Mein lieber Büttel! Aus verschiednen Gründen!«,
Der Böse sprach, »doch jedes Ding zur Zeit!
Der Tag ist kurz und vorgerückt schon weit,
Und doch hab' ich bislang noch nichts gewonnen.
Und das zu tun, bin ich mehr gesonnen,
Als breiter oder tiefer einzugehn
Auf unsre Sachen. – Diese zu verstehn,
Mein lieber Bruder, bist Du viel zu grün.
Du fragst, weshalb wir uns so abzumühn?
Je nun! Wir sind zum Werkzeug auserlesen,

220   Von Gott, damit auf Erden wir die Wesen,
Wie uns Befehl gegeben ist von oben,
In dieser oder jener Art erproben.
Doch macht- und kraftlos sind wir ohne Ihn,
Nur Seinen Willen dürfen wir vollziehn.
Manchmal erlaubt er uns, den Leib zu fassen,
Und heißt, die Seele ungestört zu lassen,
Wie zu ersehen ist aus Hiobs Leiden;
Auch überläßt er manchmal uns die beiden,
Das heißt: die Seele und den Leib dazu.

230   Und manchmal lassen wir den Leib in Ruh'
Und suchen nur der Seele beizukommen,
Wie Gott befiehlt; denn zu des Menschen Frommen
Dient die Versuchung, daß er sie bezwinge
Und sich das ew'ge Seelenheil erringe.
Uns, freilich, kann es weniger erbauen,
Entkommt er unbeschädigt unsern Klauen! –
Ja, selbst den Menschen müssen wir auf Erden,
Wie bei Saint Dunstan, manchmal dienstbar werden;
Und des Apostels Diener war auch ich!«

240   Der Büttel sagte: »Nun, auf Glauben, sprich!
Entnehmt dem Stoff stets neue Leiber Ihr?«

»Nein«, sprach der Böse, »manchmal nehmen wir
Gestalt von Toten an. – Indessen Schein
Kann alles auch, je nach dem Umstand, sein;
Und dabei reden wir so schlau und klug
Wie Samuel, den das Zauberweib befrug.
– Doch wer bestreitet, daß er selbst erschien,
Dem will ich seinen Glauben nicht entziehn. –
Doch ohne Scherz, mein Bruder, Dir wird bald
250 – Ich warne Dich zum voraus! – die Gestalt
Und Form von uns an einem andern Orte
Weit klarer werden als durch meine Worte.
Darüber sprichst Du aus Erfahrung später
So gut, wie ein Professor vom Katheder,
Und besser, als zu ihren Lebenszeiten
Birgit und Dante. – Laß uns weiterreiten!
Ist Dir vor meinem Umgang nicht zu bang',
So leist' ich Dir Gesellschaft wie bislang.«
       »Nein!«, sprach der Büttel, »das befürchte nimmer!
260 Ich bin ein Ehrenmann und hielt noch immer,
Was ich versprach; und alle wissen das.
Und wärst Du selbst der Teufel Satanas,
So hielte dennoch, Bruder, meinen Eid ich.
Wir schworen es uns beide gegenseitig,
Getreue Brüder immerdar zu bleiben.
Laß uns in Frieden das Geschäft betreiben!
Du nimmst, was Dir, ich das, was mir gegeben,
So können beide wir mitsammen leben;
Und macht der eine größeren Gewinn,
270 So teilen wir's in brüderlichem Sinn.«
       »Bewilligt!«, sprach der Böse, »auf mein Wort!«
Und damit ritten ihres Wegs sie fort.
Kaum hatten einer Stadt sie auf den Rat
Des Büttels darauf beide sich genaht,

Sah'n einen Karren sie mit Heu im Drecke
Vorm Tore stehen, welchen nicht vom Flecke
Der Fuhrmann brachte, ob er toll genug,
Tobend und fluchend, mit der Peitsche schlug:
»Hü! Fuchs! Hü! Dachs! – Wollt Ihr die Steine sparen?
280 Hol' Euch der Teufel gleich mit Haut und Haaren!
Verflucht! Mehr als Ihr Fohlen je getragen,
Hat man mit Euch zu schinden sich, zu plagen!
Der Teufel hole Wagen, Heu und Pferd!«
     »Das ist der Beute«, rief der Büttel, »wert!«
Und an den Bösen drängt er sich ganz dicht,
Ins Ohr ihm raunend: »Bruder! Hörst Du nicht?
Horch auf! Bei meiner Treu, horch auf, was eben
Der Fuhrmann Dir versprochen hat zu geben!
Rasch zugegriffen! Dir gehören, Bruder,
290 Jetzt die drei Pferde samt dem ganzen Fuder!«
     »Nein! Weiß es Gott!«, erwiderte der Feind.
»Du kannst mir trau'n, so war es nicht gemeint;
Glaubst Du mir nicht, so gehe hin, frag' zu!
Sonst warte nur, dann siehst es selber Du.«
     Und auf der Gäule Kruppen peitschte dann
Der Fuhrmann und sie zogen kräftig an.
»Hü!«, rief er, »Hott! – Jetzt sind wir los! – Jetzt geht's!
Dafür belohne Jesus Christ Euch stets!
Jetzt sind wir aus dem Dreck! – Mein lieber Schimmel!
300 Das heiß' ich brav gezogen! – Gott im Himmel
Und St. Eligius segne Dich dafür!«
     »Mein lieber Bruder! Nun, was sagt' ich Dir?
Hier kannst Du sehen, Bruder«, sprach der Feind,
»Der Kerl versprach, was niemals er gemeint.
Wir ziehen besser unsers Wegs von hinnen,
Bei diesem Karren ist nichts zu gewinnen!«
     Doch als die Stadt kaum hinter ihnen lag,

Begann der Büttel wiederum und sprach:
»Hier, Bruder, wohnt ein altes, geiz'ges Weib,
310 Der ist ein Groschen lieber als ihr Leib;
Die mir indessen – tobte sie wie toll –
Zum mindesten zwölf Groschen geben soll;
Sonst lad' ich sie stracks vor den Erzdekan,
Obschon – weiß Gott! – nichts Böses sie getan.
Doch hierzulande kommt nicht anders man
Auf seinen Preis. – Nimm Dir ein Beispiel dran!«
    Der Büttel klopfte vor der Witwe Haus.
»Du, alte Troddel!«, rief er, »komm' heraus!
Ich glaube gar, ein Pfaffe steckt bei Dir!«
320   »Wer klopft hier?«, fragt' das Weib, »was
                                    wünschet Ihr?
Ach! Lieber Herr! Euch segne Gott in Gnaden!«
    »Ich komme«, sprach er, »um Dich vorzuladen
Bei Strafe der Verfluchung! – Morgen früh
Beugst vor dem Erzdekan Du Deine Knie,
Und Du bekennst, was Dein Verbrechen ist!«
    »Ach, lieber Himmelskönig, Jesus Christ!
Erbarm' Dich meiner!«, schrie das alte Weib.
»Seit langer Zeit schon bin ich krank im Leib
Und böse Stiche hab' ich in den Seiten.
330 So weit kann weder gehen ich noch reiten.
Mein lieber Büttel! Gebt mir Permission
Bei dem Gerichte durch Prokuration
Zu widerlegen, was mir schuld gegeben!«
    »Nun«, sprach der Büttel, »dann bezahl' mir eben
Zwölf Groschen nur, und damit bist Du frei.
Wahrhaftig, ich verdiene kaum dabei,
Mein Meister ist es, der allein gewinnt.
Heraus mit den zwölf Groschen! Mach' geschwind!
Damit ich schleunigst meiner Wege zieh'.«

340   »Zwölf Groschen?«, rief sie, »heilige Marie!
       Schütz' mich so treu vor Sünden und in Not,
       Wie ein Zwölfgroschenstück nie zu Gebot
       Auf dieser ganzen, weiten Welt mir stand!
       Als alt und dürftig bin ich Euch bekannt. –
       Ach! Gebt mir Armen eine kleine Gabe!«
           »Hol' mich der Teufel, wenn ich Nachsicht habe,
       Verrecke, wenn Du willst!«, der Büttel schrie.
           »Weiß Gott!«, sprach sie, »was Böses tat ich nie!«
           »Bezahle!«, sprach er, »oder – bei St. Anne! –
350   Zum Pfande nehm' ich Deine neue Pfanne
       Für eine Schuld, die ich für Dich berichtigt
       Vor Zeiten habe, als man Dich bezichtigt,
       Du hättest Deinen Ehemann betrogen!«
           »Bei meiner Seligkeit! Das ist erlogen!«,
       Rief sie, »zeit meines Lebens stand ich nicht
       Als Weib und Witwe jemals vor Gericht!
       Ich war beständig ein getreues Weib!
       Der schwarze Teufel möge Deinen Leib
       Und meine Pfanne nebendrein bekommen!«
360   So schwor sie auf den Knien. – Und als vernommen
       Dies Wort der Teufel hatte, fragt' er sie:
       »Nun, meine liebe Mutter Mabily,
       Hast Du in vollem Ernste dies gesprochen?«
           »Hol' ihn der Feind«, schrie sie, »mit Haut und
                                    Knochen!
       Und Pfann' und alles, wenn er nicht bereut!«
           »Wie, alte Hexe, bist Du nicht gescheit?
       Ich soll bereu'n?«, fuhr sie der Büttel an.
       »Kein Ding gereut mich, was ich kriegen kann,
       Und Rock und Unterrock will ich Dir nehmen!«
370   Der Teufel sprach: »Laß, Bruder, Dich's nicht grämen:
       Dein Leib und diese Pfanne sind jetzt mein;

Mit mir mußt in die Hölle Du hinein!
Dort lernst Du mehr von unsern Sachen, wie
Je ein Magister der Theologie!«
Und Leib und Seele packte mit dem Worte
Der Teufel und entführte sie zum Orte,
Der Bütteln ist als Erbteil zugedacht.
Gott, der nach seinem Bilde uns gemacht,
Mög' allen gnädig seine Huld bescheren,

380 Und unsern Freund – den Büttel hier – bekehren!
Nun, Herren! – sprach der Bruder – insofern
Der Büttel es erlaubte, hätt' ich gern
Euch nach dem Text von Christ und St. Johannes,
St. Pauls und manchen schriftgelehrten Mannes
Erzählt vom Haus der Hölle. – Doch das Leid
Ist herzzerreißend. – Und die Wirklichkeit
Vermöcht' ich nicht, mit allen ihren Qualen
In tausend Jahren selbst Euch auszumalen.
Drum wacht und betet, damit Christi Güte

390 Vor dem verfluchten Ort Euch stets behüte,
Sowie vor dem Versucher Satanas.
Hört auf mein Wort! Und tragt im Sinne, daß
Auf Lauer immerdar der Löwe liegt
Und, wo er kann, die Unschuld stets bekriegt,
Stärkt Eure Herzen, daß Ihr widersteht
Dem bösen Feind und seinem Joch entgeht!
Die Tücke des Versuchers reicht nicht weiter
Als Eure Kraft; denn Christ ist Euer Streiter!
Und ihm sei dieser Büttel auch empfohlen;

400 Bereut er nicht – mag ihn der Teufel holen!

Die Erzählung
des Büttels

Der Prolog des Büttels

Vers 1–44

Der Büttel hoch in seinen Bügeln stand
Und zitterte und bebte, wutentbrannt,
Bei diesen Worten wie ein Espenlaub.
   »Ihr werten Herren!«, sprach er, »mit Verlaub!
Nun laßt auch mich zu Worte gütigst kommen!
Denn lauter Lügen, wie Ihr selbst vernommen,
Führt dieser falsche Bettelmönch im Munde.
Daß er sich spreizt mit seiner Höllenkunde,
Nimmt mich kein Wunder. – Bettelmönch und Teufel
10 Sind nahverwandte Seelen sonder Zweifel.
Pardi! Ihr hörtet sicher schon davon,
Wie in die Hölle einst durch Traumvision
Im Geist entrückt ward einer dieser Brüder?
Ihn führte dort ein Engel auf und nieder
Und wies ihm alle Leiden, die dort waren.
Doch keinen Bruder sah er in den Scharen
Des Volkes, welches Qualen dort ertrug.
Worauf der Bettelmünch den Engel frug:

›Wie? Ist uns Brüdern solches Heil beschert,
20 Daß keiner von uns in die Hölle fährt?‹
›Ja!‹, sprach der Engel, ›manche Million!‹
Und führte darauf ihn zum Höllenthron,
Wo Satan saß mit einem Schweifbehang,
Gleich einem Vollschiffssegel breit und lang.
›Du, Satanas! Den Schwanz heb' in die Höh'!
Zeig' Deinen Arsch, damit der Bruder seh',
Wo hier das Nest der Bettelbrüder ist!‹
So sprach der Engel. – Und nach kurzer Frist
Begann's zu summen wie ein Bienenschwarm,
30 Und es entflogen aus des Teufels Darm
An zwanzigtausend Brüder und noch mehr
Und schwärmten in der Hölle rings umher,
Und schnell, wie sie entflogen waren, kroch
Ein jeder wieder in des Teufels Loch.
Der klappte seinen Schwanz zu und lag stille.
Als nun der Bruder sich in Hüll' und Fülle
Der Hölle Qualen angeschaut, gewährte
Ihm Gott in Gnaden, daß zum Körper kehrte
Sein Geist zurück und er vom Traum erwachte.
40 Indes mit Zittern und mit Zagen dachte
Er noch beständig an des Teufels Kerbe;
Denn dort war das ihm zugedachte Erbe!
Gott schütz Euch alle – nur den Bruder nicht!
Mit diesen Worten schließt mein Vorbericht.«

Die Erzählung des Büttels

Vers 45–630

Es liegt, ihr Herr'n, ein marschenreiches Land
In Yorkshire – denk' ich – Holderness genannt.
In diesem trieb ein Bruder kreuz und quer
Stets predigend und schnurrend sich umher.
Und es geschah, daß er auf seiner Fahrt
50   In einer Kirche nach gewohnter Art
Dem Volke predigte, nicht zu vergessen,
Für ihre Toten dreißig Seelenmessen
Singen zu lassen und vor allen Dingen
Für heil'ge Bauten Gaben darzubringen,
In denen Gott man diene, man verehre,
Nicht wo man nur verschwende, nur verzehre
Und wo nicht Not vorhanden, was zu geben,
Wie reichdotierten Mönchen, die zu leben
– Gedankt sei Gott! – mehr als genug schon hätten.
60   »Seht! Dreißig Seelenmessen«, sprach er, »retten
Aus aller Pein die alten wie die jungen
Von Euren Freunden, sind sie rasch gesungen;
Für leicht und lustig haltet keinen Priester,
Falls täglich mehr als eine Messe liest er.
Um Christi Willen! Eilt Euch zu befrei'n
Die Seelen«, rief er, »aus der Höllenpein!
Es ist zu hart, auf Gabeln und auf Zacken
Dort aufgespießt zu brennen und zu backen!«
Und hatte dieser Bruder nach der Predigt
70   Die Kirchengänger ihres Gelds entledigt,
So blieb er auch nicht länger an dem Ort;
Sprach »qui cum patre« und zog weiter fort,
        Hochaufgeschürzt, mit Stab und Bettelsack. –

In jedes Haus er seine Nase stak
Und bat um etwas Käse, Mehl und Korn.
An einem Stab mit einem Griff von Horn,
Zog sein Kumpan mit, der von Elfenbein
Schreibtafeln trug, in die er nur zum Schein
Mit blankem Stift der Geber Namen schrieb,
80 Als ob er sagen wollte: Euch zulieb'
Will ich gewiß nicht mit Gebeten geizen.
»Gebt etwas Gerste, Korn uns oder Weizen!
Ein Gottesprezlein, einen Käseschnitt!
Gebt, was Ihr wollt! Wir nehmen alles mit,
Den Gottesheller und den Messepfennig!
Ein Stückchen Leinen, etwas Schinken – wenn ich
Darum ersuchen dürfte – liebe Dame
Und teure Schwester! – Hier steht Euer Name!
Speck oder Rindfleisch, jedes Ding ist recht!«
90 Ein dicker, rüpelhafter Herbergsknecht
Ging hinterdrein, den Schnappsack auf dem Nacken,
Um alle Gaben darin einzupacken.
Doch kaum war er zum Tore noch hinaus,
So wischt' er schon die Namen wieder aus,
Die er soeben in die Tafeln schrieb;
Denn Trug und Lug war alles, was er trieb.
    – »Das lügst Du, Büttel!« fiel der Bruder ein.
»Um Christi willen! Wollt Ihr ruhig sein!«,
Rief unser Wirt, »verschweige nichts, erzähle!«
100 Der Büttel rief: »Das will ich, meiner Seele!« –
Lang zog er so von Haus zu Haus, bis er
An eine Wohnung kam, wo man zeither
Ihn stets willkommen hieß und gern erfrischte,
Wenn er den Mund bei hundert andern wischte.
Doch krank darnieder lag der Herr vom Haus.
»O Deus hic! Freund Thomas! Wie sieht's aus?«

So sprach mit Höflichkeit in sanftem Tone,
Der Bettelmönch. – »Thomas! Daß Gott Euch's lohne;
Oft hab' ich hier auf dieser Bank gesessen
110 Und manches mal vergnügten Sinns gegessen.«
Und damit trieb er von der Bank die Katze,
Stock, Hut und Ranzen gleich an ihrem Platze
Dort niederlegend, setzt' er dann sich hin.
Sein Mitgeselle war vom Hausknecht in
Die Stadt zu einer Herberge gebracht,
Wo er zu bleiben dachte für die Nacht.
     »O teurer Meister!«, sprach der kranke Mann,
»Wie ging es Euch, seitdem der März begann?
Ich sah Euch nicht zwei Wochen lang und mehr!«
120 »Gott weiß!«, sprach der, »mich drückte Arbeit schwer!
Besonders aber sagte für Dein Heil
Ich manches köstliche Gebet derweil
Und für die Freunde – schütz' sie Gott! – daneben.
In Eurer Kirchs las ich Messen eben
Und predigte dort einfältig und schlicht.
Ganz nach dem Text der Heil'gen Schrift war's nicht;
Denn die versteht Ihr – wie ich denke – schwerlich,
Und drum mach' ich durch Glossen Euch's erklärlich.
Glossieren ist von unschätzbarem Werte;
130 Der Buchstab' tötet, sagen wir Gelehrte;
Und darauf hab' ich Unterricht gegeben
Im Wohltun und vernunftgemäßen Geben,
Und sah auch unsre Frau. – Wo steckt sie nur?«
     »Im Hofe draußen, denk' ich, vor der Flur.
Sie kommt sofort«, erwiderte der Mann.
     »Willkommen, Meister! Nun, bei St. Johann!«,
Sprach dieses Weib, »wie ging es Euch bislang?«
     Und höflich sprang der Bruder von der Bank,
Um, zwitschernd wie ein Sperling vor Entzücken,

140 Sie abzuküssen und ans Herz zu drücken,
    Und sprach: »Madam! Es geht nicht allzu schlecht
    Mit Eurem Diener und ergebnen Knecht.
    Dank sei dem Herrn, der Seele sowie Leib
    Geschenkt Euch hat. – Bei Gott! Solch schönes Weib
    Sah ich heut' in der ganzen Kirche nicht.«
        »Ja«, sprach sie, »bess're Gott, was mir gebricht!
    Doch, meiner Treue! Mir willkommen seid Ihr!«
        »Grand merci, Frau! So fand ich's jeder Zeit hier!
    Doch bitt' ich Euch, erlaubt aus Gütigkeit,
150 Daß ich mit Thomas eine kurze Zeit
    Mich unterrede; nehmt es mir nicht krumm.
    Die Pfarrer sind so nachlässig und dumm,
    Mit Zartheit die Gewissen zu traktieren.
    Mein Mühn ist Beichte, Predigt und Studieren,
    Was Petrus und was Paulus uns erzählen.
    Ich geh' und fische stets nach Christenseelen,
    Um Jesus Christus seinen Zoll zu geben;
    Sein Wort zu lehren, ist mein ganzes Streben!«
        »Bei Eurem Glauben«, sprach sie, »führt aus Güte
160 Ihm, lieber Herr, es tüchtig zu Gemüte!
    Er ist so wütig wie die Seichameise,
    Geht es nach Wunsch ihm auch in jeder Weise.
    Ich decke nachts ihn zu und halt' ihn warm
    Und über ihn leg' ich selbst Bein und Arm,
    Und dennoch grunzt er wie ein Schwein im Stalle,
    Denn ihm zu Dank mach' ich's in keinem Falle,
    Und andre Kurzweil find' ich bei ihm nie!«
        »O, Thomas! – Thomas! – Thomas! Je vous dis,
    Das schafft der Böse! Dir tut Bess'rung not!
170 Wer zornig ist, verletzt des Herrn Gebot!
    Wir reden später noch ein Wort darüber.«
        »Nun, eh' ich gehe«, sprach das Weib, »mein Lieber,

Was wollt Ihr essen? Daß ich's kochen kann.«
   »Frau, je vous dis sans doute«, fing er an,
»Hab' ich von Eurem Weißbrot eine Schnitte
Und vom Kapaun die Leber, so erbitte
Ich hinterher nur einen Schweinskopf mir –
Um meinetwillen schlachte man kein Tier.
Ich bin mit Euch bei Hausmannskost vergnügt,
180 Ich bin ein Mann, dem weniges genügt;
Die Bibel gibt mir Nahrung fürs Gemüt,
Mein Körper aber ist stets so bemüht,
Zu wachen, und das macht den Magen schwach.
Madam, ich bitte, tragt es mir nicht nach,
Daß ich Euch meinen Ratschlag nicht verhehle!
Da ich's, bei Gott, nur wenigen erzähle!«
   »Nun«, sprach sie, »eh' ich gehe, laßt Euch sagen,
Mir starb mein Kind in diesen vierzehn Tagen,
Ganz kurz nachdem Ihr aus der Stadt gereist.«
190   »Des Kindes Tod«, sprach er, »sah ich im Geist
Zu Haus im Dormitorium, und darf sagen,
Es nach dem Tode himmelwärts getragen,
Eh' eine halbe Stunde war entflohn.
Gott ist mein Zeuge! So war die Vision!
Auch unser Krankenwärter nahm es wahr
Und unser Glöckner, die schon fünfzig Jahr'
Jetzt Brüder sind und die durch Gottes Walten
In Rüstigkeit bald Jubiläum halten.
Gleich stand ich auf mit allen Klosterleuten,
200 Und ohne Lärm und ohne Glockenläuten,
Mit vielen Tränen netzend unsre Wangen,
Wir ein ›Te Deum‹ und nichts weiter sangen.
Nur daß zu Christo ein Gebet ich schickte
Zum Dank für das, was ich im Traum erblickte.
Ja, Herr und Frau! Ihr mögt mir beide traun:

Unser Gebet ist kräft'ger und wir schaun
Von den Mysterien Jesu Christi mehr
Als jeder Lai', und ob er König wär'.
In Mäßigkeit und Armut leben wir;
210 Im Überfluß die Laien, die mit Gier
Nach Speis' und Trank und nach Vergnügen trachten,
Indessen wir die Lust der Welt verachten.
Wie Lazarus und Dives einst hienieden
Verschieden lebten, war ihr Lohn verschieden.
Wer beten will, der faste, der sei keusch,
Mäste den Geist und halte knapp sein Fleisch.
Wir fahren – sagt die Schrift – und grobes Tuch
Und karge Kost sind für uns gut genug.
Wir Brüder fasten und sind rein; deswegen
220 Nimmt Christus gnädig unser Flehn entgegen.
        Ja, vierzig Tage lang und Nächte – sieh! –
Hielt Moses Fasten, eh' auf Sinai
Zu ihm der Herr in seiner Allmacht sprach;
Durch langes Hungern leer im Leib und schwach,
Empfing er das Gesetz, das Gottes Hand
Geschrieben hatte. Eli' – wie bekannt –
Fastete lange und hielt mit sich Rat,
Eh' sich auf Horebs Höhen ihm genaht
Gott, unser Arzt für alle Not im Leben.
230   Und Aaron, dem der Tempel untergeben,
Und alle andern Priester, Mann für Mann,
Sie durften, wenn der Gottesdienst begann
Und sie zu beten und zu opfern hatten,
Aus keinem Grunde sich Getränk verstatten
Von solcher Art, um trunken sie zu machen;
Sie mußten beten, fasten dort und wachen
Bei Todesstrafe. – Lern' es wohl verstehn!
Sie hatten nüchtern für das Volk zu flehn.

Das halte fest – und nun genug davon!
240 Im Fasten und im Beten gab uns schon
Der Herr ein Beispiel, wie die Schrift erzählt;
Weshalb wir Bettelbrüder auch vermählt
Der Armut sind und der Enthaltsamkeit,
Der Liebe, Demut und der Mäßigkeit.
Wir müssen jede Fleischeslust vermeiden,
Verfolgung um der Wahrheit willen leiden
Und flehn und weinen. Darum – wie Ihr seht –
Hört von uns Bettelbrüdern das Gebet
Auch Jesus Christ mit größerem Behagen
250 Als Euer Flehn bei Tisch- und Festgelagen.
Nicht lügen will ich! Aus dem Paradies
Des Fressens wegen Gott den Menschen stieß,
Denn zweifellos war keusch noch sein Betragen.
  Nun, Thomas, horche, was ich Dir will sagen!
Ich habe keinen Text – soviel ich weiß –,
Doch mittelst Glossen führ' ich den Beweis,
Daß ohne Zweifel Christ, der Seligmacher,
Uns Brüder meinte, als die Worte sprach er:
›Wer arm an Geist ist, der wird selig sein!‹
260 Die Heil'ge Schrift zeigt Dir ganz allgemein,
Daß unser Stand bei weitem vorzuziehn
Jedwedem ist, dem Erdengut verliehn.
Pfui ihrem Pompe! Ihrem Fressen, pfui!
Pfui ihrem Stumpfsinn! Ich verachte sie!
  Sie gleichen, wie mich dünkt, Jovinian,
Fett wie ein Walfisch, taumelnd wie ein Schwan,
Voll Wein, wie Flaschen in den Vorratskammern!
Wie gottgefällig muß ihr Flehn und Jammern
Zum Himmel dringen, heißt der Psalm von David
270 Bei ihnen: ›Buff! – Cor meum eractavit!‹
Wer folgt dem Wort und Beispiel Christi hier

In Demut, Keuschheit, Armut mehr als wir,
Die Gottes Worte tun und danach leben,
Nicht hören bloß? – Wie sich die Falken heben
Hoch in die Luft auf mächtigen Gefiedern,
Nimmt von uns keuschen, liebetät'gen Brüdern
Zu Gottes Ohren das Gebet den Flug!
Beim heil'gen Ivo! Wahrlich schlimm genug,
– O Thomas! Thomas! – würd' es um Dich stehn,
280 Wenn wir als Bruder Dich nicht angesehn.
Wir beteten im Kloster Tag und Nacht:
Es möge Christus Deines Leibes Macht
Dir wiedergeben und die Glieder stärken.«
    »Bei Gott!«, rief er, »davon ist nichts zu merken!
Bei Christi Heil! An alle Bettelorden
Ist manches Pfund von mir verschwendet worden
In kurzer Zeit, und alles schlägt nicht an!
Was ich besaß, hab' ich beinah' vertan –
Fahr' hin mein Gut; nichts ist mehr mein geblieben!«
290   »O Thomas!«, rief er, »hast Du's so getrieben?
Was läufst Du hinter andern Brüdern her?
Wer einen guten Arzt besitzt, braucht der
Sich in der Stadt nach andern umzusehn?
Dein Unbestand kommt Dir noch schlimm zu stehn!
Wie? Das Gebet von mir und dem Kapitel
Hältst Du für ein so unwirksames Mittel?
Bleib', Thomas, mir mit solchen Flausen fern!
Du kargst mit uns – da sitzt der Krankheit Kern.
Doch diesem Kloster etwas Korn zu schenken,
300 Mit zwanzig Groschen jenes zu bedenken,
Und jeden Bettelmönch zu unterstützen,
Nein, Thomas, nein! Das kann zu nichts Dir nützen!
Wenn erst ein Heller in zwölf Teile geht,
Wo bleibt sein Wert? – Ein Ding, das ganz besteht,

Ist stärker, als was man in Stücke bricht.
Nein, Thomas! Schmeicheln kann und will ich nicht:
Du möchtest unsre Arbeit ohne Geld! –
Jedoch sagt Gott, der Schöpfer aller Welt:
Der Arbeitsmann sei seines Lohnes wert!
310 Thomas! Ich habe nichts für mich begehrt.
Nein! Alles kommt dem Kloster nur zugut',
Das im Gebete für Dich nimmer ruht,
Sowie dem Kirchenbau zu Gottes Ehren;
Und über diesen kannst Du Dich belehren
Aus einem Werke, wo vom heil'gen Leben
Thomas von Indiens ist Bericht gegeben.
Sieh! Du liegst hier voll Ärger und voll Wut,
Durch die der Teufel setzt Dein Herz in Glut,
Und schiltst Dein Weib, die ohne jede Schuld,
320 Voll Güte ist und heiliger Geduld.
Drum, Thomas, schenke treulich mir Gehör:
Das beste ist, du zankst mit ihr nicht mehr.
Und im Gedächtnis trag' Du immerfort
In dieser Hinsicht eines Weisen Wort:
›Kein Löwe sei in Deinem eignen Haus,
Jag' Deine Freunde nicht zur Tür hinaus,
Und unterlaß, Dein Hausgesind' zu drücken!‹
Thomas! Wie oft hatt' ich Dir's vorzurücken:
Sei vor dem Zorn, der Dir im Busen ruht,
330 Sei vor der Schlange stets auf Deiner Hut,
Die schlau im Grase kriecht und plötzlich sticht!
Mein Sohn, beherzige, vergiß es nicht,
Daß zwanzigtausend schon den Tod erlitten,
Weil sie mit Kebsen und mit Weibern stritten!
Du hast ein sanftes frommes Weib gefreit;
Weswegen suchst Du, Thomas, mit ihr Streit?
Denn sicherlich so falsch ist keine Schlange,

Die aus den Schwanz getreten wird, und lange
So grausam nicht, als wie ein Frauenzimmer
340 In ihrem Zorn; auf Rache sinnt es immer!
Der Zorn ist eine von den sieben Sünden,
Die Gnade nie vor Gott im Himmel finden,
Und ins Verderben reißt er Dich fürwahr!
Ein jeder schlichte Pfarrer und Vikar
Sagt Dir, daß Zorn, als Sohn vom Übermut,
Der Vater wird von viel vergoss'nem Blut.
Wollt' ich erzählen von den manchen Sorgen,
Die Zorn uns bringt, so währt' es wohl bis morgen.
Und deshalb bitt' ich Gott bei Tag und Nacht:
350 Dem zorn'gen Manne geb' er wenig Macht.
Es ist ein Jammer und ein großes Leiden,
Wenn zorn'ge Männer hohen Rang bekleiden.
      Ein Richter lebte, sagt uns Seneca,
Der zornig war. Und eines Tags geschah,
Daß von zwei Rittern, die durch Zufall grade
Zusammen zogen auf demselben Pfade,
Der eine heimkam und der andre nicht.
Gleich schleppte man den Ritter vor Gericht,
Und der erwähnte Richter sprach sodann:
360 ›Du tötetest den andern Rittersmann!
Drum mußt Du sterben!‹ – Und darauf gebot
Er einem andern Ritter, ihn zum Tod
Zu führen. – Doch vom Richtplatz nicht mehr fern,
Sah auf dem Wege man denselben Herrn,
Den man für tot gehalten, noch lebendig.
Und mithin dachten sie, es sei verständig,
Sie abermals dem Richter vorzustellen,
Und sprachen: ›Herr! Er hat den Mitgesellen
Nicht umgebracht. Hier steht er lebend noch!‹
370 ›Bei Gott!‹, rief er, ›des Todes seid ihr doch!

Eins, zwei und drei, ihr alle, Mann für Mann!
Du bist‹, fuhr er den ersten Ritter an,
›Des Todes, weil Dein Urteil schon gefällt!
Du aber wirst ihm gleichfalls beigesellt,
Denn jenes Ersten Tod liegt Dir zur Last.‹
Und zu dem dritten sprach er: ›Und Du hast
Nicht ausgeführt, wozu Befehl gegeben!‹
Und so verloren alle drei ihr Leben.

    Der zornige Cambyses zechte gern
380 Und hielt sich selber für den klügsten Herrn.
Und im Vertrauen sprach zu ihm einmal
Ein Kammerjunker, welcher die Moral
Sowie die Tugend immerdar geliebt:
    ›Weh einem Herrn, der Lastern sich ergibt!
Die Trunkenheit, die keinen Menschen ziert,
Verunziert den besonders, der regiert.
Es blickt manch Auge, und es lauscht manch Ohr
Ganz im geheimen zu dem Herrn empor.
Ach, Gott zu Liebe, halt’ mit Trinken ein!
390 Nur gar zu elend kann Genuß von Wein
Die Kraft des Geistes und der Glieder lähmen.‹
    ›Im Gegenteil!‹, ließ jener sich vernehmen,
›Ich werde Dir beweisen durch die Tat,
Daß Wein nicht immer diese Wirkung hat.
Es ist auf dieser Welt kein Rebensaft
So stark, mich zu berauben meiner Kraft!
Mir lähmt er weder Auge, Hand noch Fuß!‹
Und immer toller soff er aus Verdruß,
Wohl hundertfach, was er zuvor genossen.
400 Und darauf ließ des Ritters Sohn und Sprossen
Der Wüt’rich holen, der kaum vor ihm stand,
Als er zum Bogen griff und mit der Hand
Straff bis ans Ohr hinan die Sehne spannte

Und auf den Knaben seinen Pfeil entsandte.
›Nun‹, sprach er, ›sieh! Ob ich noch sicher bin
Mit meiner Hand? Ist mein Verstand dahin?
Hat mir der Wein benommen das Gesicht?‹
Des Ritters Antwort meld’ ich weiter nicht.
Sein Sohn war tot. – Was braucht’s der Worte viel?
410 Mit großen Herr’n treibt man gefährlich Spiel!
Da singt: ›Placebo‹; und die Wahrheit sprecht
Bei Armen nur. Denn es ist gut und recht,
Der Armut Laster frei zu offenbaren,
Doch große Herr’n – die laßt zur Hölle fahren!
    Hast Du vom Zorn des Cyrus schon gehört,
Des Persers, der den Gyndes hat zerstört,
Weil ihm sein Pferd in diesem Strom ertrank,
Als er im Kriege Babylon bezwang?
So klein und winzig macht er diesen Fluß,
420 Daß Weiber ihn durchwateten zu Fuß.
Horch! Was sagt Er, der so viel lehren kann?
Schließ’ keine Freundschaft mit dem zorn’gen Mann
Und zieh’ nicht eines Weges mit dem Tollen!
Sonst wird Dich’s reun. – Und damit, Thomas, wollen
    Wir schließen. – Bruder, tu’ den Zorn von Dir!
Du findest stets Gerechtigkeit bei mir.
Setz’ auf die Brust Dir nicht des Teufels Messer!
Der Ärger macht die Schmerzen Dir nicht besser.
Komm, beichte! – Doch aufrichtig mußt Du sein!«
430   »Beim heil’gen Simon!«, rief der Kranke, »nein!
Gebeichtet hab’ ich heute beim Vikar,
Ihm machte meinen Zustand ich ganz klar,
Und mehr zu sprechen – sagt’ er – sei nicht nötig,
Wär’ ich dazu aus Demut nicht erbötig.«
    »Dann mußt Du Geld für unser Kloster geben!«,
Rief jener, »um es auszubauen, leben

Wir nur von Muscheln und von Austern jetzt,
Während die Welt am Überfluß sich letzt.
Weiß Gott! Vollendet ist noch kaum der Grund,
440 Wir schulden noch für Steine vierzig Pfund,
Es fehlen Ziegel, noch steht keine Wand!
Beim Heiland, der die Hölle überwand!
Willst Du uns, Thomas, keine Hilfe spenden,
So müssen unsre Bücher wir verpfänden;
Und fehlt Euch unsre Predigt, so verfällt
Dem Untergange schließlich alle Welt.
Und wer uns kann der ganzen Welt berauben,
Kann, Thomas, auch – auf Ehre und auf Glauben –
Das Sonnenlicht in finstre Nacht verkehren.
450 Wer war wohl je im Schaffen und im Lehren
So treu wie wir und seit so langer Frist?
Denn Brüder gab es, wie berichtet ist,
Zur Zeit Elias und Elisas schon.
– Gedankt in Demut sei dem Gottessohn! –
Ach, Thomas, denke liebend an uns Brüder!«
Und damit sank er auf die Knie nieder.

     Indes der Kranke, beinah' toll vor Wut,
Sich wünschte, daß die rote Feuersglut
Den heuchlerischen Bettelmönch verzehre.
460 »Ja! Was ich habe«, sprach er, »das verehre
Ich keinem andern sicherlich wie Dir;
Denn, wie Du sagtest, sind ja Brüder wir.«

     »So ist es, meiner Treu!«, der Bruder rief,
»Ich zeigte Siegel Deiner Frau und Brief!«

     »Nun gut«, sprach er, »dieweil ich noch am Leben,
Will Eurem heil'gen Kloster ich was geben
Und in die Hand bekommst Du's unverweilt;
Doch vorbehalten, daß es so verteilt
Unter Euch Brüdern wird, daß von der Gabe

470 Gleich viel der eine wie der andere habe.
Das schwör' mir auf Dein heiliges Bekenntnis
Ganz ohne Rückhalt oder Mißverständnis!«
        »Das schwör' ich!«, rief der Bruder, »meiner Treue!
An mir fehlt's nicht! Das schwör' ich Dir aufs neue!«
Und Wort und Handschlag gab er ihm zum Pfand.
        »Nun«, sprach der Kranke, »wenn Du Deine Hand
In meinen Rücken bis zum Hintern steckst
Und bei der Kerbe zufühlst, so entdeckst
Du eine Kleinigkeit daselbst verborgen.«
480   Der Bruder dachte: ›Das kann ich besorgen!‹
Und langte, daß er sein Geschenk erhalte
Mit seiner Hand hinunter bis zur Spalte.
Und als der kranke Mann am Arsche fühlte,
Wie dort der Bruder fingerte und wühlte,
Da furzt' er rasch ihm mitten in die Hand.
Kein Gaul, den man vor einem Karren spannt,
Riß solchen mächtig lauten Furz zuvor.
Und wie ein grimmer Löwe sprang empor
Der Bettelmönch und schrie: »Du Schuft! Bei Gott!
490 Das tatest Du zum Ärger mir und Spott!
Doch übel soll Dir dieser Furz bekommen!«
        Das Hausgesinde, das den Lärm vernommen,
Kam angestürzt und schmiß ihn aus dem Haus.
Und voller Ärger zog der Bruder aus
Und holte seinen Burschen und sein Gut;
Worauf er, wie ein Eber voller Wut
Die Zähne knirschend, wild von dannen rann,
Bis er den Hof von einem Edelmann,
Dem Gutsbesitzer von dem Dorf, erreichte,
500 Der ihm bekannt war, weil er in die Beichte
Den würd'gen Mann seit langer Zeit schon nahm.
Zu ihm der zornerfüllte Bruder kam

Und fand den Herrn bei seinem Mittagsessen.
Fast sprachlos war der Bettelmönch; indessen
Sein »Gott sei mit Euch!« stieß er noch hervor.
    »Willkommen!«, sprach der Herr und sah empor,
»Um alle Welt, was fehlt Dir nur, Johann?
Etwas ging schief, das merkt' ich Dir gleich an!
Hast einen Wald voll Räuber Du erblickt?
510 Komm, setze Dich und sage, was Dich drückt.
Ich helfe Dir, so gut ich es vermag.«
    »Ich hatte«, sprach er, »einen schlimmen Tag
Im Dorfe heute. – Daß sich Gott erbarm'!
Kein Knecht ist wohl in dieser Welt so arm,
Der vor dem Schimpf, den ich in Eurer Stadt
Empfangen habe, nicht Verachtung hat.
Jedoch mein größter Ärger dabei war,
Daß dieser alte Kerl mit grauem Haar
Beschimpft hat unsre ganze heil'ge Zunft!«
520   Der Herr sprach: »Lieber Meister, habt Vernunft!«
    »Nicht Meister!«, rief er, »sondern Euer Knecht!
Zwar in der Schule hieß ich so mit Recht;
Doch liebt es Gott nicht, daß wir auf den Gassen
Und auf dem Markt uns ›Rabbi‹ nennen lassen.«
    »Schon gut!«, sprach er, »zur Sache komm zurück!«
    »Herr!«, rief der Bruder, »ein Schandbubenstück
Ist heute hier an mir begangen worden
Und so per consequens am ganzen Orden
Und an der ganzen heil'gen Klerisei!«
530   »Nun«, sprach der Herr, »was Du zu tun dabei,
Das wird von Dir, als Salz und Wurz der Erden,
Und mein Konfessor, schon gefunden werden.
Um Gottes Willen! Sieh es ruhig an;
Erzähle mir Dein Leid!« – Und so begann
Er vorzutragen, was Euch schon bekannt.

Des Hauses Dame lauschte unverwandt
Dem Bruder zu, bis er sich ausgeklagt.
»Ei, Mutter Gottes!«, rief sie, »heil'ge Magd!
Wie geht es weiter? Ei, vertrau' es mir!«
540   »Madam!«, sprach er, »was denkt, was redet Ihr?«
»Was soll ich denken?«, sprach sie, »Gott im Himmel!
Dir spielte diesen Lümmelstreich ein Lümmel!
Was soll ich sagen? – Gottvermaledeit
Sei dieser Schuft! Ihm steckt voll Eitelkeit
Der kranke Kopf. – Mir scheint, der Mann ist toll.«
        »Madam!«, sprach er, »wenn ich nicht lügen soll,
So denk' ich, daß ich mich am besten räche,
Wenn ich beständig von ihm Schlechtes spreche.
Aus Bosheit sann dies Lästermaul mir an,
550 Was sich nicht teilen läßt, für jedermann
Dennoch in gleiche Teile zu zerlegen!«
        Doch träumend saß und ohne sich zu regen,
Der Herr, und hin und wieder sann er: »Wie
Hat dieser Kerl nur soviel Phantasie,
Solch ein Problem dem Bruder aufzugeben?
Derartiges vernahm ich nie im Leben!
Der Teufel hat's ihm in den Kopf gesetzt!
Wo hat wohl die ›ars metrica‹ bis jetzt
Je eine solche Frage aufgestellt:
560 Wie jedermann den gleichen Teil erhält
Von einem Furz oder einem Ton?
Wer kann das zeigen durch Demonstration?
Du Teufelskerl! Du unverschämtes Tier!«
Und brummig frug der Edelmann: »Habt Ihr
Schon je zuvor ein solches Ding vernommen?
Ein jeder soll den gleichen Teil bekommen!
Das ist unmöglich! Das kann nimmer sein!
Ei, Teufelskerl! Das Wetter schlage drein!

Wie jeder Klang und Ton, gehört ein Furz
570 Nur zu den Schwingungen der Luft, die kurz
Von Dauer sind und nach und nach vergehen.
Nun, meiner Treu! Den Menschen möcht' ich sehen,
Der das zu teilen wüßte mit Genauheit!
Was für ein Kerl? – Seht an! Mit welcher Schlauheit
Hat er heut' meinen Beichtiger geneckt!
Ich glaube, daß der Teufel in ihm steckt! –
Doch nun ans Essen! – Laßt den Schurken ziehn,
Und an den Galgen bring' der Satan ihn!«
Nun aber schnitt ein Junker von dem Lord
580 Am Tische Fleisch und hörte Wort für Wort
Alles mit an, was ich Euch vorgetragen.
»Herr! Nichts für ungut!«, hob er an zu sagen,
»Wenn Ihr mir Stoff zu einem Rock versprecht,
Und ist dem würd'gen Bruder solches recht,
Erzähl' ich Euch, wie unter dem Konvent
Ihr diesen Furz gleichmäßig teilen könnt.«
»Frisch von der Leber!«, rief der Edelmann,
»Der Rock ist Dein, bei Gott und St. Johann!«
»Mein Herr!«, sprach er, »wenn sich kein
Wind bewegt,
590 Das Wetter schön ist, sich kein Lüftchen regt,
So schafft in diese Halle hier ein Rad,
Das – wohlverstanden – alle Speichen hat;
Zumeist dreht es auf zwölfen sich herum.
Bringt dann zwölf Brüder. – Und fragt Ihr, warum?
Nun, ein Konvent besteht aus dreizehn Mann,
Und mit dem würd'gen Herrn Konfessor kann
Die richt'ge Anzahl grade man erreichen.
Dann laßt sie niederknien vor den Speichen,
So daß auf jeden Bruder eine fällt,
600 An deren End' er seine Nase hält.

Nur der Konfessor – schenke Gott ihm Gnade! –
Hält seine vor die Nabe von dem Rade.
Und jenen Kerl mit steifem, strammem Bauch,
Wie ein gespanntes Trommelfell, bringt auch
Und setzt ihn nieder mitten auf das Rad,
Wo er zu furzen durch die Nabe hat.
Und Euch zu Pfande setz' ich Leib und Leben,
Hab' ich nicht praktisch den Beweis gegeben,
Daß Schall und Stank das Ende der zwölf Speichen
610 Ganz mathematisch gleichgeteilt erreichen.
Nur der Konfessor steht als würd'ger Mann
Mit Fug und Recht auch hierbei obenan;
Weshalb auch ihm die Erstlingsfrucht gebührt.
Bei Brüdern ist die Sitte eingeführt,
Daß man den Würdigsten zuerst bedient.
Und er hat's ohne Zweifel wohl verdient!
Wie vieles Gute lernten alle Leute
Aus seiner Predigt von der Kanzel heute!
Was mich betrifft, so gönn' ich diesem Herrn
620 Den Vorgeruch selbst von drei Fürzen gern,
Und jeder Bruder wird dasselbe sagen;
Ist doch so fromm und heilig sein Betragen!«
      Der Herr, die Dame wie der ganze Kreis,
Bis auf den Bruder, fanden den Beweis
Des Ptolemäus würdig und Euklid;
Und sagten: »Was den Kerl betrifft, so sieht
An seinen witz'gen Worten man ganz klar,
Daß er kein Toller und Besess'ner war.«
Seht! So gewann der Junker Hans sein Kleid.
630 Genug davon! – Die Stadt ist nicht mehr weit!

Die Erzählung
des Gelehrten

Der Prolog des Gelehrten

Vers 1–56

»Gelehrter Herr von Oxford! – meiner Treu!«,
Sprach unser Wirt, »Ihr seid so still und scheu
Wie an der Hochzeitstafel eine Braut!
Von Euch hört' ich tagsüber keinen Laut.
Mir scheint, daß Ihr tief in Gedanken seid;
Doch jedes Ding – sagt Salomo – zur Zeit!
    Um Gottes willen! Macht ein froh Gesicht,
Denn zum Studieren ist die Zeit hier nicht!
Erzählet etwas, das uns fröhlich stimmt.
10 Sofern man teil an einem Spiele nimmt,
Muß man sich auch an seine Regeln binden.
Doch predigt nicht von Weinen über Sünden,
Wie's in den Fasten Bettelmönche treiben.
Nein! Macht es so, daß wir hübsch munter bleiben!
    Erzählt ein Abenteuer lust'ger Art.
Die Bilder, Floskeln und Figuren spart
Euch für den hohen Stil auf, der sich paßt,
Wenn Schreiben man an Könige verfaßt.

Hier aber, bitt' ich Euch, so schlicht zu reden,
20   Daß es verständlich ist und klar für jeden.«
     Und der Gelehrte freundlich Antwort gab:
»Ich stehe«, sprach er, »unter Eurem Stab:
Ihr seid's, mein Wirt, der über uns regiert,
Und mit Gehorsam wird von mir vollführt
Drum alles, was vernünftig ist und billig.
Was mir in Padua mitgeteilt ward, will ich
Euch wiederholen, wie erzählt mir's hat
Ein würd'ger Mann, erprobt in Rat und Tat.
Jetzt ist er tot und ruht in seinem Schrein;
30   Gott möge gnädig seiner Seele sein!
     Franzisk Petrark hieß der gekrönte Dichter,
Des süßer Redefluß der Dichtkunst Lichter
Durch alle Gau'n Italiens entstammte,
Wie dies für Kunst, Gesetz und die gesamte
Philosophie Lignanus hat getan.
Doch an uns alle tritt der Tod heran;
Ein Augenblick genügt, uns zu verderben;
Und beide starben, wie wir alle sterben.
     Um fortzusetzen nun, wie ich begann,
40   Was mir erzählt hat dieser würd'ge Mann,
So wißt, daß er mit einem Vorberichte
Im hohen Stil eröffnet die Geschichte.
Darin beschreibt er Gegend und Natur
Von Piemont, Saluzzo und der Flur
Des westlichen Lombardiens, dessen Grenzen
Der Apenninen hohe Gipfel kränzen;
Und näher insbesondre hebt er dann
Vom Berge Vesulus zu reden an,
Woselbst der Po aus kleinem Quell entspringt,
50   Dann wachsend, ostwärts durch Aemilia dringt
Und durch Ferrara hinströmt bis Venedig.

Doch lang ist die Beschreibung, darum red' ich
Davon nicht mehr. Zur Sache, wie mir scheint,
Gehört sie nicht, und war wohl nur gemeint,
Um besser einzuleiten die Geschichte.
Doch horcht auf das, was ich nunmehr berichte!

Die Erzählung des Gelehrten

Vers 57–1176

Dem kalten Berge Vesulus zu Füßen
Im fernsten West Italiens liegen Gau'n,
Wo üppigreiche Saatgefilde sprießen,
60 Und manche Stadt ist, mancher Turm zu schaun –
Der Väter Werk, der Vorzeit dauernd Bau'n.
Wohin Du blickst, ein herrlich Bild sich weist
Der schönen Gegend, die Saluzzo heißt.

Ein Markgraf lebte vormals in den Landen,
Wie vor ihm seine Ahnen dies getan;
Gehorsam war und willig ihm zuhanden
Der erste wie der letzte Untertan.
Vom Glück begünstigt auf der Lebensbahn,
War er gefürchtet und geliebt zugleich
70 Von Herr'n und Knechten und von Arm und Reich.

Was seines Stammes Blut betraf, so galt er
Als Edelster der ganzen Lombardei;
Voll Schönheit, Kraft und jugendlichem Alter,
War höflich er und ehrenwert dabei;

Und wenn auch nicht von jedem Fehler frei,
So lenkte doch verständnisvoll sein Land
Der junge Herr, den Walther man benannt.

Indessen dieses muß ich an ihm rügen,
Daß er zur Zukunft nie den Blick gewandt,
80 Dem Augenblick nur lebend, sein Vergnügen
Allein in Jagd und Falkenbeize fand,
Und aller andern Sorgen sich entwand;
Das Schlimmste war: um keinen Preis der Welt
Hätt' er ein Weib sich eh'lich beigesellt.

Höchst mißvergnügt ob dieser Sache nahte
Sich eines Tages seines Volkes Schar,
Und der als Klügster galt in ihrem Rate
Und dem der Herr zumeist gewogen war,
Machte des Volkes Wunsch ihm offenbar;
90 Und so sprach der geschäftserfahrne Mann,
Wie ihr vernehmen sollt, den Markgraf an:

»O edler Markgraf, Deine Herzensgüte
Ermuntert uns und gibt uns Zuversicht.
Sooft wir mit bekümmertem Gemüte
In schwerer Zeit, gehorsam unsrer Pflicht,
Vor Dir erschienen, nahmst Du den Bericht
Stets gnädig auf, und Du wirst unsern Klagen
Darum auch heute nicht Gehör versagen.

Ich selber habe freilich mit der Sache
100 Nicht mehr zu tun, als jeder andre hier;
Und wenn ich mich zu ihrem Anwalt mache,
Geschieht es nur, weil Du so gnädig mir
Dich stets bezeigtest; und so darf ich Dir

Auch heute nahn, damit den Wunsch von allen
Du prüfest und entscheidest nach Gefallen.

Gewißlich, Herr, wir haben Dein Bestreben
Von ganzem Herzen immer anerkannt
Und tun es noch; und ein zufriedner Leben
Uns zu erdenken, sind wir kaum imstand'.
110 Ein Wunsch indessen sei Dir noch genannt:
Geruhe, eine Gattin Dir zu wählen,
Dann wird Dein Volk das höchste Glück beseelen.

Beug' Deinen Nacken diesen Segensjochen!
Der Herrschaft Zier und nicht der Knechtschaft Schmach
Ist in dem Wort ›Vermählung‹ ausgesprochen.
Bedenk' es Herr, und sinne weislich nach:
Wie wechselreich der Mensch auch seinen Tag
Verbringt mit Wachen, Schlafen, Gehen, Reiten,
Es flieht sein Leben in der Flucht der Zeiten.

120 Grünt Dir auch jetzt der Jugend Frühlingsschimmer,
Kriecht doch das Alter still und stumm heran,
Und jeder Zeit droht uns der Tod, dem nimmer
Ein Mensch, wie hoch gestellt er sei, entrann.
Und so gewiß – das weiß ein jeder Mann –
Ist ihm der Tod, wie ungewiß der Tag,
An dem begegnen ihm sein Ende mag.

Beherzige den treuen Rat von allen,
Die stets gehorchten, wenn Dein Ruf erklang;
Was wir begehren, laß auch Dir gefallen:
130 Nimm Dir ein Weib und zaudere nicht lang.
Das beste wähle von dem höchsten Rang

Im ganzen Land; denn, wie wir alle meinen,
Kann Gott und Dich dies nur zu ehren scheinen.

Nimm diese Furcht von unserem Gemüte!
Um Gottes willen, bleib' nicht unvermählt.
Denn wären – was in Gnaden Gott verhüte! –
Die Tage Deines Lebens bald gezählt,
So folgt ein Fremder, wenn der Erbe fehlt.
Und weh' dem Volke, wenn dies je geschähe!
140 Drum laß Dich bitten, schreite rasch zur Ehe!«

Ihr tiefbewegtes Flehn, ihr bittend Dringen
Der edle Markgraf mitleidsvoll vernahm.
»Ihr wollt«, so sprach er, »liebes Volk, mich zwingen
Zu dem, was nimmer in den Sinn mir kam.
Noch bin ich nicht der holden Freiheit gram,
Die selten ist im Ehestand zu finden;
Stets war ich frei – und nun wollt Ihr mich binden!

Doch muß ich Euren treuen Ratschlag bill'gen,
Denn Eurer Klugheit hab' ich stets vertraut.
150 Ich will aus freien Stücken darein will'gen,
So rasch ich kann, erwähl' ich eine Braut!
Doch von dem Vorschlag bin ich nicht erbaut,
Die Auswahl ganz in Eure Hand zu geben;
Der Sorge, bitt' ich, laßt mich Euch entheben.

Denn das weiß Gott, höchst ungleich sind an Güte
Die Kinder oft dem würd'gen Elternpaar.
Wert kommt von Gott und stammt nicht vom Geblüte,
Das uns erzeugte oder uns gebar.
Auf Gottes Huld vertrau' ich! Ihm, führwahr,

160 Geb' ich anheim in Anbetracht der Ehe
Rang, Stand und alles. – Was Er will, geschehe!

Gestattet, daß mein Weib ich selber wähle!
Wie sehr die Last den Rücken auch beschwert,
Ich trage sie. – Doch bitt' ich und befehle
Bei Eurem Leben, daß mein Weib Ihr ehrt,
Wer sie auch sei, solang ihr Dasein währt,
In Wort und Tat – und dies versprecht auf Ehre! –
Als ob sie Tochter eines Kaisers wäre.

Und ferner sollt Ihr schwören, nie zu klagen
170 Und nie zu spötteln über meine Wahl;
Denn soll ich meiner Freiheit mich entschlagen,
Wie Euer Rat so dringend mir empfahl,
Will ich auch wählen aus der Weiber Zahl
– Bei meinem Heil! – nach eignem Wunsch und Neigen!
Sonst tut Ihr besser, davon stillzuschweigen.«

Und schwörend stimmten sie in allen Dingen
Ihm herzlich bei, und niemand sagte nein,
Und baten, zu bestimmen, eh' sie gingen,
Sobald als tunlich und von vornherein
180 Den Tag, an welchem Hochzeit solle sein;
Da sich das Volk mit steter Sorge quälte,
Daß sich der Markgraf ungern nur vermählte.

Den Tag bestimmend, wie's ihm einfiel eben,
Als der Vermählung äußersten Termin,
Sprach er, daß ihrem Wunsche nachgegeben
Auch hierin sei. – Und alle priesen ihn,
Und ehrfurchtsvoll bedankte auf den Knien

Sich jedermann. Erfüllt war ihre Bitte,
Und alle lenkten heimwärts ihre Schritte.

190   Den Hofbeamten hieß dann unverweilt er,
Zum Hochzeitsfest zu rüsten sich sofort,
Und nach Gefallen rings Befehl erteilt' er
Bald hier den Rittern, bald den Pagen dort;
Und allesamt gehorchten ihm aufs Wort,
Und dienstbeflissen taten sie ihr Bestes,
Um beizutragen zu dem Glanz des Festes.

Pars Secunda

Nicht weit vom stolzen Schlosse, wo zum Tage
Der Hochzeit sich zu rüsten hieß der Graf,
Gewahrte man in reizend schöner Lage
200   Ein Dorf, und in den niedern Hütten traf
Ein Volk man an, das ärmlich, aber brav
Sich und den Viehstand von den Früchten nährte,
Die seinem Fleiß des Bodens Gunst gewährte.

An Armut aber übertraf fast alle
Ein Mann im Dorf, Janikola genannt;
Doch wie einst jenem kleinen Ochsenstalle
Des höchsten Gottes Gnade zugewandt,
Man in der Hütte dieses Mannes fand
Das schönste Bild der reinsten Lieblichkeit,
210   Ein holdes Kind. – Griseldis hieß die Maid.

Die Sonne sandte nie vom Himmelsbogen
Auf solchen keuschen Liebreiz ihren Schein.
In größter Armut war sie auferzogen,

Von üpp'ger Lust blieb ihre Seele rein;
Der Trunk der Quelle labte sie statt Wein.
Der Tugend hold und gram dem Müßiggang,
Ward keine Arbeit ihr zu schwer und lang.

Kaum übertretend ihrer Kindheit Schranken,
Erfüllten schon den jungfräulichen Sinn
220 Ein reifer Mut und ernste Pflichtgedanken,
Und als des alten Vaters Pflegerin
Gab sie sich liebend voller Ehrfurcht hin;
Und ging im Felde hüten ihr' paar Schafe,
Und wollte rastlos wirken bis zum Schlafe.

Auch Wurzeln oder andre Kräuter brachte
Sie manchmal heim, zerschnitt sie und begann,
Daraus ihr Mahl zu kochen, und sie machte
Ihr dürftiges und hartes Lager dann.
Und auf den Unterhalt des Vaters sann
230 Sie so besorgt und mit dem freud'gen Wollen,
Das ihren Vätern brave Kinder zollen.

Griseldis aber, diesem armen Kinde,
War längst des Markgrafs Sinnen zugewandt;
Denn oft geschah's, daß, jagend durch die Gründe,
Durch Zufall sie sein spähend Auge fand.
Indessen nicht zu wilder Lust entbrannt
Durch ihren Reiz, nein, nur mit ernster Regung
Blickt' er auf sie und zog oft in Erwägung:

Empfohlen sei dem Herzen sie durch Tugend;
240 Durch Weiblichkeit in Blick und Wort bewährt,
Sei sie vor allen in so zarter Jugend. –
Und wenn der Mensch der Einsicht oft entbehrt,

Was Tugend ist; er sah auf ihren Wert,
Und er beschloß, wenn er je freien solle,
Daß er nur sie und keine andre wolle.

Der Tag der Hochzeit kam. Indessen wußte
Noch niemand, welches Weib er sich erkor;
Und da dies jeden wundernehmen mußte,
So flüsterte man leise sich ins Ohr:
250 »Bleibt unser Herr denn immerdar ein Tor?
Will er nicht frei'n? O Jammer, welch Verschieben!
Will er uns narr'n? Hat er nur Spott getrieben?«

Doch längst gefaßt war schon zum Brautgeschmeide
Der Gemmen Pracht in Gold und in Azur.
Das Maß zu nehmen von dem Hochzeitskleide
Ward eine Magd gewählt, die an Statur
Griseldis glich, soweit als möglich nur;
Und von dem Markgraf vorgesorgt aufs beste
War jeder Schmuck, entsprechend solchem Feste.

260 Schon nahte mit des Tages neunter Stunde
Sich die zur Hochzeit festgesetzte Zeit,
Des Schlosses Räume standen in der Runde
Schon zum Empfange reichgeschmückt bereit.
In Küch' und Keller welche Herrlichkeit!
Da wirst Du keinen einz'gen Leckerbissen,
Den nur Italien liefern kann, vermissen!

Gefolgt von seinem Hofstaat und den Scharen
Der Edelfrau'n und Ritter, die durch ihn
Zum Fest der Hochzeit eingeladen waren,
270 Der Markgraf dann im Fürstenschmuck erschien,
Um unter Klang und Sang von Melodien

Sich gradewegs zum Dorfe, das soeben
Von mir erwähnt ist, festlich zu begeben.

Bei Gott! Griseldis mochte wenig träumen,
Daß ihr bestimmt sei soviel Glanz und Pracht.
Zum Brunnen gehend, schöpft sie ohne Säumen
Dort Wasser und kehrt heimwärts mit der Tracht.
Denn wie sie hörte, war der Graf bedacht,
Sich an dem heut'gen Tage zu vermählen;
280 Und ungern möchte sie den Zug verfehlen.

Sie dachte: Mit den andren Mädchen stell' ich
Mich vor die Tür von unsrer Hütte hin.
Drum will ich eilen, damit rasch und schnell ich
Mit meiner Arbeit heute fertig bin,
Und mich des Anblicks unsrer Markgräfin
Erfreuen kann in Muße und in Ruh',
Lenkt sich der Festzug dem Palaste zu.

Doch kaum erreichte sie die Flur der Hütte,
Als schon der Markgraf nahte und sie rief;
290 Worauf sie – hastig ihre Wasserbütte
Im Viehstall bergend – ihm entgegenlief;
Und vor ihm beugte sie die Kniee tief,
Und ernsten Blicks verharrte sie dann stille,
Bis sie erfahren, was des Herren Wille.

Und an das Mädchen wandte seine Frage
Gedankenvoll der Markgraf mit dem Wort:
»Wo mag dein Vater sein, Griseldis? Sage!«
Und ehrfurchtsvoll gab Antwort sie sofort:
»Er weilt, o Herr, in nächster Nähe dort!«

300 Und ohne Zögern sprang sie dann empor
Und führt' dem Grafen ihren Vater vor.

Der Graf ergriff die Hand des armen Mannes,
Zog ihn beiseite und sprach tiefbewegt:
»Janikola! Nicht länger mag und kann es
Ich Dir verhehlen, was mein Herz erregt;
Und sagst Du ›ja‹ zum Wunsche, den es hegt,
Nehm' ich Dein Kind – was immer auch geschehe –
Bevor ich scheide, lebenslang zur Ehe!

Ich kenne Dich als treuen Hausvasallen
310 Und weiß, Du liebst mich; und was mir gefällt
– Das darf ich sagen – ist auch Dein Gefallen;
Drum auf die Frage, welche Dir gestellt,
Erwidre mir und sprich, wie sich's verhält,
Gib Deine Absicht offen zu erkennen:
Bist du geneigt, mich Schwiegersohn zu nennen?«

Kaum wußte sich der arme Mann zu sammeln;
So unerwartet brach's auf ihn herein.
Beschämt, errötend, zitternd konnte stammeln
Er nur die Worte: »Lieber Herre, mein,
320 Was Euch gefällt, soll mein Gefallen sein!
Herr, Euren Willen ich zu meinem mache;
Wie's Euch beliebt, entscheidet in der Sache!«

Sanft sprach der Markgraf: »Weitern Rat zu Pflegen,
Laßt uns zusammen in Dein Zimmer gehn,
Du, sie und ich. – Und fragst Du mich, weswegen?
Nun wohl! In Deinem Beisein soll's geschehn,
Vor Deinem Ohr soll sie mir Rede stehn,

Auf meine Frage: ob sie ewig mein
Treu und gehorsam Eheweib will sein?«

330 Und als im Zimmer sie beisammen waren
Um – wie dies später näher dargelegt –
Die Sache zu besprechen, drang in Scharen
Das Volk ins Haus; und Staunen rings erregt,
Wie sorgsam sie den teuren Vater pflegt.
Doch höchst verwundert stand Griseldis da,
Die nie zuvor ein solches Schauspiel sah.

Kein Wunder war's, daß sich ihr Staunen regte,
Und daß beim Anblick von solch hohem Gast,
Wie sie im Hause nie zu sehen pflegte,
340 Ihr Angesicht so ganz und gar erblaßt.
Doch um die Sache kurz zu machen, laßt
Mich melden, was vom Grafen ward gesagt
Der guten, holden, vielgetreuen Magd.

»Griseldis!«, sprach er, »wisse und verstehe,
Daß Deinem Vater so wie mir es paßt,
Daß Du mein Weib wirst, ist zu dieser Ehe,
Wie ich vermute, Dein Entschluß gefaßt.
Doch da die Werbung Eile hat und Hast,
So bitt' ich Dich, daß Du mir Antwort schenkest,
350 Ob Du mir beistimmst oder anders denkest?

Ich frage Dich: Bist Du mit Herz und Willen
Bei Tag und Nacht zu meiner Lust bereit?
Willst Du Dich fügen jeder meiner Grillen,
Ob sie Dir Freude machen oder Leid?
Entsagst Du jedem Widerspruch und Streit?

Willst Du in Wort und Mienen niemals schmälen?
So schwör's, und ich beschwöre, Dich zu wählen.«

Verwundert sprach mit Zittern und mit Beben
Griseldis: »Herr! Unwürdig und nicht wert
360 Bin ich der Ehre, wenn ich auch ergeben
Das tun will, was Ihr von mir begehrt.
Ich schwör' es hier: Gehorsam, treu bewährt
Sollt Ihr mich finden stets in Tat und Sinn,
Sonst nehmt mein Leben, das so lieb mir, hin!«

»Das ist genug, Griseldis mein!« Die Worte
Sprach froh der Markgraf und, gefolgt von ihr,
Enteilte rasch er aus des Hauses Pforte
Und sprach zum Volk in folgender Manier:
»Seht, die von mir erwählte Braut steht hier!
370 Habt Ihr mich lieb, so tragt sie auf den Händen,
Verehrt und liebt sie – damit laßt mich enden!«

An alten Kleidern sollte sie beim Scheiden
Nichts mit sich nehmen, und so übertrug
Den Kammerfrau'n der Graf, sie zu entkleiden;
Und waren sie auch zimperlich genug,
Das zu berühren, was am Leib' sie trug,
Sah man die Maid mit freuderoten Wangen
Doch neugeschmückt vom Kopf zu Fuße prangen.

Das rauhe Haar begannen sie zu strählen,
380 Mit zarten Fingern ward aufs Haupt gedrückt
Ihr eine Krone, während mit Juwelen
Von jeder Art und Größe man sie schmückt.
Genug vom Anzug! – Jeder ist entzückt

Von ihrer Schönheit, obschon Glanz und Pracht
Sie für die Leute fast unkenntlich macht.

Ein Ringlein gab der Markgraf ihr zu eigen
Zum Zeichen, daß sein Eheweib sie sei,
Ein schneeweiß Rößlein hieß er sie besteigen,
Und hin zum Schloß, vom Volk mit Jubelschrei
390 Begrüßt, begleitet, zogen rasch die zwei,
Und froh verbrachten sie den Tag mit Festen,
Bis daß die Sonne niedersank im Westen.

Um in die Länge nicht den Stoff zu ziehen,
Sei kurz erwähnt, daß Gottes Gnadenhand
Der Markgräfin so reiche Gunst verliehen,
Daß jedermann es schier unglaublich fand,
Sie sei geboren in so niedrem Stand,
In einer Hütte, einem Ochsenstalle,
Anstatt entsprossen einer Kaiserhalle.

400 In Ehrfurcht aber und in Liebe wandte
Sich jedes Herz stets wärmer zu ihr hin.
Das Volk im Dorf, das sie zeitlebens kannte,
Beharrte steif und fest auf seinem Sinn
Und wollte schwören, daß von Anbeginn
Sie nie das Kind Janikolas gewesen,
Vielmehr ein andres, ganz verschiednes Wesen.

Wie sie die Tugend stets zuvor bewahrte,
Schien sie an Güte und Vortrefflichkeit
Mit ihrem Stand zu wachsen, und sie paarte
410 Die Kunst der Rede mit Verschwiegenheit,
Anstand und Würde mit Leutseligkeit;

Und jedes Herz sie so zu fesseln wußte,
Daß, wer sie sah, auch liebgewinnen mußte.

Indessen blieb nicht auf Saluzzos Wälle
Ihr guter Namensruf allein beschränkt;
Nein, das Gerücht davon ward in der Schnelle
– Da einer immer wie der andre denkt –
Durch alle Lande so umhergesprengt,
Daß Herr'n und Frau'n, die jungen wie die alten,
420 Um sie zu sehen, nach Saluzzo wallten.

Und Walther, der in Niedrigkeit zwar freite,
Doch königlich und überglücklich, fand
Den Frieden Gottes an der Gattin Seite
Und anderweitig Huld und Gunst im Land;
Und da er sah, daß unter niederm Stand
Auch Tugend wohne, ließ für weise gelten
Ihn rings das Volk – und das geschieht höchst selten.

Griseldis aber war nicht nur erfahren
In jeder Weibespflicht der Häuslichkeit;
430 Nein, wo es not tat, wußte sie zu wahren
Des Reiches Nutzen, schlichtend jederzeit
Im ganzen Lande Zwiespalt, Zank und Streit.
Und was in ihrer Weisheit sie entschieden,
Damit gab sich auch jedes Herz zufrieden.

Und war zugegen oder nicht ihr Gatte,
Erzürnten sich zwei Herr'n in ihrem Land,
Vermittelte sie deren Streit und hatte
Verständ'ge, reife Worte gleich zur Hand,
Und unparteiisch man den Schiedsspruch fand.

440 Ein jeder hielt sie für ein himmlisch Wesen,
Dem Recht zum Schutz, dem Volk zum Heil erlesen!

Nicht lang nachdem die Hochzeit war begangen,
Gebar Griseldis ihm ein Töchterlein
Trotz ihrem Wunsch, ein Söhnchen zu empfangen;
Froh war der Markgraf sowie allgemein
Sein ganzes Volk. Dem Mädchen hinterdrein
Ließ, da ihr Schoß so fruchtbar schien und offen,
Sich auch mit Recht ein Knabe noch erhoffen.

Pars Tertia

Und als sie kurze Zeit an ihren Brüsten
450 Das Kind gesäugt, geschah – was oft geschehn –
Daß ihr Gemahl, der Markgraf, von Gelüsten,
Sie zu versuchen, sich erfaßt gesehn.
Zu schwach, dem tollen Wunsch zu widerstehn,
Sann er auf Mittel, wie zu diesem Zwecke,
Griseldis er – Gott weiß, umsonst! – erschrecke.

Durch manche Probe war von ihrer Treue
Ihm längst zuvor schon der Beweis geschenkt.
Was nützt es ihm, daß er sie stets aufs neue
Versuchen will? – Ach! Wenn auch mancher denkt,
460 Es sei höchst geistreich, daß sein Weib man kränkt,
So sag' ich Euch, ein schmähliches Betragen
Ist, ohne Nutzen es in Furcht zu jagen.

In solcher Absicht war zur Nacht erschienen
Der Markgraf einst in ihrem Schlafgemach,
Wo er mit düstren und verstörten Mienen
In dieser Weise zu Griseldis sprach:

»An jenen Tag, an dem aus Not und Schmach
Ich Dich einst zog, Dir Glanz und Rang zu schenken
Wirst Du, Griseldis, sicherlich noch denken.

470 Griseldis, daß ich Dich mit Ehren schmückte
Und zu dem Rang und zu der Würdigkeit,
Die jetzt Dich ziert, aus niederm Stand entrückte
Und tiefer Armut, als ich Dich gefreit,
Vergißt Du, denk' ich, wohl zu keiner Zeit.
Doch bitt' ich aufmerksam mich anzuhören;
Wir sind allein; kein Lauscher kann uns stören.

Du weißt es selber, wie Du eingezogen
In dieses Haus bist – kurze Zeit ist's her.
Zwar lieb ich Dich und bin Dir treu gewogen,
480 Doch meine Ritter sind Dir's nimmermehr,
Und sagen jetzt, es kränke sie zu sehr,
Daß ich ergäbe mich so ganz zum Knechte
Dir, die entstammt so niederem Geschlechte.

Und da Du mir ein Töchterlein beschieden,
So liegen sie beständig mir im Ohr.
Ich lebte gern in Ruhe und in Frieden
Mit meinem Adel ferner, wie zuvor.
Dies leichtzunehmen, bin ich nicht der Tor;
Und muß daher mit Deiner Tochter schalten
490 Nach meiner Ritter, nicht nach meinem Walten.

Jedoch, weiß Gott, zuwider und verdrießlich
Bleibt mir der ganze Handel immerhin;
Und darin vorgehn will ich nicht, bis schließlich
Ich Deiner Zustimmung versichert bin.
Darum betätige geduldigen Sinn,

Wie Du mir hoch und teuer hast geschworen,
Als ich im Dorf zum Weibe Dich erkoren.«

Sie hörte jedes Wort. Doch im Benehmen,
In ihrer Haltung und Gebärde stand
500   Sie ruhig da und schien sich kaum zu grämen.
»Mein Herr«, sprach sie, »wir sind in Deiner Hand.
Sei Tod, sei Leben über uns erkannt,
Ich und mein Kind sind Dir von ganzer Seele
Gehorsam stets und, was Du willst, befehle.

So wahr ich hoffe, selig einst zu werden,
Was Dir nicht lieb ist, das mißfällt auch mir.
Ich wünsche nichts, hab' ich nur Dich auf Erden,
Ich fürchte nichts, als den Verlust von Dir!
Das ist mein Herzenswille für und für,
510   Den unverändert ich durch Zeit und Lage
Bewahren werde bis zum Todestage.«

Wie immerhin der Markgraf sich verstellte,
Ihn freute dennoch, was Griseldis sprach.
Dem Anschein nach voll Mißmut und voll Kälte
Verließ indessen er ihr Schlafgemach,
Um seine Pläne kurze Zeit hernach
Ganz heimlich einem Manne mitzuteilen,
Dem er befahl, zu seiner Frau zu eilen.

Ein' Art Profoß war der vertraute Diener,
520   Den er stets treu in großen Dingen fand,
Und auch, um Böses auszuführen, schien er,
Wie Leute solchen Schlages, ganz zur Hand;
Und da in ihm sich Lieb' mit Furcht verband

Für seinen Herrn, stahl er, als dessen Wille
Bekannt ihm war, in ihr Gemach sich stille.

»Madam«, sprach er, »laßt mir es nicht entgelten,
Wenn ich vollführe, wozu man mich zwingt.
Ihr seid so klug und wißt, daß Herren schelten,
Wenn ihren Auftrag man nicht unbedingt
530 Gehorsam ausführt und genau vollbringt.
Man muß es tun, trotz Jammer und trotz Klagen;
Und so will ich! – Mehr bleibt mir nicht zu sagen.

Dies Kind zu holen, ist mir aufgegeben.«
Mehr sprach er nicht. Jedoch, zur Tür gewandt,
Ergriff er es, als wenn er ihm das Leben
Entreißen wollte mit entmenschter Hand.
Still ließ Griseldis ohne Widerstand.
Fromm wie ein Lamm, mit unterdrückten Zähren
Den rohen Schergen klagelos gewähren.

540 Verdächtig war des Mannes Ruf und Wandel,
Verdächtig gleichfalls war sein Blick und Wort,
Verdächtig war der Zeitpunkt von dem Handel!
Ach! Zu der heißgeliebten Tochter Mord
– So wähnte sie – sei er bereit sofort.
Doch ruhig blieb sie, keine Träne floß,
Und willig trug sie, was der Graf beschloß.

Indessen Worte fand sie doch am Ende,
Und fleht so sanft, als ob ein Edelmann
In der Person des Schergen vor ihr stände,
550 Daß sie ihr Kind noch einmal küssen kann
Vor seinem Tod; und nimmt betrübt es dann

Auf ihren Schoß und lullt es auf und nieder
Und segnet es und küßt es immer wieder.

Mit milder Stimme hob sie an zu sagen:
»Leb' wohl, mein Kind, auf Nimmerwiedersehn!
Nun, da mein Kreuz ich über Dich geschlagen,
Kann Dir des Himmels Segen nicht entgehn.
Ich will zum Herrn am Marterholze flehn
Für Dich, mein Kind! Denn Deiner Mutter wegen
560 Gehst Du dem Tode diese Nacht entgegen!«

Wohl hätte jede Wärterin mit Schmerzen
Dies angesehn, und, sicher, Wehgeschrei
Hätt' es entlockt jedwedem Mutterherzen.
Und dennoch blieb sie ernst gefaßt dabei,
Geduldig tragend alle Quälerei;
Und sprach zum Schergen mit ergeb'nem Sinn:
»Nimm hier mein kleines Mädchen wieder hin!

Nun geh'!«, sprach sie, »und tu', was Dir geboten!
Doch eine Bitte sei Dir noch gestellt:
570 Ist Dir's erlaubt, so grab' der kleinen Tobten
Ein Grab an irgendeinem Platz der Welt,
Damit zum Raub sie nicht den Vögeln fällt.«
Doch aus des Schergen Munde kam kein Wort;
Er nahm das Kind und zog des Weges fort.

Der Scherge lief zum Grafen ohne Weilen,
Um, was sie sprach, wie ihr Benehmen war,
Ihm Punkt für Punkt in Kürze mitzuteilen,
Und reichte dann sein Töchterlein ihm dar.
Etwas ergriff des Grafen Herz es zwar,

580 Doch wollt' er trotzdem sich beharrlich zeigen;
Denn stets ist Starrsinn großen Herren eigen.

Den Schergen hieß das Kind in weiche Decken
Er heimlich hüllen und es wohlverwahrt
In einen Kasten oder Korb zu stecken
Und fortzutragen schonungsvoll und zart;
Doch sich zu hüten – auf daß ihm erspart
Der Galgen sei – daß niemand Argwohn finge,
Woher er käme und wohin er ginge.

Doch nach Bologna hin zu seiner Schwester,
590 Der Gräfin von Panago, schickt' er ihn,
Um sie zu bitten, dieses Kind in bester
Und liebevollster Weise zu erziehn;
Und, da für seinen Plan es nötig schien,
In jedem Falle strenge zu verschweigen
Vor aller Welt, wem dieses Kind zu eigen.

Der Scherge ging, den Auftrag auszuführen;
Doch kehren wir zum Grafen jetzt zurück.
Stets trieb ihn Neugier, weiter nachzuspüren,
Ob nicht sein Weib in Worten oder Blick
600 Verändert scheine durch ihr Mißgeschick.
Doch keinen Wechsel nahm er an ihr wahr,
Ernst, aber freundlich blieb sie immerdar.

Sie schien ihn unverändert noch zu lieben;
Demütig, freundlich, tätig, dienstbereit,
In jeder Hinsicht war sie gleich geblieben;
Doch von dem Kind sprach sie zu keiner Zeit,
Und nie verriet sie irgendwie ihr Leid;

Und selbst in frohen Stunden wie im Grame
Blieb unerwähnt stets ihrer Tochter Name.

Pars Quarta

610 Vier Jahre waren dergestalt verflossen,
Eh' sie vom Grafen wieder schwanger war
Und ihm durch Gottes Fügung einen Sprossen,
Den anmutreichsten, schönsten Sohn gebar.
Und mit dem Vater jubelte die Schar
Des ganzen Volks und pries für seine Güte
Den lieben Gott aus dankbarem Gemüte.

Als nach zwei Jahren von der Amme Brüsten
Das Kind entwöhnt war, ließ zu jener Zeit
Der Markgraf sich zum zweiten Mal gelüsten,
620 Zu prüfen und versuchen fernerweit
– Oh, nutzlos Tun! – der Gattin Festigkeit.
Doch maßzuhalten leicht der Mann vergißt,
Sobald sein Weib allzu geduldig ist.

»Weib!«, sprach der Graf, »Du wirst vernommen haben,
Man hat mir unsre Heirat stets verdacht;
Doch ist mein Volk seit der Geburt des Knaben,
Wie nie zuvor darüber aufgebracht.
Den Mut sein Murren mir verlieren macht;
Zu Ohren kommen mir so scharfe Klagen,
630 Daß mir ins Herz sie Todesschrecken jagen.

Sie sprechen: Ruht einst Walther in der Grube,
So folgt, da uns ein andrer Erbe fehlt,
Aus dem Geblüt Janikolas der Bube.
Fürwahr! Das ist's, was murrend man erzählt

In meinem Volk und was mit Furcht mich quält.
Doch sicher muß Gewicht ich darauf legen,
Obschon sie schweigen, bin ich selbst zugegen.

Wo möglich, wünsch' ich Frieden zu bewahren;
Und fest hab' ich mir deshalb vorgesetzt,
640 Wie ich mit seiner Schwester bin verfahren,
Ganz so verfahr' ich heimlich mit ihm jetzt.
Drum sei gewarnt, wie schwer es Dich verletzt,
Nicht plötzlich leidenschaftlich aufzuflammen,
Nein, bitte, nimm Dich in Geduld zusammen.«

»Ich sagte«, sprach sie, »und ich werde sagen
Es immerdar: Dein Wunsch ist mein Gebot!
Wenn Du befiehlst, werd' ich geduldig tragen
Den Tod des Sohnes, wie der Tochter Tod.
Ich litt um sie schon Schmerz in Kindesnot,
650 Als ihnen Dasein dieser Schoß gegeben,
Und Schmerz um sie blieb auch mein Los im Leben.

Du bist mein Herr, und mit den Deinen schalten
Kannst Du nach Willkür! Laß mich ungefragt!
Wie ich von meiner Kleidung nichts behalten,
Als ich Dich nahm, hab' mit der Tracht der Magd
Ich meiner Freiheit auch zugleich entsagt,
Und nahm Dein Kleid, drum tu', was Du beschlossen,
Gehorsam folg' ich Dir stets unverdrossen.

Wo je zuvor nur die geringste Ahnung
660 Ich hegen konnte, was Dein Herz begehrt,
Bedurft' ich auch gewißlich keiner Mahnung;
Und jetzt, nachdem Dein Wille mir erklärt,
Wirst Du mich standhaft finden und bewährt

Bis an den Tod. Mir sei zu Deinem Frommen
Und Deinem Wohl er jederzeit willkommen!

Mehr gilt mir Deine Liebe als mein Leben!«
Die Worte sprach sie. – Und der Markgraf schlug
Die Augen nieder, staunend, wie ergeben
Und fest und standhaft sich sein Weib betrug,
670 War auch die Prüfung schmerzensvoll genug.
Mit finstren Blicken, doch erfreuten Sinnen
Ging dann der Markgraf wiederum von hinnen.

Und wieder trat der garst'ge Mann ins Zimmer
Und wiederum ergriff er, wie er schon
Einst ihre Tochter holte, ja, noch schlimmer,
Wenn's möglich wäre, ihren schönen Sohn.
Geduldig trug sie fort und fort den Hohn;
Sie klagte nicht, sie setzte nichts entgegen;
Nein, gab dem Knaben Abschiedskuß und Segen.

Sie bat ihn nur, wenn es sein Amt erlaube,
680 Für ihres Söhnchens feinen, zarten Leib
Ein Grab zu graben, daß er vor dem Raube
Der Vögel und der Tiere sicher bleib'.
Doch keine Antwort fand das arme Weib.
Fort ging er, scheinbar mit verstocktem Sinn,
Doch sorgsam trug er's nach Bologna hin.

Des Markgrafs Staunen wuchs mit jedem Tage,
Je mehr er sah, wie sie geduldig blieb;
Und ständ' es nicht so gänzlich außer Frage,
Ihr wären beide Kinder mehr als lieb,
690 So hätt' er wähnen können, daß ein Trieb

Nach Rache heimlich ihr am Herzen zehre,
Und Maske nur die Duldermiene wäre.

Er wußte ja, es hing ihr Herz beständig
Zunächst nach ihm allein den Kindern an.
Mich an die Weiber nunmehr fragend wend' ich:
Ob diese Probe nicht genügen kann?
Ist's möglich, daß ein unbeugsamer Mann
Noch mehr ersinnt, von ihr Geduld und Treue
Und Weiblichkeit zu prüfen stets aufs neue?

700 Doch solche Leute trifft man oft im Leben,
Die, wenn sie einen Vorsatz erst gefaßt,
Daran mit solchem Eigensinne kleben,
Als ob sie gleichsam fest an einen Mast
Gebunden wären. Und dies Gleichnis paßt
Auch auf den Grafen. Stets blieb er gesonnen,
Es fortzutreiben, wie er es begonnen.

Er lauerte, ob sie in Wort und Wesen
Sich nicht verändert zeige gegen ihn.
Doch wie in ihren Zügen nichts zu lesen,
710 Blieb ohne Wechsel auch ihr Herz und schien,
Je mehr und mehr der Jugend Jahre fliehn,
Womöglich noch mit größerem Verlangen
Nach seiner Liebe fest an ihm zu hangen.

Und somit schienen nur von einem Willen
Die zwei beseelt. Vergnügt und wohlgemut
Entsprach Griseldis jeder seiner Grillen;
Und so ging alles – Gott sei Dank! – auch gut.
Sie zeigte, daß ein Weib am Besten tut,

Dem Mann zu folgen und in allen Dingen
720 Den eignen Willen gänzlich zu bezwingen.

Doch wunderweit durch alle Lande drangen
Bald die Gerüchte seiner Grausamkeit.
Daß an den Kindern heimlich Mord begangen,
Weil er ein Weib aus niederm Stand gefreit,
Erzählte man im Volke weit und breit.
Kein Wunder war's, da niemand es erfahren,
Daß beide Kinder noch am Leben waren.

Stand er bei allen in der höchsten Achtung,
Eh' dies Gerücht dem Volk zu Ohren drang,
730 So fiel er jetzt in niedrige Verachtung;
Verhaßt vom Mörder war des Namens Klang.
Er aber trieb es weiter wie bislang,
Stets blieb bei ihm der böse Vorsatz oben:
Sein Weib noch mehr zu prüfen und erproben.

Als etwa in dem Alter von zwölf Jahren
Die Tochter stand, entsandte Botschaft er
Zum Hof nach Rom, in der Art zu verfahren,
Wie listig abgekartet war vorher,
Und wie ein Schreiben zu ersinnen wär',
740 Daß ihm der Papst gestatte, zum Gedeihn
Und Wohl des Volks ein andres Weib zu frei'n.

Das heißt, gefälscht, wie er befohlen hatte,
In einer Bulle ward des Papstes Hand,
Indem man schrieb, daß ihm der Papst gestatte,
Zu lösen seiner Ehe Bund und Band,
Damit geschlichtet zwischen seinem Land

Und ihm der Zwiespalt sei, der sich entzündet.
So sprach die Bulle – und so ward's verkündet.

Das rohe Volk – kein Wunder war es – dachte,
750 Es hätte durchaus seine Richtigkeit.
Mich aber dünkt, das schwerste Herzweh machte
Griseldis sicher diese Neuigkeit.
Indes sie trug die Widerwärtigkeit,
Zu welcher sie vom Schicksal war erlesen,
Mit immer gleichem und geduld'gem Wesen.

Sich jeder Laune fügend, blieb ihr Sinnen
Und ganzes Denken stets ihm zugewandt.
Doch den Bericht nicht länger auszuspinnen,
Erzähl' ich kurz, daß von des Grafen Hand
760 Ein Schreiben nach Bologna war entsandt,
In welchem alle Pläne, die er hegte,
Er im Vertrauen klar und offen legte.

Dem Grafen von Panago, seinem Schwager,
War dringend das Ersuchen übermacht,
Die Kinder wieder an des Hofes Lager
Ihm heimzusenden in der größten Pracht,
Ganz öffentlich, jedoch mit Vorbedacht,
An keinen Menschen und auf kein Befragen
Von ihrer Herkunft irgendwas zu sagen;

770 Doch auszusprengen, daß zur Braut erwählte
Der Markgraf von Saluzzo diese Maid. –
Und nachzukommen seinem Wunsch, verfehlte
Auch nicht der Graf. Denn zur bestimmten Zeit
Sah man ihn unter stattlichem Geleit

Mit ihr und ihrem Brüderchen daneben
Sich nach Saluzzo auf den Weg begeben.

Man schmückte sie mit Gemmen und Gesteinen
Wie eine Braut zum Hochzeitsfeste dann,
Und kleidete in gleicher Art den kleinen,
780 Nur sieben Jahre alten Bruder an;
Worauf der Festzug feierlich begann.
Im höchsten Glanze ritten froh und heiter
Von Tag zu Tag sie nach Saluzzo weiter.

Pars Quinta

Inzwischen blieb des Grafen böses Sinnen,
Sein Weib zu prüfen immer mehr und mehr.
Und um die Überzeugung zu gewinnen,
Ob sie sich standhaft zeige wie zeither,
Ersann die schwerste aller Proben er,
Und sprach zu ihr im öffentlichen Kreise
790 Des ganzen Hofs in dieser schnöden Weise:

»Gewiß, Griseldis, nimmer fühlt' ich Reue,
Daß ich dich hab' zu meinem Weib erwählt;
Denn Deine Güte, Folgsamkeit und Treue
Ersetzen, was an Blut und Reichtum fehlt.
Doch auch die Wahrheit blieb mir nicht verhehlt
– Und allzu tief hab' ich sie jetzt empfunden –,
Daß Herrschaft stets mit Knechtschaft ist verbunden.

Nicht wie ein Bauer darf ich tun und treiben,
Was mir gefällt. – Mein Volk verlangt und schreit
800 Und drängt, mich anderweitig zu beweiben;
Und um zu schlichten diesen Zank und Streit,

Ist auch der Papst gesonnen und bereit,
Es zu gestatten. – Und so laß Dir sagen:
Mein neues Weib kommt schon in wenig Tagen.

Sei starken Herzens! – Schleunigst mußt Du räumen
Ihr Deinen Platz. – Nimm Deinen Brautschatz mit!
Ich schenk' ihn Dir. – Doch lenke sonder Säumen
Zu Deines Vaters Hütte jetzt den Schritt.
Nicht jedermann ist seines Glückes Schmied;
810 Und trifft Dich Unglück ohne Dein Verschulden,
So lerne Du mit Gleichmut es erdulden.«

Sie aber sprach ergeben und gelassen:
»Mein Herr! Ich weiß und hab' es längst erkannt,
Dein hoher Rang kann nicht zusammenpassen
Mit meiner Armut, meinem niedern Stand;
Und mir wie jedem sagt es der Verstand:
Zur Zier gereichen kann ich Deinem Hofe
Nicht als Dein Weib; nein, kaum als Kammerzofe.

Doch Gott wird mir das Zeugnis nicht versagen
820 – Sonst fahre meine Seligkeit dahin! –,
Nie hab' ich mich als Herrscherin betragen,
Seitdem ich Dame Deines Hauses bin;
Nein, stets als Deiner Hoheit Dienerin;
Und so verbleib' ich auch fürs ganze Leben
Dir mehr als jeder Kreatur ergeben.

Daß Deine Güte Du so lang bewährtest,
Und daß Du weit, weit über die Gebühr
Stets in der adeligsten Art mich ehrtest,
Mit ganzem Herzen dank' ich Gott dafür.
830 Er lohne Dir's! – Mich aber laß zur Tür

Der Vaterhütte meine Schritte wenden;
Dort laß mich wohnen und mein Leben enden!

Ich lebte dort in meinen Jugendjahren.
Dort will ich auch als Witwe bis ans Grab
Dir Leib und Seele keusch und rein bewahren,
Und wie ich Dir zu eigen mich ergab
Und Dich als treues Weib geliebt, so hab'
Auch keine Furcht, daß ich nach solcher Ehre
Je einem andern meine Gunst gewähre.

840 Dein neues Weib! – Nun, Heil und Segen spende
Nur stets durch sie Dir Gottes Gnadenhand!
Gern räum' ich meinen Platz ihr ein und wende
Mich fort vom Haus, wo ich mich wohl befand,
Durch Dich, der einst mein alles war, verbannt!
Indes, Dein Wunsch und Wille soll geschehen:
Du heißt mich gehen – und ich werde gehen!

Du schenkst mir alles, was als Morgengabe
Ich Dir gebracht! – Doch Silber nicht, noch Gold,
Ein altes Kleid war alle meine Habe,
850 Und das ließ ich zurück, wie Du gewollt.
O lieber Gott, wie treu, wie gut, wie hold,
Wie freundlich warst Du mir in Wort und Mienen
An unserm ersten Hochzeitstag erschienen!

Ein Sprichwort sagt, und daß es wahr und treu ist,
Hat die Erfahrung auch an mir bewährt:
›Alt ist die Liebe nur, solang sie neu ist!‹
Doch bester Herr, was mir auch widerfährt,
Bis an den Tod bleibst Du mir lieb und wert!

Ich gab mein Herz auf ewig Dir zu eigen
860 Und keine Reue werd' ich je Dir zeigen.

Auf Dein Geheiß warf ich mein schlichtes Mieder,
Als ich mein Vaterhaus verließ, von mir;
Ich brachte nichts als meine nackten Glieder,
Mein Mädchentum und meine Treue Dir!
Zurück empfange Deine Kleider hier,
Zurück den huldvoll mir geschenkten Schimmer,
Zurück auch Deinen Ehering – für immer!

Was Du mir sonst an Schmuckwerk hast verliehen,
Das, darf ich sagen, birgt mein Schlafgemach.
870 Du nahmst mich nackend, und Du heißt mich ziehen
Auch nackend heim zum väterlichen Dach.
All Deinen Wünschen komm' ich willig nach.
Doch kann ich nicht an Deine Absicht glauben,
Mich jeder Hülle schamlos zu berauben.

Du kannst mich nicht so schonungslos verletzen,
Mich wie den Wurm im Staube nackt und bloß
Dem Gafferblick des Pöbels auszusetzen,
Zur Schau ihm stellend meinen Mutterschoß,
Aus welchem Dir Dein Kinderpaar entsproß.
880 Erinn're Dich, mein teurer Herr, ich bleib',
Wert oder unwert, immerhin Dein Weib!

Ich brachte Dir mein Mädchentum, doch kehre
Mit meinem Mädchentume nicht zurück;
Drum darf ich bitten, lieber Herr, gewähre
Mir zum Ersatz ein grobes Kleidungsstück,
Wie ich es trug, damit des Volkes Blick

Den Leib nicht sehe, der Dein eigen war;
Und damit Herr, leb' wohl auf immerdar!«

»Das Hemd«, sprach er, »das Du auf Deinem Rücken
890 Jetzt trägst, behalte; geh' damit nach Haus.«
Doch konnt' er kaum die Tränen unterdrücken,
Und schlich betrübten Herzens sich hinaus.
Doch vor dem Volke zog ihr Kleid sie aus,
Und nur im Hemde lenkte sie die Schritte,
Barfüßig, barhaupt zu des Vaters Hütte.

Und weinend zogen mit ihr Volkes Massen
Und fluchten laut dem unbeständ'gen Glück;
Doch sie verhielt sich schweigend und gelassen,
Und keine Tränen trübten ihren Blick.
900 Entsetzt vernahm der Vater ihr Geschick,
Verwünschend Tag und Stunde, die das Leben
Ihm armen, unglücksel'gen Mann gegeben.

Denn, ohne Zweifel, Ahnungen durchdrangen
Seit langer Zeit des armen Greises Brust,
Der Markgraf werde, wenn erst sein Verlangen
Gesättigt wäre und gestillt die Lust,
Sich nur zu rasch des Unterschieds bewußt
Von seinem Rang und ihrem niedern Stande,
Und baldigst lösen seiner Ehe Bande.

910 In Eile lief der Tochter er entgegen,
Als ihm der Lärm des Volks zu Ohren drang,
Ihr unter Tränen wieder anzulegen
Ihr altes Kleid, was nimmer ihm gelang.
Zu alt und fadenscheinig war schon lang

Der grobe Kram geworden seit den Tagen,
Als sie am Hochzeitsmorgen ihn getragen.

Hinfort blieb unter ihres Vaters Dache
Die Blume weiblicher Ergebenheit.
Und nie verriet durch Mienen oder Sprache
920 Sie vor der Welt noch in der Einsamkeit,
Was sie ertrug an Kränkung und an Leid.
Kaum schien sie die Erinn'rung zu bewahren
An ihren Rang in Haltung und Gebühren.

Kein Wunder war's, da sie im höchsten Schimmer
Des Herzens Demut keiner Zeit verlor;
Verzärtelt hatte Sinn und Leib sie nimmer,
Nie blähte sie der Hoheit Pomp empor.
Geduldig, freundlich blieb sie, wie zuvor;
Ehrbar, verschwiegen, ohne Überhebung
930 Gehorchte sie dem Gatten mit Ergebung.

Von Hiobs Langmut haben uns die Schreiber
Gar viel erzählt. Stets stellen sie voran
Die Männerwelt und haben für die Weiber
Nur wenig Lob. Und doch in Demut kann
Mit einer Frau sich messen nie der Mann;
Und keinen gibt es, der nur halb so treu ist;
Sonst liegt ein Fall vor, welcher gänzlich neu ist.

Pars Sexta

Es fand inzwischen das Gerücht Verbreitung
Und rings im ganzen Volke ward es laut
940 Es käme von Bologna in Begleitung

Des Grafen von Panago Walthers Braut;
Und nimmer wäre solcher Pomp erschaut
Im ganzen Westen von der Lombardei,
Wie bei dem Festzug zu erblicken sei.

Der Markgraf aber lenkte wie am Faden
Das ganze Spiel; und ließ, bevor sein Gast
Die Stadt erreichte, schon durch Boten laden
Das arme Kind, Griseldis, zum Palast.
Und ohne Haß und Groll kam sie, gefaßt,
950 Demütig, freundlich, um ihn zu begrüßen,
Und warf sich voller Ehrfurcht ihm zu Füßen.

»Griseldis!«, sprach er, »es ist mein Verlangen,
Die Dame, die ich mir zum Weib erwählt,
So königlich hier morgen zu empfangen,
Daß, soweit möglich, nichts im Hause fehlt,
Und jeder, der zu meinen Gästen zählt,
Nach seinem Rang gestellt und auf das beste
Gefeiert und bedient sei bei dem Feste.

Mir fehlt die Weiberhand, des Hauses Hallen
960 Nach meinem Wunsch zu schmücken, und so bin,
Dies herzurichten, ich auf Dich verfallen;
Denn Du bist unerfahren nicht darin,
Und kennst aus frühern Zeiten meinen Sinn.
Ist auch Dein Anzug schlecht und abgerissen,
Tu' Deine Pflicht und zeig' Dich dienstbeflissen.«

»Nicht nur erfreut, mein Herr«, so sprach sie, »bin ich,
Zu tun, was Ihr verlangt; nein, jederzeit
Euch zu gefallen und zu dienen sinn' ich,
Und bin dazu ganz wankellos bereit.

970 Denn wie im Glücke, so wird auch im Leid
In meinem Busen nie der Wunsch erkalten,
In treuster Liebe fest an Euch zu halten.«

Und mit dem Wort begann sie schon zu schmücken
Das Haus, macht Betten, deckt die Tafeln dann,
Und trieb, um alles bestens zu beschicken,
Zum Fegen und zum Scheuern, wie sie kann,
Die Dienerschaft in Gottes Namen an.
Doch sie war stets die tätigste von allen;
Und bald im Festschmuck prangten Haus und Hallen.

980 Am Morgen traf etwa zur neunten Stunde
Der Graf sodann mit beiden Kindern ein.
Zusammen lief das Volk bei dieser Kunde
Und nahm die Herrlichkeit in Augenschein.
Und gleich zuerst hieß es schon allgemein:
Kein Tor sei Walther, und war's auch nicht recht,
Sein Weib zu wechseln, sei der Tausch nicht schlecht.

Daß sie weit schöner als Griseldis wäre,
An Jahren jünger, vornehmer an Stand,
Und schöne Früchte sicher ihm gebäre,
990 Ward von dem Volke ringsum anerkannt.
Auch an dem hübschen, frischen Bruder fand
Es viel Gefallen, und gelobt ward offen,
Vortrefflich sei des Markgrafs Wahl getroffen.

O stürmisch Volk, in Dir wohnt keine Treue!
Mit jedem Wind, gleich einem Wetterhahn,
Dreht sich Dein steter Flattersinn aufs neue;
Mehr als der Mond dem Wechsel untertan,
Jubelst Du Beifall jedem frischen Wahn.

Falsch ist Dein Urteil, schwankend, niemals fest;
1000 Der ist ein Narr, wer sich auf Dich verläßt.

So sprachen in der Stadt gesetzte Leute,
Indessen gaffend rings der Pöbel stand.
Und mit veränd'rungssücht'gem Sinn sich freute
Der neuen Herrin über Stadt und Land.
Doch nun verlaß' ich diesen Gegenstand,
Damit ich von Griseldis' fester Seele
Und ems'gem Schaffen fernerhin erzähle.

In jeder Hinsicht tat sie dienstbeflissen,
1010 Das Fest zu ordnen, wacker ihre Pflicht.
War auch ihr Anzug grob und halb zerrissen,
Sie schämte sich der armen Kleidung nicht.
Nein, ging zum Tor mit freundlichem Gesicht,
Die Gräfin dort gemeinsam zu empfangen;
Und dann ward flugs ans Werk zurückgegangen.

Mit holder Anmut grüßte sie die Gäste,
Und hofgemäß und fehlerlos empfing
Nach Rang und Stand sie jeden auf das beste,
Und allen schien's ein wundersames Ding,
1020 Woher der Frau, von Anschein so gering,
Die höfischen, gewandten Formen kämen;
Und jeder pries als würdig ihr Benehmen.

Und alle Zeit hindurch sie nur zum Preise
Der jungen Maid und ihres Bruders sprach
Aus vollem Herzen und in güt'ger Weise;
Und keinem andern stand sie darin nach.
Doch als man schließlich zum Bankett aufbrach,

Da rief Griseldis, welche dort im Saal
Geschäftig wirkte, zu sich ihr Gemahl.

1030 Und er begann, als ob's sein Stichwort wäre:
»Griseldis, sprich, wie Dir mein Weib gefällt?«
»Sehr gut!«, gab sie zur Antwort, »ja, auf Ehre!
Ich sah kein schön'res Wesen auf der Welt.
Sei Glück und Segen stets Euch beigesellt;
Das gebe Gott! Und seine Huld und Gnade
Begleit' Euch stets auf Eurem Lebenspfade!

Doch diese Warnung will ich nicht verhehlen:
Ich bitte Dich, die zarte, junge Maid
Nicht so wie mich zu martern und zu quälen,
1040 Sie ist an Liebe nur und Zärtlichkeit
Allein gewöhnt, und kann daher im Leid
Nicht wie ein Weib aus niedern Lebenskreisen
So zähen Mut und festen Sinn beweisen.«

Und als sie so ergeben fand ihr Gatte
Und sah, daß ohne Groll noch immerdar,
Wie schwer und oft er sie beleidigt hatte,
Sie fest und stark wie eine Mauer war,
Und ihre Güte stets unwandelbar,
Da regte sich in seinem Herzen Reue,
1050 Daß er bezweifelt seines Weibes Treue.

»Dies ist genug, Griseldis mein!«, so rief er,
»Sei nicht mehr angst! Dir widerfährt kein Leid!
Von keinem Weibe ward erprobt je tiefer
Der feste Sinn und die Beständigkeit.
In Glanz und Armut hab' ich jederzeit,

O teures Weib, Dich fest bewährt gefunden!«
Und damit hielt sie küssend er umwunden.

Ob ihr die Worte zwar zu Ohren drangen,
Sie faßte kaum, daß alles sie betraf.
1060 Ihr war zumut', als führe sie aus bangen
Und schweren Träumen plötzlich aus dem Schlaf.
»Du bist mein Weib, Griseldis!«, rief der Graf,
»Und – soll mir Gott im Himmel gnädig sein! –
Nie war, noch wird ein andres jemals mein!

Die Dame, die Du für mein Weib gehalten,
Ist Deine Tochter, und der Knabe hier
Dein Sohn, und als mein Erbe soll er schalten.
Was einst Dein treuer Schoß gebar, sei Dir
Zurückgegeben wiederum von mir!
1070 Nur in Bologna hielt ich sie verborgen;
Du brauchst nicht mehr um ihren Tod zu sorgen.

Wer jemals anders dachte, soll erfahren:
An meinen Fingern haftet nicht das Blut
Von meinen Kindern. – Gott soll mich bewahren! –
Mich trieb nicht Lust an Grausamkeit, nicht Wut;
Nur zu erproben Deinen festen Mut,
Geschah's, daß ich sie heimlich von hier sandte,
Bis daß ich Dich von Herzensgrund erkannte.«

Sie hört es an und sinkt zu Boden nieder,
1080 Ohnmächtig, halb vor Freude, halb vor Schmerz;
Und weinend drückte wiederum und wieder
Sie beide Kinder an ihr Mutterherz,
Und schluchzte laut und blickte himmelwärts,

Benetzend unter heißen Freudenküssen
Der Kinder Haupt mit ihren Tränengüssen.

Oh, rührend war's, wie sie in sanftem Tone
Das Wort ergriff und schwankend niedersank:
»Grand merci, Herr! Daß Gott Dich dafür lohne!
Gerettet sind die Kinder! – Habe Dank!
1090 Nun ist mir nimmer vor dem Tode bang;
Da Du mich liebst, da Deine Gunst ich habe,
So sterb' ich gern und geh' getrost zum Grabe!

O zarte, teure Kinder! Tief im Grunde
Des Mutterherzens wähnt' ich lange Zeit,
Daß ihr der Fraß der Würmer und der Hunde
Geworden wärt. Des Vaters Gütigkeit
Erhielt Euch mir. – Gott sei gebenedeit!«
Und mit den Worten sank bewußtlos wieder,
Vom Glück bewältigt, sie zu Boden nieder.

1100 Doch in der Ohnmacht immer noch umschlang sie
Die beiden Kinder fest mit ihrer Hand,
Bis halb durch Güte man und halb durch Zwang sie
Den Mutterarmen wiederum entwand.
Oh, tränenleer im Kreise niemand stand.
Wie sehr den Schmerz er unterdrücken wollte,
Feucht ward sein Auge, und die Träne rollte.

Jedoch, durch Walther aufgeheitert, legte
Sich ihre Sorge, bis verwirrt sie dann
Empor sich wieder aus der Ohnmacht regte
1110 Und, froh gestimmt durch ihn und jedermann,
Auch das Bewußtsein bald zurückgewann.

Ein schöner Anblick war's, vereint aufs neue
Die zwei zu sehn in alter Lieb' und Treue.

In ihre Kammer führten sie die Damen,
Sobald der Zeitpunkt ihnen passend schien,
Wo sie die grobe Hülle von ihr nahmen,
Um ihr ein goldnes Prachtkleid anzuziehn.
Im Haupt die Krone, welcher Glanz verliehn
Die reichsten Steine, schritt sie dann zur Halle,
1120 Und nach Gebühr begrüßten sie dort alle.

So frohes Ende hat der Tag gefunden,
Der schlimm begann. Und allen Frau'n und Herr'n
Entschwanden unter Lust und Scherz die Stunden,
Bis hell am Himmel glänzte Stern an Stern;
Und zugestanden ward von jedem gern,
Weit glänzender sei dieses Festgelage,
Als das Bankett an ihrem Hochzeitstage.

Und beide lebten dann in Ruh' und Frieden
Und höchstem Glück noch manches liebe Jahr.
1130 Der Tochter ward der beste Mann beschieden,
Der in Italien nur zu finden war.
Und an dem Hofe ward für immerdar
Ihr alter Vater durch der Kinder Hände
Getreu gepflegt bis an sein Lebensende.

Und nach dem Tode Walthers trug die Krone
Sein Sohn, der, auf das Glücklichste vermählt,
In Ruh' und Frieden lebte, jedoch ohne
Daß er sein Weib versucht hat und gequält.
Denn unserm jetzigen Geschlechte fehlt

1140 Der Vorzeit Kraft. Zu leugnen ist dies nicht,
     Und darum hört, was mein Gewährsmann spricht:

     Nicht ist es die Moral von dieser Sage,
     Daß jedes Weib mit der Ergebenheit,
     Wie hier Griseldis, jede Schmach ertrage;
     Denn das zu tuen, ist Unmöglichkeit.
     Nein, daß wir allesamt in Not und Leid
     So fest und standhaft wie Griseldis blieben,
     Empfahl Petrark, der den Bericht geschrieben.

     Denn wenn ein schwaches Weib sich so geduldig
1150 Schon gegen einen Sterblichen beträgt,
     Oh, wieviel mehr sind wir alsdann wohl schuldig,
     Zu tragen, was uns Gott hat auferlegt,
     Der alles lenkt und alles wohl erwägt.
     Denn, wie im Briefe St. Jakobus spricht:
     Er prüft den Menschen, doch versucht ihn nicht.

     Und wenn er manchmal mit den scharfen Ruten
     Des Leidens und des Ungemachs uns straft,
     Geschieht's zu unsrer Prüfung, unserm Guten,
     Nicht zu erproben unsre Willenskraft.
1160 Gott hat zuvor von allem Wissenschaft.
     Er züchtigt nur aus Liebe, nur aus Huld.
     Darum ertrag' Dein Leiden in Geduld.

     Hört noch ein Wort, Ihr Herr'n, bevor ich ende:
     Erstaunlich wär' es, wenn man zwei bis drei
     Griselden jetzt in einer Stadt noch fände,
     Die willig trügen solche Quälerei.
     Gemischt dem Gold ist zu viel Kupfer bei.

Die Münze freilich hat viel Glanz und Schimmer,
Doch sie zerbricht, indes sie biegt sich nimmer.

1170 Jedoch dem Weib von Bath und mit ihr allen
Den andern Weibern schenke lebenslang
Gott die Regierung. Ihnen zu Gefallen
Sing' ich aus frohem, frischem Herzensdrang
Zum Schlusse, noch den lustigsten Gesang;
Drum schweigt mit mir von ernsten Sachen still!
Dies ist mein Lied! Mir höre zu, wer will.

Chaucers L'envoi
zur Erzählung des Gelehrten

Vers 1177–1212

Griseldis starb. Ins welsche Grab gefahren
Ist die Geduld mit ihr zur gleichen Zeit. –
Zu Euch, ihr Männer, sprech' ich jetzt in klaren
1180 Und schlichten Worten: Treibt es nicht zu weit!
Denn eine zweite findet Ihr wohl schwerlich
Gleich der Griseldis an Geduldigkeit.

Aus Demut stumm die Zunge zu bewahren,
O edle Weiber, das ist nicht gescheit;
Gebt zu Gedichten nie durch ein Gebahren
Wie einst Griseldis die Gelegenheit.
Denn Chichevache ist hungrig und begehrlich
Und frißt Euch auf, wenn Ihr geduldig seid!

Der Echo folgt, die – wie Ihr selbst erfahren –
1190 Sobald man ruft, schlagfertig wiederschreit.
Versteht es, Euch die Herrschaft zu bewahren,
Und hütet Euch vor blinder Folgsamkeit.
Hört meinen Ratschlag und befolgt ihn ehrlich;
Er kann Euch nützen bei Gelegenheit.

Erzstarke Frau'n, an Kraft gleich Dromedaren,
Erduldet von den Männern niemals Leid;
Ihr Schwachen aber, die Ihr Euch nicht wahren
Und wehren könnt im ehelichen Streit,
Macht's wie die Klappermühlen und gefährlich
1200 Wie je ein Tiger nur in Indien seid!

Statt Furcht und Demut stets zu offenbaren,
Schießt Eurem Gatten durch das Panzerkleid,
So daß sein Hals- und Bruststück sie durchfahren,
Die Pfeile zänkischer Beredsamkeit.
Denn wie die Wachtel duckt er, wenn beschwerlich
Ihr ihm durch eifersücht'ge Grillen seid!

Und bist Du schön, so laß die Welt erfahren,
Wie zugeschnitten sei Gesicht und Kleid,
Und bist Du häßlich, so sei im Gebaren
1210 Wie's Lindenblättchen voller Leichtigkeit,
Dann wird ein jeder Mann nach Dir begehrlich,
Wenn auch der Deine klagt und weint und schreit.

Die Erzählung
des Kaufmanns

Der Prolog des Kaufmanns

Vers 1–32

»Weinen und Klagen, Gram und andre Sorgen
Hab' ich genug, am Abend wie am Morgen«,
So sprach der Kaufmann. »Doch in gleichem Falle
Sind, wie mir scheint, wir Ehemänner alle;
Zum wenigsten mit mir ist's so bestellt.
Ich habe wohl das schlimmste Weib der Welt,
Das selbst den Teufel, hätt' er sie gefreit,
Zu zähmen wüßte – dafür bürgt mein Eid!
Was soll ich ihre Bosheit Euch genau
Beschreiben? Seht, ein Unhold ist die Frau!
Jawohl, der Unterschied ist lang und breit
Von meines Weibes großer Grausamkeit
Und der Geduld Griseldis'. Wär' ich ledig,
Man finge mich – sei mir der Herrgott gnädig! –
In dieser Schlinge nicht zum zweiten Mal.
Wir Ehemänner leben stets in Qual!
Versuch's, wer will; bald weiß er zur Genüge
– Beim heil'gen Thomas! – dies sei keine Lüge.

Denn für die meisten gilt's; doch Gott bewahre!
20 Ich sage nicht, daß jeder es erfahre.
        Ja, lieber Gastwirt, an zwei Monden fehlt
    – Pardi! – nur wenig, seit ich mich vermählt,
    Doch dünkt mich, wer im Leben nie ein Weib
    Gefreit hat, kann – durchbohrte man den Leib
    Auch bis ans Herz ihm – von so vielem Wehe
    Euch kaum erzählen, wie aus meiner Ehe
    Ich von der Bosheit meines Weibes kann.«
        »Nun«, sprach der Wirt, »Gott schütz' Dich,
                            Handelsmann!
    Ich bitte herzlich, da Du aus dem Grund
30 Die Sache kennst, gib etwas davon kund.«
        »Zu reden«, sprach er, »bin ich gern bereit;
    Doch nicht von mir. Mich drückt zu schwer mein Leid!«

Die Erzählung des Kaufmanns

Vers 33–1204

Es war vor Zeiten im Lombardenland
Ein würd'ger Mann von ritterlichem Stand,
Der in Pavia, seinem Heimatort,
Als wohlbehäb'ger Junggeselle dort
Seit sechzig Jahren lebte; doch noch immer
In Fleischeslust erpicht auf Frauenzimmer,
Gleich einem aberwitz'gen Weltkind, war.
40 Und als er überschritten sechzig Jahr,
    Trieb ihn – war's Narrheit oder Frömmigkeit?
    Ich kann's nicht sagen – noch zu jener Zeit
    Gewalt'ge Lust, sich schließlich zu vermählen.

Doch welches Weib am besten sei zu wählen,
Darüber sann er Tag und Nacht und flehte
Zum lieben Gott beständig im Gebete,
Auch ihm zu kosten von dem Glück zu geben,
Das vorbehalten dem vereinten Leben
Der Ehegatten sei im heil'gen Stand,
50   Zu welchem Gott einst Mann und Weib verband.
»Kein andres Los ist wert ein Hühnerbein!
Im Ehestand lebt man bequem und rein;
Zum Paradies wird uns die Welt fortan.«
So sprach der alte weise Rittersmann.
        Und in der Tat, so wahr, wie Gott allein
Die Welt regiert, gar herrlich ist's, zu frei'n
Für einen Mann, und wird er alt und grau,
So ist sein höchster Erdenschatz die Frau,
Ein junges, frisches Weib sollt' er erwerben,
60   Mit ihr zu zeugen einen Sohn und Erben,
Und mit ihr froh und wohlgemut zu sein,
Wenn Ach und Weh die Junggesellen schrein,
Falls Liebe, die so eitel ihnen dünkt
Und kindisch scheint, in Ungemach sie bringt.
Doch weise, wahrlich, ist es vorgesehn,
Daß led'ge Männer nicht der Pein entgehn.
Sie bau'n auf losem Grund und finden dann,
Daß man auf Sand nicht sicher bauen kann.
Sie leben wie die Tiere, wie die Vögel
70   In voller Freiheit, ohne jede Regel;
Doch wer ein Weib hat, führt im Gegenteil
Ein sittlich Leben voller Glück und Heil
In seiner Ehe segensvollen Jochen;
Wohl mag sein Herz vor Lust und Freude pochen!
Wer ist so schmuck, so wohlgefällig sonst,
So treu und sorgsam wie Dein Eh'gesponst?

Sie pflegt Dich in Gesundheit und in Leiden;
Sie will von Dir in Wohl und Weh' nicht scheiden,
Sie liebt Dich unermüdlich, dient Dir, steht
80 An Deinem Lager, wenn's zu Ende geht!
Zwar Schreiber sagen, dieses sei nicht wahr,
Und Theophrast gehört zu ihrer Schar;
Doch was treibt ihn zu lügen, daß er spricht:
»Des Haushalts wegen nimm ein Weib Dir nicht.
Denn willst in Deiner Wirtschaft Du ersparen,
Hält eine Magd, die treu ist und erfahren,
Weit mehr zusammen, als Dein Weib es tut,
Die stets die Hälfte will von Deinem Gut;
Und bist Du krank, pflegt Dich – auf Seligkeit! –
90 Ein wahrer Freund und treuer Knecht noch weit
Besorglicher als sie, die manchen Tag
Nach Deinem Gut schon auf der Lauer lag.«
So schreibt der Mann und tausendfältig schlimmer.
Nun, Gott verfluche sein Gebein auf immer!
Laßt Euch durch solche Phrasen nicht betören,
Und hört auf mich, statt Theophrast zu hören.

Ein Weib ist eine wahre Gottesgabe,
Denn jeder andre Hausrat, jede Habe,
Wie Renten, Möbel, Weiden, Triften, Land,
100 Sind alles Gaben aus Fortunas Hand,
Die wie der Schatten an der Wand vergehn.
Doch unbesorgt! Die Wahrheit zu gestehn:
Ein Weib bleibt Dir auf immer zugesellt
– Vielleicht selbst länger, als es Dir gefällt.

Es ist ein hohes Sakrament die Ehe;
Wer unbeweibt ist, führt in Leid und Wehe
– Ich spreche hier nur von dem Laienstand –
Ein hilflos Leben voller Schimpf und Schand'.
Doch horcht wohl auf! Ich sag' es nicht umsonst:

110 Gott gab das Weib dem Manne zum Gesponst.
    Denn als Er Adam schuf und darauf fand,
    Wie nackten Leibes er ganz einsam stand,
    Sprach Er in seiner Güte: »Nun, wohlan,
    Jetzt mach' ich die Gefährtin für den Mann
    Nach seinem Bild!« – und Eva kam zur Welt.
    Hieraus ersieht man, und hieraus erhellt:
    Des Mannes Trost und Beistand ist sein Weib,
    Sein Erdenparadies und Zeitvertreib;
    Sie ist so wacker und so gottergeben,
120 Daß Mann und Weib in Eintracht sicher leben.
    Ein Fleisch sind beide. – Und in Lust und Schmerz
    Hat, wie ich denke, auch ein Fleisch ein Herz!
        Ein Weib? – Gegrüßt sei, heilige Marie! –
    Hat man ein Weib, läßt sich nicht denken, wie
    Es möglich wäre, Trübsal zu erleiden.
    Die Seligkeit und Eintracht zwischen beiden
    Zu schildern schwerlich einer Zunge glückt.
    Sie hilft Dir schaffen, wenn Dich Armut drückt,
    Sie hütet, doch verschwendet nicht Dein Gut
130 Und stets gefällt ihr, was der Gatte tut.
    Mit »Nein« bedient des Mannes »Ja« sie nie.
    »Tu' dies!« spricht er. »Es ist getan!« spricht sie.
    O köstlich Eheleben, sel'ger Brauch!
    So tugendhaft und doch so lustig auch,
    So anempfohlen und so hochgestellt!
    Wer nur den kleinsten Strohhalm auf sich hält,
    Der sollte lebenslang auf bloßen Knien
    Gott danken, daß er ihm ein Weib verliehn,
    Oder Gott bitten, daß er eins ihm sende,
140 Das bei ihm bleibt, bis an sein Lebensende;
    Dann ist er sicher und lebt ungestört;
    Und wenn er stets auf ihren Ratschlag hört,

So wird er nicht betrogen, meiner Treu!
Sein Haupt erheben darf er ohne Scheu.
Sie sind so treu, so voller Vorbedacht;
Drum willst Du's machen, wie's der Weise macht,
So richte Dich stets nach dem Rat der Weiber!
    Sieh Jakob an! Besagen nicht die Schreiber,
Daß auf Rebekka, seiner Mutter, Rat er
150 Den Segen sich erschlich von seinem Vater,
Als er mit Ziegenfell umhüllt den Hals?
    Sieh Judith an! Die Schrift sagt ebenfalls:
Sie half dem Volk des Herrn; ihr Rat war klug,
Den Holofernes sie im Schlaf erschlug.
    Sieh Abigail, die durch guten Rat
Gerettet ihren Gatten Nabal hat,
Als man ihn töten wollte. – Esther sieh,
Die gleichfalls Gottes Volk befreit hat, die
Durch guten Rat den Ahasverus lenkte,
160 Daß seine Gunst er Mardochai schenkte.
    »Von allen Dingen hat den höchsten Wert
Ein sanftes Weib«, wie Seneca uns lehrt;
    »Des Weibes Zunge dulde«, Cato spricht,
»Wenn sie befiehlt, so widersetz' Dich nicht;
Denn dann gehorcht sie aus Gefälligkeit.«
Ein Weib ist Hüterin der Häuslichkeit.
Den kranken Mann beständig Sorge quält,
Sobald im Haushalt eine Frau ihm fehlt.
Ich warne Dich! Wenn Du verständig bist,
170 So lieb' Dein Weib, wie seine Kirche Christ.
Liebst Du Dich selbst, so liebe Du Dein Weib.
Sein Fleisch haßt niemand; nein, man pflegt den Leib;
Und ich empfehle Dir, lieb' zärtlich drum
Dein Eheweib; sonst geht's Dir schief und krumm!
Denn Mann und Weib – mag spötteln auch die Welt –

Wandeln auf sichern Pfaden. Es befällt
Kein Harm die Engvereinten, und von Leid
Bleibt namentlich das Eheweib befreit.
So zog es in Erwägung Januar,
180 Der alte Herr, von dem die Rede war,
Wie ruhig, tugendhaft und froh daneben
Im honigsüßen Eh'stand sei das Leben.
Und seine Freunde lud er einstmals ein,
In seinen Plan sie näher einzuweihn.

Mit ernster Miene hob er an und sprach:
»Seht, Freunde, ich bin grau und altersschwach;
Weiß Gott, vom Rand des Grabes nicht mehr weit!
Bedenken muß ich meine Seligkeit.
Die Körperkraft hab' töricht ich verschwendet;
190 Nun wird's zum Bessern – Gott sei Dank! – gewendet;
Denn fest steht mein Entschluß, mich zu beweiben,
Und mit der größten Hast will ich's betreiben.
Ich bitte, sucht ein schönes, junges Kind
Für mich zur Heirat; aber macht's geschwind,
Ich will nicht warten, und ich fände schon
Ein Mädchen in selbsteigener Person,
Das ungesäumt zu freien mir gefiele;
Doch ich bin einer, aber Ihr seid viele;
Und Ihr erspäht wohl eh'r, als ich es finde,
200 Mit welcher ich am Besten mich verbinde.
Indessen, Freunde, warn' ich Euch vorher:
Ein altes Weib – das will ich nimmermehr!
Nicht über zwanzig Jahre darf sie sein.
Alt schmeckt der Fisch, doch jung das Fleisch nur fein;
Weit besser als ein Hechtchen ist ein Hecht;
Kalbfleisch schmeckt gut, doch altes Rindfleisch
                                   schlecht.
Ein Weib von dreißig Jahren will ich nicht;

Denn Bohnenstroh ist für mich kein Gericht;
Und alte Witwen – daß sich Gott erbarm'! –
210 Sind immer launisch, stecken voller Harm
Und kennen jeden Schlich von Wades Boot;
Mit ihnen hätt' ich lebenslang nur Not.
Viel Schulen machen die Gelehrten schlau,
Und ähnlich geht's der vielgeschulten Frau.
Doch, wie das Wachs in warmer Hand erweicht,
So fügt sich auch ein junges Weib gar leicht.
Drum stell' ich diese Klausel Euch und sage:
Ein altes Weib steht bei mir außer Frage.
Wenn solches Unglück je bevor mir stände,
220 Daß ich nicht mein Vergnügen bei ihr fände,
So müßt' ich stets im Ehebruche leben
Und schließlich mich dem Teufel übergeben;
Kein Kind entsproßte meinem Ehebunde.
Doch lieber wär' ich Futter für die Hunde,
Als daß mein Erbe – dies sag' ich Euch allen –
In fremde Hände jemals sollte fallen.
Ich fas'le nicht! Weshalb wir Menschenkinder
Uns paaren sollen, weiß ich und nicht minder,
Daß mancher schwatzt vom Ehesakrament,
230 Der mehr nicht wie mein Knecht die Gründe kennt,
Aus denen sich begatten soll der Mann.
Wer nicht in steter Keuschheit leben kann,
Der nehme sich ein Weib in Zucht und Ehren,
Ihm legitime Kinder zu gebären –
Zur Ehre Gottes, nicht aus Fleischesliebe,
Begehrlichkeit und bloßem Sinnentriebe.
Nein! Auf daß Unzucht man vermeiden solle
Und gegenseitig seine Schuld sich zolle,
Einander hilfreich stets zur Seite stehe
240 Und wie Geschwister durch das Leben gehe,

In Keuschheit und in Heiligkeit fortan.
Doch, Herr'n, erlaubt, das geht bei mir nicht an.
Zu meinem Ruhm kann – Gott sei Dank! – ich sagen:
Ich bin noch stark und gut genug beschlagen,
Um das zu tun, was zukommt einem Mann.
Ich weiß am besten, was ich leisten kann.
Zwar bin ich grau; doch was dies anbelangt,
Gleich' ich dem Baume, der in Blüten prangt.
Ein Baum, der blüht, kann nicht ganz trocken sein,

250   Und grau an Haaren ist mein Haupt allein;
Doch Herz und Glieder sind noch jeder Zeit
Frisch wie des Lorbeers immergrünes Kleid. –
Ich hab' Euch meine Absicht kundgetan,
Und nunmehr, bitt' ich, billigt meinen Plan.«
    Gleich wußten manche von dem Eheleben
Ihm manches alte Beispiel anzugeben.
Die priesen es, und jene schalten drauf;
Doch, kurz gesagt, es war der Schlußverlauf,
Daß – wie man immer sich zu zanken pflegt,

260   Wenn man mit Freunden etwas überlegt –
In Streit auch seine beiden Brüder kamen;
Den einen hieß Placebo man mit Namen,
Indes Justinus der des andern war.
Placebo sprach: »O Bruder Januar!
Mein teurer Herr, mir will's kaum nötig scheinen,
Daß Du um Rat befragst hier irgendeinen.
Indessen bist Du weisheitsvoll genug
Und weichst daher verständnisvoll und klug
Nicht von den Worten Salomonis ab,

270   Der an uns alle diese Lehre gab:
›Folgst Du in allen Dingen gutem Rat,
So wird's Dich nicht gereuen nach der Tat.‹
Doch ob dies Wort gesprochen Salomo,

Mein teurer Herr und lieber Bruder, so
Scheint mir – Gott stehe meiner Seele bei! –
Doch, daß Dein eig'ner Plan der beste sei.
Laß, lieber Bruder, meinen Grund Dir geben:
Ich war ein Hofmann durch mein ganzes Leben
Und mag ich auch – Gott weiß – unwürdig sein,
280 So nahm ich manchen Ehrenposten ein
Bei großen Herr'n vom höchsten Stand und Rang.
Und hatte doch mit ihnen niemals Zank,
Denn Widerspruch mied ich geflissentlich.
Mir ist bekannt, mein Herr weiß mehr als ich,
Auf seine Worte schwör' ich unbedingt
Und sage: Ja! Und was dem ähnlich klingt.
Denn ein bei hohen Herr'n bestallter Rat
Muß ein gewalt'ger Narr sein in der Tat,
Wenn er so kühn ist und zu denken wagt,
290 Daß seinen Herrn an Witz er überragt.
Nein! Herr'n sind keine Toren, glaubet mir.
Ihr selber aber zeigtet heute hier
So viel Verstand, so frommen, guten Sinn,
Daß ich mit Euch ganz einverstanden bin
Und Eure Meinung bill'ge Wort für Wort.
Bei Gott! Kein Mensch in diesem ganzen Ort,
Noch in Italien besser reden kann.
Ja, solchen Rat sieht Christus gnädig an.
Von großer Kühnheit gibt es den Beweis,
300 Nimmt sich ein Mann, dem Alter nach ein Greis,
Ein junges Weib. – Bei meines Vaters Blut!
Es hängt an lust'ger Nadel noch Dein Mut.
Tu in der Sache ganz wie Dir beliebt,
Das ist das Beste, denk' ich, was es gibt.«
     Justinus hörte ruhig alles an,
Und er entgegnete Placebo dann:

»Mein lieber Bruder, bitte, bleib' geduldig.
Du sprachst; und mir bist Du Gehör nun schuldig.
Nebst andern Sprüchen, hoher Weisheit voll,
310 Sagt Seneca, daß man sich prüfen soll,
Wen man beschenkt mit Land und anderm Gut.
Wenn daher not schon solche Prüfung tut
Bei unserm irdischen Besitze, wie
Viel mehr muß man sich prüfen dann – Pardi! –
Eh' man den Leib auf ewig fortschenkt. – Nein!
Nicht Kinderspiel, das laßt gesagt Euch sein,
Ist es, ein Weib zu nehmen ohne Rat.
Erkund'gen sollte, denk' ich, in der Tat
Man sich zuvor, ob sie vom Trunke frei,
320 Stolz, weise, mäßig oder zänkisch sei,
Verschwenderisch mit Geld, geneigt zum Schelten,
Ob reich, ob arm – sonst wird für toll man gelten.
Man findet freilich auf dem Erdenrund
Kaum irgend etwas durch und durch gesund
Bei Mensch und Vieh, soweit man's prüfen kann;
Und daher nehm' ich als genügend an,
Besitzt ein Weib an tugendhaften Seiten
Mehr als an Lastern und an Schlechtigkeiten.
Und all dies zu erfahren, fordert Zeit.
330 Gott weiß, ich weinte manche Träne, seit
Ich mich vermählte, für mich heiß und still.
Den Ehestand mag preisen, wer da will;
Mir scheint er nur voll Kosten, voller Harm,
An Pflichten reich, jedoch an Segen arm.
Indes – weiß Gott! – die, so mir nahe wohnen,
Und ganz besonders alle Weibspersonen
Behaupten stets, sie hätten noch im Leben
Kein Weib gesehn, so standhaft und ergeben.
Nun, ich weiß besser, wo der Schuh mich drückt.

340 Tu, was Du willst! Hinreichend vorgerückt
Im Alter bist Du; prüfe drum genau,
Wie Dir's mit einer schönen, jungen Frau
Im Ehestand dereinst ergehen werde.
Bei Ihm, der Feuer, Wasser, Luft und Erde
Erschaffen hat – der Jüngste hier im Kreis
Bringt es kaum fertig bei dem größten Fleiß,
Sein Weib allein zu haben – glaube mir!
Nicht durch drei volle Jahre wirst Du ihr
Gefallen, das heißt: ihr Vergnügen machen;
350 Ein Weib verlangt nach gar zu vielen Sachen.
Ich bitte Dich, nimm mir mein Wort nicht krumm!«
    »Nun«, sagte Januar, »bist Du endlich stumm?
Was scheren mich die Sprüche Senecas!
Ich gebe wahrlich keinen Korb voll Gras
Für Deine Sprüche! Weisere als Du,
Wie Du gehört hast, stimmten mir schon zu.
Placebo, was ist Deine Meinung? Sprich!«
    »Unselig«, sprach er, »ist ganz sicherlich
Ein eheloser, unbeweibter Mann!«
360 Nach diesem Wort erhob sich jeder dann,
Und ringsum ward ihm beigestimmt, er solle
Ein Weib sich nehmen, wo und wann er wolle.
    Seltsame Bilder, wilde Phantasien
Umschwebten nun von seiner Heirat ihn.
Manch schönes Antlitz, manche Prachtgestalten
Dem Blick des Herzens jetzt vorüberwallten
nachtein, nachtaus dem alten Januar.
Nehmt einen Spiegel, blank poliert und klar,
Und stellt ihn auf den offnen Marktplatz hin,
370 Seht mancherlei Figuren ihr darin;
Und ebenso erging es Januar.
Er musterte die ganze Mädchenschar

Der Nachbarschaft beständig in Gedanken;
Doch seine Wahl schien hin und her zu schwanken.

Denn wenn er diese schön von Antlitz fand,
In Gunst beim Volke dennoch jene stand
Und wurde rings von allen hochgeschätzt,
Weil sie so gütig war und so gesetzt;
Die waren reich, doch taugten sonst nicht viel.

380   Indessen, halb im Ernste, halb im Spiel
Blieb er zuletzt doch fest bei einer stehn,
Und ließ die andern aus dem Sinn sich gehn,
Und traf die Wahl auf eig'ne Hand geschwind;
Denn Liebe sieht nicht, sie bleibt immer blind.

Doch nachts im Bett malt' er sich in Gedanken
Und im Gefühl ihr Bildnis aus: die schlanken
Und langen Arme, ihre frische Jugend,
Den zartgeformten Körper, ihre Tugend,
Ihr kluges Wesen, ihre Weiblichkeit

390   Voll ernsten Sinnes und Bescheidenheit.
Und da er sich zu ihr herabgelassen,
Schien ihm die Wahl wie keine sonst zu passen.
Es war sein eigener Entschluß; darum
Sei wohl kein Mensch so unvernünftig dumm,
An seiner Wahl zu mäkeln irgendwie –
Erging er sich in seiner Phantasie.

Und seine Freunde bat er alsobald,
Daß sie sich alle sonder Aufenthalt
Bei ihm aus Gütigkeit zusammenfänden;

400   All ihre Mühe solle nunmehr enden.
Behelligt würden sie zum letzten Mal,
Denn fest entschieden sei jetzt seine Wahl.

Placebo kam mit seiner Freunde Schar
Und dringend bat zuvörderst Januar,
Mit keinen Argumenten ihm zu kommen

Entgegen dem, was er sich vorgenommen.
Denn gottgefällig sei sein Vorsatz und
Von seinem Glücke Fundament und Grund.
Ein Mädchen, sprach er, in der Stadt man fände,
410 Das in dem Ruf der größten Schönheit stände,
Zwar niedern Standes, aber jung dabei
Und anmutsvoll, was ihm genügend sei,
Um sie zu seinem Weibe zu erheben
Und mit ihr heilig und vergnügt zu leben.
Er bäte Gott, daß sie ihm ganz gehöre,
Und niemand seine Seligkeit ihm störe.
Er wünsche, daß sich jeder Mühe gäbe,
Das Ziel zu fördern, welches er erstrebe,
Das würde, sprach er, hoch sein Herz beglücken,
420 Ihn könne, sprach er, fernerhin nichts drücken,
Wenn nicht ein Dorn ihm ins Gewissen stäche,
Von dem er jetzt zu der Versammlung spräche.
»Ich habe früher«, hob er an, »gehört,
Es sei uns nimmer zwiefach Heil beschert,
Das heißt in dieser und in jener Welt.
Ob man der sieben Sünden sich enthält
Und keinen Zweig von ihrem Baum berührt,
Ist doch das Leben, was ein Gatte führt,
So glücklich, so vergnügt und so vollkommen,
430 Daß ich bei meinem Alter schier beklommen
Mich fühlen muß, daß ich ganz ohne Streit
Stets leben soll in Lust und Seligkeit,
Und hier auf Erden schon den Himmel finde;
Denn ihn erkaufen wir bei unsrer Sünde
Durch große Buße nur und mit Beschwerde.
Wie kann ich denn, hab' ich schon auf der Erde
Vergnüglich einem Weibe beigewohnt,
Mein Heil erringen dort, wo Christus thront?

Da ich mich stets mit der Befürchtung plage,
440 So bitt' ich, Brüder, löst mir diese Frage.«
        Justinus, welcher seine Torheit haßte,
Erwiderte, indem er kurz sich faßte
Und alle Schriftbelege unterließ,
Auf seine Narrenpossen nichts als dies:
»Herr!«, sprach er, »ist auch sonst kein Hindernis,
Kann Gott in seiner Gnade doch gewiß
Noch Wunder tun. Und ehe Dir vielleicht
Der heil'gen Kirche Segen wird gereicht,
Tut Dir der eheliche Stand schon leid,
450 In dem nicht Zank ist, wie Du sagst, und Streit.
Doch übel wär's, wenn Gott in seiner Gnade
Grund zu bereu'n dem Ehemann nicht grade
Weit häuf'ger schickte als dem led'gen Mann.
Weshalb den Rat ich Dir nur geben kann:
Verzweifle nicht! Indessen merke Dir,
Vielleicht wird sie zum Fegefeuer hier,
Zur Gottespeitsche Dir vom Herrn bestellt,
Daß auf zum Himmel Deine Seele schnellt
Noch rascher, als vom Bogen stiegt der Pfeil!
460 Du lernst – so Gott will – noch zu Deinem Heil:
Es gab noch nie und wird auch nimmer geben
So viele Seligkeit im Eheleben,
Um dieserhalb den Himmel zu verlieren,
Läßt Du nur stets Dich durch Vernunft regieren,
Befriedigst Du mit Deiner Frau die Triebe
In Mäßigkeit und nicht aus Fleischesliebe
Und hältst Du Dich von andern Sünden rein. –
Ich bin zu Ende; denn mein Witz ist klein.
Doch, Bruder, laß in keine Furcht Dich jagen.«
470 – Wir wollen nichts mehr von der Sache sagen;
Das Weib von Bath sprach von dem Eheleben,

Das Euch bevorsteht – habt Ihr achtgegeben –
In aller Kürze manch vortrefflich Wort. –
»Doch nun leb' wohl und schütz' Dich Gott hinfort!«
    Verlassen hatten nach den Worten ihn
Die Freunde mit Placebo und Justin.
Sie sah'n, sein Sinn war nicht mehr umzuwandeln,
Und suchten drum mit Schlauheit zu verhandeln,
Daß dieses junge Mädchen, namens Mai,
480 So rasch, wie's für sie einzurichten sei,
Mit dem besagten Januar sich vermähle.
Jedoch es währt zu lang, daß ich erzähle
Von ihrem Kleiderstaat und den Kontrakten,
Durch die sein Land ihr in den Ehepakten
Zum Leibgedinge wurde ausgesetzt.
Genug; erschienen war der Tag zuletzt,
An welchem beide hin zur Kirche gingen
Und dort das heil'ge Sakrament empfingen.
Der Priester in der Stola kam und wies
490 Auf Sarah und Rebekka hin und hieß
Sie treu und klug zu sein, wie jene zwei,
Sprach dann das übliche Gebet dabei.
Bekreuzte sie, empfahl sie Gott und band
Genügend fest der Ehe heil'gen Stand.
    So feierlich ging's bei der Trauung her;
Und bei dem Feste sitzen sie und er
Am Ehrentische mit manch hohem Gaste.
Ringsum herrscht Glück und Jubel im Palaste.
Rings tönt Musik und aufgetafelt steht,
500 Was in Italien Leck'res nur gerät;
Und mächtig schallt der Harfen Melodie –
So schön griff Orpheus, so gewaltig nie
Amphion, der Thebaner, in die Saiten.
Fanfaren jeden neuen Gang begleiten,

Und halb so hell in die Posaune stieß
Nicht Joab, und selbst Theodamas blies
So schmetternd nicht in der Gefahr vor Theben
Bacchus kredenzt ringsum den Saft der Reben.
Herab auf jeden freundlich Venus lacht,
510   Zu deren Ritter Januar sich macht,
Um zu erproben, ob er in der Ehe
So tapfer wie als Junggesell bestehe.
Die Fackel hält die Göttin hoch empor
Und tanzt der Braut und allen Gästen vor.
Und ich darf wahrlich sagen, nie gesehen
Hat Hymenäus selbst, der Gott der Ehen,
Solch lustigen, vergnügten Ehemann.
Halt' Deinen Mund, o Dichter Marcian,
Der Du beschrieben hast die Festlichkeit,
520   Als Philologia den Merkur gefreit,
Und welche Lieder dort die Musen sangen.
Ach! Deine Zunge, Deine Feder langen
Nicht zur Beschreibung dieser Hochzeit hin!
Paart Altersschwäche sich mit Jugendsinn,
Das ist ein Spaß, den man nicht leicht besingt.
Versucht es selber, ob es Euch gelingt;
Dann wißt Ihr, ob dies Wahrheit sei, ob Lüge.
    Die freundlichen und anmutsvollen Züge
Von Mai zu sehn, war wie ein Feentraum.
530   Mit solchen sanften Augen schaute kaum
Auf Ahasverus jemals Esther hin.
Zu schildern ihre volle Schönheit, bin
Ich außerstande zwar; jedoch ich sage
So viel, daß sie dem klarsten Maientage
An Morgenfrische und an Schönheit glich.
    Und wenn sie Januar ansah, so beschlich
Ihn jedesmal ein himmlisches Entzücken.

Im Herzen plant er, härter sie zu drücken
Und nachts sie fester in den Arm zu pressen,
540 Als Paris seine Helena. – Indessen
Groß war zugleich sein Mitleid, daß er Mai
So weh zu tun heut' nacht genötigt sei.
Er dachte: »Ach, Du zarte Kreatur!
Gewähre Gott Dir, zu ertragen nur
Das wilde Feuer meiner Leidenschaft!
Ich bin besorgt, Dir fehlt dazu die Kraft!
Doch Gott bewahre mich, mit voller Macht
Daranzugehn. Ach, käme nur die Nacht,
Und gäbe Gott, daß sie für ewig währte,
550 Und all dies Volk sich rasch nach Hause scherte!«
Und schließlich gab er sich die größte Müh',
In allen Ehren, aber möglichst früh
Auf seine Weise das Bankett zu enden.
      Es kam die Zeit, um heimwärts sich zu wenden.
Man macht den Schlußtanz, trinkt die Becher aus,
Wirft Räucherwerk umher im ganzen Haus,
Und fröhlich ist und glücklich jedermann.
Nur nicht ein Junker, namens Damian,
Der täglich vor dem Ritter schnitt den Braten,
560 Und der, in tolle Liebeswut geraten
Zur Dame Mai, sich kaum vor Schmerzensdrang
Mehr aufrecht hielt und fast in Ohnmacht sank.
So sehr versengt war er vom Freudenbrand,
Den Venus schwang beim Tanz in ihrer Hand;
Und in sein Bett verkroch er sich in Eile.
Dort bleibe dieser Junker eine Weile
In seinen Tränen, seinem Liebesharme,
Bis seiner sich die frische Mai erbarme.
      O Schadenfeuer, das im Bettstroh glüht!
570 O Hausfeind, der stets emsig sich bemüht!

O falscher Knecht, scheinheilig von Gesicht,
Der Natter in dem Busen gleich, die sticht!
Vor Euch beschütze Gott uns immerdar!
Oh, siehst Du, liebestrunk'ner Januar,
In Deiner Ehefreuden Taumelwahn
Nicht, wie Dein Lieblingsjunker Damian
Auf Böses sinnt zum Schaden Dir und Spott?
Daß Du den Feind entdeckest, walte Gott!
Denn keine schlimmre Pest gibt's auf der Welt
580 Als einen Hausfeind, der Dir beigesellt.
		Die Sonne hatte nun den Tagesbogen
In diesem Breitengrade ganz durchzogen,
Und leuchtend überm Horizonte stand
Sie länger nicht. – Mit düsterem Gewand
Umhüllt die Hemisphäre rings die Nacht.
Drum war nunmehr die lust'ge Schar bedacht,
Vom Hochzeitsfeste wieder heimzureiten.
Man sagte Januar Dank von allen Seiten
Zog fröhlich heim, macht sich nach Lust zu tun,
590 Bis daß die Zeit kam, um sich auszuruhn.
Zu Bett zu gehn, fühlt, als sie fortgegangen,
Der hitz'ge Januar dringendes Verlangen,
Trinkt Claret, Ypokras und Toskerwein,
Heiß und gewürzt, um mutiger zu sein,
Genießt Latwergen feinster Art dazu
Wie sie in seinem Buch »De Coitu«
Der Schandmönch uns, Dan Constantin, beschrieb;
Und alles schluckt' er, daß nichts übrigblieb.
Zu seinen Busenfreunden sprach er dann:
600 »Ach! Gott zulieb'! Sobald's geschehen kann,
Räumt in der freundlichsten Manier das Haus!«
Sie führten willig seinen Auftrag aus.
Man trinkt, man zieht den Vorhang, bringt zu Bette

Die stumme Braut; und als der Lagerstätte
Der Priester seinen Segen hat erteilt,
Hinaus zur Kammer jeder wieder eilt.
Und Januar hält sein junges Weib beglückt,
Sein Paradies, mit seinem Arm umstrickt
Und lullt und küßt stets seine frische Mai
610 Und kratzt sie mit dem borst'gen Bart dabei,
Der – abrasiert nach seiner Art ganz frisch –
Wie Dornen oder Haut vom Stachelfisch
Sich scharf an ihren zarten Wangen rieb.
»Ach, teures Weib!«, sprach er zu ihr, »mein Lieb,
Ich muß Dir Leid antun, mich grausam zeigen,
Wenn sich die Zeit naht, um hinabzusteigen.
Indessen«, sprach er, »denke stets daran:
Zugleich verrichten kann ein Handwerksmann
– Sei, wer es sei! – sein Werk nicht gut und flink.
620 Gemächlich treiben muß man dieses Ding;
Wie lang wir spielen, ist ganz einerlei;
Denn, da als Ehegatten jetzt wir zwei
In Segensjochen treu beisammen ruhn,
Ist keine Sünde mehr in unserm Tun.
Mit seinem Weibe sündigt nicht der Mann,
Das eig'ne Messer uns nicht stechen kann;
Denn das Vergnügen wird für uns zur Pflicht.«
Und an die Arbeit ging er, bis das Licht
Des Tages schien; nahm einen Bissen, trank
630 Ein Schlückchen seinen Claret dann und sang,
Aufrecht im Bette sitzend, hell und laut
Und küßte, koste lüstern seine Braut.
Gleich einem Fohlen voller Spielerei'n,
Und schwatzhaft war er, gleich dem Elsterlein.
Am Nacken zitterte sein schlaffes Fell,
Indem er sang; so kräht' er laut und hell.

Gott weiß allein, was seine Mai empfand,
Als sie ihn sitzen sah im Schlafgewand
Und in der Nachtmütz' mit dem dürren Hals.
640 Vom Spiel erbaut war sie wohl keinesfalls.
Er sprach sodann: »Ich will mein Schläfchen machen;
Der Tag ist da; ich mag nicht länger wachen!«
Und legte nieder dann sein Haupt und schlief,
Bis daß zum Aufstehn ihn die Prime rief.
Und dann erhob er sich, wogegen Mai,
So lange, bis der vierte Tag vorbei,
Nach Frauenbrauch die Kammer nicht verließ.
Nach jeder Arbeit schmeckt uns Ruhe süß.
Kein Erdenwesen – will ich damit sagen –
650 Kann's auf die Dauer ohne Rast ertragen,
Sei's Mensch, sei's Fisch, sei Vogel oder Tier.
      Zurück zum kranken Damian kehren wir,
Der sich in Liebesqualen härmt und grämt,
Und zu ihm red' ich, was Ihr jetzt vernehmt:
»Ach, Damian, Du törichter Geselle!
Gib Antwort auf die Frage, so ich stelle:
Wie willst Du nur erzählen Deine Pein
Der frischen Mai? Sie wird beständig nein
Zu allem sagen, wird Dein Weh verraten!
660 Gott helfe Dir. Ich kann nichts Bess'res raten!«
      Vom Venusfeuer der Begier durchloht,
Entschloß sich, liebesbrünstig bis zum Tod,
Der kranke Damian, seinen Hals zu wagen.
Nicht länger konnt' er solches Leid ertragen.
Er lieh sich eine Feder im geheimen,
Mit welcher er in Klagen und in Reimen
Die Qualen und die Sorgen seiner Lieb'
Der frischen Mai auf einem Zettel schrieb;
Und barg in einem Beutelchen von Seide

670 Den Brief am Herzen unter seinem Kleide.
        Bis an den Krebs war seit der Mittagszeit
     Vom Tag, an welchem Januar Mai gefreit,
     Der Mond vom zehnten Grad des Stiers geglitten.
     So lange blieb nach hergebrachten Sitten
     Des Adels in dem Schlafgemache Mai.
     – Vier Tage lang, und minder strenge drei,
     Darf eine Braut sich nicht zu Tische setzen;
     Sind die vorbei, dann mag sie sich ergötzen. –
     Und als vier Tage rundum hingebracht,
680 Saß Mai, nachdem der Meßgang abgemacht,
     So strahlend wie ein Sommertag und frisch
     Mit Januar wieder an dem Hallentisch.
     Und es geschah, daß sich der gute Mann
     Auf seinen Junker Damian besann,
     Und rief »Wie kommt es – heilige Marie! –
     Daß Damian mich nicht bedient? Ei, wie?
     Ist er gar krank? Was mag dies auf sich haben?«
     Die Junker, welche Januar umgaben,
     Entschuldigten ihn wegen Unwohlsein;
690 Sie sei der Dienstversäumnis Grund allein,
     Sonst nähm' er sicher seine Pflichten wahr.
        »Das macht mich denken«, sagte Januar.
     »Er ist ein braver Junker – meiner Ehr'! –
     Und schmerzen würde mich sein Tod gar sehr!
     So zuverlässig, klug, verschwiegen fand
     Ich keinen noch von gleichem Rang und Stand.
     Er ist so männlich und so dienstbeflissen
     Und wird bestimmt sein Glück zu machen wissen.
     Erlaubt's die Zeit, besuchen ich und Mai
700 Ihn selber noch, ist unser Mahl vorbei;
     Ich will mein bestes tun, ihn gut zu pflegen!«
     Und segnend pries ihn jedermann deswegen;

Denn daß aus Mitgefühl und Herzensgüte
Er um den kranken Junker sich bemühte,
Galt allen als höchst edelmüt'ge Tat.
»Frau!«, sagte Januar, »halte Dich parat,
Daß gleich nach Tische, bist Du aus der Halle
In Dein Gemach gegangen, mit Dir alle
Von Deinen Kammerfrau'n nach Damian sehn.
710 Er ist so brav. Ihr müßt ihn trösten gehn;
Und teil' ihm mit, ich würde selber kommen,
Sobald ich meinen Mittagsschlaf genommen.
Doch tummle Dich, da ich verziehen will,
Bis Du im Schlaf ruhst bei mir fest und still.«
Und einen seiner Junker rief er dann,
Der Marschall seines Hauses war, heran,
Um irgendeinen Auftrag zu erteilen.
    Die frische Mai ließ keine Zeit enteilen
Und trat mit ihren Damen im Geleite
720 An Damians Bett und setzte sich zur Seite
Und sprach ihm Trost nach besten Kräften ein.
Und Damian denkt: Jetzt muß gehandelt sein!
In ihre Hand er rasch den Beutel spielt
Mitsamt dem Brief, der seinen Wunsch enthielt,
Ganz im geheimen, und er spricht nicht mehr,
Als daß, erseufzend wundertief und schwer,
Er flüstert: »Habe Dank! Ich bitte Dich.
Verrat' mich nicht! Es wär' geschehn um mich,
Wenn diesen Vorgang irgendwer entdeckte!«
730 Flink in den Busen sie die Börse steckte
Und eilte fort. – Mehr braucht Ihr nicht zu wissen!
Sie ging zu Januar, der auf weichen Kissen
Im Bette saß, sie küßte, sie umschlang,
Sich niederlegte und in Schlummer sank.
Sie aber tat, als trieb' es sie geschwind

– Ihr wißt, wohin – denn jedes Menschenkind
Ist notgedrungen oftmals dagewesen.
Hier ward der Brief eröffnet und gelesen;
Worauf sie ihn in kleine Stücke riß
740 Und dann behutsam in den Abtritt schmiß.
      Was ging nun Mai wohl alles durch den Sinn?
Sie legte sich zum alten Januar hin,
Der ruhig schlief, bis daß sein Husten ihn
Erweckte. Splitternackt sich auszuziehn,
Bat er sie dann, damit er sich vergnüge;
Ihn hinderten die Kleider, die sie trüge.
Was half es ihr? Sie mußte sich bequemen.
Doch daß nicht Anstoß keusche Seelen nehmen,
Will ich verschweigen, was er trieb, sowie,
750 Ob's Hölle war, ob Paradies für sie.
Ich lasse sie bei ihrer Arbeit bleiben,
Bis Vesperglocken sie zum Aufstehn treiben.
      War es Bestimmung, war es Zufall nur,
Besondrer Einfluß, Wille der Natur?
War gerade günstig die Konstellation
Des Himmels, um im Venusdienst sich Lohn
Durch Liebesbriefeschreiben zu gewinnen
Und um die Weiber mit Erfolg zu minnen,
Wie es zusammenhing, das weiß ich nicht.
760 Denn, seine Zeit hat, wie der Weise spricht,
Ein jedes Ding. Doch Gott nur kennt den Grund.
Er mag entscheiden. Ich halt' meinen Mund!
Ich weiß nur, daß von diesem Zeitpunkt an
Das Mitleid um den kranken Damian
Die schöne, frische Mai so übermannte,
Daß sie den Wunsch nicht aus dem Busen bannte,
Sein Weh zu heilen, und sie sprach dabei
Für sich im stillen: »Hier erklär' ich frei,

Jedwedem, ob's ihm noch so sehr mißfällt,
770 Ich will ihn lieben mehr als alle Welt
Und wäre nichts als nur sein Hemde sein.«
Mitleid zieht bald in edle Herzen ein.

Hier könnt Ihr sehn, es offenbart die Frau
Den höchsten Freimut, prüft sie sich genau.
Tyranninnen gibt es zwar allerwärts,
Und manche hat solch felsenhartes Herz,
Sie ließe lieber einen Mann verrecken,
Als ihre Gunst ihm offen zu entdecken.
Das schmeichelt ihrem grausam stolzen Sinn
780 Und Menschenmord erblickt sie nicht darin.

Die sanfte Mai, von Mitleid übermannt,
Schrieb einen Brief mit ihrer eignen Hand,
In welchem sie ihm ihre Gunst versprach;
Es fehlte nichts als nur der Ort und Tag,
An dem sie seiner Lust sich überlasse;
Das möge sein, wie's ihm am besten passe.
Und eines Tages bei Gelegenheit
Ging Mai zu Damian, um in Heimlichkeit
Ihm unters Kissen ihren Brief zu schieben;
790 Jetzt mag er lesen, was sie ihm geschrieben.
Sie drückte fest ihm seine Hand, doch machte
Es so geheim, daß niemand Arges dachte,
Und wünschte gute Bess'rung ihm und lief
Dann rasch von hinnen, da sie Januar rief.

Gesund stand Damian auf am andern Morgen,
Verschwunden waren Kränklichkeit und Sorgen.
Er kämmt sich, pickt sich, schniegelt, putzt sich fein,
Um seiner Dame angenehm zu sein,
Und krümmte sich vor Januar wie ein Hund,
800 Der niederkauert, tief bis auf den Grund,
Und setzte sich bei jedem so in Gunst,

Daß – obgleich alles nur Verstellungskunst –
Doch jedermann an ihm zu loben fand,
Und er bei ihr in höchster Gnade stand.
Und damit will ich Damian verlassen,
Und mit dem Gang der Sache mich befassen.
  Gelehrte Leute kamen zu dem Schluß:
Das höchste Glück auf Erden sei Genuß.
Drum war der edle Januar bedacht,
810 Wie's Rittern ziemt und ihnen Ehre macht,
Sein Leben möglichst herrlich zu gestalten;
Und standesmäßig wurde hofgehalten
In seinem Hause, wie's ein König tut.
Er hatte neben manchem schönen Gut
Auch einen steinumwallten Gartengrund,
Wie wohl kein zweiter auf dem Erdenrund
Zu finden war. Denn außer Frage steht,
Es könne jemals schildern der Poet,
Der die Romanze von der Rose schuf,
820 Noch Priapus, obschon er von Beruf
Der Gott der Gärten ist, gemäß der Wahrheit,
Des Gartens Pracht und seiner Quelle Klarheit,
Die rings des Lorbeers Immergrün umragte.
Und manches mal ging Pluto, wie man sagte,
Zu dieser Quelle mit der Königin
Proserpina und ihren Feen hin,
Die dort den Reigen unter Liedern schlangen.
  Dort lustzuwandeln fühlte stets Verlangen
Der edle Januar, der alte Ritter.
830 Jedoch in keines andern Händen litt er
Dazu den Schlüssel; nein, mit eig'ner Hand
Schloß er das Pförtchen, wenn er Lust empfand,
Vermittels seines Silberschlüssels auf.
Und dorthin wollte Januar im Verlauf

Des Sommers, Ehepflichten zu genügen,
Sich unbegleitet oft mit Mai verfügen,
Damit er die im Bett versäumten Dinge
Mit ihr im Garten frischen Muts vollbringe.
In dieser Art zog mancher Tag vorbei
840 In froher Lust für Januar und Mai.
Doch kurz sind Erdenfreuden. – Das erfuhr
Auch Januar – wie jede Kreatur.
      O jäher Umschlag! Unbestand im Glücke!
Du gleichst dem Skorpion in Deiner Tücke,
Der mit dem Kopfe schmeichelt, wenn Dir Tod
Bereits des Schwanzes gift'ger Stachel droht.
O kurze Freude! Gift voll Süßigkeit!
O Ungeheuer, das Beständigkeit
Zu heucheln weiß, doch wenn Du etwas schenkst,
850 Zu täuschen nur und zu betrügen denkst.
Weswegen hast Du Januar hintergangen,
Den anfangs Du als besten Freund empfangen
Und dann beraubt der beiden Augen hast,
Daß Todessehnsucht ihn vor Leid erfaßt?
      Ach, dieser edle Januar, so frei,
So wohlbehäbig und vergnügt dabei,
Ist jetzt so plötzlich und durchaus erblindet,
Daß er vor Jammer winselt und sich windet;
Und immer fürchtend, daß sich sünd'ger Lust
860 Sein Weib ergebe, flammt in seiner Brust
Empor die Glut der Eifersucht. – Er trüge
Es leichter, wenn man sie und ihn erschlüge,
Als daß – sei er am Leben, ruh' im Grabe –
Zum Schatz, zur Gattin sie ein andrer habe,
Und sie um ihn nicht Witwentrauer trage
Und wie das Täubchen um den Tauber klage.
Doch als ein Monat oder zwei dahin,

Beruhigte sich – Gott sei Dank! – sein Sinn.
Denn als er sah, daß es nicht anders würde,
870 Trug er geduldig seines Leidens Bürde;
Nur ausgenommen, daß ihn noch weit mehr
Die Eifersucht jetzt plagte als bisher.
Sie stieg bald über jedes Maß hinaus;
In seine Halle, in ein andres Haus,
Nach welchem Orte, welchem Platz es sei,
Zu gehn, zu reiten stand ihr nicht mehr frei.
Er hatte sie beständig an der Hand,
Worüber Mai, die immer noch entbrannt
In Liebe war für Damian, oft weinte;
880 Und da sie sich dem Tod verfallen meinte,
Wenn ihrer Neigung sie nicht bald entspräche,
So harrte sie, wie rasch das Herz ihr bräche.
Geworden aber war aus Damian
Auch seinerseits der sorgenvollste Mann,
Der jemals war, dieweil er nicht bei Tage,
Noch bei der Nacht sich über seine Lage
Mit seiner frischen Mai jetzt ungestört
Besprechen konnte, da es Januar hört' –
So hielt er sie beständig unter Händen.
890 Doch da sie Briefe hin- und wiedersenden
Und Zeichen tauschen konnten ganz im stillen,
Erfuhr sie seinen und er ihren Willen.
O Januar! Was hülfe Dir zu sehn,
Bis wo die Segel fernster Schiffe wehn?
Betrogen wird so gut der blinde Mann,
Wie der getäuscht wird, welcher sehen kann.
     Sieh Argus, welcher hundert Augen führte
Und doch trotz allem, was er sah und spürte,
Geblendet ward! Und – weiß es Gott! – so fällt
900 Das Los für manchen, der's unmöglich hält.

Wer's übersieht, trägt's leicht! Darum nichts mehr!
Es hatte Mai, von der ich sprach bisher,
In warmes Wachs den Schlüssel abgegossen,
Mit dem das Gartenpförtchen aufgeschlossen
Von Januar ward, sooft zum Park er ging.
Den Zweck erratend, machte Damian flink
Den Schlüssel nach in aller Heimlichkeit. –
Genug davon! Es naht sich bald die Zeit,
Daß Ihr vom Schlüssel Wunder hören sollt,
910 Falls Ihr bis dahin Euch gedulden wollt.

      O edeler Ovid! Höchst wahr – Gott weiß! –
Hast Du gesagt: ›Ist Liebe lang und heiß,
So weiß auch List die Wege auszuspähn‹;
Wie wir an Pyramus und Thisbe sehn,
Die, obschon lang in strammer Zucht gehalten,
Zu flüstern wußten durch des Walles Spalten,
Daß niemand Ahnung hatte von der List.
Doch nun zum Ziel: Vom Julimonat ist
Kaum eine volle Woche hingegangen,
920 Und Januar fühlt das sehnlichste Verlangen,
Daß er, gespornt dazu von seinem Weibe,
Mit ihr im Garten seine Spiele treibe.
Und so sprach eines Morgens er zu Mai:
»Steh' auf, mein Weib, mein Liebchen, frisch und frei!
Der Turteltaube Stimme hört man schon,
Die Regenzeit des Winters ist entflohn!
Oh, komm! Mit Augen, rein und taubenhaft,
Mit Brüsten schöner als der Trauben Saft!
Der Garten ist mit Mauern rings umgeben!
930 Komm, blonde Gattin! Komm, mein süßes Leben!
Du hast das Herz verwundet mir, fürwahr;
Und ohne Makel warst Du immerdar!
Oh, komm hinaus zu frohen Liebesscherzen

Erwähltes Weib, Du Trost von meinem Herzen!«
    So sprach er manches alte, lose Wort.
Sie aber winkte Damian sofort,
Mit seinem Schlüssel rasch voranzugehn.
Er öffnete die Tür, und ungesehn
Und ungehört von jedermann war – husch! –
940 Im Garten er, wo hinter einem Busch
Er sich versteckte lautlos und geschwind.
Der alte Januar, wie ein Stein so blind,
Trat in Begleitung seiner Mai allein
In jenen kühlen Garten gleichfalls ein
Und schloß sogleich das Pförtchen wieder zu.
    »Nun, Weib«, sprach er, »allein sind ich und Du!
O Kreatur, mir über alles lieb,
Beim hohen Gott im Himmel! Eher trieb'
Ich mir das Todesmesser durch den Leib,
950 Als Dich zu kränken, liebes, teures Weib!
Um Himmels willen, denke dran: Ich wählte
Dich nicht zur Frau, weil Habsucht mich beseelte,
Nein, reine Liebe zog mich zu Dir hin.
Drum ob ich alt und jetzt gebrechlich bin,
Bleib' mir getreu. Ich will den Grund Dir zeigen:
Du machst dadurch drei Dinge Dir zu eigen,
Erst Christi Huld, dann für Dich selber Ehre
Und all mein Gut mit jedem Zubehöre.
Zur freien Hand werd' ich Dir's unbedingt
960 Verschreiben, eh' die Sonne morgen sinkt,
So wahr mir Gott im Himmel helfen mag.
Komm, setze Deinen Kuß auf den Vertrag.
Und plagt mich Eifersucht, laß Dich's nicht kränken.
Du bist mir so ans Herz gewachsen, denken
Muß ich drum stets, wie hold und schön Du bist,
Und daß sehr ungleich unser Alter ist,

Ich kann daher, und ob mein Tod es wär',
Dich von mir lassen nun und nimmermehr,
Und zwar aus reiner Liebe – glaube mir!
970 Komm, küsse mich, und dann lustwandeln wir.«
     Auf seine Worte gab die frische Mai
Ihm freundlich Antwort, aber fing dabei
Zuvörderst und zunächst zu weinen an.
»An meinem Seelenheile«, sprach sie dann,
»Liegt mir wie Dir. Ich weiß die zarten Blüten
Der Weiblichkeit und Frauenehr' zu hüten,
Wie dies ich Dir gelobt hab' in die Hand,
Als meinen Leib der Priester an Dich band.
Darum erlaube, lieber, teurer Gatte,
980 Daß ich jetzt Antwort meinerseits erstatte:
Ich bitte Gott, daß er mich sterben lasse,
Wie das gemeinste Weibsbild von der Gasse,
Wenn jemals meinen Namen ich beflecke
Und die Verwandtschaft je mit Schimpf bedecke.
Wär' ich so falsch, sollt' ich mich so vergehen,
So lasse nackt in einen Sack mich nähen,
Und in dem nächsten Fluß ertränke mich!
Nicht Dirne, sondern Edelfrau bin ich!
Was schwatzt Du so? Kein Mann bewahrt die Treue,
990 Jedoch uns Weiber rügt Ihr stets aufs neue.
Der einz'ge Spaß, so scheint es, den Ihr kennt,
Ist, daß Ihr schimpft und ungetreu uns nennt!«
     Und also redend, sah sie Damian
Im Busch versteckt und fing zu husten an,
Und gab ihm mit dem Finger einen Wink,
Daß einen Baum, der voller Früchte hing,
Er rasch erklimmen sollte. – Oben war er
In einem Nu; denn er begriff es klarer
Als Januar, ihr lieber Ehegatte,

1000 Was für Bedeutung jedes Zeichen hatte;
Denn brieflich mitgeteilt war ihm von Mai,
Wie in der Sache zu verfahren sei.
So lassen wir im Birnenbaum ihn bleiben
Und froh umher sich Mai und Januar treiben.

Der Tag war hell, das Firmament war blau,
Froh lachten alle Blumen auf der Au,
Erwärmt durch Phöbus' goldnen Feuerstrahl,
Der in den Zwillingen – doch dazumal
Schon nah dem Krebs – stand, wo er dekliniert
1010 Und Jupiter dagegen exaltiert.
Nun war durch Zufall ganz im Hintergrunde
Des Gartens in der hellen Morgenstunde
Auch Pluto, Fürst des Feenreichs, erschienen
Mit manchen Damen, die im Hofstaat dienen
Von seiner edlen Königin und Frau,
Proserpina, die er von Ethnas Au,
Wo, Wiesenblumen suchend, sie geweilt,
Geraubt und, wie Claudianus mitgeteilt,
Entführt hat in dem grausigen Gespann.
1020 Der Feenkönig setzte sich sodann
Auf einer Bank von grünem Rasen hin,
Und so begann er zu der Königin:

»Mein Weib«, sprach er, »es steht ganz außer Frage,
Und die Erfahrung lehrt es alle Tage,
Daß Frauen ihre Männer hintergehn.
Zehnhunderttausend von Geschichten stehn
Mir zu Gebot, daß falsch und schwach Ihr seid.
O Salomo, so durch und durch gescheit,
An Ruhm und Schätzen Reichster aller Reichen,
1030 Aus dem Gedächtnis wird so leicht nicht weichen,
Solang ein Mann Vernunft besitzt und Geist,
Dein trefflich Wort, das Männerwürde preist:

›Ich fand zwar unter Tausend einen Mann,
Doch unter allen traf kein Weib ich an.‹
　　　So spricht er, weil er Eure Bosheit kennt.
Und Sirachs Sohn, den man auch Jesus nennt,
Beweist Euch gleichfalls selten Reverenz,
Läßt er vom Himmel faule Pestilenz
Und wildes Feuer auf Euch niederfahren!
1040 Kannst Du den edlen Ritter dort gewahren?
Ach, weil ihn Blindheit und das Alter drücken.
Wird ihn sein Junker bald mit Hörnern schmücken.
Sieh! Auf dem Baume sitzt der Wüstling droben.
Bei meiner Majestät! Ich will geloben,
Sofort dem alten, blinden, würd'gen Ritter
Zurückzuschenken sein Gesicht, damit er
Sie überraschen möge bei der Sünde
Und seines Weibes Unzucht so ergründe
Zu ihrem Schimpf und anderen zum Schreck.«
1050 　　　»Herr«, sprach Proserpina, »ist das Dein Zweck,
Schwör' ich bei meiner Mutter Ceres Seele,
Daß ihr es nicht an Antwort darauf fehle,
Wie keiner anderen Frau in gleichem Falle.
Ertapptet Ihr auf frischer Tat auch alle,
Mit kühnem Antlitz werden Eure Klagen
Sie schlau entkräften und zu Boden schlagen.
An Wortverlegenheit stirbt keine Frau!
Ja, säh't mit beiden Augen Ihr's genau,
Wir leugnen frech Euch ins Gesicht hinein,
1060 Wir weinen, schwören, schelten, drehen's fein,
Indes Ihr da so dumm wie Gänse steht.
Was schert mich Deine Schriftautorität!
Mir ist vom Juden Salomo bekannt,
Daß unter Weibern er viel Torheit fand;
Jedoch traf selbst kein gutes Weib er an,

So hat gefunden dennoch mancher Mann,
Daß Weiber treu sind, fromm und tugendhaft.
Ihr Märtyrtum gibt davon Zeugenschaft,
Das standhaft hat manch Christenweib ertragen;
1070 Auch Römergesten wissen uns zu sagen,
Von manchen Weibern treu und fleckenrein.
Nimm mir's nicht übel, Herr, es mag ja sein,
Daß Salomo kein gutes Weib gesehn;
Doch seine Meinung, bitt' ich, zu verstehn.
Er will nur sagen, das – Gott ausgenommen –
Nicht Mann noch Weib an Güte sei vollkommen.
    Beim ein'gen Gott, sag' mir, aus welchem Grunde
Führt Salomo beständig Ihr im Munde?
Was? Weil dem Herrn ein Gotteshaus er schuf?
1080 Was? Weil er reich an Schätzen war und Ruf?
Er baute Tempel auch für falsche Götzen.
Und lief dies nicht zuwider den Gesetzen?
Er war, wie schön Ihr's übertünchen wollt,
Ein Götzendiener und ein Hurenbold,
Und an dem Herrn im Alter ein Verräter!
Und hätte Gott ihn wegen seiner Väter,
Wie uns die Schrift berichtet, nicht geschont,
So wär' er früher, als ihm lieb, entthront.
Was er von Weibern Schlechtes schreibt und lehrt,
1090 Scheint mir nicht einen Buttervogel wert!
Ich bin ein Weib, und daher muß ich sprechen,
Soll ich nicht bersten und das Herz mir brechen.
Denn daß er Schwätzerin genannt das Weib,
Das wird, solang ich Haare trag' am Leib,
Von mir aus Höflichkeit ihm nicht verzieh'n,
Und wenn er uns schimpft, so beschimpf' ich ihn!«
    »Frau«, sagte Pluto, »sei nicht länger böse!
Ich geb' es auf. – Doch daß mein Wort ich löse,

Will ich das Augenlicht zurück ihm schenken.
1100   Mein Wort bleibt stehn. – Ich bitte zu bedenken,
Daß ich ein König und kein Lügner bin.«
        »Und ich«, sprach sie, »bin Feenkönigin,
Ich unternehm's, die Antwort ihr zu senden,
Und damit laß dies Wortgefecht uns enden.
Fürwahr, nicht länger widersprech' ich Dir!«
        Zurück zum alten Januar kehren wir.
Im Garten weilt er mit der schönen Mai,
Und singt weit lust'ger als ein Specht dabei:
»Du bist mein Schatz und bleibst es lebenslang.«
1110   Mit ihr durchwandernd manchen Gartengang,
Kam schließlich er beim Birnbaum wieder an,
In welchem fröhlich Junker Damian
Hoch oben saß und sich im Laub verbarg.
        Die frische, heit're, schöne Mai fing arg
Zu seufzen an und sprach: »Welch Seitenstechen!
O Herr! Ich muß um jeden Preis mir brechen
Gleich eine von den Birnen, die ich sehe,
Da ich vor Sehnsucht schier danach vergehe,
Die süßen, grünen Birnen zu verzehren.
1120   Still' um der Jungfrau willen mein Begehren!
Ich sage Dir, wir Weiber sind in Lagen,
Daß wir nach Früchten oft Verlangen tragen
Und sterben müssen, wenn wir keine haben.«
        »Ach, hätt' ich doch zur Hand nur einen Knaben,
Hinaufzuklettern!« rief er. »Weh und Ach!
Daß ich so blind bin!« – »Herr!«, sprach sie, »gemach!
Versprich mir nur aus christlichem Erbarmen,
Mich in den Baum zu heben mit den Armen
– Vertrauen, freilich, schenktest Du mir nie –,
1130   So könnt' ich ihn erklimmen schon«, sprach sie,
»Stieg ich auf Deinen Rücken mit den Füßen.«

»Gewiß«, sprach er, »mein Blut würd' ich vergießen,
Um Dir zu helfen. Gern will ich mich bücken.«
Er tat's. – Sie sprang sofort auf seinen Rücken
Und schwang sich in den Baum an einem Ast.
Ihr Damen, legt mir's bitte nicht zur Last –
Ich bin ein grober Kerl und rauh von Wort.
Doch dieser Junker Damian hob sofort
Den Rock ihr auf, und dann ging's drauf und dran.
1140   Doch kaum sah Pluto dieses Unrecht an,
Als er auch auf der Stelle Januar
So sehend machte, wie er früher war.
Und da ihm sein Gesicht zurückgestellt,
War Januar der froh'ste Mann der Welt.
Doch immerwährend lag ihm Mai im Sinn.
Und auf den Baum warf er die Blicke hin,
Und sah dort Damian mit seinem Weibe
In einer Stellung, die ich nicht beschreibe,
Denn ungern möcht' ich unmanierlich sein.
1150 Nun fing er an zu brüllen und zu schrein
Wie eine Mutter um ihr sterbend Kind:
»Heraus!«, rief er, »zu Hilfe! Ach! Geschwind!
O Himmelskönigin! Was tust Du, Mai?«
    »Was fehlt Dir?« fragt' sie. »Lieber Mann, so sei
Vernünftig doch und bleib geduldig nur!
Für Dich betrieb ich eine Augenkur;
Bei meiner Seligkeit, ich lüge nicht,
Dir wiedergeben könnt' ich das Gesicht,
Ward mir erzählt, doch müßt' ich zum Gelingen
1160 Auf einem Baum mit einem Manne ringen!
Weiß Gott, ich hatte Gutes nur im Sinn.«
    »Was?«, rief er, »ringen? – Und er war schon drin! –
Vor Scham und Schande solltet Ihr vergehn:
Ihr wart dabei! Hab' ich's nicht selbst gesehn,

Will einen Strick ich um den Hals mir ziehn!«
      »Dann«, sprach sie, »braucht' ich falsche Medizin.
Denn sicherlich, bei vollem Augenlicht
Sprachst Du zu mir in solcher Weise nicht.
Du siehst nicht klar, Du hast nur einen Schimmer.«
1170   »Ich sehe«, sprach er, »just so gut wie immer
– Gedankt sei Gott! – mit meinen Augen zwei;
Und – meiner Treu! – mich dünkt, er war dabei.«
      »Du faselst, faselst, lieber Herr!«, sprach sie.
»Ach, warum hatt' ich soviel Sympathie?
Ist das der Dank für alle meine Güte?«
      »Nun, Frau«, sprach er, »nimm's Dir nicht
                              zu Gemüte;
Steig nieder, Schatz. Vielleicht ging ich zu weit;
Und – helf' mir Gott! – es tut mir herzlich leid.
Indes – bei meines Vaters Geist! – mir schien,
1180 Als sah ich Damian sich darüber knien,
Und daß Dein Rock auf seiner Brust gelegen.«
      »Nun, Herr!«, sprach sie, »so glaubt es meinetwegen.
Doch, Herr, ein Mann, der aus dem Schlaf erwacht,
Nimmt nicht sofort ein jedes Ding in acht,
Da er die Sachen unvollkommen sieht,
Bevor sich seine Schläfrigkeit verzieht.
Und so geht's auch dem Mann, der, lang erblindet,
Sein Augenlicht urplötzlich wiederfindet;
Er sieht am ersten Tage nicht so gut,
1190 Wie er's am zweiten oder dritten tut;
Und ehe nicht ein Weilchen er's gewohnt,
Bleibt er von mancher Täuschung nicht verschont.
Bei Gott im Himmel! Bitte, mach' Dir's klar:
Gar manche Dinge nimmt ein Mann gewahr;
Die dennoch anders sind, wie er gesehn;
Und wer mißsieht, der wird auch mißverstehn.«

Mit diesem Wort sprang sie vom Baum hinunter.
   Wer war auf Erden nun so froh und munter
Wie Januar? Er küßt und herzt sein Weib
1200 Und streichelt zart und sanft ihr oft den Leib,
Und geht mit ihr in den Palast zurück.
Nun, gute Leute, wünsch' ich Euch viel Glück!
Hier endet mein Bericht von Januar;
Gott und die Jungfrau schütz' Euch immerdar!

Epilog zur Erzählung des Kaufmanns

Vers 1205–1226

»Fürwahr«, sprach unser Wirt, »bei Gottes Güte!
Vor solchem Weibsbild mich der Herr behüte.
Seht, welcher Schliche Frauen sich bedienen!
Seht, welcher List! – Ja, ems'ger als die Bienen
Sind sie, uns dumme Männer zu betrügen;
1210 Und daß sie unwahr sind und immer lügen,
Beweist des Kaufmanns Vortrag uns genau.
So treu wie Stahl ist freilich meine Frau,
Wenn sie gleich arm ist. – Doch im Zaum hält sie
Die bitterböse Plapperzunge nie,
Und andre Laster hat sie noch in Haufen. –
Genug davon! Laßt solche Sachen laufen!
Doch wißt Ihr was? – Ganz im Vertrau'n erzählt:
Mich reut es bitter, daß ich mich vermählt.
Doch alle Fehler, welche sie besitzt,
1220 Euch mitzuteilen, bin ich zu gewitzt.
   Wißt Ihr den Grund? – Sie hört es wieder später;

Auch hier im Kreise fehlen nicht Verräter.
Wer diese sind, brauch' ich kaum anzuzeigen,
Da Weiber nie von solchen Sachen schweigen.
Und Euch in alles einzuweihn gebricht
Es mir an Witz; drum schließ' ich den Bericht.«

Die Erzählung
des Junkers

Der Prolog des Junkers

Vers 1–8

»Kommt näher, Junker! Falls es Euch beliebt!
Erzählt von Liebe! – Traun! Auf Erden gibt
Es keinen, der gleich Euch darin beschlagen.«
   »Nein, Herr!«, sprach er, »doch gerne will ich sagen,
Was mir bekannt ist. – Gebt Ihr mir Befehle,
So bin auch kein Rebell ich und erzähle.
Gut ist mein Wille; doch mißrät's, so richte
Man nicht zu scharf. – Seht, dies ist die Geschichte.«

Die Erzählung des Junkers

Vers 9–669

   Zu Sarra lebte im Tartarenland
   Ein König, welcher oft in Fehde stand
10 Mit Rußland; wodurch mancher brave Mann
   Zu Tode kam. – Man nannte Cambuscan

Den edlen König, der zu seiner Zeit,
Wie keiner sonst berühmt war weit und breit.
In jeder Hinsicht von erprobtem Wert,
Gebrach ihm nichts, was einen König ehrt,
Als daß in anderm Glauben er geboren.
Fest hielt er am Gesetz, das er beschworen,
Und dabei war er weise, kühn und reich,
Gerecht und mild und blieb sich darin gleich;
20 Treu seinem Wort, stets ehrenhaft und gut
Und wie der Schwerpunkt stet und fest an Mut;
Jung, frisch und stark, voll Lust zu Kampf und Strauß,
Wie kaum ein Ritter sonst aus seinem Haus;
Von Ansehn schön, vom Glücke reich bedacht,
Entfaltete er königliche Pracht
An seinem Hofe wie kein andrer Mann.

    Der edle Tartarkönig Cambuscan
Besaß zwei Söhne – Algarsif der eine,
Der jüngere Camballo – welche seine
30 Gemahlin Elfeta zunächst gebar;
Jedoch das jüngste Kind des Königs war
Ein Töchterlein, mit Namen Canace,
Die größte Schönheit. – Aber ich gesteh',
Daß mir die Kunst sowie die Zunge fehlen,
Von so erhabnen Sachen zu erzählen;
Mein Englisch ist nicht gut genug bestellt.
Der erste Redner selber von der Welt,
Dem jede Farbe für die Kunst bekannt,
Brächte die Schilderung kaum zum Teil zustand';
40 Der bin ich nicht, ich rede, wie ich kann.

    Und es geschah, als dieser Cambuscan
Sein Diadem getragen zwanzig Jahr,
Daß er, wie jährlich, denk' ich, Sitte war,
Ausrufen ließ in Sarra allerwärts,

Am letzten Idus würd' im Monat März
In diesem Jahre sein Geburtstag sein.
Phöbus entsandte seinen hellen Schein,
Ganz nah vom Standpunkt der Exaltation,
Mars gegenüber, der in der Mansion
50 Des Widders stand, dem zornig heißen Bilde.
Höchst freundlich war die Witterung und milde.
Der Sonn' entgegen sangen Dankeslieder
Mit lauter Stimme schon die Vögel wieder
Beim Nahn des Frühlings in dem frischen Grün,
Durch sie geschützt fortan, wie's ihnen schien,
Vorm scharfen Schwert der kalten Winterzeit.
    Bediademt, in reichem Königskleid
Saß Cambuscan, von dem die Rede schon,
In dem Palaste hoch auf seinem Thron
60 Und feierte sein Fest mit Prunk und Prangen,
Wie auf der Welt kein zweites ward begangen.
Kaum reichte hin, von aller Pracht zu sagen,
Der längste Tag von allen Sommertagen.
Doch scheint es mir nur wenig von Belang,
Die fremden Schüsseln und jedweden Gang
Sowie die Tafelordnung zu erwähnen.
Noch red' ich von den Reihern und den Schwänen,
Noch von dem Fleische, das als Leckerbissen
– Wie alte Ritter mitzuteilen wissen –
70 Im Lande galt, wird's auch von uns verschmäht.
Denn keinen Menschen gibt es, dem's gerät,
Dies zu beschreiben. – Morgenzeit ist hin,
Und da nur Zeitverlust und nicht Gewinn
Es bringen kann, so eil' ich fortzufahren.
    Als so drei Gänge aufgetragen waren,
Indes dem Spiel und köstlichem Gesang
Der Minnesänger, der bei Tisch erklang,

Der König lauschte und vom Adel alle,
Ritt durch das Tor urplötzlich in die Halle
80 Ein Ritter, der auf einem Rosse saß
Von blankem Stahl. – Er trug ein Spiegelglas
In seiner Hand und einen goldnen Ring
Am Finger, und an seiner Seite hing
Ein nacktes Schwert. – Und als er näher ritt,
Ward in der Halle jeder stumm; denn mit
Verwundrung blickten hin auf die Gestalt
Des Rittersmanns geschäftig Jung und Alt.
      Der bis aufs Haupt vom reichsten Panzerhemde
Umhüllte plötzlich eingetretne Fremde
90 Begrüßte König, Königin und alle
Die Ritter ehrerbietig in der Halle
Dem Rang gemäß nach höfischem Gebrauch
In Wort und Haltung. – Käme selber auch
Zur Erde wieder aus dem Land der Geister
Gawain, der alte Zeremonienmeister,
Fürwahr, verbessern könnt' er nicht ein Wort.
Der Ritter nahte sich dem Thron sofort
Und gab in seiner Sprache, männlich laut,
Die Botschaft wieder, die ihm anvertraut,
100 Nach Laut und Silbe, ohne jeden Fehler;
Es gab durch seinen Vortrag der Erzähler
Vielmehr den Worten ihren besten Wert,
Wie es die Kunstform der Rhetorik lehrt.
Doch mir wird, ach, sein Redestil zu sauer.
Ich überklimme nicht so hohe Mauer,
Doch sag' ich dieses, damit jeder klar
Ersehe, was der Sinn der Rede war,
Soweit es mein Gedächtnis noch behält:
»Arabiens König, Indiens Herr bestellt«,
110 So hob er an, »zu Deinem Ehrentag

Dir Grüße, wie er bestens kann und mag,
Und sendet Dir zu dieser Festlichkeit
Durch mich – der stets zu Deinem Dienst bereit –
Dies Roß von Erz, das leicht sowie bequem
In Zeit von einem Tage – unter dem
Hier vierundzwanzig Stunden sind gemeint –,
Ob's regnet oder ob die Sonne scheint,
Wenn Dir's gefällt, nach jedem Ort Dich trägt,
Wohin Dein Herz zu reiten Neigung hegt,
120 Durch dick und dünn und ohne zu versagen.
Es wird auf Wunsch Dich in die Lüfte tragen,
Hoch wie der Adler sich im Fluge schwingt.
Wohin Du willst, ans Ziel trägt unbedingt
Dich dieses Roß, und ohne Furcht vor Tücken
Magst schlafen Du und ruhn auf seinem Rücken.
Es kehrt zurück, berührst Du einen Knopf.
Der es gemacht hat, war ein schlauer Kopf,
Und wußte durch Konstellation von Sternen
Für das Getriebe manches zu erlernen,
130 Und kannte manches Band und manches Siegel.
      Auch halt' ich den Händen einen Spiegel
Von solcher Kraft, daß Du mit einem Blick
Darin erspähst jedwedes Mißgeschick,
Das Dir bevorsteht oder Deinem Reich;
Und Freund und Feind erkennst darin Du gleich.
      Und überher zeigt noch der Spiegel an,
Ob, wenn ein schönes Fräulein einem Mann
Ihr Herz geschenkt hat, dieser Falschheit sinne,
Und was er plane, wen aufs neue minne;
140 So offenbar wird jede Heimlichkeit.
Weshalb ich jetzt zur lust'gen Sommerzeit
Von meinem Herrn den Spiegel samt dem Ringe
Hier Deiner Tochter zum Geschenke bringe,

Der edlen Dame voller Trefflichkeit.
   Der Ring – sofern Ihr's hören wollt – verleiht
Die Kraft, daß, wenn am Daumen sie ihn trägt,
Auch, falls sie will, in ihre Börse legt,
Von jedem Vogel unterm Himmelsdache
Sie auch sofort verstehen kann die Sprache;
150 Und klar wird ihr der Sinn von ihren Liedern,
Und sie kann in derselben Art erwidern.
Auch alle Kräuter, so aus Wurzeln sprießen,
Kennt sie und kann mit ihnen Wunden schließen,
Wie groß auch deren Tiefe sei und Weite.
   Und dieses nackte Schwert an meiner Seite
Hat solche Kraft, daß, wenn ein Mann es schwingt,
Sein Hieb sofort durch jeden Harnisch dringt,
Wär' er selbst stärker als die stärkste Eiche.
Und wenn ein Mann verwundet ist vom Streiche,
160 Wird er – sofern es Dir beliebt – nie heil,
Falls mit des Schwertes Fläche Du den Teil
Nicht streicheln willst, wo seine Wunden fließen;
Das heißt, die Stelle wird sofort sich schließen,
Berührst Du sie mit Deinem flachen Schwert.
Das ist die Wahrheit, und der Zauber währt,
Solang das Schwert Du führst in Deinen Händen.«
   Hier ließ der Ritter seinen Vortrag enden,
Ritt aus der Halle dann zum Hof hinein
Und stieg vom Roß, das ruhig, wie aus Stein
170 Gehauen, dastand, hell wie Sonnenschimmer.
Der Ritter legte dann in einem Zimmer
Die Rüstung ab, worauf er in die Halle
Zur Tafel ging. – Aus kostbarem Metalle
Waren die Gaben, nämlich Schwert und Spiegel,
Die durch erwählte Diener unter Riegel
Im Hauptturm zu bewahren man befahl.

Der Ring jedoch ward feierlich beim Mahl
Sogleich der Dame Canace verehrt.
Doch unbeweglich stand das Eisenpferd
180 – Ich fab'le nicht, die Wahrheit spricht mein Mund –
Auf seinem Platz, wie festgeleimt am Grund.
Von seinem Fleck es niemand treiben kann;
Sie wenden Hebel, Winden, Schrauben an.
Vergebens! – Da der Kunstgriff nicht bekannt,
So blieb das Roß am Platze, wo es stand,
Bis später die Bewegung von dem Pferde
Der Ritter zeigte, wie ich melden werde.

Es wogte hin und her das Volksgedränge,
Das Pferd begaffend, das von solcher Länge,
190 So breit und hoch war, aber Ebenmaß
Trotz aller Kraft und Stärke doch besaß.
Vollkommen roßgleich war es und dabei
Von Blick so feurig, wie die Lombardei
Mitsamt Apulien nur ein Pferd geboren.
Es könne von dem Schweif bis zu den Ohren
In keiner Art verbessern die Erscheinung
Natur noch Kunst – so war des Volkes Meinung.
Doch galt als größtes Wunder allerwärts,
Daß gehen könne dieses Pferd von Erz;
200 Ein Feenspuk erschien dem Volk zumeist es.
Doch »soviel Köpfe, soviel Sinne« heißt es,
Und eine Meinung kann nicht jedem dienen.
Sie murmelten gleich einem Schwarm von Bienen,
Denn ihre Kraft der Einbildung war rege;
In alten Liedern fanden sie Belege;
Es sei der Gaul ganz gleich dem Pegasus,
Dem Flügelrosse, war der einen Schluß;
Doch andre sagten, es sei Sinons Pferd,
Des Griechen, durch das Troja ward zerstört,

210 Wie dies aus alten Büchern man vernommen.
»Mein Herz«, sprach einer, »ist stets angstbeklommen.
Bewaffnet Volk, so glaub' ich, steckt darin
Und hat die Plündrung unsrer Stadt im Sinn.
Mir schien' es gut, wär' alles erst bekannt!«
Und leise sprach, zum Nachbar hingewandt,
Ein anderer: »Er lügt! Mir scheint vielmehr,
Als ob Magie dabei im Spiele wär',
Wie Taschenspieler sie auf Festen zeigen!«
So zweifelten und schwätzten sie, wie's eigen
220 Dem Pöbel ist in seiner Allgemeinheit,
Der stets bei Dingen, die mit größrer Feinheit
Gemacht sind, als sein schmales Hirn versteht,
Auch auf das Schlimmste gern zunächst gerät.

In andern Gruppen man vom Spiegel sprach,
Der aufbewahrt im starken Turme lag,
Verwundert, daß er solche Dinge künde.

Doch kannte dieser oder der die Gründe:
Man könne durch die Winkabstellung schlau
Die Reflexion berechnen ganz genau;
230 Sei doch in Rom ein solches Glas zu sehn.
Vitellon, sagten sie, und Alhazen
Und Aristoteles beschrieben schon
Die Perspektiven und die Reflexion,
Was Lesern ihrer Schriften sei bekannt.

Auch an dem Schwert man viel zu wundern fand,
Das Kraft besaß, durch jedes Ding zu stechen.
Man kam auf König Telephus zu sprechen
Und auf Achilles mit dem Zauberspeer,
Der heilen konnte wie verwunden schwer,
240 Ganz in derselben Weise wie das Schwert,
Von dessen Kraft soeben Ihr gehört.
Sie sprachen über Härtung von Metall

Und die Verfahren, die man überall
Anwenden könne, solches fest zu machen.
Doch mir sind dieses unbekannte Sachen.
　　Von Canace besprachen sie den Ring
Und sagten, solch ein wunderbares Ding
Von Zauberei sei etwas Namenloses.
Sie wußten nur, daß Salomo und Moses
250 Sich hohen Ruhm in dieser Kunst gewannen.
Und also redend, zog das Volk von dannen.
Merkwürdig, meinten einige, sei, daß
Aus Farnkrautasche man bereite Glas,
Da beides doch so ganz verschieden sei.
Doch bald war das Geschwätz davon vorbei;
Als Wunder galt nicht, was den meisten kund.
Höchst rätselhaft erschien des Donners Grund,
Der Jungfernsommer, Nebel, Ebbe, Flut,
Und was noch sonst bislang im Dunkel ruht.
260 So schwatzten sie und meinten allerhand,
Bis von der Tafel auf der König stand.
　　Vom Mittagswinkel wandte Phöbus sich
– Doch aszendierte dabei königlich
Der edle Löwe mit dem Aldrian –,
Als dieser Tartarkönig Cambuscan
Die Tafel aufhob und vom Throne dann,
Die Sänger und Trompeter ihm voran,
Zum Prunksaal ging, wo Instrumentenklang
Sofort erscholl; und wem's zu Ohren drang,
270 Der wähnte sich ins Himmelreich versetzt.
Tanzt, liebe, lust'ge Venuskinder, jetzt!
Denn freundlich blickt der Liebe Königin,
Hoch in den Fischen thronend, auf Euch hin.
　　Der edle König, hoch zu Thron im Saal,
Den fremden Ritter zu sich herbefahl,

Der bald im Tanz mit Canace sich schwang.
Nun herrschte Lust, nun schallte Jubelklang!
Doch das beschreibt uns nicht, wer trüb gesinnt.
Nur wer im Dienst der Liebe selber minnt,
280 Ein Lebemann, frisch wie der Mai und jung,
Kann unternehmen diese Schilderung.
    Doch wer vermag das Bild Euch zu entfalten
Von fremden Tanzen, frischen Frau'ngestalten,
Die Liebesgrüße mit verstohl'nen Blicken,
Der Gatten Eifersucht befürchtend, nicken?
Ich überschlag' es; denn nur Lancelot
Kann das beschreiben; aber der ist tot.
Ich sage nichts. – In froher Lust indessen
Laß ich sie weilen bis zum Abendessen.
290   Es heißt, derweil die Instrumente klingen,
Der Tafelmeister Wein und Speisen bringen.
Es eilen fort die Junker und Lakai'n;
Man trägt die Schüsseln auf, man bringt den Wein,
Man ißt, man trinkt und nach dem Essen geht
Man schicklich in den Tempel zum Gebet,
Um dann aufs neu' den ganzen Tag zu zechen.
Jedoch, was nützt es, von dem Glanz zu sprechen?
Bekanntlich gibt's auf einem Königsfeste
Für Hoch und Niedrig viel und stets das Beste
300 An – was weiß ich, wie manchen – Leckerei'n.
Gleich nach dem Schmause nahm in Augenschein
Der edle König mit dem ganzen Troß
Von Herr'n und Damen jenes Eisenroß;
    Und so bewundert ward das Pferd von allen,
Daß seit der Zeit, da Troja einst gefallen
Und Menschen staunend auf ein Roß geschaut,
Kaum die Verwundrung wurde je so laut.
Doch schließlich bat der König, daß erklärt

Vom Ritter ihm die Tugend von dem Pferd
310 Und seine Kraft und seine Leitung werde.
        Gleich hob das Roß sich trippelnd von der Erde,
Sobald der Rittersmann erfaßt den Zaum.
»Herr!«, sprach er dann, »es braucht der Worte kaum.
Wohin Du willst, der Ritt vonstatten geht,
Wenn man den Knopf in seinem Ohre dreht.
Sind wir allein, will ich Dir alles zeigen.
Auch darfst Du Land und Ort ihm nicht verschweigen,
Wohin den Ritt nach Deiner Wahl Du lenkst;
Und bist Du da, wo Du zu bleiben denkst,
320 Gib ihm Befehl; und daß es niederfliegt,
Dreh' an dem andern Knopfe. – Darin liegt
Die ganze Kunst. – Gehorsam allsofort
Steigt es hernieder und bleibt still am Ort.
Mag alle Welt das Gegenteil besagen,
Nicht fortzuziehn ist's und nicht fortzutragen.
Und willst Du weiterreiten, nun, so drücke
Auf diesen Knopf, und gleich im Augenblicke
Ist es entschwunden dem Gesicht von allen.
Bei Tag und Nacht steigt wieder nach Gefallen
330 Es auch herab, rufst Du es in der Art,
Wie unter uns Dir näher offenbart
Noch werden soll in kurzer Zeit. – Und nun
Reite nach Lust; denn mehr gibt's nicht zu tun!«
        Nachdem vom Ritter unterwiesen war
Der König und nach Form und Art ihm klar
Geworden war das Triebwerk auf das beste,
Kehrte vergnügten Sinnes er zum Feste
Nunmehr zurück. Die Zügel aber ließ
Er aufbewahren in dem Turmverlies
340 Bei den Juwelen von besonderm Wert.
Aus aller Blick jedoch entschwand das Pferd,

Ich weiß nicht, wie. Von mir bringt Ihr heraus
Für jetzt nichts mehr. – Ich lasse froh beim Schmaus
Sich Cambuscan mit seinen Herr'n behagen,
Bis daß der Morgen fast beginnt zu tagen.

Pars Secunda
Schlaf, der Verdauung Amme, fing zu winken
Und zu warnen an, daß man nach vielem Trinken,
Wie nach der Arbeit, Ruhe suchen müsse,
Und schenkte jedem, gähnend, seine Küsse,
350 Und sprach: »Die höchste Zeit ist, daß Ihr ruht,
Denn dominierend ist bereits das Blut,
Und diesen Freund des Fleisches hegt und pflegt.«
Zum Danke zwei- bis dreimal gähnend, legt
Zu Bett sich jeder, denn die beste Wahl
Schien, das zu tun, was ihnen Schlaf befahl.
Was sie geträumt, kann ich zu melden sparen,
Da ihre Köpfe so umnebelt waren,
Daß sie nur Träume hatten ohne Sinn.
Die meisten schliefen bis zum Mittag hin;
360 Jedoch nicht Canace, die nach den Sitten
Der Frauenwelt das Maß nicht überschritten,
Und von dem Vater ihren Abschied nahm
Und schlafen ging, sobald der Abend kam;
Denn ungern wäre sie mit bleichen Mienen
Am nächsten Morgen unfestlich erschienen.
Bald lag im ersten Schlummer sie, doch wachte
Dann wieder auf; denn ihrem Herzen machte
So große Freude Spiegelglas und Ring,
Daß zwanzigmal die Farbe kam und ging
370 Und Traumvision ihr stets den Spiegel wies,
Der solchen mächt'gen Eindruck hinterließ.
Als daher kaum die Sonne aufging, rief

Sie ihre Pflegerin, die bei ihr schlief,
Und sprach: sie habe Lust, sich zu erheben.
    Wie alte Frau'n sich gern den Anschein geben
Besondrer Weisheit, fragt' die Pflegerin
Hierauf zunächst: »Madam, wo wollt Ihr hin,
So früh am Tage? – Noch schläft jedermann!«
    »Ich will«, sprach sie, »da ich nicht schlafen kann

380 Und länger schlafen mag, spazierengehn.«
Gleich sprangen auf von ihren Frauen zehn
Bis zwölfe, wie die Pflegerin gebot.
Auch Canace erhob sich, frisch und rot,
Der jungen Sonne gleichend, die am Pfade
Des Himmels eben bis zum vierten Grade
Des Widders klomm, als sie schon fertig stand
Und in das Freie leichten Schritts entschwand,
Für Spiel und Wanderung vom luft'gen Kleid
Umflattert in der lustig süßen Zeit.

390 Doch von der Frauenschar nahm sie allein
Fünf oder sechs mit in den Park hinein.
    Durch Nebeldunst, der aus der Erde quoll,
Erschien die Sonne rot und breit und voll;
Jedoch ein Schauspiel war's voll Herrlichkeit.
Und in der morgenfrischen Frühlingszeit
Schlug ihr das Herz erleichtert, als der Sang
Der Vogelstimmen ihr zu Ohren drang,
Denn Meinung und Bedeutung konnte sie
Sofort erkennen aus der Melodie.

400   Man sollte nie, hat man was mitzuteilen,
So lange bei der Knotenschürzung weilen,
Bis wir bei denen, die uns reden hören,
Die Lust ertöten und den Reiz zerstören.
Denn wird zu viel und gar zu breit geschwätzt,
Verfliegt der Duft. – Und darum will ich jetzt

Mich gleich zum Knoten der Erzählung wenden,
Und lasse hiemit ihre Wandrung enden.
　　Wo Canace im grünen Waldesraum
Lustwandelte, saß hoch auf einem Baum,
410 Der dürr und trocken war und weiß von Schein
Wie Kreide, eine Falkin, deren Schrein
Im ganzen Walde kläglich widerscholl;
Und die mit ihren Flügeln jammervoll
Sich selbst zerschlug, bis daß von rotem Blute
Der Baumstamm troff, auf dem der Vogel ruhte,
Der immerfort erbärmlich schrie und kreischte
Und mit dem eignen Schnabel sich zerfleischte.
Ein Tiger hätte, der im Walde schweift,
Ein wildes Tier, das durch die Dickung streift,
420 Wenn ihnen Tränen nicht Natur versagte,
Geweint aus Mitleid, als so laut sie klagte.
Zwar mancher weiß die Schildrung uns zu geben
Von einem Falken. Doch es hat im Leben
Bislang kein einz'ger Mann wohl einen gleichen,
So schöngeformten, so gefiederreichen,
So ganz vollkommnen Vogel je gekannt.
Ein Pilgerfalke schien's aus fremdem Land,
Doch jetzt durch Blutverlust geschwächt und kaum
Mehr bei Besinnung, so daß auf dem Baum
430 Sich festzuhalten länger nicht vermocht' er.
　　Und Canace, die schöne Königstochter,
Die an dem Finger trug den Zauberring,
Durch den sie Kraft besaß, ein jedes Ding,
Von dem ein Vogel spricht in seinen Liedern,
Klar zu verstehn und darauf zu erwidern,
Vernahm auch, was die Falkin zu ihr sprach,
Durch deren Jammer fast das Herz ihr brach.
Rasch zu dem Baume wandte sie den Lauf

Und blickte mitleidsvoll zum Vogel auf
440 Und breitete den Schoß aus, wohl bewußt,
Er falle durch den vielen Blutverlust
Bei nächster Ohnmacht sicher von dem Aste.
In der Erwartung stumm verharrend, paßte
Sie länger auf, bis sie das Schweigen bannte
Und sich zur Falkin mit den Worten wandte:
»Was ist der Grund – darfst Du es mir erzählen –,
Daß Dich so grimme Höllenschmerzen quälen?«,
So sprach zum Vogel droben Canace.
»Ist's Todesangst, verschmähter Liebe Weh?
450 Denn wie mich dünkt, entspringt aus diesen beiden
Für edle Herzen wohl das schwerste Leiden,
Von anderm Harme brauch' ich nicht zu sprechen;
Daß Du versuchst, Dich an Dir selbst zu rächen,
Beweißt es klar, Haß oder Furcht allein
Kann Deiner grausen Tat Beweggrund sein.
Noch seh' ich nirgends den Verfolger kommen.
Bei Gottes Liebe, Dir zum eignen Frommen!
Wie kann ich helfen? Rede, sprich zu mir!
In Ost und West sah Vogel oder Tier
460 Ich nie zuvor, dem solches Leid geschah.
Fürwahr, mir gehen Deine Sorgen nah.
Von Mitleid ist für Dich mein Herz erfaßt.
Um Gottes willen, komm herab vom Ast!
So wahr ich eine Königstochter bin,
Machst Du mich mit dem Grund bekannt, worin
Dein Leiden wurzelt, kann ich, eh' die Nacht
Herniedersinkt, Dich heilen, will mit Macht
Und Weisheit Gott mich gütig unterstützen.
Ich finde manche Kräuter, die Dir nützen,
470 Und Deine Wunden heilen rasch und sicher!«
Jedoch die Falkin schrie nur jämmerlicher

Als je zuvor, stürzte zu Boden und
Lag regungslos, still wie ein Stein, am Grund;
Bis Canace in ihren Schoß sie nahm,
Wo ihr Bewußtsein schließlich wiederkam
Und sie, sich dann erholend nach und nach,
In Falkenzunge diese Worte sprach:
»Daß Mitleid rasch ein edles Herz bewegt,
Da fremder Schmerz ihm selber Schmerz erregt,
480   Kann jeder Tag beweisen, und es steht
Fest durch die Tat wie durch Autorität.
Denn edlen Sinn zeigt stets ein edles Herz.
Drum überwältigt auch bei meinem Schmerz
Dich Mitleid, meine schöne Canace!
Die reinste Frauenliebe – wie ich seh' –
Ist Deines Tuns Beweggrund von Natur,
Nicht weil ich Heilung hoffe, sondern nur
Dem zu entsprechen, was Dein Herz begehrt,
Und daß mein Beispiel andere belehrt
490   – Ward doch der alte Leu gewarnt vom jungen.
Aus diesen Gründen, diesen Folgerungen
Will ich auch Dir, solang vor meinem Scheiden
Mir Zeit gegönnt ist, beichten meine Leiden.«
So klagte sie in ihrer Sorgen Last,
Und hin in Tränen schmolz die andre fast,
Bis sie die Falkin endlich schweigen hieß,
Die, tief erseufzend, sich vernehmen ließ:
        »Geboren ward ich – weh, daß je getagt
Der Morgen mir! –, wo hoch ein Felsen ragt
500   Von grauem Marmor, und in Zärtlichkeit
Herangepflegt, vor Harm beschützt und Leid,
Bis himmelan zu fliegen ich gelernt.
Ein Sperber wohnte von mir nicht entfernt,
Von edlem Ansehn, aber in der Tat

Nur voller Tücke, Falschheit und Verrat.
Dem Scheine nach voll Offenheit verbarg
Im Demutsmantel er des Herzens Arg;
Stets dienstbeflissen und verbindlich schien er,
Und nichts verriet in ihm den Augendiener;
510 Von Grund aus echt hielt jeder seine Farben.
Wie eine Schlange, unter Blumengarben
Versteckt, zum Biß erspäht die rechte Zeit,
Verstand mit höflicher Geschmeidigkeit
Es dieser Gott der Heuchelliebe auch,
Dem Scheine nach zu wahren Form und Brauch,
Wie ehrenhafte Liebe dies verlangt.
Gleich wie ein Grab, das schön von außen prangt,
Die Leiche birgt, wie jeder von Euch weiß,
War dieser Heuchler beides, kalt und heiß;
520 Und so kam er zum Zweck; doch niemand ahnte,
Als nur der Teufel, was er sann und plante.
Nachdem er weinend, klagend Jahr und Zeit
Sich meinem Dienste scheinbar ganz geweiht,
Wodurch mein Herz, das mitleidsvoll sich regte,
Von der Erzbosheit niemals Ahnung hegte,
Gab ich, von Furcht um seinen Tod bezwungen,
Auf seine Schwüre und Versicherungen
Ihm unter der Bedingung meine Liebe,
Daß Ruf und Ehre mir erhalten bliebe,
530 Wie im geheimen, so auch öffentlich;
Das heißt, ich gab, wie er's verdient um mich,
Gedanken, Herz und alles ihm dahin –
Doch anderes trug er, weiß Gott, im Sinn
Und schenkte für sein Herz das meine fort!
Lang ist es her. – Doch wahr bleibt stets das Wort:
Ein Ehrenmann denkt anders als ein Dieb.
Kaum sah er, wie es stand; wie ihm zulieb'

Ich seiner Minne völlig mich ergeben
In solcher Weise, wie erzählt soeben,
540 Und ihm mein treues Herz geschenkt so frei,
Wie er mir schwor, daß seins mein eigen sei,
Als dieses zweigezüngte Tigertier
Auf seine Knie sich niederwarf vor mir
So voller Demut und so ehrfurchtsreich,
Ganz den verliebten Edelleuten gleich,
Entzückt, wie's schien, und voller Freudigkeit,
Wie Paris kaum und Jason seinerzeit.
Wie Jason? – Nein! Wie niemals sonst ein Mann
Seit Lamech, der zuallererst begann
550 Zweiweiberei, wie aus der Schrift erhellt,
Nein! Nie zuvor, seit Adam kam zur Welt,
War an Verstellungskunst, die er verstand,
Der zwanzigtausendfachste Teil bekannt.
Es löste niemand ihm die Schuh', sobald
Es zu berücken und zu heucheln galt.
Er dankte mir, wie keiner je geschehen,
Und Himmel war es, ihn nur anzusehen.
Gewiß, das klügste Weib hätt' er berückt,
So schön war er geputzt, so reich geschmückt,
560 So wohl gesetzt sein Wort und sein Betragen.
Wie konnt' ich drum ihm meine Lieb' versagen?
Er schien so treu und wahrgesinnt von Herzen!
Ja, drückten ihn nur die geringsten Schmerzen,
So fühlt' ich auch, sobald es mir bewußt,
Die größte Todesqual in meiner Brust.
Und kurz und gut, so ging es weiter fort;
Sein Wille war der meine; seinem Wort,
Will das besagen, gab ich nach beständig
In allen Dingen, die nicht unverständig;
570 Und meinem Bunde bin ich treu geblieben.

Nichts lieb' ich so, nichts konnte mehr ich lieben,
Als ihn – weiß Gott! – und werd' es nun und nimmer!
    Ein bis zwei Jahre schwanden, aber immer
Hatt' ich das Beste nur von ihm gedacht.
Doch endlich zwang ihn des Geschickes Macht
Zur Wanderung und trieb ihm von dem Ort,
Wo ich gelebt, und meiner Seite fort.
Wie weh mir war, mag unerörtert bleiben.
Es läßt sich das nicht malen und beschreiben.
580 Indessen offen darf ich eines sagen,
Daß Todesschmerzen ich um ihn getragen,
So sehr fühlt' ich der Trennung bittren Gram!
Es kam der Tag, an dem er Abschied nahm
So voller Sorgen, daß ich sicherlich
Der Meinung war, er litte so wie ich.
Mir schwand bei seinem Anblick, seinem Wort
An seiner Treue jeder Zweifel fort,
Und wohl mit Recht konnt' ich die Hoffnung nähren,
Er würde heim nach kurzer Weile kehren;
590 Vernunft allein gebiet' es ihm zu gehen,
Und seine Ehre – wie das oft geschehen.
So macht' ich Tugend aus Notwendigkeit,
Verbarg die Sorgen und ertrug, soweit
Ich Kraft besaß, was nicht zu ändern stand;
Schwor ihm bei St. Johannes in die Hand
Und sprach: ›Von ganzer Seele bin ich Dein!
Sieh', wie ich war, so werd' ich immer sein!‹
Was er darauf erwidert, schlag' ich über.
Wer konnte falscher sprechen und wer lieber?
600 Er tat mir schön, und damit war es aus.
Nun, wer mit einem Teufel sitzt beim Schmaus,
Muß lange Löffel haben, wie es heißt.
Als er von mir dann schließlich fortgereist,

Flog er dem Ziel, das er erwählte, zu;
Doch mich bedünkt, der Platz für seine Ruh'
War nach dem Texte wohl von ihm erkoren,
Dem Trieb zu folgen, der ihm angeboren.
Ich denke, Menschen sagen, daß das Neue
Naturgemäß am meisten uns erfreue;
610 Wie es der Vogel in dem Käfig lehrt,
Der, Tag und Nacht aufs sorgsamste genährt
Mit Zucker, Semmel, Milch und Honigseim
Im seidenweichen Käfig sitzt daheim;
Und doch, wenn offen er die Türe sieht,
Den Trog mit seinen Füßen tritt und flieht,
Um Würmer in dem nahen Wald zu fressen.
So sind auf neues Futter sie versessen.
Das Neue reizt – das steckt in dem Gemüte;
Nicht edle Neigung bindet sie noch Güte.
620   So ging's dem Sperber. – Ach, du liebe Zeit!
Wie schien so frisch er, wie voll Heiterkeit,
Bescheiden, frank und adelig von Art!
Doch hatt' er eine Weihe kaum gewahrt,
Verliebt' er sich bis über beide Ohren,
Und seine Neigung war für mich verloren.
So brach er falsch, was er geschworen hatte.
Im Dienste dieser Weihe lebt mein Gatte,
Indes ich hilflos und verlassen bin.«
Die Falkin sprach's und sank ohnmächtig hin
630 Vor Jammer in den Schoß von Canace.
      Und um den Sperber fühlte sie solch Weh,
Daß Canace mit ihrer Frauenschar
Sie aufzurichten beinah' ratlos war.
Sie trug den Vogel heim in ihrem Schoß
Und legte Pflaster auf die durch den Stoß
Des eignen Schnabels ihm geschlagne Wunde.

Nach Kräutern nun grub in der Erde Grunde
Jetzt Canace, um aus den köstlich frischen
Heilkräft'gen Pflanzen Salben sich zu mischen
640 Für ihre Falkin, die sie Nacht und Tag
So sorgsam pflegt, wie irgend sie vermag.
Bei ihrem Bett ließ sie den Käfig bauen;
Zum Zeichen der Beständigkeit von Frauen
War er mit blauem Sammet überspannt,
Und dargestellt auf grüner Außenwand
Sah man die falschen Vögel, die Verderber,
Wie Haubenhähne, Eulen oder Sperber;
Und recht gemalt, wie zum Verdruß für sie,
War eine Elsternschar, die spottend schrie.

650   Von Canace, die ihre Falkin pflegt,
Von ihrem Ring, den sie am Finger trägt,
Sprech' ich nicht weiter, bis ich Euch beschreibe
Der Sage nach, wie zu dem Falkenweibe
Der Sperber reuig heimgekehrt, und wie
Hilfreiche Hand Camballo dazu lieh,
Der Königssohn, von dem ich früher sprach;
Und graden Weges werd' ich dann hernach
Auf Schlachten und auf Abenteuer kommen,
So wunderbar, wie Ihr sie nie vernommen.

660   Zuerst bericht' ich Euch von Cambuscan,
Der mittlerweile manche Stadt gewann;
Und darauf wird von Algarsif erzählt,
Wie Theodora er zum Weib erwählt,
Und wie ihm in der dringendsten Gefahr
Das Eisenroß die beste Hilfe war;
Dann rede von Camballo ich, der mit
Zwei Brüdern tapfer in den Schranken stritt
Für Canace, bevor er sie gewann,
Und wo ich abbrach, fang' ich wieder an.

Worte des Freisassen an den Junker und des Gastwirts an den Freisassen

Vers 670–705

670 »Wahrhaftig, Junker! Du hast's brav gemacht!«,
Rief jetzt der Freisaß, »und in Anbetracht
Von Deiner Jugend hast Du fein erzählt.
Man sieht, daß Dir Gefühl und Witz nicht fehlt.
Ich muß Dich loben! Hier von uns erreicht,
Fährst Du so fort, Dich keiner wohl so leicht
An Eloquenz. – Nun, stehe Gott Dir bei,
Daß Deine Tugend auch von Dauer sei!
Denn was Du sprachst, war ganz nach meinem Sinn.
Bei dem Dreiein'gen! Gerne gäb' ich hin
680 Den vollen Wert von zwanzig Pfund in Land,
Gelangte mir's auch eben in die Hand,
Wenn nur mein Sohn Dir an Verstand und Witz
In etwas gliche. – Pfui! Was gilt Besitz,
Wenn einem Manne gute Sitten fehlen?
Wie mußt' ich ihn, wie werd' ich ihn noch schmälen,
Daß er Gehör der Tugend nimmer schenkt,
An Würfelspiel nur und Verschwendung denkt
Und alles, was er hat, verliert, verpraßt;
Mit einem Knechte lieber sich befaßt,
690 Als mit den Edelleuten zu verkehren,
Die höflich sind und feine Sitte lehren.«
        »Was«, rief der Wirt, »frag' ich nach seinen Sitten!
Verzeiht, Herr Freisaß, aber ich muß bitten,
Euch zu erinnern: ein bis zwei Geschichten
Muß jeder hier bei Pfandverlust berichten.«
        »Wohl weiß ich«, sprach der Freisaß, »was
                                beschlossen.

Doch Herr – ich bitte – seid nicht gleich verdrossen,
Daß ich ein Wort mit diesem Mann geplaudert.«
        »Frisch loserzählt! Und länger nicht gezaudert!«
700   »Mein lieber Wirt!«, sprach er, »von Herzen gern
Will ich gehorchen. – Hört mir zu, Ihr Herr'n!
In keiner Art will ich Euch widerstreben,
Soweit Verständnis mir und Witz gegeben.
Steht Gott mir bei und stimmt es Euch vergnügt,
So weiß ich, daß es gut ist und genügt.

Die Erzählung
des Freisassen

Der Prolog des Freisassen

Vers 1–20

Von edelen Bretonen ist vor Zeiten
Von Abenteuern und Begebenheiten
Manch Lied gereimt in aller Zungenart,
Das bald zur Laute vorgesungen ward,
Bald vorgelesen, sie zu unterhalten;
Und im Gedächtnis hab' ich eins behalten,
Das ich erzählen will, so gut ich kann.
    Indes, Ihr Herr'n! Ich bin ein schlichter Mann
Und bitte drum, im voraus zu verzeihn,
10 Wenn meine Rede roh ist und gemein.
Die Künste der Rhetorik kenn' ich nicht,
Und muß ich reden, sprech' ich grad' und schlicht.
Auf dem Parnasso lag ich nie im Schlummer,
Nie machte Tullius Cicero mir Kummer,
Und Redefarben sind mir unbekannt.
Zwar hab' ich manche Farben an der Wand
Und oft auch Farben, die auf Wiesen stehn,
Doch Farben der Rhetorik nie gesehn;

Da ich mit solchen Sachen mich nicht plage.
20 Doch habt Ihr Lust, so hört, was ich Euch sage.«

Die Erzählung des Freisassen

Vers 21–909

Im Britenland, Armorika genannt,
War einst ein Ritter, der, in Lieb' entbrannt
Für eine Dame, treu und dienstbereit
Gar manche Arbeit, manche Fährlichkeit
Um sie bestand, bevor er sie errang.
Denn da aus edlem Hause sie entsprang
Und zu den schönsten Frau'n auf Erden zählte,
Es ihm aus Furcht an der Entschließung fehlte,
Ihr seinen Kummer, seine Not zu klagen;
30 Bis sie zuletzt sein würdiges Betragen,
Sein sanfter Sinn und sein ergeb'ner Wille
So innig rührte, daß sie ihre stille
Gewogenheit ihm länger nicht verhehlte
Und ihn zum Gatten und zum Herrn erwählte –
Soweit die Männer ihrer Weiber Herrn.
Der Ritter aber schwor von Herzen gern,
Um möglichst segensreich mit ihr zu leben,
Sich seiner Herrschaft gänzlich zu begeben,
Ihr Tag und Nacht gehorsam stets zu sein,
40 Ihr niemals Grund zur Eifersucht zu leihn
Und ihr zu folgen willig und geduldig,
Wie ein Verliebter seiner Dame schuldig,
Wenn er nur vor der Welt, wie sich's gebühre,
Dem Namen nach die Oberherrschaft führe.

Und sich bedankend, sprach sie demutsvoll:
»Herr! Wenn ich solchen Anteil haben soll
Am Regiment durch Deine Gunst und Huld,
So soll auch Krieg und Streit durch meine Schuld
– Wenn's Gott gefällt – uns nimmerdar entzwein.
50 Ich schwöre Dir, ein folgsam Weib zu sein,
So lange, wie zu atmen mir beschieden!«
Und beide lebten ruhig und in Frieden.
     Genossenschaft – das bleibt stets wahr, Ihr Herr'n! –
Besteht nur unter Freunden, insofern
Sich einer weiß dem andern anzupassen.
Es will die Liebe sich nicht meistern lassen.
Sobald der Liebesgott den Zwingherrn sieht,
Regt er die Schwingen, sagt ade und flieht.
Ein freies Ding ist Liebe, wie der Geist;
60 Und ihre Freiheit liebt das Weib zumeist.
Doch Zwang und Knechtschaft sind ihr höchst verhaßt,
Wie dieses, denk' ich, auch auf Männer paßt.
Wer in der Liebe nur Geduld behält,
Der hat den größten Vorteil von der Welt.
Als höchste Tugend ist Geduld zu preisen,
Denn sie bezwingt, so sagen uns die Weisen,
Was unbesiegbar selbst der Strenge gilt.
Es ist nicht gut, wenn man stets schimpft und schilt.
Zu dulden lernet! Denn – auf Seligkeit! –
70 Gern oder ungern müßt ihr's mit der Zeit.
Es hat kein Mensch auf Erden je gewandelt,
Der unrecht nicht gesprochen und gehandelt.
Wein, Zorn, Konstellationen, Krankheit, Leid
Und Wechsel der Gemütsbeschaffenheit
Veranlaßt manchen, lästerlich zu sprechen;
Doch jedes Unrecht darf der Mensch nicht rächen,
Und mit der Zeit lernt Mäßigung der Mann,

Der sich bezwingen und beherrschen kann.
Weshalb zum eignen Besten der erprobte
80 Und weise Ritter ihr Geduld gelobte.
Sie aber schwur, er sollte keinen Flecken
An ihr für nun und nimmermehr entdecken.
        Seht! Solch ein Demutsbund ist weisheitsreich.
Sie kor zum Knecht ihn und zum Herrn zugleich,
Zum Knecht der Liebe und zum Herrn im Haus.
Wie? Schließt denn Knechtschaft nicht die
                        Herrschaft aus?
Knechtschaft? – O nein! Nur Herrschaft ist gemeint,
Wenn Liebe mit der Ehe sich vereint;
War doch nach Liebeswahl und Recht und Brauch
90 Die Herzgeliebte für ihn Gattin auch.
Als ihm zuteil geworden war dies Glück,
Nahm er sein Weib mit in sein Land zurück,
Wo unweit Penmark sein Besitz gelegen,
Und lebte dort in Fröhlichkeit und Segen.
        Beschreiben kann uns nur, wer selbst vereh'licht,
Die Lust, das Glück, die Ruhe, die beseligt
So Mann als Weib im heil'gen Ehestand.
Mehr als ein Jahr vergnügt vorüberschwand,
Bis der erwähnte Ritter dieser Dame,
100 Arviragus von Cairud war sein Name,
Nach England zog, dem Reiche der Bretonen,
Daselbst ein Jahr lang oder zwei zu wohnen,
Um Waffenruhm und Ehre zu gewinnen;
Denn solche Arbeit war sein stetes Sinnen.
Zwei Jahre blieb er – wie mein Buch sagt – dort.
        Nun wendet von Arviragus mein Wort
Sich hin zu seinem Weibe Dorigene;
Sie schickte manchen Seufzer, manche Träne
Dem heißgeliebten, fernen Gatten nach,

110 Wie solches stets ein edles Weib vermag.
Sie trauert, fastet, jammert, wacht und klagt,
Von Sehnsucht und Verzweiflung so geplagt,
Daß ihr das ganze Weltall war zuwider.
Die Freunde sahen, wie der Schmerz sie nieder
Zu drücken schien, und sprachen Tag und Nacht
Ihr tröstend zu nach bester Kraft und Macht,
Sich grundlos nicht bis auf den Tod zu quälen.
Sie ließen es an keinem Troste fehlen,
Indem sie alles taten und ersannen,
120 Was passend schien, die Schwermut zu verbannen.
    Nur nach und nach – das weiß man allgemein –
Gelingt durch lange Arbeit es, dem Stein
Figuren oder Zeichen einzugraben.
Wie manchen Trost sie ihr daher auch gaben,
Es währte lange, bis er Eindruck machte,
Und Hoffnung und Vernunft so weit erwachte,
Daß sie sich ihrer Sorgen mehr entschlug
Und minder wild und aufgeregt betrug.
    Doch hätte nicht Arviragus daneben
130 Ihr Kunde seines Wohlergehns gegeben
Und brieflich rasche Rückkehr ihr versprochen,
So hätte Kummer ihr das Herz gebrochen.
    Die Freunde sahen ihre Sorgen fliehn,
Und baten sie, bei Gott, auf ihren Knien,
Durch Lust und Spiel mit ihnen im Verein
Sich von den düstern Grillen zu befrein.
So fügte sie, da man ihr unbestritten
Zum Besten riet, sich endlich ihren Bitten.
    Da nun ihr Schloß nicht weit vom Meere stand,
140 Ging sie mit ihren Freunden oft zum Strand
Und schaute von dem hohen Felsenriffe
Hinab und sah die Barken und die Schiffe,

Bald hier-, bald dorthin durch die Fluten steuern.
Doch schien es ihre Schmerzen zu erneuern,
Denn zu sich selber sprach sie oft: »O weh!
Bringt keines von den Schiffen, die ich seh',
Mir meinen Herrn zurück, damit mein Herz
Genesung finde von dem bittern Schmerz?«
    Oft in Gedanken blickte sie dann wieder
150 Vom steilen Ufer in die Tiefe nieder
Zur grauenhaften, schwarzen Felsenwand;
Bis sie, von Furcht und Schauer übermannt,
Nicht mehr der Kraft der eignen Füße traute.
Dann, in das Gras sich niedersetzend, schaute
Sie voller Jammer auf das Meer hinaus
Und brach erseufzend in die Worte aus:
    »Allew'ger Gott, der Du mit Vorbedacht
Die Welten lenkst durch Deines Willens Macht,
Nichts Eitles, sagt man, schufen Deine Hände.
160 Doch diese grausig schwarzen Felsenwände
Sind die Gebilde der Verwirrung nur;
Kein schönes Werk, an welchem wir die Spur
Von Deiner weisen Schöpferhand gewahren.
Wie konntest Du so unbedacht verfahren?
Denn keine Nahrung finden Mensch und Tier
In Süd und Nord, in Ost und Westen hier.
Sieh, lieber Herr! Es nützt zu nichts; fürwahr,
Es bringt den Menschen Tod nur und Gefahr;
Denn sicher fielen hunderttausend Leute
170 Den unverständ'gen Felsen schon zur Beute.
Doch ist der Mensch der Schöpfung höchste Zier;
Du schufst ihn ja als Ebenbild von Dir;
Und da die Menschen Du nach allem Schein
So innig liebst, wie kann es möglich sein,
Daß Mittel der Zerstörung Du erdacht,

Die Gutes nimmer, Schaden stets gebracht.
Daß alle Sachen nur zum Besten dienen,
Beweisen die Gelehrten. – Aber ihnen
Will ich das Disputieren überlassen.
180   Ich kann es nicht begreifen und erfassen.
Mein Schluß ist nur: Gott, welchem Wind und Wetter
Gehorchen muß, sei meines Herrn Erretter!
Oh, möchte Gott die schwarzen Felsenmassen
Zur Höllentiefe niedersinken lassen,
Die stets mit Angst um ihn mein Herz beschweren!«
So sprach sie unter jammervollen Zähren.

Die Freunde sahen, daß am Meeresstrand
Sie nur Verdruß anstatt Vergnügen fand.
Drum wählten sie zum Spielplatz andre Stellen.
190   Sie führten sie zu Flüssen und zu Quellen,
Und suchten sie an andern schönen Plätzen
Durch Tanz und Schach und Brettspiel zu ergötzen.

Einst gingen sie mit Tagesanbeginn
Zu einem nah gelegnen Garten hin,
Zu welchem Lebensmittel und Proviant
Mit weiser Vorsicht sie vorausgesandt,
Und spielten dort, bis niedersank die Sonne.
Der sechste Tag war's in dem Mond der Wonne,
Es hatte Mai durch sanfte Regenwetter
200   Frisch aufgemalt die Blumen und die Blätter
Im ganzen Garten, der durch Kunst und Kraft
Der Menschenhand so schön und zauberhaft
Geschaffen war, das nur dem Paradies
Er sich an Pracht allein vergleichen ließ.
Der Blüten Duft, der Blumen reicher Flor
Rief Munterkeit und heit'ren Sinn hervor
In jeder erdgebor'nen Brust, der Gram
Und Krankheit die Empfindung nicht benahm;

So voller Schönheit war er, voller Frische.
210 Gesang und Tanz begann sogleich nach Tische;
Doch teilnahmslos stand Dorigene da,
Erseufzend, klagend, denn ihr Auge sah
Nicht den als Tänzer in der Männerschar,
Der ihr Gemahl und Herzgeliebter war.
Indessen faßte sie sich nach und nach,
Die Sorge schwand und Hoffnung wurde wach.
     Vor ihr schwang unter andern sich im Tanz
Ein Junker, der an jugendfrischem Glanz
Und schmuckem Anzug, meiner Meinung nach,
220 Weit heller strahlte als der Maientag.
Es sang und tanzte nimmer wohl ein Mann
So schön wie er, seitdem die Welt begann.
Auch war er – will man eine Schilderung
Von ihm entwerfen – weise, stark und jung,
Vom Glück begünstigt tugendhaft und reich
Und wohlbeliebt und hochgeehrt zugleich.
Die Wahrheit zu gestehn, war überdies
Der lust'ge Junker, der Aurelius hieß,
Der Venus Diener, und verliebt war er
230 Seit langer Zeit in Dorigene mehr
Als in sonst irgendwelche Frau – doch wußte
Sie nichts von seiner Neigung, und so mußte
Er, ohne seine Not gestehn zu dürfen,
Den Trank der Wehmut ohne Becher schlürfen.
Dies trieb ihn zur Verzweiflung, denn sein Leiden
Vermocht' in Liedern er allein zu kleiden
Als allgemeine Klage, daß er liebe,
Doch seine Neigung unerwidert bliebe.
Hierüber schrieb er manche Laiche nieder,
240 Rondeaus und Klagen, Virelais und Lieder:
Er dürfe nimmer seine Sorge nennen,

Er müsse schmachtend in der Hölle brennen,
Ihm bringe noch, wie Echo um Narziß,
Verschmähte Liebe seinen Tod gewiß!
Nur so verblümt, wie hier erzählt, gestand
Er ihr die Leiden, die sein Herz empfand;
Obschon er sich nach junger Leute Brauch
Die Freiheit nahm, im Tanz bisweilen auch
Mit solchen Blicken auf sie hinzusehn,
250 Wie Männer tun, die um Erhörung flehn;
Indes sein Zweck blieb ihr ganz unverständlich.
Doch eh' das Fest vorbei war, führt' ihn endlich
Des Zufalls Gunst in ihre Nachbarschaft,
Und da sie ihn als brav und tugendhaft
Seit langen Jahren kannte, so begann
Sie ein Gespräch mit ihm, in welchem dann
Aurelius, seinem Ziele nach und nach
Stets näher rückend, diese Worte sprach:
     »Madam«, rief er, »beim Schöpfer dieser Welt!
260 Wär' all Dein Leiden dadurch abgestellt,
So hätte sich für Dich Aurelius
An jenem Tage, als Arviragus
Das Meer durchschiffte, gern den Tod gegeben!
Ich weiß zu wohl, umsonst ist mein Bestreben,
Mein einz'ger Lohn – ist ein gebrochnes Herz!
Laß, edle Frau, Dich rühren meinen Schmerz!
Ein Wort von Dir vernichtet oder rettet.
Ach, wollte Gott, ich läg' vor Dir gebettet
In meinem Grab! Nicht weiter kann ich sprechen,
270 Hab' Mitleid, Süße, soll mein Herz nicht brechen.«
     Sie blickte nieder auf Aurelius
Und fragt': »Ist das Dein Wille und Entschluß?
Zuerst, Aurelius, konnt' ich's nicht verstehn,
Doch jetzt«, sprach sie, »beginn' ich's einzusehn.

Indes – bei Gott, dem Herrn von Seel' und Leib! –
Ich werde nie als ungetreues Weib
In Worten oder Werken mich erzeigen,
Und dem ich mich verbunden, bleib' ich eigen.
Betrachte dies als letzte Antwort Du!«
280 Indessen scherzend fügte sie hinzu:
    »Aurelius!«, sprach sie, »bei dem Herrgott droben!
Ich will Dir dennoch Liebe zugeloben,
Weil Du so flehentlich danach begehrt hast.
Sieh! An dem Tag, an dem Du weggekehrt hast
Aus der Bretagne alle Felsenriffe
So gründlich Stein um Stein, daß keine Schiffe
Daselbst mehr scheitern, und die Küste rein
Von allen Klippen ist und jedem Stein,
Will ich Dich mehr als jede Kreatur
290 Auf Erden lieben! – Dieses ist mein Schwur.
Denn das wird – weiß ich sicher – nie geschehen.
Laß solche Torheit aus dem Sinn Dir gehen.
Weswegen reizt Euch Männer nur ein Weib,
Das einen Gatten hat, der ihren Leib
Genossen hat, sooft es ihm behagte?«
    Schwer seufzte nun Aurelius und fragte:
»Bleibt denn kein einz'ger Hoffnungsschimmer mein?«
    Sie sprach: »Bei Gott, der mich erschaffen! – Nein!«
    Sobald Aurelius dieses Wort vernahm,
300 Sprach er zu ihr in seinem Herzensgram:
    »Madam! Durch solch unmögliches Gebot
Treibt ihr mich jählings in den grausen Tod!«
Und mit den Worten ging er von ihr fort.
Bald kehrten Freunde, welche – hier und dort
Zerstreut im Garten – dieser letzten Szene
Nicht beigewohnt, zurück zu Dorigene;
Und rasch begann von neuem Spiel und Tanz.

Und als erloschen war der Sonne Glanz,
Die längst sich hinterm Horizont verkrochen,
310 Das heißt, nachdem die Nacht hereingebrochen,
Ging froh und heiter jedermann nach Haus.
Jedoch Aurelius nehm' ich davon aus,
Der heimwärts zog mit sorgenvollen Sinnen.
Er hoffte kaum, dem Tode zu entrinnen,
Ihm zu erkalten schien bereits das Herz,
Und seine Hände hob er himmelwärts,
Und warf in wilder Fieberphantasie
Sich zum Gebete nieder auf die Knie.
Vom Weh getrübt war des Verstandes Licht,
320 Und was er sagte, wußt' er selber nicht;
Doch sprach er so, und klagte jammervoll
Sein Leid der Göttin und zunächst Apoll:

»Du Gott der Sonne!«, rief er, »Reichsverweser
Der Pflanzen, Bäume, Blumen und der Gräser,
Der allen, nach dem Standpunkt, den du nimmst,
Die Dauer und die Blütezeit bestimmst,
Bald hoch, bald niedrig Deine Herberg' wählend.
Auf mich, Aurelius, wirf in meinem Elend
Dein Gnadenauge! Sonst bin ich verloren!
330 Mein Liebchen, Herr, hat mir den Tod geschworen!
Drum zeige Du, da jeder Schuld ich ledig,
Dich meinem todeskranken Herzen gnädig!
Denn wahrlich, Phöbus – sie nur ausgenommen,
Kann Deine Hilfe mir am besten frommen.
Drum nimm in Gnaden meinen Ratschlag an,
Wodurch und wie mir Rettung werden kann.

Lucina, deine Schwester, diese hehre
Und segensreiche Königin der Meere,
Die, ob Neptun darüber zwar regiert,
340 Als Obergöttin doch das Szepter führt,

Beseelt – wie Du es weißt – das heiße Streben,
Durch Deine Glut zu leuchten und zu leben;
Drum folget sie beständig Deiner Spur.
Und so bestrebt das Meer sich von Natur,
Der Göttin nachzufolgen, die zumal
Das Meer beherrscht, wie Flüsse breit und schmal.
Darum, Herr Phöbus, lautet so mein Flehen:
Tu dieses Wunder, sonst muß ich vergehen!
Wenn Ihr Geschwister Euch in nächster Zeit
350 Im Bild des Löwen gegenüber seid,
So mache, daß sie eine Hochflut bringe,
Die mindestens fünf Faden überspringe
Bretagnens allerhöchste Felsenwände,
Und nicht vor Ablauf von zwei Jahren ende.
Dann darf ich sprechen: ›Halte mir Dein Wort,
Verehrte Frau! – Die Felsen sind jetzt fort!‹
      Für mich, Herr Phöbus, dieses Wunder tu!
Heiß' sie nicht schnellern Laufs zu gehn als Du!
Ich sage dieses: Deine Schwester bitte,
360 Mit Dir zwei Jahre lang in gleichem Schritte
Zu bleiben. Dann wird steter Vollmondschein
Und Tag und Nacht beständig Springflut sein.
Doch will sie nicht in dieser Art gewähren,
Mir meine teure Herrin zu bescheren,
So bitte sie, jedwede Felsenwand
Hinabzusenken in ihr dunkles Land.
Tief in die Erde, dort wo Pluto wohnt,
Da mich sonst nimmer ihre Liebe lohnt!
Barfuß nach Delphi will ich, Phöbus, wallen
370 Zu Deinem Tempel! – Von den Wangen fallen,
Sieh, meine Zähren – und erbarme Dich!«
Mit diesem Worte sank er jämmerlich
In Ohnmacht nieder, und lag lange Zeit.

Bis ihn sein Bruder, dem sein Herzeleid
Bekannt war, aufhob und zu Bette trug.
Hier lag der Ärmste jammervoll genug,
Und mag – statt meiner – nun in seiner Not
Selbst wählen zwischen Leben oder Tod.

Arviragus, des Ritterstandes Blume,
380 War heilen Leibes unter großem Ruhme
Mit würd'gen Mannen wieder heimgekehrt.
Welch Glück ist, Dorigene, Dir beschert,
Da Dir im Arme wieder wohlgemut
Dein frischer Ritter, Held und Gatte ruht,
Der Dich mehr lieb hat als sein eig'nes Leben!
Sich grillenhaftem Argwohn hinzugeben,
Ob zu ihr jemand während seiner Reise
Von Liebe sprach, lag nicht in seiner Weise;
Er plagte sich mit solchen Grillen nicht.
390 Er denkt nur an Vergnügen, tanzt und ficht.
Und so verlaß ich ihn in Lust und Glück,
Und kehre zu Aurelius zurück.

Sehnsüchtig, elend und gequält, litt schwer
Aurelius zwei Jahre lang und mehr,
Bevor den Fuß er auf den Boden setzte.
Kein andrer Trost in dieser Zeit ihn letzte,
Als solcher Zuspruch, welchen der gelehrte,
Vertraute Bruder seinem Leid gewährte.
Denn sicherlich mit keiner Kreatur
400 Sprach er ein Wörtchen von der Sache nur.
Verschlossen trug im Busen er sein Weh,
Wie Pamphilus für seine Galathee.
Von außen freilich schien die Brust zwar heil,
Doch tief im Herzen stak der scharfe Pfeil;
Und in der Heilkunst – das ist jedem klar –
Sind inn're Wunden immer von Gefahr,

Wenn an den Pfeil man nicht gelangen kann.
Wehklagend sah's der Bruder heimlich an,
Bis es zuletzt in ihm begann zu tagen;
410   Und wie die jungen Schüler danach jagen,
In allen Winkeln und in allen Ecken
Von fremden Künsten etwas zu entdecken,
Was wunderbar erscheinet und belangreich,
So fiel ihm ein, daß er ein Buch in Frankreich
Zu Orleans sah, wo er sein Studium trieb,
Das die natürliche Magie beschrieb;
Denn heimlich hatte dies sein Kamerad
– Zu jener Zeit ein Rechtsbaccalaureat –,
Obschon es in sein Fach nicht schlug, besessen
420   Und eines Tags auf seinem Pult vergessen.
Viel stand im Buch von den Operationen
Der achtundzwanzigfachen Mondmansionen
Und andre Torheit; doch was drin gelehrt,
Ist heute kaum noch eine Fliege wert;
Denn uns zu schützen weiß vor Illusion
Die heil'ge Kirche durch den Glauben schon.
Und als er dieses Buches sich entsann,
Fing froh das Herz in ihm zu hüpfen an,
Und zu sich selber sprach er still: »Ich heile
430   Jetzt meinen Bruder in ganz kurzer Weile.
Denn Wissenschaften gibt es, das steht fest,
Durch die sich manches Wunder machen läßt,
Wie's jene Taschenspieler schlau verstehen.
Man hat an Festen, hört' ich, oft gesehen,
Wie sich ein großer Saal auf ihr Gebot
Mit Wasser füllte, auf dem dann ein Boot
In jener Halle kam einhergeschwommen.
Bald sah man einen grimmen Löwen kommen,
Bald Blumen, wie sie auf den Wiesen prangen,

440 Bald rot und weiß am Weinstock Trauben hangen,
    Und bald aus Kalk und Steinen ein Kastell;
    Und auf Geheiß schwand alles wieder schnell.
    So trug sich's zu nach allem Augenschein.
        Drum sollte, schließ' ich, aufzufinden sein
    In Orleans ein alter Mitstudent,
    Der die natürliche Magie noch kennt
    Und noch vertraut ist mit den Mondmansionen,
    Soll Gegenliebe meinen Bruder lohnen!
    Denn wohl mag ein Gelehrter es verstehn,
450 Daß durch ein Trugbild scheinbar untergehn
    Auch der Bretagne schwarze Felsenriffe
    Und ab und zu am Ufer ziehn die Schiffe.
    Und währt der Spuk nur einen Tag bis zwei,
    Sind meines Bruders Schmerzen auch vorbei,
    Dann muß sie halten, was sie ihm versprach,
    Und tut sie's nicht, so trifft sie Schimpf und Schmach.«
        Was soll ich davon sprechen breit und lang?
    Zum Bett des Bruders lenkt' er rasch den Gang
    Und gab ihm solchen guten Trost und Rat,
460 Nach Orleans zu gehn, daß in der Tat
    Sein Bruder aufsprang und sofort von dannen
    Voll Hoffnung zog, die Schwermut zu verbannen.
        Und als sie auf Entfernung von vielleicht
    Ein bis zwei Stunden jene Stadt erreicht,
    Sprach, höflich grüßend, sie ein junger Mann,
    Der dort spazierte, auf Lateinisch an
    Und redete verwunderlicherweise:
    »Ich kenne schon den Grund von Eurer Reise.«
    Und teilte drüber, eh' nur einen Schritt
470 Sie weitergingen, ihnen alles mit.
        Nun stellte der Bretone manche Frage,
    Betreffend die Bekannten alter Tage.

Doch ihm ins Auge manche Träne kam,
Als er von allen nur den Tod vernahm.
    Von seinem Pferde sprang Aurelius dann
Und schleunig führte sie der Wundermann
Zu sich ins Haus und sorgte dort aufs beste
Für Trank und Speise nach der Wahl der Gäste.
Fürwahr, Aurelius fand so wohl bestellt
480 Noch keinen Haushalt auf der ganzen Welt.
    Der Meister wies ihm abends vor dem Mahl
In Park und Wald des Wildes reiche Zahl.
Da sah er Hirsche mit Geweihen stehn,
So mächtig, wie kein Auge je gesehn.
Da sah er Hunderte zerfleischt von Hunden,
Vom Pfeil durchbohrt und blutend aus den Wunden,
Dann war's vorbei, und statt der wilden Tiere
Sah er auf schönem Flusse Falkoniere,
Sah nach dem Reiher ihre Falken fliegen.
490   Sah auf dem Plane Ritter sich bekriegen;
Dann wies sich ihm als größter Hochgenuß
Im Tanze seine Dame noch zum Schluß,
Mit der er selber tanzte, wie er dachte.
Und als der Meister, der dies Werk vollbrachte,
Sah, daß es Zeit war, schlug er in die Hände,
Und – Lebewohl! – der Zauber war zu Ende.
Doch aus dem Haus entfernten sie sich nimmer.
In seinem Studio- oder Bücherzimmer
Erblickten sie die ganze Zauberei,
500 Dort ruhig sitzend, immer nur selbdrei.
    Der Meister seinen Junker herbefahl
Und fragt': »Wie steht's um unser Abendmahl?
Fast eine Stunde, denk' ich, schon enteilte,
Seit ich dazu den Auftrag Dir erteilte,
Und ich mit diesen würd'gen Herren in

Mein Bücherzimmer eingetreten bin.«

»Herr!«, sprach der Junker, »wenn es Euch gefällt,
Speist Ihr sogleich. – Die Tafel ist bestellt!«

»Wohlan«, sprach er, »gehn wir zum Abendbrot!
510 Ein wenig Ruhe tut Verliebten not.«

Beraten ward, nachdem getafelt war,
Sodann zunächst des Meisters Honorar,
Wenn felsenrein zu kehren er die Küste
Von der Garonne bis zur Seine wüßte.

Er machte Schwierigkeiten, und er schwor,
So Gott ihm helfe, ungern tät' er's nur,
Und tausend Pfund sei wahrlich kaum genug.

Aurelius, dem das Herz vor Freude schlug
Entgegnete: »Pfui, über tausend Pfund!
520 Die ganze Welt, der Erde weites Rund,
Wollt' ich drum geben, wären sie nur mein!
Der Handel gilt! Wir kamen überein!
Ich werde redlich zahlen – auf mein Wort!
Jedoch – kein Aufschub und Verzug hinfort!
Nicht länger als bis morgen halt' uns auf!«

»Nein!«, sprach der Meister, »nimm mein Wort
darauf!«

Und als Aurelius bald zu Bette ging,
Ihn süßer Schlaf die Nacht hindurch umfing
530 Mit Hoffnungsträumen künft'ger Seligkeit
Nach seiner Arbeit, seinem Herzeleid.

Am nächsten Tag, sobald der Morgen da,
Sich gradeswegs auf nach Armorika
Aurelius und der Zaubermeister machten,
Und stiegen ab, wo sie zu bleiben dachten.
Dem Buche nach geschah's im frost'gen, kalten
Dezembermond – ich hab's genau behalten.

Phöbus, gealtert und wie Messing fahl,

Der schimmernd einst den glühend goldnen Strahl
540 Zur heißen Zeit des Sommers abgesandt,
Nunmehr schon tief im Bild des Steinbocks stand,
Und schien dort trübe – wie gesagt – und matt.
In keinem Garten blieb ein grünes Blatt;
Nichts hatte Regen, Frost und Schnee gespart.
Am Feuer sitzt mit seinem Doppelbart
Janus und trinkt aus Büffelhörnern Wein,
Vor sich das Fleisch vom scharfbezahnten Schwein,
Und »Noël!« ruft ein jeder lust'ge Mann.

    Aurelius tut alles, was er kann,
550 Den Meister zu bewirten und zu ehren;
Doch Eile blieb sein dringendstes Begehren:
Er müsse schleunigst heilen seinen Schmerz;
Wo nicht, durchstäch' er mit dem Schwert sein Herz!

    Der kluge Mann, der seinen Kummer teilte,
Sich Tag und Nacht mit aller Kraft beeilte,
Um auszurechnen seine beste Zeit;
Das heißt: zur Täuschung die Gelegenheit,
Daß mittelst einer Phantasmagorie
– Ich weiß zwar nicht, ob die Astrologie
560 Den Ausdruck kennt – sie und ein jeder meine,
Aus der Bretagne seien Fels und Steine
Ins Meer gesunken oder sonst verschwunden.
Und endlich war die Zeit herausgefunden
Für diese bösen und verruchten Possen,
Die aus verfluchtem Aberglauben sprossen.
Die Tafeln von Toledo nahm zur Hand er,
Wohl korrigiert; und keinen Fehler fand er
In seinen Wurzeln, seinen Umlaufsjahren,
Ob sie »collecte«, ob »expanse« waren.
570 Auch seine Kreise, seine Argumente
Und die proportionalen Elemente

Für seine Gleichung stimmten auf das Haar.

Und durch die achte Sphäre ward ihm klar,
Wie weit bereits sich der Alnath dort oben
Vom Haupt des Fixsterns Aries verschoben,
Der angehört dem neunten Sphärenkreise;
Dies kalkuliert' er auf die schlauste Weise.

Und als berechnet war das erste Haus,
Fand er den Rest durch Proportion heraus.

580 Er wußte, wann und wo der Mond aufging,
Termine, Phasen und jedwedes Ding;
Er kannte gründlich alle Mondmansionen
Mit ihrem Einfluß auf Operationen;
Er kannte gleichfalls sonst noch Observanzen
Für Täuschungen und solche Firlefanzen,
Wie damals sie beim Heidenvolk im Schwange.
Er zögerte deswegen nicht mehr lange,
Und scheinbar schaffte seine Zauberei
Die Felsen fort für einen Tag bis zwei.

590 Aurelius, verzweiflungsvoll vor Wehe,
Ob er gewinne oder leer ausgehe,
Erwartete das Wunder Tag und Nacht;
Und als er ohne Hindernis vollbracht
Es sah und fand, die Felsen waren fort,
Warf zu des Meisters Füßen mit dem Wort
Er sich zur Erde: »Laß, o Herr, mich danken,
Venus und Euch, daß Ihr den sorgenkranken
Und leidenden Aurelius habt geheilt!«
Und zu dem Tempel eilt er unverweilt,

600 Wo seine Dame war, wie ihm bekannt;
Und als dazu Gelegenheit er fand,
Begrüßte zweifelsbang und demutsreich
Er seine teure Herrin auch sogleich:

»Gerechte Frau!«, sprach der gequälte Mann,

»Dich fürcht' ich und Dich bet' ich liebend an!
Nicht für die Welt würd' ich mich unterfangen,
Dich je zu kränken. – Doch soll nicht Verlangen
Nach Dir das Herz mir auf der Stelle brechen,
So muß ich jetzt von meiner Liebe sprechen.
610 Wenn ich nicht sterben soll, muß ich Dir sagen:
Du hast mit Schmerzen schuldlos mich geschlagen;
Doch läge Dir auch nichts an meinem Leben,
Bedenke wohl – Du hast Dein Wort gegeben.
Du magst vor Gott dies reuig überlegen,
Eh' Du mich tötest meiner Liebe wegen.
Verehrte Frau! Du weißt, was Du versprochen.
Doch Gnade nur, statt auf mein Recht zu pochen,
Verlang' ich, teure Herrscherin, von Dir.
Wozu in jenem Garten Du Dich mir
620 Verpflichtet hast und was Du in die Hand
Mir zugeschworen, ist Dir wohlbekannt.
Gott weiß, die höchste Liebe sagtest Du,
So unwert ich derselben bin, mir zu.
Madam! Ich spreche Deiner Ehre wegen,
Nicht weil an meinem Leben mir gelegen.
Was Du befohlen hast, das ist geschehn.
Beliebt es Dir, kannst Du es selber sehn.
Tu, was Du willst! – Doch Deinen Eid bedenke,
Ob Tod, ob Leben Deine Hand mir schenke,
630 Ich nehme hin, was Du für gut befunden.
Jedoch – ich weiß – die Felsen sind verschwunden!«
    Er eilte fort. – Doch sie blieb staunend stehn,
Mit blutlos blassem Antlitz; vorgesehn
War eine solche Falle von ihr nie.
»Ach, daß mich dieses treffen muß!« rief sie.
»Ich wähnte nicht, daß solche Zauberei,
Daß solches Wunder jemals möglich sei

Zuwider den Gesetzen der Natur!«
Und heimwärts schwankt die arme Kreatur
640 Mit schwerem, durch die Furcht gelähmtem Gang.
Sie klagt und weint ein bis zwei Tage lang,
In ihrer Ohnmacht traurig anzuschauen.
Doch wollte keinem sie den Grund vertrauen;
Denn ihr Gemahl war aus der Stadt auf Reise.
Und still für sich sprach sie in dieser Weise,
Verstörten Blicks mit blassem Angesichte
Die Jammerworte, die ich Euch berichte:
    »Ach!«, rief sie, »Dir, Fortuna, gilt mein Klagen!
In Fesseln hast Du jählings mich geschlagen,
650 Die zu zerreißen, weiß ich, nur der Tod
Vermögend ist, da mir Entehrung droht;
Und zwischen diesen zwei'n muß ich entscheiden.
Jedoch viel lieber will ich Tod erleiden,
Als meinen Leib durch Schande zu entweihn,
Oder durch Wortbruch sonst beschimpft zu sein.
Doch jeder Schmach kann mich mein Tod entheben.
Hat es nicht manches edle Weib gegeben
Und manches Mädchen, das den Tod erwählte,
Eh' ihren Leib der Schande sie vermählte?
660   Gewißlich! Das bezeugen diese Sagen.
Als Phidon in Athen beim Fest erschlagen
Von jenen dreißig Mordtyrannen war,
Da ließen der gefangnen Töchter Schar
Sie splitternackt zur Frönung ihrer Laster
Vor sich erscheinen, daß sie auf dem Pflaster
– Gott möge strafen solchen Übermut! –
Vor ihnen tanzten in des Vaters Blut.
Heimlich entrannen voller Furcht und Schrecken
Die armen Mädchen, um nicht zu beflecken
670 Ihr Jungferntum, und – dem Berichte nach –

Ertränkten sie sich in dem nächsten Bach.

    Es suchten sich in Sparta aus und nahmen
Einst die Messenier fünfzig junge Damen,
An ihnen ihre Fleischeslust zu stillen.
Doch alle widerstanden ihrem Willen;
Entschlossen trotzten alle dem Gebot
Und gingen lieber freudig in den Tod,
Als ihrem Mädchentume zu entsagen.
Warum soll ich denn vor dem Tode zagen?

680 Sieh den Tyrannen Aristoklides,
Der einst geliebt die Maid Stymphalides.
Zum Dianatempel floh sie in der Nacht,
In welcher man den Vater umgebracht,
Und um das Bildnis dieser Gattin schlang
Die Arme sie; und selbst durch keinen Zwang
Zog man sie fort; sie hielt es fest umwunden,
Bis durch Gewalt sie dort den Tod gefunden.

    War diesen Mädchen schmachvoll es erschienen,
Der faulen Lust der Männerwelt zu dienen,

690 Sollt' auch ein Weib, so denk' ich, lieber sterben,
Als ihren Leib durch Unzucht zu verderben!
Was sagt' ich nur vom Weib des Hasdrubal,
Die sich den Tod gab bei Karthagos Fall?
Sie sieht, das ganze Heer der Römer dringt
Zur Stadt hinein, und mit den Kindern springt
Sie in das Feuer, und freiwillig endet
Ihr Leben sie, eh' sie ein Römer schändet.
Starb nicht Lukretia auch durch eigne Hand,
Als ihr Tarquin die Jungfernschaft entwand?

700 Sie dachte, daß ein Leben sonder Ehre
Und guten Ruf die größte Schande wäre.
Durch Furcht und Jammer wurden auch die sieben
Jungfrau'n Milesiens in den Tod getrieben,

Damit kein Gallier ihre Unschuld raube.
Und tausend von Geschichten, wie ich glaube,
Könnt' ich erzählen von der gleichen Tat.
So gab, als umgekommen Abradat,
Sein Weib den Tod sich zu derselben Stunde,
Und ließ in seine tiefe, weite Wunde
710   Ihr Blut entströmen mit dem Wort: ›Nun kann
Mich fürderhin entehren nie ein Mann!‹
      Was nützt es, mehr Exempel vorzutragen?
Wie viele haben lieber sich erschlagen,
Als ihres Leibes Schändung zu erleben.
Drum besser ist's, mein Leben hinzugeben
Als Ehr' und Unschuld. – Dies ist mein Beschluß:
Getreu verbleib' ich dem Arviragus,
Sollt' ich mein Leben auch mit eignen Händen
Wie jene Tochter des Demotion enden,
720   Um nicht den Leib durch Schande zu entweihn!
O Sedasus! Mit welcher Herzenspein
Las ich von Deinen Töchtern, die sich alle
Den Tod gegeben in dem gleichen Falle.
Und tiefes Mitleid rief in mir hervor
Die Maid von Theben, die um Nicanor
Sich aus demselben Grunde nahm das Leben.
So starb ein andres Mädchen noch in Theben,
Die, von den Makedoniern arg bedroht,
Ihr Jungferntum bewahrte durch den Tod.
730   Was sag' ich von dem Weib des Nicerat,
Die makellos blieb durch die gleiche Tat?
So bot dem Alkibiades zuliebe,
Daß nicht sein Leichnam unbestattet bliebe,
Sein treues Mädchen sich dem Tode dar.
Seht, welch' ein Weib«, rief sie, »Alceste war!
Hat nicht Homer Penelope genannt?

Kennt ihre Keuschheit nicht ganz Griechenland?
Steht nicht von Laodamia geschrieben,
Daß sie, nachdem vor Trojas Wall geblieben
740 Prothesilaus, sie sich selbst entleibt?
Die edle Portia zu erwähnen bleibt;
Sie konnte nicht getrennt von Brutus leben,
Dem sie ihr ganzes, volles Herz gegeben.
Von Artemisias strengem Witwentum
Spricht noch die ganze Barbarei mit Ruhm.
Ein Spiegel bleibt – o Teuta, Königin! –
Für alle Weiber stets Dein keuscher Sinn.«
    Ein bis zwei Tage weilte, also klagend
Und mit Gedanken an den Tod sich tragend,
750 Schon Dorigene, bis die dritte Nacht
Arviragus zu ihr zurückgebracht.
Der würd'ge Ritter fand sie tränenschwer.
Und forschte nach. Jedoch sie weinte mehr
Und mehr und sprach: »Ach, daß ich je geboren!
Ich habe«, rief sie, »so und so geschworen!«
Und gab ihm kund, was ihr bereits vernommen –
Was kann es mir zu wiederholen frommen?
Doch heitern Blicks versetzte drauf ihr Mann
Und redete mit Freundlichkeit sie an:
760 »Und ist das alles, Dorigene? Sprich!«
    »Ach, ach!«, sprach sie, »der Himmel schütze mich!
Es ist zuviel! Und wär' es Gottes Wille.«
»Nun, Weib!«, sprach er, »laß schlafen das in Stille.
Noch heute mag's zum Guten sich gestalten;
Doch meiner Treu! Dein Wort sollst Du ihm halten!
Denn wie auf Gottes Gnade steht mein Hoffen,
So wäre lieber ich zu Tod getroffen,
Wie sehr ich Dir in Liebe zugewandt,
Als daß Du brächest Ehrenwort und Pfand!

770 Des Menschen Allerhöchstes ist sein Wort!«
     So sprach er unter Tränen und fuhr fort:
     »Bei Todesstrafe bleibt es Dir verwehrt,
     Solang Du atmest und Dein Leben währt,
     Von Deinem Unglück jemandem zu sagen;
     Wie ich mein Leid nach bester Kraft will tragen,
     Darf man aus keiner Schmerzensmiene je
     Erraten können Deines Herzens Weh!«
          Den Junker und die Zofe rief er dann.
     »Bringt Dorigene«, sprach er beide an,
780 »Sogleich zu dem ihr mitgeteilten Ort!«
     So nahmen Abschied sie und gingen fort.
     Doch weder von dem Zwecke noch dem Grunde
     Erhielten sie von Dorigene Kunde.
          Der Zufall aber war Aurelius günstig,
     Und dieser Junker, welcher liebesbrünstig
     Nach Dorigene schmachtete, traf grade
     Mit ihr zusammen, als auf nächstem Pfade
     Sie durch die Stadt, wie sie Befehl empfing,
     Mit raschen Schritten nach dem Garten ging.
790 Und zu demselben Garten ging auch er.
     Er hatte lang gelauert schon vorher,
     Ob sie ihr Haus, um auszugehn, verlasse,
     Und traf sie so durch Zufall auf der Gasse.
     Er grüßte sie vergnügt und guter Dinge
     Und fragt', wohin und welchen Wegs sie ginge?
     Sie aber sprach mit halb verwirrtem Sinn:
     »Zu jenem Garten schickt mein Mann mich hin,
     Dir Wort zu halten! – Weh mir, daß ich's muß!«
          Verwundert hörte dies Aurelius,
800 Und es begann sein Herz bei ihren Klagen
     In tiefem Mitgefühl für sie zu schlagen,
     Wie für Arviragus, den würd'gen Ritter,

Der Wort zu halten ihr befahl, so bitter
Er seines Weibes Opfer auch empfand.
Und so erwog, von Mitleid übermannt,
Aurelius, daß er in dieser Lage
Weit besser seiner Fleischeslust entsage,
Als daß er eine Schurkerei vollbringe,
Die gegen Anstand, gegen Ehre ginge.

810 Mit kurzen Worten sprach er drum zu ihr:
»Madam! Sag' dem Arviragus von mir,
Dieweil ich seinen Edelmut erkannt
Und so verzweiflungsvoll Dich selber fand,
Dieweil er dulden wolle lieber Schmach,
Als daß Du brächest, was Dein Wort versprach,
So wollt' auch ich weit lieber ewig leiden,
Als wie die Liebe stören von Euch beiden.
Empfange, werte Frau, in Deine Hand
Zurück ein jedes Jawort, jedes Pfand,

820 Das Du zuvor in Deinem ganzen Leben
Vom Tage der Geburt an mir gegeben.
In keiner Weise will ich durch ein Wort
Dich jemals tadeln. – Und so scheid' ich fort
Vom besten, treusten Weibe, das ich fand
Und während meines Lebens je gekannt.
Doch künftig mögen, wenn ihr Wort sie schenken,
Die Frau'n zuvor an Dorigene denken.
Nur ohne Furcht! – Gewiß ein Junker kann
So edel handeln wie ein Rittersmann!«

830 Ihm dankend, fiel sie auf die Kniee nieder,
Und eilte heim zu ihrem Gatten wieder,
Dem sie, was ihr vernommen habt, erzählte.
Doch meiner Treue! Wie ihn das beseelte
Ist mir unmöglich, näher zu beschreiben.
Was soll ich länger bei der Sache bleiben?

Es lebte fort im seligsten Genuß
Frau Dorigene mit Arviragus.
Kein Zwiespalt trennte beide fürderhin,
Er ehrte sie wie eine Königin,
840 Und ihm getreu blieb sie auf immerdar.
Mehr hört ihr nicht von diesem Ehepaar.

Den Tag verfluchte, welcher ihn geboren,
Aurelius, der all sein Geld verloren.
»Ach!«, rief er, »ach, daß ich versprochen habe
Eintausend Pfund von reinem Gold als Gabe
Dem Philosophen! – Wie schaff’ ich es an?
Ich bin, das seh’ ich, ein verlorner Mann!
Mein ganzes Erbgut muß ich jetzt verkaufen,
Ich bin ein Bettler, muß von dannen laufen,
850 Um meine Sippe hier nicht zu beschämen!
Vielleicht jedoch kommt es zum Einvernehmen,
Wenn ich versuchen will, ihm vorzuschlagen,
Von Jahr zu Jahr die Schulden abzutragen
Mit bestem Dank für die Gefälligkeit;
Dann lüg’ ich nicht und halte meinen Eid.«

Zum Koffer ging er mit betrübtem Sinn,
Und trug sein Gold zum Philosophen hin;
Fünfhundert Pfund an Wert war’s, wie ich denke,
Und bat, daß er die Frist ihm freundlich schenke,
860 Um nach und nach das fehlende zu zahlen.
»Nicht will ich, Meister«, sprach er, »damit prahlen,
Doch hielt ich stets, wozu ich mich verpflichtet,
Und sicherlich wird nach und nach entrichtet,
Was ich Dir schulde, mag, was will, geschehn,
Und sollt’ ich auch im Hemde betteln gehn.
Jedoch, gewährtest Du auf Sicherheit
Vielleicht zwei Jahre oder drei mir Zeit,
Wär’ es mir lieb. Doch willst Du es verweigern –

Wohlan, so muß mein Erbgut ich versteigern!«
870   Der Philosoph gab Antwort ihm indessen
Auf diese Weise ruhig und gemessen:
»Hielt etwa ich an unserm Pakt nicht feste?«
   »Gewiß«, sprach er, »getreulich und aufs beste!«
»Und war die Dame, die Du liebst, nicht Dein?«
»Nein!«, rief er sorgenvoll erseufzend, »nein!«
»Aus welchem Grunde? – Wenn Du darfst, sag' an!«
   Worauf Aurelius den Bericht begann
Und ihm erzählte, was Ihr schon vernommen;
Es nützt zu nichts, darauf zurückzukommen.
880 Er gab ihm kund, wie ritterlich sein Leid
Arviragus zu tragen sei bereit,
Wenn sie ihr Wort nur halte, das sie binde;
Wie schmerzlich Dorigene dies empfinde
Und lieber ihrem Leben gleich entsage,
Als daß sie sich als schlechtes Weib betrage.
Wie unschuldsvoll, da solche Zauberei
Sie nie geahnt, ihr Wort gegeben sei.
»Und da«, sprach er, »ich Mitgefühl empfand,
So schickt' ich, ganz wie er sie mir gesandt,
890 Sie ihm freiwillig auch zurück ins Haus.
Mehr weiß ich nicht; denn damit ist es aus.«
   Der Philosoph sprach: »Bruder! Laß Dir sagen,
Ihr beide habt Euch ehrenwert betragen,
Du als ein Junker, er als Rittersmann!
Doch ohne Sorgen! – Auch ein Schreiber kann
So gut wie Ihr beweisen seine Ehre –
Und Gott verhüte, daß es anders wäre!
Herr! Ich verzichte auf die tausend Pfund,
Als ständest Du, soeben aus dem Grund
900 Hervorgekrochen, unbekannt vor mir.
Nicht einen Pfennig nehm' ich an von Dir

Für meine Kunst und alle Müh' und Last!
Da Du bezahlt für meine Nahrung hast,
So ist's genug! – Lebwohl!« Und mit dem Wort
Bestieg er seinen Rappen und ritt fort.
Nun aber, Herren, laßt mich Euch befragen:
Wer hat sich hier am Edelsten betragen?
Was dünkt Euch? – Sprecht, bevor Ihr weiter zieht.
Ich weiß nichts mehr! – Zu Ende ist mein Lied.

Die Erzählung der zweiten Nonne

Der Prolog der zweiten Nonne

Vers 1–119

Der Laster Pflegerin und Dienerin,
Die »Trägheit« wir in schlichter Sprache heißen,
Vom Tor der Sinnenlust die Pförtnerin,
Zu fliehen und die Macht ihr zu entreißen,
Lernt Euch des graden Widerspiels befleißen;
Das heißt, seid tätig stets in allen Dingen,
Sonst fallt durch Trägheit Ihr in Satans Schlingen.

Er, der beständig auf der Lauer steht,
Mit tausend schlauen Stricken uns zu fangen,
Wird, wenn er uns im Müßiggang erspäht,
Mit leichter Müh' auch an sein Ziel gelangen;
Und eh' die Augen uns sind aufgegangen,
Hält er uns längst mit seiner Hand am Kragen.
Drum wirkt, und lernt dem Müßiggang entsagen.

Und wären wir von Todesfurcht auch frei,
So müßte dennoch uns Vernunft belehren.

Daß Müßiggang des Lasters Anfang sei,
Und nicht das Mittel, unser Gut zu mehren.
Durch Arbeit andrer sucht er sich zu nähren,
20 Und führt uns, wie am Gängelband, dabei
Zum Schlaf, zur Trunksucht und zur Völlerei.

Damit ich wieder mich vom Müßiggang,
Der soviel Unheil bringt, zur Arbeit wende,
Hab' ich – soweit es meinem Fleiß gelang –
Euch übersetzt die folgende Legende
Vom ruhmgekrönten Leben, Leid und Ende
Der reinen Jungfrau mit der Ros' und Lilie;
Ich meine Dich, Du Märtyrin Cäcilie.

Du aller Jungfrau'n blütenreichste Zier,
30 Von der St. Bernhard hat so schön gesungen,
Laß mich beginnen mit Gebet zu Dir!
Du Trost der Schwachen, sprich, wie hat bezwungen
Den Bösen und ihr Seelenheil errungen
Durch ihren Tod als Jungfrau Deine Magd,
Von welcher die Legende uns besagt?

Du, Deines Sohnes Tochter! Mutter, Maid!
Du Gnadenbronn, der Sünder macht genesen,
Du Trägerin von Gottes Herrlichkeit,
Du Niedrige, zur Hoheit auserlesen
40 Vor aller Welt, Du hast der Menschen Wesen
So sehr geadelt, daß in Fleisch und Blut
Den Sohn zu kleiden, Gott, der Herr, geruht.

Dein Segensschoß gab menschliche Gestalt
Der ew'gen Liebe wie dem ew'gen Frieden,
Dem Lenker der dreieinigen Gewalt.

Ihn preist der Himmel; ihm lobsingt hienieden
Das Land und Meer. Dir aber ward beschieden,
Als makellose Maid in Zucht und Ehren
Den Schöpfer aller Wesen zu gebären.

50 In Dir vereint Erhabenheit und Macht
Mit Gnade sich, mit Güte, mit Erbarmen.
Du hilfst nicht nur, o Sonne voller Pracht,
Wenn wir Dich bitten; nein, Du nimmst der Armen
Auch ungefragt in Deiner liebewarmen
Barmherzigkeit Dich oft und willig an;
Du treuer Arzt der Seelen gehst voran!

Hilf auch mir Schwachen, sanfte Segensmagd,
Solang ich an dies Jammertal gebunden.
Hat doch das Weib von Kanaa gesagt,
60 Man gönne ja die Krumen gern den Hunden,
Die unterm Tisch des Herren sie gefunden.
Bin ich als Evas Sohn und sünd'ger Mann
Auch Dein nicht wert, nimm meinen Glauben an!

Tot ist der Glaube, der nicht wirkt und schafft.
Drum schenke mir Verstand und Raum zu Taten!
Gib, holde, gnadenreiche Maid, mir Kraft,
Und laß mich nicht ins dunkle Reich geraten!
Nein, mach' Dich dort zu meinem Advokaten,
Wo endlos Dir gesungen wird Hosianna!
70 Du Mutter Christi, teures Kind der Anna!

Ins Dunkel meiner Seele gieße Licht,
Daß sie des Leibes Nähe nicht entehre!
Es drückt auf mich mit doppeltem Gewicht
Der Erdenlust und kranker Neigung Schwere.

O Zufluchtshafen, Retterin gewähre
Gleich allen, welche Leid und Kummer drücken,
Auch mir die Kraft, mich an mein Werk zu schicken!

Mir aber, bitt' ich, legt es nicht zur Last,
Wenn Ihr dies leset, was ich aufgeschrieben,
80 Daß schmuck- und kunstlos ist mein Werk verfaßt.
Ich bin beim Sinn und bei dem Wort geblieben
Von dem, der, durch Verehrung angetrieben,
Uns ihren heil'gen Lebenslauf erzählte;
Darum verbessert, wo ich etwa fehlte.

Zuvörderst sei der Name St. Cäcilie
Von mir Euch der Legende nach erklärt.
Ihn übersetzen kann man: »Himmelslilie«,
Weil sie das Weiß der Keuschheit unversehrt
Erhalten hat und ehrlich sich bewährt.
90 Vielleicht gab guter Ruf und Herzensgüte
Den Namen ihr vom Duft und Grün der Blüte.

Cäcilie kann auch heißen: »Weg für Blinde«,
Da stets ihr Beispiel lehrreich war. Doch scheint
– Wie ich nicht minder aufgeschrieben finde –,
Daß dieser Name sinnbildlich vereint
Den »Himmel« mit der »Lia«; denn es meint
Der Himmel: »heil'ge Hoheit der Gedanken«,
Und Lia: »Tun und Wirken sonder Wanken«.

Vielleicht bedeutet – kann man ferner sagen –
100 Cäcilie: »Blindheitsmangel«; denn sie war
Ein helles Licht an Weisheit und Betragen.
Wenn nicht von »Himmel« und von »Leos« gar
Ihr Name kommt, da man mit Recht, fürwahr,

Als »Volkes Himmel« dieses wohlbewährte
Und weise Vorbild guter Taten ehrte.

Denn »Leos« heißt: »das Volk«, und infofern
Die Menschen an dem Himmelszelt gewahren
Den hellen Schein von Sonne, Mond und Stern'
Erkannte man auch geistig aus dem klaren,
110 Verständ'gen Sinn und gläubigem Gebaren
Sowie aus manchen Werken dieser Maid
Die Seelengröße und Vortrefflichkeit.

Wie nach der Weisen Meinung sich geschwind
Die Himmel rund im Kreise flammend schwingen,
So warst auch Du, Cäcilia, keusches Kind
Geschwind und tätig stets in allen Dingen
Und rund und ganz an Dauer im Vollbringen,
Und da wie Feuer Deine Liebe flammte,
So ist erklärt, woher Dein Name stammte.

Die Erzählung der zweiten Nonne

Vers 120–553

120 Die hehre Maid, so sagt ihr Lebenslauf,
War hohem, edlem Römerblut entsprungen;
Vom Glauben Christi war von Kindheit auf
Des Evangeliums Botschaft ihr erklungen.
Von Furcht und Liebe zu dem Herrn durchdrungen,
Bat sie – wie aus dem Buch ich dies erfahren –
Beständig Gott, ihr Mädchentum zu wahren.

In reifern Jahren ward zur Frau versprochen
Sie einem Jüngling, Valerian genannt;
Indessen als der Tag herangebrochen
130   Zum Eintritt in den heil'gen Ehestand,
Trug unter ihrem goldnen Prachtgewand
Die herzensfromme, demutsvolle Braut
Ein hären Hemd auf ihrer bloßen Haut.

Und als die Orgel in der Kirche schallte,
Sang sie im Herzen so zu Gott allein:
»Den Leib, o Herr, mir unbefleckt erhalte,
Laß meine Seele nicht verloren sein!«
Und ihn zu ehren, welcher Kreuzespein
Für uns erlitt, hielt sie die strengsten Fasten,
140   Und wollte nimmer im Gebete rasten.

Es kam die Nacht. Mit dem Vermählten hatte
Nach alter Sitte sie zu Bett zu gehn.
Doch heimlich sprach sie: »Lieber, teurer Gatte
Ich hab' Dir ein Geheimnis zu gestehn,
Und willst Du's hören, soll es gleich geschehn,
Doch unter der Bedingung, daß Du schwörst,
Nie zu verraten, was von mir Du hörst.«

Und rasch beschworen ward von Valerian,
In keinem Falle je zu offenbaren,
150   Was ihm auch immer von ihr kundgetan.
Und dann erst sprach sie: »Von den Himmelsscharen
Liebt mich ein Engel, welcher vor Gefahren
Mit größter Sorgfalt stets bei Tag und Nacht
Mich liebend schützt und meinen Leib bewacht.

Und fühlt er, daß mit sündigem Verlangen
Du jemals fleischlich meinen Leib berührt,
Wirst Du als Jüngling schon den Tod empfangen
Von seiner Hand als Lohn, der Dir gebührt.
Doch wenn Dich reine Liebe lenkt und führt,
160 Wird seine Liebe Dir, wie mir, zu eigen,
Und er wird sich im Himmelsglanz Dir zeigen.«

Und Valerian, dem Gott in das Gewissen
Geredet hatte, sprach: »Soll ich Dir trau'n,
Muß ich vom Dasein dieses Engels wissen,
Und läßt Du mich von Angesicht ihn schau'n,
Will ich Dir folgen; darauf magst Du bau'n.
Doch bist Du einem andern Mann ergeben,
Verliert Ihr beide durch mein Schwert das Leben.«

Cäcilie gab zur Antwort: »Dein Verlangen
170 Sei Dir erfüllt. Du sollst den Engel sehn,
Nachdem die Taufe Du als Christ empfangen.
Drei Meilen mußt aus dieser Stadt Du gehn,
Zur Via Appia, wo die Häuser stehn
Der armen Leute, und erzähle dort,
Was ich Dir sagen werde, Wort für Wort.

Zu ihnen rede: Ich, Cäcilie, sende
Zum guten, alten Urban heimlich Dich
In Seelennot zum besten Zweck und Ende.
Und zu dem heiligen Urbanus sprich,
180 Wenn Du ihn siehst, was Du erfuhrst durch mich.
Hat er Verzeihung Deiner Schuld gewährt,
Siehst Du den Engel, eh' Du heimgekehrt.«

Und schleunig eilte, wie sie ihm geboten,
Zum angewies'nen Platze Valerian,
Und fand dort in der Grabstatt heil'ger Toten
Auf seinen Knien den alten St. Urban;
Und als ihm seine Botschaft kundgetan
Und er mit seinen Worten war zu Ende,
Hob froh Urbanus himmelan die Hände,

190   Und Tränen ließ er aus den Augen fallen.
»Allmächt'ger Gott und Christ!«, rief er bewegt,
»Du Säer keuschen Rates, Hirt von allen,
Die Früchte, die der Keuschheit Samen trägt,
Den Du Cäcilien hast ins Herz gelegt,
Nimm hin! Denn sieh, so emsig wie die Bienen
Weiß ohne Falsch Dir Deine Magd zu dienen!

Der Gatte, dem sie kürzlich ward verbunden,
Der stolze Löwe, kommt, von ihr gesandt,
So fromm zu mir, wie nur ein Lamm erfunden!«
200   So rief er aus – und mit den Worten stand
Vor Valerian im weißen Lichtgewand
Ein alter Mann, der in der Hand ein Buch
Mit reichverzierten, goldnen Lettern trug.

Und Valerian schlug wie ein toter Mann
Vor Schrecken um. Empor aus seinem Falle
Hob ihn der Greis und fing zu lesen an:
»Ein Herr, ein Gott, ein Glaube für uns alle!
Ein Christentum, und überm Weltenalle
Für alle Menschen eine Vaterhand!«
210   Wie es im Buch mit goldnen Lettern stand.

Nachdem er dies gelesen, fragt' der Alte:
»Und glaubst Du dies? Ja oder nein? – Sag' an!«
»Ich glaube dies!«, sprach Valerian, »und halte
Es für die größte Wahrheit, die ein Mann
Hier unterm Himmel nur erfassen kann!«
Verschwunden war der Greis – und Valerian
Empfing die Taufe durch den Papst Urban.

Er kehrte heim und sah, wie mit Cäcilien
In seinem Wohngemach ein Engel stand.
220 Und sieh, es trug von Rosen und von Lilien
Zwei Kronen dieser Engel in der Hand.
Und an Cäcilie – wenn ich's recht verstand –
Gab er die eine, und die andre Krone
Empfing ihr Gatte Valerian zum Lohne.

»Mit reinem Leib und unbefleckten Sinnen
Behütet diese Kronen stets!« sprach er.
»Ich trug sie aus dem Paradies von hinnen,
Und sie verwelken nun und nimmermehr,
Und duften immer lieblich wie zeither.
230 Doch mit den Augen nur die Kronen sieht,
Wer keusch verbleibt und jede Sünde flieht.

Mein Valerian, weil Du Dich rasch bekehren
Zum Guten ließest, sprich, was Dir gefällt,
Und was Du forderst, will ich Dir gewähren!«
Er sprach: »Ein Bruder ist mir zugesellt,
Der mir der liebste Mensch ist auf der Welt;
Ich bitte Dich, ihm Deine Gunst zu schenken
Und ihn, wie mich, zur Wahrheit hinzulenken!«

Der Engel sprach: »Gott liebt, was Du erbeten.
240 Er reicht Euch beiden Märtyrpalmen dar,
Und in sein Reich der Ruhe sollt Ihr treten.«
Und es erschien, als er zu Ende war,
Tiburz, sein Bruder, welcher wunderbar
Ergriffen ward im innersten Gemüte
Vom Duft der Lilien- und der Rosenblüte.

»Mich wundert«, rief er, »daß zu dieser Zeit
Des Jahrs die Rosen und die Lilien spenden
Noch Wohlgeruch von solcher Lieblichkeit.
Ja, hielt ich selbst die Blumen in den Händen,
250 Es dränge mir der Duft, den sie entsenden,
Wohl schwerlich süßer in das Herz hinein.
Ich scheine wie verwandelt mir zu sein!«

»Zwei glänzend helle Kronen uns umwinden,
Schneeweiß und rosenrot«, sprach Valerian.
»Durch mein Gebet kannst Du den Duft empfinden,
Obschon sie Deine Blicke nimmer sah'n.
Doch werden Dir die Augen aufgetan,
Sofern Du ohne Säumen Dich bekehrst
Zum rechten Glauben und die Wahrheit ehrst!«

260 »Wie?«, fragt' Tiburz, »sprichst Du im Ernst zu mir?
Ist mir ein Traum zu Ohren nur gekommen?«
»In Träumen, lieber Bruder, lebten wir«,
Sprach Valerian, »jetzt hat zu unserm Frommen
Die Wahrheit Sitz in unsrer Brust genommen.«
»Wie hast Du dieses«, rief Tiburz, »erfahren?«
»Das will ich Dir«, sprach jener, »offenbaren!

Ein Engel Gottes zeigte mir die Wahrheit,
Und leistest Du dem Götzendienst Verzicht,
Führt er auch Dich zur Reinheit und zur Klarheit.«
270   – Und von dem Wunder dieser Kronen spricht
Ambrosius in seinem Vorbericht;
Und also redet zu des Wunders Preise
Der edle Doktor in erhab'ner Weise:

Die Palme seines Martyrtums zu tragen,
Gab Gott der heiligen Cäcilie Kraft,
Der Welt und ihrem Brautbett zu entsagen.
Denn in der Beichte gab unzweifelhaft
Tiburz und sie darüber Zeugenschaft,
Und Gott ließ güterreich mit duft'gen Kronen
280   Durch seinen Engel diese zwei belohnen.

So führte beide Männer diese Maid
Zum ew'gen Heil. Und dieses möge lehren
Der Welt den Wert der keuschen Frömmigkeit. –
Schlicht wußte dann Cäcilie zu erklären,
Daß alle Götzen eitle Dinge wären,
Nur taub und stumm, und darum von Idolen
Sich fernzuhalten, habe Gott befohlen.

»Wer das nicht glaubt, ist schlimmer als ein Vieh!«,
So rief Tiburz, »ich sag' es unumwunden!«
290   Und seine Brust vor Freuden küßte sie,
Beglückt, daß er die Wahrheit ausgefunden.
»Seit diesem Tage bist Du mir verbunden!«
Rief diese schöne segensreiche Maid.
Und also sprach sie zu ihm fernerweit:

»Wie durch die Liebe Christi«, hob sie an,
»Ich Deines Bruders Weib bin, soll bestehen
Ein Bund auch zwischen Dir und mir fortan.
Du hast gelernt, die Götzen zu verschmähen;
Mit Valerian magst Du zur Taufe gehen,
300 Und bist Du rein, so wirst Du auch hernach
Den Engel sehn, von dem Dein Bruder sprach.«

»Mein lieber Bruder«, fragt' Tiburtius weiter,
»Wohin, zu wem heißt Du mich gehn? Sag' an!«
»Zu wem?« sprach er. »Komm, folge mir nur heiter,
Ich führe Dich zum heil'gen Papst Urban!«
»Zum Papst Urbanus, Bruder Valerian?
Wie!«, rief Tiburz, »willst Du zu ihm mich bringen?
Das scheint mir äußerst wunderbar zu klingen.

Meinst Du Urbanus, welcher vom Gerichte
310 So manches Mal verurteilt ward zum Tod,
Der in Verstecken haust und kaum dem Lichte
Sein Haupt zu zeigen wagt in seiner Not,
Dem stets der Scheiterhaufen flammend droht?
Wenn man mit ihm uns in Gesellschaft fände,
Wir kämen sicher zu dem gleichen Ende.

Und während wir, die Gottheit zu erkennen,
Die in dem Himmel sich verbirgt, uns mühn,
Wird man uns hier auf dieser Welt verbrennen.«
Doch in das Wort fiel ihm Cäcilie kühn:
320 »Man würde, sich dem Tode zu entziehn,
Mein lieber Bruder, ganz mit Recht bestreben,
Gäb' es nach diesem nicht ein andres Leben.

Ein bess'res Leben ist an anderm Orte,
Und fürchte nicht, daß jemals Dir entgeht,
Was Gottes Sohn versprach durch seine Worte,
Des Vaters Sohn, der alles, was besteht
Geschickt und sinnreich schuf. Denn es durchweht
Der Geist, der von dem Vater ausgegangen,
Auch unsre Seelen. – Dir braucht nicht zu bangen.

330 Durch Wort und Werke hat uns kundgegeben
Der Gottessohn, als er auf Erden war,
Des Menschen Heimat sei im andern Leben!«
»O teure Schwester«, rief Tiburz, »fürwahr,
Noch eben sagtest Du ganz schlicht und klar,
In Wahrheit sei ein Herr und Gott allein,
Und nun gibst Du mir Zeugenschaft von drei'n?«

»Auch damit«, sprach sie, »mach' ich Dich bekannt.
So wie drei Kräfte sich im Mann vereinen,
Vorstellungstrieb, Gedächtnis und Verstand,
340 So müssen drei Personen auch erscheinen
Mit gleichem Recht im göttlichen Verband.«
Und hinterher begann sie, ihm die Lehren
Und Leiden Christi emsig zu erklären.

Wie Gottes Sohn so mancherlei erlitten,
Dieweil auf Erden er als Gast geweilt,
Wie er Erlösung für die Welt erstritten,
Und Sündennot und Sorgenlast geheilt,
Ward an Tiburtius von ihr mitgeteilt.
Und dann ging er mit glaubensfrohem Sinn
350 Zum Papst Urban mit seinem Bruder hin.

Der dankte Gott von Herzen froh und heiter,
Tauft' ihn sofort und macht' ihn dann bekannt
Mit allen Lehren als des Herren Streiter;
Worauf Tiburz so hohe Gnade fand,
Daß ihm kein Tag im Lauf der Zeit entschwand,
An dem er Gottes Engel nicht gesehen;
Und gern und schnell erhörte Gott sein Flehen.

Schwer hielt' es, nach der Reihe vorzutragen,
Wie viele Wunder Jesus für sie tat.
360 Doch endlich schleppten – um es kurz zu sagen –
Die Schergen Roms auf das Präfektorat,
Sie vor Almachius, der als Magistrat
Sie dann vernahm und bald den Fall durchblickte
Und zu dem Bilde Jupiters sie schickte.

Und er begann: »Mein Urteilsspruch ist dieser:
Euch trifft der Tod, bringt Ihr nicht Opfer dar!«
Die Märtyrer indessen überwies er
An Maximus, der ein Kornikular
Und Offizier von dem Präfekten war,
370 Den, als die Heil'gen er von dannen führte,
Um sie das Mitleid bis zu Tränen rührte.

Und Halt gebot den Quälern, als vernommen
Er ihren Glauben, Maximus, und nahm
Die Heil'gen in sein Haus, wo sie in frommen
Gesprächen weilten, bis der Abend kam.
Und Maximus ergriff die tiefste Scham
Mitsamt den Henkern, und der falschen Lehre
Entsagten sie und gaben Gott die Ehre.

Cäcilie kam mit Priestern in der Nacht,
380 Daß allen sie die heil'ge Taufe gäben;
Und hinterher, sobald der Tag erwacht,
Begann sie fest die Stimme zu erheben:
»Wollt Ihr als echte Ritter Christi leben,
Entsagt dem Werk der Finsternis fortan,
Und schnallt die Rüstung ew'ger Klarheit an.

Ja, eine große Schlacht habt Ihr geschlagen!
Jetzt ist's vollbracht! Ihr habt Euch treu bewährt!
Ihr werdet drum des Lebens Krone tragen,
Die ein gerechter Richter Euch beschert.
390 Er gibt sie Euch; Ihr seid derselben wert!«
Dann führte, als gesprochen war dies Wort,
Man sie sogleich zum Opferplatze fort.

Indes – um kurz die Sache zu beenden –
Sie wollten, angelangt an jenem Ort,
Nicht Weihrauch streu'n noch Opfergaben spenden.
Nein, voll Ergebung knieten beide dort
In Demut nieder; worauf sie sofort
Enthauptet wurden. Doch zum Himmelreich
Entschwebten beider Seelen auch zugleich.

400 Und Maximus stand tief gerührt daneben
Und sprach, vor Jammer weinend und vor Schmerz:
»Mit Engeln voller Licht und Klarheit schweben,
Sah ich die Seelen beider himmelwärts.«
Und dieses Wort bekehrte manches Herz.
Doch ließ Almachius mit Eisenruten
Ihn dafür zücht'gen und zu Tode bluten.

Begraben ließ Cäcilie die Gebeine
Mit Valerian und mit Tiburz sodann
In einer Gruft und unter einem Steine.
410 Inzwischen trieb die Häscher, Mann für Mann,
Zur Jagd Almachius auf Cäcilie an,
Damit sie gleich vor seinem Angesichte
Den Opferdienst an Jupiter verrichte.

Es schenkten, durch ihr Wort sich rasch bekehrend,
Indessen jene vollen Glauben ihr,
Und schrien unter Tränen immerwährend:
»Christ, Gottes Sohn, Du bleibest für und für
Der wahre Gott! – So denken alle wir.
Dir dient die beste Magd. An Dir den Glauben
420 Soll selbst der Tod, der uns bedroht, nicht rauben.«

Almachius hörte, was sich zugetragen
Und lud Cäcilie vor, und wandte sich
Sodann zunächst an sie mit dem Befragen:
»Was bist Du für ein Frauenzimmer? – Sprich!«
Und sie begann: »Ein Edelweib bin ich!«
»Ich spreche«, rief er, »ob die Frage schon
Dich kränken mag, von Glauben und Rel'gion.«

»Nun, dann befrugst Du mich höchst töricht eben.
Fürwahr, auf eine Frage«, sprach sie, »kann
430 Ich eine Antwort nur, nicht zweie geben.«
Ihr fiel ins Wort Almachius und begann:
»Von wannen kommt die Frechheit Dir? – Sag' an!«
»Von wannen?«, sprach sie, »mir gibt Mut dazu
Des Glaubens Kraft und des Gewissens Ruh'!«

»Wie?«, fragt' Almachius, »fühlst Du keinen Schrecken
Vor meiner Macht?« Sie aber sprach: »Nicht leicht
Wird Deine Stärke Furcht in mir erwecken,
Da Menschenmacht, so weit sie immer reicht,
Nur einer windgefüllten Blase gleicht,
440 Die, wenn der Nadel Spitze sie durchsticht,
Den Halt verliert und rasch zusammenbricht.«

»Mit Unrecht«, sprach er, »hast Du angefangen,
Und störrisch hältst Du an dem Unrecht fest.
Denn solltest Du nicht wissen, daß ergangen
Von unsern Fürsten ist ein Manifest,
Das Euch die Strafen, die Euch drohn, erläßt
Und ungestörten Frieden Euch gewährt,
Sofern Ihr Christum ferner nicht verehrt?«

»Es irren Eure Fürsten und der Adel«,
450 Cäcilie sprach, »und übel angewandt
Wird das Gesetz! – Ihr wißt, uns trifft kein Tadel,
Denn unsere Unschuld ist Euch wohlbekannt.
Nach Christi Namen werden wir genannt;
Und daß von ihm wir mit Verehrung sprechen,
Das macht Ihr uns zum Schimpf und zum Verbrechen.

Wir kennen ihn als tugendhaft und rein;
Wie sollten wir ihn zu verleugnen wagen?«
Almachius rief: »Entscheide zwischen zwei'n;
Kein andrer Weg bleibt für Dich einzuschlagen,
460 Als opfern oder Christum zu entsagen!«
Indessen lächelnd gab darauf Bescheid
Die heil'ge, schöne, segensvolle Maid:

»O Richter, fein verdrehst Du Deine Sachen!
Soll ich entsagen meiner Seligkeit?
Wie, willst Du zur Verbrecherin mich machen?
Oh, seht ihn an, wie vor Verlegenheit
Er im Gerichte heuchelt, wütet, schreit!«
»Elende!«, rief Almachius aufgebracht,
»Du kennst noch nicht den Umfang meiner Macht!

470 Ward von den mächt'gen Fürsten mir gegeben
Die Vollmacht nicht und die Autorität,
Um zu entscheiden zwischen Tod und Leben?
Was redest Du so stolz und aufgebläht?«
Sie sprach: »Ich rede standfest nur; mir steht
Durchaus nicht an, mich stolz vor Dir zu brüsten,
Als Laster hassen allen Stolz wir Christen.

Doch wenn zu hören Dir der Mut nicht fehlt,
Will ich Dir nicht die Wahrheit vorenthalten.
Du sprichst, die Fürsten hätten Dich erwählt
480 Und ausgestattet mit den Amtsgewalten,
Um über Tod und Leben frei zu schalten.
Du kannst allein nur in den Tod uns senden,
Doch andre Vollmacht hast Du nicht in Händen.

Du magst zwar sagen, daß vom Halsgericht
Die Fürsten zum Verwalter Dich bestellten,
Indessen mehr Gewalt besitzt Du nicht.«
Almachius rief: »Hör' auf mit Deinem Schelten!
Zum Opfer geh'! Ich werde nicht entgelten
An Dir Dein Unrecht. Denn ertragen kann
490 Ich dieses leicht als Philosoph und Mann.

Doch, daß den Göttern Schmähung widerfuhr
Aus Deinem Munde, darf ich nicht ertragen!«
Cäcilie sprach: »Spitzfind'ge Kreatur!
Ich sah aus jedem Worte Deiner Fragen
Seit lange schon Dein albernes Betragen.
In jeder Art bist Du erkannt von mir
Als eitler Richter, grober Offizier!

Nichts fehlt zum Sehen Deinem Augenpaar,
Als nur das Licht. Denn was wir alle kennen
500 Als einen Stein ganz zweifellos und klar,
Will Dir belieben, einen Gott zu nennen.
Berühr' ihn nur, und Du mußt fühlen können
Mit Deiner Hand, daß es ein Stein nur ist,
Obschon Du blind auf beiden Augen bist.

Oh, Scham! Daß Du den Leuten dienen mußt
Durch Deine Torheit zum Gespött und Hohne!
Denn allgemein ist jeder sich bewußt,
Daß hoch im Himmel Gott allmächtig throne.
Und diese Bilder mußt Du zweifelsohne
510 Für sich und Dich ganz nutzlos doch erkennen,
Nicht einen Heller sind sie wert zu nennen!«

Dies sagte sie und manches andre Wort.
Doch wütend hieß er sie nach Hause führen,
Und um sie zu verbrennen, alsofort
Ein Feuer unter ihrem Bade schüren.
Man eilte, die Befehle auszuführen.
Sie wurde schleunigst in ein Bad gebracht,
Worunter Feuer brannte Tag und Nacht.

Die lange Nacht sowie am nächsten Tage,
520 War auch das Bad und Feuer noch so heiß,
Blieb sie stets kalt und fühlte keine Plage,
Und sie vergoß nicht einen Tropfen Schweiß,
Wiewohl auf des Almachius Geheiß,
Der tückisch seine Schergen abgesandt,
Sie ihren Tod im Bade dennoch fand.

Geführt nach ihrem Nacken wurden drei
Verschied'ne Streiche von dem Henkersknechte;
Und dennoch brach der Wirbel nicht entzwei.
Nun aber galt in jener Zeit zu Rechte,
530 Wer einen Menschen nicht ums Leben brächte,
Nachdem er dreimal auf ihn zugeschlagen,
Der dürfe nicht zum vierten Mal es wagen.

Halbtot ließ die im Nacken schwer Verletzte
Daher der Henker liegen und verschwand.
Doch manches Tuch mit ihrem Blute netzte
Die Schar der Christen, welche sie umstand.
Und trotz der Qualen fuhr sie unverwandt
Drei Tage fort, die teuren Glaubenslehren
Zu predigen und ihnen zu erklären.

540 Sie schenkte ihnen ihr gesamtes Erbe
Und wies sie auf den Papst Urbanus an,
Und sprach: »O Himmelskönig, eh' ich sterbe,
Gewähre mir drei Tage noch fortan,
Daß für ihr Seelenheil ich beten kann,
Und eine Kirche Dir auf ew'ge Zeiten
Vermag aus meinem Hause zu bereiten.«

Mit seinen Diakonen holte leise
Zur Nacht der heil'ge Urban ihr Gebein,
Und senkt' es dann in feierlicher Weise
550 Zu andern Heil'gen auf dem Friedhof ein.
Zur »St. Cäcilienkirche« ließ er weihn
Ihr Haus; und dort verehren noch bis heute
Christ und die Heil'ge andachtsvoll die Leute.

Die Erzählung des Dienst- mannes vom Kanonikus

Der Prolog des Dienstmannes vom Kanonikus

Vers 1–166

Fünf Meilen waren wir geritten eben,
Als bei dem Schluß von St. Cäciliens Leben
Ein Reitersmann bei Boughton an der Heide
Uns überholte. – Unter einem Kleide
Von schwarzem Tuch trug er aus weißem Stoff
Ein Chorhemd. Zum Erstaunen aber troff
Der Schweiß von seiner apfelgrauen Mähre,
Als ob drei Meilen galoppiert er wäre.
Und auch der Klepper, den sein Diener ritt,
10 War voller Schweiß und konnte kaum mehr mit.
Hoch war die Brust mit weißem Schaum bedeckt,
Gleich einer Elster schien der Gaul gefleckt.
Ein Sack hing überm Widerrist ihm quer,
Sonst führt' er scheinbar an Gepäck nichts mehr;
Nur Sommerkleider trug der würd'ge Mann.
Ich fing im stillen mich zu wundern an,
Was er wohl wäre, bis ich am Gewand
Die Schaube festgenäht am Kragen fand;

So kam nach langen Grübeln ich zum Schluß:
20 Der Mann wär' irgendein Kanonikus.
Tief in den Nacken hing sein Hut herab
An einer Schnur, da statt im Schritt und Trab
Er im Galopp wie toll geritten war.
Mit einem Klettenblatte war sein Haar
Bedeckt, um seinen Kopf nicht zu erhitzen.
Man sah mit wahrer Seelenlust ihn schwitzen;
Wie nämlich eine Regenrinne tropft,
Wenn Hauslauch oder Weg'rich sie verstopft,
Troff seine Stirn, als er, sich nahend, schrie:
30 »Gott segne diese lust'ge Compagnie!
Scharf ritt ich zu«, sprach er, »um Euretwegen.
Euch einzuholen kommt mir sehr gelegen;
In fröhlicher Gesellschaft reit' ich gern.«
Sein Dienstmann glich an Höflichkeit dem Herrn.
»Ich sah Euch«, sprach er, »morgens schon beizeiten,
Verehrte Herr'n, aus Eurem Gasthof reiten;
Und meinem Herrn und Meister riet ich dann:
Schließt Euch der lustigen Gesellschaft an!
Denn Scherz und Kurzweil liebt er selber eben.«
40   »Freund, segne Gott den Rat, den Du gegeben!«
Sprach unser Wirt. »Gewiß, es will mir scheinen,
Dein Herr sei klug und stecke – sollt' ich meinen
Und möchte wetten – voller Scherz dabei.
Kann er vielleicht erzählen ein bis zwei
Geschichten unserm Kreise zum Vergnügen?«
        »Wer, Herr? Mein Meister? Ja, Herr, ohne Lügen,
Er steckt von Späßen und von Scherzen voll;
Und, Herr, wenn ich die Wahrheit sagen soll,
Ihr würdet Euch, wenn Ihr ihn so genau
50 Wie ich erst kenntet, wundern, wie höchst schlau
Er seine Kunst treibt auf verschied'ne Weise,

Und Großes unternimmt, das hier im Kreise
Wohl schwerlich ohne meines Meisters Lehre
Zu leisten irgendwer imstande wäre.
Mag noch so schlicht er hier zu Pferde sitzen,
Euch würde seine Freundschaft sicher nützen,
Ihr würdet Euch derselben nicht entschlagen
Für vieles Geld. Die Wette will ich wagen,
Und, was ich habe, setz' ich gern zum Pfand!
60   Er ist ein Herr von gründlichem Verstand;
Ich sag' es Euch: ein selten großer Mann.«
     »Gut!«, sprach der Wirt, »indessen sag' uns an,
Ist ein Gelehrter, oder was ist er?«
     »Nein!«, rief der Dienstmann, »er ist wahrlich mehr
Als ein Gelehrter, lieber Wirt! Und gern
Erzähl' ich kurz die Künste meines Herrn.
     Mein Meister ist so voll Geschicklichkeit
– Zwar bin ich nicht in alles eingeweiht,
Obschon ich ihm behilflich bin zuzeiten –,
70   Daß er den Grund, auf welchem wir hier reiten,
So weit, bis wir in Canterbury sind,
Nicht um und um nur kehren, nein, geschwind
Sogar mit Gold und Silber pflastern kann.«
     Als er so weit gekommen war, begann
Zu ihm der Wirt: »Ei, benedicite!
Dann nimmt mich wunder, wie ich frei gesteh',
Daß Euer Herr, der solcher Weisheit voll,
Daß ihn die Welt darob verehren soll,
So wenig Wert auf seine Würde legt,
80   Und solchen fadenschein'gen Mantel trägt.
Bei meinem Heil! Wollt Ihr die Wahrheit wissen?
Er ist beschmutzt, ganz wertlos und zerrissen.
Wie ist Dein Herr so schmierig nur, sag' an,
Der bess're Kleider sich doch kaufen kann,

Wenn seine Lage Deinem Wort entspricht.
Ich bitte Dich, gib mir davon Bericht.«
    »Wie?«, rief der Dienstmann, »stellt Ihr diese Frage?
Bei meinem Heil! Nie kommt er in die Lage!
Doch soll ich sein Geheimnis Euch entfalten,
90 Muß ich Euch bitten, reinen Mund zu halten,
Der Grund ist, glaub’ ich: Er weiß allzu viel.
Durch Übertreibung kommt man nicht ans Ziel;
Sie schadet nur, wie die Gelehrten sagen,
Und daher scheint mir töricht sein Betragen.
Denn ist ein Mann gar zu gewitzt und klug,
Mißbraucht er seine Gaben oft genug.
So tut mein Herr – und das betrübt mich sehr.
Es bess’re Gott! Ich sage jetzt nichts mehr.«
    »Nun, das laß ruhn!«, hob unser Gastwirt an,
100 »Was tut Dein Herr? Erzähle, lieber Mann.
Du kennst ja seine Künste ganz genau,
Du sagtest uns, er sei verschmitzt und schlau.
Nun, wenn Du darfst, so sprich: Wo seid Ihr her?«
    »Aus einem Vorort einer Stadt«, sprach er,
»Woselbst in engen, finstern Gassenecken
Sich Räuber, Diebe dieser Art verstecken
Und im geheimen ihre Wohnung nehmen,
Weil sie sich öffentlich zu zeigen schämen.
So geht es uns, soll ich die Wahrheit sagen.«
110   »Nun«, sprach der Wirt, »laß mich Dich weiter fragen:
Weswegen bist so schwarz Du im Gesicht?«
    »St. Peter!«, rief er, »bei des Herrn Gericht!
Wer so wie ich ins Feuer blasen muß,
Bekommt, so denk’ ich, sein Gesicht voll Ruß!
Im Spiegel zu besehn pfleg’ ich mich nie,
Multiplizieren lern’ ich voller Müh’;
Doch wie wir grübeln und das Feuer schüren,

Das, was wir wünschen, ist nicht auszuführen.
Zum Schluß ist immer dies und das vergessen.
120 Verschied'ne Leute täuschen wir indessen.
Wir borgen Gold, bald ein Pfund oder zwei,
Bald zehn, bald zwölf, was auch die Summe sei,
Und schwatzen ihnen vor, wir wüßten Wege,
Wie man aus einem Pfunde zweie präge.
Zwar ist es falsch, doch bleibt in uns beständig
Der Vorsatz und die Hoffnung drauf lebendig.
Fern aber vor uns liegt die Wissenschaft;
Ob fest entschlossen, fehlt uns doch die Kraft,
Es auszuführen; es entschlüpft den Händen
130 Stets rasch und läßt am Bettelstab uns enden.«
     Es war, bevor der Dienstmann so weit kam,
Sein Herr ihm längst zur Seite und vernahm,
Was er erzählte. Denn wenn jemand sprach,
War auf der Stelle auch sein Argwohn wach.
Wer – wie uns Cato sagt – sich schuldig fühlt,
Denkt gleich, daß jede Rede auf ihn zielt.
Damit ihm nicht ein einz'ges Wort entgehe,
Ritt er heran und hielt sich in der Nähe
Des Dieners auf, und sagte: »Halt' sofort
140 Den Mund, und rede fernerhin kein Wort!
Und wenn Du's tust, so soll's Dir schlimm ergehn!
Du wagtest, vor den Leuten mich zu schmähn
Und mein Geheimnis ihnen zu entdecken!«
     »Sprich weiter!«, rief der Wirt, »laß Dich nicht
                        schrecken!
Denn all sein Drohn ist keinen Heller wert!«
     »Bei meiner Treu!«, sprach jener, »dieses schert
Mich wenig nur!« – Doch der Kanonikus,
Der sich von seinem Diener mit Verdruß
Verraten sah, floh voller Scham von hinnen.

»Jetzt«, sprach der Dienstmann, »soll der
150   Spaß beginnen!
Gleich will ich alles, was ich weiß, erzählen!
Jetzt ist er fort! – Mög' ihn der Teufel quälen,
Nie will ich ihn – die Wahrheit zu gestehn –
Für Pfund und Pfennig ferner wiedersehn.
Durch ihn ließ ich mich zu dem Spiel berücken;
Bevor er stirbt, soll Leid und Scham ihn drücken!
Ich bin im Ernst. – Ihr mögt mir Glauben schenken;
Ich fühl es tief, was auch die Leute denken.
Und dennoch konnt' ich selbst trotz aller Schmach,
160 Trotz Arbeit, Sorgen, Schmerz und Ungemach
Mich dieser Sache nimmermehr entziehn!
Nun, wollte Gott, mir sei der Witz verliehn,
Euch diese Kunst vollständig klarzumachen.
Zum Teil indes erzähl' ich Euch die Sachen.
Mein Herr ist fort, drum werd' ich ihn nicht sparen,
Und was ich weiß, das will ich offenbaren!«

Die Erzählung
des Dienstmannes vom Kanonikus

Vers 167–928

Seit sieben Jahren dien' ich diesem Herrn,
Und bleibe doch der Kunst beständig fern.
Ich büßte, was ich hatte, durch ihn ein,
170 Und – weiß es Gott – so ging es allgemein.
Vor Zeiten trug ich schöne, frische Kleider
Und andern Schmuck; jetzt aber trag' ich leider
Auf meinem Kopf nur einen Strumpf als Hut.
Einst hatt' ich frische Wangen voller Blut;

Jetzt sind sie welk und bleich und fahl wie Blei;
Denn wie man's treibt, so fährt man auch dabei.
Von vieler Arbeit trieft mein Auge schon.
Den Vorteil – seht! – bringt Multiplikation!
Die schlüpferige Wissenschaft entriß
180 Mir, was ich hatte. Voller Kümmernis
Muß ich in Armut meine Wege ziehn.
Ich schulde mehr an Geld, das mir geliehn,
Als – meiner Treu! – ich je bezahlen kann.
Nehmt Euch für immer eine Warnung dran!
Wer einmal sich befaßt mit diesen Dingen,
Wird, wenn er fortfährt, sich um alles bringen.
Gott helfe mir! Dabei ist kein Gewinn,
Es macht den Witz und macht die Börse dünn.
Und wenn ein Mensch durch Torheit oder Wahn
190 In diesem Spiel hat all sein Gut vertan,
So kitzelt er in andern das Verlangen,
Ihr Geld zu lassen, gleich wie's ihm ergangen.
Denn Bösewichten macht es stets Behagen,
Wenn Nebenmenschen Leid und Sorgen tragen;
Das sagten mir Gelehrte schon vor Zeiten.
Genug davon! Laßt uns zur Sache schreiten.

    Wenn unser Teufelswerk zuerst beginnt,
Denkt jedermann, wie wunderklug wir sind.
Wir reden so gelehrt und so kurios.
200 Ins Feuer blas' ich, bis ich atemlos
Geworden bin. Was soll ich Euch erzählen,
Wie zum Gemisch die Proportion wir wählen?
Ob wir fünf Unzen Silber oder auch
Sechs oder mehr bedürfen zum Gebrauch?
Soll ich die Namen aller Elemente,
Wie Knochen, Eisenspäne, Opermente,
Die zu dem feinsten Pulver wir zerreiben,

Und dann in irdne Töpfe tun, beschreiben?
Was wir an Salz und Pfeffer zu den eben
210 Von mir erwähnten Pulvern etwa geben?
Wie wir sie durch kristall'ne Glocken schützen,
Und was wir sonst zu unserm Werk benützen?
Wie wir verlöten Gläser und Gerät,
Damit durch Luftzug kein Atom entgeht?
Was soll ich Euch von all den Feuern sagen,
Den schwachen und den starken; von den Plagen
Und allen Sorgen beim Amalgamieren,
Beim Calcinieren und beim Sublimieren
Von dem Quecksilber oder Merkurial?
220 Denn es mißrät am Ende jedesmal.
Und nehmen von Quecksilbersublimat,
Von Bleiglanz, Porphyr, Operment und Spat
Auch diese Zahl und jene wir von Unzen,
Was hilft's? – Wir werden unser Werk verhunzen.
Wie hoch empor der Spiritus auch steigt,
Was sich als Bodenniederschlag auch zeigt,
Wir ernten nie die Früchte unsres Strebens,
Und alle Müh' und Arbeit bleibt vergebens.
Auf zwanzig Teufelswegen geht zuletzt
230 Verloren doch, was wir darangesetzt.
      Wir pflegen auch von manchen andern Sachen
In unserm Handwerk noch Gebrauch zu machen,
Die nach der Ordnung ich nicht nennen kann;
Denn ich bin nur ein ungelehrter Mann.
Doch zählen will ich's, wie mir in den Sinn
Es eben kommt, Euch ohne Ordnung hin:
Borax und Grünspan, Ammoniak, Gefäße
Von Glas und Ton und mancherlei Gemäße,
Und unsre Urinalen und Phiolen,
240 Alembiks, Cucurbiten, Crucibylen,

Sublimatorien, Deszensionsretorten,
Und andre, keinen Heller werte Sorten.
Indes, was nützt es, die Substanzen alle,
Wie Rötewasser, Schwefel, Bolusgalle,
Arsenik und »sal armoniac« zu kennen?
Auch manche Kräuter weiß ich noch zu nennen,
Wie Mondwurz, Ackermennig, Baldrian;
Und mehr, als ich in Kürze sagen kann.
Auch unsre Lampen, welche Tag und Nacht
250 Hell brennen, damit unser Werk vollbracht;
Und unsern Flammenherd zum Calcinieren,
Und unsre Wasser zum Albisizieren,
Kalk, ungeschwemmte Kreide, Albumin,
Ton, Pulver, Asche, Dünger und Urin,
Salpeter, Vitriol und Trockenseiher,
Von Holz und Kohlen die verschied'nen Feuer,
Weinstein, Alkalien und Salzpräparate,
Brennmaterialien und Coagulate,
Lehm mit dem Haar von Menschen und von Pferden,
260 Tantar, Alaun, Öl, Hefe, Glas und Erden,
Und Rosalgar und Mittel, die verschwinden
Materien machen oder sie verbinden;
Und unser Silber, das wir citrinieren,
Und unser Zementieren, Fermentieren,
Und unsre Formen, Barren und was mehr
    Dazu gehört. – Auch zähl' ich ferner her
Die sieben Körper Euch und die vier Geister,
Wie mir sie oft hat vorgenannt mein Meister.
    Quecksilber nennen wir den ersten Geist,
270 Den zweiten Operment; den dritten heißt
Man Ammoniak, und Schwefel kommt zuletzt.
Und auch die sieben Körper nenn' ich jetzt:
Sol ist das Gold, die Luna Silber nur,

Das Eisen Mars, Quecksilber ist Merkur,
Der Jupiter ist Zinn, Saturnus Blei,
Die Venus Kupfer. – Stehe Gott mir bei!
Wer immer der verfluchten Kunst verfällt,
Hat zur Genüge niemals Gut und Geld;
Denn alles, was er darauf angewendet,
280 Ist zweifellos verloren und verschwendet.
Doch wer so töricht ist und will verlieren,
Erlerne schleunigst das Multiplizieren.
Wer seinen Koffer voll hat, komm heran,
Zum Philosophen reift bald jedermann.
Seht her! Wie leicht ist dies zu unternehmen!
Nein, nein – weiß Gott! – nicht Mönch noch
                              Priester kämen,
Nicht Bettelbruder noch Kanonikus,
Noch andre Leute je damit zum Schluß,
Selbst wenn sie Tag und Nacht studierten. Nie
290 Erlernen diese Teufelskünste sie;
Noch weniger ein unstudierter Mann.
Pfui! Sprich nicht drüber! Es geht niemals an!
Ob jemand in der Wissenschaft zu Haus,
Ob darin fremd ist, kommt auf eins heraus;
Denn beide bringen es – auf Seligkeit! –
In dieser Multiplikation gleich weit.
Dabei wird Hab' und Gut verspekuliert,
Das heißt: zum Schluß sind beide ruiniert.
Vergessen hab' ich und darum erwähne
300 Ich hinterher: die Eisenhobelspäne,
Die Öle, Scheidewasser und desgleichen
Die Körper zum Erhärten und Erweichen,
Die Spülungsmittel und die Schmelzmetalle.
Doch würde, davon aufzuzählen alle,
Den Umfang jeder Bibel übersteigen;

Und daher wird es besser sein, zu schweigen.
Genug, so denk' ich, sprach ich von den Sachen,
Den grimmsten Teufel dadurch wild zu machen.
    Nein, damit abgetan! – Das Elixier,
310 Den Stein der Philosophen suchen wir;
Denn sein Besitz bringt Ruh' und Sicherheit.
Jedoch – bei Gott im Himmel! Einen Eid
Will ich drauf schwören – alle Kunst und Müh'
Bleibt stets vergebens. – Zu uns kommt er nie.
Er hat uns schon um vieles Gut gebracht,
Und hätte längst vor Gram uns toll gemacht,
Beschliche nicht die Hoffnung stets das Herz,
Wir würden ihn trotz allem bitt'ren Schmerz
Noch später finden und mit Augen schau'n;
320 Und zäh und fest bleibt Hoffnung und Vertrau'n.
Seid vorgewarnt: Ihr sucht danach für immer!
Die Menschen hat der Zukunftshoffnungsschimmer
Von dieser Kunst stets um ihr Gut betrogen;
Und doch wird jeder wieder angezogen.
Es scheint für ihn so bittersüß zu sein;
Er würde selbst, wenn er ein Hemd allein,
Sich zu bedecken nachts in seinem Bette,
Und für den Tag nur einen Mantel hätte,
Sie doch verkaufen; bis er dann zuletzt
330 Der Kunst zuliebe alles drangesetzt.
An diesen Leuten nimmt man immerdar,
Wohin sie gehn, Gestank von Schwefel wahr.
Sie stinken ringsumher wie eine Geiß;
Ihr Dunst ist stets so böckisch und so heiß;
Man riecht im voraus eine Meile lang
Von ihnen, glaubt mir, schon den Pestgestank.
Seht! Da sie stinken und sich schäbig kleiden,
Kann man sehr leicht die Leute unterscheiden.

Doch wollt Ihr im geheimen sie befragen,
340   Weshalb sie sich so fadenscheinig tragen,
So raunen sie Euch alsogleich ins Ohr:
Man überwache sie, man habe vor
Sie zu erschlagen ihres Wissens wegen.
Seht! Wie die Einfalt sie zu täuschen pflegen!
      Genug davon! Zurück zur Sache jetzt!
Bevor den Topf man auf das Feuer setzt,
Tut man Metalle je nach Maß hinein –
Die Mischung macht mein Herr für sich allein.
Jetzt ist er fort. – Drum sprech' ich unverblümt.
350   Wie man sein Kunstgeschick auch immer rühmt,
Wie sehr mir selbst sein hoher Ruf bekannt,
So hat er sich doch manches mal verrannt.
Und wißt Ihr, wie? – Nun, es geschah von je,
Daß ein Gefäß zerbricht – und dann Ade
Geht alles; denn die Kraft von dem Metall
Ist fürchterlich. Ihr widersteht kein Wall,
Mag er erbaut auch sein aus Kalk und Stein.
Sie sprengt die Mauern, bricht sie, stürzt sie ein.
Oft fließt auch das Metall uns in den Grund –
360   Dadurch verloren wir schon manches Pfund.
Oft fliegt es, weithin rollend, durchs Gemach
Und – ungelogen – oftmals bis ans Dach.
Und glaubt mir – zeigt sich auch der Teufel nicht,
Bei uns ist doch der schlaue Bösewicht.
Und in der Hölle, wo er Herrscher ist
Gibt es kaum mehr an Sorge, Neid und Zwist.
War uns ein Topf zerbrochen, wie gesagt,
So schimpfte man, und jeder ward verklagt.
      Der eine sprach: »Geschürt ward nicht die Glut!«
370   Der rief: »O nein! Geblasen ward nicht gut!« –
Und das war leider mein Offizium.

»Stroh!«, rief der dritte, »Ihr seid roh und dumm!
Nur an der Mischung lag es sicherlich!«
»Nein!«, schrie der vierte, »still, und hört auf mich!
Man heizte nicht mit Buchenscheiten ein.
Bei meinem Heil – das war der Grund allein!«
Ich kann nicht sagen, was die Ursach' war,
Doch daß es großen Streit gab, weiß ich klar.
　　　»Was?«, rief mein Herr, »dabei ist nichts zu tun!
380 Doch hüten wird' ich vor Gefahr mich nun.
Eins ist gewiß: zerbrochen ist der Topf,
Wie's immer kann. Behaltet hoch den Kopf!
Und reinigt, wie dies Brauch ist, rasch die Flur!
Frisch, Mut gefaßt! Seid froh und munter nur!«
　　　Auf einen Haufen ward der Schutt gefegt,
Und auf die Flur ein Segeltuch gelegt;
Man warf den Kehricht in ein Sieb, und dann
Fing man zu schütteln und zu suchen an.
　　　»Pardi!«, rief einer, »vom Metall zurück
390 Blieb zwar nicht alles, doch noch manches Stück.
Diesmal mißriet es, aber Ihr sollt sehn,
Zum zweiten Male wird es besser gehn.
Wir müssen unser Gut von neuem wagen.
Im höchsten Wohlstand könnte dies ertragen
Fürwahr kein Handelsmann, bei meiner Ehre!
Zwar oft ertrinkt auch ihm sein Gut im Meere,
Doch meistens kommt es sicher an das Land.«
　　　»Still!«, rief mein Herr, »ich bring' es noch zustand'!
Doch ganz verschieden wird es angefaßt
400 Das nächste Mal, wenn Ihr mich machen laßt.
Nur ein Versehen war es, wie ich weiß.«
　　　Ein andrer sprach: »Das Feuer war zu heiß!«
Doch ob es heiß, ob kalt ist, zum Beschluß
Mißrät es stets, wie ich bekennen muß.

Erreicht wird nie, was wir bestreben wollen.
Wir rasen nur beständig, wie die Tollen.
Doch sind wir alle beieinander, so
Scheint jedermann ein zweiter Salomo.
Nicht alle Dinge, die wie Gold ausschau'n,
410 Sind darum Gold. – Man kann dem Spruche trau'n:
Nicht jeder Apfel, welcher lieblich scheint,
Ist darum gut, was man auch sagt und meint.
So geht es auch mit uns. – Bei Jesu Christ!
Wer als der Klügste bei uns gilt, der ist
Der größte Tor, sobald man ihn erprobt,
Und oft zum Dieb wird, wen als treu man lobt.
Das sollt Ihr, eh' sich unsre Wege trennen,
Am Schlusse der Geschichte noch erkennen.

Pars Secunda
Einst schloß sich ein Kanonikus uns an;
420 Verpesten würde jede Stadt der Mann,
Ob groß wie Alexandrien sie sei,
Rom, Troja, Ninive und andre drei.
Von seinen Schlichen, seiner Falschheit brächte
Kein Mensch ein Buch zu Ende, wie ich dächte,
Und sollt' er tausend Jahre selbst erreichen.
Denn auf der Erde sah man seinesgleichen
An Falschheit nicht. Er wußte sich zu winden
Und höchst geschickt die Worte zu verbinden
Und im Gespräch mit Leuten so zu reden,
430 Daß es im Kopfe toll ward einem jeden,
Der nicht ein Teufel gleich ihm selber war.
Und so betrog er viele Jahr für Jahr
Und wird es tun die ganze Lebenszeit.
Und dennoch gehn und reiten meilenweit
Ihm Leute nach, die seiner Freundschaft trau'n,

Weil sie sein falsches Wesen nicht durchschau'n.
Doch wollt Ihr gütigst mir Gehör gewähren,
So will ich Euch den Sachverhalt erklären.
　　　Ihr aber, würd'ge Stiftsherr'n, müßt nicht denken,
440 Daß ich, um Euch und Euer Stift zu kränken,
Von einem Herrn Kanonikus berichte.
In jedem Stande gibt es Bösewichte;
Indessen Gott verhüte, daß auf alle
Sofort die Torheit eines Mitglieds falle.
Euch zu beschimpfen liegt mir wahrlich fern;
Nur bessern, wo gefehlt ist, möcht' ich gern.
Denn auch für andre, nicht für Euch allein
Gilt die Geschichte. – Man weiß allgemein,
Daß unter zwölf Aposteln in der Schar
450 Des Herrn nur Judas ein Verräter war.
Wie kann deswegen tadeln man den Rest,
Der schuldlos blieb? Und ganz dasselbe läßt
Von Euch sich sagen. – Aber hört, ich bitte:
Habt einen Judas Ihr in Eurer Mitte,
So rat' ich Euch, entfernt ihn schon beizeiten,
Sonst wird er Scham Euch und Verlust bereiten.
Doch seid ersucht, nehmt keinen Anstoß dran
Und, was ich Euch erzählen will, hört an.
　　　In London wohnte manches liebe Jahr
460 Ein Priester und Kapitels-Annualar,
Der sich so höflich einer Frau erwies,
In deren Hausstand er sich speisen ließ,
Daß sie ihn niemals um Bezahlung frug
Für Tisch und Zeug, so schön er sich auch trug.
Mit Silbergeld war er vollauf versehn;
Doch, das laßt ruhn; ich will nun weitergehn
Und Euch erzählen, wie's der Stiftsherr machte
Daß er den Pfaffen ins Verderben brachte.

Ins Zimmer, wo der Priester hauste, trat
470 Der falsche Stiftsherr eines Tags und bat,
Daß er ein Darlehn ihm gewähren wolle,
Das er sofort zurück empfangen solle.
»Leih' eine Mark nur auf drei Tage mir,
Mein Wort zum Pfand, ich zahle pünktlich Dir
Die Summe heim; sonst hänge nach Verlauf
Von den drei Tagen mich am nächsten auf.«
Der Priester gab ihm eine Mark sofort.
Und Abschied nahm nach manchem Dankeswort
Der Herr Kanonikus und zog von dannen.
480 Und eh' zu Ende noch drei Tage rannen,
Trug er das Geld dem Priester wieder hin,
Und diesem war ganz wunderfroh zu Sinn.
»Gewiß«, sprach er, »es soll mich nicht verdrießen
Ein, zwei, drei Nobel Leuten vorzuschießen
Und was ich habe sonst an Gut und Geld.
Falls jemand treu an die Bedingung hält
Und löst sein Wort bestimmt und pünktlich ein,
So sag' ich nie zu solchem Herren: Nein!«
»Was?«, fragte jener, »sollt' ich ungetreu
490 Denn etwa handeln? – Nun, das wäre neu!
Von einem Dinge wie die Treue weiche
Ich bis zum Tage, daß ins Grab ich schleiche,
Gewiß nicht ab. Verhüt' es Gott und Christ!
Dies ist so wahr, wie nur Dein Credo ist.
Ich danke Gott und darf es füglich sagen,
Noch hatte keiner über mich zu klagen,
Der mir an Gold und Silber etwas lieh;
Denn Falschheit wohnte mir im Herzen nie.
Herr«, rief er, »für Dein edeles Betragen
500 Möcht' ich zum Dank Dir mein Geheimnis sagen.
Du liehst mir Beistand in Verlegenheit,

Und zum Entgelt für Deine Freundlichkeit
Will ich, hegst Du den Wunsch, Dich zu belehren,
In jeder Richtung Einsicht Dir gewähren
In meine Künste der Philosophie.
Darum gib acht! Eh' ich von dannen zieh',
Soll noch durch mich ein Meisterstück geschehn.«
      »Ja?«, fragt' der Priester, »soll ich's wirklich sehn?
Wohlan! So bitt' ich drum von ganzer Seele!«
510   »Mein Herr«, sprach der Kanonikus, »befehle!
Dir treu gehorsam bin ich bis zum Tod!«
      Seht! Wie der Dieb ihm seinen Dienst anbot.
Jedoch es stinkt – wie alte Weise sagen –,
Wird uns ein Dienst zu dringend angetragen;
Und daß dies Wahrheit ist, erseht Ihr später
An dem Kanonikus, dem Erzverräter,
Der Teufelspläne stets im Herzen hegte,
Und den's zu freu'n und zu ergötzen pflegte,
Dem Christenvolk in jeder Art zu schaden.
520 Vorm falschen Heuchler schütz' uns Gott in Gnaden!
Der Priester wußte nicht, mit wem er teilte,
Bis ihn das Unglück ungeahnt ereilte.
O dummer Priester! O betörter Mann!
Daß Dich Begehrlichkeit so blenden kann!
Dein Dünkel, ach, ist dumm und blind genug;
Nicht einen Argwohn hegst Du vom Betrug,
Mit dem der Fuchs beginnt, Dich zu umspinnen!
Du wirst nicht seinem schlauen Schlich entrinnen!
Jedoch um fortzufahren in der Sache,
530 Die schließlich Dein Verderben war, so mache,
Unsel'ger Mann, ich Deinen Unverstand
Und Deine Torheit unverweilt bekannt,
Und auch die Falschheit, insoweit ich solche
Euch schildern kann, von jenem andern Strolche!

Ihr denkt, mein Herr sei der Kanonikus.
Doch – bei der Himmelskönigin – ich muß,
Herr Wirt, bekennen, dies ist nicht der Fall;
Denn hundertfach geschickter überall
Betrog mein Herr beständig einen jeden.
540 Doch es verdrießt mich, viel davon zu reden,
Weil in die Wangen mir die Röte steigt,
Denk' ich daran, wie falsch er sich bezeigt.
Das heißt, es überläuft mich glühend heiß;
Denn nicht erröten kann ich, wie ich weiß,
Da die verschied'nen Dünste der Metalle,
Wie solche von mir aufgezählt sind alle,
Mich längst um meine Röte schon gebracht.
Nun komm' ich auf den Schurkenstreich. – Gebt acht!
        »Den Knecht«, sprach der Kanonikus, »heiß laufen,
550 Uns auf der Stelle Merkurial zu kaufen.
Zwei bis drei Unzen muß er mit sich bringen.
Kommt er zurück, sollst Du an Wunderdingen
Erblicken, was Du nie zuvor gesehn.«
        »Herr!«, sprach der Priester, »das soll gleich
                                                geschehn.«
Er schickte seinen Diener nach den Sachen,
Und dieser rannte – um es kurz zu machen –
Sofort davon, wie dies sein Herr befahl
Und holte rasch drei Unzen Merkurial.
Fein und behutsam legte sie zurecht
560 Dann der Kanonikus und hieß den Knecht,
Die nöt'gen Kohlen zu dem Werke bringen,
Damit sie gleich an ihre Arbeit gingen.
        Der Diener trug die Kohlen rasch heran,
Und aus dem Busen zog der Stiftsherr dann
Ein Schmelzgefäß, hielt es dem Priester hin:
»Dies Instrument, das Du hier siehst, nimm in

Die Hand«, sprach er, »und eine Unze tu
An Merkurial hinein. – Und dann bist Du
In Christi Namen bald ein Philosoph.
570 Nur wenig Leute führt' ich durch den Hof
Der Wissenschaft zu dieser Offenbarung!
Du sollst indes erschauen durch Erfahrung
Wie, ohne Täuschung, ich sofort verdichte
Dies Merkurial vor Deinem Angesichte,
Um feines, gutes Silber draus zu schlagen,
Wie Du und ich es in der Börse tragen
Und anderswo. – Ich mach' es hämmerbar;
Sonst schilt mich falsch und jedes Anspruchs bar,
Mich fernerhin zu zeigen vor der Welt!
580 Dies Pulver hier, das manches schwere Geld
Mich kostet, ist der Urgrund meiner Kraft,
Das, wie du sehn sollst, alles Gute schafft.
Den Knecht schick' fort und laß ihn draußen bleiben,
Und schließ' die Tür, indessen wir betreiben
Die Heimlichkeit. Es darf uns niemand sehn,
Wenn wir ans Werk der Philosophen gehn.«
    Rasch ausgeführt ward alles, was er sagte,
Auch in der Tat. – Gleich aus der Türe jagte
Der Meister seinen Knecht, verschloß sie dann,
590 Und ohne Zögern fing die Arbeit an.
Der Priester stellte, wie ihm jener hieß,
Die Sachen auf das Feuer, und er blies
Die Flammen an in dienstbefliss'ner Eile.
Und der Kanonikus warf mittlerweile
Ein Pulver in den Tiegel, das aus Glas
Und Kalk gemacht war und wer weiß, aus was.
Das reine Blendwerk war es, in der Tat
Nicht eine Fliege wert. Und darauf bat
Den Priester er, mit Kohlen schichtenweise

600 Den Tiegel zu bedecken. »Zum Beweise,
Wie ich Dich liebe«, sprach er, »sollst Du nun
Mit eignen Händen alle Sachen tun!«
    »Grand merci!«, sprach der Pfaffe herzensfroh,
Und legte dann die Kohlen grade so,
Wie solches der Kanonikus befohlen.
Doch dieser Schelm – mag ihn der Teufel holen! –
Zog aus dem Busen eine Kohle noch;
Und in ein schlau darin gebohrtes Loch
War eine Unze Silberstaub gestopft,
610 Und dann mit Wachs so künstlich zugepfropft,
Daß von der Masse nichts daraus entwich.
Jedoch versteht mich: Dieser schlaue Schlich
Ward nicht erst jetzt gemacht, nein, schon vorher,
Und späterhin erzähl' ich Euch noch mehr
Von andern Sachen, die er mit sich brachte,
Indem er längst ihn zu betrügen dachte.
Und dies geschah. – Er gab sich nicht zufrieden,
Bis er gerupft den Priester, eh' sie schieden.
Jedoch mich langweilt, über ihn zu sprechen
620 Gern möcht ich mich an seiner Falschheit rächen,
Wüßt ich nur wie? – Jedoch, bald hier, bald dort
Streift er umher; er bleibt an keinem Ort.
    Doch nun gebt acht, Ihr Herr'n, um Gottes willen!
Er nahm die Kohle, wie gesagt, im stillen
In seine Hand. Dort hielt er sie verstohlen,
Und währenddem der Priester in die Kohlen
Geschäftig blies, wie ich zuvor erzählt,
Sprach der Kanonikus: »Mein Freund, gefehlt!
So, wie sie sollten, liegen nicht die Schichten;
630 Doch rasch weiß ich es besser einzurichten,
Wenn ich auch manches daran ändern muß.
Du dauerst mich bei Sankt Aegidius!

Du schwitzest, seh' ich, und Du bist so heiß;
Nimm hier ein Tuch und trockne Deinen Schweiß!«
So wischte dann der Priester sein Gesicht,
Und der Kanonikus versäumte nicht
Die günstige Gelegenheit und warf
Die Kohle auf den Tiegel und blies scharf
Zu hellen Flammen rasch das Feuer an.
640   »Gib uns nunmehr zu trinken!«, sprach er dann,
»Es wird geraten. Dafür steh' ich ein.
Nur Platz genommen; laßt uns fröhlich sein!«
Sobald die Kohle glühend war, entfloß
Das Silber aus der Höhlung und ergoß
Sich in den Tiegel, wo es niederschlug,
Wie selbstverständlich ist und klar genug,
Da obendrauf er ja die Kohle legte.
Doch keinen Argwohn unser Priester hegte,
Ach, er verstand, da alle Kohlen sich
650   An Güte glichen, nichts von diesem Schlich.
Zur rechten Zeit begann der Alchimist:
»Steh' auf und hilf mir! Denn vorhanden ist
– Soviel ich weiß – hier keine Form zum Guß;
Drum geh' und hole Kreide, denn ich muß
Versuchen, ob ich etwas mir vielleicht
Draus machen kann, das einer Gußform gleicht.
Auch eine Pfanne oder sonst ein Becken
Voll Wasser hole! Dann wirst Du entdecken
Und sehn, wie unsre Sache wächst und treibt;
660   Und damit Dir kein Argwohn übrigbleibt
Und kein Verdacht, gehst Du von meiner Seite,
So geb' ich Dir persönlich das Geleite,
Und gehe fort und kehre heim mit Dir.«
Und kurz gesagt – sie öffneten die Tür
Und schlossen sie, den Schlüssel aber nahmen

Sie mit sich fort, und ohne Zögern kamen
Sie dann zurück. – Soll bis zum Tagesende
Ich drüber schwatzen? – Nein! In seine Hände
Nahm er die Kreide, und nun teil' ich mit,
670 Wie aus derselben eine Form er schnitt.

    Seht! Aus dem Ärmel zog er ganz verstohlen
Ein Silberplättchen – mag die Pest ihn holen! –,
Das ganz genau nur eine Unze wog.
Nun gebet acht, wie schlau er ihn betrog!

    Die Form zum Guß er bald verfertigt hatte
Genau so lang und breit wie jene Platte,
Die rasch zurück er in den Ärmel steckte,
So heimlich, daß der Priester nichts entdeckte;
Nahm die Materie darauf aus der Glut
680 Und in die Form goß er sie wohlgemut,
Und warf sie später in das Wasserbecken
Und hieß die Hand den Priester darein stecken,
Und rief: »Sieh hin! Was ist dort? Greife zu!
Darin – so hoff' ich – findest Silber Du!«
Wie sollt' es anders sein – zum Teufel, wie?
Ist Silberstaub denn Silber nicht? Pardi!
Der Priester griff ins Wasser mit der Hand,
Wo er ein Plättchen feinen Silbers fand,
Von Herzen froh, daß alles Wahrheit sei.
690 »Dir stehe Gott und seine Mutter bei
Und alle Heil'gen! – Herr Kanonikus,
Sollt' ich verdammt sein«, rief er, »dennoch muß
Ich lernen die geheimnisvolle Kunst,
Und willst Du mir erweisen diese Gunst,
Steh' ich zu Diensten Dir in allen Sachen!«
    »Nun, den Versuch«, sprach jener, »will ich machen
Zum zweiten Male. – Aber aufgepaßt!
Damit Du's lernst. Und wenn Du Neigung hast,

Versuchst Du später in der Wissenschaft
700   Auch ohne meine Hilfe Deine Kraft.
Nimm ohne viele Worte noch einmal
Hier eine Unze von dem Merkurial,
Und mache dann es in derselben Art,
Wie mit der andern, die zu Silber ward.«
      Aufs höchste strengte sich der Priester an,
Alles zu tun, was der verfluchte Mann
Ihm anbefahl, blies in die Glut mit Macht,
Stets auf das heißersehnte Ziel bedacht.
Doch spielte der Kanonikus sogleich
710   Dem Priester wieder einen Gaunerstreich.
Des Ansehns halber nahm in seine Hände
Er einen hohlen Stab, in dessen Ende
Von Silberstaub – hört, und vergeßt es nicht! –
Genau nur eine Unze an Gewicht,
Wie früherhin in jener Kohle, steckte
Und welchen Wachs zur Sicherheit bedeckte.
Als sich der Priester ans Geschäft begab,
Trat der Kanonikus mit seinem Stab
Zu ihm heran und warf auch jetzt geschwinde
720   Sein Pulver zu. – Für seine Falschheit schinde
Der Teufel ihn! Das möge Gott mir schenken!
Falsch war er stets im Handeln und im Denken. –
Dann schürte mit dem Stock, der zum Betrug
Den falschen Einguß in der Höhlung trug,
Er überm Tiegel rasch die Kohlen an,
Bis daß im Feuer alles Wachs zerrann;
Und darauf fiel – das ist wohl jedem klar,
Der nicht ein Tor ist –, was im Stocke war,
Auch schleunigst in den Tiegel hinterher.
730   Nun, gute Herren, was verlangt Ihr mehr?
So war der Priester abermals betrogen,

Nichts Böses ahnend; ihm war, ungelogen,
Weit lustiger und fröhlicher zu Sinn,
Als je zu schildern ich imstande bin;
Und Gut und Leben bot er oft ihm an.
»Ja, lieber Sohn, obwohl ein armer Mann,
Bin ich geschickt«, sprach der Kanonikus,
»Verlaß Dich drauf, Du siehst noch mehr zum Schluß.
Ist etwas Kupfer«, fragt' er, »hier im Haus?«
740   »Ja, Herr, ich denke«, rief der Priester aus.
    »Wo nicht, so mußt Du solches für uns holen;
Geh', lieber Herr, und mach' Dich auf die Sohlen!«
    Er ging und kam mit Kupfer schnell zurück,
Und eine Unze wog sofort vom Stück
Der Stiftsherr ab und nahm sie dann zur Hand.
    Doch meine Lippen sind nicht so gewandt,
Als Diener meines Witzes zu beschreiben
Sein Doppelspiel und sein verfluchtes Treiben.
Wer ihn nicht kennt, mag ihn für freundlich halten;
750   Doch teuflisch ist sein Sinnen und sein Walten.
Sosehr es mich verdrießt, von ihm zu sprechen,
Will ich mein Schweigen aus dem Grunde brechen,
Damit nach solcher Warnung jedermann
Vor seiner Falschheit auf der Hut sein kann.
    Das Kupfer tat und Pulver er zusammen,
Und stellte dann den Tiegel auf die Flammen,
Indessen er den Priester blasen ließ
Und wie zuvor sich tief zu bücken hieß.
Es war ein Kniff. Stets macht' er aus dem Pfaffen,
760   Sobald es ihm behagte, seinen Affen.
Und später tat er in die Form den Guß
Und warf ihn in die Pfanne zum Beschluß;
Und in das Wasser taucht' er seine Hand.
Doch in dem Ärmel – wie damit bekannt

Ich Euch schon machte – stak die Silberplatte,
Und ohne daß Verdacht der Priester hatte,
Schob so geschickt sie der verdammte Dieb
In das Gefäß, daß sie am Boden blieb,
Und rührte lang im Wasser und ergriff
770 Das Kupferstück so heimlich, daß vom Kniff
Der Priester nichts erfuhr, und darauf sackte
Das Kupfer er behutsam ein und packte
Den Priester scherzend vor die Brust und sprach:
»So bück' Dich doch! Beim Himmel, welche Schmach!
Wie ich Dir half, so hilf doch jetzt auch mir!
Tauch' ein die Hand! Was liegt im Wasser hier?«
Der Priester nahm heraus die Silberstange,
Und jener sprach: »Was zögern wir noch lange?
Laß uns mit den drei Stangen, die wir machten,
780 Zum Goldschmied gehn, ob sie für echt zu achten?
Und, meiner Treu, fahr' hin mein Stiftsgewand,
Wird nicht das Silber fein und gut erkannt!
Die Probe wird es bald zutage bringen.«
    Zu einem Goldschmied mit den Stangen gingen
Sodann die zwei, das Silber zu erproben
Durch Feuer und durch Hammer. Doch zu loben
War alles nur als durchaus gut beschaffen.
    Wer glich nunmehr an Fröhlichkeit dem Pfaffen?
Es sang kein Vogel in der Morgensonne
790 Und keine Nachtigall im Mond der Wonne
Und keine lust'ge Dame jemals so
Vergnügten Sinns, so heiter und so froh.
Und sprechen wir von Frauendienst und Minne,
Begehrte wohl mit tatenlust'germ Sinne
Kein Rittersmann der Heißgeliebten Gunst
Als dieser Priester den Besitz der Kunst.
Und zum Kanonikus sprach er: »Beim Herrn,

Der für uns alle starb! Und insofern
Ich es gewiß verdienen will um Dich,
800 Was soll das Mittel kosten? – Rede, sprich!«
    »Bei Unsrer Frau! Es wird Dir teuer kommen,
Da, einen Bettelbruder ausgenommen,
Nur ich in England es zu machen weiß.«
    »Tut nichts! Um Gottes willen, nenn' den Preis!
Was soll ich zahlen?«, rief er, »bitte, sage!«
    »Nun«, sprach er, »teuer kommt es ohne Frage.
Mit einem Wort, verlangst Du's zu besitzen,
Gib vierzig Pfund! Und möge Gott mich schützen,
Wenn zwischen uns nicht solche Freundschaft wäre,
810 Du müßtest mehr bezahlen noch, auf Ehre.«
    Rasch schaffte vierzig Pfund der Priester an
Als Preis für das Rezept, und zählte dann
In Nobeln dem Kanonikus sie hin;
Und dieser sprach, stets Lug und Trug im Sinn:
    »Herr Priester, da ich mir aus Ruhm nichts mache
In meiner Kunst, vielmehr geheim die Sache
Bewahren will, so halte reinen Mund
Mir zu Gefallen. Wird den Leuten kund
All meine Weisheit und Geschicklichkeit,
820 So droht mir auch der Tod durch ihren Neid,
Vor dem – bei Gott! – ich keinen Ausweg sehe.«
    »Verhüte Gott, daß, was Du sagst, geschehe!«,
Der Priester sprach, »ich müßte sinnlos sein,
Setzt' ich nicht Gut und Habe willig ein,
Um solches Unglück von Dir abzuwehren.«
    »Nun, Deinen guten Willen muß ich ehren«,
Sprach der Kanonikus. »Lebwohl! Merci!«
Fort ging er und der Priester sah ihn nie
Nach diesem Tage wieder. Doch er fand,
830 Sooft er das Rezept noch angewandt,

Es hülfe nichts. Fahr' hin! Es ging nicht an!
Begaunert und betrogen war der Mann.
So wußte schlau sich jener einzuführen,
Um hinterher das Volk zu ruinieren.

    Seht, werte Herr'n, wenn Ihr's betrachten wollt,
Führt jeder Mensch beständig mit dem Gold
So lange Streit, bis es in nichts zerrinnt.
Multiplizieren macht so manche blind!
Und darin liegt – ich halte dies für Wahrheit,
840 Bei meiner Treu! – der Hauptgrund seiner Rarheit.
Die Philosophen reden so verdreht
Und nebelhaft, daß sie kein Mensch versteht,
Trotz allem Witz der gegenwärt'gen Zeit.
Sie gleichen Elstern an Geschwätzigkeit;
Sie spielen stets mit Worten und mit Zeichen,
Doch werden nimmer ihren Zweck erreichen.
Nur eins lernt jeder beim Multiplizieren:
Sein Gut, wenn's ihm gelüstet, zu verlieren.

    Was bringt dies lust'ge Spiel uns für Gewinn?
850 Verkümmert wird des Mannes froher Sinn,
Die größten, schwersten Börsen macht es leer,
Und Fluch erkauft sich mancher überher
Von allen, welche Geld ihm dazu liehn.
Oh, Pfui der Schande! Können sie nicht fliehn
Das Feuer, das schon einmal sie verbrannt?
Vom Spiele, rat' ich, zieht zurück die Hand
Eh' alles hin ist! Besser spät, als nimmer.
Wer's zu nichts bringt, verliert die Zeit auf immer.
Wie sehr Ihr jagt, umsonst bleibt Euer Mühn!
860 Gleich einem blinden Gaule seid Ihr kühn,
Der vorwärtsstolpert, die Gefahr nicht kennt
Und mutig gegen alle Steine rennt,
Anstatt zu bleiben auf dem rechten Pfade.

Seht, so ergeht's Euch Alchimisten grade.
Und falls nicht Eure Sehorgane taugen,
Seht mindestens mit des Verstandes Augen.
Wie sehr Ihr immer glotzt und starrt und stiert,
Kein Heller wird beim Handel profitiert;
Verloren geht, wonach Ihr hascht und rennt.
870   Drum dämpft das Feuer, eh' zu rasch es brennt.
Ich meine: Laßt Euch auf die Kunst nicht ein,
Soll, was Ihr habt, nicht rein verschwendet sein.
Und ebendeshalb denk' ich vorzutragen,
Was uns darüber Philosophen sagen.
     Ich will, was Arnold von der neuen Stadt
In dem Rosarius geschrieben hat,
Euch ohne Lügen wortgetreu berichten:
»Man kann«, sagt er, »kein Merkurial verdichten,
Sobald der Beistand seines Bruders fehlt.
880   Hört an, was Hermes uns davon erzählt;
Seht, dieser Philosophenvater spricht:
Es stirbt der Drache zweifelsohne nicht,
Wird nicht sein Bruder mit ihm auch erschlagen.
Der Drache will jedoch nichts andres sagen
Als Merkurial; und auch gemeint allein
Kann unterm Bruder nur der Schwefel sein,
Den man der Luna und dem Sol entnimmt.
Und deshalb«, sagt er, »warn' ich Euch bestimmt:
Der Kunst versuche niemand nachzugehn,
890   Hat er, die Philosophen zu verstehn,
Nicht deren Wort und Sinn erlernt zuvor,
Und wer dies dennoch tun will, ist ein Tor;
Da diese Kunst und Wissenschaft – das wißt –
Die Heimlichkeit der Heimlichkeiten ist.«
     Von einem Schüler wurde, wie man sagt,
Der Meister Plato eines Tags befragt,

Und wie sein Buch Senioris dies enthält,
Ward ihm die Frage wörtlich so gestellt:
»Wie nennt man den geheimnisvollen Stein?«
900   Und Plato sprach: »Man nennt ihn insgemein
Den Titanos.« – Der Schüler rief: »Nun, ja,
Doch was ist das?« – »Das ist Magnesia«,
Sprach Plato. – »Nun, wie ich bekennen muß,
Das heißt: ›ignotum per ignotius‹!
Was ist Magnesia, lieber Herr? Sagt an!«
    »Ein Wasser ist es, das man machen kann
Aus den vier Elementen«, Plato sprach.
    »Woraus besteht«, so forschte jener nach,
Denn dieses Wasser? Könnt Ihr mir's beschreiben?«
910   »Nein, nein!«, sprach Plato, »das laß ich wohl bleiben!
Die Philosophen schworen einen Eid
Der unverbrüchlichsten Verschwiegenheit;
Davon zu schreiben ist sogar verwehrt.
Denn es ist Gott so teuer und so wert,
Daß Er, anstatt es allen zu entfalten,
Entscheiden will nach seinem eignen Walten,
Ob Er Erleuchtung unserm Geiste spende,
Ob vorenthalte. – Seht, dies ist das Ende.«
    Und daher schließ' ich, weil der Gott der Welt
920   Den Philosophen nicht hat freigestellt,
Zu sagen, wie man diesen Stein erringe,
So ist's am besten, man läßt ruhn die Dinge!
Wer Gottes Willen frech zuwiderhandelt,
Und so in seinen Gegner ihn verwandelt,
Wird nicht gedeihn; und wenn er auch zeitlebens
Multipliziert, die Mühe bleibt vergebens.
Und damit Punktum! Möge Trost in Leiden
Gott jedem frommen Menschenkind bescheiden!

Die Erzählung
des Tafelmeisters

Der Prolog des Tafelmeisters

Vers 1–104

Wißt ihr nicht, wo der kleine Flecken steht,
Wenn man des Wegs nach Canterbury geht,
»Bob auf und nieder unterm Wald« geheißen?
Dort war's, wo unser Wirt mit Possenreißen
Begann und sprach: »Bleibt Hans im Drecke stecken?
Will niemand unsern Freund dahinten wecken
Und es für Lohn und gute Worte hindern,
Daß etwa Diebe binden ihn und plündern?
Seht, wie er nickt! – Potzknochen! – Seht, vom Pferde
10 Fällt auf der Stelle sicher er zur Erde!
Ist das ein Koch von London? – Schwerenot!
Führt ihn mir vor, er weiß schon, was ihm droht!
Erzählen soll er etwas – meiner Treu! –,
Ist es auch wertlos wie ein Bündel Heu!
Ei, Koch, wach' auf! Daß Dich der Herrgott plage!
Weswegen schläfst Du nur am hellen Tage?
Bist Du betrunken? – Setzten nachts die Flöhe
Und Huren Dir so zu, daß in die Höhe

Du Deinen Kopf nicht halten kannst? – Sag' an!«
20   Mehr bleich als rot im Angesicht, begann
Der Koch zum Wirt: »So Gott mir Heil gewähre!
Mich überkam, ich weiß nicht, welche Schwere;
Und schenkte man vom besten Cheper Wein
Mir einen Eimer, lieber schlief ich ein.«
    »Nun«, sprach der Tafelmeister, »wenn die Last
Es Dir erleichtert und es jedem paßt
Von der Gesellschaft und der Gastwirt hier
Es höflichst zuläßt, mein Herr Koch, sei Dir
Für dieses Mal erlassen die Geschichte.
30   Sehr blaß bist – meiner Treu! – Du im Gesichte.
Dir flimmert's vor den Augen, wie mich dünkt,
Und sicher weiß ich, daß Dein Atem stinkt;
Und das verrät, Dir sei nicht wohl zu Sinn,
Drum laß ich Dich in Ruhe. – Doch, schaut hin!
Wie gähnt – o seht! – der trunkene Geselle,
Als wollt' er uns verschlingen auf der Stelle?
Bei Deines Vaters Sippe, schließ den Mund!
Da steck' der Teufel aus dem Höllenschlund
Die Füße drin! – Dein Pesthauch macht uns krank!
40   Pfui, stinkend Schwein! Schlimm fahre lebenslang!
Ihr Herr'n, bleibt diesem lust'gen Mann vom Leibe!
Nun – willst Du stechen nach der Flatterscheibe?
Dazu scheinst Du mir wie gemacht zu sein.
Du trankst, ich glaube, zu viel Affenwein;
Nach diesem Stoff treibt jeder Kinderpossen!«
Der Koch, den diese Reden höchst verdrossen,
Gab einen Wink, da seine Zunge stockte,
Dem Tafelmeister – als die Mähre bockte
Und hilflos er zu Boden niederschlug.
50   Dies war des Koches lust'ger Ritterzug.
Ach, hätt' er nur am Küchenlöffel doch

Sich festgehalten! – Denn bevor den Koch
Man in den Sattel hob, gab's Müh' und Last.
Man schob den blassen, ungefügen Gast
So lange hin und her mit Weh und Ach,
Bis unser Wirt zum Tafelmeister sprach:
     »Da dieser Mann von seiner Trunkenheit
So übermannt ist, wird – auf Seligkeit! –,
Was er erzählt, auch pöbelhaft nur sein.

60   Ob altes, schales Bier er oder Wein
Getrunken hat, gilt mir ganz gleich. – Er pustet
Und spricht durch seine Nase, niest und hustet,
Und wird genug damit zu schaffen haben,
Auf seinem Gaul zu sitzen statt im Graben.
Und fällt er uns noch öfters von dem Pferde,
So haben wir die Last und die Beschwerde,
Den trunk'nen Leichnam wieder aufzuheben.
Drum rede Du! – Ihn hab' ich aufgegeben.
     Doch überpfiffig war es von Dir nicht,

70   Sein Laster ihm so grade vors Gesicht
Zu halten. Später mag es ihm gelingen,
Dich zur Vergeltung auf den Leim zu bringen.
Ich meine, wenn er etwa sprechen wollte
Von Deiner Rechnung, und man finden sollte,
Du wärst in Kleinigkeiten nicht ganz ehrlich?«
     »Nun, freilich diese Schlinge wär' gefährlich«,
Der Tafelmeister sprach, »und für mich faul!
Bezahlen wollt' ich lieber seinen Gaul,
Auf dem er sitzt, eh' ich mit ihm krakeele;

80   Ich will ihn nicht mehr reizen – meiner Seele!
Nur Scherz war alles, was ich sprach und trieb!
Und wißt Ihr was? Ein Schlückchen Wein verblieb
Im Kürbis hier, und zwar aus reifen Trauben.
Paßt auf! Jetzt will ich mir den Spaß erlauben,

Davon zu trinken diesem Koch zu geben,
Und sagt er nein, so büß' ich's mit dem Leben.«
　　Und so geschah es wirklich – auf mein Wort!
Ach, aus der Flasche trank der Koch sofort,
Als hätt' er sich noch nicht genug bezecht,
90　Und in sein Horn blies er, fürwahr, nicht schlecht;
Und nach dem Trunke wunderfroh zu Sinn,
Gab er die Kürbisflasche wieder hin,
Und sprach, so gut er konnte, seinen Dank.
　　Der Gastwirt lachte sich vor Lust halb krank,
Und sprach: »Notwendig ist es, wie ich denke,
Mit uns zu führen solch ein gut Getränke,
Denn dadurch wird manch Übel abgewendet,
Weil Haß und Groll in Lieb' und Eintracht endet.
　　O Bacchus, Bacchus! Hoch seist Du verehrt!
100　Dem Gotte, der den Ernst in Spaß verkehrt,
Laßt uns stets Dank und Ehrerbietung spenden!
Doch mit der Sache will ich nunmehr enden.
Herr Tafelmeister, jetzt kommt zur Geschichte!«
　　»Schon gut«, sprach dieser, »hört, was ich berichte.«

Die Erzählung des Tafelmeisters

Vers 105–362

Als Phöbus hier auf Erden hat geweilt,
War, wie in alten Büchern mitgeteilt,
Kein bess'rer Bogenschütze ringsumher,
Und kein vergnügterer Gesell als er.
Die Schlange Python schlug er einstmals nieder,
110　Als in der Sonne schlafen lag die Hyder,

Und manche Heldentat ward mit dem Bogen
Von ihm noch, wie man lesen kann, vollzogen.
    In jeder Spielmannskunst und im Gesange
War er erfahren, und dem hellen Klange
Von seiner Stimme lauschte jeder gern.
Selbst von Amphion, Thebens Königsherrn,
Der durch sein Singen jene Stadt umwallte,
Ward nie gesungen, wie sein Lied erschallte.
Ein Mann von edlerm Anstand und Betragen
120 Lebt nicht noch lebte seit den Schöpfungstagen.
Was soll sein Äuß'res lang beschrieben werden?
An Schönheit glich ihm keiner rings auf Erden;
Und dabei war er die Vollkommenheit
An Ehre, Zartgefühl und Würdigkeit.
    Auch führte Phöbus, diese Zier und Blume
An Kraft und Freimut rings im Rittertume,
Zur Kurzweil und zum Zeichen seiner Glorie,
Weil er den Python schlug, sagt die Historie,
In seiner Hand beständig einen Bogen.
130   Von ihm war eine Krähe aufgezogen,
Die er zu Haus in einem Käfig nährte,
Und auch zu sprechen wie die Elstern lehrte.
Weiß war die Krähe, gleich dem Schwan schneeweiß,
Und machte von den Leuten auf Geheiß
Den Ton und Klang der Stimme täuschend nach;
Auch konnte von ihr hunderttausendfach
Im Singen jede Nachtigall auf Erden
An Schmelz und Wohlklang übertroffen werden.
    Nun hatte Phöbus auch daheim ein Weib,
140 Für welches freudig Leben er und Leib
Geopfert hätte. Er war Tag und Nacht
Auf ihre Lust und Ehre nur bedacht.
Doch war er, wie ich nicht verschweigen darf,

Voll Eifersucht, und pflegte daher scharf
Aus Furcht vor Hörnern sie zu überwachen,
Wie's Männer oft in gleicher Lage machen.
Es hilft zu nichts. Umsonst ist ihr Beginnen.
Ein gutes Weib von reinem Tun und Sinnen
Braucht nicht bewacht zu werden, das ist klar.

150 Dagegen wird die Arbeit offenbar
Verschwendet bei dem bösen Frauenzimmer.
Und drum halt' ich's für reine Torheit immer,
Ein Weib zu hüten. Denn vergebens bleiben
Wird alle Müh' – wie die Gelehrten schreiben.

    Doch laßt zur Sache mich zurück nun kehren.
In jeder Hinsicht suchte sie zu ehren
Der würd'ge Phöbus, der sich männlich klug
Und stets gefällig gegen sie betrug,
Damit kein andrer ihre Gunst ihm raube.

160 Jedoch kann niemand – wie, bei Gott, ich glaube –
Das jemals ändern, was von der Natur
Selbst eingepflanzt ward einer Kreatur.

    Setzt einen Vogel in den Käfig man
Und wendet allen Fleiß und Eifer an,
Ihn liebevoll zu füttern und zu tränken
Mit allen Leckerei'n, die zu erdenken,
Hält man ihn mit der größten Sorgfalt rein,
Mag noch so schön sein goldner Käfig sein,
Wird doch zehntausendmal so gern im Wald

170 Der Vogel, sei's auch noch so rauh und kalt,
Von Würmern und von Ungeziefer leben;
Und durch Instinkt wird er sich stets bestreben,
Sobald er kann, dem Käfig zu entfliehn;
Denn Freiheit bleibt der höchste Wunsch für ihn.

    Nehmt eine Katze, nährt sie noch so reich
Mit Milch und zartem Fleisch, macht seidenweich

Ihr Lager – und dann zeigt ihr eine Maus,
Sofort ist Milch und Fleisch und was im Haus
Es sonst an Leckerbissen gibt, vergessen
180 Aus Gier und Sehnsucht, diese Maus zu fressen.
Seht, unsre Neigung hat die Oberhand,
Und unsre Lust bewältigt den Verstand.
    So wird von einer Wölfin von Natur
Der schlechteste, gemeinste Wolf, der nur
Zu finden ist, zum Gatten angenommen,
Ist über sie die Zeit der Brunst gekommen.
    All diese Beispiele betreffen Herr'n,
Die treulos sind, nicht Damen, insofern
Ein Mann mit viel mehr Gier und Appetit
190 Den Lustakt mit gemeinem Pack vollzieht,
Als mit der eignen Gattin, einerlei
Wie schön, wie gut, wie freundlich sie auch sei.
Ach! Schlimmerweise liebt das Fleisch so sehr
Den Wechsel, daß uns kein Vergnügen mehr,
Wenn es nach Tugend schmeckt, zu munden pflegt.
    Trug hatte Phöbus nie im Sinn gehegt;
Und doch trotz aller seiner Zärtlichkeiten
Betrog sein Weib ihn, das sich einen zweiten
Geliebten hielt, der sich an Wert indessen
200 Wohl schwerlich je mit Phöbus konnte messen.
Nun, um so schlimmer! Doch geschieht es – ach! –
Nur allzu oft, und Leid und Weh folgt nach.
    So kam's, daß, wenn den Rücken Phöbus wandte,
Sein Weib sofort zu ihrem Buhlen sandte.
Zum Buhlen? – Pfui! Der Ausdruck ist nicht Sitte!
Verzeiht mir gütigst dieses Wort, ich bitte.
In Einklang stehn muß Wort und Tun – so sprach
Der weise Pluto – lest es selber nach.
Will man genau erzählen, darf allein

210 Das Wort der Vetter von der Tat nur sein.
     Ich geb' es zu, ich bin ein grober Mann,
     Doch keinen Unterschied, auf Ehre, kann
     Ich zwischen einem Weib aus hohem Stande,
     Das ihren Körper überläßt der Schande,
     Und einer armen Dirne, deren Sünden
     Die gleichen sind, als etwa diesen finden:
     Ist man von edler Abkunft, heißt der Name
     Für solche Frau'n Geliebte oder Dame;
     Dagegen wird ein Weib aus niederm Stand
220 Beischläferin und Hure nur genannt.
     Doch, lieber Freund, beim Gott im Himmelreich!
     Das eine wie das andre bleibt sich gleich.
         So sind ein unrechtmäßiger Tyrann,
     Ein Räuber oder vogelfreier Mann
     Nur dadurch unterschieden voneinander
     – Wie vorgehalten ward dem Alexander –,
     Daß den Tyrannen, dem Gewalt geworden,
     Durch Heeresmacht die Leute zu ermorden
     Und ringsumher zu plündern und zu brennen,
230 Wir einen Feldherrn dieserhalb benennen;
     Indes der Führer einer kleinen Bande,
     Der weniger gefährlich einem Lande
     Und harmloser als jener sich erweist,
     Man einen Räuber und Banditen heißt.
     Doch ich bin kein zitatenreicher Mann,
     Und führe drum kein weit'res Beispiel an,
     Nein, halte mich an der Erzählung Faden.
     Als Phöbus' Weib den Buhlen eingeladen,
     Begann auch bald der lust'ge Liebesspaß.
240   Die weiße Krähe, die im Käfig saß,
     Sah ihrem Treiben zu und sprach kein Wort.
     Jedoch als Phöbus eintrat, sang sofort

Die Krähe laut: »Kucku, Kucku, Kucku!«
»Was?«, fragte Phöbus, »Vogel, was sagst Du?
Sonst tönte stets so lieblich Dein Gesang,
Daß Wonne mir das ganze Herz durchdrang,
Wenn ich Dich hörte. – Ach! Was singst Du jetzt?«
Und von dem Vogel ward darauf versetzt:
»Nichts Falsches sing' ich, Phöbus; Gott verhüte!
250   Indes trotz Deiner Schönheit, Würde, Güte,
Trotz Deiner Freundlichkeit, trotz Deiner Kunst
In Spiel und Sang, entwandte Dir die Gunst
Von Deinem Weib ein ganz gemeiner Mann,
Der sich mit Dir durchaus nicht messen kann,
Denn er ist wahrlich keine Fliege wert;
Und doch im Bett hat er Dein Weib entehrt.«
Was wollt Ihr mehr? Durch manches kühne Wort,
Durch manches ernste Zeichen gab sofort
Der Vogel kund, wie sich sein Weib befleckte,
260   Und schamlos ihn mit Schimpf und Schmach bedeckte.
»Ich sah es selbst«, rief wiederholt die Krähe.
Das Herz zu brechen schien vor Leid und Wehe
Dem armen Phöbus, der, sich seitwärts wendend,
Den Bogen spannt und einen Pfeil entsendend,
In seinem Zorn das falsche Weib erschlug.
So war der Schluß und damit sei's genug.
In seinem Jammer er in Stücke haute
Den Psalter nebst Ginterne, Harfe, Laute,
Die Pfeile samt dem Bogen er zerbrach;
270   Worauf zum Vogel er die Worte sprach:
»Skorpionenzunge und Verräterin!
Du stießest mich ins Elend! Warum bin
Ich auf der Welt? Was atmet noch die Brust?
O teures Weib, Du Kleinod meiner Lust,
So ernsten Sinnes und so treu zugleich,

Jetzt liegst Du tot am Boden, starr und bleich!
Und trägst – ich möchte schwören – keine Schuld!
O Freveltat! O Hand voll Ungeduld,
O hirnverbrannter, zorn'ger Narre du,
280 Was schlägst du jählings auf die Unschuld zu?
O Zweifelmut voll Argwohn und Verdacht,
Wie ward um Witz ich und Verstand gebracht?
Oh, hüte jeder sich vor blinder Hast!
Verlangt Beweis, bevor Ihr Glauben faßt;
Schlagt nicht gleich zu, bevor Ihr wißt, weswegen!
Nehmt willig Rat an, lernt, zu überlegen,
Und zwar zuvor, eh' Ihr in Zorn und Wut
Aus falschem Argwohn Übereiltes tut.
Ach, tausend Leute sind, vom Zorn verblendet,
290 In Schmutz gesunken und darin verendet.
Ach! Töten möcht' ich mich vor Gram und Wehe!
        O falsche Diebin!«, sprach er zu der Krähe,
»Dir soll die Falschheit nun vergolten werden!
Wie Du sang keine Nachtigall auf Erden;
Von nun an sei Dir Dein Gesang genommen,
Um Deine weißen Federn sollst Du kommen,
Und lebenslang kein einz'ges Wort mehr sprechen.
So soll ein Mann sich am Verräter rächen!
Samt Deiner Brut sei schwarz für alle Zeit!
300 Statt süß zu singen, krächzt fortan und schreit
In Sturm und Regen, daß ein Zeichen bleibe,
Du trugst die Schuld am Tod von meinem Weibe!«
Und damit stürzt' er auf die Krähe nieder,
Rupft' ihr vom Leib das weiße Glanzgefieder,
Färbt kohlenschwarz die Federn und entreißt
Ihr Sprache und Gesang zugleich und schmeißt
Sie aus der Tür dem Teufel zu als Beute.
Und schwarz deswegen sind die Kräh'n noch heute.

Ihr Herr'n, ich bitte, nehmt ein Beispiel dran.
310 Behalte, was ich sagte, jedermann.
Erzählt im ganzen Leben nie den Leuten,
Wenn andre sich mit ihren Frau'n erfreuten;
Sonst habt Ihr schwer an ihrem Haß zu tragen.
Seht! Salomo und andre Weise sagen:
Die Zunge lehret jeden zu regieren.
Doch, wie gesagt, ich mag nicht gern zitieren;
Indes mich lehrte die Frau Mutter immer:
»Mein Sohn, bei Gott, vergiß die Krähe nimmer!
Mein Sohn, in Obacht Freund und Zunge nimm!
320 Kein Teufel ist wie dieses Glied so schlimm.
Mein Sohn, vorm Satan durch Gebet Dich hüte!
Mein Sohn, die Zunge hat in seiner Güte
Mit Zähnen und mit Lippen Gott umschränkt,
Damit sein Wort der Mensch zuvor bedenkt.
Mein Sohn, gar manchen in den Tod getrieben
Hat vieles Schwatzen – wie Gelehrte schrieben.
Doch wenn man wenig und bedächtig spricht,
So schadet es im allgemeinen nicht.
Mein Sohn, die Zunge laß behutsam sein
330 Zu jeder Zeit und brauche sie allein
Zu Gott zu beten und ihn zu verehren.
Die erste Tugend ist, laß Dich belehren,
Sich vor Geschwätz zu hüten und zu wahren;
Das lehrt man Kindern schon in jungen Jahren.
Mein Sohn, zu vieles unbedachtes Reden,
Wo weniges genügt, hat einem jeden
– Wie mir gelehrt ward – nichts als Harm gebracht.
Es sündigt leicht, wer viele Worte macht.
Weißt Du, wohin uns führt die böse Zunge?
340 Gleich wie das scharfe Schwert in raschem Schwunge
Den Arm durchschneidet, ebenso, mein Sohn,

Durchschnitt die Zunge manche Freundschaft schon.
Verhaßt vor Gott sind Schwätzer stets gewesen.
Du magst den weisen Salomo nur lesen,
Die Psalmen Davids und den Seneca.
Drum schweig', mein Sohn, und nicke nein und ja
Mit Deinem Kopf, als hörtest Du beschwerlich,
Erscheint Dir, was ein Schwätzer spricht, gefährlich.
Auf Flämisch sagt man – das behalte Du! –,
350 Wer wenig schwatzt, genießt die meiste Ruh'.
Mein Sohn, hast Du kein böses Wort gesagt,
Wirst Du von Furcht nicht vor Verrat geplagt.
Doch wer sein Wort mißbraucht, macht nimmerdar
Das ungesprochen, was gesprochen war.
Ein Wort bleibt Wort und geht in alle Winde,
Wie sehr man Gram und Scham darob empfinde.
Wer etwas weiterschwatzt, macht sich zum Knecht
Des Hörers, und vergolten wird's ihm schlecht.
Mein Sohn, versuche niemals Neuigkeiten,
360 Ob wahre oder falsche, zu verbreiten.
Bei Reich und Arm, wohin Dein Weg auch gehe,
Halt' Deinen Mund – und denke an die Krähe!«

Die Erzählung
des Pfarrers

Der Prolog des Pfarrers

Vers 1–74

Als die Geschichte hier zu Ende lief,
War unterm Meridian bereits so tief
Die Sonne, daß sie scheinbar überm Rand
Der Erde neunundzwanzig Grade stand.
Nach meiner Schätzung war's vier Uhr daher;
Denn elf Fuß Länge, minder oder mehr,
Erreichte schon mein Schatten mittlerweile –
Von solchen Füßen, wenn man in sechs Teile
Den Leib zerlegt nach gleicher Proportion.
Der Mond war nahe der Exaltation
Bis mitten in die Wage fortgeglitten,
Als eines Dorfes Ende wir durchritten;
Und wieder führte, wie gebräuchlich war,
Der Wirt auch diesmal unsre lust'ge Schar,
Und sprach: »Gesamte hohe Herr'n, ich meine,
Es fehlt uns an Geschichten nur noch eine.
Erfüllt ist mein Erlaß und mein Geheiß,
Erzählt hat, denk' ich, jeder hier im Kreis.

Beinah zu Ende führt' ich die Geschäfte;
20 Nun schenke Gott dem letzten Redner Kräfte,
Daß uns ein lust'ger Vortrag noch erfreue!
      Herr Priester!«, rief er, »sag' auf Wort und Treue,
Bist Du Vicarius, Pfarrer oder was?
Sei, was Du seist, verdirb uns nicht den Spaß!
Denn außer Dir sprach jeder; drum frisch zu,
Schnall' auf und zeig', was hast im Schnappsack Du?
Fürwahr, ich denke, Du kannst mit Geschick
Das Schwerste lösen; dafür bürgt Dein Blick.
Pottsknochen! Trag' uns eine Fabel vor!«
30   »Mit Fabeln«, fuhr der Pfarrer rasch empor,
»Werd' ich Euch sicher nicht die Zeit vertreiben.
Es warnte Paulus schon in seinem Schreiben
An den Timotheus vor Unwahrheiten,
Vor Fabelei'n und solchen Schlechtigkeiten.
Wie? Soll ich Unkraut streu'n mit meiner Hand,
Wenn Weizen ich zu säen bin imstand'?
Doch wenn Ihr wünscht, so will ich gern berichten
Euch Tugendmähren und Moralgeschichten,
Und Euch Vergnügen durch erlaubte Sachen,
40 Soweit ich kann, zu Ehren Christi machen,
Falls Ihr ein gütiges Gehör mir schenkt.
Doch aus dem Süden stamm' ich, das bedenkt.
Im Rumm, Ramm, Ruff bin ich zu Haus mitnichten
Und kann, weiß Gott, auch keine Reime dichten
Noch glänzend reden. Soll ich drum erzählen,
Muß ich ein kleines Prosastück mir wählen,
Um unser Fest zu schließen und zu enden.
Mög' Jesu Gnade mir Verständnis senden,
Damit ich auf den rechten Pfad Euch weise
50 Der herrlich hocherhab'nen Pilgerreise
Zum himmlischen Jerusalem empor.

Verstattet Ihr's, so trag' ich es Euch vor
Im Augenblick. Entscheidet nach Behagen;
Ich bitte drum; nichts Bess'res kann ich sagen.
    Doch die Betrachtung unterstell' ich gern
Den Korrekturen schriftgelehrter Herr'n.
Denn wörtlich nach dem Text erzähl' ich nicht,
Obwohl es, glaubt mir, seinem Sinn entspricht.
Und drum erklär' ich frei und offen allen,
60 Gern laß ich Korrekturen mir gefallen.«
    Wir stimmten gleich nach diesem Wort ihm bei,
Denn uns schien klar, daß seine Absicht sei,
Mit irgendeinem Tugendspruch zu enden
Und unsre Hörerschaft auf sich zu wenden.
Drum ließen wir durch unsern Wirt ihm sagen,
Wir bäten ihn, gefälligst vorzutragen.
    Gleich sprach der Wirt im Auftrag von uns allen:
»Glück zu, Herr Priester! Wählt Euch zu Gefallen
Den Stoff. Wir lauschen alle mit Vergnügen.«
70 Und drauf begann er noch hinzuzufügen:
»Fangt an, uns die Betrachtung mitzuteilen.
Tief steht die Sonne. Ihr müßt Euch beeilen.
Drum macht es kurz; und daß es fruchtbar sei
Und nütze, steh' Euch Gott in Gnaden bei.«

Die Erzählung des Pfarrers

Unser lieber Herrgott im Himmel, welcher will, daß niemand untergehen solle, sondern daß wir alle zu seiner Erkenntnis gelangen und zum segensreichen Leben, welches ewig ist, ermahnt uns durch den Propheten Jeremias und spricht in dieser Weise: »Stehet auf den Gassen und schauet und fraget nach den vorigen Wegen« – das heißt den alten Bibelsprüchen –, »welches der gute Weg sei, und wandelt darinnen, so werdet ihr Ruhe finden für eure Seelen!« Viele sind der geistlichen Wege, welche das Volk zu unserm Herrn Jesus Christus führen und zum Reiche der Herrlichkeit. Unter diesen Wegen gibt es einen höchst edlen und vortrefflichen, der keinem Manne und keinem Weibe ermangeln kann, welche durch Sünde von dem rechten Pfade zum himmlischen Jerusalem abgewichen sind. Und dieser Weg heißt: die Buße; nach welchem jedermann sich freudig umhören und von ganzem Herzen fragen sollte, um zu erfahren, was Buße sei, weshalb sie Buße heiße, wie viele Handlungen und Werke der Buße es gebe und in wie viele Gattungen die Buße zerfalle, was zur Buße notwendig und unerläßlich sei, und was die Buße hindere.

St. Ambrosius sagt, die Buße ist der Jammer eines Mannes über die Schuld, welche er auf sich geladen hat, und der Entschluß, nichts mehr zu tun, was ihm gereuen könnte. Und ein Doktor sagt, Buße ist das Wehgeschrei eines Mannes, der über seine Sünde bekümmert ist und sich mit Sorgen quält um das, was er getan hat. Buße ist, umständlicher angegeben, die wahre Reue eines Mannes, dem seine Sünde leid und peinlich ist; und um daher wahrhaft bußfertig zu sein, muß er zunächst die Sünde beklagen, welche er begangen hat, und im Herzen den festen Vorsatz fassen, sie zu beichten und zu sühnen und niemals etwas wieder zu tun, was er zu beweinen und zu beklagen hat, und stets in guten Werken zu beharren; denn sonst kann seine Reue ihm nichts nützen. St. Isidorus sagt: »Der ist ein Schwätzer und ein Plapperer und nicht wahrhaft bußfertig, der wiederholt das tut, was er bereuen muß.« Weinen und doch nicht von der Sünde lassen hilft zu nichts. Indes der Mensch soll immer hoffen, daß, wenn er fällt, und sei es noch so oft, er sich durch Buße wieder erheben kann, sofern er Gnade findet; doch dieses ist gewiß höchst zweifelhaft. Denn, wie St. Gregorius sagt: »Nicht leicht erhebt sich aus der Sünde, wen der Vorwurf böser Angewohnheit trifft.« Und darum hält die heilige Kirche reuige Leute, welche aufhören zu sündigen und von der Sünde lassen oder von denen die Sünde läßt, ihres Seelenheils sicher. Und bei dem, welcher sündigt, aber an seinem letzten Tage aufrichtig bereut, hegt auch die heilige Kirche noch Hoffnung auf Rettung seiner Reue wegen durch die große Gnade unseres Herrn, Jesu Christi. Aber nehmt Ihr den sichern und den zuverlässigen Weg!

Und, nachdem ich Euch nun erklärt habe, was Buße ist, sollt Ihr verstehen, daß es drei Handlungen der Buße gibt. Die erste ist: daß ein Mann getauft wird, nachdem er gesündigt hat. St. Augustinus sagt: »Nur wer sein altes, sündenvolles Leben bereut, kann ein neues, reines Leben beginnen«; denn wenn er ohne Reue über seine Schuld getauft wird, so ist es sicher, daß er zwar das Zeichen der Taufe empfängt, aber nicht ihre Gnade, nach Vergebung der Sünden, bevor er nicht wahrhaftige Reue empfunden hat. Ein andrer Mißstand ist, daß Leute Todsünden begehen, nachdem sie die Taufe empfangen haben. Der dritte Mißstand ist, daß Menschen nach ihrer Taufe täglich in läßliche Sünden fallen. Hierüber sagt St. Augustin, die Buße demütiger und guter Leute ist eine tägliche Buße.

An Gattungen der Buße gibt es drei. Die eine ist: feierlich; die andere: allgemein; und die dritte: heimlich. Diejenige Buße, welche feierlich ist, zerfällt in zwei Arten; wie in den Fasten aus der Kirche verwiesen zu werden für Kindesmord und der-

artige Sachen. Eine andere ist, wenn ein Mann öffentlich gesündigt hat und seine Schuld im Lande öffentlich ruchbar geworden ist; dann zwingt ihn die heilige Kirche durch ihr Urteil,
dafür auch öffentliche Buße zu tun. Allgemeine Buße ist, daß
die Priester in gewissen Fällen den Menschen auferlegen, bei-
spielsweise nackend oder barfuß auf Pilgerfahrt zu gehen.
Heimliche Buße ist die, so alle Menschen täglich für ihre heimlichen Sünden tun, die wir nur heimlich bekennen und dafür
heimliche Buße auferlegt erhalten.

Nun sollst Du lernen, was unerläßlich, notwendig und dien-
lich für jede vollkommene Buße ist. Und dieses beruht auf drei
Dingen: Zerknirschung des Herzens, Beichte des Mundes und
Sühne. Deshalb sagt St. Johannes Chrysostomus: »Buße bewegt den Mann, gutwillig jede Strafe anzunehmen, die ihm auferlegt wird, mit zerknirschtem Herzen, durch Beichte seines
Mundes, durch Sühne und Vollbringung aller Werke der Demut.« Und dies ist die fruchtbringende Buße für jene drei Dinge, durch welche wir unsern Herrn Jesus Christus kränken,
nämlich durch Sünde in Gedanken, im sorgenlosen Reden und
im bösen Tun. Und in Bezug auf diese drei Sünden kann man
die Buße einem Baume vergleichen.

Die Wurzel des Baumes ist Zerknirschung, die im Herzen
desjenigen ruht, der wahrhaft reuig ist, wie die Wurzel des Baumes in der Erde. Aus dieser Wurzel der Zerknirschung springt
ein Stamm, der die Äste und Blätter der Beichte und die Früchte der Sühne trägt. Von welchen Christus in seinem Evangelium spricht: »Tut rechtschaffene Früchte der Buße«; denn
durch diese Früchte kann man den Baum nur unterscheiden
und erkennen, nicht an der Wurzel, welche im Herzen des
Menschen verborgen ist, nicht bei den Zweigen und Blättern
der Beichte. Darum sagt unser Herr, Jesus Christ: »An ihren
Früchten sollt ihr sie erkennen!« Aus dieser Wurzel springt
auch der Samen der Gnade empor, welcher die Mutter des Heils

ist, und dieser Samen ist tätig und heiß. Die Gnade dieses Samens kommt von Gott durch die Erinnerung an den Tag des Gerichtes und die Strafen der Hölle. Hierüber sagt Salomo, daß aus Furcht vor Gott der Mensch seine Sünde verlasse. Die Hitze dieses Samens ist die Gottesliebe und das Verlangen nach ewiger Seligkeit. Diese Hitze zieht das Menschenherz zu Gott und macht ihm die Sünde verhaßt. Gewiß, nichts gibt es, was dem Kinde so gut schmeckt als die Milch seiner Amme, aber nichts ist ihm mehr zuwider als die Milch, wenn ihm andere Nahrung gereicht wird. Gerade so erscheint dem Sünder die Sünde, welche er liebt, als das süßeste aller Dinge; doch sobald er ernstlich unsern Herrn Jesus Christus liebt und nach dem ewigen Leben verlangt, so gibt es nichts, was er mehr verabscheut. Denn, fürwahr, das Gesetz Gottes ist die Liebe Gottes. Deshalb sagt David, der Prophet: »Ich halte die Wege meines Herrn und bin nicht gottlos wider meinen Gott.« Wer Gott liebt, hält seine Gebote und sein Wort. Diesen Baum sah der Prophet Daniel im Geiste beim Traumgesicht des Nebukadnezars, als er ihm riet, Buße zu tun. Buße ist der Baum des Lebens für die, so sie tun, und derjenige, der wahrhaft bußfertig ist, empfängt Segen, nach dem Spruch des Salomo.

Bei dieser Buße oder Zerknirschung sind vier Sachen zu unterscheiden. Nämlich, was Zerknirschung heißt, welches die Ursachen sind, die uns zur Zerknirschung bringen, wie die Zerknirschung beschaffen sein soll und in welcher Art sie der Seele nützt. Nun aber steht es so, daß Zerknirschung der aufrichtige Kummer ist, welchen man im Herzen für seine Sünden fühlt mit dem ernsten Vorsatz, zu beichten, zu büßen und niemals wieder zu sündigen. Und wie St. Bernhard sagt, soll dieser Kummer also beschaffen sein: Er soll schwer, schmerzlich, scharf und schneidend sein. Erstens, weil der Mensch sich gegen seinen Herrn und Schöpfer vergangen hat; schärfer und stechender, weil er gegen seinen Vater im Himmel gesündigt hat; noch weit schärfer und stechender, weil er schuldbeladen und sündig vor dem ist, welcher uns durch sein kostbares Blut von den Banden der Sünde, von der Grausamkeit des Teufels und von den Qualen der Hölle losgekauft hat.

Die Gründe, welche einen Mann zur Zerknirschung bewegen sollen, sind sechsfacher Art. Zunächst soll der Mensch seiner Sünden eingedenk sein. Aber er sehe sich wohl vor, daß diese Erinnerung für ihn in keiner Weise ein Vergnügen, sondern große Scham und Sorge ob seiner Sünden sei. Denn Hiob sagt: »Wer Sünde tut, soll seine Schuld bekennen.« Und deshalb sagt Hesekiel: »Ich will mit Bitterkeit im Herzen mich aller Jahre meines Lebens erinnern.« Und Gott sagt in der Apokalypse: »Bedenket, wovon ihr gefallen seid.« Denn ehe Ihr sündigtet, wart Ihr die Kinder Gottes und Glieder seines Reiches; aber durch Eure Sünde seid Ihr faule Knechte geworden, Glieder des Teufels, Verächter der Engel, Spötter der heiligen Kirche, Speise für die falsche Schlange und Brennstoff für das höllische Feuer. Ja, noch fauler und abscheulicher, denn Ihr kehrt zur Sünde zurück wie der Hund zu seinem Ausgespeiten, und weit fauler noch durch Euer langes Verharren in der Sünde und lasterhafte Gewohnheit, durch welche Ihr in Sünden verfault wie das Vieh in seinem eigenen Miste. Solche Gedanken machen den Menschen wegen seiner Sünde beschämt und nicht erfreut, wie Gott sagt durch den Propheten Hesekiel: »Ihr werdet eurer Wege gedenken und sie werden euch mißfallen.« Gewiß, die Sünde ist der Weg, welcher den Menschen zur Hölle führt.

Der zweite Grund, welcher den Menschen bewegen sollte, Abscheu vor der Sünde zu haben, ist dieser, daß – wie St. Petrus sagt – derjenige, welcher Sünde tut, sich zum Knechte des Verderbens macht; denn Sünde bringt den Mann in große Knechtschaft. Und daher sagt der Prophet Hesekiel: »Ich ward betrübt und hatte Abscheu vor mir selber.« Fürwahr, mit Recht sollte ein Mann die Sünde verabscheuen und sich von jener Knechtschaft und Missetat freimachen. Und seht, was Seneca über diesen Gegenstand sagt. Er spricht: »Ob ich auch wüßte, daß weder Gott noch Menschen es je erführen, so würde ich doch verschmähen, zu sündigen.« Und derselbe Seneca sagt auch: »Ich bin zu größeren Dingen geboren, als der Sklave meines Körpers zu sein und meinen Körper zum Sklaven zu machen.« Und keinen schlimmeren Sklaven kann Mann oder Weib aus dem Körper machen, als wenn sie denselben der Sünde überlassen. Wäre es auch der gemeinste Kerl und das gemeinste Weib von geringstem Werte, sie werden dennoch in schlimmerer Lage und größerer Knechtschaft sein. Je höher der Rang ist, von welchem der Mensch herabfällt, um so mehr wird er immer Knecht und vor Gott und der Welt niederträchtig und verächtlich sein. O guter Gott! Wohl sollte der Mensch Abscheu vor der Sünde hegen, denn aus einem Freien macht sie ihn zum Sklaven. Und daher sagt St. Augustin: »Wenn du den Knecht verachtest, weil er sich vergeht oder sündigt, dann fühle auch selber Abscheu, Sünden zu begehen.« Denke an den eignen Wert, daß Du nicht verächtlich vor Dir selbst seist! Ach, wohl sollten die, so sich zu Knechten und Sklaven der Sünde nicht hergeben wollen, welche Gott in seiner endlosen Güte so hoch gestellt, denen er Witz, Körperkraft, Gesundheit, Schönheit und Wohlstand gegeben und die er vom Tode mit seinem Herzblut erkauft hat, sich vor sich selber schämen, daß sie ihm seine Güte durch so schmählichen Undank lohnen, indem sie ihre eigene Seele abschlachten. O guter Gott! Ihr Weiber, die Ihr so schön seid, denkt an den Spruch Salomos, welcher ein schönes Weib, welches eine Närrin ihres eigenen Leibes ist, mit einem Goldringe vergleicht, so in der Nase einer Sau getragen wird. Denn wie die Sau sich in jeder Pfütze wälzt, so wälzt sie auch ihre Schönheit in dem stinkenden Schlamme der Sünde.

Der dritte Grund, welcher einen Menschen zur Zerknirschung bewegen sollte, ist die Furcht vor dem Tage des Gerichts und den gräßlichen Strafen der Hölle. Denn St. Hieronymus sagt: »Jedesmal, daß ich an den Tag des Gerichtes denke, bebe ich; denn esse ich, oder trinke ich, oder tue, was ich tue, so deucht mir, die Trompete töne in mein Ohr: Erhebt euch, die ihr tot seid, und kommt vor das Gericht!« O guter Gott! Wie sehr sollte man solch ein Gericht fürchten, wo wir alle – wie St. Paul sagt – vor dem gerechten Gerichte unseres Herrn Jesus Christus stehen, wenn er die allgemeine Versammlung hält, wo niemand fehlen darf; denn sicherlich, es gibt keine Ausrede noch Entschuldigung, und nicht nur über unsere Fehler soll Recht gesprochen, sondern auch unsere Werke sollen öffentlich erkannt werden. Und – wie St. Bernhard sagt – dort wird keine Entschuldigung und keine List nützen, denn Ihr müßt Rechenschaft geben von jedem unnützen Worte. Dort werden wir einen Richter finden, der nicht zu täuschen und nicht zu bestechen ist; und weshalb? Denn wahrlich, alle unsere Gedanken sind ihm bekannt, und weder Bitten noch Gaben können ihn bestechen. Und deshalb sagt Salomo: »Der Zorn Gottes wird niemanden verschonen um keiner Bitte und um keiner Gabe willen.« Und daher ist keine Hoffnung, am Tage des Gerichts zu entfliehen. Deshalb sagt St. Anselmus: »Große Angst wird die Sünder zu dieser Zeit ergreifen. Der ernste und zornige Richter wird oben sitzen und unter ihm öffnet sich der gräßliche Schlund der Hölle, die zu verschlingen, so ihre Sünden nicht bekennen wollen, welche sich öffentlich vor Gott und jeder Kreatur zeigen werden; und zur Linken werden mehr Teufel sein, als irgendein Herz denken kann, um die sündhaften Seelen in den Höllenschlund zu treiben und zu ziehen, und in den Herzen der Leute wird das beißende Gewissen sein, und sodann wird auch die ganze Welt in Flammen stehen. Wohin soll die elende Seele dann fliehen, um sich zu verbergen? Gewiß sie kann sich nicht verbergen, sie muß hervorkommen und sich zeigen.« Denn sicherlich – wie St. Hieronymus sagt: »Die Erde

wird ihn auswerfen und das Meer und die Luft, welche voll
Donner und Blitz sein wird.« Nun, wahrhaftig, wer sich dieser
Dinge erinnern will, dem werden sicherlich seine Sünden kei-
nen Kitzel erregen, sondern schwere Sorge aus Furcht vor den
Strafen der Hölle. Und deshalb sagt Hiob zu Gott: »Gestatte,
Herr, daß ich eine Zeitlang klage und traure, ehe ich hingehe
und komme nicht wieder, nämlich ins Land der Finsternis, wo
der Schatten des Todes ist und keine Ordnung herrscht, sondern grausige Furcht ohne Ende.« Ja, hier könnt Ihr sehen, daß
Hiob um einen kurzen Aufschub bat, seine Schuld zu beweinen
und zu bejammern; denn wahrlich, alle Sorgen, die sich ein
Mann seit dem Beginne der Welt je machen konnte, sind nur
geringfügige Sachen im Vergleiche zu den Sorgen der Hölle.
Versteht es wohl! Der Grund, weshalb Hiob die Hölle das Land
der Dunkelheit nennt, ist dieser: Er nennt sie Land oder Erde,
weil sie fest und ständig ist; und dunkel, weil der, so in der Hölle ist, Mangel leidet an dem natürlichen Lichte; denn wahrlich,
das dunkle Licht, das aus dem ewig und immerwährendem Feuer kommt, wird denen Schmerzen verursachen, welche in der
Hölle sind, denn es zeigt ihnen die greulichen Teufel, welche
sie quälen. Bedeckt mit der Finsternis des Todes; das heißt, daß
demjenigen, der in der Hölle ist, das Angesicht Gottes fehlt,
denn wahrlich, Gottes Angesicht ist das ewige Leben. Die Dunkelheit des Todes; das sind die Sünden, die der elende Mensch
getan hat und welche ihn verhindern, das Angesicht Gottes zu
schauen, gleich wie eine dunkle Wolke, die zwischen uns und
der Sonne steht. Es ist das Land des Unbehagens, weil dort an
den drei Dingen Mangel ist, welche die Leute dieser Welt während ihrer Lebenszeit haben, nämlich Ehre, Vergnügen und
Reichtum. Anstatt Ehre haben sie in der Hölle Schande und
Verderben; denn Ihr wißt wohl, daß man Ehre die Hochachtung
nennt, welche die Menschen einander erweisen; aber, sicherlich, dort wird dem Könige nicht mehr Hochachtung gezollt als

dem Knechte. Deshalb spricht Gott durch den Propheten Jeremias: »Die, so mich verachten, werden verachtet sein!« Ehre wird gleichfalls große Herrschaft genannt. Dort wird kein Mensch dem andern dienen, denn nur zum Schaden und zur Qual. Ehre wird auch große Würdigkeit und Hoheit genannt; aber in der Hölle wird sie von Teufeln zu Boden getrampelt werden. Wie Gott spricht, werden die greulichen Teufel auf den Köpfen der Verdammten gehen und einherschreiten, und je höher sie in diesem gegenwärtigen Leben gestanden haben, um desto tiefer werden sie in der Hölle erniedrigt und entehrt werden. Statt der Reichtümer dieser Welt werden sie das Ungemach der Armut haben, und diese Armut wird aus vier Dingen bestehen: Mangel an Schätzen, worüber David sagt: »Die Reichen, welche mit ihren Schätzen hängen und kleben, werden den Schlaf des Todes schlafen, und sie werden von allen ihren Schätzen nichts in ihren Händen finden.« Und ferner besteht das Ungemach der Hölle in Mangel an Speise und Trank. Denn Gott spricht so durch Moses: »Sie werden durch Hunger verzehrt werden, und die Vögel der Hölle werden sie verschlingen zu bitterem Tod, und die Galle des Drachen wird ihr Trunk und das Gift des Drachen wird ihre Speise sein.« Und zu noch größerem Ungemach wird ihnen Kleidung fehlen; denn sie werden nackend und ohne Hülle sein außer dem Feuer, in welchem sie brennen, und anderem Kote; und sie werden nackend im Geiste sein, aller Tugend bar, welche die Kleidung der Seele ist. Wo bleiben da die lustigen Gewänder, die weichen Decken, die feinen Hemden? Seht! Was spricht Gott durch den Propheten Jesajas? »Unter sie sollen Motten gestreut werden und die Würmer der Hölle sollen ihre Decken sein.« Und zu noch größerem Ungemach wird dort Mangel an Freunden sein; denn dort gibt es keinen Freund, denn weder Gott noch irgendein gutes Geschöpf wird ihr Freund sein, und jeder von ihnen wird mit tödlichem Hasse den andern hassen. Die Söhne und Tochter werden sich erheben wider ihre Väter und Mütter, Art gegen Art, und sie werden sich gegenseitig beschimpfen und schelten bei Tage und bei Nacht, wie Gott spricht durch den Propheten Micha. Und von den verliebten Kindern, welche ehedem so fleischlich liebten, würde jeder den andern auffressen, wenn er nur könnte. Denn, wie könnten sich in den Qualen der Hölle diejenigen lieben, die sich schon in der Glückseligkeit dieses Lebens gegenseitig haßten? Denn glaubt mir, ihre fleischliche Liebe war tödlicher Haß. Wie der Prophet David sagt: »Wer Schlechtigkeit liebt, haßt seine eigene Seele«; und wer seine eigene Seele haßt, der kann, fürwahr, einen andern nimmermehr lieben; und deshalb gibt es in der Hölle keinen Trost und keine Freundschaft, und je näher diejenigen, so in der Hölle wohnen, miteinander verwandt sind, desto mehr wird auch des gegenseitigen Fluchens, Scheltens und tödlichen Hasses sein. Und außerdem werden sie Mangel an Vergnügungen haben; denn wahrlich, Vergnügungen entspringen den fünf Sinnen, wie Sehen, Hören, Riechen, Schmecken und Fühlen. Aber in der Hölle wird ihr Gesicht voll Dunkelheit und Rauch sein und ihre Augen voller Tränen; ihr Gehör voller Heulen und Zähneklappern, wie Jesus Christ sagt; und ihre Nasenlöcher werden voll Gestank sein; und ihr Geschmack, wie der Prophet Jesajas sagt, wird bittere Galle sein; und was das Gefühl anbetrifft, so wird ihr ganzer Körper mit Feuer bedeckt sein, das unauslöschbar ist, und mit Würmern, die nimmer sterben, wie Gott durch den Mund des Propheten Jesajas spricht. Und damit sie nicht wähnen mögen, sie könnten vor Qual sterben und durch den Tod derselben also entfliehen, sollen sie lernen, die Worte Hiobs zu verstehen, welcher spricht: »Dort ist der Schatten des Todes!« – Jawohl! Ein Schatten gleicht dem Gegenstande, welcher ihn wirft. Grade so steht es mit der Qual der Holle. Sie gleicht dem Tode wegen der fürchterlichen Angst. Und weshalb? Weil es sie immer schmerzt, als ob sie auf der Stelle sterben würden; aber, fürwahr, sie sollen nicht sterben! Denn wie der heilige Gregorius sagt: »Den elenden Lumpenhunden soll der Tod ohne Tod sein, das Ende ohne Ende und an Mangel soll ihnen es nicht mangeln, denn ihr Tod soll ewig leben, ihr Ende soll immer von neuem beginnen und ihr Mangel soll nimmer aufhören.« Und derowegen sagt St. Johann, der Evangelist: »Sie werden dem Tode nachgehen, aber sie werden ihn nicht finden; sie werden zu sterben wünschen, aber der Tod wird vor ihnen fliehen.« Und auch Hiob sagt, daß in der Hölle keine Ordnung und keine Regel herrsche. Und wenn auch Gott alles in rechter Ordnung und nichts ohne Ordnung geschaffen hat, dagegen alles geregelt und gezählt von ihm ist, nichtsdestoweniger stehen die Verdammten außer der Ordnung und halten keine Ordnung. Denn die Erde trägt für sie keine Frucht – denn, wie David sagt, Gott wird die Frucht der Erde vor ihnen zerstören – das Wasser gibt ihnen keine Feuchtigkeit, die Luft keine Erfrischung, das Feuer kein Licht. Denn, wie der heilige Basilius sagt, den Brand des Feuers dieser Welt wird Gott den Verdammten in der Hölle geben; aber die Klarheit und das Licht desselben seinen Kindern im Himmel, wie ein guter Hausvater seinen Kindern das Fleisch und den Hunden die Knochen gibt. »Und sie werden keine Hoffnung zu entfliehen haben«, sagt Hiob zuletzt, »und Angst und grause Furcht soll dort für immerdar wohnen.« Angst ist die stete Furcht vor den Leiden, die kommen werden, und diese Furcht wird stets in den Herzen der Verdammten wohnen. Und somit haben sie aus sieben verschiedenen Ursachen all ihre Hoffnung verloren. Erstens: weil Gott, der sie richtet, ohne Gnade für sie sein wird; sie können ihm nicht gefallen noch irgendeinem Heiligen; sie können kein Lösegeld zahlen; sie haben keine Stimme, mit ihm zu reden; sie können der Qual nicht entfliehen; sie haben keine Kraft zum Guten in sich, welche sie zeigen könnten, um sich von den Qualen zu befreien. Und daher sagt Salomo: »Der gottlose Mensch stirbt; und ist er tot, so bleibt ihm keine Hoffnung, der Qual zu entrinnen.« Wer also diese Qualen wohl erfassen und daran denken will, daß er sie selbst für seine Sünden verdient habe, der wird sicher mehr Neigung fühlen, zu seufzen und zu weinen, als zu singen und zu spielen. Denn wie Salomo sagt: »Wer Kunde hat von den Qualen, die über die Sünde bestimmt und verhängt worden sind, der möchte die Sünde verlassen.« Diese Kunde, sagt St. Augustin, macht den Menschen wehleidig im tiefsten Herzen.

Der vierte Punkt, welchen den Menschen zur Zerknirschung bringen sollte, ist die sorgenvolle Erinnerung an die guten Taten, die er vergeblich hier auf Erden vollbracht, und an das gute, was er umsonst getan hat. Fürwahr, die guten Werke, welche umsonst getan sind, können solche guten Werke sein, welche der Mensch getan hat, bevor er in Todsünde fiel, oder solche, die er verrichtete, während er in Sünden lag. Wahrlich, alle guten Werke, die er tat, ehe er in Todsünde fiel, sind samt und sonders getötet, vernichtet und abgeschwächt durch sein wiederholtes Sündigen; die andern Werke, welche er tat, während er in Sünden lag, sind gänzlich tot für das ewige Leben im Himmel. Denn diejenigen guten Werke, welche durch wiederholtes Sündigen getötet sind, und die er getan hat, während er in Huld stand, können ohne wahre Reue niemals wieder lebendig werden. Und darüber sagt Gott durch den Mund des Hesekiel: »Wenn der gerechte Mensch sich wiederum von der Gerechtigkeit abwendet und Böses tut, wird er dann leben? – Nein! Denn aller seiner guten Werke, die er verrichtet hat, wird nimmerdar gedacht werden, denn in seiner Sünde wird er sterben.« Und über dasselbe Kapitel äußert sich St. Gregorius so: »Wir sollten vor allem begreifen lernen, daß, wenn wir Todsünde begehen, es uns zu gar nichts helfen könne, uns der guten Werte zu erinnern, welche wir zuvor getan haben, und sie in unser Gedächtnis zurückzurufen; denn, sicherlich, durch die

Begehung von Todsünde ist kein Verlaß mehr auf die guten Werke, welche wir früher verrichtet haben, wenigstens nicht insofern wir dadurch das ewige Leben im Himmel erwerben können.« Indessen nichtsdestoweniger kehren die guten Werke zurück und werden wieder lebendig und helfen und fördern uns, das ewige Leben im Himmel zu erlangen, wenn wir Zerknirschung hegen. Aber, wahrlich, die guten Werke, welche man tut, während man in Todsünde ist, stehen nie wieder auf; denn das ist klar, ein Ding, welches nie gelebt hat, kann auch nimmer wieder zu Leben kommen. Jedoch, ob sie zwar nicht dazu nützen können, das ewige Leben zu gewinnen, vermögen sie dennoch die Qualen der Hölle abzukürzen, oder wir mögen zeitliche Güter durch dieselben erwerben, oder Gott mag durch dieselben das Herz des Sünders erhellen und erleuchten, damit er Reue fühle; auch nützen sie dadurch, daß sie den Menschen an das Verrichten guter Werke gewöhnen, damit der Feind weniger Gewalt über seine Seele habe. Und daher will der gütige Herr, Jesus Christ, daß kein gutes Werk verlorengehe, sondern zu irgend etwas nütze. Aber insofern die guten Werke, welche Menschen tun, während sie rechtschaffen leben, insgesamt durch die nachfolgende Sünde getötet werden, und auch insofern alle guten Werte, welche Menschen verrichten, während sie in Todsünde sind, gänzlich abgestorben sind in bezug auf die Erlangung des ewigen Lebens, so kann auch mit Recht der Mann, welcher keine gute Werke tut, jenes neue französische Lied singen: »J'ai tout perdu mon temps et mon labour.« Denn gewiß, die Sünde beraubt den Menschen seiner natürlichen sowie seiner ihm durch Gnade verliehenen Güte. Denn wahrlich, die Gnade des Heiligen Geistes fährt dahin wie ein Feuer, das nicht müßig bleiben kann; denn das Feuer erlischt, sobald es von seiner Arbeit läßt, und ebenso erlischt die Gnade, wenn sie in ihren Werken nachläßt. Dann verliert der sündige Mensch die Huld der Seligkeit, welche den Guten verhießen ist, so arbeiten und Gutes schaffen. Wohl mag dann derjenige traurig sein, der sein ganzes Dasein Gott verdankt, solange er lebte und solange er leben wird, daß er nichts Gutes getan hat, seine Schuld an Gott abzutragen, dem er alles Leben verdankt; denn verlaßt Euch darauf, Ihr sollt Rechenschaft geben, sagt St. Bernhard, von all den Gaben, welche Euch im gegenwärtigen Leben verliehen sind, und wie Ihr sie angewandt habt, und zwar so, daß kein einziges Haar vom Haupte niederfallen noch die Zeit einer Stunde vergehen soll, ohne daß Ihr darüber Rechenschaft abzulegen habt.

Die fünfte Sache, welche einen Mann zur Zerknirschung bewegen sollte, ist die Erinnerung an die Leiden, welche unser Herr, Jesus Christus, um unsrer Sünde willen ertrug. Denn wie St. Bernhard sagt: »Solang ich lebe, will ich im Gedächtnis tragen die Beschwerden, welche unser Herr, Jesus Christ, bei seiner Lehre erduldete; die Mühseligkeit seiner Reisen, seine Versuchung, als er fastete, sein langes Wachen, als er betete, und seine Tränen, die er aus Mitleid um das gute Volk vergoß; die Worte der Kränkung, der Schande und des Schmutzes, welche die Leute wider ihn sprachen; den faulen Speichel, welchen sie in sein Angesicht spuckten; die Faustschläge, welche sie ihm gaben; die faulen Gesichter, welche sie ihm schnitten, und die faulen Vorwürfe, welche sie ihm machten; die Nägel, mit denen man ihn an das Kreuz schlug, und den ferneren Fortgang seines Leidens, das er nur allein um der Sünde der Menschheit willen und nicht durch eigene Schuld ertrug.« – Hier könnt Ihr sehen, wie durch die Sünde des Menschen jede Ordnung und jede Regel auf den Kopf gestellt wird! Denn es ist klar, daß von Gott Vernunft, Sinnlichkeit und der menschliche Leib so geordnet sind, daß jedes dieser vier Dinge Herrschaft über die Vernunft haben soll; das heißt: Gott soll Herrschaft über die Vernunft haben, die Vernunft über die Sinnlichkeit und die Sinnlichkeit über den menschlichen Leib. Doch, wahrlich, wenn der

Mensch sündigt, so stellt er diese Ordnung und Regel auf den
Kopf, und daher kommt es, daß, wenn die menschliche Vernunft nicht Gott untertänig und gehorsam sein will, der doch
zu Recht ihr Oberherr ist, sie auch ihre Herrschaft verliert,
welche sie über die Sinnlichkeit und über den menschlichen
Leib ausüben sollte. Und warum? Weil Sinnlichkeit alsdann gegen Vernunft rebelliert und dadurch die Vernunft ihre Herrschaft über die Sinnlichkeit und über den Körper verliert.
Denn wie die Vernunft ein Rebelle gegen Gott ist, so sind auch
die Sinnlichkeit und der Körper Rebellen wider die Vernunft.
Und wahrlich, diese Unordnung und Rebellion hatte unser
Herr, Jesus Christ, mit seinem teuren Leibe schwer zu zahlen;
und hört, in welcher Weise. Denn alldieweil Vernunft ein Rebelle gegen Gott ist, verdient der Mensch Sorgen zu tragen und
zu sterben. Dies litt unser Herr, Jesus Christus, für die Menschheit, nachdem er von seinem Jünger verraten und gefesselt und
gebunden war, so daß – wie St. Augustin sagt – sein Blut unter
jedem Nagel seiner Hände hervorspritzte! Und fernerweit, da
die Vernunft des Menschen die Sinnlichkeit nicht im Zaum halten will, wie sie könnte, so hat der Mensch auch Schande verdient, und diese Schande hat unser Herr, Jesus Christus, für
den Menschen erlitten, als sie ihm in das Angesicht spien. Und
weiter noch, derweil der jammervolle Menschenleib ein Rebelle ist wider Vernunft und Sinnlichkeit, so hat er dieserhalb den
Tod verdient; und diesen Tod hat unser Herr, Jesus Christ, am
Kreuze erlitten, wo kein Teil seines Körpers frei war von großem Schmerz und bitterm Leiden. Und alles dieses erduldete
unser Herr, Jesus Christ, der nichts verbrochen hatte, und also
sprach er: Zu sehr werde ich gequält um Dinge, um welche ich
es niemals verdient habe, und zu sehr werde ich erniedrigt der
Verdammnis halber, welche dem Menschen gebührt. Und wohl
mag daher der Sünder sprechen, wie St. Bernhard sagt: »Verflucht sei die Bitterkeit meiner Sünde, um derentwillen so gro-

ße Bitterkeit zu erdulden war.« Denn gewiß, nach den verschiedenen Mißgattungen unserer Schlechtigkeit war das Leiden Jesu Christi auch verschieden gestaltet, und zwar so: Wahrlich, die Seele des Sünders wird vom Teufel verraten durch die Begehrlichkeit nach zeitlichem Wohlergehn und durch Hinterlist verspottet, wenn sich der Mensch fleischlichen Lüsten ergibt; und danach wird sie im Unglück durch Ungeduld gequält und durch die Knechtschaft und Unterwürfigkeit unter die Sünde bespeit, und endlich zuletzt wird sie erschlagen. Für diese Mißgattungen der Sünde im Menschen ward Jesus Christus erst verraten und dann gebunden; er, welcher kam, uns loszubinden von der Sünde und der Pein. Dann wurde er verspottet, er, welcher in allen Dingen und vor allen Dingen hätte geehrt werden sollen. Dann wurde sein Angesicht, welches zu sehen die ganze Menschheit wünschen sollte und welches die Engel zu schauen verlangen, elendiglich bespeit. Dann wurde er gegeißelt; er, welcher nichts Übles getan hatte; und endlich ward er gekreuzigt und erschlagen. So waren die Worte des Propheten Jesaja erfüllt: »Er ward verwundet wegen unserer Missetat und beschimpft wegen unsrer Verbrechen!« Nun, da Jesus Christ für alle unsere Schlechtigkeit die Pein auf sich selbst genommen hat, wie sehr sollte der Sünder da weinen und wehklagen, daß Gottes Sohn vom Himmel für seine Sünden alle diese Qualen erdulden mußte.

Die sechste Sache, welche einen Mann zur Zerknirschung bewegen sollte, ist die Hoffnung auf drei Dinge, nämlich auf Vergebung der Sünden, auf die Gabe der Gnade, rechtschaffen zu wandeln, und auf die Herrlichkeit des Himmels, durch welche Gott den Menschen für seine guten Taten belohnen will. Und deshalb, weil Jesus Christ uns diese Gaben aus seiner Freigebigkeit und unendlichen Güte schenkt, ist er »Jesus Nazarenus Rex Judaeorum« genannt worden. Jesus heißt nämlich Erlöser oder Erlösung, dieweil alle Menschen hoffen sollen, durch ihn Vergebung der Sünden zu erlangen, worin die eigentliche Erlösung von der Sünde besteht. Und daher sprach der Engel zu Joseph: »Du sollst ihn Jesus heißen, denn er wird sein Volk von seiner Sünde erlösen.« Und hiervon spricht auch St. Peter: »Es ist kein andrer Name unter dem Himmel, der irgendeinem Menschen gegeben ist, durch welchen wir von unseren Sünden erlöst werden, denn einzig der Name: Jesus.« Nazarenus heißt soviel wie blühend, dieweil der Mensch hoffen soll, daß er, welcher ihm die Vergebung der Sünden verschafft hat, ihm auch die Gnade verleihen werde, rechtschaffen zu wandeln; denn in der Blüte ist die Hoffnung auf Frucht für kommende Zeiten, und in der Vergebung der Sünde ist die Hoffnung auf Gnade, rechtschaffen zu wandeln. »Ich stand vor der Türe deines Herzens«, spricht Jesus, »und klopfte an, um Einlaß bittend. Der mir öffnet, soll Vergebung der Sünden empfangen, und ich will bei ihm eintreten und mit ihm essen von den guten Werken, welche er tun wird, denn diese Werke sind die Speise Gottes, und er soll mit mir essen von der großen Freude, welche ich ihm geben werde.« So soll der Mensch hoffen, daß durch seine Werke der Buße ihm Gott das Himmelreich verleihen werde, welches er ihm im Evangelium verheißt.

Nun soll der Mensch verstehen lernen, wie seine Zerknirschung beschaffen sein muß. Ich sage, sie muß allgemein und vollständig sein; das heißt, ein Mensch soll wahrhaft bußfertig sein für alle seine Sünden, welche er im Wohlgefallen seiner Gedanken getan hat; denn Wohlgefallen ist gefährlich. Denn es gibt zwei Arten der Einwilligung aus Neigung, nämlich, wenn ein Mann sich zur Sünde bewegen läßt und dann länger mit Vergnügen an die Sünde denkt, aber nicht seine faule Lust und Neigung bezwingt, obschon seine Vernunft wohl begreift, daß es Sünde gegen das Gesetz sei, und wiewohl er klar einsieht, daß es gegen die Ehrfurcht vor Gott ist. Und wenn auch seine Vernunft zwar nicht einwilligt, die Sünde tatsächlich zu begehen, so sagen doch einige Doktoren, daß eine solche Lust, so länger in uns wohne, höchst gefährlich sei, wie unbedeutend sie auch immer erscheinen möge. Und daher sollte ein Mann ganz besonders betrübt sein über alles, was er je dem Gesetze Gottes zuwider gewünscht hat mit voller Einwilligung seiner Vernunft, denn es ist kein Zweifel, daß solche Einwilligung Todsünde ist. Denn gewiß, es gibt keine Todsünde, welche nicht zunächst in dem Gedanken des Menschen ihren Ursprung hat und dann später zur Lust und dann zur Einwilligung und dann zur Tat wird. Darum sage ich, daß viele Leute über solche Gedanken und Neigungen niemals Reue fühlen und sie niemals beichten, sondern nur die sichtbaren Taten gröblicher Sünde. Darum sage ich, daß solche bösen Gelüste schlaue Betrüger sind, sintemal die Menschen dafür verdammt sein werden. Auch fernerhin sollte man nicht minder Sorge tragen wegen seiner bösen Worte als wegen seiner bösen Taten. Denn wahrlich, Reue über eine besondere Sünde und keine Reue über die allgemeine Sünde oder Reue über die allgemeine, aber keine Reue über die besondere Sünde hilft zu nichts. Fürwahr, Gott der Allmächtige ist die vollkommene Güte; und deshalb vergibt er entweder alle Sünden oder gar keine überhaupt. Und daher sagt St. Augustin: »Ich weiß gewiß, daß Gott der Feind jedes Sünders ist«; und wie das? Soll der, welcher eine Sünde bekennt, Vergebung für den Rest seiner Sünden haben? Nein! Und fernerhin muß die Zerknirschung wunderbar sorgenvoll und qualvoll sein, und dann schenkt uns dafür Gott ehrlich seine Gnade. Und wenn daher meine Seele voll Sorgen und voll Qual war, dann hatte ich Gott im Gedächtnis, damit mein Gebet zu ihm dringen möge. Fernerweit muß die Zerknirschung anhaltend sein, und man muß den festen Entschluß hegen, zu beichten und sein Leben zu bessern. Denn wahrlich, wenn die Zerknirschung dauernd ist, mag der Mensch Hoffnung hegen, Vergebung zu erlangen. Und daraus entsteht Haß gegen die

Sünde, welcher dieselbe in ihm selber wie in anderm Volke, auf welches er Einfluß hat, zerstört. Weshalb David sagt: »Die, so Gott lieben, hassen das Böse«; denn Gott lieben heißt das lieben, was er liebt, und das hassen, was er haßt.

Das letzte, was der Mensch hinsichtlich der Zerknirschung verstehen lernen soll, ist, wozu die Zerknirschung nützt. Ich sage, daß Zerknirschung den Menschen manchmal von Sünde befreit, worüber David sagt: »Ich hatte den festen Vorsatz, zu bekennen, und Du, o Herr, sprachst mich meiner Sünden los.« Und grade so, wie Zerknirschung nichts hilft ohne den ernsten Vorsatz der Beichte und Buße, ebensowenig Wert hat Beichte und Buße ohne Zerknirschung. Und außerdem zerstört Zerknirschung den Kerker der Hölle und macht die Gewalt der Teufel kraftlos und schwach und erneuert die Gaben des heiligen Geistes und aller Tugenden, und sie reinigt die Seele von Sünde, und befreit sie von der Qual der Hölle, von der Gesellschaft des Teufels und von der Knechtschaft der Sünde und macht sie wieder tüchtig für alle geistlichen Güter und für die Gemeinschaft der heiligen Kirche. Und fernerweit macht sie den, welcher ehedem ein Kind des Zornes war, zum Kinde der Gnade; und alles dieses wird durch die heilige Schrift bezeugt. Und wer daher nach diesen Dingen streben will, wird sehr weise sein; denn fürwahr, er wird dann in seinem Leben nicht mehr den Mut haben zu sündigen, sondern wird sein Herz und seinen Leib dem Dienste Jesu Christi weihen und ihm solcher Weise huldigen. Fürwahr, unser Herr, Jesus Christ, hat uns so güterreich in unserer Torheit geschont, daß wir alle ein trauriges Lied singen könnten, wenn er nicht Mitleid mit den Menschen hätte.

Explicit prima pars penitentiae,
et sequitur secunda pars eiusdem.

Der zweite Teil der Buße ist die Beichte, und diese ist das Merkmal der Zerknirschung. Nun sollt Ihr verstehen, was Beichte ist, ob sie notwendig sei oder nicht und was zur wahren Beichte erforderlich ist.

Zuerst mußt Du wissen, daß Beichte das aufrichtige Bekennen der Sünde an den Priester ist, und zwar aufrichtig, weil man ihm alle Verhältnisse beichten muß, welche zur Sünde gehören, soweit man vermag; alles muß gesagt, nichts entschuldigt, verborgen oder verschleiert werden, ohne dabei mit den guten Werken zu prahlen. Somit ist es notwendig, einzusehen, woher die Sünden entspringen, wie sie zunehmen und welcher Art sie sind.

Vom Ursprung der Sünde spricht St. Paul in dieser Weise: »Wie durch einen Menschen die Sünde ist kommen in die Welt und der Tod durch die Sünde, so dringt also der Tod zu allen Menschen, welche Sünde tun.« Und dieser Mensch, durch welchen Sünde in die Welt kam, war Adam, dieweil er das Gebot Gottes brach. Und er, der anfangs so mächtig war, daß er nicht zu sterben brauchte, wurde hernach ein solcher Mensch, daß er sterben mußte, er mochte wollen oder nicht, und alle seine Nachkommen in dieser Welt, die in solcher Weise sündigen, sterben. Sieh, wie in dem Stande der Unschuld, als Adam und Eva noch nackend im Paradiese waren und keine Scham über ihre Blöße fühlten, die Schlange, dieses listigste von allen Tieren, so Gott erschaffen hatte, zum Weibe sprach: »Warum hat Euch Gott befohlen, daß ihr nicht von jedem Baume im Paradiese essen dürft?« Und das Weib antwortete: »Wir essen«, sprach sie, »von den Früchten der Bäume im Paradiese, aber von den Früchten des Baumes mitten im Paradiese hat Gott gesagt: ›Esset nicht davon, rühret es auch nicht an, daß ihr nicht sterbet.‹« Die Schlange sprach zum Weibe: »Nein, nein! Ihr werdet mitnichten des Todes sterben, sondern Gott weiß fürwahr, daß, welches Tages ihr davon esset, so werden eure Augen aufgetan und ihr werdet sein wie die Götter und wissen, was gut und böse ist.« Das Weib schaute an, daß von dem Baume gut zu essen und er lieblich anzusehen wäre, und nahm von der Frucht des Baumes und aß, und gab ihrem Mann auch davon, und er aß. Und sogleich wurden ihrer beider Augen aufgetan, und als sie gewahr wurden, daß sie nackend waren, nähten sie aus den Blättern des Feigenbaumes eine Art von Hose zusammen, um ihre Nacktheit zu verbergen. Hier könnt Ihr sehen, daß die Todsünde zunächst vom Teufel eingegeben wird, wie es hier die Natter zeigt, und nachher durch das Gelüste des Fleisches, wie es hier Eva zeigt, und sodann durch die Einwilligung der Vernunft, wie es Adam zeigt. Denn glaubet nur, wenn auch der Teufel Eva versuchte, das heißt: das Fleisch, und wenn auch das Fleisch Vergnügen fand an der verbotenen Frucht, so war der Mensch dennoch im Stande der Unschuld, bis die Vernunft, das heißt Adam einwilligte, die Frucht zu essen. Von diesem Adam ist uns die Erbsünde überkommen. Von ihm stammen wir alle nach dem Fleische ab und sind erzeugt aus schlechten und verdorbenen Säften; und wenn die Seele in unseren Körper gelegt wird, so ist sie auch sofort der Erbsünde verbunden, und dasjenige, was anfänglich nur Drang der fleischlichen Begierde war, ist späterhin sowohl Drangsal als auch Sünde; und dieserhalb würden wir alle geborene Kinder des Zornes sein und bestimmt zur ewigen Verdammnis, wenn wir nicht die Taufe empfingen, welche die Schuld von uns hinwegnimmt. Aber nichtsdestoweniger wohnet der Drang der Versuchung in uns, und dieser Drang heißt: fleischliche Begierde. Ist diese fleischliche Begierde auf das Schlechte gerichtet und gestellt, so macht sie den Menschen durch die Begierde des Fleisches lüstern nach fleischlicher Sünde, nach irdischen Dingen durch das Gesicht seiner Augen und nach Hoheit durch den Stolz seines Herzens.

Um von der ersteren Begierde zu sprechen, welche Fleischeslust heißt nach dem Gesetze unserer Glieder, welche das gerechte Urteil Gottes in richtiger Weise erschaffen hat, so sage ich: Gleich wie ein Mensch nicht gehorsam ist gegen Gott, so ist auch sein Herz gegen ihn selbst ungehorsam durch fleischliche Begierde, was die Veranlassung und Pflege der Sünde genannt wird. Solange deshalb ein Mensch den Drang der Fleischeslust in sich trägt, ist es unmöglich, daß er nicht bisweilen versucht und in seinem Fleische zur Sünde gereizt werde. Und dieses wird nicht ausbleiben, solange er lebt. Es mag wohl schwächer werden durch die Kraft der Taufe und durch die Gnade Gottes mittelst der Buße, aber so gänzlich wird es niemals unterdrückt werden, daß man in seinem Innern nicht dann und wann dazu geneigt ist, sofern man nicht davon zurückgehalten wird durch Krankheit, durch böse Künste der Zauberei oder durch kalte Getränke. Denn seht, was sagt St. Paul? »Das Fleisch trachtet wider den Geist und der Geist wider das Fleisch, sie sind sich entgegen und widerstreiten sich so, daß ein Mensch nicht immer tun kann, wie er möchte.« Denn St. Paulus nach seiner großen Buße zu Wasser und zu Lande – im Wasser bei Tag und Nacht in großer Fährlichkeit und großer Mühe; zu Lande in großem Hunger und Durst, in Frost und Blöße, einmal beinahe zu Tode gesteinigt – spricht dennoch: »Ach, ich elender Mensch! Wer wird mich aus dem Kerker meines elenden Leibes befreien?« Und St. Hieronymus – nachdem er lange Zeit in der Wüste gewohnt hatte, wo er nur die Gesellschaft wilder Tiere kannte, wo er nur Kräuter zur Nahrung, nur Wasser zum Trunk und kein anderes Bett als die nackte Erde fand, weshalb sein Fleisch schwarz wurde wie ein Äthiopier vor Hitze und beinahe abstarb vor Kälte – sagt dennoch, daß der Brand der Geilheit in seinem ganzen Körper kochte. Deshalb weiß ich sicherlich, daß diejenigen sich selbst betrügen, welche sagen, daß sie niemals in ihrem Leibe versucht seien. Zeugnis davon gibt St. Jakobus, welcher sagt, daß jeder in seinem eigenen Gewissen versucht werde, das heißt: daß ein jeder von uns Ursache und Gelegenheit hat, daß er durch die Sünde, so er im

Körper hegt, versucht werde. Und deshalb sagt St. Johann, der Evangelist: »Wenn wir sagen, daß wir ohne Sünde sind, so betrügen wir uns selber, und die Wahrheit ist nicht in uns.«

Nun sollt Ihr verstehen, wie die Sünde im Menschen wächst und zunimmt. Der Anfangsgrund ist das Hegen der Sünde, von dem ich bereits sprach, und dieses ist die fleischliche Begierde; und hinterher kommt die Eingebung des Teufels, das heißt: des Teufels Blasebalg, mit welchem er im Menschen das Feuer der fleischlichen Begierde anfacht, und sodann überlegt der Mensch, ob er die Sache, zu welcher er versucht wird, tun will oder nicht. Und wenn dann der Mensch widersteht und die ersten Verlockungen seines Fleisches zurückweist, so ist es keine Sünde. Wenn er dieses aber nicht tut, spürt er sofort die Flamme der Lust, und dann ist es gut, ihn zu warnen und zurückzuhalten, auf daß er nicht sofort in die Sünde willige oder sie tue, wenn er Zeit und Gelegenheit dazu findet. Und über diese Sache läßt Moses den Teufel in folgender Weise sprechen. Der Feind sagt: »Ich will den Menschen durch böse Einflüsterungen jagen und verfolgen; ich will ihn durch Verlockung und Aufreizung zur Sünde packen, und ich will meinen Preis oder meine Beute mit Überlegung zerreißen, und meine Lust soll in Wonne endigen! Ich will mein Schwert der Einwilligung ziehen – denn, wahrlich, wie ein Schwert ein Ding in zwei Teile zerlegt, so trennt auch die Einwilligung den Menschen von Gott –, und dann will ich ihn mit meiner Hand durch den Tod der Sünde erwürgen!« So spricht der Feind. Und wahrlich, dann verfällt des Menschen Seele ganz und gar dem Tode, dann wird die Sünde durch Versuchung, Lust und Einwilligung erzeugt und wird in dieser Weise alsdann in dem Menschen zur Tat.

Die Sünde ist in Wahrheit zweierlei Art, entweder ist sie läßliche Sünde oder Todsünde. Wenn nun aber ein Mensch irgendein Geschöpf mehr liebt als Jesum Christ, dann ist es Todsünde; und läßliche Sünde ist, wenn der Mensch Jesum Christ weniger liebt, als er sollte. Wahrlich, das Begehen solcher läßlicher Sünde ist höchst gefährlich, denn es verringert mehr und mehr die Liebe, welche der Mensch zu Gott haben sollte. Und wenn sich daher ein Mensch mit vielen solcher läßlicher Sünden beschwert, so können sie in ihm fürwahr die Liebe, welche er zu Jesus Christ hegt, wohl vermindern, wenn er sich ihrer nicht bisweilen durch die Beichte entledigt. Und so geht gar leicht die läßliche Sünde in Todsünde über. Gewißlich, je mehr ein Mensch seine Seele mit läßlichen Sünden beladet, desto mehr wird er geneigt sein, in Todsünde zu fallen. Und darum laßt uns nicht nachlässig sein und uns unserer läßlichen Sünden entlasten. Denn das Sprichwort sagt: »Kleines, aber vieles muß Großes werden stets am Schluß!« Und hört nunmehr dieses Beispiel an: Eine große Meereswoge kommt oftmals mit so großer Gewalt, daß sie das Schiff mit Wasser füllt; und denselben Schaden richten oftmals die kleinen Tropfen Wasser an, welche durch die kleinen Ritzen des Kieles in den Bodenraum des Schiffes eindringen, wenn die Menschen so nachlässig sind, sie nicht beizeiten zu entfernen. Und obschon ein Unterschied zwischen diesen zwei Ursachen ist, wird doch in beiden Fällen das Schiff mit Wasser gefüllt. Gradeso geht es oftmals mit der Todsünde und den schädlichen läßlichen Sünden, wenn sie sich im Menschen so sehr vermehren, daß die Liebe zu irdischen Dingen, durch welche er läßlich sündigt, in seinem Herzen so groß oder größer wird als die Liebe zu Gott. Und daher ist Liebe zu allen den Sachen, welche Gott nicht in sich schließen und welche nicht hauptsächlich um Gottes willen getan werden, selbst wenn sie der Mensch auch weniger liebt als Gott, dennoch läßliche Sünde. Und Todsünde ist, wenn die Liebe zu irgendeinem Dinge in dem Herzen des Menschen ebenso schwer oder schwerer wiegt als die Liebe zu Gott. »Todsünde«, wie St. Augustin sagt, »ist, wenn ein Mensch sein Herz von Gott abwendet, der die alleroberste und unwandelbare Güte ist, und sein Herz den Dingen zuwendet, welche wandelbar und flüchtig sind«; und, wahrlich, das ist jedes Ding außer Gott im Himmel. Denn das ist sicher, wenn ein Mensch seine Liebe, welche er Gott mit seinem ganzen Herzen schuldig ist, auf ein Geschöpf wendet, so beraubt er auch gewiß Gott um so viel seiner Liebe, als er jenem Geschöpfe schenkt, und begeht daher Sünde, da er als Schuldner von Gott nicht an ihm seine volle Schuld bezahlt, das heißt: ihm die ganze Liebe seines Herzens gibt.

Nun, da man im allgemeinen verstanden haben wird, was läßliche Sünde sei, so scheint es angezeigt, im besondern die Sünden aufzuzählen, welche mancher vielleicht für keine Sünden hält und welche er nicht beichtet. Aber nichtsdestoweniger sind sie Sünden in der Tat, wie diese Gottesgelehrten schreiben; das heißt: Zu jeder Zeit, wenn der Mensch mehr ißt oder trinkt, als zur Erhaltung des Körpers notwendig ist, begeht er sicherlich Sünde; auch wenn er mehr spricht, als nötig ist, tut er Sünde; auch wenn er nicht wohlwollend die Klage des Armen anhört; auch wenn er gesund am Leibe ist und dennoch ohne vernünftigen Grund nicht fasten will, wenn andre fasten; auch wenn er mehr schläft, als er bedarf, oder durch diesen Umstand zu spät zur Kirche oder zu andern Werken der Liebe kommt; auch wenn er seines Weibes gebraucht, ohne den obersten Wunsch der Zeugung zu Ehren Gottes oder um seinem Weibe die Schuld seines Körpers zu entrichten; auch wenn er Kranke und Gefangene nicht besucht, wann er kann; auch wenn er Weib oder Kind oder andere irdische Dinge mehr liebt, als die Vernunft erfordert; auch wenn er mehr schmeichelt und liebkost, als er notwendig zu tun braucht; auch wenn er das Almosen an Arme verringert oder zurückhält; auch wenn er seine Speisen köstlicher anrichtet, als notwendig ist, oder aus Lekkerhaftigkeit zu hastig verschlingt; auch wenn er von eitlen Dingen in der Kirche oder beim Gottesdienste spricht oder wenn er ein Schwätzer müßiger Worte der Torheit oder der

Schande ist, für welche er Rechenschaft ablegen soll am Tage des Gerichts; auch wenn er verspricht oder versichert, etwas zu tun, was er nicht halten kann; auch wenn er aus törichtem Leichtsinn seinen Nächsten verleumdet und verspottet; auch wenn er, statt Gewißheit zu haben, über Sachen einen besonderen Verdacht hegt; diese Sachen und manche andere sonder Zahl sind Sünde, wie St. Augustin sagt.

Nun müßt Ihr aber verstehen, daß, obwohl freilich der erdgeborene Mensch nicht alle läßlichen Sünden vermeiden kann, er sich dennoch durch die brennende Liebe, die er für unsern Herrn, Jesus Christ, hegt, und durch Gebet und Beichte und andre gute Werke so im Zaum halten kann, daß es ihm nur wenig schaden wird. Denn wie St. Augustin sagt: »Wenn ein Mensch Gott in solcher Weise liebt, daß alles, was er immer tut, aus seiner Liebe zu Gott kommt oder um der Liebe Gottes willen, weil er in wahrhafter Liebe zu Gott entbrannt ist, so wird, siehe du: gradesosehr wie ein Tropfen Wasser, der in einen feurigen Ofen fällt, das Brennen des Feuers kümmert und stört, auch eine läßliche Sünde in gleicher Weise einen solchen Menschen bekümmern und stören, der beständig und vollkommen in der Liebe zu unserm Heiland Jesus Christ ist.« Fernerhin kann auch der Mensch die läßliche Sünde mäßigen und sich derselben entledigen, wenn er würdig den kostbaren Leib Jesu Christi empfängt sowie die Spendung des heiligen Wassers, sowie durch Almosengeben, durch die allgemeine Beichte im »Confiteor« bei der Messe, der Prime oder beim Komplet, und durch den Segen der Bischöfe und Priester und durch andere gute Werke.

De septem peccatis mortalibus

Nun geziemt es sich zu sagen, was Todsünden sind, das will sagen: die Anführer der Sünden, denn sie laufen alle an einer Leite, obschon in verschiedener Weise. Sie werden aber Anführer genannt, insofern sie die Hauptsünden sind und aus ihnen die andern entspringen. Die Wurzel dieser Sünden ist der Stolz, die allgemeine Wurzel alles Nebels. Denn aus dieser Wurzel entspringen gewisse Äste, wie Zorn, Neid, Verdrossenheit oder Trägheit, Geiz oder im allgemeinen Sinne Begehrlichkeit, Schwelgerei und Wollust; und jede von diesen Hauptsünden hat ihre Äste und Zweige, wie in den folgenden Kapiteln erklärt werden wird.

De superbia

Und ob es zwar sein mag, daß niemand vollständig die Zahl der Zweige und der Nachteile kennt, welche aus Stolz entspringen, so will ich doch einen Teil derselben zeigen, wie Ihr gleich sehen sollt. Da sind: Ungehorsam, Ruhmredigkeit, Heuchelei, Hochmut, Dünkel, Trotz, Schadenfreude, Unverschämtheit, Überhebung, Heftigkeil, Widersetzlichkeit, Zank, Anmaßung, Unehrerbietigkeit, Halsstarrigkeit, Aufgeblasenheit und viele andere Zweige, welche ich nicht aufführen kann. Ungehorsam ist der, welcher sich aus Geringschätzung nicht den Geboten Gottes, seiner Obrigkeit und seines geistlichen Vaters unterwirft. Ruhmredig ist der, welcher das Böse oder Gute herausstreicht, welches er getan hat. Heuchler ist der, welcher sich andern nicht zu zeigen sucht, wie er ist, oder sich so zu zeigen sucht, wie er nicht ist. Hochmütig ist der, welcher seinen Nachbarn, das heißt: seinen Mitchristen verachtet oder das zu tun verschmäht, was er tun sollte. Dünkelhaft ist der, welcher denkt, daß er in sich Vortrefflichkeit besäße, welche er nicht hat, oder der wähnt, daß solche ihm seinem Verdienste nach zukäme, oder der sich selbst für besser hält, als er ist. Trotzig ist der, welcher aus Stolz keine Scham über seine Sünden fühlt. Schadenfroh ist der, welcher sich über den Schaden freut, so er angerichtet hat. Unverschämt ist der, welcher nach seiner Meinung alle Leute hinsichtlich ihres Wertes, Wissens, Redens und Betragens geringachtet. Überhebung ist, wenn man keinen Meister über sich und keinen Genossen neben sich dulden will. Heftig ist der, welcher an seine Fehler nicht gemahnt und erinnert sein will und mittelst Zank die Wahrheit wissentlich angreift und seine Torheit verteidigt. Widersetzlich ist der, welcher sich durch seinen Unwillen jeder Autorität und Macht entgegenstemmt, so über ihm ist. Anmaßung ist, wenn der Mensch etwas unternimmt, was ihm nicht ansteht oder was er nicht tun darf, und dieses wird auch Selbstüberschätzung genannt. Unehrerbietigkeit ist, wenn der Mensch nicht da Ehrfurcht zeigt, wo er sie zeigen sollte und wie er sie für sich selbst in Anspruch nimmt. Halsstarrigkeit ist, wenn ein Mensch zu sehr seine eigene Torheit verteidigt und zu sehr auf sein eigenes Urteil besteht. Aufgeblasenheit ist das Wohlgefallen an Pomp und an zeitlicher Hoheit und sich seines weltlichen Ranges zu rühmen. Schwatzhaftigkeit ist, wenn ein Mann zuviel von den Leuten spricht und wie eine Mühle klappert und nicht bedenkt, was er sagt.

Und es gibt auch eine heimliche Sorte von Stolz, insofern jemand abwartet, zuerst gegrüßt zu werden, bevor er selbst grüßt, obschon er minder wert als der andere ist, auch sich zuerst niedersetzen will, oder den Vortritt haben oder den Meßkelch küssen oder beräuchert werden oder zum Opfer gehen vor seinen Nachbarn oder ähnliche Dinge, obwohl sie ihm vielleicht nicht zustehen, weil er in seinem Herzen und Sinne ein solch stolzes Verlangen trägt, vor den Leuten erhöht und geehrt zu werden. Nun gibt es zwei Arten von Stolz; der eine sitzt im Herzen, der andere ist äußerlich. Von diesen gehören sicherlich die vorhin genannten Dinge und mehr, als ich aufgezählt habe, zum Stolze, welcher im Herzen des Menschen ist; und es gibt andere Sorten, welche äußerlich sind, aber nichtsdestoweniger ist die eine Sorte von Stolz das Zeichen der andern, grade wie das lustige Aushängeschild am Wirtshause ein

Zeichen ist vom Weine, welcher im Keller liegt. Und dieses gilt von vielen Dingen, wie von der Sprache und Haltung und von dem übermäßigen Staate in der Kleidung. Denn gewiß, läge keine Sünde in der Kleidung, so würde auch Christus nicht so bald auf die Kleidung des reichen Mannes im Evangelium hingewiesen und davon gesprochen haben. Und da St. Gregor sagt, daß wertvolle Kleidung strafbar sei wegen ihrer Kostspieligkeit, ihrer Weichlichkeit, ihrer Sonderbarkeit und ihrer Vermummung sowie wegen ihres überflüssigen Umfanges oder ihrer unangemessenen Enge, ach, sollte man da nicht in unsern Tagen auf die sündbare Kostbarkeit der Kleidung blicken und insbesondere auf den überflüssigen Umfang oder auch auf die unangemessene Knappheit derselben?

Was die erste Sünde des Überflusses an Kleidung betrifft, welche sie zum Schaden des Volkes so verteuert, so gibt es nicht allein Kosten für das Besticken, Besetzen, Auszähnen, Einfassen, Kräuseln, Puffen, Schlängeln und Faltenlegen und ähnliche Zeugverschwendung aus Eitelkeit, sondern da ist auch noch ferner das kostbare Unterfutter in den Kleidern, so vieles Bohren mit Pfriemen, um Löcher zu machen, so vieles Zuschneiden mit Scheren, ein solcher Überfluß an Länge in der erwähnten Kleidung, daß die Schleppen durch den Mist und den Dreck zu Fuß und zu Pferde von den Männern und Frauen geschleift und lieber verludert, verdorben, fadenscheinig und durch den Mist verrottet werden, als daß man das Zeug den Armen gäbe – zum größten Nachteil der armen Leute, und zwar in verschiedener Weise. Das heißt, je mehr Zeug verludert wird, je teurer wird es seines Mangels wegen für die armen Leute; und fernerweit, wenn man solche durchlöcherte und verschleppte Kleider auch den Armen geben wollte, so würden sie für ihren Stand nicht passen und nicht hinreichend sein, ihrer Notdurft zu helfen und sie vor der Ungunst des Wetters zu schützen. Sprechen wir auf der andern Seite von der greuli-

chen, unangemessenen Enge der Kleider, wie diese anschlie-
ßenden Hosen oder hanswurstigen Beinfutterale, welche durch
ihre Knappheit nicht die Schamglieder des Mannes zu bösen
Zwecken verbergen, ach, so zeigen einige von ihnen das Ge-
schwulst und die Form der greulichen geschwollenen Glieder,
die wie ein Darmbruch aussehen, in dem Tragbeutel ihrer Hosen und nicht minder hinten den Steiß, welcher aussieht, als ob
er das Hinterteil einer Äffin im Vollmondscheine wäre; und
wenn sie ihre abscheulichen geschwollenen Glieder in Vermummung zeigen, indem sie ihre Hosen in weiß und rot teilen,
so scheint es, als ob sie ihre Schamteile geschunden hätten.
Und wenn sie ihre Hosen in andere Farben teilen, wie weiß und
blau oder weiß und schwarz oder schwarz und rot und so weiter,
so sieht es bei der Verschiedenheit der Farbe aus, als ob die
Hälfte ihrer Schamglieder durch das Feuer des heiligen Antonius oder durch den Krebs oder durch einen andern Unfall faul
geworden wäre. Auch der Hinterteil ihrer Gesäße ist greulich
anzusehen, denn wahrlich, jener Teil ihres Körpers, allwo sie
ihren stinkenden Unrat von sich geben, diese faule Partie, zeigen sie stolz vor dem Volke in Verachtung der Ehrbarkeit, welche Jesus Christus und seine Freunde in ihrem Leben zu zeigen
pflegten. Nun von dem übertriebenen Staate der Weibsleute!
Gott weiß, obwohl die Gesichter keusch und schüchtern scheinen, bekunden sie dennoch in ihren Kleidern Lüsternheit und
Stolz. Ich sage nicht, daß Wohlanstand in der Kleidung für
Mann oder Weib unziemlich sei, aber, gewiß, der Überfluß
oder die unangemessene Enge der Kleidung ist tadelnswert. So
zeigt sich auch die Sünde in der Verzierung und im Schmucke
der Dinge, welche zum Reiten gehören, wie in vielen feinen
Pferden, welche zum Vergnügen gehalten werden und so schön
und so fett und so kostbar sind, und auch in den vielen liederlichen Stallburschen, welche ihretwegen gehalten werden, in
dem sonderbaren Geschirr, wie Sätteln, Schwanz- und Brust-

riemen und Zügeln, bedeckt mit den kostbarsten und reichsten Tuchen und besetzt und beschlagen mit Gold und Silber. Worüber Gott durch Sacharja, den Propheten, spricht: »Ich will die Reiter solcher Pferde zugrunde richten!« Diese Leute nehmen nur wenig Rücksicht auf den Ritt des Sohnes von Gott im Himmel und von seinem Geschirr, als er auf dem Esel ritt und kein anderes Sattelzeug hatte als die armen Kleider seiner Jünger; ja wir lesen nirgends, daß er jemals auf einem andern Tiere geritten sei. Ich spreche dieses von der Sünde des Überflusses, und nicht von der Ziemlichkeit, welche die Vernunft erfordert. Und außerdem macht sich Stolz im höchsten Grade bemerkbar durch das Halten von großer Dienerschaft, welche nutzlos und überflüssig, und insbesondere, wenn sie verbrecherisch und dem Volke lästig ist durch die Unverschämtheit hoher Herrschaft oder im Wege ihres Amtes; denn sicherlich, solche Herren verkaufen ihre Herrlichkeit dem Teufel in der Hölle, indem sie die Schlechtigkeit ihrer Dienerschaft begünstigen. Oder auch sonst, wenn Leute von niedrigem Stande, welche Wirtschaften halten, das Übervorteilen ihrer Gäste dulden, wie solches auf verschiedene Weise geschieht. Solche Art Leute sind wie Fliegen, die dem Honig, oder wie Hunde, die dem Aas folgen. Solche Art Leute erdrosseln geistig ihre Herrschaft, weshalb David, der Prophet, in dieser Weise spricht: »Schlimmer Tod soll solche Herren treffen, und Gott gebe, daß sie insgesamt zur Hölle fahren mögen, denn in ihren Häusern wohnt Ungerechtigkeit und Verworfenheit, aber nicht der Herrgott im Himmel!« Und fürwahr, wie Gott dem Laban Segen gab durch den Dienst des Jakob und dem Pharao durch den Dienst des Joseph, so wird er auch solchen Herrschaften seinen Fluch geben, wenn sie die Schlechtigkeiten ihrer Diener unterstützen und nicht zur Besserung gelangen. Auch bei der Tafel zeigt sich der Stolz sehr oft, indem reiche Leute zum Essen geladen und die armen zurückgewiesen und fortgescholten werden, und gleichfalls in dem Überfluß an verschiedenen Speisen und Getränken, und namentlich in solchen gebackenen Schüsseln und Gerichten, welche in wildem Feuer brennen und gemalt und mit Papier eingefaßt sind, und in ähnlicher Verschwendung, so daß es ein Vorwurf ist, nur daran zu denken. Auch in der großen Kostbarkeit der Geräte und in der Künstelei von Minnesängern, durch welche man zu den Lüsten der Üppigkeit noch mehr gereizt wird, liegt Sünde, insofern sich dadurch das Herz weniger auf unsern Herrn Jesus Christus richtet; und wahrlich, die Lust daran mag in diesem Falle so groß sein, daß man durch dieselbe leicht eine Todsünde begehen kann. Die Sündenarten, welche dem Stolze entquellen und daraus entspringen, besonders wenn sie aus bedachter, überlegter und vorher geplanter Bosheit entstehen, sind zweifelsohne Todsünden. Und wenn sie aus unüberlegter Schwachheit plötzlich entspringen und rasch wieder schwinden, so sind sie zwar sehr schwere, aber, wie ich denke, keine Todsünden.

Nun möchte man fragen, woher jener Stolz entspringt und quellt? Ich sage, daß er bisweilen seinen Grund hat in den Gütern der Natur, bisweilen in den Gütern des Glücks, bisweilen in den Gütern der Gnade. Gewiß, die Güter der Natur bestehen aus den Gütern des Körpers oder den Gütern der Seele. Die Güter des Körpers sind sicherlich: Gesundheit des Leibes, Kraft, Gewandtheit, Schönheit, vornehme Abkunft und Freiheit. Die Güter der Natur in bezug auf die Seele sind: guter Witz, scharfer Verstand, geschickte Kunstfertigkeit, natürliche Tugend, gutes Gedächtnis. Die Güter des Glücks sind: Reichtümer, hoher Stand der Herrschaft und Ruhm vor dem Volke. Güter der Gnade sind: Wissenschaft, Kraft, geistige Anstrengung zu ertragen, Wohlwollen, tugendhafte Beschaulichkeit, Widerstand gegen Versuchung und ähnliche Sachen, von welchen genannten Gütern allen es aber sicherlich eine große Torheit wäre, wenn sich der Mensch irgendeines derselben rühmen wollte.

Um nun von den Gütern der Natur zu sprechen, so besitzen wir sie, weiß Gott, in unserer Natur bisweilen ebensosehr zu unserm Schaden wie zu unserm Nutzen. Reden wir von der Gesundheit des Körpers, so geht sie wahrhaftig leicht vorüber und ist auch sehr häufig die Ursache von Krankheiten unserer Seele, denn Gott weiß, das Fleisch ist ein großer Feind der Seele, und je mehr daher der Körper gesund ist, in desto größerer Gefahr sind wir, zu fallen. Auch auf Körperkraft stolz zu sein ist Torheit, denn gewiß, das Fleisch gelüstet wider den Geist, und je stärker das Fleisch ist, um so elender mag es um die Seele stehen, und manchem verursacht überdem diese Körperkraft und weltliche Rüstigkeit sehr häufig Gefahr und Unglück. Auch stolz auf vornehme Abkunft zu sein ist eine sehr große Torheit, denn oftmals schließt der Adel des Körpers den Adel der Seele aus, und wir alle sind von einem Vater und einer Mutter und sämtlich verrotteter und verfaulter Natur, sowohl reich als arm. Dagegen ist eine Art von Adel zu preisen, welche den Mut des Menschen mit Tugend und Sittlichkeit ausrüstet und ihn zum Kinde Christi macht, denn darauf könnt Ihr Euch verlassen: Über wen Sünde die Meisterschaft hat, der ist nur ein ganz gemeiner Knecht der Sünde. Nun gibt es allgemeine Kennzeichen des Adels, wie Enthaltung von Laster und Unzucht und Sündenknechtschaft in Wort und Werk und Haltung, und wie die Übung von Tugend, Höflichkeit, Reinlichkeit, und freigebig zu sein, das heißt: mit Maß zu schenken; denn was über das Maß hinausgeht, ist Torheit und Sünde. Ein anderes ist, sich der Wohltaten zu erinnern, welche man von andern empfangen hat; ein anderes, gegen seine Untergebenen freundlich zu sein; weshalb Seneca sagt: »Nichts ist für einen Mann von hohem Rang so ziemlich, wie die Bescheidenheit und wie das Mitleid; und wenn die Fliegen, so man Bienen nennt, sich einen König geben, so wählen sie sich einen aus, der keinen Stachel hat, mit dem er stechen kann.« Ein anderes ist, ein edles und eifriges

Herz zu haben, um der Tugend nachzustreben. Nun, wahrlich, stolz auf die Güter der Gnade zu sein, ist ebenfalls eine außerordentliche Torheit, denn diese Gnadengüter, welche uns zur Besserung und zur Arznei gereichen sollten, verwandeln sich alsdann in Gift und in Verderben, wie St. Gregorius sagt. Fürwahr, auch der, welcher Stolz auf die Güter des Glücks besitzt, ist ein großer Tor, denn mancher ist ein großer Herr am Morgen und ein elender Wicht, bevor es Nacht geworden ist; und oftmals ist der Reichtum der Grund vom Tode eines Menschen, und oftmals liegt im Vergnügen eines Menschen die Ursache von schwerer Krankheit, an welcher er stirbt. Und sicherlich, das Lob des Volkes ist zu falsch und zu zerbrechlich, um darauf zu bauen, denn heute preisen sie und morgen tadeln sie. Gott weiß, das Lob des Volkes zu haben hat manchen tätigen Mann schon in den Tod geführt.

Remedium contra peccatum Superbiae

Da Ihr nunmehr also verstanden habt, was Stolz ist und welches die Gattungen desselben sind und woher Menschenstolz kommt und entspringt, so sollt Ihr jetzt verstehen lernen, was das Mittel dagegen ist. – Demut oder Ergebung ist das Mittel gegen den Stolz. Diese ist eine Tugend, durch welche der Mensch wahre Selbsterkenntnis erlangt und sich nicht für etwas Besonderes oder Vorzügliches hält in bezug auf sein Verdienst, sondern stets seiner Schwachheit eingedenk ist. Nun gibt es drei Arten von Demut: eine Demut des Herzens, eine andere des Mundes und eine dritte der Werke. Die Demut des Herzens ist vierfacher Alt; die eine ist: wenn der Mensch sich selbst für unwert vor Gott im Himmel hält; die zweite ist: wenn er keinen andern Menschen geringschätzt; die dritte ist: wenn er sich nicht daran stößt, daß die Menschen ihn für unwürdig halten; und die vierte ist: wenn er sich seiner Erniedrigung nicht schämt. Ebenso besteht Demut des Mundes in vier Stükken: in mäßigem Sprechen, in demütigem Sprechen, und wenn man mit eigenem Munde bekennt, daß man das ist, wofür man sich im Herzen hält, und fernerweit, wenn man die guten Eigenschaften anderer schätzt und nichts davon verkleinert. Auch die Demut der Werke ist viererlei Art. Die erste ist, wenn man andere Leute höher stellt als sich selbst; die zweite ist, den niedrigsten Platz von allen zu wählen; die dritte ist, guten Rat freudig anzunehmen; die vierte ist, sich unter das Urteil seines Oberherrn willig zu fügen oder von denen, so höhergestellt sind; gewiß, dies ist ein großes Werk der Demut.

De Invidia

Nach dem Stolze will ich von dem garstigen Laster des Neides sprechen, welches, nach den Worten des Philosophen, Verdruß über das Wohlergehen anderer Leute ist, und nach den Worten des heiligen Augustinus Verdruß über das Wohl und Freude über den Harm von anderen. Diese garstige Sünde ist geradezu wider den Heiligen Geist. Zwar ist jede Sünde wider den Heiligen Geist, aber grade so, wie alles Gute eigentlich dem Heiligen Geiste angehört und aus der Bosheit der Neid entspringt, so ist der letztere recht eigentlich der Gnadenfülle des heiligen Geistes zuwider. Nun zerfällt die Bosheit in zwei Arten, das heißt: in die Verwegenheit des Herzens zum Bösen oder darin, daß das Fleisch des Menschen so blind ist, daß er nicht bedenkt oder nicht glaubt, daß er in Sünde sei, welches die Verwegenheit des Teufels ist. Eine andere Sorte von Neid ist, wenn ein Mensch der Wahrheit widerstreitet, obwohl er weiß, daß es Wahrheit ist; und auch, wer der Gnade Gottes widerstreitet, welche Gott seinem Nächsten geschenkt hat; und alles dies geschieht durch Neid. Gewißlich, dann ist Neid die schlimmste Sünde, die es gibt, denn wahrlich, alle andern Sünden widerstreiten nur meistens einer besonderen Tugend, aber Neid sicherlich jeder Art von Tugenden und Trefflichkeiten; denn der

Neidhart ist betrübt über alle guten Eigenschaften seiner Nachbarn. Und in dieser Art ist Neid von allen andern Sünden verschieden; denn kaum gibt es eine Sünde, in welcher nicht irgendwie Genuß liegt, nur den Neid ausgenommen, welcher stets nur Qual und Verdruß in sich trägt. Die Unterabteilungen des Neides sind folgende. Da ist zunächst der Ärger über die Trefflichkeit anderer Menschen und über ihr Wohlergehn, und da diese natürliche Veranlassungen zur Freude sein sollten, so ist der Neid eine Sünde gegen die Natur. Die zweite Art von Neid ist Freude über anderer Leute Unglück; und das gleicht ganz eigentlich dem Teufel, der stets über alles Unglück des Menschen frohlockt. Aus diesen beiden Arten kommt Verleumdung, und diese Sünde der Verleumdung oder der Verkleinerung zerfällt wiederum in gewisse Sorten, z. B. jemand lobt seinen Nachbar aus schlechter Absicht, denn er macht zum Schlusse einen bösen Knoten; immer setzt er ein »aber« am Ende hinzu, das mehr Tadel in sich schließt, als all sein Loben wert ist. Die zweite Art ist, wenn durch Verleumdung bei einem guten Menschen oder bei einer Sache, die in guter Absicht gesprochen oder ausgeführt wird, in böser Absicht alles Gute verdreht und auf den Kopf gestellt wird. Die dritte ist, die Vorzüge des Nächsten zu verkleinern. Die vierte Gattung von Verleumdung ist diese: daß der Verleumder sagt, wenn jemand von der Vortrefflichkeit eines Mannes spricht: Traun! Der und der ist dennoch besser als er, indem er den heruntermacht, den andre preisen. Die fünfte Art ist die: mit Wohlgefallen das Schlimme anzuhören, welches von andern Leuten gesprochen wird. Dieses ist eine sehr große Sünde und wird noch durch die böse Absicht des Verleumders schlimmer. Nach Verleumdung kommt das Mißvergnügen und das Murren, und dies entspringt aus Ungeduld bisweilen gegen Gott, bisweilen gegen Menschen. Gegen Gott, wenn man über die Qualen der Hölle oder über Armut und Verlust an Gut und über Sturm und Regen murrt; oder mißvergnügt ist, daß böse Menschen Glück und gute Unglück haben; denn alle diese Dinge soll der Mensch geduldig tragen, weil sie aus der Weisheit und Bestimmung Gottes hergekommen sind. Zuweilen hat das Murren seinen Grund in Habsucht, wie bei Judas über Magdalene, als sie mit ihrer kostbaren Salbe das Haupt unseres Herrn Jesus Christus ölte. Solch eine Art von Murren ist auch, wenn jemand Mißvergnügen hat über das Gute, welches er selber tut oder welches andre Leute aus ihren eignen Mitteln tun. Bisweilen kommt das Murren aus Stolz, wie zum Beispiel Simon, der Pharisäer, über die Magdalene murrte, als sie sich Jesus Christus nahte und zu seinen Füßen über ihre Sünde weinte; und zuweilen entspringt es aus Neid, wenn Leute das Schlechte von einem Manne aufdecken, was verborgen war; oder auch wenn man jemandem durch falsche Mitteilungen zu schaden sucht. Murren findet auch oft bei Dienstboten statt, die ungehalten sind, wenn ihre Herrschaften sie das zu tun heißen, was ihnen obliegt; und da sie nicht öffentlich dem Befehle ihrer Herrschaften zu widersprechen wagen, so wollen sie dennoch übel sprechen und verdrießlich sein und heimlich murren, was sie »des Teufels Pater noster« nennen; und wenn der Teufel freilich auch kein »Pater noster« hat, so gibt doch das gemeine Volk der Sache diesen Namen. Bisweilen kommt das Mißvergnügen aus Zorn oder aus heimlichem Haß, wodurch Groll im Herzen genährt wird, wie ich später erklären werde. Dann kommt Bitterkeit im Herzen, durch welche jede gute Tat des Nächsten bitter und unschmackhaft erscheint. Dann kommt Zwietracht, welche alle Arten von Freundschaftsbanden löst. Dann kommt Verspottung des Nächsten, soviel Gutes er auch tun mag. Dann kommt Anschwärzen, indem ein Mensch nach der Gelegenheit sucht, seinen Nächsten zu kränken; welches der Verschlagenheit des Teufels gleicht, welcher Tag und Nacht wartet, um uns alle zu verschwärzen. Dann kommt Heimtücke, durch welche ein

Mensch seinem Nächsten heimlich zu schaden trachtet; und
wenn er es nicht vermag, so bleibt die böse Absicht, zum Beispiel sein Haus heimlich anzuzünden, oder ihn zu vergiften
oder sein Vieh zu töten oder ähnliche Sachen.

Remedium contra peccatum Invidiae

Nun will ich über das Mittel wider diese garstige Sünde des Neides sprechen. Das fürnehmlichste ist: Gott über alles zu lieben
und seinen Nächsten wie sich selbst; denn, fürwahr, das eine
kann nicht ohne das andere bestehen. Und verlaß Dich darauf,
daß Du Deinen Nächsten als Deinen Bruder ansehen mußt;
denn wir haben gewißlich alle einen Vater und eine Mutter dem
Fleische nach, nämlich Adam und Eva, und ebenso einen geistlichen Vater, nämlich Gott im Himmel. Deinen Nächsten bist
Du verpflichtet zu lieben und ihm alles Gute zu wünschen, und
daher sagt Gott: »Liebe deinen Nächsten wie dich selbst«, das
heißt, um der Erhaltung des Leibes und der Seele willen. Und
außerdem sollst Du ihn lieben durch Worte und durch gütige
Ermahnungen, durch Züchtigung und durch Trost in seinen
Nöten, und Du sollst für ihn von ganzem Herzen beten. Und
durch die Tat sollst Du ihn so lieben, daß Du ihm Barmherzigkeit erweist, wie Du es wünschst, daß sie Dir selber erwiesen
werde; und deshalb sollst Du ihm keinen Schaden zufügen
noch böse Worte wider ihn reden, noch Nachteil an seinem Leibe, seinen Gütern und seiner Seele tun durch verführerisches
und böses Beispiel. Du sollst nicht begehren sein Weib noch alles, was sein ist. Verstehe gleichfalls, daß unter dem Namen
deines Nächsten auch Dein Feind mit inbegriffen ist. Gewiß,
man soll seinen Feind nach dem Gebote Gottes lieben, und
wahrlich, in Gott sollst Du Deinen Freund lieben. Ich sage,
Deinen Feind sollst Du um Gottes willen lieben nach seinem
Gebote; denn wenn es der Vernunft entspräche, seinen Feind
zu hassen, so würde zuverlässig auch Gott nicht uns, als seine

Feinde, zu seiner Liebe zugelassen haben. Der Mensch soll gegen die drei verschiedenen Übel, die ihm sein Feind zufügt, drei Sachen tun, wie folgt: gegen Haß und Groll im Herzen soll er ihn von Herzen lieben; gegen Schmälen und böse Worte soll er für seinen Feind beten; gegen schlechte Handlungen seines Feindes soll er ihm Gutes erweisen. Denn Christus sagt: »Liebet eure Feinde, segnet, die euch fluchen und verjagen und verfolgen, und tut Gutes denen, so euch hassen.« Seht! So befiehlt unser Herr Jesus Christus, unsern Feinden zu tun. Fürwahr, die Natur treibt uns, unsere Freunde zu lieben, und, meiner Treu, unsere Feinde bedürfen unserer Liebe mehr als unsere Freunde; und sicherlich, denen, die bedürftiger sind, sollte man auch mehr Gutes erweisen. Und fürwahr, so zu tun ermahnt uns die Liebe Jesu Christi, der für seine Feinde starb; und je schwerer solche Liebe zu erfüllen ist, um so großer ist das Verdienst, und deshalb wird durch die Liebe gegen unsere Feinde das Gift des Teufels überwunden. Denn so wie der Teufel durch Demut bezwungen wird, so wird er auch zu Tode getroffen durch die Liebe gegen unsere Feinde; dann ist aber zuverlässig Liebe die Arznei, welche das Gift des Neides aus dem Herzen des Menschen hinausschafft.

De Ira

Nach dem Neide will ich die Sünde des Zorns erklären: denn wahrlich, wer Neid gegen seinen Nachbarn hegt, wird meistens bald Grund zum Zorn in Wort oder Tat gegen den finden, welchen er beneidet. Und ebensowohl entspringt Zorn aus Stolz als aus Neid, denn, sicherlich, wer stolz und neidisch ist, wird auch leicht zornig.

Die Sünde des Zorns ist nach der Erklärung von St. Augustin der böse Wunsch, sich durch Wort oder Tat zu rächen. Zorn ist nach dem Philosophen das siedende Blut, welches im Herzen des Menschen wallt, wodurch er demjenigen zu schaden trachtet, welchen er haßt; denn fürwahr, das Herz des Menschen wird durch die Erhitzung und Wallung seines Blutes so unruhig, daß er jede Art von Urteil verliert. Aber Ihr sollt verstehen, daß Zorn zwei Arten hat, von denen die eine gut, die andere böse ist. Der gute Zorn kommt aus der Eifersucht der Tugend, indem der Mensch zornig wird über die Schlechtigkeit und gegen die Schlechtigkeit; und deshalb sagt der Weise, daß Zorn besser sei denn Spaß. Dieser Zorn ist sanftmütig und ist Ingrimm ohne Bitterkeit; nicht Ingrimm gegen den Menschen, sondern Ingrimm über die Übeltat des Menschen, wie der Prophet David sagt: »Irascimini et nolite peccare.« Nun versteht, daß der böse Zorn zweierlei Art hat, nämlich plötzlichen Zorn oder Jähzorn ohne den Beirat und die Einwilligung der Vernunft. Die Meinung und der Sinn hiervon ist, daß die Vernunft des Menschen diesem Zorn nicht beistimmt, und dann ist es läßliche Sünde. Einen anderen, höchst bösen Zorn gibt es, welcher aus Boshaftigkeit des Herzens kommt und vorher überlegt und ausgeplant ist mit dem bösen Wunsche, sich zu rächen, unter Beistimmung der Vernunft; und wahrlich, dieser ist Todsünde. Dieser Zorn ist Gott so mißfällig, weil er die Ordnung seines Hauses stört und den Heiligen Geist aus der Seele des Menschen hinaustreibt und dieses Ebenbild Gottes schändet und vernichtet, und das will sagen: die Tugend der Menschenseele, und dafür das Ebenbild des Teufels an die Stelle setzt und den Menschen von Gott, seinem rechtmäßigen Herrn, entfremdet.

Dieser Zorn ist das höchste Frohlocken des Teufels, denn er ist des Teufels Glühofen, den er mit dem Feuer der Hölle heizt. Denn sicherlich, wie Feuer mächtiger ist, irdische Dinge zu zerstören, als irgendein anderes Element, ebenso ist Zorn auch mächtig, alle geistlichen Dinge zu zerstören. Seht, wie das Feuer winziger Kohlenreste, das beinahe tot unter der Asche ruhte, wieder auflebt, sobald man es mit Schwefel berührt, grade so wird Zorn auch immer wieder lebendig, wenn er vom Stolze berührt wird, welcher im Herzen des Menschen wohnt. Denn fürwahr, Feuer kann aus keiner Materie entstehen, wenn es nicht von Natur bereits in derselben ruht, wie Feuer aus dem Kiesel mit Stahl gezogen wird. Und wie der Stolz häufig die Mutter des Zorns ist, so ist Groll der Pfleger und Wärter des Zorns. Es gibt eine Art Baum, wie St. Isidorus sagt, welcher, wenn man ein Feuer aus demselben macht und die Kohlen dann mit Asche bedeckt, über ein Jahr und länger brennt, und grade so geht es mit dem Groll; wenn er einmal im Herzen der Leute empfangen ist, dann wird er zweifellos auch vielleicht von einem Ostertage bis zum andern Ostertage oder noch länger währen. Aber gewiß, solch ein Mensch ist während dieser Zeit gewaltig weit von der Gnade Gottes entfernt.

In diesem genannten Glühofen des Teufels schmieden drei Bösewichter: Stolz, ja, der bläst und vermehrt das Feuer durch Schelten und böse Worte. Daneben steht Neid und hält das heiße Eisen auf das Herz des Menschen mit den langen Zangen des langgenährten Grolls, und daneben steht die Sünde des Hohnes, des Streites und des Zankes und hämmert und schmiedet durch boshafte Beschuldigungen. Wahrlich, diese verfluchte Sünde schadet sowohl dem Menschen selbst als auch seinem Nächsten. Denn gewißlich, beinahe aller Harm und aller Schaden, welcher ein Mensch seinem Nächsten zufügt, kommt aus Ingrimm; denn fürwahr, unbezähmter Grimm tut alles, was der schändliche Feind nur irgend will oder ihm befiehlt, denn er verschont selbst um Christi willen nicht seine eigene liebende Mutter, und in seinem übermäßigen Ärger und Zorn – o weh! o weh! – vergeht sich dann mancher in seinem Herzen gegen Christus und nicht minder gegen alle seine Heiligen! Ist das nicht ein verfluchtes Laster? – Ja, gewiß! – Ach, es beraubt den Menschen des Verstandes und der Vernunft und seines ganzen demütigen geistlichen Lebens, welches seine Seele erhalten sollte. Gewiß, es beraubt ihn auch der Gott schuldigen Herrschaft, und das ist seine Seele, und der Liebe seines Nächsten; es streitet auch Tag für Tag wider die Wahrheit; es raubt ihm die Ruhe des Herzens und verkehrt seine Seele.

Aus dem Zorn kommen diese stinkenden Sprossen: zunächst Haß oder veralteter Groll; Zwietracht, welche den Menschen seinen alten Freund verlassen macht, den er so lange geliebt hatte; und dann kommt Hader und jede Art von Unrecht, welche ein Mensch gegen seines Nächsten Leib oder Gut verübt. Aus dieser verfluchten Sünde entsteht auch Totschlag; und versteht es wohl, dieser Mord oder Totschlag ist verschiedener Art. Der eine ist geistiger, der andere körperlicher Beschaffenheit. Geistiger Mord entspringt aus sechs Sachen. Erstens aus Haß; wie St. Johannes sagt: »Wer seinen Bruder haßt, ist ein Mörder.« Mord geschieht auch durch Verleumdung, von welchen Verleumdern Salomo sagt, daß sie zwei Schwerter haben, mit denen sie ihren Nächsten erschlagen; denn gewiß, es ist ebenso schlimm, jemandem seinen guten Namen zu nehmen als sein Leben. Mord geschieht auch durch bösen, betrüglichen Ratschlag, wodurch zu schlechten Sitten und Geschwätz aufgemuntert wird; und gleich wie Salomo sagt: »Ein brüllender Löwe und ein hungriger Bär gleichen grausamen Herrn«; auch ferner durch Entziehen oder Verkürzen des Lohnes oder der Besoldung der Diener, oder sonst noch durch Wucher oder durch Zurückhalten der Almosen an die Armen, weswegen der Weise sagt: »Speise den, welcher dem Hungertode nahe ist, denn speisest du ihn nicht, so ermordest du ihn in Wahrheit.« Und alles dieses ist Todsünde. Körperlicher Totschlag ist, wenn Du jemanden mit der Zunge oder auf andere Weise umbringst, und zum Beispiel einem andern befiehlst oder rätst, jemanden zu töten. Tatsächlicher Totschlag geschieht auf vier verschiedene Weisen. Der eine durch Gesetz, indem ein Richter nämlich den Schuldigen zum Tode verurteilt; aber möge der Richter sich wohl vorsehen, daß er es rechtmäßig tue, nicht aus Vergnügen, Blut zu vergießen, sondern um Gerechtigkeit aufrechtzuerhalten. Ein anderer Totschlag geschieht aus Notwendigkeit, wenn nämlich ein Mann zu seiner Selbstverteidigung einen andern erschlägt, weil er in keiner anderen Weise dem Tode entrinnen kann; aber gewiß, wenn er ohne den Totschlag seines Gegners entkommen kann, so tut er Sünde und soll dafür wie für eine Todsünde büßen. Und ebenso, wenn jemand zum Zeitvertreib oder durch Zufall einen Pfeil abschießt oder mit einem Steine wirft, durch welchen er einen Menschen tötet, so ist er ein Mörder. Und wenn ein Weib aus Nachlässigkeit ihr Kind im Schlafe erdrückt, so ist dies Mord und Todsünde. Auch wenn jemand die Empfängnis eines Kindes verhindert oder ein Weib durch Getränke aus giftigen Kräutern unfruchtbar macht, daß sie nicht empfangen kann, oder wenn er durch solche Tränke ihr Kind tötet, oder wenn er gewisse Sachen in ihre Schamteile steckt, dieses Kind umzubringen, oder wenn er unnatürliche Sünde tut, durch welche ein Mann oder Weib die Natur schädigen, indem ein Kind nicht empfangen werden kann; oder ferner, wenn ein Weib, das empfangen hat, sich selbst verletzt und durch solchen Unfall ihr Kind tötet, so ist es Mord. Was sagen wir von den Frauen, welche ihr Kind aus Furcht vor weltlicher Schande töten? Gewiß, das ist schauderhafter Mord! Auch wenn jemand einem Weibe beiwohnt aus sinnlicher Lust, durch welche ihr Kind zugrunde geht, oder wer wissentlich ein Weib so schlägt, daß sie dadurch ihr Kind verliert, alles dieses ist Mord und grauenvolle Todsünde. Doch es kommen durch Zorn noch weit mehr Sünden, sowohl in Worten und Gedanken als in der Tat. Zum Beispiel, wenn jemand eine Sache, deren er sich schuldig macht, auf Gott schiebt, oder Gott darüber tadelt oder Gott und alle seine Heiligen verachtet, wie die verfluchten Hasardspieler in manchen Gegenden tun. Diese verfluchte Sünde begehen die, so in ihrem Herzen schlecht von Gott und seinen Heiligen denken oder das Sakrament des Altars unehrerbietig behandeln; solche Sünde ist so groß, daß sie nie getilgt werden könnte, wenn nicht die Gnade Gottes in ihrer Größe und Willigkeit über alle seine Werke hinausginge. Dann entspringt auch aus Zorn der Ärger über die Reue; wenn ein Mensch in seiner Beichte scharf ermahnt wird, von seinen Sünden zu lassen, dann will er ärgerlich werden und verdrossen und verdrießlich antworten und seine Sünde durch die Schwachheit des Fleisches verteidigen oder entschuldigen; er habe es der Gesellschaft seiner Genossen wegen getan oder der Teufel habe ihn verlockt, oder er habe aus Jugendmut es getan oder seine Konstitution sei so kräftig, daß er es nicht helfen könne; oder er sagt, es sei seine Bestimmung bis zu einem gewissen Alter; oder er sagt, es sei ihm durch den Adel seiner Ahnen überkommen und ähnliche Sachen. Alle diese Art Leute wickeln sich so in ihre Sünden ein, daß sie sich von denselben nicht losmachen mögen; denn sicherlich, niemand, der sich wegen seiner Sünden eigensinnig ausredet, kann sich von denselben eher losmachen, als bis er sie demütig eingesteht. Nach diesem kommt Schwören, welches ausdrücklich wider das Gebot Gottes ist; und das entsteht oft durch Ärger und Zorn. Gott sagt: »Du sollst den Namen deines Herrn nicht mißbrauchen!« Auch unser Herr Jesus Christus sagt durch das Wort des heiligen Matthäus: »Ihr sollt allerdinge nicht schwören; weder bei dem Himmel, denn er ist Gottes Stuhl; noch bei der Erde, denn sie ist seiner Füße Schemel; noch bei Jerusalem, denn sie ist eines großen Königs Stadt; noch bei deinem Haupt, denn du vermagst nicht, ein einziges Haar weiß oder schwarz zu machen«; dagegen sagt er: »Aber eure Rede sei: Ja, ja; nein, nein; was darüber ist, das ist von Übel.« So spricht Christus. – Um Christi willen schwört nicht so sündhaft bei Seele, Herz, Knochen und Körper, indem ihr Christ zergliedert; als ob die verfluchten Juden es noch nicht genug getan hätten, sondern Ihr ihn noch mehr zergliedern müßtet. Und wenn Euch auch das Gesetz zwingt, zu schwören, so richtet Euch bei Eurem Schwur nach dem Gebote Gottes, denn – wie Jeremias sagt: »Du mußt drei Bedingungen erfüllen; du mußt nach der Wahrheit, vor dem Gerichte und mit Rechtschaffenheit schwören.« Das heißt: Du sollst wahr schwören, denn jede Lüge ist Christ zuwider; denn Christus ist die Wahrheit selbst; und bedenke wohl, daß von dem Hause des großen Schwörers, der nicht gesetzlich dazu gezwungen ist, die Plage nicht weichen soll, solange er unnützerweise schwört. Du sollst auch vor Gericht schwören, wenn Du vom Richter dazu gezwungen wirst, die Wahrheit zu bezeugen. Ebenso sollst Du nicht aus Neid noch aus Gunst, noch für Gaben schwören, sondern nur aus Rechtschaffenheit und um die Wahrheit zur Ehre und Anbetung Gottes zu erklären, und zur Hilfe und Unterstützung deines Mitbruders in Christo. Und jeder, welcher daher den Namen Gottes unnütz gebraucht oder mit seinem Munde falsch schwört oder sich nach Christi Namen einen Christenmenschen nennt, aber dem Beispiele und der Lehre Christi zuwider lebt, alle diese Leute mißbrauchen den Namen Gottes. Seht auch, was St. Peter sagt (Apg 4,12: Non est aliud nomen sub coelo etc.): »Es ist kein anderer Name«, sagt St. Peter, »unter dem Himmel den Menschen gegeben, darinnen sie sollen selig werden«, als nämlich der Name Jesus Christus. Beachte auch, wie kostbar der Name Jesu Christi ist, wie St. Paul sagt (Phil 2,10: In nomine Jesu etc.): »daß in dem Namen Jesu sich beugen sollen alle derer Knie, die im Himmel und auf Erden und unter der Erde sind«; denn er ist so hoch und verehrungswürdig, daß der verfluchte Feind in der Hölle zittern soll, wenn er ihn nennen hört. Dann scheint es, daß die Leute, welche so greulich bei diesem gesegneten Namen schwören, ihn frecher verachten, als die verfluchten Juden taten oder der Teufel, wenn er seinen Namen hört.

Nun wahrlich, da Schwören, ausgenommen, wenn es gesetzmäßig geschieht, so strenge verboten ist, wieviel schlimmer ist es alsdann, falsch oder nutzlos zu schwören?

Was sagen wir von denen, welche in Schwören ihr Vergnügen finden und es für einen adeligen Zeitvertreib oder für eine männliche Tat halten, starke Eide zu schwören? Und was von denen, die aus Gewohnheit nicht aufhören, starke Eide zu schwören, obschon der Grund keinen Strohhalmen wert ist? Gewiß, dies ist grauenhafte Sünde. Auch rasches und unbedachtes Schwören ist große Sünde. Aber laßt uns nun auf das erschreckliche Beschwören bei den Zauberformeln und Besprechungen kommen, wie diese falschen Hexenmeister und Schwarzkünstler in mit Wasser gefüllten Becken, oder auf blanke Schwerter oder im Kreise, oder vor dem Feuer oder auf das Schulterblatt eines Schafes betreiben. Ich kann nur sagen, daß sie höchst verdammungswürdig und lästerlich gegen Christ und allen Glauben der heiligen Kirche handeln. Was sagen wir von denen, so an Vorbedeutungen glauben, wie an den Flug oder das Geschrei von Vögeln oder andern Tieren, oder an die Geomantie, an Träume, an Türenknarren und Wändekrachen, an Rattennagen und an derart elendes Zeug? Gewiß, alle diese Sachen sind von Gott und durch die heilige Kirche verboten, und daher sind auch die, so an solchen Dreck glauben, verflucht, bis sie zur Besserung gelangen. Wenn Zaubersprüche bei Wunden oder bei Krankheiten von Menschen und Vieh Erfolg haben, so mag es sein, daß Gott es vielleicht duldet, damit die Leute mehr Glauben zu ihm haben und mehr Ehrfurcht vor seinem Namen hegen sollen. Nun will ich über Lügen sprechen, welches im allgemeinen eine falsche Meinung der gesprochenen Worte ist, in der Absicht, unsere Mitchristen zu betrügen. Es gibt eine Art Lügen, durch welches für niemand ein Vorteil entsteht, und andere gewähren dem Menschen Vorteil und Nutzen und gereichen anderen zum Schaden. Einige Lügen werden gesagt, um das Leben oder die Habe zu retten. Andere Lügen kommen aus der Lust am Lügen, da manche Leute Vergnügen daran finden, denn sie wollen eine lange Geschichte schmieden und sie mit aller Umständlichkeit ausmalen, obschon die ganze Grundlage der Geschichte falsch ist. Einige Lügen kommen daher, weil man das einmal Gesagte aufrechterhalten will, und einige kommen aus Leichtsinn ohne Nachdenken und aus ähnlichen Ursachen.

Laßt uns nun das Laster der Schmeichelei berühren, welches nicht in Wohlwollen, sondern in Furcht und Neid seinen Grund hat. Schmeicheln ist im allgemeinen ungerechtfertigtes Lob. Schmeichler sind Teufelsammen, welche ihre Kinder mit der Milch der Süßigkeit nähren. Fürwahr, Salomo sagt, daß Schmeichelei schlimmer ist als Verkleinerung; denn letztere kann bisweilen einen hochmütigen Menschen demütig machen, denn er fürchtet Erniedrigung; aber, sicherlich, Schmeichelei bläht das Herz und das Benehmen des Menschen auf. Schmeichler sind des Teufels Hexenmeister, denn sie machen dem Menschen weiß, daß er dem gliche, dem er nicht gleicht. Sie sind gleich Judas, welcher Gott verriet; und diese Schmeichler verraten den Menschen, um ihn seinem Feinde, das heißt dem Teufel zu verkaufen. Schmeichler sind des Teufels Kapläne, welche immer »Placebo« singen. Ich zähle die Schmeichelei den Lastern des Zornes bei, weil ein Mensch, welcher gegen einen andern aufgebracht ist, dritten Personen schmeicheln will, damit sie ihn in seinem Streit unterstützen.

Sprechen wir nun von solchem Fluchen, welches aus ingrimmigem Herzen kommt. So kann man im allgemeinen jede Art von Verwünschung nennen. Solches Fluchen beraubt den Menschen des Himmelreiches, wie St. Paul sagt. Und oftmals fällt solches lästerliche Fluchen auf den zurück, welcher flucht, wie ein Vogel zu seinem eigenen Neste zurückkehrt. Und vor allem sollte der Mensch, soweit er irgend vermag, vermeiden, die eigenen Kinder zu verfluchen und dem Teufel seine Nachkommenschaft zu übergeben; gewißlich, dies ist eine große Gefahr und eine große Sünde.

Laßt uns darauf von Keifen und Schimpfen sprechen, welche tiefe Wunden dem Menschenherzen schlagen, denn sie reuten den Samen der Freundschaft im Menschenherzen wieder aus. Denn öffentlich jemanden geschmäht, geschimpft und verlästert zu haben, wenn man sich nicht hinterher wieder vollkommen mit ihm aussöhnt, ist sicherlich eine große, gräßliche Sünde, wie Christus im Evangelium sagt. Und nun gebt acht, wie der, welcher seinen Nächsten schimpft, ihn entweder verlästert wegen eines Leidens, welches er am Körper hat, wie: »Aussätziger! Buckliger Kerl!«, oder wegen einer Sünde, welche er tut. Nun, wenn er ihn wegen eines schmerzlichen Leidens schimpft, so lenkt sich sein Schimpfen gegen Jesus Christ; denn Leiden wird uns durch den rechtmäßigen Willen Gottes und unter seiner Zulassung gesandt, sei es Aussatz oder Lahmheit oder Krankheit. Und wenn man jemanden unbarmherzig wegen seiner Sünden schilt, wie: »Hurenbold! Besoffener Kerl!« und so weiter, so gehört solches zur Ergötzlichkeit des Teufels, welcher sich immer freut, wenn Menschen Sünde tun. Doch gewiß, Schimpfen kann nur aus schlechtem Herzen kommen, denn nach der Fülle des Herzens spricht der Mund gar häufig. Und wenn Ihr nur ein wenig achtgebt, werdet Ihr sehen, daß jemand, welcher einen andern strafen will, sich hüten müsse vor Keifen und Schimpfen; denn gewiß, wer sich nicht in acht nimmt, mag leicht das Feuer des Zornes und Ärgers schüren, anstatt es auszulöschen, und mag den vielleicht töten, welchen er in Güte hätte strafen können. Denn Salomo sagt: »Die freundliche Zunge ist der Baum des Lebens«, das heißt des geistigen Lebens. Und, fürwahr, eine liederliche Zunge tötet den Geist dessen, der schimpft, sowie desjenigen, der geschimpft wird. Seht, wie St. Augustin sagt: »Niemand gleicht so sehr ei-

nem Kinde des Teufels als derjenige, welcher häufig schimpft!«
Ein Diener Gottes sollte nicht schimpfen. – Und wie Schimpfen
eine böse Sache bei jeder Art von Leuten ist, so ist es sicherlich
am ungeziemendsten zwischen Mann und Weib; denn dann
herrscht niemals Ruhe. Und deshalb sagt Salomo: »Ein triefen-
des Haus und ein keifendes Weib werden wohl miteinander verglichen.« Wenn jemand in einem triefenden Hause wohnt, so
mag er wohl an einer Stelle der Traufe entrinnen, aber es tropft
auf ihn wieder an einer andern; und gradeso geht es mit einem
keifenden Weibe; wenn sie ihn hier schimpft, so will sie ihn
auch dort schimpfen; und deshalb ist es besser, ein Stück Brot
mit Freude, als ein Haus voll Leckerbissen mit Schimpfworten,
sagt Salomo. Und St. Paul sagt (Kol 3,18-19): »O, ihr Weiber,
seid untertan euren Männern; und ihr Männer liebt eure
Weiber!«

Hinterher sprechen wir von Spotten, welches eine böse
Sünde ist, namentlich wenn man jemanden wegen seiner guten
Werke verspottet; denn gewiß, solchen Spöttern geht es wie
den faulen Kröten, welche den süßen Duft der Reben nicht leiden können, wenn der Wein blüht. Diese Spötter sind Spielbrü-
der des Teufels, denn sie haben Freude, wenn der Teufel gewinnt, und Kummer, wenn er verliert. Sie sind Widersacher
Jesu Christi, da sie das hassen, was er liebt, nämlich das Heil
der Seele.

Sprechen wir nun von bösem Ratschlag; denn derjenige,
welcher bösen Rat erteilt, ist ein Verräter, denn er betrügt den,
welcher auf ihn vertraut. Aber dennoch richtet sich böser Ratschlag zunächst gegen den Menschen selber, denn, wie der
Weise sagt: »Falschheit hat die Eigenschaft, daß derjenige, welcher einen andern kränken will, zunächst sich selber kränkt.«
Und man soll einsehen, daß man keinen Rat von falschen, zor-
nigen und empfindlichen Leuten annehmen dürfe, noch von
solchen, welche ihren eigenen Vorteil besonders lieben, noch

von zu weltlich gesinnten Leuten, insonderheit was Ratschläge über die Seele des Menschen anbetrifft.

Nun kommt die Sünde derjenigen, die Hader zwischen dem Volke anstiften, welche Sünde Christus auf das höchste haßt; und das ist kein Wunder, denn er starb, um Frieden zu machen. Und sie fügen dadurch Christo mehr Schmach zu als diejenigen, welche ihn kreuzigten; denn daß Freundschaft unter Leuten sei, war Gott weit lieber als sein eigener Leib, welchen er um der Eintracht willen dahingab. Deshalb kann man sie dem Teufel vergleichen, welcher stets damit umgeht, Unfrieden zu säen.

Nun kommt die Sünde der Doppelzüngigkeit, wenn man nämlich schön in der Gegenwart von Leuten und böse hinter ihrem Rücken spricht oder wenn man sich den Anschein gibt, als ob man in guter Absicht oder aus Scherz und Spaß rede, und es dennoch aus schlimmen Hintergedanken tut.

Nun kommt Ausplaudern von Absichten anderer, durch welche ein Mensch verunglimpft wird; gewiß, diese Sünde läßt sich kaum wiedergutmachen. Dann kommt Drohung, welche offene Torheit ist; denn wer oft droht, verspricht mehr, als er meistens ausführen kann.

Darauf kommen müßige Worte, welche ohne Wert sind für den, welcher sie spricht, sowie für den, welcher sie hört; oder sonst müßige Worte, welche ganz überflüssig sind und keinen Zweck und keinen natürlichen Nutzen haben. Und wenn auch zwar müßige Worte manchmal nur läßliche Sünden sind, sollte dennoch der Mensch über solche in Zweifel sein, da wir Rechenschaft darüber ablegen sollen vor Gott.

Dann kommt Geschwätzigkeit, welche auch nicht ohne Sünde sein kann, und – wie Salomo sagt – ein Zeichen offenbarer Torheit ist. Und daher sprach ein Philosoph, als er gefragt wurde, wie man dem Volke gefallen könne, indem er zur Antwort gab: »Tue des Guten viel und schwätze wenig.«

Hiernach kommt die Sünde der Possenreißer, welche die Affen des Teufels sind; denn sie machen das Volk lachen über ihre Possen, wie man die Streiche eines Affen belacht. Solche Possen verbietet St. Paul. Seht, so wie tugendsame und heilige Worte diejenigen erbauen, welche im Dienste Christi arbeiten, grade so erbauen die Streiche von Possenreißern diejenigen, welche im Dienste des Teufels arbeiten. Dieses sind die Sünden der Zunge, welche aus Zorn entspringen, und viele andere Sünden mehr.

Remedium contra peccatum Irae

Das Mittel gegen Zorn ist eine Tugend, welche man Sanftmut oder Gutherzigkeit nennt; und auch noch eine andere Tugend, welche Geduld oder Duldung heißt.

Sanftmut vertreibt oder hält die Anregungen und Gefühle des Übermuts im Menschenherzen dergestalt zurück, daß sie nicht in Ärger und Zorn ausarten. Duldung duldet demütig alle Kränkungen und das Unrecht, das von außen kommt. St. Hieronymus spricht so von der Sanftmut, daß sie niemandem Schaden durch Tat oder Wort zufüge und durch nichts Böses, was Menschen tun oder sagen, sich der Vernunft zuwider ereifere. Diese Tugend kommt oftmals von Natur, denn, wie der Philosoph sagt: »Der Mensch ist ein lebendiges Wesen, von Natur sanftmütig und zum Guten geneigt«; wenn aber Sanftmütigkeit durch Gnade erlangt wird, dann ist sie um desto wertvoller.

Geduld ist ein anderes Mittel gegen den Zorn und eine Tugend, welche freudig die guten Eigenschaften eines Menschen anerkennt und über keine Unbill, welche man uns zufügt, ergrimmt. Der Philosoph sagt, daß Geduld die Tugend sei, welche ergeben alle Unbill des Mißgeschicks und jedes böse Wort ertrage. Diese Tugend macht den Menschen seinem Gotte ähnlich und zum eigenen Kinde desselben, wie Christus sagt. Diese Tugend überwindet Deine Feinde. Und daher sagt der Weise: »Wenn du deine Feinde besiegen willst, so sei geduldig.« Und nun sollst Du begreifen, daß man vier Arten von Ungemach in äußerlichen Dingen dulden kann, wider welche man auch dann vier Arten von Geduld haben muß.

Das erste Ungemach besteht in bösen Worten. Diese Unbill ertrug Jesus Christ, ohne zu murren, höchst geduldig, so häufig ihn die Juden auch verspotteten und beschimpften. Ertrage daher auch Du solche mit Geduld, denn der Weise sagt: »Wenn du mit einem Toren streitest, so gilt es gleich, ob er böse wird oder lacht; denn in keinem Falle wirst du Ruhe vor ihm haben.« Das andere äußerliche Ungemach besteht in Schaden an Deiner Habe. Solches erlitt Christus höchst geduldig, als man ihm alles nahm, was er im Leben besaß, und das waren allein seine Kleider. Das dritte Ungemach ist körperlicher Schmerz. Diesen trug Christus höchst geduldig während seiner ganzen Passion. Das vierte Ungemach ist Überbürdung mit Arbeit. Deshalb sage ich, daß Leute, welche ihr Gesinde zu hart oder außer der Zeit, wie an Feiertagen, arbeiten lassen, sicherlich große Sünde tun. Auch dieses trug Christus höchst geduldig und lehrte uns, das gleiche zu tun, als er auf seinen Segensschultern das Kreuz trug, an welchem er schmählichen Tod erdulden sollte. So mögt Ihr lernen, geduldig zu sein, denn wahrlich, nicht die Christen allein sind geduldig aus Liebe zu Jesu Christo und der Verheißung der ewigen Seligkeit wegen, sondern auch die alten Heiden, welche nie getauft waren, empfahlen und übten die Tugend der Geduld.

Ein Philosoph, welcher, über einen großen Fehltritt seines Schülers aufgebracht, diesen einstmals dafür strafen wollte, holte eine Gerte, um das Kind zu schlagen. Doch als das Kind die Gerte sah, sprach es zum Lehrer: »Was gedenkt ihr zu tun?« »Ich will dich zu deiner Züchtigung schlagen«, sagte der Lehrer. »Fürwahr«, sprach das Kind, »ihr solltet euch zuerst selbst züchtigen, denn ihr habt alle eure Geduld wegen der Unart eines Kindes verloren.« »Gewiß«, rief der Lehrer unter vielen Tränen, »du sprichst wahr! Nimm die Gerte, mein lieber Sohn, und züchtige mich wegen meiner Ungeduld.« Aus Geduld kommt Gehorsam, durch welchen sich der Mensch Gott unterwirft und allen denen, welchen er Gehorsam in Christo schuldig ist. Und versteht es wohl, daß Gehorsam nur dann vollkommen ist, wenn man froh und rasch aus gutem, vollem Herzen das tut, was man tun soll. Im allgemeinen heißt Gehorsam, rasch die Befehle Gottes und seiner Obrigkeiten zu vollziehen, denen man in aller Rechtmäßigkeit untertan sein sollte.

De Accidia

Nach der Sünde des Zornes will ich nunmehr von der Sünde der Verdrossenheit oder der Unlust sprechen; denn Neid verblendet des Menschen Herz, Zorn beunruhigt ihn, und Verdrossenheit macht ihn grämlich, schwermütig und mürrisch. Neid und Zorn schaffen Bitterkeit im Herzen, welche die Mutter der Verdrossenheit ist und ihm die Lust zu allem Guten entreißt; daher ist Verdrossenheit die Qual eines unruhigen Herzens. St. Augustin sagt: »Sie ist Verdruß am Wohlergehen und Verdruß am Mißgeschick.« Gewiß, dieses ist eine verdammenswerte Sünde; denn sie ist ein Unrecht gegen Jesus Christus, insofern sie den Dienst beeinträchtigt, welchen alle Menschen mit ganzer Seele Christ erweisen sollten, wie Salomo sagt. Aber Verdrossenheit zeigt keinen solchen Eifer. Sie tut alles mit Grämlichkeit, Schwermut, Langsamkeit, Aufschub, mit Trägheit und Unlust; worüber das Buch sagt: »Verflucht sei der, welcher den Dienst Gottes nachlässig versieht.« Daher ist Verdrossenheit ein Feind in jedem Stande des Menschen. Denn wahrlich, der Stand des Menschen ist dreifacher Art. Entweder ist er der Stand der Unschuld, wie bei Adam, bevor er in Sünde fiel; und in diesem Stande war er dazu bestimmt, durch Preis und Anbetung Gottes

zu wirken. Ein anderer Stand ist der des sündhaften Menschen, in welchem wir bestimmt sind, zu schaffen durch Flehen zu Gott um die Vergebung unserer Sünden und damit er uns gewähre, uns aus der Sünde wiederum emporzuheben. Ein anderer Stand ist der Stand der Gnade, in welchem man bestimmt ist, Werke der Buße zu tun. Und gewiß, in allen diesen Dingen ist Verdrossenheit ein Feind und Widersacher, denn sie liebt ja überhaupt die Tätigkeit nicht. Nun, gewiß, diese faule Sünde der Verdrossenheit ist auch die größte Feindin der körperlichen Lebenskraft; denn sie trifft keine Vorsorge gegen zeitliche Not, da sie alles verkommen läßt und alle zeitlichen Güter zerstört und verfaulenzt durch ihre Nachlässigkeit.

Die vierte Sache ist, daß Verdrossenheit dem Volke gleicht, welches in den Qualen der Hölle sitzt, wegen ihrer Trägheit und Schwerfälligkeit, denn die Verdammten sind verurteilt, weder Gutes tun noch Gutes denken zu können. Aus Verdrossenheit kommt zunächst, daß man sich gelangweilt und belästigt fühlt, irgend etwas Gutes zu tun, und daher kommt es, daß Gott Abscheu vor solcher Verdrossenheit hat, wie St. Johannes sagt.

Nun kommt Bequemlichkeit, welche keine Entbehrungen und Bußen dulden will, denn fürwahr, Bequemlichkeit ist so zart und gebrechlich, wie Salomo sagt, daß sie keine Entbehrung und Buße ertragen will, und was sie tut, verdirbt. Dieser verrotteten Sünde der Verdrossenheit und Trägheit sollte der Mensch sich durch Übung entgegenstemmen, indem er sich befleißigt, gute Werke zu tun und männlichen und tugendhaften Mut zu fassen, das Gute zu vollbringen in dem Gedanken, daß unser Herr Jesus Christ jede gute Tat vergilt, und wenn sie auch noch so klein ist. Gewohnheit zur Arbeit ist eine große Sache; denn sie gibt, wie St. Bernhard sagt, dem Arbeiter starke Arme und harte Sehnen; aber Trägheit macht sie schlaff und zart. Dann kommt die Scheu vor der Mühe, irgendein gutes Werk zu tun, denn gewiß, wer zur Sünde geneigt ist, denkt, es sei ein großes Unternehmen, gute Werke zu vollbringen, und er bildet sich in seinem Herzen ein, daß die Beschwerlichkeiten bei dem Tun des Guten so drückend und so schwer zu tragen seien, daß er sich nicht unterfangen könne, Gutes zu tun, wie St. Gregorius sagt.

Nun kommt Hoffnungslosigkeit, das ist Verzweiflung an der Gnade Gottes, welche bisweilen aus zu übertriebener Sorge entsteht und bisweilen aus zu großer Furcht durch die Einbildung, so viel gesündigt zu haben, daß es nichts mehr helfe, zu bereuen und von der Sünde zu lassen; durch welche Verzweiflung oder Furcht man das ganze Herz, wie St. Augustin sagt, an alle Arten von Sünden hingibt. Wird diese verdammte Sünde bis zum Äußersten durchgeführt, so nennt man sie die Sünde gegen den Heiligen Geist. Diese schreckliche Sünde ist so gefährlich, daß derjenige, welcher an sich verzweifelt, vor keinem Verbrechen und keiner Sünde zurückschreckt, wie dieses Judas uns wohl zeigen kann. Gewiß, von allen Sünden ist diese Sünde Christo am meisten zuwider und mißfällig. Wahrlich, wer an sich selbst verzweifelt, gleicht einem verzagten und feigherzigen Kämpen, der ohne Not davonläuft. Ach, ach! Er ist ganz unnötig verzagt, ganz unnötig verzweifelt. Wahrlich, die Gnade Gottes ist dem Reuigen stets offen und reicht über alle Werke hinaus. Ach, kann der Mensch nicht an das Evangelium nach Lukas (Lk 15) denken, wo Christus sagt, daß Freude im Himmel sein werde über einen Sünder, der Buße tut, vor neunundneunzig Gerechten, die der Buße nicht bedürfen. Betrachtet ferner in demselben Evangelium die Freude des guten Mannes, als sein Sohn reuevoll zum Vater zurückkehrte. Will man sich nicht ferner erinnern, wie der neben Jesus Christus hängende Dieb nach St. Lukas (Lk 23) sprach: »Herr, gedenke an mich, wenn du in dein Reich kommst.« »Wahrlich«, sprach Christus, »ich sage dir, heute wirst du mit mir im Paradiese sein!« Gewiß, es gibt keine so erschreckliche Sünde des Menschen, daß sie nicht während seines Lebens durch Buße mittelst der Kraft des Leidens und Sterbens Christi getilgt werden könnte. Ach! Was braucht denn der Mensch zu verzweifeln, da die Gnade Gottes ihm immer zur Hand und so groß ist – bittet, so wird Euch gegeben! Dann kommt Schlafsucht, das heißt faule Schläfrigkeit, welche den Menschen schwerfällig und stumpf an Leib und Seele macht, und diese Sünde kommt aus Faulheit; und fürwahr, die Zeit, zu der man vernünftiger Weise nicht schlafen sollte, ist der Morgen, wenn kein hinreichender Grund dafür vorhanden ist. Denn gewiß, die Morgenzeit ist für jeden die geeignetste, sein Gebet zu sprechen, Gott zu loben, Gott zu danken und Almosen an die Armen zu spenden, welche sich in Christo Namen zuerst an ihn wenden. Seht! Was sagt Salomo? »Wer am frühen Morgen aufwacht, um Mich zu suchen, der wird Mich finden!« Dann kommt solche Nachlässigkeit und Sorglosigkeit, welche sich um nichts kümmert. Und wenn Unwissenheit die Mutter alles Übels ist, so ist Nachlässigkeit dessen Amme. Der Nachlässigkeit gilt es gleich, ob eine Sache, die getan werden muß, gut oder schlecht geschehe.

Das Heilmittel für diese beiden Sünden ist, wie der Weise sagt, daß man Gott fürchte und nicht unterlasse, das zu tun, was getan werden muß; und wer Gott liebt, wird sich auch bestreben, Gott in seinen Werken zu gefallen und sie nach besten Kräften gut auszuführen. Dann kommt Müßiggang; der ist ein Tor für alles Böse. Ein müßiger Mann gleicht einem Orte, der keine Wälle hat, wo die Teufel von jeder Seite her eindringen und auf ihn, da er ungeschützt ist, mit Versuchungen schießen können. Dieser Müßiggang ist die Stätte für alle schlechten und schändlichen Gedanken, Schwätzerei, läppische Dinge und allen Unrat. Sicherlich, der Himmel ist denen verheißen, welche arbeiten wollen, aber nicht den Müßiggängern. So sagt auch David: »Sie werden nicht die Arbeit von Menschen tun und nicht von Menschen gezüchtigt werden«; das heißt im Fegefeuer sein. Fürwahr, es scheint, daß sie von den Teufeln der Hölle geplagt werden sollen, wenn sie nicht Buße tun.

Dann kommt die Sünde, welche man »Tarditas« nennt, indem der Mensch zögert und aufschiebt, sich zu Gott zu wenden, und das ist sicherlich eine große Torheit. Man gleicht demjenigen, welcher in einen Graben fällt und nicht wieder aufstehen will. Und dieses Laster kommt aus der falschen Hoffnung, daß man denkt, lange zu leben; aber diese Hoffnung wird gar häufig zuschanden.

Dann kommt Schlaffheit, das heißt, wenn man ein gutes Werk zwar beginnt, aber es sofort verläßt und wieder aufgibt, wie diejenigen tun, welche andere leiten sollten, aber sofort nicht mehr acht auf sie geben, wenn ihnen dabei irgendein Verdruß oder eine Widerwärtigkeit begegnet. Das sind die neuen Hirten, welche ihre Schafe wissentlich zum Wolf laufen lassen, der in den Dornen lauert, und sich um ihre Aufsicht nicht kümmern. Dadurch entsteht Armut und Verderben an geistlichen wie an leiblichen Dingen. Dann kommt eine Art von Kälte, welche das Herz des Menschen gefrieren macht. Dann kommt Andachtlosigkeit, durch welche man, wie St. Bernhard sagt, so abgestumpft wird und solche Unlust in der Seele fühlt, daß man in der heiligen Kirche weder lesen noch singen, noch andächtig zuhören oder denken, noch mit seinen Händen an guten Werken arbeiten mag, weil alles unschmackhaft oder schal erscheint. Dann wird man nachlässig und schläfrig und bald ärgerlich und zu jedem Haß und Neid geneigt sein. Dann kommt die Sünde jener irdischen schwermütigen Betrübtheit, welche »Tristitia« genannt wird und den Menschen tötet, wie St. Paul sagt. Denn wahrlich, solche Betrübnis wirkt zum Tode des Leibes und der Seele, denn durch sie kommt es, daß man seines eigenen Lebens überdrüssig wird. Deshalb verkürzt solche Sorge das Leben manches Menschen, noch bevor nach der Ordnung der Natur seine Zeit gekommen ist.

Remedium contra peccatum Accidiae

Gegen diese schreckliche Sünde der Verdrossenheit und die Zweige derselben gibt es eine Tugend, welche »Fortitudo« genannt wird oder Festigkeit; das ist eine Eigenschaft, durch welche der Mensch sich über unangenehme Sachen hinwegsetzt. Diese Tugend ist so stark und kraftvoll, daß sie im höchsten Grade Widerstand zu leisten und gegen die Angriffe des Teufels zu kämpfen vermag und den Menschen vor lasterhaften Gefahren zurückhalten kann; denn sie stärkt und kräftigt die Seele ebenso, wie Verdrossenheit dieselbe niederschlägt und schwächt. Diese »Fortitudo« vermag nämlich mit ausdauernder Geduld die Arbeit zu ertragen, welche uns auferlegt ist.

Diese Tugend ist von mancherlei Art. Die erste wird Hochherzigkeit genannt, das heißt: großer Mut. Denn wahrlich, gegen Verdrossenheit ist ein großer Mut erforderlich, wenn sie nicht die Seele durch Sünde und Kummer verschlingen oder durch Verzweiflung zugrunde richten soll. Fürwahr, diese Tugend macht die Leute harte und schwierige Dinge wohlbedächtig und vernünftig aus freien Stücken unternehmen. Und insofern der Teufel wider den Menschen mehr durch List und Betrug als durch Gewalt ankämpft, wird ihm auch der Mensch desto besser durch Witz, Vernunft und Klugheit widerstehen. Dann gibt es die Tugenden des Glaubens und der Hoffnung zu Gott und zu seinen Heiligen, die guten Werke zu vollziehen und zu Ende zu bringen, welche man mit dem festen Vorsatze, sie auszuführen, unternimmt. Dann kommen Vertrauen und Zuversicht, und diese bestehen darin, daß man keine Mühe späterhin scheut, nachdem man ein gutes Werk begonnen hat. Dann kommt Großartigkeit, wenn nämlich ein Mann große gute Werke tut und vollbringt, und das ist das Endziel, weshalb man gute Werke tun sollte. Denn in der Vollendung der guten Werke liegt ihr großer Lohn. Dann gibt es Beständigkeit, das ist Stetigkeit des Mutes, und diese muß im Herzen sein durch unerschütterlichen Glauben und nicht minder in Worten, im Betragen und in der Tat. Auch gibt es noch mehr besondere Heilmittel gegen Verdrossenheit durch unterschiedene Werke und durch Betrachtung der Höllenstrafen und der Freuden des Himmels und durch das Vertrauen auf die Gnade des heiligen Geistes, der uns die Kraft geben wird, unsere gute Absicht zu vollbringen.

De Avaritia

Nach der Verdrossenheit will ich von dem Geize und von der Begehrlichkeit sprechen, von welcher Sünde St. Paul (1. Tim 6) sagt: »Die Wurzel alles Übels ist Begehrlichkeit.« Denn fürwahr, wenn das Herz verwirrt und beunruhigt ist und die Seele ihr Behagen an Gott verloren hat, so sucht man eitlen Trost in weltlichen Dingen. Geiz ist nach der Erklärung von St. Augustin eine Lüsternheit im Herzen, irdische Dinge zu besitzen. Einige andere sagen, Geiz begehre, sich viele Erdengüter zu verschaffen und denen, so bedürftig sind, nichts zu geben. Doch merkt Euch wohl, daß Geiz sich nicht allein auf Land und Habe bezieht, sondern zuweilen auch auf Wissenschaft und Ruhm, und eine empörende Sache ist Geiz auf jede Weise. Und der Unterschied zwischen Geiz und Begehrlichkeit ist dieser: Die Begehrlichkeit gelüstet nach Dingen, welche Du nicht hast, und der Geiz bewahrt und behält unnötigerweise die Sachen, welche Du hast. Fürwahr, dieser Geiz ist eine höchst verdammenswerte Sünde, denn die ganze Heilige Schrift verflucht ihn und spricht dagegen, weil er Unrecht gegen Jesus Christus ist, indem er ihn der Liebe beraubt, welche die Menschen ihm schulden, und diese Liebe aller Vernunft zuwider verdreht und veranlaßt, daß der geizige Mensch seine Hoffnung mehr auf sein irdisches Gut als auf Jesus Christ setzt und sich mehr bestrebt, seinen Schatz zu hüten, als den Dienst Jesu Christi zu tun. Und deshalb sagt St. Paul (Eph 5), daß ein geiziger Mann der Sklave des Götzen Mammon ist.

Welcher Unterschied besteht zwischen einem Götzendiener und einem geizigen Mann? Keiner, als nur etwa der, daß ein Götzendiener ein bis zwei Fetische hat und der Geizige viele, denn gewiß, jeder Gulden in seinem Koffer ist sein Götze. Und gewiß, die Sünde des Götzendienstes ist die erste, welche Gott in den zehn Geboten verbietet, worüber das Buch »Exodus« (2. Mose 20,3-4) Zeugnis gibt: »Du sollst keine andere Götter haben neben mir, noch sollst du dir ein Bildnis oder irgendein Gleichnis machen.« Daher ist ein geiziger Mensch, welcher seinen Schatz mehr als Gott liebt, ein Götzendiener. Aus dieser verfluchten Sünde des Geizes und der Begehrlichkeit kommen diese harten Herren, welche die Leute mit Steuern, Zöllen und Fronden Plagen, mehr als die Pflicht und die Vernunft erheischt. Auch nehmen sie von ihren Hörigen Geldbußen, welche besser Erpressungen als Bußen genannt würden. Von welchen Geldbußen und Ranzionen einige Vögte dieser Herren meinen, daß sie rechtmäßig seien, insofern alles zeitliche Gut, welches solch ein Lump besitze, seinem Herrn gehöre, wie sie sagen. Aber wahrlich, diese Herren tun unrecht, ihre Hörigen der Dinge zu berauben, welche sie ihnen niemals gaben (Augustinus, De civitate Dei, 9). Sicher ist, daß der Stand der Knechtschaft und ihre erste Ursache aus der Sünde kam (1. Mose 5). So könnt Ihr sehen, daß Schuld Knechtschaft verdiente, aber nicht Natur. Deshalb sollten diese Herren nicht so viel Rühmens von ihrer Herrschaft machen, da sie nicht durch natürliche Bestimmung Herren ihrer Knechte sind, sondern weil die Knechtschaft erst infolge der Sünde kam. Und wenn übrigens das Gesetz besagt, daß die zeitlichen Güter der Hörigen die Güter ihrer Herren sind, jawohl, so ist es als das kaiserliche Vorrecht zu verstehen, sie in ihren Rechten zu schützen, aber nicht sie zu berauben und zu plündern. Deshalb sagt Seneca: »Der Kluge sollte sich wohlwollend gegen seine Sklaven zeigen.« Was Du Deine Knechte nennst, ist Gottes Volk; denn niedrige Leute sind die Freunde Christi, sie sind gleichen Standes mit dem Herrn, Deinem König.

Bedenke auch, daß aus demselben Samen, aus welchem die gemeinen Leute kommen, auch die Herren entspringen und daß ein gewöhnlicher Kerl ebensowohl selig werden kann wie ein Herr. Der Tod, der ihn hinwegrafft, der Tod nimmt auch seinen Herrn hinweg. Deshalb rate ich Dir, tue Deinem Knechte, was Du wünschest, daß der Herr Dir tun möge, wenn Du in seiner Lage wärest. Jeder Sünder ist ein Knecht der Sünde. Ich rate Dir, Herr, Dich so zu halten, daß Deine Knechte Dich mehr lieben denn fürchten. Ich weiß wohl, daß ein Stand über dem andern steht, wie es der Vernunft entspricht; und es gehört sich, daß Menschen ihre Schuldigkeit tun, wie ihnen zukommt. Aber wahrlich, Quälerei und Verachtung von Untergebenen ist verdammenswert.

Und nun lernt auch ferner recht begreifen, daß diese Eroberer und Tyrannen gar häufig die zu Sklaven machen, welche aus ebenso hohem königlichen Blute entsprossen sind als diejenigen, welche sie besiegten. Der Name Knechtschaft war zuerst gar nicht bekannt, bis Noah sagte, daß sein Sohn Ham seiner Sünde wegen der Knecht seiner Brüder sein solle. Was sagen wir dann von denen, welche gegen die heilige Kirche Raub und Erpressungen verüben? Gewiß, das Schwert, welches man jemandem gibt, welcher zuerst den Ritterschlag empfängt, bedeutet, daß er die heilige Kirche verteidigen, aber nicht berauben und plündern soll; und wer das tut, ist ein Verräter an Christ. Wie St. Augustin sagt: »Jene sind des Teufels Wölfe, welche die Schafe Jesu Christi erwürgen«; denn, wahrlich, wenn der Wolf seinen Bauch voll hat, so hört er auf, die Schafe zu erwürgen, aber fürwahr, die Räuber und Zerstörer von heiligen Kirchengütern tun nicht desgleichen, denn sie hören nie zu plündern auf.

Nun, da Sünde, wie ich gesagt habe, die erste Ursache der Knechtschaft war, so kam es auch, daß zu der Zeit, als die ganze Welt in Sünde lag, die ganze Welt auch in Knechtschaft und Unterwürfigkeit war; aber, gewiß, seitdem die Zeit der Gnade gekommen ist, hat Gott angeordnet, daß einige Leute dem Stande und Range nach höher und andere tiefer stehen und das jeder seinem Range und Stande gemäß behandelt werden solle. Und daher macht man auch in einigen Ländern, wo es Sklaven gibt, diese aus ihrer Knechtschaft frei, sobald sie sich zum Glauben bekehrt haben; und daher ist auch sicherlich der Herr seinem Untertanen ebenso verpflichtet, wie es der Untertan dem Herrn ist. Der Papst nennt sich selbst den Diener der Diener Gottes. Doch da weder die Einrichtung der heiligen Kirche noch das allgemeine Wohl, noch Frieden auf Erden bestehen könnte, wenn nicht Gott angeordnet hätte, daß einige Menschen höher und andere niedriger gestellt sind, so wurde aus diesem Grunde die Herrschaft eingesetzt, um ihre Leute und Untertanen zu erhalten, zu unterstützen und in vernünftiger Weise zu verteidigen, soweit es in ihrer Macht liegt, und nicht um sie zu zerstören und verderben. Deshalb sage ich, daß jene Herren, die Wölfen gleichen und die das Eigentum und die Habe armer Leute ohne Erbarmen und Maß schändlicherweise verschlingen, auch die Gnade Jesu Christi nur nach demselben Maße empfangen werden, mit dem sie das arme Volk gemessen haben, wenn sie es nicht wiedergutmachen. Nun kommt Betrug zwischen Händler und Händler. Und Du sollst wissen, daß der Handel zwiefacher Art sein kann; der eine ist stofflich, der andere geistlich; der eine ist ehrlich und erlaubt, der andere unehrlich und unerlaubt. Der stoffliche Handel, der als ehrlich und erlaubt gilt, ist dieser: Wo Gott es bestimmt hat, daß ein Reich oder eine Gegend ausreichend für sich selbst hat, da ist es auch ehrlich und erlaubt, daß die Leute mit dem Überflusse eines Landes denjenigen eines anderen Landes aushelfen, welches Mangel leidet; und deshalb muß es Kaufleute geben, welche die Waren von einem Land in das andere bringen. Jener andere Handel, welchen Menschen mit Betrug, Hinterlist, Täuschung, Lügen, falschen Eiden treiben, ist durchaus verflucht und verdammt. Geistlicher Handel ist eigentliche Simonie, das heißt: der dringende Wunsch, geistliche Dinge zu kaufen, nämlich solche, welche zum Heiligtume Gottes gehören und zur Pflege der Seele dienen. Selbst wenn dieser Wunsch nicht zur Tat wird, so ist er dennoch, wenn man eifrig strebt, ihn zur Ausführung zu bringen, Todsünde. Simonie wird dies aber nach Simon Magus genannt, der für zeitliches Gut die Gabe kaufen wollte, welche Gott durch seinen heiligen Geist St. Peter und den Aposteln verliehen hatte; und deshalb versteht, daß sowohl die, welche geistliche Dinge verkaufen, als auch diejenigen, welche sie kaufen, Simonisten genannt werden, mag es nun geschehen durch Hingabe von Gut, durch Vermittlung oder durch fleischliches Beten seiner Freunde, fleischlicher oder geistlicher Freunde; fleischlicher Freunde nämlich in zwiefacher Art, wie durch Verwandtschaft oder sonst Freundschaft; denn wahrlich, wenn sie für den beten, der dessen nicht würdig und bei dem es nicht zulässig ist, so ist es Simonie, sofern er daraus Vorteil zieht; doch wenn es zulässig und er würdig dazu ist, so ist es keine. Die andere Art ist, wenn Mann oder Frau für Leute beten, um sie in ihrer bösen fleischlichen Neigung, die sie zu andern hegen, zu unterstützen; und das ist greuliche Simonie. Aber, gewiß, wenn man seinen Knechten für ihren Dienst geistliche Dinge als Gegendienst gibt, so muß, wohlverstanden, der Dienst ehrenhaft sein, damit es zulässig ist, und ebenso muß es ohne Feilschen geschehen und die Person dazu würdig sein. Denn wie St. Damascenus sagt: »Alle Sünden der Welt sind im Vergleich zu dieser Sünde nichts«; denn es ist die größte Sünde, welche es nach der Sünde des Luzifer und Antichrist gibt, da durch diese Sünde Gott seine Kirche und die Seele verliert, welche er durch sein kostbares Blut erkaufte, wenn Leute den Dienst der Kirche solchen übertragen, die nicht würdig dazu sind; denn sie setzen Diebe ein, welche die Seelen Jesu Christi stehlen und sein Patrimonium zugrunde richten. Durch solche unwürdigen Priester und Pfaffen haben die gemeinen Leute weniger Ehrfurcht vor den Sakramenten der heiligen Kirche; und solche Kirchenpatrone stoßen die Kinder Christi aus und setzen des Teufels eigene Söhne in die Kirchen, sie verkaufen ihnen die Seelen, indem sie die Lämmer dem Wolf zutreiben, welcher sie erwürgt; und deshalb sollen sie niemals Anteil haben an der Weide der Lämmer, das heißt an der Seligkeit des Himmels. Nun kommt Hasardspiel mit seinem Zubehör an Tischen und Würfeln, woraus Betrug, falsches Schwören, Schimpfen und alles Lästern, Gottesleugnen, Haß gegen den Nächsten, Verschwendung von Gut, Vergeudung an Zeit und häufig Totschlag entsteht. Fürwahr, Spieler können nicht ohne große Sünde sein. Aus Geiz kommt auch Lügen, Diebstahl, falsches Zeugnis und Meineid; und Ihr müßt sehen, daß dieses große Sünden sind und den ausdrücklichen Geboten Gottes zuwider, wie ich gesagt habe. Falsches Zeugnis geschieht durch Wort und Tat; durch Wort, wenn man seinen Nächsten durch falsches Zeugnis seines guten Namens, seiner Habe oder seiner Erbschaft beraubt, wenn Du aus Zorn, für Geschenke oder durch Neid falsches Zeugnis ablegst, jemanden anklagst, um Dich selbst zu entschuldigen. Nehmt Euch in acht, Ihr Prozeßkrämer und Notare: Wahrlich, durch falsches Zeugnis ward Susanna in große Not und Sorge gebracht, und mancher andere außerdem. Die Sünde des Diebstahls ist gleichfalls gegen den ausdrücklichen Befehl Gottes, und zwar in zwiefacher Weise: zeitlich und geistlich. Zeitlicher Diebstahl ist, wenn man seinem Nächsten wider seinen Willen sein Gut nimmt, sei es durch Gewalt oder List, durch falsches Maß, durch Stehlen, durch falsche Anklagen gegen ihn und durch

Entleihen von dem Gute des Nächsten in der Absicht, ihm es niemals zurückzuzahlen, und dergleichen mehr. Geistlicher Diebstahl ist Kirchenraub, das heißt: Beschädigung der heiligen Dinge oder der Christus geweihten Sachen in zweierlei Beziehung: nämlich in Rücksicht auf den heiligen Ort, wie Kirchen und Kirchengut, denn jede schnöde Sünde, welche man an solchen Orten tut, oder jede Gewalttat an solchen Plätzen kann man Kirchenraub nennen; ebenso, wenn man fälschlich die Renten und Rechte, welche der heiligen Kirche gebühren, wegnimmt. Und schlechthin und allgemein ist Kirchenraub: die heiligen Dinge aus heiligen Plätzen oder unheilige Dinge aus heiligen Plätzen oder heilige Dinge aus unheiligen Plätzen zu rauben.

Remedium contra peccatum Avaritiae

Nun sollt Ihr verstehen, daß die Linderung des Geizes in Erbarmen und in Mitleid in weitem Sinne des Wortes besteht. Man könnte fragen, weshalb Erbarmen und Mitleid den Geiz lindern? Nun, gewiß, der geizige Mensch zeigt kein Mitleid noch Erbarmen gegen den bedürftigen Menschen. Denn er erfreut sich an der Aufbewahrung seiner Schätze und nicht an der Unterstützung und Hilfe seiner Mitchristen. Und dieserhalb spreche ich zunächst von Erbarmen. Denn Erbarmen ist, wie der Philosoph sagt, eine Tugend, durch welche das Herz des Menschen gerührt wird durch das Leid desjenigen, welcher leidet. Auf Erbarmen folgt Mitleiden, indem man Liebeswerke der Barmherzigkeit tut und vollbringt, und gegen Leidende hilfreich ist und sie tröstet. Und gewiß, es bewegt einen Menschen zum Erbarmen, daß Jesus Christ sich selbst für unsere Schuld dahingab und aus Erbarmen den Tod erlitt, und uns unsere Erbsünde verzieh und uns dadurch von der Höllenpein erlöste, und die Qualen des Fegefeuers durch unsere Reue verminderte und uns die Gottesgabe schenkte, Gutes zu tun, und schließlich die ewige Seligkeit im Himmel. Die verschiedenen Arten von Erbarmen sind: zu leihen oder auch zu schenken, zu vergeben und zu erlassen, Mitgefühl im Herzen zu hegen und Mitleid seinem Mitchristen zu zeigen, und auch zu strafen, wo es not tut. Ein anderes Mittel gegen den Geiz ist vernünftige Freigebigkeit; aber, gewiß, hier bedarf es der Betrachtung der Gnade Jesu Christi und der zeitlichen sowie der ewigen Güter, welche Jesus Christus uns gab, und auch des Todes zu gedenken, welcher uns überkommen kann, man weiß nicht, wann; und auch daß man alles zurücklassen muß, was man besitzt, nur das nicht, welches man in guten Werken vertan hat.

Aber insofern einige Leute nie maßzuhalten wissen, so muß man törichte Freigebigkeit, so man Verschwendung nennt, fliehen und meiden. Gewiß, der ist Verschwender, welcher sein Gut nicht fortgibt, sondern verschleudert. Fürwahr, die Sachen, die man aus Eitelkeit verschenkt, wie an Minnesänger und an andere Leute, damit sie unsern Ruf in die Welt hinaustragen, laufen auf Sünde hinaus und sind keine Almosen. Sicherlich, der verliert sein Gut in garstiger Weise, der mit seiner Gabe nur allein nach Sünde sucht. Er gleicht einem Pferde, welches lieber getrübtes, schmutziges Wasser als reines Quellwasser trinken will. Und solchen, welche geben, wo sie nicht geben sollten, gebührt der Fluch, welcher Christus am Tage des Gerichts denen geben wird, welche verdammt werden sollen.

De Gula

Nach dem Geize kommt Völlerei, welche ausdrücklich gegen Gottes Gebot ist. Völlerei ist maßlose Neigung, zu essen und zu trinken, oder sonst maßlose Lust und ungeordnete Begierde in irgendwelchem Bezug auf Essen und Trinken. Diese Sünde verdirbt die ganze Welt, wie aus der Sünde Adams und Evas hervorgeht. Siehe auch, was der heilige Paul von der Völlerei sagt:

»Viele wandeln«, sagt er, »von welchen ich euch gesagt habe, und nun sage ich es mit Weinen, die Feinde des Kreuzes Christi, welcher Ende ist Tod und welcher der Bauch ihr Gott ist und ihr Ruhm, zur Verdammnis derer, welche so irdischen Dingen dienen.« Der, bei welchem diese Sünde der Völlerei gewohnheitsmäßig ist, kann keiner Sünde widerstehen; er muß zum Sklaven aller Laster werden, denn dies ist des Teufels Schlupfwinkel, wo er sich versteckt und wo er rastet. Diese Sünde hat viele Arten. Die erste ist Trunkenheit; diese ist das schreckliche Grab der menschlichen Vernunft; und wenn daher ein Mensch betrunken ist, so hat er seine Vernunft verloren, und dieses ist Todsünde. Indessen, wenn ein Mensch nicht an starke Getränke gewöhnt ist und vielleicht die Macht des Getränkes nicht kennt, oder in seinem Kopfe sich schwach fühlt oder so gearbeitet hat, daß er mehr als sonst trinkt und dann plötzlich vom Getränk überwältigt wird, so ist es keine Todsünde, sondern eine läßliche. Die zweite Art der Völlerei ist, wenn der Geist des Menschen durch Trunkenheit getrübt und er der Vorsicht seines Verstandes beraubt wird. Die dritte Art der Völlerei ist, wenn der Mensch seine Speise verschlingt und sich beim Essen unpassend benimmt. Die vierte ist, wenn durch großen Überfluß an Speise die Säfte seines Körpers verdorben werden. Die fünfte ist Vergeßlichkeit durch zu vieles Trinken, wodurch bisweilen ein Mensch am Morgen vergessen hat, was er am Abend zuvor tat.

In anderer Weise unterscheidet man die verschiedenen Sünden der Völlerei nach St. Gregorius. Die erste ist, vor der Zeit zu essen. Die zweite ist, wenn ein Mensch sich leckerem Essen und Trinken zuneigt. Die dritte ist, wenn man über das Maß hinaus nimmt. Die vierte ist Künstelei im Zubereiten und Anrichten der Speisen. Die fünfte ist, gierig zu essen. Diese sind die fünf Finger von des Teufels Hand, durch welche er die Leute in Sünde zieht.

Remedium contra peccatum Gulae

Gegen Völlerei ist das Heilmittel Enthaltsamkeit, wie Galien sagt; doch halte ich diese nicht verdienstlich, wenn sie lediglich wegen der Gesundheit des Körpers geübt wird. St. Augustinus will, daß Enthaltsamkeit der Tugend wegen und mit Geduld ausgeübt werde. »Enthaltsamkeit«, sagt er, »hat wenig Wert, wenn ein Mensch nicht den guten Willen dazu hat, nicht durch Geduld und Liebe dazu getrieben wird und sie nicht um Gottes willen tut und in der Hoffnung, das ewige Heil im Himmel zu erlangen.«

Die Genossen der Enthaltsamkeit sind: Mäßigkeit, welche das Mittel in allen Dingen hält; auch Scham, welche jede Schändlichkeit meidet; Genügsamkeit, welche kein reiches Essen und Trinken sucht noch Gewicht auf übermäßige Zierlichkeit der Zubereitung legt; auch Maß, welches durch Vernunft die unmäßige Eßlust im Zaume hält; auch Nüchternheit, welche sich des Übermaßes im Trinken enthält; auch Sparsamkeit, welche sich leckeres Essen und das lange zu Tisch Sitzen versagt, weshalb einige Leute aus freien Stücken beim Essen stehen, weil sie mit weniger Bequemlichkeit essen wollen.

De Luxuria

Nach der Völlerei kommt Unzucht, denn diese zwei Sünden sind so nahe verwandt, daß sie sich oft nicht voneinander trennen wollen. Weiß Gott, diese Sünde ist Gott höchst mißfällig, denn er sagt selbst: »Begehe keine Unzucht!« Und deshalb legt er schwere Strafe auf diese Sünde. Denn wenn im alten Gesetze eine unfreie Dirne auf dieser Sünde ergriffen wurde, so sollte sie mit Stöcken zu Tode geschlagen werden, und wenn sie eine Edelfrau war, so sollte sie gesteinigt werden, und wenn sie eines Bischofs Tochter war, so sollte sie nach dem Gebote Gottes verbrannt werden. Außerdem ertränkte Gott wegen der Unzucht die ganze Welt, und abermals brannte er fünf Städte nieder durch Donner und Blitz und versenkte sie in die Hölle.

Laßt uns nunmehr von der besagten stinkenden Sünde sprechen, welche man Ehebruch nennt; nämlich zwischen verheirateten Leuten, das heißt, wenn einer von ihnen verheiratet ist oder auch alle beide. St. Johannes sagt, daß in der Hölle für die Ehebrecher ein brennender Scheiterhaufen von Feuer und Schwefel sein wird, von Feuer wegen ihrer Unzucht und von Schwefel wegen des Gestankes ihres Unflats. Gewiß, das Brechen dieses Sakramentes ist ein greuliches Ding; es wurde im Paradiese von Gott selbst eingesetzt und durch Jesum Christum bestätigt, wie St. Matthäus in seinem Evangelium bezeugt: »Der Mann soll Vater und Mutter verlassen und seinem Weibe anhangen, und beide sollen wie ein Fleisch sein.« Dieses Sakrament bedeutet die Verbindung zwischen Christus und der heiligen Kirche. Und nicht allein, daß Gott Ehebruch durch die Tat verboten hat, nein, er befiehlt auch, daß Du nicht Deines Nächsten Weib begehren sollst. »In diesem Befehle«, sagt St. Augustin, »ist jede Begehrlichkeit nach Unzucht verboten.« Sieh, was St. Matthäus im Evangelium sagt, daß, wer ein Weib anstehet, ihrer zu begehren, schon die Ehe mit ihr in seinem Herzen gebrochen hat. Hier könnt Ihr sehen, daß nicht allein die Tat der Sünde verboten ist, sondern auch das Verlangen, diese Sünde zu tun. Diese verfluchte Sünde schadet dem gewaltig, welcher sich ihr ergibt; und zunächst der Seele, denn sie verfällt dadurch der Sünde und der Strafe des ewigen Todes; und dann schadet sie auch gewaltig dem Körper, denn sie trocknet ihn aus, richtet ihn zugrunde und schändet ihn, und von seinem Blute bringt man dem Teufel Opfer dar; sie verschwendet auch Gut und Habe. Und fürwahr, wenn es schon ein böses Ding ist, sein Gut an Weiber zu verschwenden, so ist doch ein weit böseres Ding, wenn Frauenzimmer für solchen Unflat ihr Gut und ihre Habe an Männer vertun. Diese Sünde beraubt, wie der Prophet sagt, Mann und Weib ihres guten Rufes und aller ihrer Ehre und ist dem Teufel höchst gefällig; denn dadurch gewinnt er den größten Teil dieser elenden Welt. Und wie ein Kaufmann sich über die Ware am meisten freut, welche ihm den größten Vorteil und Nutzen bringt, grade so freut sich der Teufel über diesen Unflat.

Dieses ist die andere Hand des Teufels mit fünf Fingern, um das Volk für seine Schändlichkeiten zu packen. Der erste Finger ist der Buhlerblick des buhlerischen Weibes oder des buhlerischen Mannes, der grade wie der Basiliskenhahn durch das Gift seines Blickes tötet; denn auf die Begehrlichkeit der Augen folgt die Begehrlichkeit des Herzens. Der zweite Finger ist die böse Berührung in böser Absicht. Und daher sagt Salomo, daß der, so ein Weib berührt und angreift, wie jener Mann fährt, welcher einen Skorpion anfaßt, der sticht und durch sein Gift plötzlich tötet; oder wie jener, der heißes Pech berührt, das seine Finger verbrennt. Der dritte sind faule Worte, welche dem Feuer gleichen, welches sofort das Herz verbrennt. Der vierte Finger ist das Küssen, und wahrhaftig, der ist ein großer Tor, welcher den Mund von einem glühenden Ofen oder einer Feueresse küssen will; und größere Toren sind die, welche in bösem Sinne küssen, denn jener Mund ist der Mund der Hölle. Dies gilt besonders von den alten, geckenhaften Hurenjägern, die küssen und lecken wollen und sich anstrengen, obschon sie gar nichts mehr tun können. Gewiß, sie gleichen den Hunden; denn wenn ein Hund an einem Rosenstrauche oder an einem andren Busche vorbeikommt, so will er, wenn er auch gar nicht pissen kann, dennoch sein Bein aufheben und tun, als ob er pißte. Und was das anbetrifft, daß mancher glaubt, er könne nicht durch Lüsternheit sündigen, welche er mit seinem Eheweibe treibt, so ist sicherlich diese Meinung falsch. Gott weiß, ein Mann kann sich mit seinem eigenen Messer umbringen und sich aus seiner eigenen Tonne betrinken. Gewiß, sei es Weib, sei es Kind, wenn es irgend etwas mehr liebt als Gott, so ist dieses sein Idol und er selbst ist ein Götzendiener. Ein Mann soll sein Weib mit Besonnenheit, Geduld und Maß lieben, und dann ist sie gleichsam seine Schwester. Der fünfte Finger an des Teufels Hand ist die stinkende Tat der Unzucht. Glaubt mir, die fünf Finger der Völlerei steckt der Teufel in des Menschen Bauch und mit den fünf Fingern der Unzucht packt er ihn an die Nieren, um ihn in den Schmelzofen der Hölle zu werfen, wo er das immerbrennende Feuer und die immernagenden Würmer finden soll und Heulen und Zähneklappern und scharfen Hunger und Durst und die Scheußlichkeit der Teufel, welche alles ohne Unterlaß und Ende zu Boden trampeln. Aus Unzucht entspringen und entquellen, wie gesagt, verschiedene Arten: wie Hurerei, das ist zwischen Mann und Weib, welche nicht verheiratet sind, und das ist Todsünde und wider die Natur. Alles, was der Natur feindlich ist und sie zerstört, ist wider die Natur. Wahrhaftig, die Vernunft sagt uns schon, daß es Todsünde ist, insofern Gott Unzucht verboten hat. Und St. Paul überweist solche dem Reiche, das für die bestimmt ist, welche Todsünde begehen. Eine andere Sünde der Unzucht ist, eine Jungfer ihrer Jungfernschaft zu berauben; denn wer das tut, stößt ein Mädchen von der höchsten Stufe des gegenwärtigen Lebens hinunter und beraubt dieselbe der kostbaren Frucht, welche man »Hundertfrucht« nennt. Ich kann es nicht anderweit übersetzen, aber auf Latein heißt es: »centesimus fructus«. Gewiß, wer das tut, verursacht mehr an Schaden und Schlechtigkeit, als irgend jemand denken kann; grade wie der oftmals die Ursache ist von allen Schaden, den das Vieh auf den Feldern anrichtet, welcher die Umzäunungshecken durchbricht, wodurch er zerstört, was er nie wiedergutmachen kann. Denn gewiß, ebensowenig kann die Jungfernschaft wiederhergestellt werden, wie ein Arm, der vom Körper abgeschlagen ist, zurückkehren und wieder wachsen kann. Sie kann Gnade finden, das weiß ich wohl, wenn sie willig ist, Buße zu tun, aber nichtsdestoweniger wird sie für immer geschändet bleiben. Und wenn ich auch bereits einiges über den Ehebruch gesagt habe, so ist es dennoch gut, auf die Gefahren hinzuweisen, welche am Ehebruche kleben, um diese garstige Sünde zu meiden. Ehebruch heißt auf Latein das Besteigen von eines anderen Mannes Bett, durch welches diejenigen, welche sonst ein Fleisch waren, ihren Körper anderen Personen überlassen. Aus dieser Sünde kommen, wie der Weise sagt, mannigfache Übel. Zuerst Treubruch; und wahrlich, Treue ist der Schlüssel zum Christentum, und geht dieser Schlüssel zerbrochen oder verloren, so ist auch wahrlich das Christentum verloren und steht vergeblich und ohne Frucht da. Diese Sünde ist auch Diebstahl, da Diebstahl heißt, jemanden seiner Sachen wider seinen Willen zu berauben. Gewiß, der faulste Diebstahl, den es geben kann, ist der, wenn ein Weib ihren Körper dem Gatten wegstiehlt und an ihren Buhlen schenkt, um ihn zu entehren; und wenn sie ihre Seele Christo wegstiehlt und dem Teufel übergibt; dieses ist ein schlimmerer Diebstahl, als in eine Kirche zu brechen und den Kelch zu stehlen, denn die Ehebrecher reißen den Tempel Gottes in geistlicher Hinsicht nieder und stehlen das Gefäß der Gnade, das heißt den Körper und die Seele, weshalb Christus sie vernichten wird, wie St. Paulus sagt. Gewiß, vor solchem Diebstahl war Joseph schwer bange, als seines Herrn Weib ihn zum Bösen einlud und er sprach: »Siehe, meine Herrin, wie mein Herr alles unter meine Hand gegeben hat, was er auf dieser Welt besitzt, so ist auch meiner Macht nichts vorenthalten, als einzig du, indem du sein Weib bist. Und wie sollte ich denn nur ein solch großes Übel tun und so schrecklich wider Gott und wider meinen Herrn sündigen? Gott verhüte es!« – Ach! Allzu wenig wird solche Treue jetzt gefunden! Das dritte Übel ist der Kot, durch welchen sie die Gebote Gottes brechen und den Altar der Ehe, und das ist Christus, schänden. Denn gewiß, je edler und je würdiger das Sakrament der Ehe ist, desto größer ist auch die Sünde, es zu brechen; denn Gott setzte die Ehe im Paradiese im Stande der Unschuld ein, um die Menschen für den Dienst Gottes zu vermehren, und deshalb ist der Bruch derselben um so schrecklicher, weil durch diesen Bruch oftmals falsche Erben kommen, die unrechtmäßigerweise das Erbteil anderer hinwegnehmen; und deshalb will sie Christus aus dem Himmelreiche stoßen, welches das Erbteil der guten Menschen ist. Durch diesen Bruch geschieht es auch oft, daß Leute unvorsichtig in ihrer eigenen Verwandtschaft sündigen, und namentlich diese Hurenbolde, welche die Bordelle von liederlichen Frauenzimmern besuchen, die man den allgemeinem Abtritte vergleichen kann, wo sich die Leute ihres Unrats entledigen. Was sagen wir aber von den Kupplern, welche von der schrecklichen Sünde der Hurerei leben und die Frauenzimmer zwingen, ihnen eine Rente zu zahlen von dem, was sie mit ihrem Körper zusammenhuren, ja oftmals ihre eigenen Weiber und Kinder, wie solche Kuppler tun; gewiß, dies sind verfluchte Sünden. Versteht auch, daß der Ehebruch in den zehn Geboten zwischen Diebstahl und Totschlag gestellt wird, weil er der größte Diebstahl ist, den es geben kann; denn er ist Diebstahl am Körper und an der Seele und gleicht dem Totschlage, da er diejenigen auseinanderhaut und -bricht, welche anfangs zu einem Fleische gemacht worden waren. Und dieserhalb sollten sie nach den alten Gesetzen Gottes erschlagen werden, indessen Jesus Christus sagte in seinem Gesetze, welches das Gesetz des Erbarmens ist, zu dem Weibe, welches im Ehebruch ergriffen war und nach dem Willen der Juden ihrem Gesetze gemäß gesteinigt werden sollte: »Geh'«, sprach Jesus Christus, »und sündige nicht mehr!« Gewiß, der Rachelohn des Ehebruchs ist den Strafen der Hölle vorbehalten und kann nur durch Reue gemildert werden. Doch es gibt noch mehre Arten dieser verfluchten Sünde, wie z. B. wenn einer geistlichen Standes ist oder auch beide

oder solche Leute, welche ordiniert wurden sind, wie Subdia-
kone, Diakone, Priester und Hospitaliter; und je höher jemand
als Geistlicher steht, um desto größer ist die Sünde. Der Umstand, welche ihre Sünde besonders erschwert, ist der Bruch ihres Gelübdes der Keuschheit, das sie ablegten, als sie die Weihen empfingen. Und überdies ist es gewißlich wahr: Der heilige
Stand ist der höchste Schatz Gottes und ein besonderes Zeichen und Merkmal der Keuschheit, um zu zeigen, daß sie mit
der Keuschheit vermählt sind, welches das köstlichste Leben
ist, das es gibt; und diese geweihten Leute sind besonders nach
Gott benannt und gehören zur besonderen Folgschaft Gottes,
weshalb sie auch durch Begehung von Todsünde zu besonderen
Verrätern an Gott und seinem Volke werden; denn sie leben
vom Volke, um für das Volk zu beten, und wenn sie Verräter
sind, kann ihr Gebet dem Volke nicht frommen. Priester gleichen den Engeln durch das Mysterium ihrer Würde; aber, fürwahr, St. Paulus sagt, daß Satanas sich in einen Engel des
Lichts verwandelte. Gewiß, der Priester, welcher sich Todsünden hingibt, mag einem Engel der Finsternis verglichen werden, welcher sich in einen Engel des Lichts verkleidet hat. Er
scheint ein Engel des Lichts zu sein, aber fürwahr, er ist ein Engel der Finsternis. Solche Priester sind wie die Söhne Elis, von
denen im Buche der Könige gezeigt ist, daß sie die Söhne Beli-
als, das ist des Teufels, waren; Belial heißt nämlich: richterlos
sein, und so steht es mit ihnen. Sie meinen, daß sie frei seien
und keinen Richter über sich hätten, wie ein freier Bulle, der jede Kuh in der Stadt nimmt, welche ihm gefällt. So springen sie
mit den Frauenzimmern um; denn grade wie ein freier Bulle
genug ist für eine ganze Stadt, grade so ist auch eines schlechten Priesters Verderbtheit genug für ein ganzes Kirchspiel oder
eine ganze Gegend. Diese Priester können, wie das Buch sagt,
nicht die Mysterien der Priesterschaft vor dem Volke ministrie-
ren; sie geben sich, wie das Buch sagt, nicht mit dem gesotte-

nen Fleische zufrieden, welches ihnen dargereicht wird, sondern sie nehmen auch mit Gewalt das Fleisch, welches roh ist. Gewiß, ebenso halten sich diese Bösewichte nicht belohnt durch das gebratene und gesottene Fleisch, mit welchem das Volk sie in großer Ehrfurcht füttert, nein, sie wollen auch rohes Fleisch haben, das heißt: die Weiber und Töchter des Volkes. Und gewiß, diese Weiber, welche sich zu ihrer Hurerei hergeben, begehen großes Unrecht gegen Christus, gegen die heilige Kirche, gegen alle Heiligen und alle Seelen, denn sie rauben alles dieses von denjenigen, welche Christus und seine heilige Kirche verehren und für die Christenseelen beten sollten; und deshalb trifft diese Priester und ihre Beischläferinnen, welche sich zu ihrer Wollust hergeben, der Fluch des geistlichen Gerichtes, bis sie zur Besserung gelangen. – Die dritte Art von Ehebruch geschieht manchmal zwischen einem Manne und seinem Weibe, indem sie in ihrem Beilager nur allein an ihr fleischliches Vergnügen denken, wie St. Hieronymus sagt, und nichts davon wissen wollen, daß sie sich nur deshalb vereinigen, weil sie verheiratet sind; alles ist für sie erlaubt, wie sie denken. Aber über solche Leute hat der Teufel Gewalt, wie der Engel Raphael zu Tobias sagte, denn durch ihr Beilager stoßen sie Jesus Christus aus ihrem Herzen und geben sich allem Unflat hin. – Zur vierten Art gehören die, welche sich in ihrer Verwandtschaft begatten oder mit denen, so ihnen verschwägert sind, oder mit solchen, welche mit ihren Vätern oder ihrer Verwandtschaft die Sünde der Wollust gepflogen haben. Diese Sünde macht sie gleichsam zu Hunden, die keine Rücksicht auf Verwandtschaft nehmen. Und fürwahr, Verwandtschaft kann zwiefacher Art sein, entweder geistlich oder fleischlich; geistlich, insofern man sich mit seinen Gevattersleuten abgibt; denn gradeso wie der, welcher ein Kind erzeugt, sein fleischlicher Vater ist, grade so ist sein Gevatter sein geistlicher Vater, weshalb auch ein Weib nicht mit weniger Sünde bei ihrem Ge-

vatter als bei ihrem eigenen leiblichen Bruder liegen kann. –
Die fünfte Art ist jene abscheuliche Sünde, von welcher niemand sprechen noch schreiben sollte, wenn sie nicht öffentlich
in der Heiligen Schrift erwähnt wäre. Diese Verruchtheit begehen Mann und Weib in verschiedener Absicht und aus verschiedener Art. Aber wenn auch die Heilige Schrift von dieser
gräßlichen Sünde spricht, so kann doch dadurch die Heilige
Schrift ebensowenig verunglimpft werden, wie es die Sonne
wird, weil sie auf einen Misthaufen scheint. Zur Wollust gehört
noch eine andere Sünde, welche im Schlafe kommt, und diese
Sünde ist häufig bei jungfräulichen Leuten, aber auch nicht
minder bei solchen, welche verdorben sind. Und diese Sünde
nennt man »Pollution«, und sie entsteht aus vier Ursachen: Oft
kommt sie aus dem Verlangen des Leibes, denn die Säfte sind
zu üppig und reichlich im Körper des Menschen; oft kommt sie
aus Unmächtigkeit und Schwäche an Kraft der Verhaltung, wie
die Arzneikunde solches erwähnt; oft durch Überfüllung mit
Speise und Trank, und oft aus schlechten Gedanken, welche im
Gemüte des Menschen stecken, wenn er schlafen geht, was
nicht ohne Sünde sein kann. Aus diesem Grunde mag sich jeder
Mensch wohl davor hüten, denn sonst kann er schwer dadurch
sündigen.

Remedium contra peccatum Luxuriae
Nun kommt das Mittel gegen die Wollust, und das ist im allgemeinen Keuschheit und Enthaltsamkeit, welche alle unordent-
lichen Neigungen der Fleischeslust im Zaum halten, und diejenigen werden um so größeres Verdienst haben, welche am
meisten die schlimme Begierde und Hitze dieser Sünde beschränken; und dieses geschieht auf zweierlei Weise, nämlich
durch Keuschheit in der Ehe und durch Keuschheit im Witwentum. Nun müßt Ihr verstehen, daß Ehe das erlaubte Bei-
sammensein zwischen Mann und Weib ist, wie solches ihre Ver-

bindung durch die Kraft dieses Sakramentes ihnen gewährt
hat, so daß sie sich nicht mehr während ihres Lebens voneinander scheiden können, das will sagen, solange beide leben. Dies
ist, wie das Buch sagt, ein besonders hohes Sakrament. Gott
machte es, wie ich gesagt habe, im Paradiese und wollte selbst
aus der Ehe geboren werden, und um die Ehe zu heiligen, war
er auf einer Hochzeit, wo er Wasser in Wein verwandelte, welches das erste Wunder war, das er vor seinen Jüngern vollführte. Die treue Wirkung der Ehe reinigt den Beischlaf und füllt
die heilige Kirche mit guter Nachkommenschaft; denn das ist
der Zweck der Ehe und wandelt Todsünde in läßliche bei denen, so verheiratet sind, und macht in allen, die verheiratet
sind, sowohl die Herzen als auch die Leiber eins. Dieses ist die
wahre Ehe, welche von Gott eingesetzt war, ehe die Sünde kam,
als das natürliche Gesetz noch in rechter Geltung im Paradiese
stand; und es ward befohlen, daß ein Mann nur ein Weib haben
sollte und ein Weib nur einen Mann, wie St. Augustin sagt, und
zwar aus vielen Gründen. Denn erstens ist die Ehe dargestellt
in der Verbindung Christi mit der heiligen Kirche; und ein anderer Grund ist, weil der Mann das Haupt der Frau ist – wenigstens nach der Vorschrift sollte es so sein. Denn wenn ein Weib
mehr als einen Mann hätte, so würde sie auch mehr Häupter als
eines haben, und das wäre eine greuliche Sache vor Gott; und
ebenso dürfte ein Weib nicht mehren zugleich gefallen, und es
würde nimmer Frieden und Ruhe zwischen ihnen sein, denn jedes würde sein eigenes Recht fordern. Und fernerhin könnte
kein Mensch seine eigene Nachkommenschaft kennen, noch
wissen, wer sein Erbe sein solle, und das Weib würde um so weniger geliebt werden, wenn sie mit mehren Männern verbunden wäre.

Nun kommt, wie ein Mann sich gegen sein Weib betragen
soll, besonders in zwei Punkten, nämlich in Langmut und Ehrerbietung; und dieses zeigt Christus, als er das erste Weib

machte. Denn er machte sie nicht aus dem Haupte von Adam, dieweil sie keine zu große Herrschaft in Anspruch nehmen sollte; denn wo das Weib die Meisterschaft hat, da macht sie gar zu vielen Unfug. Dafür bedarf es keiner Beispiele, die Erfahrungen, welche wir Tag für Tag machen, können hinreichend genügen. Gewiß, Gott machte auch das Weib nicht aus den Füßen von Adam, denn sie soll nicht zu niedrig gestellt werden, da sie nicht geduldig leiden kann. Aber Gott machte das Weib aus der Rippe von Adam, denn das Weib soll die Genossin des Mannes sein. Männer sollten sich ihren Weibern gegenüber mit Treue, Aufrichtigkeit und Liebe benehmen, wie St. Paul sagt, daß ein Mann sein Weib lieben solle wie Christ die heilige Kirche, die er so sehr liebte, daß er für dieselbe starb; so sollte ein Mann für sein Weib tun, wenn es erforderlich ist.

Wie nun ein Weib ihrem Gatten untertan sein soll, das erzählt St. Petrus. Zuerst in Gehorsam. Und, wie ebenfalls das Dekret sagt, ein Frauenzimmer, welches ein Eheweib ist, hat, solange sie dieses ist, keine Macht zu schwören oder Zeugnis abzulegen ohne die Einwilligung ihres Ehemannes, der ihr Herr ist. Wenigstens sollte es der Vernunft nach dieses sein. Sie sollte ihm auch in aller Ehrbarkeit dienen und in ihrem Anzuge mäßig sein. Ich weiß wohl, daß sie ihr Bestreben dahin richten soll, ihrem Gatten zu gefallen, aber nicht durch die Absonderlichkeit ihres Anzuges. St. Hieronymus sagt: »Weiber, welche sich mit Seide und köstlichem Purpur aufputzen, können nicht in Jesu Christo gekleidet sein.« St. Gregorius sagt ebenfalls, daß man nur des eitlen Ruhmes wegen und um von den Leuten geehrt zu werden, nach kostbaren Anzügen trachte. Es ist große Torheit, wenn ein Weib auswärts schöne Kleider trägt, während sie selbst inwendig faul ist. Ein Weib sollte gleichfalls mäßig sein in Blicken, Betragen und Lachen und bescheiden in all ihrem Reden und Tun, und über alle Erdendinge sollte sie von ganzem Herzen ihren Ehemann lieben und ihm mit ihrem Leibe treu sein. So sollte ein jeder Ehemann auch seinem Weibe treu sein, denn da ihr ganzer Leib dem Gatten gehört, so sollte es auch ihr Herz, denn sonst ist zwischen ihnen in dieser Hinsicht keine vollkommene Ehe. Dann sollten die Männer begreifen, daß aus drei Gründen ein Mann mit seinem Weibe zusammenkommen mag. Der erste ist in der Absicht der Kindererzeugung für den Dienst Gottes, denn gewiß, das ist der Endzweck der Ehe. Ein anderer Grund ist, sich gegenseitig die Schuld des Leibes zu entrichten, denn keiner von beiden hat Gewalt über seinen eigenen Leib. Der dritte ist, Hurerei und Schlechtigkeit zu vermeiden. Der vierte gehört der Todsünde an. Was den ersten anbetrifft, so ist er verdienstlich; der zweite auch, denn wie das Dekret sagt, hat diejenige das Verdienst der Keuschheit, welche dem Gatten die Schuld ihres Leibes abträgt, selbst wenn es gegen ihre Neigung und gegen die Lust ihres Herzens ist. Die dritte Art ist läßliche Sünde; gewiß, kaum irgendeiner von ihnen bleibt ohne läßliche Sünde wegen der Verderbnis und des Vergnügens, welche dieser Sache ankleben. Die vierte Art ist so zu verstehen, wenn sie nur aus sinnlicher Liebe zusammenkommen und nicht aus einem der vorerwähnten Gründe, sondern nur um ihr brennendes Verlangen, wer weiß, wie oft, zu stillen. Fürwahr, das ist Todsünde; und dennoch – mit Sorgen sag' ich es – wollen sich einige selbst anstrengen, noch mehr zu tun, als ihrem Bedürfnisse genügt.

Die zweite Art der Keuschheit ist, eine reine Wittib zu sein und die Umarmung eines Mannes zu fliehen und nach der Umarmung Jesu Christi zu verlangen. Diese sind diejenigen, welche Weiber gewesen sind, aber ihre Gatten verloren haben, und auch Frauen, die Wollust getrieben haben und durch ihre Buße erlöst sind. Und gewiß, wenn ein Eheweib sich ganz keusch erhalten könne durch Erlaubnis ihres Gatten, so daß sie ihm keine Veranlassung und keine Gelegenheit gäbe, sich zu vergehen, so würde es für sie ein großes Verdienst sein. Diese

Art von Frauen, welche die Keuschheit beobachten, muß reines Herzens, Leibes und Sinnes sein, mäßig in Kleidung und Haltung, enthaltsam im Essen und Trinken, im Sprechen und im Tun, und dann gleicht sie dem Gefäße oder der Büchse der gesegneten Magdalena, weil sie die heilige Kirche mit gutem Geruche erfüllt. Die dritte Art der Keuschheit ist Jungfräulichkeit, und es versteht sich, daß sie heilig von Herzen und rein von Körper sei. Dann ist sie die Braut Jesu Christi und das Leben der Engel; sie ist das Lob der Welt und sie kommt den Märtyrern gleich. Sie trägt in sich, was keine Zunge aussprechen kann und kein Herz denken. Jungfräulichkeit besaß unser Herr Jesus Christ, und eine Jungfrau war er selber.

Ein anderes Mittel gegen die Wollust ist, daß man sich besonders derjenigen Dinge enthalte, welche Veranlassung zu jener Schlechtigkeit geben, als Wohlleben, Essen und Trinken; denn fürwahr, wenn der Topf überkocht, so ist das beste Mittel, ihn vom Feuer fortzurücken. Langer Schlaf bei großer Ruhe ist gleichfalls eine große Nährerin der Wollust.

Ein anderes Mittel gegen Wollust ist, daß Mann und Weib die Gesellschaft derer fliehen, von denen versucht zu werden sie argwöhnen; denn wenn auch immerhin der Tat widerstanden wird, so ist dennoch die Versuchung groß. Fürwahr, eine weiße Wand wird, wenn sie das Flimmern einer Kerze auch nicht in Brand setzt, dennoch durch das Licht schwarz. Gar oft las ich, daß niemand auf seine eigene Vollkommenheit bauen solle, er sei denn stärker als Simson, heiliger als David oder weiser als Salomo.

Nachdem ich nun, so gut ich konnte, die sieben Todsünden und ihre verschiedenen Zweige und Gegenmittel erklärt habe, möchte ich, fürwahr, wenn ich könnte, Euch auch die zehn Gebote Gottes vortragen; aber eine so hohe Lehre überlasse ich den Gottesgelehrten. Nichtsdestoweniger hoffe ich zu Gott, daß ein jegliches unter allen in dieser Abhandlung berührt ist.

Da nun der zweite Teil der Buße in der Beichte des Mundes besteht, so sage ich, wie ich im ersten Kapitel begann, daß St. Augustinus spricht: »Sünde ist jedes Wort und jede Tat und alles, was Menschen dem Gesetze Christi zuwidertun«, und das besagt: sündigen im Herzen, im Munde und in der Tat durch die fünf Sinne, welche Sehen, Hören, Riechen, Schmecken und Fühlen sind. Nun ist es gut, die Umstände zu kennen, welche zu jeder Sünde beitragen. Du, welcher die Sünde tust, sollst in Erwägung ziehen, was Du bist, Mann oder Weib, jung oder alt, edel oder hörig, frei oder dienstbar, gesund oder krank, verheiratet oder ledig, Priester oder Laie, weise oder töricht, geistlich oder säkular, ob sie körperlich oder geistlich dir nahesteht oder nicht, ob irgendeiner deiner Angehörigen mit ihr gesündigt hat oder nicht, und was der Sachen mehr.

Ein anderer Umstand ist dieser, ob es in Hurerei oder Ehebruch geschehen ist oder nicht, in irgendeiner Art von Totschlag oder nicht, ob es eine greuliche, große Sünde sei oder eine kleine und wie lange Du in der Sünde beharrt hast. Der dritte Umstand ist der Art, allwo Du die Sünde begangen hast, ob in andrer Leute Hause oder in deinem eigenen, im Felde, in der Kirche oder in dem Kircheneigentume, in geweihten oder in ungeweihten Kirchen. Denn wenn eine Kirche geheiligt ist und Mann oder Weib an diesem Orte ihr Geschlecht verschütten, so wird die Kirche mit dem Interdict belegt, so lange, bis sie der Bischof wieder gereinigt hat; und wäre es ein Priester, der solche Schlechtigkeit beginge, so könnte er bis an das Ende seines Lebens keine Messe mehr singen, und wenn er es dennoch täte, so würde es jedesmal Todsünde sein, wenn er eine Messe sänge. Der vierte Umstand bezieht sich auf Vermittler und Boten zur Verlockung und Einwilligung und sich zum Mitgenossen zu machen, da manch elender Mensch lieber zum Teufel in die Hölle fahren will, als nicht Genossenschaft zu halten. Deshalb sind diejenigen, die zu Sünden reizen oder

Sünden billigen, Teilnehmer an der Sünde und an der Verdammnis des Sünders.

Der fünfte Umstand ist, wie oft man gesündigt hat, und ob es im Herzen war und wie oft man gefallen ist. Denn derjenige, welcher häufig in Sünde fällt, verachtet die Gnade Gottes und verschlimmert seine Sünde und ist unerkenntlich gegen Christus, und wird immer schwächer, der Sünde zu widerstehen, und sündigt leichter und erhebt sich um so später daraus, und wird lässiger zur Beichte und namentlich bei dem, welcher sein Beichtvater war. Aus welchem Grunde auch Leute, wenn sie wieder in ihre alte Torheit zurückfallen, entweder ihren alten Beichtvater ganz verlassen oder sonst ihre Beichte auf verschiedene Stellen verteilen; aber, fürwahr, diejenigen, welche solcher Art ihre Beichte verteilen, verdienen nicht die Gnade Gottes für ihre Sünden. Der sechste Umstand ist, weshalb ein Mensch sündigt sowie durch welche Versuchung, und ob er selbst sich solche Versuchung bereitete oder durch andere angeregt wurde, oder ob bei einem Weibe die Sünde mit ihrer eigenen Einwilligung geschah oder ob das Weib ungeachtet ihres Willens gezwungen wurde oder nicht; das soll sie erzählen, und ob es aus Begehrlichkeit war oder aus Armut, und ob es durch ihr eigenes Betreiben war oder nicht, und andere solche Sachen. Der siebente Umstand ist, in welcher Weise er seine Sünde begangen hat oder wie sie gelitten hat, daß er die Sünde an ihr vollziehe. Und so soll man es schlicht erzählen mit allen Umständen und ob man mit gewöhnlichen öffentlichen Dirnen gesündigt hat oder nicht, ob es zu einer geheiligten Zeit war oder nicht, während der Fasten oder nicht, ob vor seiner Beichte oder nach seiner letzten Beichte und ob dadurch vielleicht die auferlegte Buße gebrochen wurde, mit wessen Hilfe, auf wessen Rat, ob durch Zauberei oder durch List, alles muß erzählt werden. Alle diese Dinge belasten, je nachdem sie groß oder klein sind, das Gewissen von Mann und Weib. Und auch der Priester, welcher

Dein Richter ist, gewinnt dadurch Einsicht, um die Buße mit Verständnis aufzuerlegen in Gemäßheit Deiner Zerknirschung. Denn, verstehe wohl, wenn ein Mann, nachdem er seine Taufe durch Sünde geschändet hat, zur Erlösung gelangen will, so gibt es keinen andern Weg als durch Reue, Beichte und Genugtuung, und namentlich durch die beiden ersteren, wenn ein Beichtiger vorhanden ist, dem man bekennen kann, und falls man zuvor wahrhaft zerknirscht und reuevoll fühlt; und durch die dritte, falls man am Leben bleibt, sie auszuführen.

Dann soll der Mensch einsehen und erwägen, daß wenn er eine aufrichtige und nutzbringende Beichte machen will, er vier Bedingungen zu erfüllen hat. Erstens muß sie aus kummervoller Bitterkeit des Herzens kommen, wie der König Ezechiel zu Gott sprach: »Ich will alle Zeit meines Lebens in der Bitterkeit meines Herzens daran gedenken.« Diese Bedingung der Bitterkeit hat fünf Zeichen. Das erste ist, daß die Beichte Beschämung zeigt und die Sünde nicht verschleiert oder verbirgt, sondern eingesteht, wodurch gegen Gott gefehlt und die Seele geschändet ist. Und hierüber sagt St. Augustinus: »Das Herz liegt in Wehen aus Scham über seine Sünde; und wer große Beschämung fühlt, ist würdig, die Gnade Gottes zu erlangen.« So war die Beichte des Zöllners, welcher seine Augen nicht gen Himmel heben wollte, weil er Gott im Himmel beleidigt hatte, für welche Erniedrigung er sofort die Gnade Gottes gewann. Und deshalb sagt St. Augustin, daß solche schamerfüllten Leute der Vergebung und Gnade am nächsten sind. Ein anderes Zeichen ist Demut in der Beichte, worüber St. Peter sagt: »Demütigt euch vor der Macht Gottes!« Die Hand Gottes ist mächtig in der Beichte, denn dadurch vergibt uns Gott die Sünden, denn Er allein hat dazu die Macht. Und die Demut soll, wie im Herzen, so auch in äußern Merkmalen bestehen, denn wie man Demut gegen Gott im Herzen trägt, so sollte sich ebenso auch der äußere Leib vor dem Priester demütigen, der

an Gottes Stelle sitzt. Darum sollte auch in keinem Falle, alldieweil Christus der Herr ist und der Priester der Unterhändler
oder Vermittler zwischen Christus und dem Sünder und der
letztere selbstverständlich der niedrigste ist, ein Sünder so
hoch sitzen wie sein Beichtvater, sondern zu seinen Füßen vor
ihm knien, falls ihn nicht Krankheit daran hindert; denn er soll
nicht daran denken, wer vor ihm sitzt, sondern an wessen Stelle er dort sitzt. Einen Menschen, welcher sich gegen seinen
Herrn vergangen hat und zu ihm kommt, um Gnade zu bitten
und seine Versöhnung zu machen, sich aber sofort neben seinen Herrn niedersetzen wollte, würde jedermann für unverschämt halten und nicht für würdig, sobald Vergebung und
Gnade zu erhalten. Das dritte Zeichen ist, daß die Beichte unter vielen Tränen geschehe, wenn der Mensch weinen kann;
und wenn er nicht mit seinen leiblichen Augen weinen kann, so
laßt ihn in seinem Herzen weinen. So war die Buße St. Peters,
denn nachdem er Jesus Christus verleugnet hatte, ging er hinaus und weinte bitterlich. Das vierte Zeichen ist, daß man sich
nicht schäme, zu beichten und zu bekennen. So war die Buße
der Magdalena, die nicht aus Scham vor denen, so auf dem Feste waren, zögerte, sondern zu unserem Herrn Jesu Christo
ging und ihm ihre Sünden bekannte. Das fünfte Zeichen ist,
daß Mann und Weib gehorsam sind, die Buße anzunehmen,
welche ihnen auferlegt ist. Denn wahrlich, Jesus Christus war
um der Schuld der Menschheit willen gehorsam bis zum Tod.

Die zweite Bedingung für die aufrichtige Beichte ist, daß sie
eilig geschehe; denn wahrlich, je länger ein Mensch, welcher
eine tödliche Wunde hat, mit deren Heilung zögert, desto
schlimmer wird sie und desto rascher treibt sie ihm dem Tode
entgegen und desto schwerer wird sie zu heilen sein. Und ebenso geht es mit der Sünde, welche im Menschen lange verheim-
licht bleibt. Gewiß, man muß seine Sünde aus manchen Gründen rasch zeigen, unter andern aus Furcht vor dem Tode, der

oft plötzlich kommt und bei dem es ungewiß, wann und wo er uns treffen möge; auch zieht das Verbergen einer Sünde andere nach sich; und ferner ist man, je länger man zögert, um so entfernter von Christus. Und wenn man bis zu seinem letzten Tage damit zurückhält, so mag man kaum seine Sünde bereuen und sich ihrer entsinnen oder wegen der furchtbaren Todeskrankheit beichten können. Und ebenso wie man in seinem Leben nicht auf Christ hörte, wenn er zu uns sprach, so wird auch unser Herr an unserm letzten Tage, sosehr wir auch zu ihm schreien mögen, uns kaum hören. Und lernt, daß diese Bedingung vier Sachen umfaßt. Erstlich, daß die Beichte vorbereitet und überlegt sein muß; denn schlimme Eile nützt zu nichts; und daß der Mensch bei seiner Beichte wissen muß, ob die Sünde aus Stolz, Neid und so weiter kommt mit allen Umständen und Unterarten; und daß er in seinem Gemüte die Zahl und Größe seiner Sünden begriffen hat sowie auch, wie lange er in der Sünde beharrte, und auch, daß er zerknirscht über seine Sünden sei und fest in seinem Vorsatze, mit Gottes Gnade nie wieder in Sünde zu fallen, und auch, daß er wohl achtgebe und aufpasse, die Gelegenheit zu derjenigen Sünde zu meiden, zu welcher er geneigt ist. Und ebenso sollst Du alle Deine Sünden einem Manne beichten und nicht stückweise durcheinander bei verschiedenen, das besagt: in der Absicht, aus Scham oder Furcht die Sünden zu teilen; denn das heißt, Deine eigene Seele erwürgen. Denn gewiß, Jesus Christus ist die vollkommenste Güte, in ihm ist keine Unvollkommenheit, und deshalb verzeiht er entweder vollständig oder überhaupt nicht. Ich sage nicht, daß Du gebunden bist dem bestimmten Beichtiger, dem Du einer bestimmten Sünde wegen zugewiesen bist, auch den ganzen Rest Deiner Sünden zu zeigen, welche Du bereits Deinem Pfarrer gebeichtet hast, soweit Du es etwa aus Demut nicht gern tun willst; dies ist kein Teilen der Beichte. Nein, ich sage nicht, wenn ich vom Teilen der Beichte spreche, daß insofern Du die Erlaubnis hast, einem verschwiegenen und ehrlichen Priester zu beichten und wo es Dir gefällt und unter Gestattung Deines Pfarrers, Du auch diesem nicht alle Deine Sünden beichten könntest; aber laß keinen Flecken zurück; laß keine Sünde unerzählt, soweit Dein Gedächtnis reicht. Und wenn Du bei Deinem Pfarrer beichtest, so erzähle ihm auch alle Sünden, welche Du seit deiner letzten Beichte getan hast. Dieses ist keine böse Absicht, die Beichte zu verteilen.

Auch die wahre Beichte fordert gewisse Bedingungen. Erstens, daß Du aus freien Stücken beichtest, nicht gezwungen, nicht aus Scham vor den Leuten, nicht aus Krankheit oder aus sonstigen andern Gründen; denn es ist vernünftig, daß derjenige, welcher aus seinem freien Willen gefehlt hat, auch aus seinem freien Willen seine Fehler bekennt und daß kein anderer seine Sünde erzähle als er selbst; nein, er soll seine Sünde weder leugnen noch verneinen noch gegen den Priester böse werden, weil er ihn ermahnt, von seiner Sünde zu lassen. Die zweite Bedingung ist, daß Deine Beichte rechtmäßig sei, das heißt, daß Du, welcher beichtest, und auch der Priester, der Deine Beichte hört, wahrhaftig in dem Glauben der heiligen Kirche stehen, und daß keiner an der Gnade Christi verzweifeln solle, wie es Kain und Judas taten. Auch muß man sich seiner eigenen Sünden anklagen und keinen andern, und sich selbst wegen seiner Bosheit und seiner Sünden tadeln und angeben, aber keinen andern; indessen, wenn jemand der Anstifter und Anreizer zur Sünde gewesen ist oder von solchem Stande ist, daß dadurch die Sünde erschwert wird oder daß man sonst nicht klar beichten kann, ohne die Person zu nennen, mit welcher man gesündigt hat, so mag man es sagen, vorausgesetzt, daß es nicht in der Absicht geschieht, die Person anzuschwärzen, sondern nur um seine eigene Sünde zu erklären. Du sollst auch nicht aus Demut in Deiner Beichte lügen, indem Du vielleicht sagst, daß Du diese oder jene Sünde begangen habest, deren Du niemals schuldig warst. Denn St. Augustin sagt, daß wenn Du in Deiner Demut Dir etwas selbst anlügst, so bist Du, falls Du auch vorher nicht in Sünde warst, doch nunmehr Deiner Lüge wegen in Sünde. Auch mußt Du die Sünde mit Deinem eigenen Munde bekennen, wenn Du nicht stumm bist, aber nicht brieflich. Denn Du, welcher die Sünde begangen hast, sollst auch die Scham der Beichte tragen. Du sollst auch Deine Beichte nicht mit schönen und gewandten Worten übertünchen, um desto besser Deine Sünde zu verhüllen; denn Du betrügst Dich selbst und nicht den Priester; Du mußt schlicht erzählen, ob auch Deine Sünde noch so schlimm und greulich sei. Du sollst auch einem Priester beichten, der Dir verständigen Rat erteilen kann; und Du sollst auch nicht aus Eitelkeit beichten noch aus Heuchelei, noch aus irgendeinem andern Grunde, sondern nur allein aus der Furcht Christi und für das Heil Deiner Seele. Du sollst auch nicht plötzlich zum Priester rennen und ihm Deine Sünde leichthin erzählen, wie man einen Spaß oder eine Geschichte erzählt, sondern überlegt und mit guter Andacht; und im allgemeinen beichte oft; wenn Du oft fällst, so erhebe Dich oft wieder durch die Beichte. Und wenn Du auch mehr als einmal die Sünden bekennst, von denen Du losgesprochen bist, so ist es ein um so größeres Verdienst. Und wie St. Augustin sagt, Du sollst dann leichteren Erlaß und Gnade bei Gott finden, sowohl für die Sünde als für die Strafe. Und sicherlich einmal im Jahr ist zum mindesten geboten, das Sakrament zu empfangen; denn fürwahr, alle Dinge auf Erden werden im Verlaufe eines Jahres erneuert.

Nun habe ich Euch von der wahren Beichte erzählt, welche der zweite Teil der Buße ist.

Explicit secunda pars penitentiae,
et sequitur tertia pars eiusdem.

Der dritte Teil der Buße ist die Genugtuung, und diese besteht meistens in Almosengeben und in körperlichen Strafen. Nun gibt es drei verschiedene Arten von Almosen: Zerknirschung des Herzens, wodurch man sich selbst seinem Gott darbietet; eine andere ist, Mitleid mit dem Mangel seines Nächsten zu haben, und die dritte ist, guten Rat zu erteilen, geistlich oder leiblich, wenn Leute dessen bedürfen, und insbesondere hinsichtlich der Beschaffung menschlicher Nahrung. Und bedenkt wohl, daß der Mensch im allgemeinen dieser Dinge bedarf; er bedarf Nahrung, Kleidung und Herberge, er bedarf teilnehmenden Rat, Besuche im Gefängnisse und in Krankheit und Bestattung seiner Leiche. Und wenn Du den Bedürftigen nicht selbst im Gefängnisse besuchen kannst, so besuche ihn durch Botschaft und durch Gaben. Dieses sind im allgemeinen die Almosen und Werke der Barmherzigkeit von denen, welche zeitliche Güter und Verständnis im Raterteilen haben. Von diesen Werken wirst Du am Tage des Gerichtes hören.

Diese Almosen sollst Du von Deinem Eigentume, rasch und, wo möglich, heimlich geben; indessen, wenn Du es nicht heimlich tun kannst, so mußt Du dennoch das Almosengeben nicht unterlassen, obschon es die Menschen sehen, wenn es nicht aus Rücksicht auf die Welt, sondern allein um Jesu Christi willen geschieht. Denn wie St. Matthäus (Mt 5) bezeugt, daß die Stadt, die auf einem Berge liege, nicht verborgen sei, noch man ein Licht anzünde und unter einen Scheffel setze, sondern auf einen Leuchter, damit es allen leuchte, die im Hause sind, also soll Euer Licht leuchten vor den Leuten, daß sie Eure guten Werke sehen und Euren Vater im Himmel preisen.

Um nun von den körperlichen Strafen zu sprechen, so bestehen sie in Beten, in Wachen, in Fasten und tugendhaften Lehren. Unter Gebeten müßt Ihr verstehen, daß Bitten und Beten ein frommer Wille des Herzens genannt wird, das in Gott sein Vertrauen setzt und dieses durch äußere Worte ausdrückt, um Leiden abzuwenden und um geistliche und ewige Dinge zu erlangen und bisweilen auch zeitliche. Von diesen Fürbitten hat Jesus Christus im Gebete des »Pater noster« die meisten Sachen eingeschlossen. Gewiß, es steht durch drei Dinge an Würdigkeit obenan, weshalb es würdiger ist als irgendein anderes Gebet: denn Jesus Christus machte es selber, und es ist kurz, damit es desto leichter und bequemer im Herzen bewahrt werden könne und man sich desto öfter mit diesem Gebete zu helfen vermöge und um so weniger müde werde, es zu sagen; und daß man sich nicht entschuldigen könne, es zu lernen, ist es so kurz und so leicht; und endlich begreift es alle guten Gebete in sich. Die Erklärung dieses heiligen Gebetes, das so vortrefflich und würdig ist, überlasse ich den Meistern der Theologie; nur so viel will ich sagen, daß, wenn Du betest, Gott möge Dir Deine Schuld vergeben, wie Du Deinen Schuldigern vergibst, Du Dich wohl in acht nehmen mögest, nicht ohne Barmherzigkeit zu sein. Dieses heilige Gebet vermindert auch läßliche Sünde, und deshalb paßt es sich besonders zur Buße.

Dieses Gebet muß aufrichtig und in vollkommenem Glauben gesagt werden; man muß es zu Gott ordentlich, verständig und andächtig beten, und immer muß man seinen Willen dem Willen Gottes unterordnen. Dieses Gebet muß auch mit großer Demut, Reinheit und Ehrbarkeit gesprochen werden und nicht so, daß man Mann oder Weib ein Ärgernis dadurch gibt. Es muß auch von Werken der Barmherzigkeit gefolgt sein. Es hilft auch gegen die Laster der Seele; denn wie St. Hieronymus sagt: »Durch Fasten werden die Laster des Fleisches geheilt und durch Gebet die Laster der Seele.«

Hiernach mußt Du verstehen, daß körperliche Strafe auch im Wachen besteht. Denn Jesus Christus sagt: »Wachet und betet, daß ihr nicht in Anfechtung fallet.« Ihr müßt auch verstehen, daß Fasten aus drei Dingen besteht: im Enthalten von leiblicher Speise und Trank, im Enthalten von weltlicher Lustbarkeit und im Enthalten von Todsünde, insofern man sich nämlich mit aller Kraft von Todsünde entfernt halten soll.

Und Du mußt auch verstehen, daß Gott das Fasten eingesetzt hat, und zum Fasten gehören vier Dinge: Freigebigkeit an Arme, Fröhlichkeit im Geist und Herzen, nicht ärgerlich noch verdrießlich über das Fasten zu sein, und gleichfalls eine vernünftige Zeit, um mäßig zu essen; das heißt, man soll nicht zur Unzeit essen und, weil man fastet, nicht länger bei Tische sitzen.

Dann sollst Du verstehen, daß körperliche Strafe in Zucht oder Lehre durch Wort und Schrift oder Beispiel besteht. Auch im Tragen von Haar oder Wolle oder einem Maschenpanzer auf der bloßen Haut um Christi willen; aber sieh Dich vor, daß solche Arten der Buße nicht Dein Herz bitter oder ärgerlich machen und Dich langweilen; denn besser ist es, Dein hären Kleid wegzuwerfen als die Süßigkeit unseres Herrn Jesu Christi. Und deshalb sagt St. Paul: »Kleidet euch als die Auserwählten im Herzen Gottes mit Demut, Mitleid, Geduld und solchen Kleidern«, welche Jesu Christo mehr gefallen als härene Gewänder und Maschenpanzer.

Dann besteht auch Zucht in Schlagen an Deine Brust, in Peitschen mit Ruten, in Leiden, in geduldigem Ertragen des Unrechtes, welches Dir geschehen ist, und auch in geduldigem Leiden von Krankheit, Vertust weltlichen Gutes oder Weib oder Kind oder anderer Freunde. Dann mußt Du verstehen, welche Sachen die Buße stören; und das geschieht in vierfacher Weise, nämlich durch Furcht, Scham, Hoffnung und Mangel an Hoffnung, das ist Verzweiflung. Und um zunächst von der Furcht zu sprechen, durch welche man wähnt, daß man die Buße nicht tragen könne, so ist das Mittel dagegen, zu bedenken, daß körperlicher Schmerz sehr geringfügig im Vergleich zu den Qualen der Hölle ist, die so grausam und lang und ohne Ende sind.

Und gegen die Scham, die man zu beichten fühlt, und besonders jene Heuchler, die für so vollkommen gelten wollen, daß sie nicht nötig haben zu beichten, gegen diese Scham sollte man denken, daß wie man sich nicht geschämt hat, schlechte Sachen zu tun, man sich auch vernünftigerweise nicht schämen solle, gute Sachen zu tun, und eine solche ist die Beichte. Man sollte auch bedenken, daß Gott jeden Gedanken sieht und kennt sowie alle unsere Werke und daß man vor ihm nichts verbergen kann. Man sollte sich auch der Scham erinnern, welche am Tage des Gerichts die überkommen wird, so in ihrem gegenwärtigen Leben nicht bußfertig gewesen sind; denn alle Kreaturen im Himmel, auf Erden und in der Hölle werden öffentlich alles sehen, was man vor der Welt verborgen hielt.

Um nun von der Hoffnung derjenigen zu sprechen, die so nachlässig und langsam im Beichten sind, so besteht diese aus zwei Arten. Die eine ist, daß man hofft, noch lange zu leben und durch seinen Fehltritt viel Gut zu erlangen und dann erst zu beichten; und wie er sagt und ihm scheint, kann er noch immer zeitig genug zur Beichte kommen. Die andere ist die eitle Überschätzung der Gnade Christi. Gegen das erste Laster soll man denken, daß unser Leben keine Sicherheit gewährt, und auch, daß aller Reichtum dieser Welt dem Zufall unterworfen ist und wie der Schatten an der Wand schwindet; und, wie St. Gregorius sagt, daß es zur großen Gerechtigkeit Gottes gehöre, daß die Strafe nie von dem weichen solle, der sich nie der Sünde enthalten will, wenn es ihm nicht gefällt, sondern immer in Sünden bleibt; für solchen beständigen Willen, Sünde zu tun, sollen sie auch beständige Pein leiden.

Mangel an Hoffnung ist zwiefacher Art. Die erste ist Hoffnungslosigkeit auf die Gnade Gottes; die andere ist, zu denken, daß man nicht länger im Guten ausharren könne. Die erste Hoffnungslosigkeit kommt daher, daß man wähnt, man habe so schwer und so oft gesündigt und so lange in Sünden gelegen, daß man nicht errettet werden könne. Gewiß, gegen diese verfluchte Hoffnungslosigkeit sollte man denken, daß die Passion Jesu Christi stärker ist, uns zu lösen, als es die Sünde ist, uns zu binden. Gegen die zweite Hoffnungslosigkeit soll man denken, daß, so oft man fällt, man sich auch ebensooft durch die Beichte wieder erheben kann; und ob man noch so lange in Sünden gelegen hat, die Gnade Christi ist immer bereit, uns aufzunehmen und zu verzeihen. Gegen jene Hoffnungslosigkeit, nicht länger im Guten ausharren zu können, soll man denken, daß die Schwachheit des Teufels nichts vermag, wenn der Mensch es nicht dulden will; und er wird auch Stärke durch die Hilfe Jesu Christi finden und seiner ganzen Kirche und durch den Schutz von Engeln, wenn er will. Dann sollen die Menschen verstehen, was die Frucht der Buße ist; und nach den Worten Jesu Christi ist sie die endlose Seligkeit des Himmels, wo Freude den Gegensatz von Leid und Kummer nicht kennt. Dort sind alle Leiden des gegenwärtigen Lebens vorbei; dort ist Sicherheit vor den Strafen der Hölle; dort ist die segensvolle Gemeinschaft, die sich an der Freude anderer immerdar erfreut; dort scheint der Menschenleib, der einst garstig und dunkel war, heller denn die Sonne; dort ist der Leib, der einst gebrechlich, krank, schwach und sterblich war, unsterblich und so stark und kräftig, daß ihm nichts widerfahren kann; dort ist weder Hunger noch Durst noch Kälte, sondern jede Seele wird erfüllt durch den Anblick und das vollständige Schauen Gottes! Dieses Segensreich können die Menschen durch geistige Armut erkaufen; die Herrlichkeit durch Niedrigkeit; die Überfülle der Freude durch Hunger und Durst und die Ruhe durch Arbeit und das Leben durch den Tod und der Ertötung der Sünde.

Chaucers Abschied

Nun bitte ich alle, welche diese kleine Abhandlung hören oder lesen, daß sie, falls sie etwas darin finden, was ihnen gefällt, dafür unserm Herrn Jesus Christus danken, von welchem aller

Witz und alle Frömmigkeit kommt; und wenn etwas darin ist, das ihnen mißfällt, so bitte ich gleichfalls, daß sie es meiner Unwissenheit zur Last legen und nicht meinem Willen, da ich mich besser ausgedrückt haben würde, wenn ich es vermocht hätte; denn unser Buch sagt, daß alles, was geschrieben ist, uns zur Lehre geschrieben sei; und dieses ist meine Absicht. Deshalb ersuche ich Euch demütig, um der Gnade Gottes willen, für mich zu beten, daß Christ Gnade mit mir habe und mir meine Schuld vergebe und insbesondere meine Übersetzungen und Dichtungen weltlicher Eitelkeit, welche ich in meinen Widerrufen zurücknehme, wie das Buch von Troilus, ebenso das Buch der Fama, das Buch der fünfundzwanzig Damen, das Buch von der Herzogin, das Buch vom St. Valentinstage des Parlaments der Vögel, die Erzählungen von Canterbury, insoweit sie nach Sünde schmecken, das Buch vom Löwen und manches andere Buch, wenn es mir im Gedächtnis wäre, und manchen Gesang und manches liederliche Lied – Christ in seiner großen Gnade vergebe mir die Sünde. Aber für die Übersetzung des Boethius »Von der Tröstung« und andere Bücher von Heiligenlegenden, Homilien, andächtigen und moralischen Inhaltes, danke ich unserm Herrn Jesus Christ und seiner segensreichen Mutter und allen Heiligen im Himmel, indem ich sie bitte, mir fortan bis zu meinem Lebensende die Gnade zu senden, meine Schuld zu beklagen und mich um das Heil meiner Seele zu bemühen und mir die Gnade wahrer Buße, Beichte und Genugtuung in diesem gegenwärtigen Leben zu gewähren durch die gütige Gnade dessen, der König der Könige, Priester aller Priester ist, welcher uns durch sein teures Herzblut erkaufte, so daß ich am letzten Tage des Gerichtes einer von denen sein möge, die errettet werden; qui cum Deo patre et Spiritu sancto vivis et regnas Deus per omnia secula. Amen!

Anmerkungen

Die Zahlenangaben beziehen sich auf die Verse der jeweiligen Erzählung.

Der Prolog

8 f.   Nach Angabe des Wirtes in der Einleitung zur Erz. des Rechtsgelehrten (V. 5) verließen die Pilger am 28. oder nach der Lesart der besseren Manuskripte am 18. April Southwark, um
ihre Wallfahrt nach Canterbury anzutreten. In der zweiten
Hälfte des Aprils stand aber die Sonne bereits im Zeichen des
Stiers. Die beiden Verse sind daher so zu verstehen, daß die
Sonne ihren halben Lauf im Monat April vollendet gehabt
habe, d. h. denjenigen Teil, welcher noch in das Zeichen des
Widders fiel.

20   Der Gasthof zum »Tabard« war zu Chaucers Zeiten ein besuch-
tes Wirtshaus in Southwark. Er scheint ein Teil von einem größeren Gebäude gewesen zu sein, welches der Abt von Hyde laut
einer Schenkungsurkunde vom Jahre 1306 von William de
Ludgersale überwiesen erhielt (Tyrwhitt I, S. 77). Wegen seiner unmittelbaren Lage an oder neben dem Gebäude des Abtes
wurde es vermutlich auch »Tabard bei der Glocke« genannt
(vgl. V. 721).

51   Alexandrien wurde durch Peter von Lusignan 1365 erobert.
Nach Tyrwhitt (II, S. 394) wird die Anwesenheit englischer Ritter von Walsingham bezeugt.

54   An den Kämpfen des deutschen Ordens in Preußen und Liv-
land nahmen viele englische Ritter teil, unter anderen der Herzog von Gloucester, jüngster Sohn Eduards III. und Graf Hen-

ry Derby, der nachmalige König Heinrich IV. (Furnivall bei Warton II, S. 374).

56 f. Auch bei der Einnahme von Algesir 1344 fochten englische Ritter (Tyrwhitt II, S. 395).

57 Belmarie oder Belmaria, nach Froissart (IV, Kap. 23) ein Königreich in Nordafrika.

58 Layas in Armenien wurde 1367 und Satalia in Pamphylien 1352 von Peter von Lusignan, König von Zypern, erobert.

59 Das »große Meer« ist das mittelländische. Auch andere Schriftsteller, z. B. Mandeville und Dante, legen ihm diesen Namen bei.

62 Tramissene, nach Froissart (IV, Kap. 23) ein Königreich in Nordafrika.

63 Pallatia oder Palathia, ein den Türken tributpflichtiger Vasallenstaat unter christlichen Herrschern in Anatolien. Die »anderen Heiden« beziehen sich daher nicht auf den Beherrscher von Pallatia, sondern auf die Mauren, welche der Ritter in seinen drei Turnieren zu Tramissene erschlug.

100 »Am Herrentisch durft' er den Braten schneiden«, engl. *and carf before his fader at the table*, eine besondere Auszeichnung, welche nur den angesehensten Junkern zuteil wurde (vgl. Erz. d. Büttels, V. 579 und Erz. d. Kaufmanns, V. 559).

101 Mit »Knappe« ist hier das englische Wort *yeoman* übersetzt. Dieser Titel wurde nicht nur den angesehensten Dienstleuten, sondern auch allen Bürgerlichen gegeben, welche auf denjenigen eines *clerc* oder *squire* keinen Anspruch machen konnten.

115 Ein Silber-Christoph war die silberne Medaille des heiligen Christophorus, welche nach allgemeinem Volksglauben gegen die Pest, gewaltsamen Tod, plötzlichen Schreck und Gefahren zur See das beste Schutzmittel war. Das Statut Eduards III. aus dem Jahre 1363 (Tyrwhitt II, S. 397), welches den Dienstleuten vom Range eines *yeoman* das Tragen silberner Schmucksachen verbot, begriff vermutlich silberne Heiligenmedaillen und Amulette nicht mit ein.

120 St. Eligius (engl. *St. Loy*) war der 695 gestorbene Bischof von Noyon, der als Schutzpatron der Schmiede verehrt wurde (vgl. Erz. d. Bettelmöches, V. 301).

124   Unter »Französisch von Stratford atte Bow« verstand Chaucer höchst wahrscheinlich das landläufige Französisch, wie es die Klassen angelsächsischer Abkunft sprachen, deren Aussprache von der des normannischen Adels, bei welchem Französisch die Familiensprache war, wohl bedeutend abstechen mochte. Dieser Ausdruck war entweder zu Chaucers Zeiten schon gang und gäbe oder wurde durch ihn populär gemacht; denn noch 1586 bezeichnet Ferne in seinem *Blazon of Gentrie* das Kauderwelsch der Heraldik als »Französisch von Stratford at Bow« (s. Morris I, S. 115).

127-33   Dem *Roman de la Rose* (V. 14178-99) nachgebildet.

136   Im Original: *Ful semely after hire mete she raught.* Die deutsche Übersetzung dürfte daher sehr gewagt erscheinen. Indessen ist die Partizipialform *reeching* in der Bedeutung von »Würgen« noch in Gebrauch, während *to reech after* anstatt *to reech for* in seiner Bedeutung »nach etwas langen« weder an irgendeiner anderen Stelle bei Chaucer noch sonst bei älteren Schriftstellern anzutreffen ist. Nachdem das Benehmen der Priorin *at mete* geschildert ist, dürfte ihr Verhalten *after hire mete* gleichfalls zur Sprache kommen. Alsdann könnte aber *raught* schwerlich einen anderen Sinn haben als den in der Übersetzung angenommenen. Chaucer pflegt sich außerdem, wie jeder echte Dichter, in der Schilderung von Charaktereigentümlichkeiten zu steigern, so daß es kaum denkbar erscheint, daß er hier seine Beschreibung von dem Benehmen der Priorin bei Tisch so lahm hätte schließen und vorher Gesagtes nochmals hätte wiederholen können. Außerdem war das Rülpsen nach dem Essen zu Chaucers Zeiten ein ebenso üblicher Brauch wie noch gegenwärtig in Spanien, wenn es auch nicht, wie bei den Arabern, zu den unerläßlichen Höflichkeitsbezeugungen der Tischgenossen zählen mochte.

163 f.   Tyrwhitt hegt gegen die Echtheit dieser Verse Bedenken. Wenn er die Kaplanin-Nonne aus dem Grund beanstandet, weil nach Ordnung der römischen Kirche kein Frauenzimmer die Priesterweihe empfangen und den Posten eines Kaplans bekleiden kann, so mochte Chaucer dagegen wissen, daß

169 f. nichtsdestoweniger mit diesem Titel die vertraute Gehilfin der Priorin von ihren Mitschwestern beehrt wurde.

169 f.   Die Zügel des Pferdes, auf welchem der Mönch ritt (nicht die Sporen, wie irrtümlich gedruckt und später berichtigt ist), klirrten im Wind, da sie nach zeitläufiger Mode mit Schellen geziert waren. Vincent de Beauvais schreibt (*Spec. hist.* XXX, Kap. 38; nach einer Randnote bei Warton II, S. 160), indem er sich über die bestickten, vergoldeten oder mit Silber beschlagenen Zügel der Tempelherren tadelnd ausspricht: »... *atque in pectoralibus campanulas infixas magnum emittentes sonitum ad gloriam eorum et decorem.*« Auch Wyclif gedenkt der schellenbehängten Zügel der Priester, und in der Romanze *Richard, Coeur de Lyon* heißt es: »*His couper heen all ful of belles / And hys peytral and hys arsoun; / Three mile mygh men here the soun.*« Zur Wallfahrt nach Canterbury wurden außerdem die Pferde mit sogenannten Canterbury-Schellen oder *campanulae Thome* geschmückt.

172   Der Mönch wird im Original *keeper of the celle* genannt. Er konnte daher kein Aufseher über die Klosterzellen sein, sondern das Wort *keeper* muß in seiner ursprünglichen Bedeutung als Bewohner oder Inhaber einer Zelle aufgefaßt werden. Möglicherweise war er aber der Administrator (*keeper*) einer abgelegenen Klosterdomäne (*cella*), denn nur so läßt sich füglich der Umstand erklären, daß er imstande war, Pferde, Hunde und eigene Tafel zu halten und sich an den Freuden der Jagd zu ergötzen. Sein Aufenthalt außerhalb des Klosters geht außerdem aus den Versen 173-182 hervor.

173   Die Ordensregeln des heiligen Benedikt verbreiteten sich nach dem 543 erfolgten Tod desselben vom Monte Casino aus rasch über alle Mönchsklöster des Abendlandes. St. Maurus, Abt von Glanfeuil († 584), war ein Schüler und Freund des heiligen Benedikt.

179 ff.   Chaucer spielt hier auf das geflügelte Wort an, welches bald dem Papst Eugen, bald Gregor und bald Gratian zugeschrieben wird: *Sicut piscis sine aqua caret vita, ita sine monasterio monachus.* Im Original lauten die drei Verse: / »*Ne that a monk whan he is rekkeles / I like to a fish that is waterles, / This is to say a*

monk without a cloistre.« Da *rekkeles* (unbekümmert, sorglos)
ein Eigenschaftswort ist, welches sich nicht lediglich auf klö-
sterliche Mönche anwenden läßt, so schlägt Tyrwhitt vor (II,
S. 399) dafür *regheles* zu lesen, wie dieses auch die Übersetzung
in etwas freier Wendung getan hat. Vermutlich heißt aber *rekkeles* hier »genossenlos« oder »einzeln lebend«, denn *rekke* in
der Bedeutung von »Gefährte« oder »Kumpan« ist in gleichzei-
tigen Schriften zu finden (z. B. *Gamelyn* bei Morris II, V. 881).

187   St. Augustin (Augustinus), der größte aller Kirchenväter, *doctor egregius* und Bischof von Hippo († 430), der Verfasser des
Werkes *De civitate Dei* und des Buches *De labore Monacho-
rum*, in welchem letztern er genugsam zur Tätigkeit und Arbeit
ermahnt.

193   Die Verbrämung der Kutten mit Pelzwerk war eine beliebte
englische Mönchsmode, welche sich trotz wiederholter Verbote bis zur Reformation erhielt. Von dem Mönch der Canterbury-Erzählungen hat Sir Walter Scott für seinen Prior von Jor-
vaulx nebst anderen Zügen auch die pelzverbrämte Kutte
entlehnt (*Ivanhoe*, Kap. II).

208   Als Gegenstück zu dem vornehmen Benediktiner-Mönch tritt
ein Bruder aus der von Chaucer tief verachteten und vielge-
schmähten Zunft der Bettelmönche auf. Es ist indessen zu be-
achten, daß weder Chaucer noch spätere englische Schriftsteller diesen Bettelbrüdern jemals den Namen von »Mönchen«
beilegen. Sie werden von ihnen *freres*, *friars* oder *mendicants*
genannt, auch bisweilen nach den ihnen zugewiesenen Limita-
tionen oder Bettelbezirken *limitours*.

210   D. h. den vier Bettelorden der Franziskaner, Karmeliter, Do-
minikaner und Augustiner.

220   Der Bettelbruder war Lizentiat seines Klosters, d. h. er hatte
die Lizenz, in einem bestimmten Bezirk (*limitation*) zu betteln,
wofür er dem Kloster eine bestimmte Rente zu zahlen hatte
(vgl. V. 251 ff.).

236   Das Instrument war eine *rote*, welche nach Notker unter dem
Namen *rotha* als eine Art von Psalterium, von Sir Walter Scott
aber wohl mit größerem Recht als eine Drehklimper beschrieben wird.

255   Mit den Worten *in principio* beginnt sowohl das 1. Buch Mose
        als auch das Evangelium des Johannes. Nach dem Zusammen-
        hang des Verses scheint es einer der Sprüche gewesen zu sein,
        welche während des Offertoriums verlesen wurden.

260   Friedenstage, engl. *Lovedays*, wurden diejenigen Tage ge-
        nannt, welche zur gütlichen Vermittlung geringfügiger Strei-
        tigkeiten angesetzt waren.

279   Von Middelburg auf der Insel Walchern bis Orewell in der Graf-
        schaft Essex an der Mündung der Ore war die kürzeste Über-
        fahrtslinie von der Scheldemündung nach England. Der
        Wunsch des Kaufmanns, daß die See etwas unbewachter sei,
        bezieht sich wohl nicht auf seine Neigung zum Schmuggelhan-
        del, sondern auf seine Abneigung, das sogenannte Pfund- und
        Tonnengeld für die oft nur nominelle Bewachung der See zu
        bezahlen.

280   Die welschen Taler, fr. *écus*, engl. *sheldes*, führten auf dem Re-
        vers einen Schild, von welchem sie ihren Namen in beiden
        Sprachen erhielten.

311   Der Rechtsgelehrte wird von Chaucer ein *sergeant of the law*
        genannt, welches mit »Justitiar« übersetzt ist, da es bei der Ver-
        schiedenheit der deutschen Rechtsinstitutionen keinen ent-
        sprechenden Ausdruck für diesen Würdenträger unter den
        englischen Juristen gibt. Die *sergeants at law* wurden von der
        Krone aus der Zahl der höheren Anwälte ernannt und entweder
        als die Sachwalter der Krone verwandt oder mit den Funktio-
        nen von Richtern betraut.

312   Mit »Rechtsparkett« ist das englische *paruis* übersetzt. *Parvis*
        oder *paradeisus* bezeichnet den Vorhof oder Quadriporticus
        einer Kirche, welcher bei den älteren Basiliken selten zu fehlen
        pflegte. Nach Tyrwhitt (II, S. 606) versammeln sich die Rechts-
        konsulenten zur Besprechung mit ihren Advokaten und Klien-
        ten auf dem Parvis, d. h. vermutlich dem Vorhofe von St. Paul
        oder Westminster. Im Laufe der Zeit dehnte sich aber dieser
        Ausdruck anscheinend auf alle Lokale für öffentliche Bespre-
        chungen und Beratungen aus.

320   Unter Kleider (engl. *robes*) kann zunächst die Amtstracht
        richterlicher Personen verstanden werden. Der Besitz an die-

sen, welche den *sergeants at law* nebenbei von der Krone ge-
liefert wurden, brauchte von Chaucer kaum hervorgehoben
zu werden; Geschenke an Kleidern waren aber in England von
den Zeiten Eduards III. bis zu denjenigen der Königin Elisabeth selbst unter den höheren Ständen allgemein üblich. Der
Justitiar ließ sich daher durch Kleider schmieren. Da *robes*
aber im volkstümlichen Französisch ähnlich wie das deutsche
Wort »Zeug« für allerhand Gut und Ware gebraucht wurde, so
mag sich der Begriff auch zu Chaucers Zeiten sehr wohl über
die eigentlichen Bekleidungsgegenstände hinaus erstreckt
haben.

321 Im Englischen besitzt das Wort *fee simple* einen unübersetzba-
ren Doppelsinn. Es kann sowohl eine »simple Spese« als ein
Freilehn (*fee simple* oder *fee absolute*) bedeuten, welches im
Gegensatz zum beschränkten Lehen (*fee conditionel* oder *fee
tail*) dem Inhaber keine weitere Verpflichtungen dem Lehns-
herrn gegenüber auferlegt.

326 König »Will« ist Wilhelm der Eroberer.

333 Der Gutsherr oder Freisaß (V. 361) wird von Chaucer *a fran-
kelein* oder (V. 366) *a vavasour* genannt. Hierunter sind zunächst die angelsächsischen Edelinge zu verstehen, welche
nach der normannischen Eroberung im Besitz ihrer Güter ver-
blieben waren. Später dehnte sich die Bezeichnung auf alle
größeren Grundeigentümer aus, deren Besitz kein Kronlehen
war.

340 Boethius, *De cons. Phil.* III, 2: »*Quae quidem sola considerans
Epicurus, consequenter sibi summum bonum voluptatem esse
constituit.*«

342 Unter den zehn Kalenderheiligen, welche den Namen St. Julian führen, ist hier derjenige verstanden, welcher im Mittelalter
als Schutzpatron der Pilger galt und die Tugend der Gastfreiheit personifizierte (*Leg. aur.*, Kap. XXX, 4).

372 Die Säle der Edelleute und die Gildehallen hatten zu Chaucers
Zeiten meistens nur einen gepflasterten oder aus Lehm ge-
stampften Flur. Der hintere Teil enthielt indessen einen er-
höhten Fußboden oder »Thronsitz«, den sogenannten *dais*, wo
die vornehmeren Personen ihren Platz nahmen.

431   Dioscorides, griechischer Arzt, geb. zu Caesarea Augusta in Kilikien im 1. Jahrhundert n. Chr. Verfasser des Buches *De materia medica*.

432   Äskulap, der Sage nach Sohn des Apollo und der Koronis und Vater der Hygiea, der von dem Zentauren Chiron in der Heilkunde unterrichtet wurde, nach mittelalterlicher Auffassung aber eine zweifellose historische Koryphäe der Heilkunst. – Hippokrates, geb. 460 n. Chr. auf Kos als Sohn des Arztes Heraklides. Er wirkte auf der Insel Thasos und zu Larissa und nimmt als Verfasser zahlreicher medizinischer Schriften einen hohen Rang unter den Autoren der Heilkunde ein.

433   Rufus, griechischer Arzt aus Ephesus, ca. 100 n. Chr., schrieb verschiedene Werke, von denen aber nur Fragmente übrig sind. Hali, auch Abbas und *simia Galenis* genannt, ein arabischer Arzt des 11. Jahrhunderts; Kommentator des Galen und als »Königlicher Philosoph« von den Alchimisten hoch gefeiert. Rasis, Rhazes oder Razi, eigentlich Abubekr Muhamed Ebu Zakaria ar Razi, der sog. Galen der Araber, verfaßte 10 Bücher, welche er dem Fürsten Almansor Ebu Ischab widmete, weshalb sein Werk später den Namen *Almansor* erhielt. Avicen oder Avicenna, arab. Arzt, geb. 980 zu Ispahan, † 1036 n. Chr.; Haupt der philosophischen Schule des Morgenlandes; sein rechter Name war Ibu Sina; er ist der Verfasser des *Kanun*.

434   Claudius Galenus, geb. 131 n. Chr. zu Pergamus, Arzt und medizinischer Schriftsteller, neben Hippokrates die größte Autorität des Mittelalters. Johannes Serapion, arab. Arzt des 11. Jahrhunderts, schrieb ein Werk über die praktische Medizin. Damascen, recht Johannes Chrysorrous aus Damaskus, lebte ca. 700 n. Chr. als Mönch im Kloster Saba bei Jerusalem; als theologischer und medizinischer Schriftsteller bekannt.

435   Averrhoes oder Ibu Roschd, arab. Arzt und Philosoph, geb. 1149 zu Cordora, † 1200 zu Marokko, Übersetzer und Erklärer des Aristoteles und Haupt der abendländischen philosophischen Schule. Er verfaßte ein medizinisches System unter dem Titel *Kulligal*. Konstantinus Afrikanus, geb. zu Karthago, Sekretär eines Kalifen, flüchtete ca. 1068 n. Chr. nach Salerno

und wurde Mönch im Kloster Monte Cassino. Er war der Verfasser des berühmten und berüchtigten Buches *De coitu*.

436   Bernardo de Gordonia, ca. 1300 n. Chr., Professor in Montpellier, schrieb *Lilium medicum*, auch *Practica Gordone* genannt, und verschiedene andere Werke. Johann von Gatisden, Leibarzt Eduard III., berühmt unter der Chaucer unmittelbar vorhergehenden Generation, schrieb die *Rosa medica* und eine Abhandlung über Scropheln. Gilbertin, vermutlich Gilbertus Anglicus, welcher im 13. Jahrhundert ein Werk *Practica et compendium medicinae* schrieb.

450   Gent und Ypern waren durch ihre Wollmanufakturen im Mittelalter hochberühmt.

452   Die gegenseitige Handreichung bei der Trauung, das Symbol der bürgerlichen Eheschließung, wurde in England früher nicht vor dem Altar, sondern in der westlichen Vorhalle nahe der Kirchentür vollzogen.

470   Ziegenzähnig, engl. *gat-*, *gap-* oder *cat-tothed*, vermutlich eine Korrumpierung von *goat-tothed*. Der Ausdruck ist noch in einigen Gegenden unterm Volk für Personen üblich, welche auffallend lange Oberzähne haben. Er scheint bei Chaucer als ein Merkmal der Lüsternheit zu gelten.

512   Im Dom von St. Paul waren 54 Priester für das Ablesen von Seelenmessen angestellt (Tyrwhitt II, S. 552).

544   Mit Tafelmeister ist das engl. *manciple* übersetzt. Dieser Titel wurde den Proviantmeistern kollegialischer Genossenschaften beigelegt, welche eine gemeinsame Tafel führten. Der Büttel, engl. *sompnour* (von *summon*, d.h. vorladen), war kein gewöhnlicher Büttel, sondern derjenige eines Erzdekans. Er hatte die Delinquenten und Parteien vor das geistliche Gericht zu laden und über die Vergehen gegen die Sittlichkeit zu wachen. Der Verwalter, engl. *reve* oder *reeve*, ist der Rentmeister, Agent oder Verwalter eines größeren Grundbesitzes und wird gegenwärtig in England mit dem Namen *steward* belegt.

550   Das Ausspielen von Hammeln bei körperlichen Wettübungen war ein alter Gebrauch unter den niederen Volksklassen, welcher sich auch in Deutschland noch bis auf den heutigen Tag erhalten hat.

562   »Golarden« oder »Goliarden« war im Mittelalter ein Gattungs-
name für alle Erzähler und Liebhaber von burlesken Schimpfe-
reien und unflätigen Späßen, durch welchen dieselben als Jünger und Nachahmer des pseudonymen Versemachers *golias*
gekennzeichnet wurden. Unter dem Namen »Golias« sind zahlreiche Pamphlete über die Verderbnis der Geistlichkeit und
den verwahrlosten Zustand der Kirche bekannt, welche in ge-
reimten, burlesken, lateinischen Versen von verschiedenen
Autoren verfaßt, aber wegen der Ähnlichkeit ihres Inhaltes allgemein auf den Schreiber der *Apocalypsis Goliae* übertragen
sind. Angeblich, aber höchst unwahrscheinlicherweise steckt
hinter dem Pseudonym Golias der Kanonikus von Salisbury
und spätere Erzdekan von Oxford, Gualterus Mapes, welcher
am Ende des 12. Jahrhunderts lebte. Ein Verzeichnis der unter
dem Namen Golias ihm zugeschriebenen Gedichte ist in Leyser enthalten (S. 776 f.).

565   Der goldene Müllerfinger ist eine Anspielung auf das altengli-
sche Sprichwort *Each honest miller has a thumb of gold*. Pardi
(anstatt *par dieu*) ist ein Ausruf, der sich in den Canterbury-
Erzählungen und anderen Dichtungen Chaucers unzählige
Male wiederholt. Er muß zu jener Zeit in England ein allgemein gebräuchlicher Schwur gewesen sein, wie er noch gegenwärtig in Frankreich in der minder gewählten Konversations-
sprache bis zum Überdruß zu hören ist. Da er sich seit 1870
mehr oder minder auch in Deutschland eingebürgert oder wenigstens doch seinen fremdländischen Klang verloren hat, so
ist er in der Übersetzung auch gelegentlich beibehalten worden.

569   Mit dem Wort »Tempel« wurde das Kollegialgebäude einer ju-
ristischen Genossenschaft bezeichnet, seitdem nach der Un-
terdrückung des Tempelordens in England im Jahre 1312 dessen Palast in London den Jüngern der Themis eingeräumt
worden war. Da zur Erlangung juristischer Würden der Nach-
weis erforderlich war und noch gegenwärtig ist, im Tempel eine bestimmte Anzahl von Mahlzeiten eingenommen zu haben,
so spielt der Tafelmeister oder *manciple* keine unwichtige Rolle in diesen Etablissements.

648   In den älteren englischen Gerichtsurteilen pflegte nach Darle-
       gung des Tatbestandes das Rechtsgutachten unter der Über-
       schrift »*Questio quid juris?*« zu folgen (Tyrwhitt II, S. 409).

664   Die Exkommunikationsdekrete begannen in der Regel mit
       dem Wort *Significavit* (Tyrwhitt, S. 409).

669   Ein großer Kranz an einer Stange war das gewöhnliche Aus-
       hängeschild eines Bierhauses, wie solches noch gegenwärtig in
       einigen Gegenden üblich ist.

672   Da uns Chaucer in seinen Canterbury-Erzählungen keine kos-
       mopolitische Gesellschaft, sondern ausschließlich Engländer
       vorführt, so ist es selbstverständlich, daß der Ablaßkrämer
       nicht in Roncevall in Navarra geboren, noch Mitglied des dor-
       tigen Hospizes sein konnte. Tyrwhitt (II, S. 469) führt ein Hos-
       pital *Beata Maria de Rouncyvalle* in Charyng bei London und
       ebenso eine *Runceval-Hall* in Oxford an. Aller Wahrschein-
       lichkeit nach war daher der Ablaßkrämer der Laienbruder ei-
       ner geistlichen Genossenschaft dieses Namens; denn daß er
       kein Priester, Mönch oder Bettelbruder sein konnte, geht aus
       der Anm. zu V. 710 hervor.

688   Ein Vernickel war das auf Zeug gemalte Abbild des Heilandes
       nach dem Muster des Taschentuches der heiligen Veronika.
       Nach einer Legende (*Leg. aur.*, Kap. 103, *De passione Domini*)
       wurde dem Erlöser das schweißtriefende Antlitz auf seinem
       Kreuzgange nach Golgatha von einem mitleidigen Weibe mit
       ihrem Taschentuche getrocknet, auf welches sich dann sofort
       die Züge des Herrn abprägten. Dieses Bildnis wurde *vera inco-
       nica* genannt, woraus der Name Veronika entstand, welchem
       der Volksmund später das Prädikat der Heiligkeit beilegte. Das
       Taschentuch der Veronika wird in Rom, Paris, Lâon und Xaen
       in Andalusien aufbewahrt. Dasjenige in Rom war am bekann-
       testen und berühmtesten. Für den Ablaßkrämer war daher das
       öffentliche Zurschautragen eines Vernickels gewissermaßen
       ein Beglaubigungsschreiben, daß er direkten Weges von Rom
       komme.

710   Engl.: *He was in chirche a noble ecclesiast.* Das letztere Prädi-
       kat scheint hier nicht in dem Sinne eines »geistlichen Wür-
       denträgers«, sondern in demjenigen eines »trefflichen Kan-

zelredners« gebraucht zu sein; denn daß der Ablaßkrämer nicht zur Geistlichkeit zählte, geht aus den Versen 11 u. 63 der Erz. d. Ablaßkrämers klar hervor. Das einträgliche Geschäft des Ablaßhandels wurde, wie zahlreiche dagegen erlassene Verbote beweisen, auch von Laien betrieben, und wohl nicht ohne Absicht hat Chaucer den Repräsentanten der Ablaßkrämerei der anrüchigsten Gattung derselben entnommen.

721   Der Kittel des Bauers wird von Chaucer *tabard* genannt und dürfte daher hier einen ärmellosen Rock im allgemeinen bedeuten. Ursprünglich hieß *tabard* ein Heroldsrock, und von diesem empfing auch der Gasthof in Southwark vermutlich seinen Namen.

744   Diese Sentenz wurde von Chaucer nicht unmittelbar dem Plato, sondern dem Boethius entlehnt: »... *cum Platone sanciente didiceris, cognatos de quibus loquantur rebus oportere esse sermones.*« (*De cons. Phil.* III, 12)

756   Wenn der Wirt vom Tabard dem besten Bürger von Chepe gleichgestellt wird, so zollt ihm Chaucer dadurch kein geringes Kompliment. Chepe, d. h. Cheapside war von der Zeit Eduards I. bis zum Londoner Brand im Jahre 1666 das beliebteste und vornehmste Stadtviertel Londons. Hier lagen die Häuser und Läden der Tuch- und Seidenhändler, und der Handel mit den Waren der Textilindustrie galt als der angesehenste und lohnendste der damaligen Zeit. Auch der Adel, die Hofleute, die Gelehrten und die Künstler suchten mit Vorliebe in Chepe ihr Quartier.

828   St. Thomas-Schwemme, engl. *watering of St. Thomas*, zwei englische Meilen von Southwark auf dem Weg nach Canterbury.

Die Erzählung des Ritters

40   Vgl. Boccaccio, *Teseide* II, Str. 25, V. 4. Bei den zahlreichen Entlehnungen aus der *Teseide* beschränken wir uns darauf, für die betreffende Parallelstelle in der letzteren nur Buch, Stanze

und Vers anzugeben, und müssen dem Leser die nähere Vergleichung überlassen.

47	Boccaccio, *Tes.* II, Str. 26, V. 2 f.
51	Boccaccio, *Tes.* II, Str. 28, V. 1 ff.
74–78	Boccaccio, *Tes.* II, Str. 28, V. 5 ff.
87	Boccaccio, *Tes.* II, Str. 31, V. 3.
89	Boccaccio, *Tes.* II, Str. 31, V. 8.
96	Boccaccio, *Tes.* II, Str. 36, V. 6.
97	Boccaccio, *Tes.* II, Str. 43, V. 4.
114	Vgl. Statius, *Thebais* XII, V. 523: »*Duri Mavortis imago etc.*«
190 f.	Boccaccio, *Tes.* III, Str. 10, V. 2.
195 ff.	Boccaccio, *Tes.* III, Str. 10, V. 6 ff.
244	Boccaccio, *Tes.* III, Str. 39, V. 8.
245	Boccaccio, *Tes.* III, Str. 14, V. 6.
305	Boethius, *De cons. Phil.* III, 12: »*Quis legem det amantibus? / Major lex amor est sibi.*«
333	Pirithous, ein Sohn des Irion und der Dia, Beherrscher der Lapithen und Gemahl der Hippodamia, war der Busenfreund des Theseus, welchen er in die Unterwelt begleitete, um die Proserpina mit Gewalt dem Pluto zu entreißen. Die Tat mißlang, indem Pluto beide in Fesseln schlug. Theseus wurde später durch Herkules befreit, während Pirithous von Pluto zurückbehalten wurde. Auf diesen Umstand spielt Chaucer mit V. 340–43 in etwas dunkler Weise an.
366	Chaucer mischt mit noch größerer Unbesonnenheit als Hans Sachs und Shakespeare heidnische, christliche, antike und mittelalterliche Anschauungen, Gegenstände und Bräuche bunt durcheinander. Hier läßt er Arcit vom Fegefeuer sprechen; in V. 189 u. 643 verlegt er die englischen Maifeste nach Athen; in V. 1264 rüstet er die griechischen Helden mit preußischen Schilden aus, und in V. 2037 mit türkischen Bogen usw.
386	Boethius, *De cons. Phil.* III, 2: »*... sed velut ebrius domum quo tramite revertatur ignorat ...*«
444	Ovid, *Met.* IV, V. 134 f.: »*... oraque buxo Pallidiora gerens ...*«
471 f.	Der Haß Junos gegen das Kadmeische Königshaus, über welchen hier Palamon und in V. 685–88 auch später Arcit klagt,

	wurde durch ihre Eifersucht auf Europa veranlaßt und durch die Gunst, welche Jupiter der Semele und Antiope schenkte, aufs neue angeregt. Auch in der *Teseide* wird dieser Umstand von den beiden Thebanern mehrfach betont (III, Str. 66; IV, Str. 14, 16, 17; V, Str. 5, 6 usw.).
504	Boccaccio, *Tes.* IV, Str. 27, V. 1 ff.
505	Boccaccio, *Tes.* IV, Str. 27, V. 7 f.
529	Ovid, *Met.* I, V. 671 f.: »*Parva mora est alas pedibus virgamque potenti / Sumniferam sumpsisse manu, tegumenque capillis.*«
635 f.	Dante, Purg. I, V. 20 f.: »*Lo bel peaneta ch' ad amar conforta / Faceva tutto rider l'oriente.*«
664	»*Campus habet lumen et habet nemus auris acumen.*« (Randb. d. Mskr. Nr. 6420 der Bodl. Bibliothek; Tyrwhitt II, S. 414)
695	Boccaccio, *Tes.* IV, Str. 85, V. 5 f.
702 f.	Boccaccio, *Tes.* IV, Str. 17, V. 2 ff.
780–84	Dante, Inf. XIII, V. 112 ff.: »*Similimente a colui che venire / Sente 'l porco e la caccia alla sua posta, / Ch' ode le bestie e le frasche stormire.*« Dasselbe Bild ist auch von Boccaccio (*Tes.* VII, Str. 119) Dante entlehnt.
805	Dante, Inf. VII, V. 77: »*Ordinò general ministra e duce.*« Zwar enthält die *Teseide* (VI, Str. 1) auch die Worte *L' alta ministra del Mondo Fortuna*, doch in einem anderen Zusammenhang (vgl. ten Brink, *Chaucer-Studien*, S. 41 ff.).
810 f.	Boccaccio, *Tes.* V, Str. 77, V. 1 f.
903	Dante, Inf. V, V. 100: »*Amor ch' al cor gentil ratto s'apprende.*«
971	Boccaccio, *Tes.* V, Str. 96, V. 2 f.
977	Boccaccio, *Tes.* V, Str. 95, V. 7 f.
992	Engl.: *And this day fifty wekes, ferre ne nere.* Unter dieser Umschreibung ist übereinstimmend mit der *Teseide* (V, Str. 98, V. 7 f.) genau ein volles Jahr verstanden; denn der Zweikampf zwischen Arcit und Palamon fand am 4. Mai (V. 604), und zwar am ersten Sonnabend d. M. statt (V. 676), und zum Massenturnier trafen die beiden Vettern im Monat Mai an einem Sonntag in Athen ein (V. 1351 u. 1625–29). Am ersten Sonntag dieses Monats war aber genau ein volles Jahr verflossen. Die Einteilung des Jahres in 50 Mondwochen anstatt 52 bürgerliche Wochen war bei den Astrologen des Mittelalters durchaus gebräuchlich.

1029 Boccaccio, *Tes.* V, Str. 108, V. 2 f.

1060–108 Eine Beschreibung des Venusgartens hatte Chaucer bereits früher in engem Anschluß an die Stanzen 51–66 des 7. Buches der *Teseide* im *Parlament der Vögel* gegeben. Dies mag ihn veranlaßt haben, sich hier weniger genau an sein Vorbild zu halten. Boccaccio schildert den wirklichen Wohnsitz der Göttin; Chaucer wählte hier die undankbarere Aufgabe, die bildlichen Darstellungen an den Tempelwänden zu beschreiben. Diesem Umstand hat er indessen nicht genügend Rechnung getragen. Eigene Zutaten sind: das gelbe Band und der Kuckuck der Eifersucht (V. 1071 f.), Narziß, Salomo, Circe, Medea, Krösus und Turnus (V. 1083–88) und das Bildnis der Venus (V. 1097–108).

1109–192 Auch die Schilderung des Mars-Tempels ist in der *Teseide* (V, Str. 31–39) enthalten, indes von Chaucer durch manche, teilweise höchst geschmacklose Beigaben erweitert worden. Dahin gehören: der Tod des Nero, Julius und Antonius (V. 1173 f.), das Standbild des Kriegsgottes mit Rubeus und Puella und dem rotgeäugten Wolf (V. 1183–90), der Beutelschneider (V. 1140), das Wiegenkind (V. 1161), der erwürgte Jäger (V. 1160), der verbrühte Koch (V. 1162), die Panzerschmiede und Bogenschnitzer Tyrwhitts, *rectius* Barbiere und Schlachter der Manuskripte (V. 1167), und der überfahrene Kärrner (V. 1164). Ob Chaucer dabei in völliger Unbefangenheit verfuhr, ob er vermittelst solcher Beispiele die Erzählung für die Pilger gröberen Schlages derber pfeffern wollte oder ob er – seinem Hang zu schalkhafter Selbstironie folgend – seine Nachahmung der pomphaften Schilderung Boccaccios spottend abzuschwächen gedachte, mag eine offene Frage bleiben.

1147 ff. Im Original: *»The sleer of himself yet saw I there, / His herteblood hath bathed all his here; / The naile ydriven in the shode on hight.«* Der Sinn dieser drei Verse ist anscheinend: Ich sah dort den Selbstmörder, dessen Herzblut all seine Kleidung (lies *gere* anstatt *here*) badete; und ferner jemanden, dem während der Nacht (lies *a-night*, anstatt *on hight*) ein Nagel in den Kopf getrieben war. Auf diese Weise tötete Jael den Sissera (Ri 4,21). Dieses Mordverfahren, welches auch vom Weib von

Bath (dort V. 769) erwähnt wird, ist aber gegenwärtig so außer Gebrauch, daß die Übersetzung vorgezogen hat, den Besitzer des vernagelten Kopfes zugunsten des Selbstmörders zu opfern und den letztern – durch eine freilich sehr gewaltsame Emendierung des Textes – sich im Todeskrampf mit den vom Herzblut befleckten Nägeln seiner Finger in das Haar krallen zu lassen.

1193–230 Für die Darstellung des Dianatempels, welche keineswegs die schwächste Schilderung ist, läßt sich weder in der *Teseide* noch – soweit mir bekannt – in einer anderen Dichtung das Vorbild finden.

1290 Die weißen Hunde heißen im Originale *Alauns*. Den Griechen war diese Gattung von Wolfshunden kaum bekannt, da dieselbe dem Zeitalter Chaucers angehört, in welchem besonders die Mailänder Zucht dieser Hunde in hohem Ansehen stand.

1346 f. Boccaccio, *Tes.* VII, Str. 99, V. 5 ff.

1359 ff. Bei Anordnung der Stunden, in welchen Palamon, Arcit und Emilia sich zu den Tempeln ihrer Schutzgötter begeben, kann sich Chaucer nicht versagen, ein kleines astrologisches Kunststück einzuschieben, zu dessen Ausführung allerdings von der Reihenfolge abgewichen werden mußte, welche die *Teseide* einhält. Es war ein astrologischer Brauch, den Tag in 24 Planetenstunden einzuteilen, indem man ihn von Sonnenaufgang bis Sonnenuntergang und umgekehrt in je 12 gleiche Teile zerlegte. Die Dauer der Planetenstunden war daher für den Tag wie für die Nacht täglich verschieden. Die erste derselben war stets dem Planeten geweiht, welcher den betreffenden Tag regierte. Für die Planeten, welche die Wochentage regieren, galt die bekannte Ordnung: Sol, Luna, Mars, Merkur, Jupiter, Venus und Saturn. Für die Planetenstunden des Tages war indessen nachstehende Ordnung festgestellt: Sol, Venus, Merkur, Luna, Saturn, Jupiter und Mars. Beginnt man nach dieser letztern von demjenigen Planeten an zu zählen, welcher den betreffenden Tag regiert, so erhält man die Planetenstunden desselben. Beim Sonntag z. B. ist die 1., 8., 15. und 22. Planetenstunde dem Sol, die 2., 9., 16. und 23. der Venus, die 3., 10., 17. und 24. dem Merkur geweiht usw., so daß die erste Planetenstunde des Montags auf die Luna oder auf den Planeten fallen muß, welcher den Tag regiert, wie sich dieses bei fortgesetztem Zählen dann für jeden Wochentag wiederholt. Palamon ging mithin in der Nacht vom Sonntag auf den Montag zur 23. Planetenstunde der Venus, d. h. gegen 3 Uhr morgens zum Tempel dieser Göttin; Emilia bei Sonnenaufgang in der ersten Planetenstunde der Luna zu demjenigen der Mondgöttin Diana, und Arcit etwa 7 Uhr morgens zur 4. Planetenstunde des Mars zum Tempel des Kriegsgottes.

1436   Obwohl der Inhalt der *Thebais* von Statius Chaucer genau bekannt war, wird man dennoch vergebens in derselben nach dieser, lediglich der *Teseide* entnommenen, Schilderung suchen. Als Statius von Theben will ihn Chaucer nur als den Verfasser der *Thebais* kennzeichnen, nicht aber seinen Geburtsort in jene Stadt verlegen.

1476–79   Boccaccio, *Tes.* VII, Str. 91, V. 4 f.

1480 f.   Dante, Inf. XIII, V. 40 ff.: »*Come d' un stizzo verde, che arso sia / Dall' un de' capi che dall' altro geme / E cigola per vento che va via.*«

1482   Boccaccio, *Tes.* VII, Str. 92, V. 1.

1491–95   Boccaccio, *Tes.* VII, Str. 89, V. 1–5.

1500–03   Boccaccio, *Tes.* VII, Str. 90, V. 1 ff.

1595–611   Wenn Chaucer hier die Machtsphäre des Saturns schildert, so liegen ihm weniger die mythologischen Attribute des Gottes im Sinn als die astrologischen Einwirkungen des gleichnamigen Planeten. Nach Albumasar bedeutet Saturn unter anderem: Schiffe im Meer, Ketten und Gefängnis, Tote und Leichen, Zerstörung und Verlust, Klagen und Betrübnis, alte Dinge, Ahnen, Knechte, Maultiertreiber, verachtete Menschen, Räuber, Totengräber, Gerber usw. Das Zwischenspiel des Götterstreites ist von Chaucer eingeschoben, obwohl er die Idee dazu gleichfalls der *Teseide* (VIII, Str. 112 u. IX, Str. 2) entnahm.

1649 f.   Boccaccio, *Tes.* VII, Str. 97, V. 3.

1656 ff.   Boccaccio, *Tes.* VII, Str. 98, V. 3–8.

1676   Ehe von den französischen Herolden die Kampfbedingungen eines Turniers bekannt gemacht wurden, heischten sie Schwei-

gen durch den Ruf *Oyez, oyez, oyez!*. Die englischen Herolde
bedienten sich meistens des Rufes *Ho! Ho!*.

1679 ff.		Die Bedingungen des Kampfes und die Schilderung des Massenturniers sind mit Ausnahme geringer Züge nicht der *Teseide* entnommen, sondern geben die genaue Darstellung eines englischen Turniers, wie es Chaucer aus eigener Anschauung kennenlernte. Die berühmte Beschreibung des Massenkampfes in *Ivanhoe* (Kap. 7 u. 8) ist von Sir Walter Scott wesentlich der Erzählung des Ritters nachgebildet.

1694		Der Ritter, welcher im Turnier die Kampfbedingungen verletzte, wurde entwaffnet und mit umgekehrtem Schilde auf die Schranken gesetzt, wo er während des Turniers, gleichsam am Pranger ausgestellt, verbleiben mußte. Eine solche Strafe trifft dann auch je einen Ritter der beiden Parteien (V. 1757–62).

1768		Galaphe, vermutlich wie das in V. 1771 erwähnte Belmarie (s. Anm. zu V. 54) in Nordafrika zu suchen.

1937 f.		Boccaccio, *Tes.* X, Str. 66, V. 4 f.

1939		Boccaccio, *Tes.* X, Str. 63, V. 8.

1940–43		Boccaccio, *Tes.* X, Str. 111, V. 1–4.

1950		Boccaccio, *Tes.* X, Str. 112, V. 7.

1979		Boccaccio, *Tes.* XI, Str. 9, V. 1.

1985		Boccaccio, *Tes.* XII, Str. 6, V. 1 ff.

1993		Boccaccio, *Tes.* XI, Str. 10, V. 5.

1995–2006	Boccaccio, *Tes.* XI, Str. 13.

2012–20		Boccaccio, *Tes.* XI, Str. 16; für die störenden weißen Handschuhe, welche der Leiche Arcits angezogen werden, hat jedoch Chaucer allein die Verantwortung zu tragen.

2024 ff.		Boccaccio, *Tes.* XI, Str. 30, V. 5–8.

2027 f.		Boccaccio, *Tes.* XI, Str. 31, V. 1 f. Die von Tyrwhitt im englischen Original abgeänderten Verse, welche nach allen Manuskripten lauten: »*And, passing other of weeping, Emilye / The rewfullest of al the companye*«, scheinen im Hinblick auf die *Teseide* den Sinn zu haben, welchen die Übersetzung ihnen beilegt.

2033		Boccaccio, *Tes.* XI, Str. 35, V. 3.

2050		Boccaccio, *Tes.* XI, Str. 37, V. 2.

2053		Boccaccio, *Tes.* XI, Str. 40, V. 7 f.

2055-108	Das Fällen der Bäume für den Scheiterhaufen, die Errichtung desselben und die Verbrennung der Leiche sind in der *Teseide* (XI, Str. 19-29 u. 44-56) in gleicher, wenn auch ausführlicherer Weise erzählt. Die Darstellung Boccaccios schließt sich unverkennbar derjenigen an, welche Statius (*Theb.* VI, V. 54-117 u. 202-37) von dem Leichenbegängnis; des Archemorus entworfen hat. Wieviel aus der *Thebais* direkt oder durch Vermittlung der *Teseide* in die Erzählung des Ritters übergegangen ist, läßt sich kaum feststellen.
2057 f.	Boccaccio, *Tes.* XI, Str. 19, V. 1 f.
2067-70	Hier greift Chaucer wohl unmittelbar auf Statius (*Theb.* VI, V. 110-14) zurück, denn Boccaccio, welcher der Faunen und Nymphen zwar auch gedenkt (*Tes.* XI, Str. 20, V. 4), lehnt sich an eine andere Stelle der *Thebais* an (VI, V. 93-96).
2093-97	Boccaccio, *Tes.* XI, Str. 53 u. 54 oder Statius, *Theb.* VI, V. 212-19.
2101	Die Leichenwache, engl. *liche-wake*, d. h. die Verpflichtung der Verwandten und Nachbarn, bei der Leiche eines Verstorbenen zu wachen, war eine altsächsische Sitte, welche zu manchen von der Kirche oft gerügten Belustigungen und Ausschweifungen Veranlassung gab. Chaucer mochte sich wohl von den Leichenspielen der Griechen eine ähnliche Vorstellung machen. Die ölgetränkten Ringkämpfer, deren Boccaccio nicht gedenkt, entnahm er indessen jedenfalls direkt der *Thebais* (VI, V. 575).
2113	Das Parlament, welches sich nach Chaucers Vorstellung in Athen versammelt, reduziert sich in der *Teseide* (XI, Str. 3, V. 4) auf ein *general consentimento* der Freunde des Theseus.
2123-28	Boccaccio, *Tes.* XII, Str. 5.
2129-35	Nach Boethius, *De cons. Phil.* II, 8.
2159-66	Boccaccio, *Tes.* XII, Str. 7.
2192 f.	Boccaccio, *Tes.* XII, Str. 11, V. 1 ff.
2210	Boccaccio, *Tes.* XII, Str. 19, V. 1 ff.

Die Erzählung des Müllers

16	In den Mysterienspielen, welche gegen Ende des 14. Jahrhunderts in England in höchster Blüte standen, war dem Pilatus in

der Darstellung der Beurteilung und Geißelung Christi keine unbedeutende Rolle zugeteilt. Das rauhe und unangenehme Organ, welches die Darsteller des Pilatus annahmen, gab vermutlich zu der sprichwörtlichen Redensart der »Pilatusstimme« (*Pilate voice*) die Veranlassung.

46   Viele Manuskripte enthalten nach diesem Verse noch die beiden folgenden: »Daß kaum ein schlechtes unter tausend ist, / Weißt du gar wohl, falls du nicht närrisch bist.« Diese Umkehrung des salomonischen Spruches ist von Tyrwhitt (II, S. 426) vielleicht mit Unrecht ausgemerzt.

77   Oxenforde oder Osnaforda war der ältere Name für Oxford.

95   Schon zu den Zeiten Wilhelms des Eroberers bis hinauf zu denjenigen der Königin Elisabeth war es in England allgemeine Sitte, die Zimmerflur mit Binsen und Kräutern zu bestreuen. Der *calamus aromaticus* wurde zu diesem Zwecke besonders gern verwandt. Über das Gesundheitsschädliche dieser Gewohnheit spricht sich Erasmus in einem Schreiben an den Arzt des Kardinals Wolfey, Dr. Francis, noch tadelnd aus. Auch Shakespeare gedenkt noch dieser Binsen in *Romeo und Julia* (I, 4). Später wurden sie durch geflochtene Matten ersetzt, welche ihrerseits wiederum den modernen Teppichen Platz machten.

98   Unter »Almagest« ist die *Syntaxis mathematica* des Claudius Ptolemäus verstanden. Dieser berühmte Mathematiker, Geograph und Astronom lebte in der ersten Hälfte des 2. Jahrhunderts n. Chr. in Alexandrien. Seine griechisch geschriebene Darstellung des Weltsystems wurde 827 unter dem Titel *Almagesti* in das Arabische übersetzt.

100   Algorithmensteine (*augrim stones*) dienten im Mittelalter zum Zählen und zur Ausführung mathematischer Operationen. Ihr Name stammt aus dem Arabischen.

106 f.   Der *Angelus ad virginem* ist der Gruß des Engels Gabriel an Maria (Lk 1,28-33), welcher mit den Worten beginnt: *Angelus Domini nunciavit Mariae*; oder vielleicht nach Furnivalls Meinung eine so betitelte lateinische Hymne des 13. Jahrhunderts. Das »Königslied« (*Kinges note* oder *Chant royal*) war nach Pasquier ein Gesang von fünf Stanzen zu je elf Versen, von denen

der letzte jeder Stanze den Refrain bildete. Das ganze Lied schloß in der Regel mit einem Renvoi von fünf Versen.

118 Dionysus Cato war der Verfasser der *Disticha moralia*, einer im Mittelalter hochgeschätzten Sammlung von Erziehungsmaximen. Der hier zitierte Spruch ist jedoch in dessen Distichen nicht enthalten; doch will ihn Tyrwhitt (II, S. 426) in dem nicht minder verbreiteten *Facetus*, welcher als ähnliches Spruchbuch wohl häufiger den Distichen des Cato in den Handschriften zugesellt sein mochte, gefunden haben. Nach ihm lautet der Spruch: »*Duc tibi prole parem sponsam moresque venustam, / Si cum pace velis vitam deducere justam.*«

146 Die Rosenobel waren eine seit dem Jahre 1342 geprägte englische Goldmünze im Gewicht von 23 Karat 10 Gran fein. Bei den unter der Regierung Eduards III. geschlagenen Rosenobeln zeigt der Avers den geharnischten König in einem mit einer Rose geschmückten Schiff stehend, in der Rechten das Schwert, in der Linken das englisch-französische Wappenschild haltend, mit der Umschrift: EDWARD. DI. GRA. REX. ANGL. z FRANC. DNS. IB. (*Dominus Iberniae*). Der Revers trägt eine achtblättrige strahlende Rose mit der Umschrift: I. H. E. AUT. TRANSIENS PER MEDIUM ILLORUM IBAT. Die Münzstätte befand sich im Tower in London.

158 Herzensschweinchen, engl. *piggesnei*, scheint ein vulgärer Zärtlichkeitsausdruck für ein Frauenzimmer gewesen zu sein, welches besonders zur Begehrlichkeit reizte. Da Alison aber auch ein »Primelchen« (*pimerole*) genannt wird, so dürfte die Bezeichnung *piggesneyghe* gleichfalls einer Blume, und zwar dem Stiefmütterchen (*pansy*) entnommen sein. Das kleine, blinzelnde Schweinsauge (*pigs eye*) mag aber auch zum Namen der Blume die Veranlassung gegeben haben.

164 Oseney oder Osney war ein Kloster in der unmittelbaren Nähe von Oxford.

181 Thomas à Becket, der Erzbischof und Märtyrer von Canterbury in der Grafschaft Kent.

208 Paulsfenster (*Poules windowes*) waren wohl die Ausschnitte im Oberleder von einer Art Schuhen, welche wegen derselben *calcei fenestrati* genannt und trotz eines dagegen erlassenen Ver-

botes von Mönchen vielfach getragen wurden (Tyrwhitt II, S. 428).

219   Die Oxforder Schule hatte für die Erlernung der Tanzkunst wahrscheinlich dieselbe Bedeutung, wie die Schule von Stratford at Bow (V. 126) für die Aussprache des Französischen.

221   Die Ribebe (*ribible*, *ribibe*, *rebecke*) und die Ginterne (*giterne*) waren früher als Saiteninstrumente in England wie in Deutschland wohlbekannt. Im Entwurf zum Triumphzug Kaiser Maximilians werden unter »Musika, sueß Melodey« angeführt: »Tönnerlin, Ginnterne, Lauten, Ribeben, Fidel und Harpffen«. Eine Modernisierung der Namen schien daher kaum angebracht.

223   *Thereto he song sometime a loud quinible*; das letzte ist ein verlorengegangenes Wort, welches aber schwerlich nach Angabe einiger Ausleger ein Instrument bedeuten kann, sondern ein Lied oder einen Triller meinen muß, wenn der Vers verständlich bleiben soll.

274   Auf hölzernen Schaugerüsten, welche auf Rädern ruhten und von einem Platz zum anderen gefahren werden konnten, wurden meistenteils die Mysterienspiele aufgeführt (Richard Davie, Beschreibung der Pfingstspiele in Chester 1327; *Chambers Book of Days* I, S. 635). Der Küster wird nicht verfehlt haben, den Herodes nach hergebrachter Sitte gehörig zu »überherodisieren« (s. Shakespeare, *Hamlet* III, 2).

281 ff.   Engl.: *The neighe slie maketh oft time the ferre leef to be lothe*; wörtlich: »Der nahe Schlaue macht oft den fernen Lieben verhaßt.« Ein älteres, nunmehr ungebräuchliches Sprichwort, welches auch von Gower (*Conf. Am.* III, 58) angezogen ist.

339   Der heiligen Friederike war eine Abtei in Oxford geweiht. Später galt sie als Schutzpatronin der ganzen Universität.

347–50   Die Anekdote stammt von Plato, welcher sie im *Theätet* von Thales von Milet erzählt. Sie fand ihren Weg in die *Cento novelle antiche* (Nr. 36) und in den Äsop (Nevelet, Nr. 169) und war vermutlich in mündlicher Überlieferung als Beispiel gelehrter Zerstreutheit gang und gäbe.

373–76   Der offenbare Unsinn dieser Verse mochte Tyrwhitt wohl verleiten, dieselben für ein späteres Einschiebsel zu erklären (II, S. 429). Chaucer wird indessen zweifellos diese Zauberformel so wiedergegeben haben, wie er sie im Volksmunde vernommen hatte; denn eben ihr Unsinn legt – wie manche selbst jetzt noch übliche Beschwörungsformeln beweisen – das beste Zeugnis für ihre Volkstümlichkeit ab. Der »weiße Gottseibeiuns« (*wite Paternoster*) ist der Teufel in dem üblichen Gewand der Gespenster. Was St. Peters Schwester mit Elfen und Geistern zu tun hat und ob dieselbe dem 1. Korintherbrief (9,5) ihre Entstehung verdankt, muß allerdings unentschieden bleiben.

420   Nicht Salomo, sondern Jesus Sirach (32,24): »Tut nichts ohne Rat, so gereut's dich nicht nach der Tat.«

428 f.   Nach alter Tradition konnte Noah sein Weib nur durch Gewalt zum Besteigen der Arche zwingen. Der Zank, welcher sich bei dieser Gelegenheit zwischen dem Ehepaar entspann und mit einer derben Ohrfeige von Seiten der Gattin endete, bildete ein ergötzliches Intermezzo in der Darstellung der Sintflut bei den Mirakelspielen. In demjenigen von Townley weigert sich Frau Noah, die Arche zu betreten, weil ihr der alte Kasten nicht gut genug sei und sie noch vorher ihren Flachs abspinnen müsse. In dem von Randolf Higgenet verfaßten, 1327 in Chester aufgeführten Mirakelspiel verlangt sie von Noah, ihre sämtlichen Gevatterinnen und Basen mit in die Arche zu nehmen, und als ihr Gatte sich dessen weigert, bleibt sie mit ihnen singend im Wirtshaus sitzen, bis sie mit Gewalt von ihren drei Söhnen fortgeführt wird.

432   Auch die schwarzen Widder Noahs, von denen die Bibel nichts erwähnt, verdanken vermutlich einem Mirakelspiel ihren Ursprung.

582   Liebesbeere (*true love*), die volkstümliche Bezeichnung für die Einbeere oder Wolfsbeere (*Paris quadrifolia*, Linné).

661   St. Neot, im 9. Jahrhundert zunächst Mönch im Kloster von Glastonbury und später Anachoret in Cornwall, welcher als Bekenner heiliggesprochen wurde.

Die Erzählung des Landverwalters

24   *Dekameron*, Giorn. IV, Intr.: »... *conosceano che perché il porro abbia il capo bianco, che la coda sia verde.*«

52   Engl.: *it is half way prime*; die kirchliche Einteilung des Tages
      von Sonnenaufgang bis Sonnenuntergang in zwölf gleiche Tei-
      le und die den einzelnen Zeiträumen von je drei solchen Stun-
      den beigelegten Namen hatten sich in England vollständig ein-
      gebürgert, scheinen indessen im gewöhnlichen Leben fast
      durchgängig von dem astronomischen auf den Mittlern oder
      Äquinoktialtag übertragen zu sein. Dieser Einteilung waren
      die sieben verschiedenen Leidensstationen Christi am Tage
      seiner Kreuzigung zugrunde gelegt:

      1) Die Gefangennahme, drei Stunden vor Sonnenaufgang =
         mattins (*matutina* – Mette).
      2) Das Verhör bei Pilatus, in der ersten Stunde des Tages –
         prime.
      3) Das »Kreuzige ihn«, in der dritten Stunde – *underne*, weil zu
         dieser Zeit der sog. *undersang* angestimmt wurde (Terz).
      4) Die Kreuzigung, in der sechsten Stunde oder am Mittag –
         middaeg (*seata* – Mittag).
      5) Der Tod am Kreuz, in der neunten Stunde – *noon* (*nona*).
      6) Die Kreuzesabnahme, in der zwölften Stunde bei Sonnen-
         untergang – *aefton* (Vesper).
      7) Die Grablegung, drei Stunden nach Sonnenuntergang –
         complet, *night*, *cunfew-time* (Komplet).

      Nach der Fassung des obigen Verses ist es zweifelhaft, ob der
      Wirt 1½ Stunden vor oder nach der Primezeit meint. Da
      die Pilger beim Morgengrauen aufbrachen, die Ruhe bei der
      St. Thomas-Schwemme, das Ziehen der Lose, die lange Erzäh-
      lung des Ritters, der Zwischenfall mit dem trunkenen Müller
      und dessen Schwank aber eine beträchtliche Zeit in Anspruch
      nehmen mußten, so hat die Übersetzung mit Tyrwhitt (II,
      S. 433) angenommen, daß es 1½ Stunden nach der Prime und
      mithin bei Zugrundelegung eines mittleren Tages halb acht
      Uhr morgens gewesen sei.

75   Pavade mag eine Waffe sein; vermutlich war indessen »Pana-
      de« geschrieben, worunter dann ein großes Brotmesser zu ver-
      stehen wäre.

77   Puffer (*popper*), entweder ein Dolch oder eine Pistole. Feuer-
      waffen waren zu Chaucers Zeiten bereits in England eingeführt

und möglicherweise auch schon die Pistolen; denn Pompeo Pellini erwähnt in seiner Geschichte von Perugia, daß 1364 diese Stadt fünfhundert Büchsen, eine Spanne lang, anfertigen ließ, deren Kugeln jeden Harnisch durchdrangen.

87   Der Müller hieß Simon (V. 172). Simkins (*Simekine*) ist ein Diminutiv dieses Namens.

136   Während die Oxforder Studenten noch in bürgerlichen Kosthäusern wohnten, gab es für diejenigen der Universität Cambridge bereits drei Kollegialgebäude, unter denen die Söllerhalle oder *Aula Solaria* genannt wird.

160   Eine Stadt oder ein Dorf »Strother« ist auf den gewöhnlichen Karten Englands nicht zu finden. Doch gibt es ein »Langstrothdale« im Westriding von York, und aus einer der nördlichen Grafschaften stammten die beiden Studenten, wie dieses im Original auch ihr Dialekt verrät. Sie sprechen z. B. *na*, *swa*, *hame*, *I is* etc. statt *no*, *so*, *home*, *I am* etc. Die Übersetzung konnte diesen Umstand nicht füglich berücksichtigen.

200 f.   Die bekannte Fabel vom Pferd oder Maultier, welches den Wolf das Lesen lehrt, fand Aufnahme in die *Cento novelle antiche* (Nr. 9) und ging aus dieser oder durch mündliche Überlieferung auch in spätere Fabelsammlungen über. Ein zuschauender Fuchs fügt die Moral hinzu: »Nicht jeder, der lesen kann, ist weise.«

273   St. Cuthbert schwang sich von einem schottischen Hirtenknaben zum Bischof von Lindesfarn empor und starb als solcher am 20. März 687. Sein unverweslicher Leichnam wurde 861 beim Hereinbrechen der Dänen nach England gebracht und fand nach zweihundert Jahre langem Umherirren eine bleibende Stätte an einem Ort im Nordosten Englands, wo sich später um seinen Schrein die Mauern von Durham erhoben. Die Anrufung des heiligen Cuthbert war daher bei Nordengländern wohl angebracht.

354   Mit »Dummbart« ist *cockenay* übersetzt. Ob dieses Wort dem im Küchenlatein üblichen *coquinarius* oder dem Schlaraffenland *cocagne* entstammt, läßt sich schwer entscheiden. Gegenwärtig bedeutet *cockney* einen geborenen Londoner, dessen Gesichtskreis sich lediglich auf die Metropole beschränkt.

432   Stücke vom heiligen Kreuz konnten nach Auffindung desselben durch die Kaiserin Helena, bei der Eigentümlichkeit,
daß jedes davon entnommene Stück Holz wieder nachwuchs,
in so großen Massen nach Europa geschafft werden, daß – wie
Calvin in seinem *Heiligen Brotkorb* meint – kaum dreihundert Mann ausreichten, dieselben zu tragen. Eines dieser Stük-
ke wurde im Jahre 1223 mit großem Pomp nach England gesandt und zum Kreuz der Priorei von Bromeholm verwendet.

433   Vollständig: *»In manus tuas animam meam trado«* (Lk 23,26).

Die Erzählung des Kochs

6   Nicht Salomo, sondern Jesus Sirach (11,35): »Nimmst du einen
Fremden zu dir ein, so wird er dir Mühe machen und dich aus
deinem Eigentum vertreiben.«

12   Hodge, Abkürzung für Roger (Rüdiger). Der Koch war vermutlich in der Stadt Ware in Hertfordshire geboren oder von
dort nach London gekommen.

24   Jack von Dover, ein nunmehr unbekannt gewordenes Gericht.

42   »Unsere Stadt« ist London (vgl. V. 1).

53   Engl.: *For whan ther any riding was in Chepe*; d. h. wenn irgendein Turnier oder öffentlicher Aufzug in Chepe war. Über
Chepe s. Anm. zu V. 756 des Prologs.

78   Newgate, als Gefängnis schon zu Chaucers Zeiten vorhanden.

Die Erzählung des Rechtsgelehrten

1 ff.   »Tagesbogen«, engl.: *Ark of his artificial day*. Chaucer erklärt in
seinem Astrolabium *artificial day* als die Zeit von Sonnenaufgang bis Sonnenuntergang im Gegensatz zum *daye naturell* von
24 Stunden. Soll die Berechnung, daß es 10 Uhr gewesen sei
(V. 14), indessen einigermaßen stimmen, so muß Chaucer hier
unter *artificial day* einen mittleren Tag von 12 Stunden verstanden haben. Dem astronomischen Tag nach wäre es kaum 9, dem
mittleren Tag nach aber etwas vor 10 Uhr morgens gewesen.

5 f.   Nach den besseren Manuskripten brachen die Pilger am 18. und nicht am 28. April von Southwark nach Canterbury auf. An dem ersteren Datum stand die Sonne, wie der Wirt richtig angibt, im Breitengrad von London grade um 10 Uhr 45° hoch, so daß die Schatten gleiche Länge haben mußten mit den Gegenständen, die sie warfen. Auch aus diesem Grund kann der achtzehnte als die richtige Lesart angenommen werden.

17   Die Pilger verließen Southwark beim Morgengrauen (V. 824), also in Berücksichtigung von Zeit und Ort etwa um 4 Uhr morgens. Es waren daher um 10 Uhr 6 Stunden oder der vierte Teil eines bürgerlichen Tages von 24 Stunden (*daye naturell*) verflossen. Bei der Annahme eines mittleren Tages wäre um 10 Uhr schon dessen dritter Teil und bei Zugrundelegung eines astronomischen Tages ein noch etwas größerer Bruchteil vergangen gewesen.

57   Das Gedicht: »Halcyone und Ceix« bildet die Einleitung zum *Buch von der Herzogin*, welches Chaucer zum ehrenden Andenken der verstorbenen Herzogin Manche, Gemahlin Johanns von Gaunt, ca. 1369 verfaßte.

61   Unter der »Heiligen Legende von Cupido« ist die *Legende von guten Weibern* gemeint.

77–89   Die Geschichten von Canace und Tyrius Appolonius (Appolonius von Tyrus), über welche Chaucer durch den Mund des Rechtsgelehrten sein Verdammungsurteil ausspricht, waren von Gower (*Conf. Am.*, III u. VIII) erzählt worden.

90–93   Eine Anspielung auf den Wettstreit der Musen und Pieriden (Ovid, *Met.* I, V. 294–678). Daß unter den »Musen, die man Pieriden genannt hat«, nicht die neun Töchter der Mnemosyne, sondern nur diejenigen des Pierus verstanden sein können, geht aus dem Sinn der Verse hervor.

94   *Metamorphoseos* ähnlich wie *Judicum* für »Buch der Richter« und *Eneidos* für *Aeneis*. Chaucer pflegte, wie es auch früher in Deutschland üblich war, die lateinischen Wörter häufig in der Flexionsform zu gebrauchen.

99–105   Innozenz III., *De contemptu mundi* I, Kap. 14: »*O miserabilis mendicantis conditio! Nam si petit, pudore confunditur, et si non petit, egestate consumitur; sed ut mendicet, necessitate* compellitur« etc. »... *Indignatur, murmurat, imprecatur*« etc. (vgl. Erz. von Melibeus, S. 260).

120 f.   Spr 19,7: »Den Armen alle seine Brüder hassen, und auch seine Freunde fernen sich von ihm.«

190–203   Der Meinung, daß die Geschicke des Menschen bereits vor seiner Geburt in den Sternen vorgezeichnet standen, begegnen wir auch in der »Erzählung des Ritters«. Hier scheint dem Dichter eine Stelle ans dem *Megacosimus* von Bernhardus Sylvestris im Gedächtnis gelegen zu haben, welche von Tyrwhitt (II, S. 441) angezogen ist.

305   »Atazir«, anscheinend eine ungünstige Konstellation der Gestirne, nach Benslep von dem spanischen Wort *attathir* (Einfluß) herzuleiten.

314   Wurzel oder *radix* heißt in der Astrologie der bestimmte Zeitpunkt, welcher für die Berechnung der Umlaufszeit eines Planeten zugrunde gelegt wird.

401   Lucan hat in seiner *Pharsalia* den Triumphzug des Caesar weder beschrieben noch erwähnen können, da dieses unvollendete Werk bereits mit der Eroberung Alexandriens abschließt. Unter dem Namen des Lucan ist einfach Boccaccio versteckt worden: »*E certamente quando Roma onore / Di carro trionfale al gran Scipione / Fece, non fu cotal, nè di splendour / Passato fu da quella ...*« (*Tes.* IX, Str. 31) Scipio wurde in Julius verwandelt, und dieses genügte, die Schilderung dem Lucan zuzuschreiben, in dessen Werk Chaucer vielleicht eine solche vermuten mochte.

473   Dan 6,22: »Mein Gott hat seinen Engel gesandt, der den Löwen den Rachen zugehalten hat, daß sie mir kein Leid getan haben.«

479   »Theriakstrank voll Stärke«, engl.: *Christ, which that is to every harm triacle*, d. h. Gegengift für jedes Leiden. Theriak oder *triacle* (θηριακόν) war im Mittelalter als Heilmittel so hochberühmt, daß Magister Aegidius dessen Wunderkräfte in 172 lateinischen Versen pries (*De virtutibus et laudibus compositorum medicamentis*. Leyser, S. 502–658).

486   Jona 2,11: »Und der Herr sprach zum Fisch und derselbe spie Jona aus ans Land.«

500   Die »ägyptische Marie« oder die sog. *Magna Peccatrix* war eine Heilige des 5. Jahrhunderts. In Ägypten geboren, lebte sie von

ihrem 12. bis 29. Jahr als öffentliche Dirne in Alexandrien. Auf
einer Reise nach Jerusalem belehrt, zog sie sich in die Wüste
jenseits des Jordan zurück und lebte dort 42 Jahre lang von drei
Laiben Brot, welche sie mitgenommen hatte (*Leg. aur.*, Nr. 56).

666   Engl.: *A breton book, written with Evangiles*; das letztere Wort
kann hier nicht »Evangelien« bedeuten, sondern nur »heilige
Schriftzeichen« im allgemeinen; denn König Alla und seine Untertanen waren noch Heiden und pflegten wohl kaum auf eine
von den christlichen Bretonen erborgte Bibel zu schwören.

1126   Römergesten, d. h. irgendeine römische Geschichtschronik
oder Anekdotensammlung, die im Mittelalter mit dem Namen
Romane gestes bezeichnet wurde, und nicht die sog. *Gesta Romanorum*, in welchen das Leben des Mauritius nicht enthalten
ist.

1174   Die Sekte der Lollharden, welche im Beginn des 14. Jahrhunderts zunächst in Antwerpen entstand und als fromme Laien-
bruderschaft sich hauptsächlich der Krankenpflege widmete,
verbreitete sich rasch über die Niederlande, Deutschland und
England. Der Name wurde später zu einem Spott- und Schmäh-
wort für Leute, welche durch Enthaltsamkeit von weltlichen
Vergnügungen, Schwören und Fluchen den Verdacht der
Scheinheiligkeit auf sich luden, und übertrug sich in England
auch auf die Anhänger Wyclifs, welche ihre eigene Frömmigkeit und streng moralische Anschauungsweise vielleicht übermäßig zur Schau tragen mochten.

Die Erzählung des Schiffers

72   Der mit »Toskerwein« übersetzte sog. *Vernaccia* (engl. *Verna-
ge*) wuchs in Toskanien, und in besonderer Güte unweit Pietre-
fitta. Seinen Namen erhielt er von der dickhäutigen Traube
vernaccia. Nach Dante (Purg. XXIV, 24) waren Aale von Bolse-
na, in Vernaccia gekocht, die Lieblingsspeise des Papstes Mar-
tin IV.: »*Dal Torso fu; e purga per digiuno / L'anguille di Bolse-
na in la vernaccia.*«

148   St. Martinus, ca. 316 zu Sabaria in Ungarn geboren, vertauschte seinen Soldatenrock mit dem härenen Gewand eines Einsiedlers und wurde 374 zum Bischof von Tours erwählt, wo er am 11. November 397 starb. Er war in Frankreich wie in England einer der populärsten Heiligen, dem allein in London sieben verschiedene Kirchen geweiht waren.

151   St. Denis oder Dionysius, im 3. Jahrhundert Bischof von Paris und angeblich während der Christenverfolgung unter Valerian auf dem Montmartre enthauptet. Er trug der Legende nach das abgeschlagene Haupt noch eine halbe Meile fort, ehe er sich niederlegte und verschied.

194   Ganelon, der verräterische Paladin Karls des Großen, durch dessen Schuld Roland bei Roncevall unterlag und fiel. Nach dem Rolandslied traf ihn in Aachen der gebührende Lohn, indem er von Pferden geschleift und zerrissen wurde.

206   Zylinder, (engl. *chilindre*, frz. *cadran cylindrique*, war eine Art Sonnenuhr, welche zur Bestimmung der Tagesstunden, der Sonnenhöhe, des Breitengrades usw. diente (*Practica Chilindri secundum magistrum Johannem Hoveden*). Tyrwhitt schreibt den Manuskripten zuwider: *kalender*.

223   Unter »Messe« kann hier wohl nur eine häusliche Zeremonie verstanden werden, welche mit dem Tischgebet verbunden wurde, wenn der Besuch der täglichen Frühmesse in der Kirche versäumt war.

227   »St. Ivo«, wahrscheinlich der 1115 gestorbene Erzbischof von Chartres, der kanonisiert wurde. Außer ihm sind noch zwei andere Heilige desselben Namens bekannt.

359   Unter »Zeichen« verstand der Mönch vermutlich die von ihm zurückgegebene Marke oder Nummer, unter welcher das ihm vom Kaufmann gewährte Darlehen gebucht war, ein in der damaligen Zeit bei Geldgeschäften übliches Verfahren.

368   »Lombardhändler« oder Bankiers, welche gegen Depot oder Verpfändung von Wertgegenständen verzinsliche Darlehen machen und Wechsel diskontieren. Weil lombardische Kaufleute dieses Geschäft zuerst betrieben, dehnte sich der Name im Laufe der Zeit auf Leihbankgeschäfte im allgemeinen aus.

Die Erzählung der Priorin

23 ff.   Ps 8,3: »Aus dem Munde der jungen Kinder und Säuglinge hast du dir eine Macht zugerichtet.«

80   St. Nikolaus, im 4. Jahrhundert zu Patara in Kleinasien geboren, später Erzbischof von Myra; ein Schutzpatron der Kinder, Schüler und Matrosen, zeichnete sich schon als Säugling durch eine solche Frömmigkeit aus, daß er am Mittwoch und Freitag, als den von der Kirche vorgeschriebenen Fastentagen, nur einmal die Brust nahm (*Leg. aur.*, Nr. III).

146–51   Offb 14,3.4: »Und sangen wie ein neu Lied vor dem Stuhl und vor den vier Tieren und den Ältesten; und niemand konnte das Lied lernen ohne die Hundertundvierzigtausend, die erkauft sind von der Erde. Diese sind, die mit Weibern nicht befleckt sind; denn sie sind Jungfrauen und folgen dem Lamme nach, wo es hingeht.« Die Offenbarung des Johannes wurde auf der Insel Patmos niedergeschrieben (Offb 1,9).

193   Rahel über ihre Kinder weinend, nach Mt 2,18 und Jer 31,15. Rahel wurde nach 1. Mose 19 in Bethlehem begraben. Unter ihren Kindern sind die auf Befehl des Herodes getöteten Kinder von Bethlehem zu verstehen, nach den Auslegungen von St. Hieronymus und Chrysostomus (Rabus, *Historien der Märtyrer* II, Kap. 1).

250   Hugh von Lincoln fiel angeblich im Jahre 1255 als das Opfer eines rituellen Mordes durch die Hand der Juden.

Chaucers Erzählung von Sire Thopas

40–43   Schuhe von Korduan und Hosen von Brügge scheinen die Merkzeichen höchster Eleganz gewesen zu sein. In dem Fabliau *Des deux bordeors ribaux* heißt es: »*Vois quiex sollers de cordoan, / Et com bones chauces de Bruges.*« (Montaiglon I, S. 1, V. 10 f.)

45   Genueser, engl. *janes*, eine kleine Scheidemünze aus Genua (*Janua*) im Wert von etwa 5 Pfennig.

50 f.   Über das Ringen um den Hammel vgl. Anm. zu V. 550. An die-
        sem Vergnügen der niedrigen Volksklassen läßt Chaucer Sire
        Thopas bezeichnenderweise teilnehmen.

122   Termagant (*Termagaunt, Tervagan*), in den älteren englischen
        Ritterromanen meist in Verbindung mit Mohammed (*Mohou-
        ne*) gebraucht, scheint ursprünglich den Gott der Mohamme-
        daner bedeutet zu haben. Im *Lied von Sir Guy* schwört der Sul-
        tan: »*So helpe me monoune of might / And Termagaunt, my
        God so bright.*« Später wurde »Termagant« figürlich für eine
        wütende, laut tobende Person gebraucht und in den Schau-
        spielen zur Bezeichnung dieser Art von Charakterrollen ange-
        wandt (vgl. *Hamlet* III, 3).

174   Da die Juden sich in England wohl keines bedeutenden Rufes
        als Panzerschmiede erfreuten, schlägt Tyrwhitt (II, S. 485) vor,
        anstatt eines Juden (*jew*) einen Zauberer (*jow*) als bessere Les-
        art anzunehmen. In Spanien, wo im 14. Jahrhundert die besten
        Schutz- und Trutzwaffen angefertigt wurden, befand sich in-
        dessen dieser Industriezweig vornehmlich in den Händen der
        Juden.

181   Der Schwur beim heiligen Sakrament oder bei Brot und Wein
        ist hier von Chaucer sarkastischerweise in einen Schwur bei
        Brot und Bier umgewandelt worden, um die Rüpelhaftigkeit
        der fahrenden Sänger zu persiflieren.

185   Unter *cuir bouilli* verstand man ein feines, kostbares Leder aus
        welchem allerlei Behälter und Etuis angefertigt wurden. Das in
        heißem Wasser eingeweichte Leder wurde durch Pressen in die
        beabsichtigte Form gebracht, mit Ornamenten versehen und
        schließlich in starker Hitze zu einer harten Masse ausgebak-
        ken.

188   Fischbein-Sattel, engl. *sadel of rewel bone*; die Bedeutung von
        rewel bone ist unbekannt. Vielleicht wurden darunter die Zäh-
        ne des Walrosses oder, nach anderer Meinung, fossile Mam-
        mutknochen verstanden, welche man häufig wie Elfenbein be-
        arbeitete. Jedenfalls galt es als ein kostbarer Stoff, wie folgende
        Stellen beweisen: »*A gay gyrdyl Tyb had on, borrowed for the
        nonys, / And a garland on hur hed, ful of ruel-bonys.*« (*The tur-
        nament of Tottenham.* Percy II, B. I, Nr. 4) »*The walles were of*

cristal, / The heling was of fin ruwal, / That shon swithe brighte.« (*Romance of Sir Guy*. Warton II, S. 165) Den Namen empfing dieses Material vermutlich von seinem Versandort Reval.

205–08   Die *Romanze von Hornchild* ist im britischen Museum aufbewahrt und von Ritson herausgegeben. Die romanzenartige *Legende von Ipotis* befindet sich handschriftlich in der Cotton Bibl., gehört aber in dieser Fassung einer späteren Zeit an und ist durch die Early Engl. Text. Soc. publiziert worden. *Sire Libeux* oder *Le biaux disconnus* ist seinem Inhalt nach von Percy mitgeteilt (VIII, S. 17-22) und bei Ritson (*Metricae Romances* II) gedruckt. Eine Romanze *Pleindamour* ist nicht bekannt, doch wird im *Sire Libeux* der Name »Blaunmere« erwähnt. *Sir Guy of Warwick* ist in mehren Manuskripten in den Bibliotheken von Cambridge und Edinburgh vorhanden und wurde nach dem Auchinleck-Manuskript im Jahre 1840 für den Abbotsford-Club gedruckt. *Sir Bewis of Hampton* war ursprünglich eine französische Romanze, die aber auch in verschiedenen englischen Bearbeitungen noch vorhanden ist (Percy III, B. III, Nr. 1 und Warton II, S. 191).

224   Percivell oder Parzival, der bekannte Gralsritter, dessen Abenteuer in der französischen Romanze des *Chretien de Troyes* in mehr als 50 000 Versen weitläufig beschrieben sind.

Chaucers Erzählung von Melibeus

Der eingeklammerte Satz (S. 233), welcher in den Manuskripten fehlt, ist von Tyrwhitt nach der französischen Bearbeitung dieser Abhandlung *Le livre de Mellibé et Prudence* eingeschaltet worden. Da Prudentia ihrem Gatten auf fünf von ihm angeführte Gründe erwidert (S. 233 ff.), so muß auch Melibeus die gleiche Zahl angeführt haben. Der vierte Grund »die Geschwätzigkeit der Weiber« und der fünfte Grund »der böse Rat derselben« müssen demnach auch der Rede des Melibeus notwendigerweise hinzugefügt werden, wenn das Zwiegespräch der Gatten überhaupt verständlich bleiben soll. Die in den Manuskripten befindliche Lücke kann daher nur als ein zufälliges Versehen betrachtet werden.

Die Erzählung des Mönches

4   Der heilige Madrian, bei dessen *corpus* der Wirt schwört, ist wahrscheinlich dieselbe Persönlichkeit wie St. Madern, dessen Namen noch gegenwärtig eine Heil- und Wunderquelle in Cornwall trägt. Da indessen beide Namen im Register der Heiligen nicht aufzufinden sind, so wurden vermutlich entweder St. Maternus, St. Maternian, St. Medardus oder St. Mathurin zur obigen Namensform verdreht.

74   Luxenburger, sprichwörtlich für schlechte Münzsorten; *»As in lushburg is a luther allay, yet loketh like sterlin.«* (*Piers. Prowman* nach Tyrwhitt II, S. 494)

82   St. Eduard, König und Märtyrer, Sohn des Königs Edgar und seiner ersten Gemahlin Elfleda, gelangte trotz der Intrigen seiner Stiefmutter Elfrida durch das energische Eingreifen St. Dunstans im Jahre 975 als 13jähriger Knabe auf den Thron. Am 18. März 978 wurde er während eines Besuches bei seinem Stiefbruder Ethelred vor dem Schloß Corfe auf Anstiften seiner Stiefmutter Elfrida ermordet. Als ein im Dienst der Kirche gefallener Märtyrer wurde er heiliggesprochen.

85–89   Die hier gegebene Definition der Tragödie ist von Chaucer nach Boethius und Dante aufgestellt worden: *»Quid tragoediarum clamor aliud deflet, nisi indiscreto ictu fortunam felicia regna vertentem?«* (Boethius, *De cons. Phil.* II, 2); *»Tragoedia in principio est admirabilis et quieta, in fine sive exitu est foetida et horribilis«* (Dante an Can Grande della Scala; s. ten Brink, *Chaucer-Studien*, S. 78).

90–93   Bei der Angabe, daß die Tragödien meist in Hexametern, aber auch in anderen Versmaßen geschrieben seien, dachte Chaucer wohl weniger an die Poeten des Altertums als an die lateinischen Versemacher des Mittelalters, von denen manche Beschreibungen berühmter Männer, Märtyrer und Heiliger in

Hexametern, elegischen und leoninischen Versen herrühren, welche teilweise den Namen »Tragödien« nach der obigen Definition wohl verdienen konnten.

120 Die auf Tradition beruhende Erschaffung Adams auf dem Felde von Damaskus ist auch von Boccaccio erwähnt (*De cas. vir. ill.* I, Kap. 1).

127 Simsons Leben ist nach dem Buch der Richter (Ri 13-16) erzählt.

207-22 Die ersten zwei Strophen sind dem Boethius nachgebildet (*De cons. Phil.* IV, 7, V. 13-30).

223-46 Für diese drei folgenden Stanzen dürfte Ovid (*Met.* IX, V. 91 bis 272) maßgebend gewesen sein. Selbst der ungeheuren Gedächtniskraft Chaucers konnte der Irrtum begegnen, daß er den König Diomedes von Thrakien mit dem König Busiris von Ägypten verwechselte (V. 215).

229 f. Im engl. Original: »*At bothe the worldes ende saith Trophee, / In stede of boundes he a pillar set.*« Die älteren Editionen schreiben aber verständlicher *for trophee*, da die Herausgeber begreiflicher Weise *saith Trophee* für einen Schreibfehler ansahen. Aus diesem Umstand hat auch die Übersetzung Nutzen gezogen. So leichten Kaufs ist freilich das *saith Trophee* der Manuskripte nicht loszuwerden, denn Lydgate erzählt uns (*Fall of Princes*, Prolog, Str. IV), daß Chaucer *Troilus und Chryseide* nach einem italienischen Buch namens *Trophe* übersetzt habe. Lydgate wußte sehr wohl, daß Chaucer seine Dichtung *Troilus* dem *Filostrato* des Boccaccio nachgebildet hatte. Weshalb er nun hier den »John Bochas« nicht selber oder den von Chaucer vorgeschützten Namen des »Lollius« angeführt hat, bleibt schwer zu erraten. Die Wahl der Bezeichnung »Trophe« kann aber füglich nur durch den vorliegenden Vers erklärt werden. Einen Schreibfehler konnte Lydgate in dem *saith Trophee* nicht erblicken. Er mußte vielmehr voraussetzen, daß Chaucer die Tragödie des Herkules dem Werk Boccaccios *De cas. vir. ill.* entnommen hätte, und daher logisch schließen, daß hier »Trophe« nur ein Pseudonym für Boccaccio sei, wie solches in bezug auf »Lollius«, den angeblichen Autor von *Troilus und Chryseide*, ihm gleichfalls klar war.

255 ff.   Die Quelle von Nebukadnezar ist der Prophet Daniel
           (Dan 1–4), welchem Chaucer genau folgt.

278   Die Bibel nennt drei Genossen des Daniel, nämlich Sadrach,
           Mesach und Abednego. Das *tweye* ist wohl nur dem vorange-
           henden *obye* zu verdanken.

295 ff.   Auch die Tragödie von Belsazar ist dem Propheten Daniel
           (Dan 5–6) entlehnt.

359   »Zenobia« ist die einzige Tragödie, welche Chaucer dem Boc-
           caccio (*De claris mulieribus*) entnahm. Daher schreibt er sie
           auch fälschlich dem Petrarca zu. Die Quelle Boccaccios scheint
           Trebellius Pollio (*Trig. Tyr.*, Kap. 14 *De Odenato* und Kap. 29
           De Zenobia) gewesen zu sein.

487–502   Die Ermordung Peters des Grausamen von Spanien durch sei-
           nen natürlichen Bruder Heinrich von Trastamare trug sich im
           Jahre 1369 zu. Chaucers Beschützer, Johann von Lancaster,
           vermählte sich 1371 mit Peters Tochter Konstanze. Der Dich-
           ter folgte daher wohl bei der Darstellung dieser dunklen Tat
           derjenigen Auffassung, welche darüber in dem Hofkreis Jo-
           hanns von Lancaster und seiner Gemahlin Konstanze
           herrschte. Da unmittelbar nach der Ermordung Peters Ber-
           tran de Guesclin die Herrschaft Molina und sein Neffe Olivier
           de Mauny die Herrschaft Agreda in Altkastilien vom König
           Heinrich zum Geschenk erhielt (Froissart I, Kap. 251), so
           konnte sich auf beide leicht der Verdacht lenken, daß ihre Ver-
           räterhand bei der Ermordung Peters im Spiel gewesen sei.
           Chaucer bezeichnet den Verräter durch seinen Vornamen,
           sein Geburtsland und sein Wappen für seine Zeitgenossen
           deutlich genug. Olivier de Mauny war aber aus der Bretagne
           gebürtig und mochte bei den Engländern wegen seiner zwei-
           deutigen Haltung bei der Gefangennahme des Königs von
           Navarra im Jahre 1367 (Froissart I, Kap. 219) schon vorher in
           dem Ruf eines Verräters gestanden haben. Über Ganelon
           s. Anm. zu V. 194 der Erz. des Schiffers.

503–10   Pedro von Lusignan, König von Zypern, der Eroberer von Alex-
           andrien, Layas und Satalia (s. Anm. zu V. 51 u. 58), war gleich-
           falls ein Zeitgenosse Chaucers und durch seinen längeren Auf-
           enthalt in London den Engländern wohlbekannt. Er wurde von

seinem Sohn Johann 1372 ermordet, nicht von seinem Sohn Jakob, wie Froissart (III, Kap. 25) unrichtig angibt.

511-18 Barnabo Visconti, Herzog von Mailand, zu welchem Chaucer 1378 mit Sir Edward Berkeley vom König von England in diplomatischen Aufträgen entsendet war und an dessen Schicksal er daher persönlichen Anteil nehmen mußte, wurde von seinem Neffen Johann Galeazzo entthront und in ein Gefängnis geworfen, wo er im Jahre 1385 starb (Froissart II, Kap. 226).

573 Chaucer verweist auf Dante als seine Quelle für diese Tragödie. Sie ist der *Div. Comm.* (Inf. XXXIII, V. 13-75) auch genau nacherzählt.

577 Sueton ist keinesfalls Chaucers unmittelbarer Gewährsmann gewesen. Die Tragödie des Nero ist vielmehr aus dem Boethius, dem *Roman von der Rose* und anderen mittelalterlichen Werken anscheinend zusammengesetzt.

663-86 Der kurzen Tragödie von Holofernes liegt das Buch Judit (Jdt 3.4.12.13) zugrunde.

678 Nach der Lutherschen Bibelübersetzung heißt der Hohepriester Bethuliens übereinstimmend mit der englischen Jochakim oder Joakim, aber nicht Eliachim.

687-742 Die Geschichte des Antiochus ist nach Chaucers eigener Angabe dem zweiten Buch der Makkabäer (2. Makk 9) entnommen.

743 Die oftmalige Erzählung von Alexanders Leben bezieht sich nicht auf die älteren Werke eines Plutarch, Diodor, Justin, Curtius und Arrian, sondern auf die zahllosen mittelalterlichen Bearbeitungen der Alexandersage.

768 1. Makk 1,8: »Hiernach ist Alexander gestorben, als er regiert hatte zwölf Jahr«, und ebenda 1,1: »Alexander, der Sohn Philippi, König zu Mazedonien, der erste Monarch aus Grächia« usw.

832 Als Quellen für Caesars Leben zitiert Chaucer willkürlich Lucan, Sueton und Valerian, von denen er wußte, daß sie darüber geschrieben hatten. Er selbst entnahm, was er hier vorträgt, vermutlich nur einer mittelalterlichen Darstellung römischer Begebenheiten.

839 Die Tragödie des Krösus ist nicht der Darstellung Boccaccios im Buch *De cas. vir. ill.* entnommen. Der Anfang (V. 842 ff.)

deutet auf Boethius (*De cons. Phil.* II, 2) hin. Manches andere scheint dem *Roman der Rose* entlehnt zu sein.

Die Erzählung des Nonnenpriesters

120 f.   Cato, *Disticha de moribus* II, 32: »*Somnia ne cures; nam mens humana quod optat, / Dum vigilans sperat, per somnium cernit id ipsum.*«

164   »Der größte Autor, der zu finden ist«, d. h. Cicero, aus dessen Werk *De Divinatione* (I, Kap. 27, §57) die nachfolgende Geschichte entnommen ist.

244   Nicht im folgenden, sondern in demselben Kapitel, und zwar im vorhergehenden Paragraphen wird von Cicero dieser Traum erzählt.

290   St. Kenhelm, König und Märtyrer, gelangte 820 als siebenjähriger Knabe auf den Thron von Mercia und wurde auf Befehl seiner Tante Quenedreda ermordet.

308   Dan 2,4.

310–17   1. Mose 37.40.41.

318   Über den Traum des Krösus s. Erz. d. Mönches V. 855–68.

321   Das Traumgesicht der Andromache ist zwar im Homer und Birgit nicht enthalten, wird aber von Dares Phrygius (*De Ex. Tr. hist.*, Kap. 24) kurz erwähnt. Die näheren Details verdankte Chaucer wohl dem *Roman de Troyes* des Benoit de St. Maure, V. 251–59.

344   Tyrwhitt (II, S. 500) zitiert hier ein angebliches Zwiegespräch zwischen Kaiser Hadrian und dem Philosophen Secundus aus dem *Speculum historiale* des Vinzenz de Beauvais: »*Quis est mulier? Hominis confusio etc.*«

367   Nach rabbinischer Überlieferung wurde Adam am 15. März an einem Freitagnachmittag 3 Uhr aus Erden aller Weltteile erschaffen und mit einer bereits tausend Jahre alten Seele belebt.

392   Unter der »Chronik von Lancelot vom See« ist vermutlich das von Chretien de Troyes begonnene und von Godefroy de Ligny fortgesetzte große Gedicht gemeint.

407 Über Ganelon s. Anm. zu V. 194 Erz. d. Schiffers.

421 f. Augustinus in seinem Werk *De civitate Dei*, Boethius in seinem Buch *De Cons. Phil.* (I, 6) und Erzbischof Bradwadin von Canterbury, ein Zeitgenosse Chaucers, in seiner Abhandlung *De causa Dei* (III, 2) behandeln die Frage der Prädestination in verschiedenem Sinne.

452 Entweder das Buch *Physiologus de naturis XII animalium*, welches von einem gewissen Theobaldus verfaßt sein soll (Tyrwhitt II, S. 502), oder dasjenige des Magisters Florinus, genannt *Physiologus sive liber de natura animalium* (Warton III, S. 137 und Leyser, S. 1224). Welcher auch der Autor gewesen sein mag, Physiologus wird als berühmter Schriftsteller von Eberhardus Betuniensis im *Laborinthus de miseriis rectorum scolarum* (Leyser, S. 830) aufgeführt.

473 Boethius schrieb 5 Bücher *De institutione musica* und repräsentiert im Mittelalter die Musik, wie Priscian die Grammatik, Cicero die Rhetorik usw.: »Bohetius lert die Musika / Wie ut, re, mi, fa, sol und Ia.« (Hans Rosenplüt, *Syven Meister*)

492–96 Nigellus Wirecker, ein Mönch von Canterbury († ca. 1200), verfaßte ein Buch, welchem er den Titel vorsetzte: *Burnelli speculum merito liber isto vocatur / Cujus sub specie stultorum vita notata.* Hiernach wird es bald *Burnellus asinus*, bald *Speculum stultorum* und bald *Speculum Burnelli* benannt (s. Leyser, S. 751). In diesem Buch ist die Geschichte vom Priestersohn und vom Hahn enthalten. Das Wort *Burnell*, welches als Spitzname der Esel nach Tyrwhitt (II, S. 502) auch in den Pfingstspielen gebräuchlich war, wird von ihm sonderbarerweise von *brunell*, d. h. braun abgeleitet. Da »Grauchen« die Farbe der Esel weit passender kennzeichnet, so schreibt man die Abstammung des Wortes wohl besser dem allgemeinen Eselnamen der *Lingua franca* zu, welche noch heute dieses Tier *burrico* oder abgekürzt *burr* benennt.

527–32 Galfridus Vinesauf oder de *Vino salvo*, ein in England geborener und wohnhafter Normanne, schrieb am Schluß des 12. oder im Anfang des 13. Jahrhunderts die *Nova Poetria sive Ars poetica*, eine höchst ergötzliche Anweisung in der Kunst, ein Dichter zu werden, in 2114 Hexametern nieder

(Leyser, S. 862–978). In demselben ist die pathetische Monodie über den Tod Richards I. enthalten (V. 366–428), welche Chaucer hier lächerlich macht, indem er auf die Stellen anspielt: »*O dolor! O plus quam dolor! O mors, O truculenta / Mors! Esses utinam mors mortua etc.*«, und »*O Veneris lacrimosa dies! O sydus amarum! / Illa dies tua nox fuit, et Venus illa venenum.*«

539   Vergil, *Aeneis* I, V. 551 f.: »Flocht in die linke das Haar, mit der anderen hub er das blanke Mordschwert und bis zum Hefte hinab in die Seiten verbarg er's.« (Voß)

551   Vgl. Erz. des Mönches, V. 591 f.

574–77   Chaucer gedenkt hier der Insurrektion vom Jahre 1381, deren Augenzeuge er zweifelsohne gewesen war. Neben Wat Tyler, Hob Barter und Tom Miller war auch Jack Straw ein berüchtigter Anführer der Bauernbanden, welche in London eindrangen, den Tower besetzten und sich durch ihre Grausamkeiten gegen die in London ansässigen Flamänder hervortaten. Das entsetzliche Gebrüll der Rebellen wird nicht nur von Chaucer, sondern auch von Walsingham (Tyrwhitt II, S. 583) betont: »*clamor horrendissimus, non similis clamoribus quos edere solent homines, sed qui ultra omonium aestimationem superaret omnes clamores humanos, et maxime posset assimulari ululatibus infernalium incolarum.*«

621 f.   Röm 15,4: »Was aber zuvor geschrieben, das ist uns zur Lehre geschrieben.«

Die Erzählung des Doktors

59 f.   Statt »Trägheit« (engl. *slouthe*) lesen die Manuskripte »Jugend« (engl. *youthe*). Die drei vorhergehenden Verse lassen die erstere von Tyrwhitt vorgeschlagene Lesart indessen als die bessere erscheinen.

117   Engl.: *The doctour maketh the descriptioun.* Die Übersetzung hat zum bessern Verständnis hinter Doktor noch den Namen Augustin eingeschaltet; denn der heilige Augustin wird ohne

Frage hier von Chaucer zitiert. Von ihm ist die Definition des Neides als »Verdruß über das Wohl und Freude über den Harm anderer« gegeben, wie solches in der Erzählung des Pfarrers (*De Invidia*) ausdrücklich gesagt wird. Da der berühmte Bischof von Hippo im Mittelalter als *Doctor egregius* weltbekannt war, so konnten die Zeitgenossen Chaucers kaum im Zweifel sein, wer unter *the doctour* zu verstehen sei. Für den modernen Leser liegt dieses nicht so unmittelbar auf der Hand, und ohne Hinzufügung des Namens Augustin konnte man leicht in den Irrtum geraten, den Doktor für den Erzähler selbst zu halten, und – wie von einigen Auslegern geschehen ist – Chaucer wegen Einschaltung einer störenden und unpassenden Parenthese unverdienterweise zu tadeln.

238–44 Die Geschichte von Jephtas Töchterlein, welche im Buch der Richter (Ri 11,30-40) enthalten ist, scheint in England höchst volkstümlich gewesen zu sein. Gower gibt sie im 4. Buch seiner *Confessio Amantis* wieder, und noch Shakespeare spielt auf dieselbe an (*Hamlet* V, 7). Das Volkslied, welches ihm hierzu die Veranlassung bot, ist von Percy (Vol. 1, B. II, Nr. III) mitgeteilt worden.

286 Sir 18,27: »Ein weiser Mensch ist in diesem allen sorgfältig und hütet sich vor der Sünde, dieweil er noch sündigen kann.«

306 Engl.: *This Ypocras and eke thy Galianes.* Es scheint demnach nicht von Hippokrates und Galienus selbst die Rede zu sein, sondern von Medikamenten, welche von ihnen den Namen empfingen. Unter »Ypokras« wurde ein Lautertrank verstanden, und das *Liber de virtutibus et laudibus compositorum medicamentis* des Magister Aegidius (Leyser, S. 502-685) führt ein *Diacodion Galeni* und eine *yera pigra Galieni* als berühmte Heilmittel an.

309 St. Ronian, vermutlich der heilige Rodingus, ca. 680 Abt von Beaulieux, dessen Kalendertag auf den 17. September fällt.

314 Über Theriak s. Anm. zu V. 479 der Erz. d. Rechtsgelehrten.

Die Erzählung des Ablaßkrämers

6   Tim 6,10: »Der Geiz ist die Wurzel alles Übels.«

78   Engl.: *Though her soules gan a blake beried.* Die wörtliche Meinung dieser Stelle ist nicht zu enträtseln. Der leicht auf der Hand liegende Sinn dürfte auch aus der Übersetzung einigermaßen hervorleuchten.

145 ff.   »Des Herrn Leib in Stücke reißen« bedeutet das übliche Schwören bei den einzelnen Körperteilen Christi. Vgl. Erzählung des Pfarrers: »Um Christi willen schwört nicht so sündhaft bei Seele, Herz, Knochen und Körper, indem ihr Christ zergliedert, als ob die verfluchten Juden es noch nicht genug getan hätten, sondern ihr ihn noch mehr zergliedern möchtet.«

156   Spr 20,1: »Der Wein macht lose Leute, und stark Getränke macht wild.«

157   1. Mose 19,30-36.

160-63   Die Bibel weiß nichts von der Trunkenheit des Herodes; dagegen die *Legenda aurea* (Nr. 120) und die *Gesta Romanorum* (Nr. 179).

165-69   Seneca, Ep. 83: »Dehne jenen Zustand eines Betrunkenen auf mehrere Tage aus, würdest Du wohl an seinem Wahnsinn zweifeln? Auch so ist er nicht geringer, sondern nur kürzer.«

177-83   *Hier. gegen Jov.* II, 15: »Solange der Mensch fastete, blieb er im Paradies; er aß und wurde daraus vertrieben.«

189-92   Seneca, Ep. 96: »Gute Götter, welch eine Schar von Menschen setzt ein einziger Bauch in Trab!«

193-96   1. Kor 6,13: »Die Speise dem Bauch und der Bauch der Speise; aber Gott wird diesen und jene hinrichten.«

201-05   Phil 13,18.19: »Denn viele wandeln, von welchen ich euch gesagt habe, nun sage ich euch mit Weinen, die Feinde des Kreuzes Christi, welcher Ende ist Verdammnis, welchen der Bauch ihr Gott ist.«

208   *Hier. gegen Jov.* I, 2: »*Et in ructus et in crepitus ventorum efflatione respirans*«; oder Innozenz III., *De cont. Mundi*, B. II, Kap. 18: »*Superius et inferius horribilem flatum exprimens et abominabilem sonum emittens.*«

227   Nach Ri 13,14.

235–44   Lepe, eine Stadt in Spanien zwischen Ayamonte und Huebla.
           Der spanische Wein wurde damals in England noch wenig ge-
           trunken. Die Landweine von Rochelle und Bordeaux, welche in
           jener Zeit zu England gehörten, bildeten das allgemeine Ge-
           tränk. Um ihnen stärkeren Gehalt zu geben, wurden sie ver-
           mutlich mit spanischen verschnitten. Die Verse »*This wine of
           Spaigne crepeth subtilly / In other wines growing faste by*«
           scheinen wenigstens die Bedeutung zu haben, welche die
           Übersetzung ihnen beilegt. Fishstreet war mit Chepe der
           Hauptmarktplatz für alle Verzehrungs- und Bekleidungsge-
           genstände.

251 ff.   Attila starb, wie berichtet wird, in der Nacht nach seiner Ver-
           mählung mit der Burgunderin Ildico an einem Blutsturz. Daß
           dieser in Nasenbluten bestanden habe und der sonst als äußerst
           nüchtern geschilderte Hunnenkönig außerdem betrunken ge-
           wesen sei, mag Chaucer verantworten.

255–59   Spr 31,4: »O nicht den Königen, Lamuel, gib nicht den Köni-
           gen Wein zu trinken noch den Fürsten starkes Getränk.«

275–92   Johann von Salisbury (*Policr.* I, 5) erzählt diese Geschichte von
           Chilon aus Lacedämonien. Chaucer hat den Namen in Stilbon
           verdreht (Tyrwhitt II, 476).

293–98   Wo Chaucer die Geschichte von Demetrius II. Nicator (147 bis
           131 v. Chr.) aufgefunden hat, mag dahingestellt bleiben. In den
           Makkabäern ist sie nicht enthalten, und den Justinus wird er
           schwerlich gelesen haben.

306   Mt 5,34: »Ich sage euch aber, daß ihr allerdings nicht schwören
           sollt.«

307–10   Jer 4,2: »Alsdann wirst du ohne Heuchelei recht und heilig
           schwören: So wahr der Herr lebet!«

321 f.   Sir 23,12: »Wer oft schwört, der sündigt oft, und die Plage wird
           nicht aus seinem Hause bleiben.«

323   Bei der Auffindung des Kreuzes durch St. Helena kamen eben-
           falls die Nägel zutage, mit denen Christus an dasselbe geschla-
           gen war. Drei wurden in die kaiserliche Krone eingesetzt, der
           vierte war aber in das adriatische Meer geworfen, um die stür-
           mischen Wogen zu beruhigen. Dennoch bewahrten zahllose

Klöster und Kirchen Kreuzesnägel als Reliquien auf, so daß der Schwur bei den Nägeln Christi wohl erklärlich ist.

324 Edmund, der Neffe Heinrichs III., brachte das Blut Christi aus Deutschland als kostbare Reliquie nach England hinüber und verteilte es zwischen die Abteien von Hailes in Glostershire und Ashrug in Berthomested (Tyrwhitt II, S. 477).

415–19 Sir 8,7: »Verachtet das Alter nicht; denn wir gedenken auch, alt zu werden.«

442 Goldene Gulden (engl. *floreins fine of gold*) waren in Flandern, dem Hauptsitz der Textilindustrie, so gang und gäbe, daß daraus nicht auf einen italienischen Ursprung der Sage geschlossen werden kann.

561 f. Über »Avicen« und »Kanon« s. Anm. zu V. 433.

623 Das heilige Kreuz wurde von St. Helena am 3. Mai 335 mitsamt den zwei Kreuzen der beiden Missetäter aufgefunden. Um das wahre Kreuz Christi zu ermitteln, legte man auf jedes nacheinander einen Leichnam, welcher wieder zum Leben kam, als er das echte berührte (s. Anm. zu V. 432 der Erz. d. Landverwalters).

Die Erzählung des Weibes von Bath

17 Joh 14,18: »Fünf Männer hast du gehabt, und den du jetzt hast, das ist nicht dein Mann.«

28 1. Mose 2,28: »Gott segnete sie und sprach zu ihnen, seid fruchtbar und mehret euch.«

30 f. 1. Mose 2,24: »Darum wird ein Mann seinen Vater und seine Mutter verlassen und seinem Weibe anhangen.«

42 1. Kor 7,36: »... will es nicht anders sein, so tue er, was er will.«

52 1. Kor 7,9: »Es ist besser freien denn Brunst leiden.«

54 1. Mose 4,29: »Lamech aber nahm zwei Weiber, eines hieß Ada, die andere Zilla.«

65 1. Kor 7,25: »Von den Jungfrauen aber habe ich kein Gebot.«

69–72 *Hier. geg. Jov.* I, 36: »Aber du wendest ein, wenn alle Jungfrauen bleiben, wie wird das Menschengeschlecht fortgepflanzt?«

75 ff. 1. Kor 9,24: »Wisset ihr nicht, daß die, so in den Schranken laufen, die laufen alle, aber einer erlanget das Kleinod.«

78 Röm 9,15: »Welchem ich gnädig bin, dem bin ich gnädig, und welches ich mich erbarme, des erbarme ich mich.«

83 1. Kor 7,6: »Solches sage ich aber aus Vergunst, nicht aus Gebot.«

87 1. Kor 7,1: »Es ist dem Menschen gut, daß er kein Weib berühre.«

99 ff. 2. Tim 2,20: »In einem großen Hause sind aber nicht allein goldene und silberne Gefäße, sondern auch hölzerne und irdene.«

103 f. 1. Kor 7,7: »Ein jeglicher hat seine Gabe von Gott, der eine so, der andere so.«

108 ff. Lk 18,22: »Verkaufe alles, was du hast, und gib es den Armen, so wirst du einen Schatz im Himmel haben, und folge mir nach.«

115–18 *Hier. geg. Jov.* I, 36: »Und warum, sprichst du weiter, sind denn die Geschlechtswerkzeuge geschaffen und warum sind wir von dem höchst weisen Schöpfer so gebildet worden, daß wir eine gegenseitige Brunst zueinander empfinden und nach der natürlichen Vereinigung so heftig begehren?«

129–32 1. Kor 7,3: »Der Mann leiste dem Weibe die schuldige Freundschaft.«

145 Weder Markus noch Matthäus, sondern Joh 7,9 berichtet, daß die fünf Brote, mit denen Christus die 5000 Mann speiste, aus Gerste bereitet waren.

179–83 *»Qui per alios non corrigitur alii per ipsum corrigentur.«* (Randb. d. Cambr. Mskr. Dd. 4. 24) Nach Tyrwhitt (II, S. 444) soll sich diese Stelle nicht im Almagest des Ptolemäus befinden.

218 In der Priorei von Dunmow in Essex war es altherkömmlicher Brauch, jedem Ehepaar, welches beweisen und beschwören konnte, während eines vollen Jahres nach ihrer Hochzeit in vollständiger Eintracht gelebt zu haben, zur Belohnung einen Schinken zu geben. Auch vom Kloster St. Melaine bei Rennes und von Wichenour in Staffordshire wird das gleiche berichtet. Die Schinkenverteilung in Dunmow wurde zwar nach der Reformation noch fortgesetzt, schlief aber in der Mitte des vorigen Jahrhunderts ein, bis sie 1853 von Harrison Ainsworth, dem damaligen Besitzer von Dunmow, erneuert wurde. Der

Schinken von Dunmow ist noch gegenwärtig in England sprichwörtlich.

232 »Die Kuh sei toll« (*the cow is wood*) bezieht sich vermutlich auf eine ältere Anekdote, deren Inhalt nicht mehr bekannt ist. Es läßt sich daher nicht entscheiden, ob von einer hölzernen oder tollen Kuh hier die Rede ist.

235 ff. Der Inhalt der nachfolgenden Gardinenpredigt ist zum überwiegenden Teile dem Buch des Theophrast *Aureolus über die Ehe* entnommen, oder vielmehr dem Bruchstück dieses verlorengegangenen Buches, welches Hieronymus im 47. Kapitel des 1. Buches seiner *Streitschrift gegen Jovinian* aufbewahrt hat. Die hauptsächlichsten Entlehnungen sind: V. 239: »Warum blickst du nach dem Nachbarhause?«; V. 241: »Warum sprichst du mit dem Dienstmädchen?«; V. 248–52: »Eine Arme ernähren ist schwierig, eine Reiche ertragen eine Qual.«; V. 253 u. 265: »Eine Hübsche reizt schnell zur Liebe, eine Häßliche entbrennt leicht selbst in Begierde.«; V. 255 f.: »Überwunden wird zuletzt, wogegen von allen Seiten Sturm gelaufen wird.«; V. 285–92: »Ein Pferd, einen Esel, einen Hund und den niedrigsten Sklaven, auch Kleider und Kochgeschirr, eine Bank, einen Becher oder irdenen Krug probiert man, ehe man ihn kauft, bloß das Weib offenbart sich nicht vorher.«; V. 296–301: »Man muß sie Madam rufen, ihren Geburtstag feiern, ihre Amme ehren, ihre Wärterin usw.«. Auch das *Liber de contemptu mundi* (Innozenz III., B. I, Kap. 16) mag dazu beigetragen haben sowie das *Fabliau des Femmes* und *Le dit des Femmes* (Jubinal II, S. 330–33 u. 334–38).

278 ff. Dieses Sprichwort findet sich bei den meisten Völkern Europas. In Deutschland wird es in den Traumgesichtern Philanders von Sittewald und im Narrenschiff zitiert. Veranlassung dazu gab wahrscheinlich Spr 27,15: »Ein zänkisches Weib und stetiges Triefen werden wohl miteinander verglichen.«

325 ff. *»Intra omnes alcior existit qui non curat in cujus manus sit mundus.«* (Randb. d. Ellesm. Mskr.)

333 ff. Cicero, *De Off.* I, Kap. XVI, § 51: *»Homo qui erranti comiter monstrat viam / Quasi de suo lumine lumen accendat, facit / Nihilominus ut ipsi luceat, quivis ille accenderit.«*

342–45 1. Tim 2,9: »Desgleichen die Weiber, daß sie in zierlichem Kleide mit Scham und Zucht sich schmücken, nicht mit Zöpfen oder Gold oder Perlen oder köstlichem Gewand.«

348–54 Anspielung auf eine Fabel, welche auch von Boner im *Edelstein* mitgeteilt ist (Nr. 96).

362–68 Nach Spr 30,15-23 und Sir 8,11; 42,13.

400 »*Fallere, flere, nere, dedit Deus in muliere.*« (Randb. d. Ellesm. Mskr.)

418 Abermals eine Anspielung auf den Schinken von Dunmow.

460 Valerius Maximus (B. VI, Kap. 3, Nr. 9), die wahrscheinlichste Quelle Chaucers, erzählt diese Geschichte übereinstimmend mit Plinius (XIV, 13) von Egnatius Mecenius, dessen Name hier mit »Metellius« verwechselt ist.

483 St. Jodocus, angeblich ein Sohn des britischen Königs Judabälus, erwählte das Einsiedlerleben und ließ sich unweit Ponthieu in Frankreich nieder. Hier schenkte er während einer Wassernot die drei letzten Stücke Brot, welche er für sich, seinen Schüler und seinen Hund aufgespart hatte, dem Heiland, welcher, als Bettler verkleidet, zu drei verschiedenen Malen darum ansprach (*Leg. aur.*, Nr. 182).

498 Die kostbare Bestattung, welche Alexander dem Darius in Persepolis zuteil werden ließ, wird zwar auch von Plutarch, Justin und Arrian kurz erwähnt; die Anfertigung seines Grabmals durch Apelles verdankt indessen wohl einem der mittelalterlichen Alexanderlieder ihren Ursprung.

610 »Martianisch«, engl. *martian*, statt »martialisch«, engl. *martial*. Ob diese Umgestaltung des Wortes dem Reim zuliebe geschehen ist oder ob hierdurch eine Unterscheidung zwischen dem Planeten und dem Kriegsgott gemacht werden soll, läßt sich schwer entscheiden.

613–16 Mars bedeutet nach Abbumasar u. a.: Jugend, Kraft, Verstandesschärfe, Hitze, Glut, Verlangen, Schwatzhaftigkeit, Gebrauch unanständiger Worte, demonstrative Liebesäußerungen, Mangel an Scham, schlechte Gesellschaft, Gedankenreichtum, Lügen, Schlagfertigkeit der Zunge und Geschmack an schöner Kleidung. Die erotischen Eigenschaften waren im Sternbild des Stiers und Steinbocks besonders prädominierend. Die Konstellation für die Nativität des Weibes von Bath war daher ebenso glücklich wie umsichtig gewählt.

642-49 Römergesten, d. h. Valerius Maximus, welcher die Geschichte von Gaius Sulpitius Gallus (III, Kap. 3, Nr. 10) und diejenige des anderen Römers namens Sempronius Sophus (III, Kap. 3, Nr. 10) erzählt.

651 Nicht der Ecclesiast, sondern der Ecclesiasticus oder Sir 6,13: »Ist deine Tochter schamhaftig, so halte sie fest, auf daß sie nicht ihren Mutwillen treibe, wenn sie frei ist.«

669-81 Das Buch unter dem Titel *Valerie und Theophrast* war, wie aus den nachfolgenden Versen hervorgeht, eine Anzahl zusammengebundener Handschriften sehr verschiedenen Inhalts und umfaßte wahrscheinlich: 1) die *Epistola Valerii de non ducenda uxore*; 2) die *Streitschrift des heil. Hieronymus gegen Jovinian*; 3) die polemischen Schriften des lateinischen Kirchenlehrers Quintus Septimus Florenz Tertullian († 220); 4) die Abhandlung *Curandarum aegritudinem muliebrium ante in et post partum* des medizinischen Schriftstellers Trotula; 5) die Briefe der Äbtissin Heloïse vom Kloster Paraclet an Abälard; 6) die Parabeln des Salamo, unter denen wohl eine Sammlung sprichwörtlicher und parabolischer Lehren aus den verschiedenen Büchern Salomonis, Jesus Sirach, Hiob, den Psalmen und den Propheten verstanden sind; 7) die *Ars Amatoria* Ovids; und 8) den rätselhaften Chrysippus, welches keinesfalls der griechische Stoiker dieses Namens, sondern vermutlich der Verfasser einer Schrift *In Joannem enconium* war, die bei der Beschreibung der Herodias und ihres Töchterleins vielleicht wenig schmeichelhafte Bemerkungen über die Weiber enthielt. Das erste Werk und das zweite, in welchem der *Liber aureolus* des Theophrast enthalten ist, gab Veranlassung zum Namen der Sammlung, die möglicherweise einen Band der Bibliothek Chaucers bildete.

703 f. Ein Planet heißt exaltat oder in seiner Exaltation, wenn er in demjenigen Zeichen des Tierkreises steht, wo sein Einfluß am mächtigsten ist, dagegen desolat, wenn das Umgekehrte der Fall ist.

727-32 Dem *Hier. gegen Jov.* (I, Kap. 48) nacherzählt.

740–46   Amphioraus wurde vor Theben von der Erde verschlungen. Seine Gattin Eriphyte verriet seinen Aufenthaltsort, aber nicht für eine Unze Goldes, sondern für den Schmuck der Harmonia (Statius, *Thebais* IV, 187–212).

747–55   Die Geschichte von Luna und Lucilia (nach Chaucer »Lima und Lucie«) ist in der *Epistola Valerii* enthalten: »*Luna virum suum interfecit quem nimis odivit. Lucilia suum, quem nimis amavit. Illa sponte miscuit aconita; haec decepta furorum propinavait pro amoris poculo.*« (Tyrwhitt II, S. 447)

757–64   Die ursprüngliche Quelle dieser Anekdote ist Cicero, *De Orat.* II, 69. Sie fand ihren Weg in die *Epistola Valerii* und gelangte von dort in die *Gesta Romanorum* (Nr. 33). Den Namen »Pavatinus« der letzteren oder »Pavorinus« der *Epistola Valerii* hat Chaucer durch »Latumeus« ersetzt.

775 ff.   Sir 25,22: »Ich wollte lieber bei Löwen und Drachen wohnen denn bei einem bösen Weibe.«

778 f.   Spr 26,24: »Es ist besser im Winkel auf dem Dache sein als mit einem zänkischen Weibe in einem Hause beisammen.«

782 f.   Chaucer kann selbstverständlich diesen Spruch nicht direkt aus dem Herodot (I, 8) geschöpft haben. Er fand ihn im *Hier. gegen Jov.* (I, 48): »Herodot schreibt, daß das Weib mit dem Kleide auch die Scham ablege.«

784 f.   Spr. 11,22: »Ein schönes Weib ohne Zucht ist wie eine Sau mit einem goldnen Halsband.« Chaucer übersetzt sinngemäßer *goldring in a sowes nose*, d. h. wie ein Goldring in einer Schweineschnauze.

829 f.   Der Bettelmönch sagt: *This is a long preamble of a tale*, d. h. ein langes Vorwort für eine Erzählung. Der Büttel, welchem das Wort *preamble* wohl nicht geläufig war und welcher die Gelegenheit vom Zaun zu brechen suchte, mit dem Bettelmönch Händel anzufangen, bezog dessen Bedeutung auf *amble*, d. h. »Paßgang«, so daß hier ein Wortspiel vorliegt, welchem die Übersetzung auf andere Weise gerecht zu werden suchte.

848   Sidenborn, jetzt Sittingbourne, 40 engl. Meilen von Southwark auf dem Weg nach Canterbury.

875   Über »Limitation« s. Anm. zu V. 220.

952–82	Chaucer verwandelt nicht unglücklich den Diener des Midas (Ovid, *Met.* XI, 146–93) in die eigene Gattin desselben.
1128 ff.	Die Abhandlung über den Wert und das Wesen des Adels ist mit vielfachen Reminiszenzen aus Boethius (*De cons. Phil.* III, S. 6) und Seneca (Ep. 44) durchwebt, auf welche auch Chaucer in V. 1174 als Autoritäten hinweist.
1171 ff.	Valerius Maximus berichtet (III, Kap. 4, Nr. 1), daß Tullius Hostilius von einem Viehhirten zum Herrscher von Rom emporstieg.
1189	Seneca, Ep. 2: »Eine ehrenvolle Sache ist die vergnügte Armut.« – »Nicht der wenig hat, sondern wer mehr begehrt, ist arm.«
1199	Juvenal, *Sat.* X, 22: »*Cantabit vacuus coram latrone viator.*«
1201–06	Vincenz de Beauvais, *Spec. hist.* X, 71. Angebliches Gespräch zwischen Kaiser Hadrian und dem Philosophen Secundus: »*Quid est paupertas? Odile bonum; sanitatis mater, remotio curarum; sapientia repertrix, negotio sine damno; possessio absque calumnia sine sollicitudine felicitas.*« (Tyrwhitt II, S. 450)

Die Erzählung des Bettelmönches

113	»Alte Trätsche«, engl. *an old ribibe* oder (V. 309) *an old rebekke*, Ausdruck für ein altes Weib nach dem Saiteninstrument Ribebe oder Rebecke.
227	Hiob 2,6: »Der Herr sprach zu dem Satan: Siehe da, er sei in deiner Hand, doch schone seines Lebens.«
238	St. Dunstan, 924 auf der Insel Glastonbury geboren und 988 als Erzbischof von Canterbury gestorben, beschäftigte sich der Legende nach in seiner Jugend aus Liebhaberei mit Schmiedearbeiten. In dieser Beschäftigung wurde er häufig vom Teufel, bald in der Gestalt eines Bären oder einer Schlange, bald unter der anziehenderen Form eines schönen Weibes geplagt, bis es ihm endlich gelang, den Teufel mit seiner glühenden Schmiedezange bei der Nase zu erwischen und ihn sich dienstbar zu machen.
246	Das Zauberweib, engl. *Phitonesse*, ist die Hexe von Endor, welche den Geist Samuels auf Ansuchen des Saul heraufbeschwor (1. Sam 28,7-20). Da es eine scholastische Streitfrage war, ob

die Hexe die Macht besessen habe, den wirklichen Geist Samuels zu zitieren, oder ob die Erscheinung nur eine Täuschung gewesen sei, so läßt der Teufel auch dem Büttel die Wahl, darüber zu denken, wie er will.

256   Da Vergil für sich nicht die Ehre einer Höllenfahrt in Anspruch nimmt, sondern nur Äneas in die Unterwelt steigen läßt, so denkt hier Chaucer wohl an den Dichter Vergil als Führer Dantes auf seiner Wanderung durch Hölle und Fegefeuer oder, minder wahrscheinlich, an den mittelalterlichen Zauberer Virgilius, dem allerdings gleichfalls eine Höllenfahrt zugeschrieben wurde.

301   Über St. Eligius s. Anm. zu V. 120.

393   Ps 10,9: »Er lauert im Verborgenen wie ein Löwe in der Höhle und lauert, daß er den Elenden erhasche.«

Die Erzählung des Büttels

72   Vollständig: »*Qui cum patre et spiritu sancto vives et regnas Deus per omina secula*«; der Ausgang vieler Kollekten.

83   Gottesprezlein, engl. *Goddes kichel*, nach Speght ein Gebäck, welches den Kindern von ihren Gevattern zum Geschenk gemacht wurde (Tyrwhitt II, S. 453). Da aber (V. 85) auch von einem Gottesheller, engl. *Goddes halfpenny*, die Rede ist, so scheint hier auch nur ein Geschenk gemeint zu sein, welches um Gottes willen gegeben wird und Gottes Lohn dem Geber einträgt.

130   2. Kor 3,6: »Der Buchstabe tötet, aber der Geist macht lebendig.«

213   Dives, der Reiche in der Parabel von Lazarus (Lk 16,19-31); von Chaucer, wie in der späteren englischen Bibelübersetzung, als Eigenname gebraucht.

217   2. Kor 14,14: »Denn wir fahren nicht zu weit, als hätten wir nicht gelangt bis zu euch, denn wir sind ja bis zu euch gekommen mit dem Evangelium Christi.«

221 f.   2. Mose 24,18: »Und Moses ging mitten in der Wolke und stieg auf den Berg; und blieb auf dem Berge vierzig Tage und vierzig Nächte.«

228 f.	1. Kön 19,8: »Und er stand auf und aß und trank und ging durch Kraft derselben Speise vierzig Tage und vierzig Nächte bis an den Berg Gottes Horeb.«
230–237	3. Mose 10,8.9: »Der Herr aber redete mit Aaron und sprach: Du und deine Söhne mit dir sollt keinen Wein noch starke Getränke trinken, wenn ihr in die Hütte des Stiftes geht, auf daß ihr nicht sterbet.«
259	Mt 5,3: »Selig sind, die geistlich arm sind.«
265	Jovinian, der Ketzer, welcher sich gegen das Fasten und das Zölibat ausgesprochen hatte, und den St. Hieronymus in seiner *Streitschrift* mit diesen und ähnlichen Ehrentiteln belegt.
269	Ps 45,2.
278	Über St. Ivo s. Anm. zu V. 227 der Erz. d. Schiffers.
309	Lk 10,7: »Denn ein Arbeiter ist seines Lohnes wert.«
316	Das Buch, in welchem über St. Thomas, der auf Christi Geheiß von Caesarea aus als Baumeister zum König Gundoforus nach Indien ging, berichtet wird, war vermutlich eine Legende über den Aufenthalt dieses Apostels in Indien und seinen himmlischen Palastbau für den König. Möglicherweise könnte es auch die Reisebeschreibung Sir John Mandevilles sein, der das Grab des heiligen Thomas in Calamia besucht haben will und allerlei Wundergeschichten über denselben berichtete.
324	Der Weise ist Jesus Sirach (Sir 4,35): »Sei nicht ein Löwe in Deinem Haus und nicht ein Wüterich gegen Dein Gesinde.«
353–78	Seneca (*De Ira* I, 16) erzählt diese Geschichte von Cn. Piso. In den *Gesta Romanorum* wird die Verurteilung des Ritters in gleicher Weise mitgeteilt, der Urteilsspruch aber dem Kaiser Heraklius in den Mund gelegt.
379–407	Diese Untat des Cambyses ist gleichfalls von Seneca (*De Ira* III, 14) nach dem Herodot (III, 34 u. 35) berichtet.
411	Ps 116,9: »*Placebo Domino etc.*«; es bedeutet hier, wie in der Erzählung des Kaufmanns (dort V. 262) und der Abhandlung des Pfarrers die schmeichlerische Geschmeidigkeit, alles zu loben, oder eine Person, die solches tut.
415–20	Auch dieses Beispiel wird von Seneca (*De Ira* III, 21) aufgeführt, der es seinerseits dem Herodot (I, 189) entnahm.
421	»Er, der soviel lehren kann« ist Salomo (Spr 22,24; 14,7).

453 Der Bettelorden der Karmeliter leitete seinen Ursprung von Elias und Elisa ab, weil diese beiden Propheten einen längeren Aufenthalt auf dem Berg Karmel genommen hatten (1. Kön 18,20 und 2. Kön 2,25).

523 f. Mt 23,8.9.

531 Mt 5,13.

Die Erzählung des Gelehrten

6 Pred 3,1: »Ein jegliches Ding hat seine Zeit.«

35 Lignanus, berühmter Philosoph, Rechtslehrer und Astronom in Mailand; † 1378, vier Jahre nach dem Tode Petrarcas.

42–56 Der Vorbericht oder das Proömium der lateinischen Erzählung Petrarcas *De obedientia ac fide uxoria Mythologia* enthält wenig mehr, als Chaucer in diesen Versen davon mitteilt. Seine Bemerkung, daß die Beschreibung lang sei, ist daher nicht zutreffend, obwohl man ihm zugeben mag, daß sie wenig zur Sache gehöre.

71–82 Petrarca, *De Ob.*: »*Forma virens atque aetate, nec minis moribus quam sanguine nobilis et ad summum omnium ex parte vir insignis, nisi quod praesenti sua sorte contentus, incuriosissimus futurum erat.*« Da Petrarca nicht erzählt, daß »Jagd- und Vogelbeize« Walthers Hauptvergnügen gewesen seien, so muß die Erwähnung dieses Umstandes notwendigerweise einer Reminiszenz aus dem *Dekameron* (Giorn. X, Nr. 10) zugeschrieben werden: »*... in niuna altra cosa il suo tempo spendeva che in uccellare e in cacciare.*«

87 f. Petrarca, *De Ob.*: »*Unus qui vel autoritas major erat, vel facundia cum suo Duce familiaritas.*«

110–16 Petrarca, *De Ob.*: »*Volent enim dies rapidi et quamqua florida sis aetate continue tamen hunc florem, tacita senectus insequitur, morsque ipsa omni proxima est aetati.*«

532 f. *Dekameron*, Giorn. X., Nr. 10: »*Egli m' ha comandato ch' io prenda vostra figluola e ch' io ... e non disse più.*«

590 Nach Tyrwhitt »Pavia«, nach den meisten Manuskripten »Panil«, nach Petrarca »Panico« und nach Boccaccio »Panago«.

980   »Zur neunten Stunde«, engl. *underne*. Vgl. Anm. zu V. 52 der Erz. d. Landverwalters.

1149–62   Fast wörtlich mit Petrarcas Schlußworten der Erzählung übereinstimmend.

1187   Tyrwhitt (II, S. 456), welcher das *Chechiface* der Manuskripte in *Chichevache* umwandelte, sagt, daß eine alte Ballade (Harl. Mskr. 2251) vorhanden sei, nach welcher ein Tier Namens »Bycorne« mit gehorsamen Ehemännern, ein anderes »Chichevache« mit geduldigen Weibern gefüttert wurde, infolgedessen Bycorne ungewöhnlich fett ward, während Chichevache beständig mager blieb. Chichevache und Bycorne scheinen schon früh eine langanhaltende europäische Berühmtheit erlangt zu haben, denn Abraham à St. Clara gedenkt im *Judas, der Erzschelm* noch des fetten und magern Tieres und läßt das erstere von Haß, das letztere aber von Liebe sich nähren.

Die Erzählung des Kaufmanns

81–92   Dem Theophrast »Über die Ehe« aus der *Streitschrift des St. Hier. geg. Jov.* (I, 47) entnommen.

148–60   Die Beispiele von Rebekka, Judith, Abigail und Esther sind der Erzählung von Melibeus (S. 235) entnommen.

161 f.   Seneca (?): »*Sicut nihil est superius benigna conjuge, ita nihil est crudelius infesta muliere.*« (Randb. Cambr. Mskr. Dd. 4. 24; Tyrwhitt II, S. 459)

163 ff.   Cato, *Dist. de mor.* III, 23: »*Uxoris lingua, si fuga est, ferro momento, / Namque malum est, non velle pati nec posse tacere.*«

211   Wades Boot; die Anspielung darauf ist schwer verständlich, denn die Erzählung von Wade, welcher ein nordischer Seekönig der *Vilkina-Sage* gewesen zu sein scheint, der in seinem Boot »Guigelot« manche Abenteuer bestand, ist verlorengegangen. In *Troilus und Chryseide* (Str. 81, V. 5) erwähnt Chaucer abermals die Geschichte von Wade, und auch in der *Romanze des Sir Bewis* wird er als dessen Kampfgenosse aufgeführt, und ebenso wird seiner in einem anderen Gedichte als des Helden einer Romanze gedacht (s. Warton II, S. 123).

269–72	Nicht Salomo, sondern Sir 32,24: »Tue nicht ohne Rat, so ge-reut's dich nicht nach der Tat.«
471 ff.	Justinus weist hier in höchst ergötzlicher Weise auf den Vor-trag des Weibes von Bath hin. Will man Chaucer nicht mit dem Mann auf eine Stufe stellen, welcher aus Zerstreutheit seine Kleider in das Bett legte und sich selbst über die Stuhllehne hing, so kann man ihn unmöglich der idiotenhaften Vergeß-lichkeit beschuldigen, daß Justinus nicht zur Pilgerschar zähl-te und demgemäß auch dem Vortrag des Weibes von Bath über die Ehe nicht zugehört haben konnte. Der humoristische Kauf-mann bediente sich aber absichtlich dieses kleinen improvi-satorischen Kunstgriffs, welcher sicher seine erheiternde Wirkung auf die Zuhörer ebensowenig verfehlte wie noch ge-genwärtig auf die Leser der Canterbury-Erzählungen.
506	2. Sam 2,20: »Und Joab blies die Posaune usw.« Theodamas wird als Trompeter auch im *Haus der Fama* erwähnt.
593	Claret, altengl. *clarre*, gegenwärtig ein Kollektivname für Bor-deauxwein, dagegen zu Chaucers Zeiten ein Würzwein, wel-cher aus Rotwein, Zimt, Muskatblüte, Zitwer, Ingwer und Kümmel bereitet wurde. Ypokras, ein Lautertrank, welcher durch einen Filter oder sog. Ärmel des Hippokrates gegossen wurde und entweder der Zubereitungsart oder dem berühmten Arzt unmittelbar seinen Namen verdankte.
594	Über Vernaccia s. Anm. zu V. 72 der Erz. d. Schiffers.
671 ff.	Die meisten Manuskripte besagen vom 2. statt vom 10. Grad des Stiers. Nach Meinung Tyrwhitts (II, S. 461) ist dieses ein Schreibfehler, da die astronomische Berechnung sonst nicht zutrifft, indem der Mond nicht in vier Tagen vom 2. Grad in den Krebs eintreten kann.
760 f.	Der Weise ist Salomo (Pred 8,6): »Denn jegliches Vornehmen hat seine Zeit und Weise.«
772	Dante, Inf. V, V. 100: *»Amor ch' al cor gentil ratto s'apprende.«*
819	Die *Romanze von der Rose* oder *Le Roman de la Rose* wurde von William de Lorris in der Mitte des 13. Jahrhunderts geschrieben und von Jean de Meung später vollendet. Die Beschreibung des Gartens ist in der englischen, fälschlich Chaucer zugeschriebe-nen Übertragung enthalten (Morris VI, V. 1327–1444).

911 ff.   Ovid, *Met.* IV, 68: »*Quid non sentit amor?*«

924–28   Hld 2,12: »Die Blumen sind herangekommen im Lande, der Lenz ist herbeigekommen und die Turteltaube läßt sich hören in unserm Lande.«

1018   Die Entführung der Proserpina von Hennas Au (nach Chaucer Ethnas Au) ist von Claudianus in seinem Gedicht *De raptu Proserpinae* geschildert.

1033 f.   Pred 7,29: »Unter tausend habe ich einen guten Menschen gefunden, aber kein Weib hab' ich unter den allen gefunden.«

1036–40   Nicht Jesus Sirach, sondern David (Ps 11,6): »Er wild regnen lassen über die Gottlosen Blitz, Feuer und Schwefel und ihnen ein Wetter zum Lohn geben.«

1079–88   Nach 1. Kön 11,7.11.13.

1158–61   *Adolphi Fabulae* (Leyser, S. 2010 *rect.* 1110, V. 47 und 48): »*Ludere cum juvene studeas inroboris alti / Prisca viro dabitur lux cito; crede mihi.*«

Die Erzählung des Junkers

50   Ein Planet befindet sich im Haus oder der »Mansion« desjenigen Zeichens, welchem er grade gegenübersteht. Am 15. März befindet sich der Planet Mars im Zeichen der Wage und daher in der Mansion des Widders, in welchem gleichzeitig die Sonne ihre Exaltation nahezu erreicht hat.

96   Gawein, ein Ritter der Tafelrunde und Schwestersohn des Königs Artus, das Vorbild ritterlicher Höflichkeit.

194 f.   Die Lombardei und Apulien waren früher wegen ihrer Pferdezucht berühmt, wofür Tyrwhitt (II, S. 464) verschiedene Belegstellen anführt.

208 f.   »Sinons Pferd«, engl. *the Grekes hors Sinon*, veraltete Konstruktion für *the hors of Sinon the Grek*; ähnlich wie im *Haus der Fama* (II, V. 433) *the sonnes son, the rede* für *the son of the red sun*.

230   Vermutlich die sog. *Salvatio Romae*, welche auch Gower (*Conf. Am.* I, 133) für eine Art von Spiegel hielt, abweichend von der Beschreibung, welche nach Keller der Wessobrunner Codex und Vincenz de Beauvais von derselben geben.

231   Vitellon, eigtl. Vitellio (ca. 1270) und Alhazen (ca. 1100) ver-
        faßten verschiedene Abhandlungen über die Optik, welche
        1572 zuerst in Basel gedruckt wurden (Tyrwhitt II, S. 464).

237   Telephus, Sohn des Herakles und der Auge, folgte seinem
        Schwiegervater, dem König Theutras von Mysien, in der Herr-
        schaft nach und wurde vom Speer des Achilles verwundet, als
        er die auf ihrem Zug nach Troja landenden Griechen zurück-
        schlug. Da die Wunde nicht heilen wollte, wandte er sich an das
        Orakel, welches erklärte, daß nur dieselbe Waffe, welche ihn
        verwundet habe, imstande sei, ihn wiederherzustellen. Durch
        den Raub des Orestes und sein Anerbieten, den Griechen als
        Führer zu dienen, gelang es ihm durch Vermittlung des Aga-
        memnon, den Achill zu bewegen, seine Wunde durch Rost von
        demselben Speer zu heilen, welcher sie geschlagen hatte.

264   Aldrian, ein Stern im Bild des Löwen.

273   Venus exaltiert in den Fischen, d. h. in diesem Zeichen ist ihr
        Einfluß am größten.

286   Lancelot, der berühmte Ritter der Tafelrunde und Geliebte der
        Königin Guinevra (s. Anm. zu V. 392 der Erz. d. Nonnenprie-
        sters).

351   Das Blut dominiert nach Galen sieben Stunden, nämlich von
        9 Uhr abends bis 3 Uhr morgens.

478   Dante, Inf. V, V. 100: *»Amor ch' al cor gentil ratto s'apprende.«*

610–19 Die Parabel vom Vogel im Käfig, welche sich in der Erzählung
        des Tafelmeisters (dort V. 163–74) nochmals vorfindet, ist dem
        Boethius entlehnt (*De cons. Phil.* III, 2). Chaucer gibt sie im
        engen Anschluß an das Original wieder.

666 ff. Der dunkle Sinn dieser Verse ist anscheinend, daß Camballo in
        einem Turnier mit zwei Brüdern stritt, welche gleichzeitig als
        Bewerber um Canaces Hand auftraten. Der Gewinner dersel-
        ben konnte demnach nicht ihr eigener Bruder Camballo sein,
        sondern das »er« müßte notwendigerweise auf einen dieser
        beiden Freier bezogen werden. Stünde für Camballo ein ande-
        rer mit »o« auslautender Name - was höchstwahrscheinlich
        auch der Fall war -, so wäre jede Schwierigkeit behoben, denn
        dann bestand nur ein Freier Canaces mit ihren beiden Brüdern
        Algarsif und Camballo den Kampf.

Die Erzählung des Freisassen

21   *Britannica Armorica* war der lateinische Name für die Nieder-
bretagne oder das gegenwärtige Departement Finistère, obwohl die Römer das ganze Uferland zwischen Garonne und
Seine mit dem keltischen Namen *Armorica*, d. h. Küstenland
belegten.

93   Kap Penmark, die südlichste Spitze des Dep. Finistère.

403   In der Urryschen Ausgabe ist unnötigerweise aus dem Pamphilus ein »Polyphem« gemacht. Die Liebe dieses Zyklopen zur
Galatea (Ovid, *Met.* VIII, V. 730–897) bot hierzu dem Herausgeber eine naheliegende Veranlassung. Zweifellos ist von
Chaucer aber der lateinische Poet Pamphilius Maurelianus gemeint, welcher die *Elegiae de arte amandi* schrieb und sich
nicht minder wie Polyphem in Liebe für eine schöne Galatea
entbrannt zeigt. Die Verse 404–08 deuten auf den Anfang dieser Elegien hin: »*Vulneror et clausum porto sub pectore telum.*«
Die Lebensumstände des Pamphilus sind unbekannt (s. Leyser,
S. 2071 *rect.* 1171 und Warton II, S. 136, Anm. 3).

481–89   Von den hervorragenden Leistungen der mittelalterlichen
Zauberkünstler und Taschenspieler (engl. *enchantoures*, *magi-
ciens*, *tregetoures*, *jogeloures*) ist auch von dem Zeitgenossen
Chaucers, Sir John Mandeville eine Schilderung gegeben, welche zwar am Hof des großen Chan spielt, aber so wesentlich
mit der hier gegebenen Darstellung übereinstimmt, daß für die
letztere vermutlich die Erzählung des berühmten Reisenden
von Chaucer verwertet worden ist.

566   »Die Tafeln von Toledo« oder *Tabulae Toletanae* waren die auf
Befehl Königs Alphons X. angefertigten und auf den Grad von
Toledo berechneten astronomischen Tabellen. Unter »wohl
korrigiert« ist wohl nur die Umrechnung derselben auf einen
anderen Beobachtungsort zu verstehen.

568   Über »Wurzel« oder *radix* s. Anm. zu V. 314 der Erz. d. Rechtsgelehrten.

569   Nach Urry (Tyrwhitt II, S. 576) wurden die Umlaufsjahre der
Planeten »kollektive« genannt, wenn zu ihrer Berechnung eine
längere Reihe von Jahrdekaden in Betracht gezogen wurde, da-

gegen »expanse«, wenn sich dieselbe nur auf eine Dekade beschränkte.

570 f.   Argument hieß nach Chambers (Tyrwhitt II, S. 576) ein bekannter sphärischer Bogen, aus welchem man durch die »proportionalen Elemente«, d. h. die Tabelle der proportionalen Teile einen anderen unbekannten berechnen konnte.

573–76   Der Himmel wurde in neun bewegliche Sphären eingeteilt, von denen die sieben ersten je einem der damals bekannten Planeten angehörten, während die achte diejenige der Fixsterne war. Die neunte Sphäre scheint Chaucer hier den Zeichen des Tierkreises noch besonders zugeteilt zu haben, während Dante (*Convito* II, 4) auch diese der achten Sphäre überweist und die neunte als *Primum mobile*, den kristallenen Himmel bezeichnet, über welchem sich dann als zehnte Sphäre das unbewegliche *Empyreum* erhebt.

574   Alnath ist nach Speght (Tyrwhitt II, 540) der erste Stern in den Hörnern des Widders.

578   Über Haus oder Mansion s. Anm. zu V. 50 der Erz. d. Junkers.

660–747   Sämtliche Beispiele sind von Chaucer der *Streitschrift des heil. Hieronymus gegen Jovinian* (I, Kap. 41–46) entnommen und nach dieser, stellenweise selbst in der äußern Form, getreu wiedergegeben worden.

Die Erzählung der zweiten Nonne

30   St. Bernhard von Clairveaux († 1153), der berühmte Verfasser von achtzehn Hymnen zum Preis der heiligen Jungfrau. Die vorhergehende Zeile ist eine Nachahmung vom 1. Vers der 3. Hymne St. Bernhards: »*O cunctarum feminarum decus atque Gloria.*«

36–56   Das Gebet, welches der Dichter zur heiligen Jungfrau emporschickt, ist der *Div. Com.* entnommen und eine freie Übertragung desjenigen, welches Dante (Par. XXXIII, V. 1–21) dem heiligen Bernhard in den Mund legt.

59 ff.   Vgl. Mt 15,22-28.

87–91   Nach der *Legenda aurea*, welcher Chaucer das ursprünglich als selbständiges Gedicht geschriebene »Leben der heiligen Cäcilie« fast wortgetreu entnahm: »*Fuit enim coeleste lilium, per virginitatis pudorem; vel dicitur lilium quia habuit candorem munditiae virorem conscientiae, odorum bonae famae.*« (*Leg. aur.*, Kap. 169)

92 f.   *Leg. aur.*, Kap. 169: »*Fuit enim caecis via per exempli informationem.*«

95–98   *Leg. aur.*, Kap. 169: »*Coelum per jugem contemplationem, lya per assidiam operationem.*« Unter *lya* oder *lia*, wie Chaucer nach dem Vorgang Dantes (Par. XXVII, V. 101) schreibt, ist Lea gemeint, das Weib Jakobs und die Mutter von sechs seiner Söhne. St. Bernhard verglich fromme Beschaulichkeit mit der schönen Rahel und gottgefällige eifrige Tätigkeit mit der fruchtbaren Lea. Als Symbole dieser verschiedenen Richtungen wurden sie in Wort und Bild häufig verwendet.

99 f.   *Leg. aur.*, Kap. 169: »*Vel fuit caecita carens per sapientiae splendorum.*«

102–12   *Leg. aur.*, Kap. 169: »*Vel dicitur a coelo et leos, quod est poöulus ... etc.*«

113–19   *Leg. aur.*, Kap. 169: »*Vel dicitur coelum, quia, sicut dixit Ysidorus, coelum philosophi volubile, rotundum et ardens esse dixerunt: sic ipsa fuit volubilis per operationem sollicitam, rotunda per perseverantiam, ardens per caritatem succensam.*«

172 f.   *Leg. aur.*, Kap. 169: »*Vade igitur tertium miliarum ab urbe via, wquae Appia nuncupatur.*« Von Chaucer anscheinend mißverstandene und daher falsch übersetzte Stelle. Via Appia war die erste Kunststraße der Römer von Rom nach Capua, von dem Censor Appius Claudius 315 aus behauenen Quadersteinen erbaut. Zu ihren Seiten liegen die zahlreichen Gräber und Grabdenkmale Roms (vgl. ten Brink, *Chaucer-Studien*, S. 88)

368   Daß Maximus ein Kornikular des Präfekten Almachius gewesen sei, wird in der *Legenda aurea* nicht erwähnt und muß daher ein Zusatz Chaucers sein. Die Frage, woher letzterer wußte, daß die Kornikulare Offizianten der Präfekten waren, ist schwer zu beantworten. Vielleicht hatte irgendein Gelehrter, welcher den *Cod. Theodos.* (VIII, 4, 10) kannte, dies Wort als Marginalbemerkung neben das Manuskript der *Legenda aurea* gesetzt, welches Chaucer besaß oder benutzte.

Die Erzählung des Dienstmannes vom Kanonikus

3   »Boughton an der Heide«, engl. *Boughton under Blee*, auf dem
           Weg von London nach Canterbury, 51 engl. Meilen von der er-
           steren und 5 von der letzteren Stadt entfernt.

116   Über »Multiplizieren« s. Anm. zu V. 178.

135   Cato, *Dist. de mor.* I, 17: »*Ne cures, si quis tacito sermone lo-
           quatur, / Conscius ipse sibi de se putat omnia dici.*«

178   Nach Roger Bacon wird die Vermehrung der Kraft und der Wir-
           kung des Steines der Philosophen zur Übersetzung der imper-
           fekten Metalle in Gold »Projektion« genannt und zerfällt in
           zwei Modi: 1. den Modus der »Transformation«, welcher sehr
           subtil ist, und 2. den Modus der »Multiplikation«, welcher ein
           augmentatum quantitatis ist, wodurch der Stein an Gewicht
           zunimmt und sich fort und fort vermehrt, daß aus einem Lot
           viele Lot erwachsen und zunehmen (*Theatr. Chem.* III, S. 225).

213 f.   Johannis de Tetzen, *De Lapide Philosophorum.* »*Talis inquit
           modo Rasis / Constringendo caput vasis / Vaporent ne materiae
           / Solerter jubet observare / Ne virtus possit exhalare / Ventorum
           per aera.*« (*Theatr. Chem.* III, S. 618)

217 f.   Roger Bacon: »Deshalben die rechten Philosophi vier Modus
           gleichsam als Schlüssel der Kunst, auf welcher das ganze Fun-
           dament der künstlichen Bereitung stehen soll, erfunden ha-
           ben. Den ersten *clavem* haben sie genannt: *Solutionem*; den an-
           deren *Sublimationem*, den dritten *Calcinationem*, den vierten
           Fixationem.« (*Theatr. Chem.* III, S. 146)

222   Operment, d. h. *auripigment* oder Realgar.

240   *Alembicum*, *Cucurbit* und *Crucibulum* werden als Namen ver-
           schiedener Retorten zu alchimistischen Zwecken von Roger
           Bacon und Antonius de Abatia, dem Verfasser der *Gloria mun-
           di* erwähnt (*Theatr. Chem.* III, S. 39, 163, 509, 709). Roger Ba-
           con beschreibt das Geschirr folgendermaßen: »Dieses ist eine
           Kolbe oder *cucurbit*, von unten rund gleich einem Ei oder wie
           ein Uringlas, inwendig glatt, damit alles desto leichter auf- und
           niedersteigen könne, bedecket mit einem runden über und
           über glatten und nicht allzu hohen Helm, dessen Boden gleich-
           falls rund wie ein Ei sei.«

241   »Sublimatorium« nennt Roger Bacon ein Geschirr oder einen
        Kolben, welcher für den Modus der Sublimation oder der er-
        sten Ausschließung des Leibes und seiner Glieder erforderlich
        ist (*Theatr. Chem.* III, S. 163). Deszensionsretorten sind ge-
        wöhnliche Destillierkolben.

244   »Rötewasser«, d. h. das rote Elixier. Roger Bacon sagt: »Es fär-
        bet rot, unzehelichen viel, und versetzet alles Metall in das be-
        ste und reinste Gold.« (*Theatr. Chem.* III, S. 126)

245   *Sal armoniac*, d. h. Salmiak. Roger Bacon sagt: »Warum Salmi-
        ak? Dieweil das Gold durch nichts gebrochen wird denn allein
        durchs Salz.« (*Theatr. Chem.* III, S. 154)

249-65 Das sich stets wiederholende besitzanzeigende Fürwort »un-
        ser« in diesen Zeilen, ist der Sprechweise der Alchimisten
        nachgeahmt. »Die Philosophen haben geschrieben: dies ist un-
        ser Sol, unser Grünspan, Salpeter, unser *sal alcaic*, unser *auri-
        pigment*, unser Arsenik, unser Gift, unsere Medizin und der-
        gleichen ohne Zahl, und wenn sie schon alle Dinge der ganzen
        Welt nenneten, so ist's doch unser Ding.« (*Gloria mundi*,
        Theatr. Chem. III, S. 496)

261   Unter »Rosalgar« ist roter Arsenik oder Rauschgelb gemeint.

263   *»Citrinitatem vero cum unione facta miscebis et exsurget ut cre-
        do simile lapide Ibero ... Tene hoc secretum. Nam nonnullius est
        utilitatis.«* (Roger Bacon, *Theatr. Chem.* III, S. 336)

409-12 Dieser Spruch steht im *Liber Parabolorum* des Alanus (Verfas-
        ser des *Anticlaudian*, als *Doctor universalis* bekannt und 1294
        zu Paris gestorben). *»Non teneas aurum totum quod splendit ut
        aurum / Nec pulchrum pomum quodlibet esse bonum, / Non est
        in multis virtus, quibus esse videtur.«* (Leyser, S. 1074)

460   Annualare hießen nach Tyrwhitt (II, S. 506) die Kanonici
        nicht, weil sie ein jährliches Gehalt bezogen, sondern weil es
        ihr Amt war, die jährlichen Totenmessen (*annuales*) zu lesen.

632   St. Aegidus, engl. *St. Giles*, ein Heiliger, angeblich aus Athen
        gebürtig, lebte in der Mitte des 7. Jahrhunderts als Einsiedler
        an der Rhone-Mündung, wo er ein Kloster gründete, dessen
        Abt er wurde (*Leg. aur.*, Nr. 130).

875   »Arnold von der neuen Stadt«, d. h. *Arnoldus de Villa nova*
        (Neumeiler), ein berühmter Alchimist und Verfasser des *Rosa-*

rium, des *Magistrum artis de florentia sive Flos florum* und einer Epistel an den König von Aragonien.

880–83   Hermes Trismegistus, einer der hochberühmtesten Alchimisten, dessen Werke indessen verlorengegangen sind. Der von ihm zitierte Spruch ist im *Lumen luminum* aufbewahrt. »Weiter tue ich zu wissen, daß der Drache nicht stirbt, wo er nicht mit seinem Bruder und Schwester wird umgebracht.«

889–92   Roger Bacon: »Wenn ihr nun ein Forscher in dieser Wissenschaft seid, auch diese Worte und Dinge verstehet, welche wir gesetzt haben, so seid ihr selig und dreimal selig; versteht ihr nicht, was wir gesagt haben, so hat gewiß Gott selbst das Werk vor euch verborgen.« (*Theatr. Chem.* III, S. 72)

894   Die »Heimlichkeit der Heimlichkeiten« oder *Secreta secretorum*, eine alte Zusammenstellung der alchimistischen Lehren, welche Aristoteles seinem Schüler Alexander dem Großen erteilt haben soll; 1516 zu Bologna gedruckt (Tyrwhitt II, S. 507 und Warton III, S. 19).

895–918   Die Unterredung mit dem Schüler, welche Chaucer dem Plato zuschreibt, ist im Buch *Senior* enthalten und wird dort dem Salomo zugeschrieben (*Theatr. Chem.* von Ashmol; Tyrwhitt II, S. 507). Der Stein der Weisen führte unter anderen folgende Namen: Hyle, Thyatiros, Azoth, Markasit, Magnesia, Xelis, Xidar und Atrop; die letzten drei sind Umkehrungen von *silex*, *radix* und *porta*.

Die Erzählung des Tafelmeisters

3   Bob auf und nieder unterm Wald, engl. *Bob up and down under the blee*, von seiner Lage unterhalb des Waldes von Blean (*blean forest*). Der letztere liegt zwischen Bougthon und dem obengenannten Städtchen, welches Wright für Harbledown unterhalb Canterbury hält.

23   Über Cheper Wein s. Anm. zu V. 235–44 der Erz. d. Ablaßkrämers.

44 Noah entdeckte den wilden Weinstock. Da er aber bitter war, so begoß er ihn mit dem Blut eines Löwen, Lammes, Affen und Schweins (*Gesta Romanorum*, Kap. 159). Deshalb ist der Mensch beim Weingenuß zuerst geduldig wie ein Lamm, dann wütend wie ein Löwe, spielt und springt später wie ein Affe, bis er endlich wie ein Schwein sich beschmutzt und umsinkt.

163–74 Über diese Parabel s. Anm. zu V. 610–19 der Erz. d. Junkers.

207 Über diesen Ausspruch Platos s. Anm. zu V. 734.

223–34 Dieses wurde Alexander dem Großen von dem Seeräuber Diomedes vorgehalten, wie St. Augustinus im Buch *De civitate Dei* (V, Kap. 5) berichtet. Von dort ging die Geschichte in die *Gesta Romanorum* (Kap. 146) über. Beide Werke waren Chaucer bekannt.

314 f. Spr 5,1.2: »Mein Sohn, merke auf meine Weisheit, neige dein Ohr zu meiner Lehre, daß du behaltest guten Rat und dein Mund wisse, Unterschied zu haben.«

321 Das in den nachfolgenden Versen oft wiederholte »Mein Sohn« ist dem Salomo und Jesus Sirach nachgeahmt.

Die Erzählung des Pfarrers

32 ff. Tim 6,20: »O Timotheus, bewahre, was dir vertraut ist, und meide die ungeistlichen losen Geschwätze und das Gezänke der falsch berühmten Kunst.«

42–47 Der Pfarrer hebt hervor, daß er aus dem Süden stamme und er daher nicht im »Rumm, Ramm, Ruff« bewandert sei. Unter diesem Ausdruck ist die alliterierende Dichtkunst verstanden, welche fast ausschließlich im Norden Englands zu Hause war. Verse wie »*Reumes and radegoundes and rognouse scalles*« – »*And ryzt as Robertes man raken aboute*« – »*Right as religious roten and sterven*« – »*Ryzt as a rageman has rechned hem newe*« konnten dazu Chaucer wohl füglich die Veranlassung bieten. Da ferner die Verfasser der beiden alliterierenden Gedichte *Pierce Plowman* und *Piers Plowmans Crede*, welche ihres kühnen Inhalts wegen in den beiden letzten Jahrzehnten des 14. Jahrhunderts in England gewaltiges Aufsehen erregten, für Anhänger Wyclifs galten, so weist der Pfarrer durch seine Bemerkung auch gleichzeitig die gegen ihn früher vom Wirt erhobene Beschuldigung des Lollhardismus (V. 1172–77 der Erz. d. Rechtsgelehrten) zurück.

Verzeichnis

der Werke, auf welche in den Anmerkungen verwiesen ist

Augustinus: Des heiligen Kirchenvaters Aurelius Augustinus zweiundzwanzig Bücher über den Gottesstaat. Aus dem Lateinischen der Maurinerausgabe übersetzt von A. Uhl. Kempten 1873

Barbazan: Fabliaux et Contes des poètes français des XI., XII., XIII., XIV. et XV. siècles publiés par Barbazan, nouvelle édition, augmentée par M. Méon. Paris 1808

Benoit de St. Maure: Herbort von Fritzlar und Benoit des Saint More von Dr. G. B. Frommann. Stuttgart 1857

Bibel: Die Übersetzung Luthers

Boccacio, Giovanni: Il Decameron. Leipzig 1865

–: La Teseide. Mailand 1819

–: De casibus virofum illustrium libri novem. Aug. Vind. 1544

–: De claris mulieribus. Bern 1539

Boethius: De consolatione Philosophiae. Rec. Ed. Obbarius. Jena 1843

Boner: Der Edelstein von Ulrich Boner. Hrsg. von Fr. Pfeiffer in: Dichtungen des deutschen Mittelalters. Leipzig 1844

Brink, Bernhard ten: Chaucer-Studien zur Geschichte seiner Entwickelung und zur Chronologie seiner Schriften. Straßburg 1870

Cato: Disticha de moribus. Rec. Harthal. Berlin 1869

Cento novelle antiche: Libro di novello e di bel parlar gentile, nel quale si contengono cento novelle antiche. Turin 1802

Chauc. Soc.: Publications of the Chaucer Society (Series I & II)

Cicero: De divinatione lilbri duo. Rec. O. Klotz. Leipzig 1869

–: De officiis libri tres. Rec. O. Klotz. Leipzig 1879

–: De oratore. Rec. R. W. Piderit. Leipzig

Dante: La divina Commedia di Dante Alighieri. Florenz 1825 (Inf. = Inferno; Purg. = Purgatorio; Par. = Paradiso)

Dares Phrygius: De Exidio Troiae historia. Rec. F. Meister. Leipzig 1873

Froissart: Les Chroniques de Sire Jean Froissart par J. A. C. Buchon. Paris 1838

Furnivall: s. Warton

Gesta Romanorum. Übersetzt von Gräße. Leipzig 1847

Gower: Confessio Amantis. Ed. Pauli 1856

Herodot: Die Musen des Herodotus von Halicarnassus. Übersetzt von J. Chr. F. Bähr. Stuttgart 1868

Hier. geg. Jov.: Hieronymus gegen Jovinian. Ausgewählte Schriften des heiligen Hieronymus, Kirchenlehrers. Übersetzt von P. Leipelt. Kempten 1874

Innozenz III.: De contemptu mundi sive de miseria conditionis humanae. Lipsiae 1534

Jubinal: Nouveau recueil de contes, dits et fabliaux etc. des XIII., XIV. et XV. siècles par Achille Jubinal. Paris 1839/42

Juvenal: D. Iunii Iuvenalis Satirarum libri quinque. Rec. L. H. Herrmann. Leipzig 1873

Keller: Li Romans des sept sages. Hrsg. von H. A. Keller. Tübingen 1836

Leg. aur.: Jacobi a Voragine Legenda aurea vulgo historia Lombardica dicta. Rec. Th. Gräße. Leipzig 1846

Leyser: Policarpi Leyseri Historia Poetarum et Poematum medii aevi etc. Halle-Magdeburg 1721

Montaiglon: Recueil général et complet des fabliaux des XIII. et XIV. siècles par A. de Montaiglon et G. Raynaud. Paris 1872 ff.

Morris: The poetical works of Geoffrey Chaucer. Ed. by Richard Morris. With memoir by Sir Harris Nicolas. London 1866

Nevelet. Fabulae variorum auctorum etc. Opera et studio Isaaci Nicolai Neveleti. Frankfurt 1660

Ovid: P. Ovidius Naso ex iterata R. Merkelii recognitione. Leipzig 1880 (Met. = Metamorphoses)

Percy, Thomas: Reliques of ancient english poetry. Leipzig 1866

Petrarca, Franciscus: De obedientia ac fide uxoria Mythologia. Bern 1605

Practica Chilindri secundum magistrum Johannem Hoveden. Ed. Edmund Broch. Chauc. Soc. Series II. 1874, 9

Rabus: Historien der Märtyrer. Ulm 1571

Ritson: Ancient English metrical romancies. Londres 1802

Roman de la Rose: Guillaume de Lorris et Jean de Meun. Le Roman de la Rose p. P. Marteau. Orleans 1878/79

Seneca: L. Annaeus. Opera omnia quae supersunt. Rec. Ed. Fr. Ruhkopf. Leipzig 1797; und: Ausgew. Schriften. Übersetzt von B. Forbinger. Stuttgart 1866

Statius, Publius Papinus: Thebais et Achilleis. Rec. O. Müller. Leipzig 1870

Theatr. Chem.: Deutsches Theatrum Chemicum von Fr. Roth-Scholzen. Nürnberg 1732

Trebellius Pollio: Historiae Augustae Scriptores. II. Lugd. Batav. 1671

Tyrwhitt: The Canterbury Tales of Chaucer by Thomas Tyrwhitt. Sec. Ed. Oxford 1798 (Die Seitenzahlen I 71-144 beziehen sich auf *Introductory discourse*; II 394-516 auf *Notes* und II 538-650 auf *Glossary* und sind unter Berücksichtigung der Erzählungen, Versnummern und Wörter auch in den neueren Ausgaben Tyrwhitts nachzusehen.)

Valerius Maximus. Rec. Carl Halm. Leipzig 1865

Vergil: P. Vergilii Maronis Aeneis. Rec. O. Ribbeck. Leipzig 1880

Warton: History of english poetry by Thomas Warton. Ed. by Carew Hazlett with new notes etc. 4 Bände. London 1871